KB122392

신대한국 독립군의 백만용사야

신대한국 독립군의 백만용사야

-일제강점기 겨레의 노래사-

이 중 연

도서 출판 혜안

책머리에

그릇된 '제국의 이름'으로 일본이 약소국가를 침략하여 국토를 유린하고 민족을 말살하던 시대가 있었다. 먼 옛날이 아니라 백 년이 넘지 않은 근래의 일이다.

지금은 잊자고 한다. 이제 과거를 잊어버리고 희망찬 미래의 세계로 나아가자고 한다. 침략한 나라에서는 자신들이 저지른 잔인한 만행의 역사를 감추기에 급급하고 있다.

물론이다. 언젠가는 침략으로 얼룩진 만행의 역사를 잊어버려야 한다. 그러나 지금은 아니다. 적어도 침략한 나라의 정부고관들이 아직도 제국의 이름을 그리워하는 '제국 향수병'에 걸려 몸부림치고 있는 한, 그들이 그 '제국병'을 그릇된 처방법으로 치유하기 위해 수시로 망언을 일삼는 한, 또 그 침략으로 인하여 역사의 질곡 속에서 고난의 역정을 걸어 왔던 나라의 여러 가지 역사적 과제가 완전히 해결되지 않고 있는 한 잊어버려서는 안 된다.

세계 속에서 더 이상 그릇된 '힘'의 논리에 의해 침범이 이루어지지 않고 세계 모든 나라·민족이 '일가'가 되어 진정한 평화의 노래를 부를 수 있을 때까지 불과 백여 년 전에 있었던 고난의 역정을 잊어서는 안 된다.

항전이 있었다. 겨레의 생존을 스스로의 힘으로 지키고 유구한 역사를 이어가기 위한 피어린 싸움이 있었다. 제국의 무력으로 강점당한 나라를 되찾기 위한 싸움이 있었다. 겨레의 얼이 있었다. 자주독립의 정신이 살아 숨쉬었다. 항전의 대열에서 이름도 없이 스러져 갔던 전사들의 무수한 희생이 있었다. 항전이 있었기에, 얼이 살아 있었기에, 수많은 희생이 있었기에 우리는 과거의 역사를 치욕이 아니라 자랑과 긍지로 되돌아보며 현재를 살아가는 민족정신의 튼튼한 뿌리와 줄기로 되새겨 볼 수 있는 것이다.

*

노래가 있었다. 만주벌에서 용장하게 울려퍼지던 독립군가가, 민족정신을 잃지 말고 나라를 되찾자고 피눈물 속에서 외쳐 부르던 겨레의 노래가 있었다. 광복 50년이 되던 지난 95년 6월, 생각 밖으로 일제강점기에 민족정신을 고취시키던 노래를 정리한 책이 없다는 사실을 알게 된 필자는 항전의 노래를 찾고 정리하기 시작하였다. 도서관과 (헌)책방을 주기적으로 돌아다니며 문헌을 통하여 노래를 찾고, 그 노래의 역사적 맥락을 정리하였다. 헌책방에서 우연히 구입한 책에서 궁금하던 사실을 풀 수 있는 실마리를 얻었을 때는, 컴퓨터 자판을 두드리는 소리가 경쾌한 음악처럼 들리기도 했다.

해방 이후 무슨 연유에서인지는 몰라도, 겨레의 노래를 보존하고 그 노래의 정신을 계승하는 작업이 한동안 이루어지지 않았다. 1973년, 광복군 지사들을 중심으로 독립군가보존회가 조직되어 독립군가와 항일노래를 수집하기 시작하였고, 1975년 '독립군가 레코드'를 출반한 후 1982년에 그간의 성과를 모아 『독립군가곡집 - 광복의 메아리』(이하 『광복의 메아리』)를 간행하였다. 항일 노래를 정리하는 과업은 이 독립군가보존회로부터 시작되어, 그 후 1984년에는 만주독립군으로 활동하였던 한 지사의 10여 년 간의 노력 끝에 독립군시가집 편찬위원회 명의로 『독립군시가집 - 배달의 맥박』(이하 『배달의 맥박』)이 간행되었다. 이들 노래집에는 독립군가, 애국계몽가, 망향가, 유행가 등 일제강점기에 항일의식을 고취시키던, 혹은 민족적 애환 속에서 대중적으로 불리던 노래 200여 곡이 수록되어 있다.

필자는 이 두 노래집 외에 각종 노래집, 일제 정보문서, 민족운동가의 회고록, 신문, 선학의 연구업적 등 각종 자료를 통하여 총 450여 곡의 노래를 정리하고 자주독립을 위한 민족운동의 관점에서 이들 노래의 역사적 성격을 부여하려 했다. 근대적 자주독립국가를 수립하기 위한 피어린 항쟁의 역사, 겨레의 굳건한 자주독립정신을 '노래의 역사'를 통하여 확인하려 했다. '노래의 생명력'은 노래 그 자체에서 나오는 것이 아니라 근현대사상의 운동의 실천과정 속에서 싹트는 것이기 때문이다. 따라서 노래의 발표 시기, 전파 시기, 작사자, 작곡자, 자주독립운동과의 연관성, 노래가 불리던 정황 등을 가능한 한 객관적으로 밝히려고 했으며, 특히 노래가 구전되는 과정에서 다양하게 변형된 것도 비교, 분석을 위하여 수록하려 했다. 또 1920년대 불리던 독립군가가 일부 개사된 형태로 1930년대 사회주의 진영에서 불린 사실에 대해서는 노래별로 그 변화된 형태를 추적하려 했다.

그러나 의욕과는 달리 미흡하거나 잘못된 내용이 있을 것으로 생각하며, 이에 대해서는 아낌없는 비판과 질정을 바란다.

*

이 책은 크게 세 부분으로 구성되어 있다. 1부는 근대사의 과제 해결을 위한 운동의 역사 속에 탄생하여 생명력을 지녔던 노래들을, 운동의 역사적 흐름 속에서 파악한 것이다. 2부는 노래를 주제별로 분류한 것으로 이를 다시 세분하여 (1) 민족 상징의 노래, (2) 그리움의 노래, (3) 항전대열의 노래 등으로 정리·설명한 것이다. 3부는 노래의 유형 즉 민요, 동요, 가요 등 대중적으로 널리 불렸던 노래들을 살펴보았다. 그리고 「근대 겨레의 노래사」, 「일제강점기 '민족의 노래'에 대한 일제의 탄압 사례」를 말미에 실었다. 총괄적 이해를 위해 이 두 글을 먼저 읽을 수도 있을 것이다. 그리고 각 부·장은 서로 연결되어 있으면서 동시에 분리되어 있으므로, 관심에 따라 따로 읽어도 별 무리는 없을 것으로 생각된다.

노랫말 표기는 인용자료에 따라 발표 당시의 표기를 원칙으로 하였지만, 다만 현재 사용하지 않는 자모(·, ㅼ 등)는 현대 표기로 바꾸었음을 부기해 둔다.

이 글을 마련함에 있어, 불민한 자식을 사랑으로 지켜봐 주신 부모님께 감사드린다. 광복군가보존회, 독립군시가집 편찬위원회에도 감사를 드린다. 겨레의 노래를 보존, 계승하고자 한 그 분들의 출발과 노고가 없었다면 이 책의 간행은 오랜 시일이 걸린 이후에나 가능했을 것이다. 그리고 어려운 여건에서도 출판을 맡아주신 혜안출판사 오일주 사장님께 진심으로 감사드리며 책이 나오기까지 수고를 해준 편집부 여러분께도 감사드린다. 장경근, 김승수 두 인형(仁兄)에게도 고마움을 표시한다. 끝으로, 자주독립을 위한 항전의 대열에서 희생하신 선열들께 엎드려 감사드리며 이 책이 그 분들의 영전에 바쳐지는 작은 정성이 되었으면 하는 바람이다.

1998년 7월 20일
일본의 독도 망언과 IMF체제를
다시 한 번 생각하며
평촌에서 이중연

차 례

10

제 3 부 신고산이 우르르 화물차가는 소리에 -대중의 노래-

제1부
이천만동포야 일어나거라
-역사와 노래-

제1장 동학혁명

1. 민중의 저항-보국안민의 깃발

새야 새야 파랑새야 녹두밭에 앉지 마라

1860년대에 진주민란을 비롯하여 삼남지역 도처에 민란이 발생하였다. 봉건적 왕조는 말기적 증상을 보이고 있었다. 각 지방에서 수령과 탐관오리의 탐학·학정이 백성들의 원성을 사고 있었다. 봉건적 사회질서가 무너지고 새로운 근대적 계층이 등장하였다.

각지에 민란이 창궐할 때 최제우가 경주에서 동학을 개창하였다. 동학은 서학(그리스도교)에 대비되는 민족적·민중적 종교로서, 보편적인 신으로서의 하느님을 섬기는 종교이다.

동학의 민중적·민족적 성격 때문에 포교 초기부터 따르는 사람이 많았다. 나아가, 1876년 개항 이후 외세의 침입에 따른 사회경제적 혼란, 임오군란·갑신정변 등에 따른 정치적 혼란 속에서, 봉건왕조의 탄압을 받으면서도 2세 교주 최시형의 지도 아래 교세를 확장해 갔다.

1893년 말, 전라도 고부군수 조병학의 탐학을 견디지 못한 농민들은 고부의 동학접주 전봉준이 써 준 진정서를 관아에 제출하고 호소하였으나 오히려 구금되었다가 풀려났다. 이제 호소만으로는 탐학을 없앨 수 없었다. 1894년 1월 천여 명의 농민들이 고부 관아를 들이쳤다. 머리에는 흰 수건을 동여매고 손에는 죽창과 몽둥이를 들고 있었다. 관아는 농민군에게 점령되었다.

이리하여 '제세안민(濟世安民)', '왜이축멸(倭夷逐滅)'을 기치로 내건 동학혁명이 시작되었다.

각지에 전봉준의 통문이 전달되고, 각지에서 이에 호응하여 보국안민의 기치를 높이 들었다. 1894년 3월에 백산(白山)을 점령한 농민군은 서울로 진격할 것을 결정하고 전라도 충청도 각지에서 관군을 무찌른다. 그리고 5월에는 전라도 53개 고을에 집강소를 설치하여 폐정을 개혁하기 시작하였다.

탐관오리의 징벌, 노비문서의 소각, 무명잡세의 철폐, 인재의 등용, 매국노에 대한 징벌, 토지의 평균 경작 등 동학의 개혁안은 실로 혁명적이라 할 수 있었다.

이 무렵 민중들 사이에 불리던 노래가 있다.

파랑새노래

새야 새야 파랑새야 녹두밭에 앉지 마라
녹두꽃이 떨어지면 청포장수 울고 간다

이 노래는 동학혁명을 배경으로 한 민중들의 참요이다. 참요는, 정치적인 징후를 암시하는 민요로서 은유, 파자, 동음이의 등을 사용하고 있다. 따라서 상징적 의미 때문에 그 해석도 다양할 수밖에 없다.

'파랑새'에 대해서는 '전봉준을 따르는 민중'이란 해석이 있다. '파랑'은 '팔왕(八王)' 즉 전(全)의 파자로 곧 전봉준을 의미하며, 파랑새는 전봉준을 따르는 민중을 일컫는다는 것이다.

'녹두'는 전봉준의 아명으로 전봉준의 키가 단신으로 녹두 같다고 하여 붙여졌다고 한다. 그리하여 전봉준을 일컬어 녹두장군이라고 한 것이다.

그런데 이렇게 해석할 때 '파랑새야 녹두밭에 앉지 마라'는 부분이 이해하기 힘들다. 그래서 파랑새는 청나라 군사, 녹두는 전봉준, 청포장수는 민중을 뜻한다는 해석이 나오게 된다. 즉 파랑은 '청(靑)'이고 곧 동학혁명을 진압하기 위해 온 청나라 군사라는 것이다. 녹두가 전봉준임은 이론이 없다. 그리고 청포장수는 녹말묵을 파는 행상으로 당시 천대받던 일반 민중을 일컫는다는 것이다.

그래서 위 노래의 뜻은 '청나라 군사야, 동학군을 짓밟지 말라, 녹두장군이 쓰러지면 민중이 슬퍼 운다'는 것이다.[1]

이 파랑새노래는 시기와 지역에 따라 구전되면서 여러 형태로 불렸다.

① 정읍지방

1) 최승범, 「녹두 장군과 파랑새노래」, 『나라사랑』 15, 외솔회, 1974, 120~128쪽 ; 김의환, 『전봉준 전기』, 정음사, 1978, 279쪽.

새야 새야 파랑새야 / 너 뭣하러 나왔느냐 / 솔잎 댓잎 푸릇푸릇
하절인 줄 알았더니 / 백설이 펄펄 / 엄동설한이 되었구나
② 평양지방
새야 새야 파랑새야 / 녹두잎에 앉은 새야
녹두잎이 깐닥하면 / 너 죽을 줄 왜 모르니
③ 원주지방
새야 새야 파랑새야 / 깝죽깝죽 잘 논다만 / 녹두꽃을 떨구고서
청포장수 부지깽이 / 맛이 좋다 어서 가라
④ 홍성지방
새야 새야 파랑새야 / 네 굽을랑 엇다 두고 / 조선굽에 나왔느냐
솔닙댓닢이 파룻파룻하길래 / 하절인 줄만 알고 왔더니 / 백설이 휘날린다
(①·② 최승범, 1974, 128~130쪽 ; ③ 임동권 편, 1993, 328쪽 ; ④ 임동권 편, 1992, 143쪽)

이들 파랑새노래에서도 파랑새는 청나라 군사를, 녹두는 전봉준을 의미하고 있
다. 그리하여 청나라 병사들이 자신만만하게 우리나라에 출병(하절)하였으나 일본
과의 전쟁에서 패배(엄동설한)한 사실을 표현하기도 하고, 거들먹거리며 동학군을
진압하려다 조선 민중들에게 혼이 난다는 경고('너 죽을 줄 왜 모르니', '청포장수
부지깽이 맛이 좋다 어서 가라')의 내용을 담기도 하였다.

이렇게 볼 때 파랑새노래는 민중의 반외세 정서를 참요적 표현을 빌어 나타내
고 있는 것이다. 즉 '녹두'와 '청포(녹두묵)장수'는 농민전쟁의 지도자와 그를 따르
는 민중으로 상호 의존적 관계에 있으며 '새'는 '녹두밭'에 앉아 '녹두'를 떨어뜨리
는(즉 조선의 민중을 해치는) 외세로서 녹두(청포장수)와 대립적 관계에 있는 것
으로 상징화되고 있다. 그리고 한 걸음 나아가, '새'의 이미지에는 청나라 외에 일
본도 포함되고 있다. 다음과 같은 파랑새노래(녹두새노래)를 보자.

① 전주지방
웃녁새는 우로 가고 / 아랫녁새는 아래로 가고
전주 고부 녹두새야 / 두룸박딱딱 우여……
② 예산지방
아랫녁새야 아래로 가고 / 윗녁새는 윗녁으로 가고
우리 어머니 아버지 / 손톱발톱 져러지게 농사진 것
어떤 새가 다 까먹니 / 위여 - 위여

③ 완주지방
　웃논의 웃녁새야 / 아랫논의 아랫녁 새야 / 전주고부 녹두새야
　우리 오라바니 장개갈 때 / 찰떡치고 멧떡칠란다 / 고만조만 까먹어라
④ 새야 새야 녹두새야 / 웃녁 새야 아랫녁 새야
　전주 고부 녹두새야 / 함박 쪽박 열나무 딱딱 휘여
　　　　　　　(① 임동권 편, 1993, 328쪽 ; ②・③ 상동, 509쪽 ; ④ 상동, 593쪽)

　이 노래들에서는 파랑새가 녹두새로 되어 있고 구체적으로 웃녁새와 아랫녁새
로 표현되고 있다. 여기서 웃녁새는 청나라를, 아랫녁새는 일본을 의미하고 있음
을 유추할 수 있다. 그리고 파랑새를 명기한 노래들과 마찬가지로 '새'의 이미지는
'녹두'를 해치는 것으로 나타나고 있으며, ②의 경우처럼 농민이 농사지은 것을
'까먹는다'고 직접적으로 표현하기도 한다.

　따라서 파랑새노래는 각지에 유전되며 여러 가지 표현으로 바뀌어 불렸지만 그
기본적 정서는 농민전쟁에 대한 민중의 지지, 나아가 자신들의 '생산물'을 지키고
자 하는 민중의 바람이었으며, 이것은 역으로 농민전쟁을 억누르려는 외세(청나라
와 일본)에 대한 반외세 의식의 참요적 표현이었던 것이다.

　이들 파랑새노래는, 사회변혁운동으로서의 동학혁명에 대한 민중의 기대와 그
실패에 대한 민중의 슬픔을 담고 구전되었는데 일제강점기에 가창이 금지되었으
나 민중 속에서 계속 이어졌다. 또한 이 노래는 반외세・반봉건의 기치를 내건 동
학혁명을 배경으로 한 근대가요의 효시라고 할 만하다.

　임동권은 녹두새노래가 정서적으로 변하여 현재까지 널리 불리는 '새야 새야
파랑새야 녹두밭에 앉지 마라……'는 파랑새노래가 나왔다고 하였다.[2] 기록을 볼
때 1923년 『동아일보』에 파랑새노래가 실려 있다. 당시 동아일보는 '지방동요란'
을 만들어 각지의 민요 혹은 동요를 의도적으로 많이 싣고 있는데 11월 24일자에
합천지방의 동요로 이성홍(李聖洪) 제공으로 실려 있다. 그러나 당시 처음 소개되
는 노랫말이 아니라 구전되어 오던 민요를 실었다는 점에서 이 노랫말은 동학혁
명 시기부터 존재하였을 것이다.

　한편 봉건 조선왕조는 동학혁명을 진압하기 위하여 청나라에 구원을 요청한다.
조선에 대한 지배권을 다투던 일본과 청나라는 자국의 군사를 파병하여 조선 내

---

2) 임동권 편, 『한국민요집 1』, 집문당, 1993(재판), 594쪽.

에서 세력다툼을 벌이며 조선의 궁궐을 침범한다.

집강소를 설치하고 개혁을 전개하던 동학농민군은, 재차 기의하여 서울로 북진한다. 이 무렵에 불렸을 것으로 추정되는 다음과 같은 참요가 있다.

　　가보세 가보세 / 을미적 을미적 / 병신되면 못 가보리

이 노래의 뜻은 "갑오세(甲午歲 : 1894년)에 일어난 동학혁명이 을미(乙未 : 1895년)적거리며 병신년(丙申年 : 1896년)이 되면 실패하니 그 때까지 끌지 말고 성공해야 한다"는 것으로 민중이 총궐기하여 농민혁명군에 가담할 것을 권고하는 것이다.

1894년 9월에, 전봉준을 총대장으로 한 호남지역의 농민군은 북상을 해서 남하하는 일본군과 도처에서 격전을 벌인다. 공주 인근 우금치에서 며칠을 두고 일본군·관군과 일대 공방전을 벌인 농민군은 우수한 근대적 화기를 갖춘 일본군에게 패배하고 시산혈하의 전쟁터를 뒤로 하고 후퇴를 할 수밖에 없었다. 이후 도처에서 일본군에 대해 항전하였으나 역부족으로 농민군은 패배하고 말았다.

이들 농민군의 반외세 전쟁이 얼마나 치열했는지 12월 17일 보은에서 2천 6백여 명의 농민군이 일본군·관군 혼성군에 의해 모두 전사·피살된 사례도 있었다. 이 농민군의 집단 매장지가 몇 년 전 발견되어 일본군의 집단학살 사실이 확인되기도 했다.3)

이 시기에 농민군의 패전을 안타까워하며 민중들이 부르던 노래들이 있다.

　① 봉준아 봉준아 전봉준아 / 양에야 양철을 질머지고
　　놀미 갱갱이 패전했네
　② 개남아 개남아 진[김]개남아 / 수많은 군사를 어데다 두고
　　全州야 숲애는 유시했노

(임동권 편, 1993, 594~595쪽)

① 노래에서 놀미는 논산, 갱갱이는 강경(江景)의 사투리이다. 이 두 노래는 논산과 강경에서 패전하여 사산한 농민군의 모습과 전주지역으로 후퇴한 김개남의 모습을 담고 있다. 그러나 이들 노래에서 지명은 중요하지 않으며, 또 언제부터

---

3) 『조선일보』 1992년 12월 2일.

이 노래를 불렀는지도 중요하지 않을 것이다. 중요한 점은 민중의 바람을 안고 싸우던 농민군이 패전하고 흩어진 사실에 대한 민중의 안타까운 심정이 정서적으로 표현되어 있다는 것이다.

전봉준은 한때 부하였던 김경천(金敬天)의 배신으로 체포되고 만다. 그리고 서울로 압송되어 교수형을 당하니, 보국안민의 사상으로 혁명을 일으켰던 녹두장군의 최후였다. 동학농민군 지도자이던 김개남, 손화중 등도 같은 운명에 처한다.

전봉준은 「운명(殞命)」이란 유시를 남기고 있다.

　　때를 만나서는 천하도 내 뜻과 같더니
　　운 다하니 영웅도 스스로 어쩔 수 없구나
　　백성을 사랑하고 정의를 위한 길이 무슨 허물이랴
　　나라 위한 일편단심 그 누가 알리

(『나라사랑』 15, 170쪽)

전봉준이 체포되어 서울로 압송되던 길목에서 아이들은 다음과 같은 노래를 불렀다고 한다.

　　녹두야 녹두야 전녹두야 / 그 많은 군사 어디에 두고
　　서울 군사에게 잡혀가느냐

(「97세 동학군 노병」, 『조선일보』 1972. 8. 13)

이 노래의 전녹두는 바로 전봉준이다. 농민군의 최고 지도자이던 전봉준이 '서울 군사'에게 잡혀가는 정황을 노래하고 있는 것이다.

2. 동학혁명을 기리며

외국군 때문에 좌절된 그 혁명
상처는 깊어도 동학은 자랐네

외세의 침입으로 동학혁명은 실패하였으나 그 영향은 대단히 컸다. '아래로부터의 근대화'의 길을 외세의 힘을 빌어 억누른 봉건왕조는, 자율적 근대화의 길을 외면한 채 일본에 의한 '위로부터의 타율적 근대화'의 길에 접어들게 되었다. 이른바

갑오경장의 실행이다. 그러나 자율적 근대화를 위한 노력인 동학혁명을 억누르고 실행된 갑오경장은, 일제의 조선침탈을 가속화시키는 결과를 가져오고 나라의 운명은 점차 어두워져 갔다.

1920년대에 만들어진, 동학혁명을 기리는 노래가 있다.

동학혁명기념가

1. 무너져가는 이조말엽 가혹한 채찍에 / 쓰러져가는 창생의 광명은 동학
   동학은 힘차게 일어섰다 / 쌓이고 쌓였던 분격은 마침내 터지고 말았다
2. 화산과 같이 타오르는 혁명의 불꽃 / 동학 깃발에 모여든 억울한 창생
   정의의 용천검 높이 드니 / 후천개벽의 종소리 천지를 힘차게 울렸다
3. 삼국 군사가 몰려와서 동학을 쳤어도 / 만고청사의 정의는 길이 살아서
   우리의 가슴을 두드린다 / 장하고 장하다 영원히 빛나는 갑오동학혁명

(『광복의 메아리』, 80쪽)

동학혁명의 모습을 표현하고 있는 이 노래는, 동학교도가 만든 것으로 보인다. 동학농민군은 흰 옷을 입고 머리와 허리에 수건을 두르고 창·칼·화승총 등 재래식 무기로 무장했으며 누런색 기를 표지로 삼았다. 백산에서 기의했을 때 모두 흰 옷을 입고 청죽창을 지녔기 때문에, '서면 백산이요 앉으면 죽산'이란 말이 있었다. 2절 노랫말의 '용천검(龍泉劍)'은 옛날 중국 장수들이 쓰던 보검으로 여기서는 일반적인 보검의 뜻으로 사용되었다. 3절 노랫말의 삼국 군사는 당시 조선을 침탈하던 일본·청국·러시아를 말한다. 노랫말에, 외세가 동학을 쳤어도 정의는 청사에 살아 남아 갑오동학혁명은 영원하다고 하여 그 뜻을 계승할 것을 주장하고 있다. 「동학혁명기념가」와 아울러, 전사한 농민혁명군을 추모하는 노래도 있다.

동학혁명군추모가

1. 보국안민 제폭구민 갑오동학혁명 / 우러러 보이고 머리 숙여지네
2. 겨레의 새 길을 열어준 그 혁명 / 혁명은 꺾여도 겨레는 살았네
3. 외국군 때문에 좌절된 그 혁명 / 상처는 깊어도 동학은 자랐네
(후렴) 세상을 위해 목숨바친 거룩한 님이여 / 우리들 앞날을 열어주소서

(『광복의 메아리』, 81쪽)

위에서 언급했듯 제세안민과 왜이축멸의 기치를 높이 들고 일어선 농민혁명군
은, 외세를 무찌르기 위하여 북상하였다. 동학농민군은 신식무기로 무장한 일본군
·조선관군 혼성군과 공주 관문인 우금치에서 대규모 전투를 벌였다. 6, 7일 동안
지속된 대규모 혈전으로 우금치는 시산혈해를 이루었다. 농민군은 일본군의 신식
무기에 밀려 전사자들을 뒤로 하고 후퇴할 수밖에 없었다. 전국 각지에서 일본군
의 동학군 '섬멸전'이 전개되었다. 삼천리 곳곳에서 동학농민군이 전사하고 동학
혁명군의 지도자들이 체포되어 효수되었다. 어떤 관군전투기록은 당시 동학군의
처참한 최후를 다음과 같이 기록하고 있다. "논두렁에 연하여 죽은 시체와 머리가
눈에 걸리고 발에 차이다."[4]

위 추모가의 가사는 일본군에 의해 비록 동학혁명이 좌절되고 그 지향한 바의
혁명이 좌절되었다고 하나 겨레는 살아 있다며 동학군 영령을 추모하고 있다.

1920년대에는 「고치강의 노래」도 탄생하였다.

고치강의 노래

1. 평안도 태천 땅 고치강에는 / 지나간 먼 갑진년에요
   수많은 동학군이 뛰어들어서 / 푸른 물에 풍덩실 떠내려갔소
2. 그들의 몸뚱이는 없어졌지만 / 거룩한 영혼은 남아 있어요
   동학군 처죽이는 양반님네도 / 지금은 머리깎고 교인됐지요

(『광복의 메아리』, 151쪽)

동학혁명의 좌절 이후, 도통(道統)을 이어받은 손병희는 1904년 조국을 근대화
시키는 혁신운동의 방안으로 동학교도를 주축으로 진보적인 사회단체를 발족할
것을 동학 간부들에게 지시하였다. 이에 따라 각지의 동학교도들은 대규모 집회를
개최하며 개혁운동을 전개하였다.

이러한 가운데 1904년(甲辰年) 8월 30일 이정점, 고봉서 등의 지도로 태천(평
안북도 남서부에 있는 군으로 지세가 험준함)에서 집회를 열고 단발을 하며 시국
연설을 하였다. 9월 3일 관군의 강압으로 해산을 당하는 듯했으나, 개천의 동학교
도 200여 명이 도착해서 다시 힘을 얻은 교도들은 읍내로 들이쳤다. 이에 당황한
읍내 향장이 관군에게 발포를 명하였다. 이에 교도들은 10여 리를 쫓기면서 고치

---

4) 김대상, 「전봉준의 9월 재기와 그의 혈전」, 『나라 사랑』 15, 113쪽.

강에 당도하였고 계속되는 관군의 발포에 총탄을 맞고 배가 전복되어 익사한 사람이 수백 명에 이르렀다.

위 노래는 이러한 역사적 사실을 배경으로 만들어진 것이다. 노래 말미에 '동학군 처죽이는 양반님네도 지금은 머리깎고 교인됐지요'라는 대목에서 당시 동학의 위세를 엿볼 수 있다.

1920년대에는 동학을 기리는 행진곡도 나온다.

① 동학행진곡

　1. 정의와 자유 위하여 피흘린 위대한 역사
　　　창생의 힘 우리 광명은 동학뿐이었었네
　　　그 깃발 아래 우리는 얼마나 힘차게 싸웠나
　2. 우리는 새 세상 위하여 한울이 보낸 용사다
　　　나가자 우리 사명은 보국안민 광제창생
　　　선열이 흘린 거룩한 그 피를 우리는 받자
　(후렴) 들어라 개벽의 깃발을 용감한 우리 용사야
　　　　　빛나는 우리 역사를 등에 지고 나가자

(『광복의 메아리』, 149쪽)

노랫말에서 '한울'은 '큰 우리', '온 세상'의 뜻으로 우주의 본체를 이르는 말이다. 동학에서 한울은 곧 우주를 맡아 다스리는 최고의 신으로 '하느님'의 뜻이다.

② 개벽행진곡

김원용 작사, 서영모 작곡

　1. 보아라 창공에 휘날리는 궁을기 / 창생아 이 깃발에 우리 뭉치면
　　　선천은 물러가고 후천개벽에 / 동학의 오 - 동학의 피가 끓는다
　2. 들어라 새 세계를 깨우치는 종소리 / 동덕아 이 소리에 보조 맞추면
　　　암흑은 물러가고 후천개벽에 / 무궁한 오 - 무궁한 먼동이 튼다
　(후렴) 영광은 우리의 것 학도 수운도야 / 나가자 앞으로 다 앞으로
　　　　　지상천국 꽃피는 동산은 부른다

(『광복의 메아리』, 150쪽)

동학의 근본 사상인 후천개벽을 소재로 하여, 새 세계가 열릴 것을 기원하는 천

도교의 노래이다. 선천 세계에서는 사람이 사람 대접을 받지 못하고 빈부귀천의 차별에서 벗어날 수 없으나, 이 선천 세계가 종말을 고하고 '후천개벽의 오만년' 운수가 열리면 바야흐로 태평성세(지상천국)가 이루어진다고 동학은 말하고 있다. 그러나 이 후천개벽은 저절로 오는 것이 아니고 불쌍한 백성을 구하고 나라를 새로 일으키려는 동학도의 노력에 의해 이루어진다고 동학은 말한다.[5]

3. 천도교의 활동

최시형을 이어 제3세 교주가 된 손병희는 일본 망명중인 1905년 12월 1일을 기하여 동학을 '천도교'로 선포한다. 한때 동학교도였던 이용구 등은 러일전쟁 이후 일진회란 이름으로 일본의 보호에 찬성한다는 매국적 성명을 발표하였으며 1905년 11월에는 일제의 강탈에 의한 을사늑약이 있었다. 이에 손병희는 동학을 근대적 민족종교로 재건하기 위하여 '천도교'를 선포하였던 것이다. '천도'라는 이름은, 최수운이 "도는 비록 천도나 학인즉 동학이라"고 한 데서 유래한다.

손병희는 일찍이 1904년(갑진년)에 동학의 사회개혁운동으로서 '갑진개혁'을 추진하였는데, 을사늑약 이후에는 서울에 천도교중앙총부를 건설하고 교세 확장을 위해 노력하였다. 그리고 1910년 치욕적인 경술국치 이후에는, 독립운동을 위하여 인재양성, 천도교인의 교육, 운동자금의 축적을 위해 다방면으로 노력한다. 교도 100만 명이 한 끼 식사마다 한 숟가락을 절약하여 낸 '성미(誠米)'는 이후 3·1독립운동 자금으로 사용되었다.

1919년 1월 손병희는 오세창, 권동진 등과 독립선언을 도모한 후, 2월 27일 독립선언문에 민족대표 33인의 서명을 마쳤다. 3월 1일 광무황제의 장례 전일을 기하여 파고다 공원에 모인 군중 앞에서 독립선언서가 낭독되었다.

독립만세운동은 삼천리 곳곳으로 번졌다. 200만여 명의 군중이 참여하였고 1,500여 회의 집회가 있었다. 일제에 체포되어 투옥된 지사만도 4만 6천여 명에 이르렀다.

일제는 3·1운동 이후 무단정치에서 기만적 문화정치를 표방하며 회유책을 쓰

---

5) 최동희, 『해월 최시형』, 태극출판사, 1972.

기 시작했다. 3·1운동 후 천도교는 정치운동을 위하여 정치단체를 만들고자 노력한다. 1919년 8, 9월경 이돈화를 중심으로 천도교청년 교리강연부(敎理講硏部)가 조직되었다. 이 단체는 1920년 천도교청년회로 발전하였다.

천도교청년회의 회가는 다음과 같았다.

천도교청년회가

1. 햇빛 찬란히 떠오르는 동방의 정기가 뭉쳐 / 후천개벽의 동학이 태어났네
   우리는 동학의 아들 개벽의 전위 / 오 만세 일지대장부 천도교청년회
2. 길고 괴로운 어둔 세상 개벽의 소리 나더니 / 밝고 눈부신 동학이 태어났네
   우리는 개벽의 일꾼 천도교청년 / 오 만세 일지대장부 봉황같은 우리들
3. 잠을 못깬 창생들아 태양이 중천하였다 / 자리 박차고 일터로 나가자
   우리는 천도교청년 후천의 주인 / 오 만세 일지대장부 새 세상의 주인공
4. 물러가거라 어두움아 동쪽에 태양이 뜬다 / 후천개벽의 종소리 우렁차다
   피끓는 천도교청년 불끈 쥔 주먹 / 오 만세 일지대장부 장부당전 무장사
5. 앞서나가자 새 세상에 인내천 태양을 안고 / 가로막는 어두움 물러가라
   피끓는 천도교청년 힘차게 전진 / 오 만세 일지대장부 시호 이 때로구나

(『광복의 메아리』, 152쪽)

천도교청년회는 3대 출판사업으로 『개벽』, 『신여성』, 『어린이』 등의 간행물을 냈다. 특히 종합지 『개벽』은 민족자주사상과 사회개혁, 신문화운동의 논지를 펴면서 언론창달에 이바지하였다.

『개벽』은 천도교의 기관지 성격을 지니고 천도교의 인내천 사상을 선전하였다. 이와 아울러 자유주의, 사회주의 등 새로운 사조를 전파함으로써 계몽운동·사회운동에 공헌하였고, 문인들의 작품을 게재함으로써 신문학운동에도 공헌하였다.

천도교청년회는 천도교청년당으로 발전하였다. 천도교 언론의 대표자 격인 이돈화, 김기전, 박사직 등의 발의에 의해 새로운 주의, 강령 등이 만들어졌다. 천도교청년당의 당가는 다음과 같았다.

천도교청년당가

울려라 개벽소리 만국민에게 / 오만년 대대손손 바라던 소리
이 소리 한번 울려 선천이 가고 / 두번 울려 이 땅위에 후천이 오네

　　우리 당은 개벽의 당 / 거룩한 빛 동서남북 만만국에 제일의 당
　　만세 만세 우리 청년당 만만세

(『광복의 메아리』, 153쪽)

　천도교청년당은 '후천개벽'을 목표로 하여 '정신개벽', '인간개벽', '사회개벽'을
정책으로 내세웠다. 이 정책을 바탕으로 '천도교 전위대' 육성을 위하여 당원을 훈
련하고 교리를 연구하며 선전에 힘썼다. 그리고 여성, 청년, 학생, 농민, 노동자, 상
민(商民) 등의 대중 부문 운동을 전개하였다.

　청년당 사업이 한창일 때는 전국 120개 지부에 3만 당원이 있었다. 당중앙본부,
지방당부, 지부[接]로 조직되었으며 당두(黨頭)는 조기간, 김기전이 주로 맡아 하
였다.

　그러나 천도교의 정치활동에 문제가 없었던 것은 아니다. 즉 천도교의 최고 간
부는 자치운동을 주장하면서 친일적 태도를 표방하였던 것이다.

　천도교는 민족운동을 전개하는 과정에서 이른바 구파와 신파로 분리된다. 구파
는 옛날 동학의 체제를 유지하자는 입장이었고, 신파는 그 체제를 바꾸자는 입장
이었다. 그러나 민족운동에 있어서는 구파가 오히려 혁신적이었고 신파가 보수적
이었다. 구파에는 신숙, 최동오, 유동열 등 일제와 절대 타협하지 않는 애국지사들
이 있었고, 신파에는 최린 등 일제에 순응하여 독립운동을 포기하는 인사들이 있
었다.[6]

　신파 천도교의 지도급 인사들이 일제 통치에 순응하였음에도 불구하고, 천도교
의 중간 간부 이하는 반일의식을 가지고 민족운동에 참여하였다.

　천도교 운동에 있어서 한 가지 주목할 사실은, 만주에서 결성된 고려혁명당 조
직에 천도교 혁신파가 참여한 점이다. 만주의 민족주의자, 정의부, 국내의 형평사,
천도교 혁신계(천도교 민족운동파), 노령의 사회주의자 등이 참여한 고려혁명당은
민족독립운동을 위하여 국내·만주·노령을 연결하여 조직된 독립운동정당으로
획기적인 것이었다. 이 고려혁명당 조직에 참여한 천도교 혁신파로는 이동구, 이
동락, 송헌, 김봉국 등이 있다. 이들은 손병희가 서거한 이후 1922년 7월 14일 고
려혁명위원회를 조직한 바 있었다. 이것은 천도교 운동에 있어서 가장 혁신적인
독립운동단체였다고 할 수 있을 것이다.

---

6) 박영석, 『민족사의 새 시각』, 탐구당, 1986, 237쪽.

천도교 혁신파가 참여한 고려혁명당은 1927년 간부급 인사들이 일제에 체포됨으로써 와해되고, 이후 천도교 운동은 국내 신간회 운동에 대거 참여하였으나 이역시 신간회 해소와 더불어 침체하기 시작하였다.

그러나 침체 과정 속에서도 천도교 구파의 박인호 등은 1938년에 '왜적을 물리치고 속히 독립을 달성하리이다'는 내용의 특별기도를 하여, 일제에게 체포되었다. 200여 명의 신도가 연루되어 일제에게 고문을 당한 이 '특수기도 사건'은 1933년 최린 등 신파계에서 '대동방주의'를 제창하면서 적극 친일활동(국방헌금, 신사참배, 황국신민서사 낭송 등)에 나선 것과 대비된다.

제2장 의병전쟁

1. 초기 의병전쟁

의병하여 나라 찾세 왜놈들은 강성한데
나라없이 어이 살며 어느 곳에 산단 말인가

동학혁명을 빌미로 하여 청나라와 전쟁을 벌인 일본은 전쟁에서 승리하여 대륙침략의 야망을 이룩하려고 하였다. 일본은, 청나라와 마관조약을 체결하여 요동반도를 소유하려 했으나, 러시아·독일·프랑스 등 삼국이 간섭하여 이를 가로막았다. 일본이 무릎을 꿇는 모습을 본 조선정부는, 러시아쪽에 힘을 의지하게 되었다.

대륙침략의 좌절을 우려한 일본은 명성황후를 시해하여 다시 조선에 대한 영향력을 회복하려 하였다. 1895년 일본공사의 지령을 받은 일본 낭인들이 대궐로 침입하여 옥호루에서 명성황후를 시해하였다. 일본 폭도들은, 보물을 훔치고 명성황후의 유체에 입에 담지 못할 욕을 한 후 기름을 부어 태워버렸다.

8월 20일에 있었던, 실로 잔인한 만행이었다.

이 사건이 있은 지 3개월 후인 11월 15일 조선정부는 단발령을 발표하였다. 단발령은 전국 재야의 유림을 격동시켰다. 개항 이후 누적되어 온 반일감정이 을미사변과 단발령을 촉발제로 하여 폭발한 것이다.

삼천리 곳곳의 유림이 의병을 일으켜 항일전쟁을 선포하였다. 최초 기의는 문봉석을 중심으로 하여 보은에서 일어났고, 이후 곳곳으로 파급되었다.

초기 의병 기의지역과 그 의병장은 다음과 같다.

경기도 : 이천(민승천·김하락) 여주(심상희) 지평(지금의 양평, 이춘영) 등
강원도 : 춘천(이소응) 강릉(민용호) 홍천(최삼여) 춘천(유홍석) 원주(이인영) 등
충청도 : 홍성(김복한·안병찬) 제천(유인석·이춘영) 등

경상도 : 안동(권세연) 진주·김해(노응규) 문경(이강년) 김산(허위) 등
전라도 : 광주(기우만) 나주(이학상) 등

의병들은 기의할 때 격문을 각지로 보내 의병전쟁의 대의명분을 밝혔다. 일례로 이소응 의병부대의 격문은 "지금 왜노(倭奴)가 창궐하고 국내의 적신(賊臣)이 그들에게 아첨하여 붙어 국모를 시역하고 군부를 늑삭(勒削)하기까지 [하니]……온 군대와 백성들이 모두 불공대천의 원수로 생각한다"고 밝히며 국가의 원수와 치욕을 씻을 것을 만인에게 알리고 있다.[1]

의병의 격문(창의문)은, 당시 국난의 상황에 대한 유림의 정서를 유학적 입장에서 격정적으로 표현하여 조선인의 의병전쟁을 촉구한 것이다. 창의문과 아울러 의병진영에 참여할 것을 촉구하는 다른 수단으로 창의가가 있었다. 창의가가 어떤 방식으로 창의에 이용되고, 또 어떤 실질적 효과를 가져왔는지는 기록상으로 확인되지 않으나, 창의문이 유학적 입장에서 정리한 의병전쟁의 명분 선언이라서 다소 대중이 이해하기 어려운 반면 창의가는 노래라는 표현 방식이기 때문에 대중적 전파력이 강했을 것이라고 생각된다.

초기 의병 시기에 불린 것으로 확인되는 창의가로, 유홍석의 창의가가 있다.

의병창의가

유홍석 작사

1. 우리조선 형제들아 의병하러 나가보세
   의병하여 나라찾세 왜놈들은 강성한데
   나라없이 어이살며 어느곳에 산단말인가
2. 원수왜놈 몰아내어 우리나라 지켜보세
   우리임금 세도없이 왜놈들이 강성하니
   빨리나와 의병하고 의병하여 애국하세
3. 우리들도 뭉쳐지면 무슨일을 못할소냐
   의병하다 죽는것은 떳떳하게 죽음이라
   조선나라 청년들아 빨리나와 의병하세

(『배달의 맥박』, 302쪽)

---

1) 『習齋先生文集』(독립운동사편찬위원회 편, 『독립운동사 1』, 166쪽에서 인용).

의병에 참가해서 '원수 왜놈'을 물리치고 나라를 찾을 것을 권고하는, 일종의 의병모집 노래이다.

2절 노랫말에 '우리 임금 세도 없이'라는 표현은, 일제(및 친일파)에 의해 강제로 단발한 고종의 모습을 그리고 있다. 일본은 군대로 궁성을 포위하고 친일파를 앞세워 고종에게 머리를 깎지 않으면 도살한다고 위협하여 단발케 했던 것이다.

작사자 유홍석은 의병장으로 춘천에서 기의하고 재종(再從) 유인석과 함께 충북 제천에서 일본군에 항전하였다. 일본군에 밀려 한때 피신하였다가, 경기도 가평에서 다시 1천여 명의 의병으로 기의하여 전투중 부상을 입고, 중국으로 망명하였다가 그 곳에서 병사하였다.

2. 중기 의병전쟁

> 추풍이 소슬하니 영웅의 득의시라
> 장사가 없을소냐 구름같이 모여든다

의병장의 전사, 관군의 대대적인 진압전 등으로, 초기 의병은 1896년 8월 이후 약화되고 의병전쟁은 소강상태로 접어들었다. 그러나 을사늑약이라는 국가적 굴욕과 비운은 다시 한 번 의병의 기치를 높이 들게 만들었다.

러일전쟁에서 승리한 일제는 친일파를 앞세워 '보호'라는 미명 아래 국가의 외교권을 박탈하려 했다. 고종은 친일파의 강요를 뿌리치고 조약에 반대하였다. 한규설, 민영기, 이하영도 이에 반대하였다. 그러나 을사오적(이완용·이근택·이지용·박제순·권중현)이 이에 찬동한다고 선언함으로써, 국왕의 재가도 없는 상태로 을사늑약이 강제되었던 것이다.

이 소식이 전해지자 온 백성이 통곡하였다. 뜻있는 지사의 자결순국이 잇따랐다(제6장 1. 을사늑약 참조). 그리고 전국 각지에서 의병전의 깃발이 다시 나부꼈다. 초기 의병이 단기적이었던 반면에 중기 의병은 장기적이고 조직적이었다. 1905년 을사늑약을 계기로 기의하여, 1907년 군대해산 이후 13도창의군을 결성하였으며 1910년 경술국치 전후까지 지속적으로 항일전을 전개하였던 것이다. 을사조약 이후 군대해산 때까지 활동한 의병부대는 다음과 같다.

원주(원용팔), 단양(정운경), 삼척(김하규), 양구(최도환), 홍천(박장호), 울진(김현규), 용천(전덕원), 홍주(지금의 홍성, 안병찬), 영남(정용기·이한구), 영덕(신돌석), 홍산(민종식), 태인(최익현), 경주(유시연), 황간(지금의 영동, 노응규), 광양·순천(백낙구), 남원(양한규), 창평(고광순), 신돌(우동선), 평산(조맹선) 등.

위 지역들은 대체로 의병이 기의한 지역으로 의병부대들은 여기에서 기의하여 이동하면서 때로 상호 연합하여 작전을 벌이기도 했다.

이 시기 의병 가운데 특히 충남의 민종식·이세영의 의병부대, 전라도 최익현의 의병부대, 경상도 정환직의 의병부대, 신돌석의 의병부대, 황해도 우동선의 의병부대 등의 활동이 컸다.

1907년에 이르러, 일제는 침략의 손길을 더욱 노골화하여 대한제국의 군대를 해산시킨다. 군대해산 소식을 전해 들은 시위 1연대 1대대장 박승환은, "군인으로서 나라를 지키지 못하고 신하로서 충성을 다하지 못하니, 죽어도 아깝지 않다"는 유서를 남기고 자결하였다. 대대장의 자결순국 소식을 들은 1대대 장병은 무기고를 습격하여 무장한 후 봉기하였다. 2연대 1대대도 봉기에 참여하였다. 그리고 일본군과 격렬한 시가전을 전개하였다.

한편 서울 시위대의 항전 소식을 들은 지방의 원주·강화·홍주·진주 진위대에서도 총을 잡고 봉기에 가담하였다. 이렇듯, 서울과 지방에서 군대해산에 반대해 봉기하여 일본군과 전투를 벌였으나, 화력에서 일본군에 뒤진 봉기군은 각 지방으로 흩어지면서 그 지방의 의병진영에 가담하였다.

한편 군대해산 이후 원주로 출진한 이인영은 각지로 돌아다니며 8도 의병의 규합을 추진하였다. 그리고 의병을 통일하자는 격문을 보냈다.

이에 호응하여 다음과 같은 각 도의 의병들이 속속 양주로 집합하였다. 문태수(전라도), 이강년(충청도), 민긍호(강원도), 신돌석(경상도), 방인관(평안도), 정봉준(함경도), 허위(경기도), 권중희(황해도). 이 통합 의병부대는 이인영을 13도창의대장으로 추대하였다. 13도창의군은, 총 1만 명(그 가운데 정예군은 3천 명)에 이르렀다. 13도창의군은 서울로 진격하여 일제 통감부를 격파하고 을사늑약을 폐기할 작전을 전개하였다. 그러나 이인영이 부친의 사망으로 고향으로 돌아가고, 각 부대가 도착하기 전에 서울 근교에서 일본군과 전투가 벌어지게 되었다. 이 전투에서 일본군의 화력에 고전을 겪은 의병은 할 수 없이 퇴각하게 된다.

서울공략에 실패한 의병들은 다시 각지로 흩어져 유격전을 통한 항일투쟁을 지속하였다. 당시 기록의 통계를 보면 1908년 의병의 전투 횟수는 무려 2천 회에 이르고 있다.[2] 군인들의 참여로 조직화된 의병항쟁은 1908년에 최고조기에 달해 전국 도처에서 의병전쟁이 전개되었다. 이 때가 의병전쟁의 최고조기였다.

의병전쟁의 고조기였던 만큼 의병들의 노래도 초기에 비하여 많이 확인된다. 우선 창의가를 보자.

義兵激衆歌(격중가 불러보세)

李錫庸

1. 추풍이 소슬하니 영웅의 득의시라
   장사가 없을소냐 구름같이 모여든다
   어화 우리 장사들아 격중가나 불러보세
2. 한양성중 바라보니 원수놈이 왜놈이요
   원수놈이 간신이라 삼천리 우리 강산
   오백년 우리 종사 무너지면 어찌할까
3. 의병들아 일어나서 왜놈들을 쫓아내고
   간신들을 타살하여 우리 금상 봉안하고
   우리 백성 보전하여 태평세월 맞이하세
4. 어화 우리 장사들아 원수들을 처물리고
   삼각산이 숫돌되고 한강수 띠되도록
   즐기고 노래하세 우리 대한 만만세라

(『광복의 메아리』, 38쪽)[3]

왜적을 물리치기 위해 총궐기해서 나라를 구하자는 의병의 노래로 이석용이 기의(1907년 8월)하여 집을 나서면서 지은 것이다.

이석용은 임실에서 의병을 일으켜 일본군과 싸웠다. 장성의 기삼연 부대와 연합하여 호남창의진을 편성하고 종사(從事)로 활약했다. 남원·전주 등지에서 전공을 세웠으나 임실전투에서 패배하여 의병을 해산하였다. 그 후 재기를 도모하다가 1913년 체포되어 사형대에서 순국하였다.

---

2) 박성수, 「항일의 전선 - 의병」, 『한국현대사 3』, 신구문화사, 1971, 180쪽.
3) 임중빈 편, 『한말저항시집』, 정음사, 1983, 74~75쪽에는 「격중가 불러보세」라는 제목으로 되어 있다.

그런데 이석용은 유생이면서도 평민적으로 사고하고 행동했다. 그는 글만 읽는 유생이 아니라 스스로 경작도 하던 농민이었던 것이다. 그는 의병진 가운데 천민도 능력만 있으면 직위를 높여 주었다.

의병은 유림에서 그 기치를 내걸었지만 농민(평민), 구한국군, 포수 등이 다수 참여하였다. 의병의 실질적 전투력도 이들에게서 나왔다.

위 노래는 유림의 격문과 달리 다분히 대중적이고 평민적이다. 의병의 실질적 전투력인 평민들을 염두에 둔 격중가라 할 수 있다.[4] 또 표현에 영웅장사의 기개가 담겨 있다.

위「의병격중가」가 영웅적 기개를 표현하고 있다면 다음 노래는 의병전쟁의 이념인 위정척사를 뚜렷하게 나타내고 있다.

義兵倡義歌(의병의 노래)

1. 오라 오라 돌아오라 창의소로 돌아오라
   만일 여기 오지 않고 왜적에게 굴복하여
   불행히도 죽게 되면 황천으로 돌아가서
   무슨 면목 가지고서 선황선조 뵈올소냐
   세상이 이러하니 팔도에 의병났네
   무슨 일 먼저할까 난신적자 목을 잘라
   왜적 퇴치 연후에야 보국안민 하여보세

2. 대한천지 우리나라 성자신손 계승하여
   오백여년 성은으로 문명치세 이뤘도다
   이 나라의 백성들아 무슨 공부 하였느냐
   군군신신 충성 忠자 부부자자 효도 孝자
   충신 諡號 효자문이 어느 집엔 없을소냐
   현인군자 濟世하면 삼강오륜 밝아지니
   위정척사 깃발 아래 한데 뭉쳐 싸워보세

(『광복의 메아리』 39쪽)

기좌창의장행군소(畿左倡義將行軍所)의 창의가[5]인 이 노래는 노랫말 첫 구절

---

4) 박성수, 『독립운동사연구』, 창작과비평사, 1980, 219쪽.
5) 위의 책, 78쪽.

에 '창의소로 돌아오라'는 표현이 있는 것으로 보아 13도창의군이 결성된 후 만들어진 노래인 것으로 추측된다.

노랫말 표현에 유림의 위정척사 인식이 두드러지게 나타나고 있다. 왕(선황)에 대한 충성과 부모(선조)에 대한 효도를 바탕으로, 왜적과 난신적자를 물리쳐서 보국안민하자고 권고하며, 그 총체적 이념을 '위정척사'로 표현하고 있는 것이다.

위 노래에서 보이는 척사의 구체적인 인적(人的) 내용은 왜적과 난신적자이다. 그리고 왜적과 난신적자가 행한 '사(邪)'의 내용은 조선의 옛 법을 무시한 '개화'였다.

다음 노래는 개화가 가져온 인심의 산란함을 표현하고 있다.

창의군 창의가

대한 광무 갑오년에 / 왜적이 침범하야
옛 법을 모다 고쳐 / 개화하기 시작했네
관제도 모다 고쳐 / 의복도 모다 고쳐
이래저래 몇 년 만에 / 인심은 산란하고

(『한말저항시집』, 42쪽)

노랫말에 나오는 '갑오년의 개화'는 갑오경장을 말한다. 1894년 동학혁명이 일어나자, 청국과 일본은 한반도에서 자국의 영향력을 더욱 강화하기 위하여 앞다투어 조선에 파병하였다. 그리고 조선을 무대로 저네들끼리 전쟁을 벌였다. 이른바 청일전쟁이다. 이 전쟁에서 이긴 일본은, 조선을 마음대로 요리하기 시작했다. 즉 개화·개혁을 구실로 삼아 한국의 내정을 간섭하면서 국권을 침탈했던 것이다.

개화와 개혁이 우리 스스로의 힘을 바탕으로 밑으로부터 이루어진 것이라면 별문제가 없었겠으나, 일본군의 무력을 바탕으로 한 내정개혁은 파행적일 수밖에 없었다. 일본은 조선을 식민지화하는 데만 관심이 있었지 진정으로 조선의 근대화를 바란 것은 아니었다. 따라서 개혁을 거치는 과정에서 뒷받침되어야 할 재정의 확보가 불가능하였고 조선 사회는 더욱 가난하고 어수선하기만 하였다.

위 노랫말은 갑오경장이라는 개화운동이 일본의 침범으로 인한 것임과 그로 인하여 사회가 어수선함을 그대로 보여주고 있다.

제목은 '창의가'를 달고 있으나 노랫말에 의병의 총궐기를 부르짖는 내용이 없는 것으로 보아, 창의가라기보다 의병진영에서 부르던 노래인 것으로 보인다.

중기 의병이 부르던 노래 가운데는 대한제국 군인들이 부르던 노래도 있었다.

의병노래

1. 배낭지고 총대메고 고개고개 넘어가니 / 아니나는 심화가 절로난다 절로난다
2. 머리깎고 사포쓰고 받들어총 하는소리 / 천지가 드높고 바다가 끓고 끓네
3. 천세천세 천천세 만세만세 만만세 / 대황제 폐하 만세 만만세

(『배달의 맥박』, 305쪽)

노랫말 가운데 '사포'는 '벙거지'로 여기서는 군인들이 쓰는 군모를 뜻한다. '머리깎고 사포쓰고 받들어 총' 한다는 표현으로 보아 이 노래는 원래 대한제국 군인들이 부르던 군가였을 것이다.

을사늑약, 군대해산 등을 거치면서, 대한제국 군인들이 반외세의 기치 아래 일본군과 항전하면서 이 노래가 의병진에 유포되었던 것이다.

이상 의병의 창의가, 의병노래 등이 의병에 참전한 주체들의 노래인 반면에, 의병을 찬양하는 민중의 노래가 있어 주목된다.

의병대가

1. 홍대장 가는 길에 일월이 명랑한데 / 왜적군 가는 길에는 눈비가 쏟아진다
2. 오연발 탄환에는 군물이 돌고 / 화승대 구심에는 내굴이 돈다
3. 괴탁리 원석택 중대장님은 / 산고개 싸움에서 승리하였소
4. 홍범도 대장님은 동산리에서 / 왜적 순사대 열한놈 몰살시켰소
5. 도상리 김치경 김도감님은 / 군량도감으로 당선됐다네
6. 왜적놈이 게다짝을 물에 던지고 / 동해 부산 넘어가는 날은 언제나 될가
(후렴) 엥헤야 엥헤야 엥헤야 엥헤야 / 왜적군대가 막 쓰러진다

(『홍범도장군』, 80쪽 ; 조성일·권철 주편, 1990, 51쪽)

이 노래는 국치 이전 함경도 지방에서 활동하던 의병장 홍범도를 기리는 민요이다. 함경도 의병진영과 지방민들 사이에 널리 유전되었다 한다.

이 노래는 의병을 찬양하는 일반 민중들의 노래로서, 곡도 민요이고 노랫말도 이야기를 엮어내리듯 사실적이다. 후렴의 '왜적군대가 막 쓰러진다'는 표현에 항일전의 승리에 대한 낙관적 정서가 담겨 있다.

홍범도는 포수 출신으로 함경남도 안변에서 40여 명으로 의병을 일으켰는데 1907년 말에는 1천여 명의 항일부대로 확대되었다. 이 부대는 삼수, 갑산, 회령 등지에서 일본군과 전투하여 승전하였다. 홍범도의 의병진은 백성들의 도움을 많이 받았다. 그들은 돈이 있으면 돈으로, 물품이 있으면 물품을 내놓아 의병대에 전달함으로써 항일전쟁에 동참하였던 것이다.

중기 의병진에는 전기와 달리 평민층이 대거 참여했다. 평민 출신 의병장으로는 홍범도, 신돌석, 안규홍, 김봉규, 박도경 등이 유명했다. 한 통계조사에 따르면 1907~1909년 의병 지도층 가운데 30%가 양반이고 70%가 평민이었다.[6] 반외세 전쟁으로서의 의병전쟁이 이념적으로는 유림의 위정척사를 내세웠지만, 실질적 전투력에서는 평민들이 주도했음을 보여주는 대목이다. 그리고 이러한 평민들의 반외세 전투력은 경술국치 이후 전개된 만주·노령의 독립전쟁으로 이어진다.

위 노래에 나오는 홍범도도 1910년 3월 만주로 이동하여 국내진공전을 전개하며 봉오동·청산리 전투를 승전으로 이끌었다. 그는 1921년 노령으로 이동하여 적군에 가담하였다가 은퇴 후 크즐-오르다에서 1943년에 사망하였다.

3. 후기 의병전쟁

> 우리 의병 어디 가고 왜놈군대 득세하니
> 이 내 몸이 어이할꼬 어디간들 반겨줄까

앞서 언급했듯 1907~1908년 전국적으로 의병의 봉기가 일어나 삼천리 곳곳에 의병전쟁이 진행되었다. 1908년 가을까지는 강원도, 충청북도, 경상북도 지역의 의병전쟁이 가장 치열하였다. 일본군은 먼저 이들 지역을 집중 공격하여 무자비한 진압을 하였다. 이어서 전라도 지역에서 의병전쟁이 가장 치열하게 전개되었다. 1909년 일본군은 보병 3개 연대와 헌병, 경찰들을 동원하여 2개월 동안 전라도 지역에 대하여 무자비한 '토벌'을 하였다.

일본군의 무자비한 토벌 가운데서도 살아남은 일부 의병들은 훗날을 기약하면서 만주·노령으로 항전지역을 옮긴다. 그리고 국내에 잔류한 의병들은 소수의 유

---

6) 박성수, 앞의 책, 224쪽.

격전으로 계속 일본군에 대한 항전을 지속한다.

1910년 국치를 전후하여, 경상북도 소백산 일대(최성천), 황해도 백년산 일대(채응언), 강원도 산악지대(강두필), 포천 산악 일대(강기동), 황해도 일대(이진룡), 함경도 안변 일대 등 비록 규모가 작은 유격전이지만 끊임없이 일본군과 일본경찰을 공격하였다.

또한 유인석, 유홍석, 이진룡, 조맹선, 홍범도, 박장호, 전덕원, 백삼규, 안중근 등의 의병지도자 및 의병진이 만주·노령으로 이동하여 의병 재기의 무대로 삼았다. 이들 해외지역의 의병들은 비록 중기 의병전쟁에서처럼 다대한 전투력을 보유하지는 못했지만 유리한 지리적 이점을 바탕으로 국내로 진공하여 일본군을 공격하였다.

이러한 후기 의병전쟁에서 동지들을 모으며 부르던 군가가 있다.

의병군가

1. 나라없이 살수없네 나라찾아 살아보세
   임금없이 살수없네 임금찾아 살아보세
   조상없이 살수없네 조상찾아 살아보세
   살수없다 한탄말고 나라찾아 살아보세
2. 각도열읍 의병들아 내집없어 슬퍼마라
   나라없어 슬퍼마라 임금섬겨 나라찾세
   우리들은 왜놈잡아 임금앞에 꿇어앉혀
   우리임금 분을풀세 우리조선 분을풀세
   (후렴) 전진하여 왜놈잡자 남김없이 모두잡자
   만세만세 의병만세 청년의병 만만세

(『배달의 맥박』, 311쪽)

이 노래는 경술국치 후 국외로 망명하여 의병전을 지속하던 의병들이 동지를 모으는 과정에서 부르던 노래이다.

노랫말에 '나라 없다고 슬퍼 말고 왜놈을 잡아 조선 분을 풀자'고 하고 있다. 일제의 강탈로 국치를 당하였으나 겨레의 항전은 살아 있음을 노래하고 있는 것이다.

그러나 일본군에 패배하고 나라마저 무력으로 빼앗긴 의병들의 한은 너무도 컸다. 이러한 의병들의 한을 노래한 「신세타령」이 있다.

신세타령

윤희순 작사

1. 슬프고도 슬프도다 이내신세 슬프도다
   이국만리 이내신세 슬프고도 슬프도다
   보이는눈 소경이요 들리는귀 막혔구나
   말하는입 벙어리요 슬프고도 슬프도다
   이내신세 슬프도다 보이나니 가마귀라
   이내몸도 슬프건만 우리의병 불쌍하다
2. 우리조선 어디가고 왜놈들이 득세하나
   우리임금 어디가고 왜놈대장 활개치나
   우리의병 어디가고 왜놈군대 득세하니
   이내몸이 어이할꼬 어디간들 반겨줄까
   어디간들 오라할까 가는곳이 내집이요
   가는곳이 내땅이라 슬프고도 슬프도다
3. 배고픈들 먹어볼까 춥다한들 춥다할까
   내땅없는 설움이란 이렇다시 서러울까
   임금없는 설움이란 어느나라 반겨줄까
   가는곳이 설움이요 발작마다 가시로다
   충신들은 고생하고 역적들은 죽건마는
   충신들을 고생시켜 어이이리 하잔말가
4. 애닯도다 애닯도다 우리의병 불쌍하다
   이역만리 찬바람에 발작마다 얼음이요
   발끝마다 백설이라 눈썹마다 얼음이요
   수염마다 고드름에 눈동자는 불빛이라
   부모처자 떨쳐놓고 나라찾자 하는의병
   불쌍하고 불쌍하다 어이할꼬 애닯도다
5. 물을잃은 기러기가 물을보고 찾아가니
   맑은물이 흙탕이요 가마귀가 앉았구나
   슬프고도 슬프도다 이내신세 슬프도다
   이내몸도 곱던얼굴 주름살이 되었으라
   후년에나 고향성묘 절해볼까 하는것이

　　　주름살이 되어가니 불쌍할사 이내신세
　6. 나라잃은 설움이란 이렇다시 서러울까
　　　어느때나 고향갈까 죽은고혼 고향갈까
　　　가막까치 밥이될까 어느짐승 밥이될까
　　　어느사람 만져줄까 나라잃은 설움이란
　　　하루살면 살았거늘 어이이리 서러우랴
　　　우리의병 슬프도다 이내몸도 슬프도다
　7. 둘도없는 목숨하나 나라찾자 하는의병
　　　장하기도 장도다 이역만리 타국땅에
　　　남겨둔건 눈물이라 슬프고도 슬프도다
　　　이렇다시 슬플소냐 울어본들 소용없고
　　　가슴속만 아파지네 슬프고도 서럽구나
　　　이내몸도 슬프련만 우리의병 불쌍하다
　8. 엄동설한 찬바람에 잠을잔들 잘수있나
　　　동쪽하늘 밝아지니 조석거리 걱정이라
　　　이리하여 하루살이 맺힌것이 왜놈이라
　　　어리석은 백성들은 왜놈앞에 종이되어
　　　저죽을줄 모르고서 왜놈종이 되었구나
　　　슬프고도 슬프도다 맺힌한을 어이할꼬
　9. 자식두고 죽을소냐 원수두고 죽을소냐
　　　내한목숨 죽는것은 쉬울수도 있건만은
　　　만리타국 원한혼이 될수없어 서럽구나
　　　이내신세 슬프도다 어느때나 고향가서
　　　옛말하고 살아볼꼬 애닯도다 애닯도다
　　　방울방울 눈물이라 맺히나니 한이로라

(『배달의 맥박』, 312~313쪽)

　일본군의 토벌 과정에서 수많은 의병들이 항전의 대열에서 희생당하였다. 정용기, 이강년, 민긍호, 허위 등 의병지도자들도 전사 혹은 체포 후 사형당하였다. 훗날을 기약하며 눈물을 머금고 만주로 혹은 중국으로 망명한 의병들도 있었다.
　위의 노래는 의병전쟁에서 패한 '슬픔'과 원수에 대한 '원한', 그리고 국외로 망명한 의병들의 고난을 절절히 그려내고 있다.
　노랫말이 상당히 긴 것으로 보아, 당시 실제로 불리던 노래라기보다 의병전쟁의 간고함을 표현한 가사로 보아도 무방할 것이다.

작사자 윤희순은 의병장 유홍석의 며느리로서 남편과 함께 유홍석 의병진에 참여하여 활동했다. 유홍석이 중국으로 망명하던 길에 윤희순도 동반했다. 노랫말 9절 '만리타국 원한혼'이란 표현에서 해외로 망명한 의병진의 한을 읽을 수 있다.

4. 의병의 반외세 의식

> **우리 대에 못잡으면 후대에도 못잡으랴**
> **원수같은 왜놈들아 너희놈들 잡아다가**

의병들의 기본적 이념은 애국이었다. 그리고 애국의 내용은, 외세를 물리쳐 나라를 위망에서 건지는 것이었다. 유생 출신 의병장들의 애국은 구 제도의 복구였으며 그것은 '나라와 임금과 조상'을 일체시(「의병군가」 1절)하는 데서도 나타난다. 이른바 보수적 근왕운동인 '위정척사'이다. 그러나 이들 유생 의병부대의 경우 명분적 이념은 강하였으나 신분적 갈등 등으로 인하여 전투력이 약화되는 사례가 보이기도 했다.

반면에 의병지도자와 의병군 모두가 평민 출신으로 구성된 의병부대들도 있었다. 예를 들어 홍범도부대, 신돌석부대 등이다. 이들 의병부대의 경우 신분상의 내부적 결속을 통하여 전투력을 강하게 유지할 수 있었다. 이들의 의병운동 이념 역시 애국(반외세)이었다. 구체적 내용이 무엇이었는지 기록상으로 확인되지 않지만 아마 근왕운동으로서의 위정척사와는 다른 모습이었을 것이다.

농민적 유생에 가까운 이석용, 그리고 신분주의를 초월한 전해산 같은 의병장들은 의병진 내에서 능력을 중시하고 신분을 무시했다.[7] 의병전쟁이 진행되는 과정에서 평민의병(혹은 의병장)들의 능력이 발휘되었고 이들은 백성들의 환영과 지지를 받았다.

이들 평민 의병부대가 신분 타파까지 주장했는지는 모르나 여하튼 이들에 의하여 때로 전통적인 신분질서가 와해되는 경우도 있었다. 일례로 박도경이라는 천민 의병장이 체포 후 처형되었는데 그의 운구 길에 영남의 선비들이 기다리고 있다

---

7) 위의 책, 217~219쪽.

제전을 올리기도 했다.

　여하튼 의병의 기본적 이념은 애국이었으며 그것은 나라를 침략하는 외세(오랑캐)에 대한 저항으로 연결된다. 그 구체적인 표현은 '왜놈'에 대한 복수였다. 그리고 그러한 복수는 승전할 때까지 이어질 것이라고 의병들은 말한다.

복수가

　　우리 조선 사람들은 너희놈들 오랑캐들을
　　살려 보내 주지 않고 분을 풀어 보내리라
　　너 죽을 걸 모르고서 왜 왔느냐 이놈들아
　　우리 대에 못 잡으면 후대에도 못 잡으랴
　　원수 같은 왜놈들아 너희놈들 잡아다가
　　살을 베고 **뼈**를 갈아 조상님께 분을 풀리
　　우리 의병 물러서랴 만세 만세 의병 만세
　　우리 의병 이기리라 만세 만세 의병 만세

(『배달의 맥박』, 308쪽)

　이 「복수가」는 의병전쟁에서 전사한 의병들의 원수를 꼭 갚겠다고 결의를 다지는 노래이다. 후일 해외에서 독립운동이 활발하게 전개될 때 동일 제목의 노래가 두 곡 있었다. 의병전쟁 때 불린 위 노래가 「복수가」란 제목을 단 최초의 노래이다.

　그런데 의병의 복수 대상은, 외세만이 아니라 그 외세에 빌붙어 동족을 억탈하는 매국노(주구)도 포함된다. 즉 외세와 결탁하여 나라를 팔아먹는 국내 매국노에 대한 의병의 응징이 보이는 것이다.

의병노래

윤희순 작사

　1. 우리나라 의병들은 애국으로 뭉쳤으니
　　　외론 혼이 된다 한들 그 무엇이 서러우랴
　　　의리로 죽는 것은 대장부의 의리거늘
　　　죽음으로 뭉쳤으니 죽음으로 충신되자
　2. 좀벌레와 다름없는 나라 먹는 주구들아

      어디 가서 살 수 없어 오랑캐가 좋단 말가

      오랑캐를 잡자 하니 내 사람을 잡겠구나

      죽더라도 슬퍼 마라 금수들을 잡는 거다

   3. 의병들은 죽더라도 최후까지 분투하여

      오랑캐를 무찔러서 복수를 할 것이니

      그리 알고 우리 인군 고통되게 하지 말라

      나라 원수 민족 원수 오랑캐와 앞잡이야

(『배달의 맥박』, 304쪽)

  노랫말 1절은 의병의 결사정신을 다짐하는 내용이고 2~3절은 왜적과 '앞잡이'에 대한 권고의 내용이다.

  실제로 의병들은 나라를 팔아먹는 데 앞장서는 매국노에 대한 응징을 하였다. 예를 들어, 함경도 의병부대인 홍범도·차도선 부대는 1907년 11월 의병을 일으키면서, 친일주구인 일진회원 소탕을 선언하고 매국친일과 가렴주구에 앞장서던 일진회원들을 소탕하였던 것이다.

  매국노에 대한 처단은 바로 민중들의 정서와 일치하는 것이었다. 당시 북한지역에서 불리던 「일진회가」는, 친일매국단체인 일진회에 대한 일반 민중의 반감을 반영하고 있다.

일진회가

    회야 회야 일진회야 삼춘화류 좋다더니

    사절 명절 다 지났다 오색 잡놈 모여들어

    육조 앞을 지나가니 칠국거지 너 아니냐

    팔자도 기박하나 구구이 사갔드니

    10월 치성 가련하다 모자 벗어 코에 걸고

    천리원주 네가 할 제 상투생각이 너 안나더냐

(장세윤, 1992, 123~124쪽)

  이 노래는 10진가(十進歌)의 노래형식을 빌어 일진회를 풍자·조소하고 있다. 일진회는 일본의 사주를 받아 송병준, 윤시병, 이용구 등이 조직한 친일매국단체이다. 한국의 외교권을 일본에 넘겨야 한다는 성명서를 발표하였고 을사늑약 이후에는 한일합병을 위한 서명운동을 전개하는 등 나라를 팔아먹는 데 앞장섰다. 민중들은 일진회원을 매국노라고 하며 사갈시했다. 한편 의병들은 매국노에 대한 응징을 다짐하였으나 자신들과 전투를 벌이던 관군들에 대해서는 '형제간의 싸움'이라고 하여 비통한 마음을 표현하고 있다. 다음과 같은 노래가 있다.

애달픈 노래

윤희순 작사

1. 애달프다 애달프다 형제간의 싸움이요
   부자간의 싸움이라 이런 일이 어디 있나
   우리 조선 백성들이 이렇다시 어두운가
   제 임금을 버리고 남의 임금 섬길소냐
   우리 조선 버리고서 남의 나라 섬길소냐
2. 애닯도다 애닯도다 우리 조선 애닯도다
   자기 처를 버리고서 남의 처를 사랑하니
   분한 마음 풀 수 없어 내 가슴만 아플소라
   귀중한 이 목숨을 아무데나 버릴소냐
   나도 나가 의병하세 의병대를 도와주세

(『배달의 맥박』, 310쪽)

의병이 일본군과 전투할 때 일본군의 강압에 못 이겨 관군이 의병을 진압하는 데 동원되었다. 관군과 의병 사이에 비통한 싸움이 벌어질 때 의병진에서 이 노래를 불러 관군에게 원수를 섬기지 말 것을 권고하였다고 한다. 그리고 이러한 반외세 투쟁의 중심에는 희생정신이 있었다. 일종의 의병모집의 노래라 할 수 있는 다음과 같은 「병정타령」에는, 일가의 안위보다 나라의 안위를 중시하는 의병의 희생정신이 담겨 있다.

병정타령

오라 오라 우리 군인들아 / 총대 메고 바랑지고
고개 고개 넘어갈 때 / 부모 처자 생각말고 / 어서 어서 나아가세

(황문평, 1989, 185~186쪽)

단조로운 노랫가락을 타령조로 불렀다고 하는 이 노랫말에는 대아(大我)를 위해 소아(小我)를 희생하자는 의병정신이 압축적으로 표현되어 있다.

제3장 대한제국 군가

함끠 모도 군사되야 경련위디 하여보세
젼신이 쇄분해도 나라 위해 영광되리

　불법적 수호조약(개항), 임오군란, 갑신정변, 동학혁명, 을미사변을 겪는 와중에서 나라의 국방력 약체 현상이 두드러지게 나타났다. 특히 근대적 화기를 갖춘 일본군이, 궁궐을 에워싸고 무력으로 조선왕조를 위협하는 사건도 종종 발생하였다.
　이렇듯 나라의 존망이 백척간두에 선 시기에 군인의 충성을 권고하는 「군가」가 불렸다.

군가

조선국민 되난자난 我君我國 위할지라
膽氣勇略 분발하야 적병만약 잇슬때난
목숨살기 불고하고 一段忠義 힘써보세
飛雨갓튼 탄환중에 귀신갓치 다니면서
鐵노맨든 성문을난 一聲砲響에 깨치고
구름갓치 뫼인적병 바람보듯 훗터보세

　이 노래는, 당시 학부에서 편찬한 『신정 심상소학(『新訂尋常小學』)(327쪽)에 실려 있다. 사찬이 아닌 관찬 교과서에 실린 것이다. 이 책에는 이 노래를 부르는 정황이 다음과 같이 적혀 있다. "이 군사들은 다 강하고 장수의 호령대로 행진하며 아래 쓴 군가를 큰 소리로 불읍니다."
　이 군가에는, '군(君)'과 '국(國)'이 동격으로 되어 있고 군인은 목숨을 아까워하지 말고 충의를 위해 전투해야 한다고 되어 있다. 이 노래가 실린 『신정 심상소학』은 1896년, 즉 대한제국 성립 전해에 편찬되었다. 따라서 노랫말에 충성과 용맹성만을 강조하면서 나라의 부국강병을 주장하고 있지는 않다.

1897년에 고종은 국호를 대한제국으로 선포하였다. 연호도 친일파 내각이 정했던 건양을 버리고 광무로 고쳤다. 이후 대한제국은 일본과 러시아의 침략을 뿌리치기 위하여 집중적인 근대화의 노력을 전개하였다. '부국강병'으로 표현되는 근대화 노력 가운데 하나로 군대의 근대화가 있었다. 무력을 앞세운 외국의 침략을 근대화된 군대를 통하여 물리치자는 뜻이 담겨 있는 것이다. 군대의 근대화에 대한 소망은, 비단 대한제국 정부만이 아니라 독립협회 등 개화파 인사들에 있어서도 강렬했다. 독립협회는 근대적 무관학교의 설립을 통한 군사인재의 양성을 주장하였다. 1898년 드디어 대한제국 육군무관학교가 설립되었다. 또 경군(京軍)으로 2개 연대(친위연대·시위연대 : 1898년 현재)가 편성되었다. 또 지방군은 2개 진위대와 14개 지방대로 편성되었다. 이러한 군사조직의 확대와 아울러 원수부(元帥府)−군부(軍府)−각 부대로 이어지는 조직의 정비도 있었다. 원수부의 원수는 물론 대한제국의 황제였다.[1] 이렇듯 부국강병 및 육군 근대화가 진행되던 시기에 육군장교가 만든 군가가 있다.

① 애국가

인응선

어화 우리 군인들아 이 말삼 드러보오
......
어화 죠흘시고 국부민강하여 볼가
국부민강 하량이면 시화셰풍 하얏셰라
어화 죠흘시고 자쥬독립 하여 보셰
자쥬독립 하량이면 영쥰만죠 하얏셰라
어화 죠흘시고 우리 군대 챵시햇네
우리 군대 챵시함은 교련 양병 긔쵸로다
교련 양병 졍밀하야 텬하강병 되얏셰라
텬하강병 되온 후에 만국 뎨일 독립하세
......
어화 죠흘시고 우리 군대 만셰로다
매장경병 이어나셔 즁심사군 하여보셰

(『독립신문』 1897. 1. 28)

---

1) 차문섭, 「구한말 육군무관학교 연구」, 『아세아연구』 1973년 6월호.

강원도 김화군에 주둔하던 친위 2대대 정교교관직 부교이던 인응선 작으로 발표되었다. 제목이 「애국가」이나 군인을 대상으로 한 '강병의 노래'로, 노랫말의 '군대 창시'란 부국강병의 기초가 될 근대적 군대의 창설을 의미한다.

② 군가

윤철규 작사

어화우리 군인들아	이내말삼 들어보쇼
나난좃테 나난좃테	혁구유신 나난좃테
황실보호 진심하야	우리셩은 보답하세
츙군애국 하고보면	밍슈쥭백 되오리라
어화우리 군인들아	우리책임 비경하다
일신샹에 이담부로	시각인들 방심할가
기예년습 괴타말쇼	고진감내 자년일셰
약셕갓혼 이교훈을	명심하고 각골하셰
어화우리 군인들아	츙군애국 하여보셰
부탕도화 하드래도	지진무퇴 하야보셰
금셕갓치 견졍하면	셰계샹에 당당하다
어셔어셔 진보하야	호령각국 하여보셰
어화우리 군인들아	토디인구 작다마쇼
일일유신 하고보면	일인당백 못할쇼냐
우리나라 독립자쥬	오백년래 쳐음일셰
혁구유신 신쟝뎡에	긔재이룽 탁용한다
어화우리 군인들아	이내말삼 명심하쇼
유공필샹 유죄[죄]필벌	그뉘아니 몰을쇼냐
훈련경예 하고보면	사관승차 자재하다
황뎨폐하 만만셰로	독립긔쵸 무궁무진

(『독립신문』 1898. 11. 1)

위 군가는 대한제국 시위 2대대 대대장 윤철규(尹喆圭) 참령(參領 : 당시 대대장의 계급) 작사이다. 윤철규는 1898년에 이 군가를 만든 후 대한제국 군인들에게 가르쳤다. 노랫말을 볼 때 충군과 애국을 동일시하면서도, 유신·독립·자주·진보 등 근대적 개념의 표현을 사용함으로써 당시 부국강병을 이룩하려던 군인의

의식을 읽을 수 있다. 특히 비록 토지와 인구가 열강국에 비하여 작지만 유신을 통하여 열강들과 어깨를 나란히 할 수 있다는 내용의 노랫말에서 당시의 사회진화론적 인식을 읽을 수 있다.

그러나 윤철규는 1905년 을사늑약 당시에는 일제에게 이용당하였다. 경연관(經筵官) 송병선(宋秉璿)이 을사늑약 소식을 듣고 왕에게 조약 폐기를 간했는데, 이를 싫어한 일제는 경무사 윤철규를 이용하여 '황상이 입궐하라는 칙지를 내렸다'고 송병선을 속여 가마에 태워 남대문 역에서 기차로 낙향시켰던 것이다.

위 두 노래가 육군장교가 만들어 부르던 부국강병의 노래임에 비하여 다음 노래는 일반 군인의 노래로서 주목된다.

시위대 병뎡이 탄식한 노래

1. 불샹하다 불샹하다 시위대 병뎡 불샹하다
2. 외국인의 결졔밧어 풍한서습 불피하고
3. 각근봉공 하것만은 긔한이 막심하도다
4. 만코 만은 져 부운이 쳥쳔 백일 가렷스니
5. 어나 날에 구름 거더 밝은 빗을 다시 볼고
6. 잠 깨여라 잠 깨여라 대한 인민 잠 깨여라
7. 아모쯔록 일심하야 외국인꼐 견모 말고
8. 십만방라 대한국을 자쥬독립 굿게 하세

(『매일신문』 1898. 2. 5)

위 ①·② 노래와 같이 자주독립 의식을 노래로 표현하고 있는데, ①·②와 다른 점은 외국의 침략으로 인하여 시위대 일반병들이 겪는 고초를 진술하게 표현하면서, 그러한 심정을 '일심(一心)하여 외국인에게 모욕당하지 말자'는 반외세 의식으로 승화시키고 있다는 점이다.

한편 일제는 을사늑약을 통하여 대한제국의 외교권을 강탈하였는데, 이에 고종황제는 헤이그 만국평화회의에 이상설·이준·이위종을 파견하여 일제침략의 불법성을 국제 여론화하였다. 고종의 배일활동에 당황한 일제는 이제 고종을 폐위시켜 침략의 손길을 더욱 노골화하였다. 고종 퇴위 불과 4일 후인 1907년 7월 24일 침략 원흉 이토 히로부미(伊藤博文)와 매국노 이완용은 이른바 한일신협약(정미조약)을 체결하여 대한제국의 군사권·재판권·징세권을 강탈하였다.

　1907년 당시 대한제국의 군대는 서울에 시위 2개 연대, 헌부(憲部), 무관학교 등 약 5천 명과 지방에 8개 진위대대 약 2천 명 등 7천 명에 불과했다. 이것은 일제가 대한제국의 군대 강화를 방해했기 때문이다. 그리고 급기야는 이 병력마저 해산을 강요한 것이다. 이 때 대한제국 육군은 나라의 독립자주를 위하여 반일적 의식을 지니고 있었다.

　일제의 무력에 의한 강제적 군대해산령은 당연히 대한제국 군대의 항일의식에 불을 질렀다. 군대해산령을 전해 들은 시위 1연대 1대대장 박승환 참령은 나라의 간성으로서 책임을 다하지 못함을 국민에게 사과한다는 말을 부관에게 남기고 조용히 목을 찔러 자결하였다. 1907년 8월 1일이었다. 대대장의 순국소식을 전해 들은 1대대 장병들은 곧 무기고를 습격하여 무장을 갖추고 일본군과 전투를 벌였다. 이에 2연대 1대대도 전투에 참여하였다. 시위대는 병영을 사수하면서 용맹하게 항전하였으나 무장력 부족 때문에 일본군에게 패해 흩어지고 말았다. 이들 시위대는 지방으로 내려가 진위대와 의병 진영에 참여하여 항일전을 지속하였다.

　1907년 8월, 전국적인 의병 봉기는 이로부터 시작되었다. 중부 지역과 삼남 일대로 확산된 의병전쟁은 황해도, 평안도, 함경도로 확대되어 1908년에는 전국 도처에서 항전의 깃발이 나부꼈다. 이번 의병전쟁에는 초기 의병전쟁에 참여하였던 유림의 지사들, 평민, 농민과 아울러 대한제국 시위대·진위대 등도 참여함으로써 전국적으로 확대되었다. 또 대한제국 정규 군인들이 참전함으로써 1차 의병전쟁에 비해 장비, 훈련, 전술 면에서 강력할 수 있었다.

　이 시기 의병진영에서 불리던 대한제국 군가가 있다.

군가

1. 태극肇判하온 후에 我太祖 昌業하사
　國于東方 生계셔라 烈[列]聖之德 누리셨다
2. 천하만국 너른 세계 우리 황상 성덕으로
　광무일월 높피 떳다 여민동락 하여셰라
3. 인의예지 천성이요 英俊을 배향하미
　孝悌忠信 인도로다 富國强兵 起礎로다
4. 군인들라 군인들라 황실에는 藩屏이요
　대한제국 군인들라 국가에는 간성이라

5. 잇[잇]지마라 잇지마라 留[有]進無退 구든 마음
   ○○애국 잇지마라 山倒海飜 불변일세
6. ○○不當 우리 용맹 一張[場]승패 순식간에
   鷹視天下하여 보세 彼死我生하는 마음
7. 彈丸雨飛헐지라도 나아가세 나아가세
   攻擊時 勢失치 마라 승전하라 나아가세
8. 백발백중 우리 사격 劍光如雷 빗난 곳에
   國擊軍器 분명하다 추풍낙엽 적병일세
9. ○○돌입 나아가니 대한국기 높피다라
   무인지경 이이인가[이 아닌가] 억만군병 개가로다
10. 父母姑舅 너를 마져 戰必勝 攻必取는
    國謝榜名 치하로다 우리 황상 洪福일세
11. 國罰必國如天地에 빗나도다 빗나도다
    國公事向禮義로다 우리 훈장 빗나도다
12. 잇지마라 잇지마라 南山高 漢江深에
    충군애국 잇지마라 제국 起業이 장헐시구
13. 日之盛兮 月之亢에 천세 천세 천천세요
    황상 聖壽 無極하사 만세 만세 만만세라

(박성수, 1980, 77~78쪽)

이 노래는 의병전쟁 때 불렸는데, 노랫말 4절 '대한제국 군인들아 국가에는 간성이오'라는 대목이 있는 것으로 보아 대한제국 군인이 만든 노래, 혹은 대한제국 군인들을 대상으로 만들어진 군가였음을 알 수 있다. 군대해산 이후 의병전쟁에 합류한 군인들을 통하여 이 노래가 의병진영에 퍼져 불렸던 것이다. 이와 같은 성격의 노래로 「의병노래」도 있다.

이상 대한제국 시기 육군의 군가에 대하여 살펴보았는데, 이 노래들은 군인들의 노래, 혹은 군인을 대상으로 한 노래들이다. 그런데 이 시기에 일반 대중을 대상으로 '부국강병'을 주장한 노래가 있어 주목된다.

애국가

이용우

대죠션국 인민들아 이사위한 애국하세 / 충셩으로 님군섬겨 평안시졀 향복하세

경사로다 경사로다 샹하업시 우리동포 / 강하가 맑다 해도 원원한 우리 마암
함끠 모도 군사되야 경텬위디 하여보세 / 젼신이 쇄분해도 나라 위해 영광되리
황하슈가 여침토록 해륙군을 봉축하세 / 평생집심 여일하기 안팟없이 맹서하세

『독립신문』(1896년 7월 7일)에 '묘동 이용우 애국가'로 명기되어 발표된 노래로
굳이 군가라고 할 수는 없으나 대조선국(대한제국)의 인민(국민)이 애국과 충성을
통하여 평안을 누려야 한다고 주장하면서, 구체적 방법으로 국민개병제(2절의 '함
께 모두 군사되어')와 해육군의 보강을 들고 있다는 점에서 당시의 부국강병 인식
의 일단을 보여주고 있다.

   이상 조선 말 군가 한 곡과 대한제국 시기의 부국강병을 주장한 노래 다섯 곡
을 보았다. 조선 말의 군가가 부국강병보다는 군인의 충성과 용맹함을 호소하고
있음에 반하여, 대한제국 성립 이후의 군가는 부국강병과 근대화에 대한 필요성이
강조되고 있다. 이 단계에서도 물론 나라와 황제가 동격시되지만 왕조시대와 달리
독립자주를 위한 강병의 필요성을 노랫말에 표현하고 있다.

제4장 구한말 애국계몽운동

1. 독립협회

대한국 독립문 반석에 터닦고
만민이 주초놓고 태평독립일세

의병운동이 외세를 물리치기 위한 척사운동이라면, 그 반대쪽에는 외세의 힘을 빌어서라도 조선을 문명 개화시키려는 개화파의 개화운동이 있었다.

개화파의 주장 격이던 김옥균, 박영효, 홍영식, 서광범 등은 수구파를 몰아내고 정권을 잡아 개화, 개혁을 추진하기 위하여 1884년 10월 17일(음력) 거사를 일으켰다. 이른바 갑신정변이다.

우정국(한국 최초의 근대적 우편물 처리 관청) 창설기념 피로연을 기회로 하여 개화파는 수구파를 몰아내고 정권을 잡아, 개화파 정부를 조직하게 되었다. 여기에는 박영효, 서광범, 김윤식, 김옥균, 서재필 등이 포함되었다. 이들은 신정령(新政令) 80조를 내놓는 등 개화정책을 추진하려 했다.

그러나 불과 사흘 만에 수구파와 청나라 군사의 반공으로, 정변은 실패로 돌아가고 개화파 인사들은 사형당하거나 도피의 길에 오르게 된다. 이른바 '삼일천하'였던 것이다. 이후 정권은 다시 수구파에게 돌아간다.

1894년에는 동학혁명(농민전쟁)이 있었다. 일제는 청일전쟁의 승리, 1895년의 명성황후 시해를 통하여 정부에 친일 개화파 내각을 수립하였다.

한편 미국으로 도피하였던 서재필은 1896년 '인민을 지도 계발'하려는 뜻을 가지고 다시 국내로 들어온 후 개화파 인사들을 모아 독립협회를 조직하였다. 독립협회는 발기 취지에서, '독립문·독립관·독립공원'의 건설을 과제로 내세웠다. 독립협회에는, 이완용(후에 친일매국노로 전락), 정교, 김가진, 이상재, 남궁억, 오세창 등이 참여하였다. 이들은 『독립신문』을 창간하여 근대적 언론활동을 전개하고,

모화관(慕華館)을 헐어 독립관(獨立館)을 설립하였다. 이어 1896년 11월 21일에 독립문 건설을 시작하였다. 독립문은 무악재 안에 있던 영조문을 헐고 그 자리에 세운 것이다.

조선은 이성계의 개국 이후 명나라를 상국(上國)으로 삼았다. 그래서 명나라 황제의 조서를 가진 사신이 오면 조선의 임금이 무악재 밑에까지 가서 사신을 맞는 것이 관례가 되어 그 곳에 영조문(迎詔門 : 후일 迎恩門으로 고침)이 세워졌다. 말 그대로 명나라의 조서(詔書)를 맞아들인다는 뜻이다. 이것이 명을 이어 청대에도 이어졌던 것이다.

당시 민중은 청나라에 대한 반발심으로 다음과 같은 노래를 부르곤 했다.

제목미상 ①

성났다 빗났다 / 연주문을 열어라
호박국을 끓여라 / 성났다 빗났다
호박국을 끓여라

(박종화, 1979, 203쪽)

제목미상 ②

성났다 변났다 / 연주문을 열어라
호박국을 끓여라 / 너 먹자고 끓였니
나 먹자고 끓였지

(김도태, 1974, 231~232쪽)

이 노래에서 호박국이란 호국(胡國), 즉 청나라를 말함이며 '호박국을 끓여라'는 청나라를 혼내주자는 뜻으로 보아도 무방할 것이다. 이 노래는 조선의 내정에 간섭하던 중국에 대한 민중의 반감을 은연중에 표현한 것이었다.

노랫말의 연주문이란 영조문의 속칭이었다.

이 노래는 아이들이 술래잡기와 문놀이를 할 때 많이 불렀고 어머니가 아이들을 달랠 때도 많이 불렀다고 한다.[1] 동요라고도 하며 민요라고도 하나, 당시 민간에서 구전되면서 노랫말이 약간씩 변화되어 널리 부르던 노래임이 확실하다. 『한

---

1) 박종화, 『역사는 흐르는데 청산은 말이 없네』, 삼경출판사, 1979, 204쪽 ; 김도태, 『서재필박사 자서전』, 을유문화사, 1974, 232쪽.

국민요집 1』에 「연주문노래(迎詔門謠)」로 제목을 달고 있으며 현재는 성난 아이를 골려줄 때 부르는 동요로 기록되어 있다.[2]

이렇듯 청나라에 대한 사대관계의 상징적 표지라고 할 수 있는 영조문을 헐어버리고 그 곳에 독립문을 세우는 것은, 곧 조선이 타국의 노예국이 아니고 자주독립국임을 세계에 천명하는 뜻을 지니는 것이었다.

독립문을 세워 자주독립을 이룩하고자 하는 바람은 다음과 같은 노랫말에도 잘 나타나고 있다.

독립문가

김석하

우리죠선 신민들은 독립가를 드러보오 / 우리셩쥬 유덕하여 자쥬독립 죠흘시고
병자지슈 셜치하고 자쥬독립 죠흘시고 / 연쥬문을 쇄파하고 독립문이 놉하지네
독립문을 지은후에 독립가를 불너보셰 / 우리셩쥬 슈만셰요 우리챵생 화합이라
우리죠선 신민들은 진츙보국 하여보셰 / 오백년래 죠혼일은 독립문이 죠흘시고

(『독립신문』 1896. 7. 16)

이 노래는 연주문을 없애고 독립문을 세우는 데 대한 기쁨을 통하여 자주독립 의식을 고취하고 있다.

독립문은 프랑스 파리의 개선문을 본떠 설계되었으며, 심씨 성을 가진 목수에 의해 공사되었다. 1896년에 건설이 시작된 독립문은 만 1년 만인 이듬해 11월 20일에 완공되어, 준공식을 거행하였다. 준공식은 독립협회 회원, 각 외국공사, 정부 관리, 민간인 등이 참여하여 성대하게 치러졌다.

이 준공식 때 서재필은 "이제부터 옛날 종노릇하던 표적을 없애버리고 정말 실질적 독립을 소원한다는 표로 이 독립문을 세운다"고 밝혔다.

이 준공식 때 불린 노래가 있다.

독립문

1. 대한국 독립문 반석에 터닦고 / 만민이 주초놓고 태평독립일세
2. 무악재 찬바람 인왕산 넘고서 / 영은문 헐리고 독립문 세웠네

---

2) 임동권 편, 『한국민요집 1』, 집문당, 1993(재판), 596쪽.

3. 독립문 넓은뜰 만세성 드높다 / 태극기 휘날린 독립문이로다
(후렴) 독립 굳었네 아주 굳었네 / 억만년될지라도 돌같이 굳었네

(『광복의 메아리』, 127쪽)

노랫말에 영원무궁한 독립의 기상이 담겨 있다.

노랫말처럼 독립문에는 '태극'이 새겨져 있었는데 이와 연관된 일화가 있다. 1919년 3·1만세 함성이 울려 퍼질 때, 청년들이 이 독립문에 올라가 태극에 새롭게 색칠을 하고 문기둥에 '대한독립 만세'라고 쓴 깃발을 내걸었다.[3] 그런데, 1925년 일경이 이를 발견하고 독립문에 꽂힌 깃발을 뽑고 소방펌프로 물을 뿌려 원래 독립문에 있던 태극 색채도 없애버렸다. 이러한 독립문의 수난 상황을 『동아일보』(1925년 9월 16일)는 '무수한 매를 맞아', '병든 몸'이 되었다고 기록하고 있다.

일제는 독립문을 헐어버릴 음모를 꾀하였던 것 같다. 『동아일보』(상동)에 "독립문은 앞으로 얼마 동안 헐어버리지 않으리라고 당국자는 말합니다"라는 내용에서도 확인되며 1914년 『신한민보』에 실린 노래에서도 일제가 독립문을 허는 데 대한 격분의 심정을 토로하고 있다. 독립문을 소재로 한 이 노래는 다음과 같다.

제목미상

이 문 무슨 문 우리나라 독립문 / 이 문 웨 문허 발측한 일본놈이
합방을 한 후 독립이 안이라고 / 두렷시 놉하 굿게 싸흔 이 문을
임의로 헐어 뷘 터만 남앗고나 / 그러나 이 문 누가 다시 셰울가
이천만 민족 형님이나 누님들 / 졍신을 통일 실력까지 모아셔
이어차 소래 하날이 들들 울게

(『신한민보』 1914. 8. 27)

독립협회는 독립문과 독립관의 건립을 통하여 사회적·조직적 기반을 마련하였다. 그리고 다음과 같은 구체적인 활동을 전개하였다. (1) 민족정신의 고취, (2) 러시아 세력의 배척, (3) 외국 고용군인의 철수, (4) 이권수호, (5) 영토수호, (6) 민권신장 등. 이러한 활동은 강연회 개최, 만민공동회 개최, 공한 발송, 『독립신문』의 언론활동 등을 통하여 이루어졌다.

이러한 과정에서 독립협회는 수구파 고급관리들을 탄핵하였고, 또한 민중의 참

---

3) 김도태, 앞의 책, 235쪽. 태극기를 꽂았다는 설도 있다.

정권을 확보하기 위한 의회 개설을 주창하였다. 이러한 움직임은 수구파의 거센 반대를 일으켰다. 수구파는 어용적 황국협회를 조직하여 독립협회에 대항하였고 급기야는 공화정치 실시를 죄목으로 삼아 독립협회 회원을 체포하고 독립협회를 해체시키고 말았다. 이로써 자주독립운동으로서의 독립협회 활동은 막을 내리고 만다.

조선말·대한제국 시기에 나라와 민중을 이끌어 근대적 민주국가로 나아가려고 한 흐름은 두 가지로 대별된다. 하나는 정부나 소수 엘리트에 의한 위로부터의 개혁의 흐름이고 다른 하나는 전투적 민중에 의한 아래로부터의 개혁의 흐름이다. 위로부터의 개혁의 흐름은, 기존의 질서를 용인하는 한도 내에서 변화를 시도하려는 수구세력(정부내 수구파), 외국의 힘을 빌어서라도 개화하려는 개화파(갑신정변파), 계몽운동을 통하여 근대적 시민사회를 꿈꾸었던 개혁파(독립협회파)로 대별해 볼 수 있다. 또 아래로부터의 개혁의 흐름은, 봉건질서를 극복하고 외세를 물리쳐 민중적 사회를 창조하려던 동학혁명, 근왕체제를 용인하는 한도 내에서 외세를 물리치고자 했던 의병전쟁의 흐름으로 나누어 볼 수 있다.[4]

이 가운데 어떤 운동도 성공하지 못하고 대한제국은 일제에게 강탈당하고 말았다. 그러나 그 운동의 맥은 계속 이어져 의병전쟁·농민전쟁 및 일부의 독립협회(이동녕, 이승만 등)의 흐름은 만주의 무장독립운동 및 상해임시정부로 이어졌다. 또 위에서 설명한 독립협회의 개혁운동은 애국계몽운동으로 이어졌다. 독립협회에 참여하였던 이상재, 남궁억 등은 국내의 교육계몽운동, 청년운동, 언론운동에 중요한 역할을 담당하면서 자주독립운동을 전개하였다.

2. 국채보상운동

외인 부채 해마다 이식 불어나니
많은 그 액수 어이 감당하리

청일전쟁과 을미사변 등을 통하여 대한제국에 대한 통제권을 강화한 일제는,

---

4) 의병전쟁은 유림에서 명분을 제시했다는 점에서 엘리트적 운동이지만, 실질적 전투력이 평민 대중에게서 나왔고 반외세의 민중적 공감대를 형성했다는 점에서 아래로부터의 흐름으로도 파악할 수 있을 것이다.

한 걸음 나아가 대한제국을 없앨 음모를 착착 실행에 옮긴다. 이 음모에는 친일매국노들도 합세하였다. 한때 독립협회에 가담했던 이완용도 매국행위에 앞장선다.

러일전쟁에서 승리하여 대한제국에 대한 통제권을 장악한 일제는 이제 더 이상 주저할 것이 없다는듯 을사조약을 강압적으로 체결시켰다.

을사늑약을 통하여 대한제국의 외교권을 빼앗고 통감부를 설치한 일제는, 차관 1천만 원을 얻도록 강요하였다. 그러나 말만 차관이지 그 실상은 일제 통감부가 이 돈을 사용하고 그 빚은 대한제국 정부가 지는 것이었다. 즉 일본이 조선을 근대화(실질적 내용은 일본의 조선침략)하는 비용을 조선정부에 부담시킨 것이다. 이 차관은 1907년에 1300만 원으로 늘었다.

이러한 소식이 알려지자 국민들은 나라의 빚을 갚고 자주독립을 이루자는 운동을 전개한다. 대구의 서상돈, 김광제를 중심으로 시작된 국채보상운동은 서울 등 전국 각지로 확대되었다. 당시 서상돈은 궁리 끝에, 이천만 동포가 모두 담배를 끊는다면, 한 사람의 한 달 담배값 20전(新貨)을 모을 때 3개월이면 국채를 보상할 수 있다고 생각하고 운동을 시작하였다.

각지에서 단연회(斷煙會), 부인탈환회(婦人脫環會), 부인감찬회(婦人減餐會) 등이 조직되면서, 담배를 끊고 반지를 팔고 반찬을 줄여서 모은 돈을 국채보상 성금으로 내놓았다. 많게는 만 원, 적게는 10전에 이르기까지 그야말로 남녀노소 각계각층에서 나라의 빚을 갚는 헌금운동에 동참하여 십수만 원의 헌금이 모였다.

고종도 이 소식을 듣고 탄식하며 나라의 국민들이 이런 일을 하는데 임금이라고 어찌 모른 척하느냐고 하면서 궁궐 내에서 금연을 하도록 하였다.

이렇게 국채보상운동이 전국적으로 전개되자 서울에서는 국채보상연합회의소가 조직되었고 양기탁이 이를 주관하였다. 당시 양기탁은 매일신보사에 몸담고 있었다. 매일신보사 외에 황성신문사, 보성사 등에서도 연일 헌금을 수납하면서 신문에 그 명단을 게재하였다.

이러한 상황 속에서 '국권회복의 배일운동'에 두려움을 느낀 일제는, 국채보상운동에 핵심적으로 참여하던 대한자강회의 강제해산, 신문기사의 삭제와 언론인의 감금을 통한 언론탄압 등을 통하여, 국채보상운동을 말살하려 했다. 그리고 급기야 일제는 매일신보사의 '국채보상금 횡령 사건'을 조작하여 배설, 양기탁 등을 구속하고 언론민족운동의 전개를 좌절시켰다.[5]

국채보상가

李炳德 · 金仁化

애국심이여 애국심이여 / 대구 徐公 相敦일세
1천 3백만원 국채 갚자고 / 보상동맹 단연회 설립했다네
勉實하는 마음 발양하니 / 대한 국민 분명하도다
지금 우리 국가 艱難한데 / 누가 이런 열성 가질건가
경상도 대구의 서공 등 / 사람마다 찬미하도다
福州館 아래 우리 동포여 / 대구 땅만 나라 땅이냐
대한 2천만 민중에 / 서상돈만 사람인가
단천군 이 곳 우리들도 / 한국 백성 아닐런가
외인 부채 해마다 이식 불어나니 / 많은 그 액수 어이 감당하리
적의 공격 없어도 나라 자연 소멸되면 / 아아 우리 백성들[生民] 어디 가서 사나
이 나라 강토 없게 되면 / 가옥 전토는 뉘 것인고
빈부 따라 힘은 다르지만 / 국민 되고서 바라만 볼 것인가
아홉 살 어린이 李龍鳳도 / 세뱃돈 얻어 보조하니
感發할 일 감발할 일이네 / 忠愛心으로 감발할 일이네
圃洞하는 安衡植이 / 지금 여섯 살 어린애로서
아버지의 義金 내는 것 보고 / 舊貨 2원 꺼내 바쳤네
애국사상 저러하니 / 하늘이 돌보아 주리로다
6세 9세 어린이들도 / 외인 채무에 저러하거든
여러분 여러분 / 때를 잃지 말고 보상하오
국채 다 갚는 날 오면 / 기쁘고 즐겁지 않을손가
힘씁시다 힘씁시다 / 우리 단천의 여러분이여

(조항래, 1993, 74~75쪽)[6]

이 노래는 단천군 국채보상소의 발기인 이병덕 · 김인화가 지어 불렀다.

국채보상운동에 적극적이었던 사람들은, 애국계몽운동가 외에도 농민, 상인, 군
인, 학생, 부인, 어린이 등 그야말로 남녀노소 각계각층이었다.

---

5) 조항래, 「국채보상운동의 발단과 전개과정」, 『일제경제침략과 국채보상운동』(한국민
   족운동사연구회 편), 1993.
6) 인용 노랫말은 현대적으로 바꾼 것이고, '愛國心혜 愛國心혜'로 시작되는 원 노랫말은
   『대한매일신보』(1907년 4월 14일)에 4 · 4조 형식으로 실려 있다.

위 노랫말에 아홉 살 어린이가 세뱃돈으로 국채보상 헌금을 내고 여섯 살 어린이가 구화 2원을 냈다는 대목에서 당시 국채보상운동이 얼마나 전 국민적인 성원과 지지를 받았는지 알 수 있다. 실로 거족적인 운동이었던 것이다.

비록 일제의 강압으로 좌절되기는 하였지만 전 국민의 독립자강 애국운동으로서의 국채보상운동은, 물산장려운동(민족경제운동)으로 그 맥이 이어졌다.

한편, 거세지는 국채보상의 배일분위기 속에서 불렀을 것으로 추측되는 노래가 있다.

담박고타령

담박고야 담박고야 / 동래나 건너 담박고야
너이 국은 엇더타고 / 우리 대한에 나왓난야
금을 주려 나왓난야 / 은을 주려 나왓난야
금도 은도 주기난커나 / 보난 것마다 다 빼앗네
큰일낫네 큰일이 낫네 / 우리들 살기 큰 일이 낫네
여보시오 형님내들 / 눈들 뜨고 살펴를 보오
팔지 말고 팔지를 말소 / 집이나 땅을낭 팔지들 말소
집도 팔고 땅도 팔면 / 우리난 쟝차 어대서 살고
하날노도 갈 수 업고 / 땅으로도 갈 수가 업네
조샹백골 어대다 뭇고 / 부모와 자손을 어대서 살고
내 나라를 사랑커든 / 외국사람게 팔지들 마셰
갑잘주어도 팔지 말고 / 위협하여도 팔지들 말고
굴물지라도 팔지 말고 / 죽을지라도 팔지를 마셰
뎌 사람손에 한번만 가면 / 백만금 주어도 못물너내네
새경신을 채리어셔 / 사롱공샹에 힘을 써셔
어셔어셔 부국이 되여 / 셰계의 상등국 되여들 보셰

(『대한매일신보』 1907. 7. 5)

담배를 소재로 하여 국민의 경각심을 고취시키는 노래인데 '타령'을 곡으로 사용함으로써 대중적 공감대의 전파력을 더해 주고 있다.

1~6절은 '담배'(외세)의 침입으로 민중이 곤경에 처하였다고 경각심을 고취하고, 7~14절은 외국인에게 집이나 땅 등을 팔지 말라고 하고, 끝 15~16절에서는 정신을 차려 부국이 되자고 호소하고 있다.

이 노래는 「국채보상가」가 발표된 3개월 정도 후에 발표되었는데, 담배(외세)에 대한 1~4절의 직설적이고 공격적인 표현에서 국채보상운동의 일환인 '단연운동'의 일 면모를 엿볼 수 있다.

3. 자주독립의 노래

여보 우리 동창더군 국민자유 굿게 직혀
우리 본분 직힙시다 독립권리 일치말세

앞서 언급했듯이 서재필 등에 의해 조직된 독립협회는 민중의 계몽을 통한 자주독립의 성취를 위하여 『독립신문』을 창간하고 애국계몽운동을 전개하였다.

『독립신문』은 정부 내무대신이던 유길준의 알선에 의해 정부지원금 5천 원을 받아 1896년 4월에 창간되었다. 한글판과 영문판이 있었다. 한글판 『독립신문』은 처음 3백부 발행에서 3천부 발행까지 증가하였다. 호응이 컸기 때문이다.

『독립신문』은 4쪽으로 매주 화·목·토요일 발행하였으며 논설 등의 원고는 서재필이 쓰고 기타 기자 두 명이 있었다. 편집체제는 논설, 광고, 물가시세, 관보, 외국통신, 잡보 등으로 이루어졌다. 1898년 서재필이 다시 미국으로 건너간 이후 윤치호가 독립신문을 경영하며, 일간신문으로 발전하였다.

독립신문은 순한글을 사용함으로써 자주독립의 입장을 분명히 했으며, 논설면에서도 당파를 초월한 비판적 입장에 서서 자주·민권을 주장하고 애국정신을 고취하였다.

이 독립신문에, 당시 애국계몽정신을 고취하는 노래들이 다수 발표되었다. 이 가운데 당시 정부관리였던 이필균이 만든 노래와 최병헌이 만든 노래를 보자.

① 자주독립애국가

이필균 작사

1. 아세아에 대죠선이 자쥬독립 분명하다
(합가) 애야 에야 애국하세 나라 위해 죽어보세
2. 분골하고 쇄신토록 츙군하고 애국하세
(합가) 우리 정부 놉혀주고 우리 군면 도와주세

3. 깁흔 잠을 어셔 깨여 부국강[병] 진보하세

(합가) 남의 천대 밧게 되니 후회막급 업시하세

4. 합심하고 일심되야 서세동졈 막아보세

(합가) 사롱공상 진력하야 사람마다 자유하세

5. 남녀업시 입학하야 세계학식 배화보자

(합가) 교육해야 개화되고 개화해야 사람되네

6. 팔괘국긔 놉히 달아 륙대쥬에 횡행하세

(합가) 산이 놉고 물이 깁게 우리 마음 맹셔하세

(『독립신문』 1896. 5. 9)

작사자 이필균은 당시 학부(지금의 문교부) 주사였다.

노랫말에 애국계몽사상이 잘 드러나 있다. 남녀평등하게 개화하고, 부국강병하여 서세동점을 막자는 내용에 당시 개화인식이 두드러지게 나타나고 있다.

그리고 노래형식에 있어서는 강강수월래나 기타 잡가에서 보이는 한국 전래의 양식이 사용되고 있다. 즉 한 사람의 선창에 이어 여러 사람이 합창하는 형식이다.

② 독립가

최병헌

1. 턴디만물 챵조후에　　우주구역 텅덩이라

　아시아쥬 동양중에　　대죠션국 분명하다

2. 단군긔자 자쥬시고　　신라년호 건원이라

　개국홍계 인평후에　　고려건원 광덕이라

3. 만셰완산 션리화난　　신인금쳑 텬수로다

　긔원경졀 오백후에　　건양년호 빗나도다

4. 음양죠판 태극긔를　　일월갓치 놉히다니

　죠션역시 구방이라　　긔명유신 차시로다

5. 금셩옥야 온대디에　　구천오백 방리로다

　이천만즁 합심하여　　독립가를 불러보세

(후렴) 독립긔쵸 쟝구슐은 군민샹애 뎨일이라

　깃분날 깃분날　　대죠션국 독립한날

　깃분날 깃분날　　대죠션국 독립한날

(『독립신문』 1896. 10. 31)

작사자 최병헌은 당시 농상공부 주사였는데, 1907년 5월에 개최된 여학교 연합운동회에서 '단체의 효력'이란 연설을 했다는 기록이 보인다.[7]

위 노래는 3절에서 보이듯이 건양 연호의 제정과 '대조선국이 독립한 날'을 축하하기 위하여 만든 노래이다. 개화기에 나온 수많은 '애국창가' 가운데 최초로 형식 면에서 절을 확실히 구분하고 후렴도 명기하여, 종전의 가사체 노래에서 탈피하고 대중적 선전매체로서의 '노래' 형식을 보여주었다는 점에서 주목된다.

위 노래는 단군의 개국 이래 신라, 고려, 조선을 거치면서 '대조선국'을 이어 왔음을 밝히면서, 태극기를 높이 들고 '기명유신(其命維新)'할 것을 주장한다. 그 단서가 바로 건양이란 연호의 제정이다. 건양 연호는 고종이 조선 개국 505년 되던 해인 1896년부터 조선의 독립국임을 알리기 위하여 취한 것이다.

당시 건양 연호의 제정은 자주독립의 표상으로 인식되었다. 그리하여 위 최병헌의 「독립가」외에 다음과 같은 노래에서도 건양 원호를 자주독립의 상징으로 표현하고 있다.

제목미상

최돈성 작사

대죠선국 건양원년 자쥬독닙 깃버하셰 / 텬디간에 사람되야 진츙보국 뎨일이니
님군끠 츙셩하고 정부를 보호하셰 / 인민들을 사랑하고 나라긔를 놉히 달세
나라 도울 생각으로 시종여일 동심하셰 / 부녀경대 자식 교휵 사람마다 할거시라
집을 각기 흥하랴면 나라 몬져 보젼하셰 / 우리나라 보젼하기 자나깨나 생각하세
나라 위해 죽난 죽엄 영광이제 원한업네 / 국태평 가안락은 사롱공샹 힘을 쓰세
우리나라 흥하기를 비나이다 하나님끠 / 문명지화 열닌세샹 말과 일과 갓게 하세
아모것도 몰은 사람 감히 일언 하옵내다

(『독립신문』 1896. 4. 7)

『독립신문』에 '서울 순청골'에 사는 최돈성 작으로 발표되었는데, 기록상 노랫말이 확인되는 최초의 '자주독립 애국노래'이며 또한 정부관리가 아닌 일반인이 지은 노래로서 의미가 있다.

이 노래 역시 위 「독립가」와 마찬가지로 1896년 건양 원년의 선포를 통한 자주

독립정신을 고취시키고 있다.

위 두 노래가 건양 연호를 자주독립의 상징으로 노래하고 있지만 원래 건양 연호는 친일파 내각의 권유에 의해 만든 것이었다. 그런 까닭에서인지는 몰라도 고종은 이 연호를 잠시밖에 사용하지 않고 1897년 10월 황제 즉위식을 거행하여 대한제국을 선포하며 연호를 광무로 바꾸었다. 원래 한 임금에 한 연호를 사용하던 관례를 깨뜨린 것이다. 문일평의 『사외이문』(121쪽)에 따르면, 아관파천 이후 친일파 김홍집 내각이 역도로 몰리면서 그 내각에서 만든 제도를 고치는 과정에서 연호도 광무로 바꾸었다고 한다.

이상의 노래들을 볼 때 대한제국 수립 전후 시기의 노래들은 대체적으로 자주독립의 필요성을 주장하면서 구체적으로 문명개화를 통한 부국강병을 국가의 방향으로 설정하고 있다. 그리고 노랫말도 자주독립에 대하여 낙관적이다.

그러나 1905년의 을사늑약을 통하여 외교권을 빼앗김으로써 실질적인 자주독립국의 위치를 빼앗긴 뒤에는, 애국계몽운동의 노래는 '분함'을 토로하고 국권을 되찾아 독립할 것을 주장하고 있다. 대한제국 전후 시기의 애국계몽가 창작에 정부관리들이 적극 참여했음에 비하여 을사늑약 이후에는 정부관리들이 참여하지 않는다. 을사늑약 이후의 애국계몽가는 당시 교과서로 이용된 현채의 『유년필독』에서 확인되고 있다. 4권 2책으로 독립사상을 고취하면서 국사를 소개하고 있는 이 책의 발간 부수는 2천 1백여 부로, 요새 용어로 표현하면 '베스트셀러'였던 셈이다.[8] 이 책은 일제에 의해 '치안'을 이유로 발행금지되었다.

『유년필독』에 실린 「독립가」를 보자.

독립가

현채(추정)

(1)

독립하셰 독립하셰 우리나라 독립하셰 / 우리 청춘 쇼년들아 우리나라 독립하셰
슬푸고 분하다 우리 대한나라 / 어이하야 이 디경 노예 自取 이 디경
슬푸고 분하다 우리 대한나라 / 어이하야 이 디경 卑屈自甘 이 디경
슬푸고 분하다 우리 대한나라 / 어이하야 이 디경 淸俄밋다 이 디경
슬푸고 분하다 우리 대한나라 / 어이하야 이 디경 世界全昧 이 디경

---

8) 『일정하의 금서 33권』(신동아 1977년 1월호 부록), 248쪽.

슬푸고 분하다 우리 대한 나라

(2) 생략

(3)

독립하셰 독립하셰 우리나라 독립하셰 / 우리 청춘 쇼년 어셔 독립하셰

의뢰도 고만두고 자립하야 보셰 / 官爵도 고만 두고 私計도 고만하게

이 나라 우리나라 남의 나라 아닐셰 / 이 인민 우리 인민 남의 인민 아닐셰

이 강산 우리 강산 남의 강산 아닐셰 / 堂堂 독립 우리 대한 세계 일등 되야보셰

우리 청춘 쇼년 어셔 독립하셰 / 우리 청춘 쇼년 어셔 독립하셰

독립이로다 독립이로다 / 우리 대한을 독립이로다

(현채, 『유년필독 4』, 203~208쪽)

현채는 구한말의 학자이자 애국계몽운동가이다. 이준·전덕기 등의 국민교육회 (1906년), 장지연 등의 광문회(1910년)에 참여하여 계몽운동과 우리 문화 보급을 위해 애썼다. 『유년필독』외에 『동국사략』을 저서로 남겼다.

노랫말에, 외세에 의지하다 나라를 빼앗긴 실정에 대하여 '슬프고 분한' 마음을 토로하면서, 자주독립할 것을 주장하고 있다. 을사늑약 이후의 사회적 분위기를 반영하고 있는 것이다. 그리고 자주독립의 구체적인 방법으로, 청년들이 '관작(官爵)'과 '사계(私計)'를 버리고 대한 인민을 위하여 노력할 것을 제시하고 있다.

여기서 국민의 자주독립의 권리는 대한 국민의 '본분'으로 인식되었다.

본분직힐 일

현채(추정)

(1)

여보 우리 同窓諸君 우리 본분 직힙시다

샤천년 고국 내 나라 이천만 동포 이 백성

隋唐은 우리 敗將이오 일본은 우리 弟子일셰

여보 우리 동창뎌군 우리 본분 직힙시다

슬푸구나 슬푸구나 우리나라 슬푸구나

국권은 어대로 가고 羈絆되기 어인일가

이 나라이 업셔지면 우리 동포 엇지할고

(2)

여보 우리 동창뎌군 우리 본분 직힙시다

국민자유 굿게 직혀 독립권리 일치말셰
유신사업 이 내 나라 중흥공신 우리로셰
여보 우리 동창뎌군 우리 본분 직힙시다
셰계문명 슈입하야 萬國玉帛 회동할졔
태극국긔 놉히 달고 애국가를 불너보셰
애국애국 우리 동포 셰계 일등 우리 대한

(현채, 『유년필독 2』, 69~71쪽)

이 역시 대한제국 말기의 애국계몽노래로서 위 「독립가」와 마찬가지로 을사늑약으로 일제에게 빼앗긴 국권을 찾을 것을 주창하고 있다. 노랫말에, 수나라와 당나라가 우리나라에게 패배한 역사적 사실과 일본에 문화를 전해 준 사실을 밝히면서, 독립의 권리를 찾는 것이 국민의 본분임을 표현하고 있다.

『유년필독』에 실린 위 두 노래를 볼 때 애국을 충군과 동일시하는 단계에서 벗어나 애국을 국민의 자유와 연계시키고 있음을 알 수 있다. 국가적 인식이 봉건왕조의 단계에서 벗어나고 있는 것이다.

을사늑약을 전후한 시기에는 '조국 강산의 수려함'과 '물자의 풍부함'을 노래하며 나라의 부강을 기원하는 노래들도 생겨났다. '독립가류(獨立歌類)'가 추상적인 자주·독립을 주창함에 비하여 이러한 노래들은 '조국 강산'이란 비교적 구체적인 소재를 통하여 나라 사랑하는 마음을 고취시키고 있다.

이 좋은 강산을(운동가)

1. 동반구 아주에 우리 대한은 / 일면은 육지오 三面水로다
   佳麗한 강산 八萬餘方里 / 분명한 반도 글여냇도다
2. 不寒코 不熱한 온대지방에 / 귀중한 天造物 엇지 만코나
   금슈와 어별도 불가승수요 / 금은과 동철 산과 같도다
3. 오백년 우리 종묘사직과 / 사천년 유업 조국강토를
   만만세 영원히 보전하려면 / 實地上 교육밧게 다시 업겟네
4. 자강의 정신과 독립사상을 / 이천만 동족이 각기 다하야
   태극기 빛난 빛을 륙대쥬상에 / 날리기까지 힘을 다하셰
(후렴) 청년아 청년아 한국청년아 / 몽롱한 깁은 잠을 어서 깨여서
       애국성을 분발하여서 / 이 좋은 강산을 보전합셰다

(『창가책사』 ; 『한말저항시집』, 34~35쪽)9)

이 노랫말은 한반도의 지리적·기후적·자원적 특성을 구체적으로 제시하고 있다. 그리고 이러한 조국 강산을 자강·독립정신으로 지킬 것을 주장하고 있다. 곡은 「망국가」(정신가)와 같은 곡조를 사용했다.

이 노래가 실려 있는 『창가책사(唱歌冊寫)』(1907년 10월 30일, 배종섭 소장)는 한영서원 발행 프린트본 노래책을 필사한 것으로, 노래책의 제목은 확인되지 않지만 대한제국 시기에 불리던 애국창가를 수록한 것으로 보인다.

이 한영서원의 창가집은 우리나라 최초의 창가집으로 주목된다. 한영서원은 1906년 설립되었는데, 이 곳에서 만든 창가집은 애국의 노래를 담고 있어 대중의 애국사상을 고취시켰다. 1907년에 한영서원 발행 창가집의 필사본이 존재했음이 확인되며, 1915년에 한영서원 발행 창가집이 일제의 탄압을 받았다는 기록도 있다. 그러나 이후에도 이 창가집은 비밀리에 등사되어 유포되었다. 1919년 프린트본이 있고 1930년 프린트본도 있다.[10]

한영서원은 일제의 탄압으로 1916년 송도고등보통학교로 변경되었으나 이 곳에서 발행한 창가집은 다수의 애국창가를 담고 있어, 뜻있는 인사들 사이에 유포되었음을 알 수 있다.

4. 충군애국

대한제국 시기의 애국계몽운동은 나라의 자주독립·애국·문명 등의 표현으로 상징될 수 있다. 그런데 일부 인사에게 있어서 애국의 내용은 황실 존속과 황제에 대한 충성으로 나타나기도 했다. 의병전쟁에서 애국, 충군(忠君)이 동격인 것과 일맥상통하는 것이다. 이러한 경향은 유림의 지사들에게 두드러지게 나타났다.

그런데 위정척사파가 대체로 주자학적 전통을 이어 문명개화를 반대하는 입장

---

9) 『최신창가집』, 162쪽에 「운동가」로 제목을 달고 있는데 마지막 구절 '태극기~다하세'가 '민디가 발달코 국권 복하여 세상에 태극긔 높이 날이세'로 기록되어 있는 것이 크게 다르다.

10) 박찬호, 『한국가요사』, 현암사, 1992, 참고문헌목록에 1919년 한영서원 발행 창가집이 있고, 주요한의 「애국가 작사자는 누구」(『경향신문』 1955년 4월 19일)에 한영서원에서 1930년대에 등사해서 몰래 사용한 것으로 추정되는 창가집(이백여 편 수록)이 있다고 되어 있다. 도산기념사업회 편, 『안도산전서(중)』, 범양사, 1990, 40쪽.

인 반면에, 전통적 질서를 유지하면서 동시에 문명개화를 수용하는 입장에 선 양명학파의 유림이 있었다.

그들은 종래의 유교적 가치관을 버리지 않으면서 동시에 '문명개화'를 인정하는 입장에 서 있었다. 동양의 전통질서를 '내용'으로 삼고, 서양의 문명을 '형식'으로 삼아 내용과 형식의 조화를 이룩하고자 했던 것이다.

일례로 강화도의 양명학파 유학자인 이건승 등은 을사늑약 이후 애국계몽운동에 참여하고 대한자강회 활동을 지지하였다. 그리고 전통적 윤리와 신지식을 함께 닦아 국가의 자주독립을 이룩해야 한다고 주장하였다. 이러한 취지에서 이건승은 1907년 강화도에 계명의숙을 설립했다.

계명의숙에서 부르던「태황제폐하 만수절가」라는 노래가 있다.

태황제폐하 만수절가

啓明義塾 학도들라 경축가를 불너보세
아태조의 鴻功偉烈 創業垂統 하오시니
한양성의 定都하여 萬年基業 되어잇고
聖子神孫 繼繼繩繩 重熙累洽 하오시니
黃河一淸 運을 만나 태황[황제]폐하 誕降하사
추칠월이십오일(춘이월초팔일)이 我東方의 慶節이라
오십년 太平之治 우리신민 행복이라
'칠월용' 堯傳舜 受心法으로 태황상이 되압시니
付託有人 하압시고 萬乘之養 바드시니
漢高唐宗 前例삼아 未央殿의 上壽하니
紫薇垣 놉흔 곳에 南極老人 빗쳐잇다
三呼碧嵩 하난소래 百官萬民 경축한다
五雲蓬萊 바라보니 康衢烟月 氣像이라
우리학교 학도들도 충군애국 목적으로
태극기를 높히 달고 만만세를 불너보세
……

'聖壽無窮下'
부국강병 확장하여 문명세계 되옵소서
동양맹주 되오시고 威振海內 하압소서
우리신민 행복으로 堯舜聖君 되셧고나

이천만인 손을 드러 北向하여 경축하셔
이천만인 입을 여러 일심으로 경축하세
'이월용' 繼天立極 하셧스니 태황폐하 만만세요
重華協帝 하셧스니 황제폐하 만만세요
四重歌를 불넛스니 동궁전하 천천세요
태산반석 공고하니 대한제국 만만세요
與國同休 하엿스니 계명의숙 亦만세라

(신용하, 1975, 295~296쪽)

위 노랫말에는, 황제에 대한 충군이라는 전통적 윤리와 부국강병·문명세계의 추구라는 근대적 가치관이 함께 공존하고 있다.

태황제는 고종을 가리킨다. 고종은 1863년 즉위한 후 1897년에 연호를 광무, 국호를 대한제국이라 하고 황제라 칭하면서 나라의 완전 독립을 선포하였다. 1907년에 헤이그 만국평화회의에 밀사를 파견하여 일본의 침략과 을사늑약의 부당성을 국제적으로 폭로하려 하였으나 일본의 방해로 실패하였다.

이후 일제는 군대를 해산하고 헤이그 사건을 빌미로 고종의 양위를 강요하여 순종이 황제에 올랐다. 1907년 7월 20일이었다. 그리고 그 이틀 후 고종은 태황제의 칭호를 받았다. 그러나 1910년 경술국치 이후 이태왕으로 격하되고 1919년에 사망하였다. 일제가 독살했다는 설이 전해진다.

노랫말의 '7월용'은 7월 25일(음) 고종의 생일에, '2월용'은 2월 8일(음) 순종의 생일에 각각 사용되었던 것이다. 대한제국 시기에 순종의 생일은 건원절로 하여 축하했는데, 이 때 부르던 「건원절」이란 노래도 있다.

건원절

1. 무궁 삼천리 강산에 우로의 은택을 받아서
   생쟝한 이천만 민족들 오날 경축해
2. 남산에 송백은 푸르고 한강 류수는 깊은데
   거룩한 실의 복죠는 기리 누려여
3. 존엄한 황실에 위권이 열국에 떨치여지도록
   우리의 츙의를 다하여 님군 섬긔여
4. 화려한 한반도에 영광이 세계에 빗나지도록
   우리의 혈셩을 다하여 나라 사랑해

(후렴) 한 목소리에 같은 곡됴로 / 높으신 황상 나심을 모다 경축해

(『최신창가집』, 70쪽)

노래 1~3절과 후렴에서 황제의 탄생을 기리며 충성을 다짐하고 4절에서는 애국을 통하여 나라를 빛내자고 하고 있다. 역시 '충군애국'의 표현으로 일관된 것이다.

제5장 애국계몽기 교육운동

1. 교육운동—교가

구한말 애국계몽운동의 중심적 과제는 국권회복이었다. 여기서 국권회복의 내용은 봉건적 지배질서를 의미하는 것이 아니라 근대적 국가체제의 수립을 의미하는 것이었다.

이러한 내용의 애국계몽운동은 계몽단체나 학회를 통하여 전개되었다. 독립협회를 뒤이어 대한자강회(1906년, 윤치호·장지연), 서북학회(1906년에 설립된 박은식의 서우학회와 이준의 한북학회가 1907년에 통합하여 발족), 호남학회, 관동학회(이상 1907년), 청년학우회(1909년) 등 전국 각지에서 계몽단체 및 학회가 설립되었다. 이들 단체가 합법적 공개단체임에 비하여 이동휘, 노백린, 안창호 등이 조직한 신민회는 비밀결사단체로서 애국계몽운동을 전개하였다.

이 단체들은 국권회복 및 교육진흥을 목표로 하여, 언론활동·학교설립·산업활동을 전개하였다. 1880~90년대에 기독교 계통의 사립학교가 다수 설립되기도 했지만 1905년의 을사늑약과 1907년의 정미7조약을 거치면서 전국적으로 애국계몽운동의 일환으로서 학교가 설립되었다. 교육진흥을 통한 구국운동, 학교설립운동이 뜨겁게 전개되었던 것이다.

이 시기에 설립된 학교로 양정의숙(엄주익), 휘문의숙(민영휘), 진명여학교(엄귀비), 중동학교(신규식), 현산학교(남궁억), 기호학교(유근), 오산학교(이승훈), 대성학교(안창호), 양산소학교(김구), 계명의숙(이건승), 동원여자의숙(조동식), 소의학교(장지영), 대동전수학교(김윤식), 융희학교(유길준), 한영서원(윤치호), 보창학교(이동휘) 등이 있는데 이로부터 당시 애국계몽운동가들이 학교 설립에 참여하던 정황을 알 수 있다.

당시 학교설립운동이 얼마나 힘차게 전개되었는지는, 불과 2~3년 사이에 3천

~4천 개의 학교가 설립되었다는 통계에서도 알 수 있다.[1] 군대 해산 후 신민회 활동에 관여하던 이동휘는 함경도 일대를 돌며 학교설립운동을 전개하였는데 이에 호응하여 백여 개의 학교가 설립될 정도였다.

애국계몽 단체·인사들에 의해 설립된 이들 학교는 공개적으로, 혹은 비공개적으로 구국운동의 간성을 양성하였다. 이들 학교에서 부르던 교가는, 대체적으로 민족정신을 담고 있어 학생들의 민족정신을 고취시켰다고 할 수 있다.

이러한 민족적 경향 때문에, 일제는 때로는 이들 학교를 폐교시키기도 하고 때로는 민족적 경향이 짙은 교가를 못 부르게 하기도 했다. 이하 애국계몽운동기에 설립된 학교의 교가를 설립 연대순으로 살펴보자.

① 숭실학교 교가

박상순 작사

1. 모란봉이 다라오다 돌아앉으며 대동강수 흘러나려 감도는 곳에
   백운간에 솟아 있는 층층한 집은 합성 숭실학교
2. 만수대에 노송빛은 창창하였고 용악산에 바위낮은 백옥같으니
   그림같은 묘한 강산 좋은 풍경이 만천산이로다
3. 천문지리 모든 공부 재미들어서 청천백일 가는 도수 잊어버릴 때
   시간좇아 떠러지는 종경소리에 정신을 차리세
4. 신기하다 우리 학교 생긴 연원은 만세반석 열린 곳에 터가 되었고
   그 속에서 솟아나는 생명 샘물이 사해에 퍼지네
(후렴) 숭실 숭실 합성 숭실 숭실 숭실 합성 숭실
   숭실 숭실 숭실 합성 숭실 만세 만세 만세

(『숭실대학교 90년사』, 112쪽)

숭실학교는 기독교 선교사 방위량(Blair)이 1897년에 세운 숭실학당에 연원을 두고 있다. 이 학교 최초의 교가는 방위량이 만든 노래로 찬송가 377장 「우리들의 싸울 것은 군대 아니오」의 곡을 차용했었다. 이후 1910년 봄 박상순(朴尙純)이 작사하여 격물학당(格物學堂) 연합 채플에서 새 교가를 불렀다고 한다. 그것이 위 노래이다. 곡은 미국 노래 「그로리 그로리 할렐루야」였다.

노랫말의 '합성'은 연합이란 뜻으로, 기독교 교파를 초월해서 연합교육사업을

---

1) 윤건차, 『한국근대교육의 사상과 운동』, 청사, 1987, 348쪽.

벌인 데서 '합성 숭실'이란 명칭이 유래한다.

또한 숭실학교에서는 문학부가 있었는데 1913, 14년 김태연 작사로 전해지는 「문학부가」라는 노래도 불렀다.

> 1. 箕城에 홀연한 숭실학교 / 계림의 반석이 완연하다
>   만추에 黃葉된 우리 계림 / 화창한 춘절은 숭실학교
> 2. 숭실학교가 氣壯한데 / 우리 문학부 또한 설립
>   우리의 사부요 우리의 참벗 / 우리의 소망은 오직 너뿐
> (후렴) 네게 품은 뜻 우리와 같이 / 무궁한 관계가 깊어 있다
>   네게 품은 뜻 우리와 같이 / 무궁한 관계가 깊어 있다
>
> (『숭실대학교 90년사』, 113쪽)

노랫말 가운데 '만추에 황엽된 우리 계림'이라 하여 망국의 현상을 표현하고 있다. 노래의 작사자 김태연은 3·1운동 후 상해로 망명하여 인성학교 교장으로 활동하다 1921년에 병사하였다. 「꽃동산반도」라는 노래도 작사하였다.

숭실학교가 두드러지게 민족독립운동에 참여한 내용은 다음과 같다.

1) 1911년 105인사건 : 변인서, 김두화, 길진형, 차이석, 윤원삼 등 숭실 출신들과 마포삼열(3대 교장), 윤산온(4대 교장) 등 기독교 선교사들이 관여. 2) 국민회 사건 : 숭실 출신 장일환이, 미주지역에서 박용만과 함께 국민회 조직을 계획하고 국내로 와 숭실학교생을 중심으로 '조선국민회'를 조직. 3) 3·1운동 : 33인 가운데 박희도(후에 변절), 김창준이 숭실 출신. 평양에서의 3·1운동에 숭실 학생이 중심적으로 참여. 4) 광주학생운동 : 1930년 1월 광주학생운동의 여파로 평양에서 만세 시위운동. 숭실학교생 107명이 일경에 체포. 5) 신사참배 거부 운동 : 일제가 민족정신 말살을 위해 강압하던 신사참배를 거부.

숭실학교는 전주 신흥학교, 순천 매산학교 등 남장로교계 학교 등과 함께 신사참배를 적극적으로 거부하였으며 이로 인하여 1938년 일제에 의해 강제로 폐교되었다.

② 배화학교 교가

이광수 작사, 李寶石 작곡

1. 필운대 위에 높이 솟은 우리 학교 배화학교

어린 딸들이 자라나는 우리의 학교

동창들아 소리를 모아 찬양하세 우리 배화 천년 만년 찬양하리라

2. 인왕산 맑게 저녁 구름 피 빛으로 타는 듯이

우리의 붉은 정신이로다 불같은 정신

우리 정신 가는 곳마다 찬 세상을 따뜻하게 어둔 나라 밝게 하리라

3. 시온 성에서 흐르는 물 우리 몸을 씻었으니

눈보다 더 흰 우리 몸일세 눈보다 흰 몸

우리 몸이 가는 곳마다 드런 세상 깨끗하게 죽는 영혼 구원하리라

(후렴) 배화의 딸아 아름다운 배화의 딸아 우리 학교

주의 빛이 동으로 흘러 사랑하는 동반도 나라

못잊는 나라 조선 나라 빛이 트을 때에

이루었네 우리의 배화 구주의 빛을 이 나라에 펴라고 이루었네

생각하여라 우리들의 사명을 아, 배화의 딸아

(『배화팔십년사』. 158~159쪽)

남감리회 여선교사로 윤치호의 초청을 받고 조선에 온 캠벨(여)이, 1898년에 배화학당을 세웠다. 1912년 남궁억 작사・작곡의 교가를 제정하였다.

배화 출신의 회고에 의하면 이 때 교가는 다음과 같다.

1. 저 인왕산 下 큰 반석 만년 기상 엄연타

그 반석 터가 되어서 이 학교 세웠도다

이 곳에 생명 길 있고 이 문에 지식 많다

늘 상제 도움 힘입어 그 전도 번창하리

2. 씨 뿌려 열매 걷우고 돌을 갈아 옥되네

문 청년 힘써 배양해 큰 그릇 이뤄 보세

내 한 집 먼저 다스려 만 가정 모범되네

은총 중에 큰 은총 그 기업 영원하리

(후렴) 좋도다 배화 여학당 그 기업 영원하리

愛홉다 배화 여학당 그 제도 아름답다

(『배화팔십년사』. 99쪽)

남궁억은 애국계몽운동가로 스스로 현산학교를 설립하기도 했으며, 1912년 당시에 배화학당에서 조선역사를 가르치며 학생들의 민족정신을 고취하였다.

1924년에 배화학교의 중흥을 계기로 새로 교가를 제정하였는데, 그것이 바로 위 교가이다. 노랫말에 애국의 기상이 담겨 있다. 그런데 이 노랫말이 문제가 되어 1929년 조선총독부는 이 노래를 금지시켰다. 문제가 된 부분은 '사랑하는~조선나라', '생각하여라 우리의 사명을', '우리 정신 가는 곳마다 찬 세상을 따뜻하게' 등이었다. 이후 배화학교에서 이 노래가 금지되고 새로 교가가 제정되었다.[2]

배화학교에는 남궁억, 김윤경 등 민족주의 지도자가 교사로 있었다. 남궁억은 평생을 애국계몽운동에 헌신한 지사로, 겨레의 상징인 무궁화보급운동을 전개하기도 했다. 이른바 '무궁화 수본'(한반도 13도 금수강산을 무궁화꽃으로 수놓은 수본)을 처음으로 만든 것도 배화학교였다. 이 '무궁화 삼천리' 수는 일제에게 압수되었고 배화학생들은 일본어 수업을 거부하기도 했다.

배화학교는 3·1운동, 물산장려운동, 광주학생운동 호응시위 등에 참여하였다. 특히 3·1운동 이후인 1921년에는 기숙사 여학생들이 조선독립을 희망하는 창가를 밤마다 불러 일경에게 체포·기소되었던 사실도 있다.[3]

③ 漸進歌

안창호 작사

1. 참 기쁜 음성으로 노래하며 / 공부에 점진 점진 향합시다
2. 일초나 반초인들 방심할까 / 학문을 어서 어서 배웁시다
3. 용감한 정성으로 배양하야 / 시종이 여일하게 하여 보세
4. 근면한 생각으로 연구하야 / 일신코 월신하게 하여 보세
(후렴) 점진 점진 점진 기쁜 맘과 / 점진 점진 점진 기쁜 노래
　　　각 과를 전무하되 낙심 말고 / 하겠다 하세 우리 직무를 다
　　　각 과를 전무하되 낙심 말고 / 하겠다 하세 우리 직무를 다

(『광복의 메아리』, 128쪽)

1899년 안창호가 고향인 강서(江西)군 동진면 바윗고지[岩花里]에 설립한 점진학교의 교가이다.

점진학교는 우리나라 사람이 세운 최초의 초등 사립학교였다. 또 최초의 남녀공학 학교이기도 했다. 독립협회운동이 실패한 후, 안창호는 고향으로 내려가 점

---

2) 배화학원, 『배화 팔십년사』, 1979, 181쪽.
3) 『조선일보』 1921년 4월 15일.

진학교를 세웠다. 점진의 의미는, 힘을 기르기 위하여 '나날이 조금씩 쉬지 않고 나아가자'는 것이다.

이 노래는 점차 다른 학교로 퍼져 '점진'을 '전진'으로 고쳐 많은 학생들이 부르게 되었다. 또 전국교회 유년주일학교에서 교가로 부르기도 했다.[4]

④ 원산루씨여고보 교가

1. 높고 고운 장백산 뒤에 느러서 / 길고 먼 복락 빌어주며
   맑고 깊은 동빙물 앞에 림하야 / 넓고 큰 앞길 열어준다
   반공중에 우뚝 솟아 잇는 집은 / 루씨고등보통학교라
   영원무궁히 우리 루씨녀학교 / 만세 만세 만만세로다
2. 행실의 근본된 덕성 함양하야 / 고상한 인물 만들으며
   문명의 괴되일 지식 발달하야 / 반도의 빛이 빛이도록
   무궁화 꽃동산 화려한 그 속에 / 꽃답은 딸을 산출하다
   영원무궁히 우리 루씨녀학교 / 만세 만세 만만세로다
3. 현모량처의 책임 메어서 / 화락한 가정 이루며
   박애의 주의를 넓리 전파하야 / 새하늘 새땅 건설하게
   하여튼 무릅스고 노력하여서 / 목적한 희망 이루리라
   영원무궁히 우리 루씨녀학교 / 만세 만세 만만세로다

(『동광』 3-2, 1931. 2, 67쪽)

1903년 감리교파가 원산에 세운 루씨여학교의 교가이다.

서울을 중심으로 시작된 선교사업이 지방으로 퍼지면서 지방에서 많은 선교 계통의 학교가 설립되었다. 이 시기에 특히 감리교 계통의 선교학교와 여학교가 많이 설립되었다.

루씨여학교는 종교계통의 학교였지만, 3·1운동, 광주학생운동에 참여하였고 물산장려운동에도 참여(바자회 개최)하였다. 또 학생 동맹휴학도 여러 차례 벌였다.

⑤ 숭의학교 교가

최자혜 등 작사, 안애리 작곡

---

4) 이유선, 『한국양악백년사』, 음악춘추사, 1985, 85쪽.

1. 우리 반도 안에 감초엿던 옥이 / 主의 영광 중에 나타나셔
   아름답고 귀한 됴흔 그릇되니 / 우리 일반 학생이라
2. 道와 덕을 닥고 지혜 지식 길너 / 實노 行할 목덕 무어신가
   天下 모든 집을 화목하게 하야 / 한 집 되게 함이로다
3. 안젼 강산 보라 모란봉은 쳥쳥 / 대동강은 용용 하여 잇네
   산과 갓흔 졀과 물과 갓흔 겸손 / 우리 직힐 본분이라
4. 만흔 간증쟈가 구름갓치 둘너 / 우리하난 경쥬 구경하네
   향내 나난 거름 젼진 젼진하야 / 면류관을 일치 말세
(후렴) 슝의학교 슝의학교 / 슝의녀즁학교 만셰 만만셰
   하나님이 보우하샤 / 슝의학교 만만셰라

(『숭의구십년사』, 105쪽)

1903년 설립된 평양 숭의학교의 교가이다. 숭의학교는 기독교 계통의 여학교로, 노랫말 1·4절에 종교적 색채를 띠고 있으며 3절은 평양의 자연경관을 빗대어 학생의 본분을 밝히고 있다. 이 노래는 재학생 최자혜, 채광덕, 서매물 등 10명의 교가가사제정위원회에 의해 1914년에 만들어졌다고 하며 작곡자 안애리(L. Adams Baird)는 숭실대 설립자 배위량 목사의 부인이었다.

1913년 숭의학교 교사 황애덕, 숭현여학교 김경희 등과 숭의학교 학생 박현숙, 채광덕, 황신덕 등이 비밀결사 조직 송죽회를 조직하였다. 송죽회는, 여성들의 애국심 고취와 독립운동 지원을 위하여 조직되었는데 지방조직까지 갖추었다고 한다. 위 노래를 만든 학생들도 모두 송죽회원이었다. 그리고 위 교가는 송죽회의 회가(會歌)이기도 했다.

⑥-1 徽文塾歌

장지연 작사(추정)

桂山에 심은 나무 / 가지 가지 동량 되고
觀峴에 쌓인 돌은 / 덩이 덩이 기초 되니
이 동량 이 기초에 / 휘문의숙 빛나도다
聰俊할사 우리 청년 / 의무교육 바다 보세
일보이보 과정 삼아 / 천문대에 올라 보니
文明星이 비쳤구나 / 인재배출 하리로다
대한은 만세 만세 / 태산 반석 굳게 되고

학도는 日日興旺 / 敎雨 중에 목욕하여
충군애국 굳은 마음 / 유진무퇴 하야 보세

(『휘문칠십년사』, 90~92쪽)

1904년 9년 민영휘가 사재를 들여 광성의숙(廣成義塾)을 설립하였는데 1906년 5월에 고종 황제가 휘문이란 학교 명칭을 내려 휘문의숙으로 성대히 개숙(開塾)하였다.

휘문의숙의 교수 진용은 숙장 장세기, 편집부장 장지연, 숙감(塾監) 유근(柳瑾) 등 애국계몽운동가였으며, 개숙식에는 지석영, 이준 등의 한말 우국지사들이 다수 참여하였다.

휘문의숙은 부대사업으로 휘문관을 두어 교과서 및 서적 출판에 공헌하였다. 위 노랫말은 장지연 작사로 추정되는데 장지연은 휘문의숙 개숙시 편집부장으로 휘문관의 교재 편찬을 담당하였으며, 1907년에는 2대 숙장으로 취임하였다.『휘문칠십년사』에 장지연이 숙장 취임에 앞서 이 숙가를 지었을 것으로 추정하고 있다.

이 노랫말은 학생들에게 '대한'의 대들보가 되어 전진하라고 하면서 애국정신을 고취시키고 있다.

<h3 align="center">⑥-2 휘문고등보통학교 교가</h3>

최남선 작사, 이상준 작곡

1. 잘집(萬戶)의 서울을 눈아레 깔고서 뜻있네 / 볼재(觀峴)에 우뚝한 우리집
   즘(千)음의 어린이 숲속(學林)에 모여서 / 뜻있네 이집에 힘쓰는 배움들
2. 누리(世)를 빛외일[비추일] 큰빛을 담아서 / 퍼지게 난우매 이집이 귀할사
   밝음을 느리는 그릇이 되려고 / 정성을 다함이 제자랑 이거라
3. 이팔과 이다리 이맘과 이넋은 / 단롍고 닦이를 좀이나 쉬울가
   예서난 소리가 넓이게 하련이 / 이집에 영화를 덮이게 하련이
4. 오직 깨끗함과 부즈런 함으로 / 무겁은 이짐을 가볍게 나르며
   어렵은 이누리 쉬웁게 지나가 / 우리와 우리집 늘 이 뜻 있으라

(『동광』 2-3, 1927. 3, 38쪽)

휘문의숙은 1922년 휘문고등보통학교로 되었다. 위 교가는 휘문의숙 시절 만들어져 휘문고보로 바뀐 이후에도 계속 불렸다.

휘문의숙·휘문고보의 교사진에는 주시경, 남형우, 김두봉, 장지연, 홍명희, 황

의돈, 이상준, 고희동 등 애국인사가 많았다.

위 교가를 만든 최남선과 이상준도 당시 휘문의 선생으로 봉직하고 있었다. 이상준은 우리나라 근대음악의 선구자로 보성, 진명, 숙명 등의 학교에서도 후진을 양성하였다.

언론에 나타난 휘문고보의 독립운동, 학생운동은 다음과 같다. 1) 1919년 3·1 만세운동, 2) 1926년 6·10만세운동, 3) 1929년 광주학생운동에 호응, 서울에서 타 학교생들과 독립만세 시위운동, 4) 1933년 6월 독서회사건(RS혐의). 기타 학생동맹휴학도 몇 차례 있었다.

⑦ 보성고등보통학교 교가

이광수 작사, 이상준 작곡

1. 구름에 솟은 삼각의 뫼의 높음이 우리 이상이요
   하늘로 오는 한강의 물의 깊음이 우리 뜻이로다
   흐르는 피에 숨은 옛날을 영광에 다시 살리려고
   씩씩한 무리 모이어드니 우리의 모교 보성일세 보성 보성 보성
2. 크기도 클사 우리의 할일 새로운 누리 세우람이
   멀고도 멀사 우리의 앞길 만대의 업을 비롯함이
   큰일로 먼길 나서는 우리 차림 차림도 크거니와
   인생의 힘이 끝이 없으니 기쁨에 뛰자 보성 건아 보성 보성 보성

(『보성 80년사』, 398쪽)

보성고보는 그 연원이 보성중학교에 있다. 보성중학교는 구한말 관리이자 반일 지사이던 이용익의 교육운동 계획에 따라 1905년에 설립된 보성전문학교에 이어 1906년 9월에 설립되었다. 1917년에 보성고보로 바뀌었다.

위 노래 창작 시기는, 이광수가 동아일보 편집국장이 된 1923년으로 추정되고 있으며 작곡자 이상준은 당시 보성고보 음악교사였다.

이 교가에 앞서 김인식이 만들어 『보중친목회보』1호에 발표했던 「보성중학교 교가」가 실제로 널리 불리지 않은5) 반면, 위에 인용한 교가는 널리 불렸다. 일례로 1927년에 있었던 보성고보의 맹휴 때 학생들이 교문을 잠근 후 교가를 부르기도 했다.6) 그러나 1935년 친일파 재단인 고계(高啓)학원이 보성학교 경영을 인수

---

5) 보성80년사편찬위원회, 『보성 80년사』, 동성학원, 1986, 139쪽.

하면서 위 교가도 수난을 당해 학생졸업기념사진첩에 실리지도 못하게 되었다.

보성고보가 참가한 항일운동, 학생운동은 다음과 같다. 1) 1919년 3·1운동, 2) 6·10만세운동 시 선전문 살포, 3) 광주학생운동에 동조 만세시위에 가담, 4) 1931년 비밀결사 사건 및 1934년 격문부착 사건, 5) 동맹휴학 수차례.

⑧ 계명의숙 창가

啓明義塾 학도드라 교육가를 불러보세
이목총명 男子身이 만물중의 最貴로셰
오륜행실 근본이요 경제사업 직책이라
금일세계 何세계요 우승열패 분명하다
萬國史記 보게되면 前鑑昭然 警省處라
신지식을 열고보면 애국사상 결노나네
平治天下 하려하면 수신붓터 급선무라
자포자기 하지말고 학업상의 정신차려
聖經賢傳 本原이요 신학문을 兼修하여
一心團體 하온후의 문명발달 진보하면
신분상에 당연하고 公式上에 有助하다
墜失권리 회복하고 일등국을 自期하면
我국가에 행복이요 대장부에 의무로셰
가문영광 되려니와 국은보답 이안인가
대한독립 만만세를 우리학교 기초되셰
만세만세 만만세에 大皇帝陛上 만만세요
천세천세 천천세에 황태자전하 천천세요
與國同體 하여보셰 계명의숙 無疆歲라

(신용하, 1975, 294쪽)

계명의숙은 1907년 5월 24일 강화도 사기리에 설립되었다. 이건승이 동지와 함께 세운 신식학교이다.

이건승은 그의 형 이건창과 함께 양명학파(강화학파)의 학자였으며, 1905년 을사늑약 이후 애국계몽운동에 참여하여 대한자강회 활동을 지지하였다.

위 창가는 동양의 전통적 윤리(학문)와 신지식(학문)을 함께 닦아 대한독립을

---

6) 『동아일보』 1927년 7월 23일 ; 『보성 80년사』, 387쪽.

이룩해야 한다고 되어 있다. 주자학파에서 '위정척사'를 이론적 근거로 하여 신학문을 배격한 것과 대비된다고 할 수 있다.

한편 계명의숙에서는 위 창가 외에 「창립기념가」를 만들어 불렀다.

계명의숙 창립기념가

계명의숙 학도드라 기념가를 불너보세
丁未오월 이십사일 우리학교 창립하니
江華下道 沙器洞에 중앙위치 분명하다
學部認許 請得하여 各課程을 조직하니
聖經賢傳 地誌歷史 語美習字 體操로다
주야학도 모집하여 일취월장 진보하니
於焉光陰 如流하야 本塾창립 제일회라
우리학도 團聚하야 기념례식 행해보세
임원교사 안즈시고 학부형네 다오시니
년년금일 도라오면 우리학교 慶節일세
태극기랄 높히달고 만만세랄 불은후의
綠陰芳草 조헌경에 종일토록 消暢하세
우리학도 심을써셔 有始有終 하여보세
이학교를 창립할제 그목적이 엇더한고
신학문을 교육하여 국민지식 발달하고
부국강병 확장하여 열강문명 본을바다
우리대한 행복으로 이천만인 동락할제
오날날을 잇지말고 자자손손 기념하세
기념하세 기념하세 학교창립 기념하세
백세천세 만만세에 이기념을 잇지말셰
……

(신용하, 1975, 296~297쪽)

「계명의숙창가」, 「계명의숙 창립기념가」 모두 4·4조이고 노랫말도 길다. 전래 가사 형식을 취하고 있는 것이다.

그러나 노랫말에 유학적 이념과 근대적 문명의 조화를 추구하는 계명의숙의 창립 목적이 드러나 있다. 즉 신학문의 교육, 국민지식의 발달, 부국강병의 확장, 열

강문명의 습득, 이천만 대한 국민의 행복 등이란 표현에서 당시 계명의숙 창립 목
적을 읽을 수 있는 것이다.

⑨ 오산학교 교가

이광수 작사

1. 네 손이 밝구나 엑스 빛 같다 / 하늘을 꿰뚫고 땅을 들추어
   온가지 진리를 캐고 말련다 / 네가 참 다섯메의 아이로구나
2. 네 손이 솔갑고 힘도 크구나 / 불길도 만지고 돌도 주물러
   새로운 누리를 짓고 말련다 / 네가 참 다섯메의 아이로구나
3. 네 맘이 맑구나 예민도 하다 / 하늘과 땅 사이 미묘한 것이
   거울엔 더 맑게 비치는구나 / 네가 참 다섯메의 아이로구나
4. 네 인격 높구나 정성과 사랑 / 네 손발 가는데 화평이 있고
   무심한 미물도 다 믿는구나 / 네가 참 다섯메의 아이로구나

(『광복의 메아리』, 138쪽)

오산학교는 1907년 12월 남강 이승훈이 평북 정주에 설립한 학교이다.

평북의 민간학교로 이름이 높으며 1926년에 오산고등보통학교로 되었다.

설립자 이승훈은 실업가로서 구국의 뜻을 세워 민족계몽운동에 헌신하였다. 안
악사건, 105인사건에 관계되어 일제에게 고초를 겪었고, 오산학교를 설립하여 수
많은 인재를 배출하였다. 3 · 1독립선언 때 33인의 민족대표 가운데 한 사람으로
참여하였고, 1924년에는 동아일보 사장으로 민족언론 창달에 힘썼다. 또 물산장려
운동에도 참여하는 등, 실업 · 교육 · 언론 분야에서 민족의 힘을 기르기 위하여 일
생을 헌신하였다.

오산학교의 교과목은 수신, 교육학, 지지(地誌), 역사, 물리, 산술, 어학, 체조 등
이었다. 학교의 설립목적은 신민회의 이념을 실천하고 국권회복운동의 간부를 양
성하는 것이었다.[7]

기록에 나오는 오산학교의 독립운동 참가는 다음과 같다. 1) 1919년 3 · 1만세
시위운동, 2) 1930년 광주학생운동에 호응 시위운동, 3) 1931년 오산고보생 결사사
건으로 학생 10여 명과 교무주임 함석헌 취조. 기타 동맹휴학이 몇 차례 있다.

---

7) 윤건차, 『한국근대교육의 사상과 운동』, 청사, 1987, 362~363쪽.

⑩-1 兵式行步歌

안창호 작사

1. 장하도다 우리 학도 병식 체조는 / 나폴레온의 군대보다 질 것 업겟네
   총과 칼이 상설갓치 번뜩이며 / 대포 소리 앞뒤ㅅ산을 들들 울닐 때

(『동아일보』1925. 9. 8)

⑩-2

1. 장하도다 우리 학교 병식행보가 / 나포레옹 군대보다 질 것 없겠네
   알프스산 넘어뛰어 사막을 건너 / 구주천지 정복하던 그 정신으로
2. 맨발로 뛰어가는 경보의 걸음 / 사막을 걸어가는 낙타의 인내
   씩씩한 우리들의 병식행보가 / 현해탄 뛰어넘는 발걸음일세

(『광복의 메아리』, 42쪽)

1907년에 안창호가 설립한 평양 대성학교의 교가이자 교련가이다.

대성학교는 1907년 김진후의 기부금과 오치은의 재정 원조로 설립되었다. 당시 가장 이름 높았던 중등교육기관이었는데[8] 1912년에 폐교되었다.

대성학교의 교장은 윤치호였고, 안창호는 교장대리였으나 실질적인 교육의 책임자였다. 대성학교의 교육방침은 건전한 인격을 가진 애국국민을 양성하는 것이었다. 특이한 점은 대성학교에 당시 15세의 나이로 이상준이 창가 교육을 담당하고 있었다는 사실이다. 위 노래를 이상준이 지었는지는 확인되지 않는다.

대성학교에서는 체육훈련을 열심히 하여, 정인목(鄭寅穆) 체육교사의 훈도 아래 새벽에 만수대나 청류벽 꼭대기까지 행진하기도 하였다. 또 한여름에 십리씩 구보를 하기도 하고 야구와 축구를 처음으로 도입하여 경기를 하기도 하였으며 「병식행보가」를 열심히 부르며 새벽에 행진하다가 경찰에게 이를 금지당한 경우도 있었다고 한다.

이 노래는 이후 널리 퍼져 국내·만주의 각 학교 교련 때 널리 불렸는데 만주에서 불리던 노랫말은 8행 1절에 총 5절로 위 인용 노랫말보다 훨씬 길다. 그 표현 가운데 '공부하여 지식 어더 무긔 만들고 / 운동으로 힘을 다가[닦아] 군인되야서', '군병될 자 군병되여 직분 다하고' 등이 있어, 만주에서 부르던 노랫말에 항전

---

8) 오천석, 『한국신교육사』, 현대교육총서출판사, 1964, 192쪽.

을 위한 군사훈련의 성격이 더 강하게 표출되어 있음을 알 수 있다.[9] 그리고 ⑩-1 노랫말의 3~4행이 4절 5~6행으로 되어 있다.

⑪ 국민교육가

金有鐸 작

大韓帝國 隆熙日月 富强安泰는 / 국민교육 보급함에 全在함일세
우리들은 덕을 닦고 지혜길러서 / 문명개화 선도자가 되어 봅시다

(『광복의 메아리』, 145쪽)

이 노래는 융희학교(隆熙學校)의 교가로 알려져 있다. 융희학교는 유길준, 김가진, 오세창 등이 조직한 흥사단(안창호가 조직한 흥사단과는 별개)이 1909년 설립하였는데 주로 법률교육에 힘썼다. 1910년에 기호학교(畿湖學校 : 柳瑾 등의 기호학회에서 1908년 설립한 학교)와 합병하고, 1915년에 중앙학교로 개편되었다.

이 노래의 원형은 「운동가」로서, 『황성신문』(1907년 4월 26일)에 게재되어 있는 전체 34행의 노랫말 가운데 앞 4행에 해당되는 것이다. 이 운동가는, 각 공·사립학교 운동가의 일치를 위하여 학부에서 군부주사 김유탁에게 위탁하여 제정·반포한 것이었다. 관제음악의 성격을 지닌 것이라 할 수 있다. 이후 융희학교가 설립되면서 이 운동가를 교가로 사용한 것으로 추측된다. 사실 위 노랫말 1~4행은 운동가라기보다 애국계몽노래라 할 수 있다.

노랫말에 '나라의 부강·태평함이 국민교육 보급에 있다'고 하였다. 이는 신학문을 보급하고 국민을 계몽하는 교육운동이 바로 구국운동의 기초라는 당시 애국지사들의 인식을 보여준다.

⑫ 중앙고등보통학교

최남선 작사, 김영환 작곡

1. 흘러 흘러 흘러서 쉬임이 없고 / 솟아 솟아 솟아서 그지의 없는
   흰뫼와 한가람은 무궁화 복판 / 거기 솟은 우리 집 이름도 중앙
2. 健兒야 모였도다 얼세길로서 / 이룸으로 가는 배 예 와서 타니
   건느는 언덕 각각 다다를 때면 / 퍼지리라 골고루 예서 얻은 빛

---

9) 『최신창가집』(국가보훈처 영인, 1996), 80~81쪽.

3. 높거라 너의 이상 굳거라 의지 / 맘과 일은 온전히 지성이거라
가르침과 배움이 오직이로다 / 이리하여 이루라 넓고 깊어 큼
4. 걸음 걸음 덕성을 닦아올림은 / 하늘 뚫고 말려는 저 뫼와 같이
가지 가지 슬기를 열어 늘림은 / 바다에 가 그치는 저 가람처럼

(『중앙육십년사』, 81~82쪽 ; 『동광』 2-3, 25쪽)

기호학교와 융희학교가 합병되어 탄생한 중앙학교의 교가로, 1914년에 만들어
졌다. 일제의 민족말살정책이 진행되는 시기에 1절의 '흰뫼와 한가람은 무궁화 복
판'이란 구절이 문제시되어 일제에 의해 가창이 금지되었다.[10]

작곡자 김영환은, 우리나라 최초의 음악학교 유학생으로 일본 우에노(上野) 음
악학교를 졸업하였다. 유학중 송진우, 이광수, 신익희 등과 교분이 있었다고 한다.
귀국 후 김형준, 홍난파, 김활란 등과 더불어 YMCA에서 자주 공연하였으며 연희
전문학교에서 음악을 가르쳤다.[11]

중앙고보가 참여한 독립운동, 학생운동은 다음과 같다. 1) 1919년 3·1만세운
동, 2) 1926년 6·10만세운동, 3) 1929년 광주학생운동에 호응 서울에서 타 학교생
들과 독립만세 시위운동, 4) 1933년 2월 반제결사 조직, 반전격문 살포, 5) 1936년
8월 중앙고보독서회사건(좌익서적 탐독 및 선전), 6) 기타 학생동맹휴학 여러 차
례.

⑬ 광무학당가

노백린 작사

1. 아주동방 작은 반도국은 개국한지 사천년 대한국일세
단군기자 조선국으로서 오늘날에 대한제국 태극이로다
2. 광무학당 창설하였으니 신식으로 청년자제 교육하시오
학도들아 우리 학도들아 체조시간 되엇으니 일체 나가세
3. 운동장이 광활 청결한데 체조교사 기를 들고 호령을 하오
학도들아 번호 잃지말고 완보평보 돌아 좌우편으로 하오
4. 학도들아 우리 학도들아 유진무퇴 이 공부를 힘써 하시오
우리 대한 삼천리 강산을 학도마다 어께에다 담책하였오

---

10)「한민족의 상징 - 닥치는대로 말살」,『중앙일보』1995년 3월 23일.
11) 이상만,「한국 음악 백년 - 일화로 엮어 본 이면사」,『경향신문』1986년 2월 1일.

　5. 부국강병 기초를 세워서 영미법덕 열강으로 동등이 되세
　　태극국기 높이높이 달고 육대부주 넓은 세계 횡행을 하세
　6. 학도들아 우리 학도들아 삼각산에 봉이 울고 서운이 떴네
　　우리 대한 동포 이천만이 만세만세 만세만세 태평 만만세

(『배달의 맥박』, 459쪽)

　광무학당(光武學堂)은 노백린이 고향 풍천(豊川)에 설립한 학교이다. 설립 연대가 확인되지 않으나 아마 노백린이 안창호 등과 함께 신민회 활동을 하던 무렵일 것으로 추측된다.

　노백린은 일본육사 출신으로, 귀국 후 대한제국 육군무관학교에서 무관을 양성하였다. 그러나 군대해산 및 경술국치를 당하여 군직을 사퇴하고 독립운동에 헌신하였다. 안창호, 이갑 등과 신민회를 조직하여 활동하였고 해서교육총회장(海西敎育總會長. 총감은 김구)으로 교육운동을 전개하기도 했다. 1914년 망명하여 미국에서 항공학교를 설립하려 노력하였다.

2. 권학가・학도가

학도야 학도야 청년 학도야
벽상의 괴종을 들어보시오

　앞에서 보았듯이 대한제국 말기 애국계몽운동은 교육운동과 불가분의 관계에 있었다. 신학문을 통하여 나라의 부강과 자주독립을 이룩하자는 것이, 당시 교육운동의 본질이었다. 따라서 일반 청년들을 '교육의 장'으로 끌어내기 위한 노력이 경주되었고 그러한 가운데 학문을 권장하는 권학가 또는 학도가가 나왔다. 1900년대는 실로 학도가의 시대라 해도 좋을 것이다.

　시기와 상황에 따라 여러 종류의 학도가(권학가)가 불렸다.

① 권학가

　1. 소년은 이로하고 학난성하니 / 일촌의 광음인들 불가경이라
　　지당의 춘초몽은 미각하여서 / 계전의 오엽들이 기추성이라
　2. 세월은 한번 가면 부중래하며 / 일일은 한번 지면 난재신이라

일찍이 학문을 갈고 닦아서 / 입신양명 국가동량 오죽 좋으랴

(『광복의 메아리』, 131쪽)12)

1900년대 개화기에 학문을 권장하던 노래이다.

주자의 권학문에 곡을 붙인 이 노래는 국내·만주 등 한국인이 사는 곳이면 어디서나 널리 불렀다. 예를 들어 만주의 창동(彰東)학교에서는 아침조회가 끝난 뒤에 이 노래를 불렀고 또 졸업가로도 불렀다.13)

이 노래의 곡조는 청일전쟁 당시 유행했던 일본군가 「용감한 수병」이라는 곡을 차용하였다.14)

② 학도가(권학가)

1. 학도야 학도야 청년 학도야 / 벽상의 괘종을 들어보시오
   한소리 두소리 가고 못오니 / 인생은 백년 가기 주마 같도다
2. 동원춘산의 녹음방초도 / 서풍추천에 황엽쉽구나
   제군은 청춘소년 자랑마시오 / 어언에 명경백발 가석하리라
3. 귀하고 귀하다 가는 광음은 / 일분과 일각이 즉천금일세
   문명의 좋은 사업 감당하려면 / 소년의 강장시가 마땅하도다
4. 학도야 학도야 생각하여라 / 우리의 할 일이 그 무엇인가
   자나깨나 쉬지말고 학문 넓혀서 / 좋은 사람 되는 것이 이것 아닌가

(『광복의 메아리』, 130쪽)15)

학생 사이에 널리 불린 노래이다. 직접 민족정신을 고취한 것은 아니지만 수학을 권장하여 국가의 유용한 인물이 될 것을 강조함으로써, 간접적으로 민족의식을 고취시킨 노래이다. 구한말 애국창가가 널리 불리면서 민족정신을 고취시키자, 일제 통감부는 애국적 창가를 부르는 인사들을 연행·투옥하였다. 그리고 대한제국 정부에 압력을 가해 애국적 창가에 대응되는 '관제 창가'를 만들게 한다. 그리하여

---

12) 원래 4절의 노래로, 원 노랫말은 『최신창가집』, 146쪽에 기록되어 있다.
13) 김광희, 「창동학교의 지난날을 그리여」, 『연변문사자료 5』, 1988, 63쪽.
14) 山本芳樹 編, 『思い出の日本軍歌集』, 東京 : 金園社, 1961, 42쪽.
15) 『최신창가집』(172쪽)에는 4절이 다음과 같이 되어 있다. "시계의 바늘이 간단이 없이 / 도라가는 것과 같이 쉬지 말지라 / 촌음을 앗기여 성근이 하면 / 아모 업이라도 성공하리라."

대한제국 학부 명의로 탄생한 것이 『보통교육 창가집 제1집』(1910년 5월 20일. 학부 편찬 발행)이었다.

이 가운데 애국창가는 하나도 없고 일본창가와 외국민요를 번역하여 27곡을 수록하고 있다. 곡도 일본의 5도 음계 선법(旋法)을 따른 것이었다. 그 가운데 다음과 같은 새 「학도가」가 실려 있는데 이는 애국창가로서의 「학도가」를 대체할 의도로 만든 셈이었다.

학도가

1. 청산 속에 묻힌 옥도 갈아야만 광채나네
   낙낙장송 큰 나무도 깎아야만 동량되네
2. 공부하는 청년들아 너의 직분 잊지마라
   새벽달은 넘어가고 동천조일 비쳐온다
3. 농상공업 왕성하면 국태민안 이 아닌가
   가급인족하고 보면 국가부영 이 아닌가
4. 유신문화 벽두 초에 선도자의 책임중코
   사회진보 깃대 앞에 개량자된 임무로다

(『광복의 메아리』, 130쪽)

이 노래는 최남선이 작사했다고 한다. 이 새 「학도가」가 애국창가를 대체할 의도로 만들어진 것을 알고 있다는 듯이 민중들은 새 「학도가」가 나왔으나 기존의 애국창가로서의 「학도가」를 널리 불렀다.[16] 애국계몽기에 우리나라에 서양음악을 도입한 선구자가 작사·작곡한 「학도가」도 있다.

학도가

1설 : 김인식 작사·작곡, 2설 : 이상준 작사·작곡

1. 학도야 학도야 져긔 청산 바라보게 / 고목은 썩어지고 영목은 소생하네
2. 동반구 대한에 우리 소년 동포들아 / 놀기를 조아말고 학교로 나가보세
3. 소년의 공부난 금은보석 싸움이니 / 청년에 공부하여 앞길을 예비하세
4. 충군과 애국이 우리들의 의무로다 / 근실히 학업닥가서 책임을 일치마세
5. 영웅과 열사가 별사람 안이로다 / 정신 가다듬고 의긔를 다해보세

---

16) 박찬호, 『한국가요사』, 현암사, 1992, 44~45쪽.

6. 뒷동산 송듁도 그의 절개 불변커든 / 하물며 우리 인생 초목만 못할소냐
7. 나라의 긔초가 우리 소년 공부로다 / 열심을 다 드리고 국사를 도아보세
8. 태산이 높돼도 하날 아래 태산이로다 / 올으고 올으면 못올을이가 업네
9. 선인에 격언을 명심하여 잇지마라 / 날마다 닥는 지식 태산과 일반일세
10. 학도야 학도야 우리 담임 지중하다 / 진진코 불이하여 목적을 달해보세

(『최신창가집』, 86쪽)17)

1905년 평양 서문 밖 소학교에서 연합운동회가 열렸을 때 김인식이 「학도가」를 작곡하여 부르게 했는데 이 노래가 한국인 최초의 근대식 작곡이었다고 한다.18) 당시 김인식의 나이 19세였다. 김인식은 1905년 숭실중학교(제2회)를 졸업하였다. 한국의 서양음악 개척자로 선교사들로부터 음악을 배웠고 기호·진명·오성·경신·배재 학교에서 음악을 가르쳤다. 그는 조선정악전습소에 있으면서 홍난파·이상준 등 많은 음악인을 양성하였으며 「전진가」, 「국기가」 등도 작곡하였다.

그런데 1918년 이상준이 펴낸 『최신창가집』에 위 노랫말과 같은 「학도가」가 실려 있고 이상준 작곡으로 되어 있다고 한다.19)

위 노래는 경술국치 후 물밀듯이 들어오는 일본 가요작법을 받아들이지 않고 한국식으로 작곡한 것으로 의미가 있다. 일제측이 권장하던 관제 「학도가」에 대항하는 한국의 민족적 「학도가」라 할 수 있다.20)

이상 네 종류의 학도가를 살펴보았는데 전체적으로 학문 권장의 내용을 담고 있다. 그런데 청년학도들의 학문의 목적은 무엇이었을까? 그것은 당연히 외세의 침입으로부터 나라의 자유와 독립을 보존하는 것이었다. 다음 「대한청년학도가」 노랫말은 청년학도의 목적 의식을 표현하고 있다.

학도가(대한청년학도가)

안창호 작사, 이성식 작곡

1. 대한청년 학생들아 동포형제 사랑하고

---

17) 2절, '소년 동포'를 '청년 학도'로 기록한 경우도 있다.
18) 이유선, 「노래 속에 겨례를」, 『한국현대사 6』, 신구문화사, 1971, 434쪽 ; 박용구, 「대중의 감상 따라」, 같은 책, 458쪽.
19) 황문평, 『돈도 명예도 사랑도』, 무수막, 1994, 129~130쪽.
20) 박용구, 앞의 글, 458쪽.

우리들의 일편단심 독립하기 맹약하세
화려하다 금수강산 사랑홉다 우리 동포
자나 깨나 닛지말고 기리 보전 하옵세다
2. 우리들은 땀을 흘녀 문명부강 하게 하고
우리들은 피를 흘녀 자유독립 하여 보세
두려움을 당할 때와 어려움을 만날 때에
우리들의 용감한 맘 일호라도 변치말세
3. 모든 고난 무릅쓰고 수임업시 나아가면
못할 일이 무엇인가 일심으로 나아가세
이 강산에 우리 동포 영원보전 하량이면
우리들의 중한 책임 잠시인들 니즐손가
4. 닛지마셰 닛지마셰 애국졍신 닛지마셰
상하귀천 물론하고 애국졍신 닛지마셰
편한 때와 즐거운 때 애국졍신 닛지마셰
우리들의 애국셩은 죽더래도 니즐손가
(후렴) 학도야 학도야 우리 쥬의는 / 도덕을 배호고 학문 넓혀서
삼쳔리 강산에 됴흔 강토를 / 우리 학생들이 보전합세다

(『신한민보』 1915. 9. 16)[21]

『신한민보』에 이성식 명의로 '안도산 선생의 저작'이란 주를 달아 기재되어 있
다. 따라서 안창호 작사가 확실하며 이성식 작곡으로 추측된다. 이성식은 평양 숭
실학교 음악교사로 『중등창가』를 발행하였다. 그러나 그가 펴낸 이 노래책은 1910
년 4월에 내부(內部)에 의해 발매금지, 압수되었다.

위 노래는 학문의 목적, 즉 학도의 본분이 동포에 대한 사랑, 나라의 자유독립
·문명부강임을 밝히면서 애국할 것을 호소하고 있다. 자유독립을 위한 애국정신
이 청년학도의 기본적 자세로 인식되고 있는 것이다. 개인의 영달이나 부귀영화가
학문의 목적이 아닌 것이다.

노래가 처음 발표된 시기는 명확하지는 않지만 노랫말의 형식(4·4조) 및 내용
으로 볼 때 구한말 애국계몽기에 만들어진 것으로 보인다.

---

21) 『최신창가집』(91쪽)에는, 3절 '영원 보전'이 '속히 광복', 후렴 '보전합시다'가 '광복합세
다'로 되어 있다. 『배달의 맥박』(371쪽)에 「대한청년학도가」로 제목을 달고 있으며 후
렴이 없다. 『최신창가집』에 있는 곡보가 민족운동기에 부르던 원래 곡조이다.

구한말 애국계몽기는 전통윤리적 이념과 근대적 학문 세계 사이에서 갈등이 빚어지던 시기이다. 이 당시 계몽운동가들은 근대적 학문체계를 주저 없이 받아들여 나라의 부강함을 신학문을 통하여 이룩하고자 하였지만 일반 대중들은 아직도 서양식 교육을 반대하고 있었다. 그것은 서양의 근대식 교육이 조선의 전통적 윤리를 해치는 '오랑캐 교육'으로 인식되었기 때문이다. 이러한 상황 속에서 전통적 윤리와 신학문을 조화시켜 나라의 부강함을 이룩하려 했던 유학자들이 있었다. 그 가운데 한 사람이 이건승으로 그는 앞서 언급한 계명의숙을 설립하였다. 계명의숙의 「권학가」를 보자.

권학가

천지가 剖判하여 만물이 생겼스니
맑킨 긔훈 초목되고 흐린 긔훈 금수되고
其中의 맑근 긔훈 사람이 되야나니
자질이 靈秀하고 이목이 총명하야
인의예지 천성이요 孝弟[悌]忠信 근본이라
사람의 털업난건 衣冠하게 마련이요
手指가 便捷홈은 機器를 조작하며
금수를 제어하고 만물을 마르재여
禮樂문물 제작하고 利用好生 하게 하니
상제계셔 稟賦할제 사람 중히 역이시니
사람이 되야나셔 그 직책을 엇지할고
부모에게 孝誠하고 님군에게 충성이라
……
육칠세가 되게되면 千字童蒙 가르치고
십세가 넘게 되면 행실차차 교훈하여
학교에 보내두고 聖經賢傳 가르치며
讀書中의 行實잇셔 자연이 恭謹하고
신학문을 배게 되면 天上大勢 斟酌하여
지식이 開悟하며 聞見이 통달하고
애국정신 새로 나고 사람의무 중히 넉여
사업을 건립하여 국가의 有功하고
명예가 진동하여 以顯부모 허게 되면

鄕黨에 빗시 나고 가문의 영광이라

……

貧寒타고 말을 마소 學問出於 困窮일네
匡衡은 벽을 뚤어 남의 불빗 빌어일고
車胤은 반듸 쥬어 책을 빗쳐 글 일그니
옛사람 공부할제 그誠勤이 이러하데
학업을 심을 써서 명예가 藉藉하여
소학교의 졸업하고 대학교의 올나가셔
고등졸업 하고 나면 그 아니 조을손가
공명도 하려니와 사업인들 못할손가
사람마다 이러하고 집집이 이러하면
대한제국 개명하여 부국강병 하고 보면
국권을 회복하고 동양의 맹주되여
英法德美 일등국에 우리 대한 竝立하면
人子道理 되려니와 국민의무 이 아인가
勸學歌로 勤勉하니 우리학도 심을 쓰소

(신용하, 1975, 297~299쪽)

이 노래는 1907년 강화도에 설립된 계명의숙에서 부르던 권학가이다. 총 69행 가운데 33행을 제외한 36행을 인용하였다.

노랫말에 학문을 권장하는 목적이 나와 있는바, 그것은 유교윤리 '효제충신'과 '신학문'을 고루 익혀 대한제국의 부국강병을 도모하자는 것이다.

노래라고 하기에 너무 길어, 많은 사람이 부르던 노래라기보다 '권학'을 위한 가사(歌辭)로 보아도 무방할 것이다. 당시 권학가의 일면을 흥미롭게 보여주는 노랫말이라 할 수 있다.

한편 제목이 권학가(학도가)로 되어 있지는 않으나, 사람으로서의 근본 여섯 가지를 들면서 배움을 강조하는 「육조가」라는 노래가 있다.

六條歌

어화 어화 됴흘시라 하나님의 놉흔 됴화
이 만물을 나여시니 나래 쥬어 새가 날고
고기헤엄 지느럼이 긔여가는 버러지에

뛰고 닷는 네 발 김생 그러한데 우리 사람
이목총명 수족 편리 됴홀시고 됴흔 중에
인의례지 셩품이며 효뎨츙신 행실이라
말삼으로 통정하고 글자로난 가라치니
신령함도 특이하고 영오함도 극진하다
어화됴타 이러하니 우리 노릇 할 양이면
큰 근본이 여섯가지 쉬지말고 닥그어라
사람되는 우리 도리 노치말고 직히어라
사람되는 우리 권리 닛지말고 행하여라
사람되는 우리 의무 뛰여나게 놉히오자
사람되는 우리 쟈격 부지런이 힘쓰오자
사람되는 우리 직업 질거웁게 누리오자
사람되는 우리 福祿 디식업시 할수닛나
졍셩으로 배화보세 배호고도 배호며난
못되는 일 업나니라 어화 어화 됴흘시라
배화보세 배화보세

(『노동야학독본 1』, 416~419쪽)

개화기 교과서에 실려 있는 이 노래는, 사람으로서의 여섯 가지 근본(도리·권리·의무·자격·직업·복록)을 들면서, 이를 지키기 위해 정성껏 배우자는 일종의 권학계몽가이다. 이 노랫말은 위 계명의숙 「권학가」와 일맥상통하는 바 있다. 즉 전통적인 윤리인 인의예지와 효제충신을 바탕으로 인간으로서의 권리와 의무, 자격 등을 배우고 행하자고 되어 있다.

3. 운동가

애국계몽운동은 구국의 교육운동이었는데, 그것은 정신교육과 체육교육의 두 가지 방면으로 이루어졌다. 전래 교육의 상문주의(尙文主義) 때문에 국가의 위망이 초래되었다고 판단한 애국계몽가들은 학교교육에 있어서 상무(尙武)정신에 기초하여 체육교육을 중시하였다.

그리하여 각 학교에서 군사훈련, 체조, 운동회 등이 벌어졌다. 특히 군대 해산 이후에는 대한제국 군인들이 여러 곳의 신식학교에 부임하여 체육교사가 되어 체육훈련을 시켰다.

당시 체육훈련을 장려하던 운동가를 살펴보자.

① 운동가

어허우리 대한제국 이천만의 남녀동포 / 일천만은 남자되고 일천만은 여자로다
우리학도 학문싹은 국가동량 되리로다 / 종일토록 行樂타가 개선가로 好還한다
만세만세 만만세야 대한제국 만만세야

(『최신 초등소학 2』, 267~268쪽)

구한말 시기 학교운동회에서 불리던 운동가이다. 이천만 동포 가운데 일천만은 남자이고 일천만은 여자라는 표현에서 개화기에 남녀평등 인식이 싹트고 있음을 보여주고 있다.

② 운동가

대한제국의 부강하기난 우리 학도가 담당함내다
공부할 때에 공부 잘하고 운동할 때에 운동 잘하셰
허다 사업을 감당하랴면 신체건강이 제일복이오
일당백하난 경쟁심으로 태극기 하에 유쾌 운동 응
천세 만세야 우리 학도지 대한제국이 만만세로다

(『최신 초등소학 3』, 321~322쪽)

구한말 교과서에 실려 있는 이 노래는 대한제국의 부강이 학도의 어깨 위에 있다고 하면서 학문과 운동을 모두 권장하고 있다.

③ 운동가

어화 우리 학도들아 운동가를 불너 보세
세계열강 둘너보니 교육인재 제일이네
공고 공고 공고하세 독립주권 공고하세
文武竝用 長人術이 국가반석 이 아니냐

(『대한매일신보』 1906. 5. 2)

문무병용의 인재 양성을 통해 독립주권을 지키자고 노래하고 있다.

위 세 가지 운동가를 볼 때 운동을 신체단련에 그치지 않고 한 걸음 나아가 국가의 독립주권·부강과 연결시키고 있음을 알 수 있다. 또 문무병용을 국가반석의 기초로 삼는 데서 상무 정신을 읽을 수 있다.

당시 사립학교는 구국의 이념을 고취시키기 위하여 토론회, 웅변대회, 운동회 등을 개최하기도 했는데, 집회에서는 교가, 운동가 등이 불렸다. 이들 노래는 바로 구국 청년의 의기를 고취하기 위한 것이었다.

④ 운동가

金有鐸

대한제국 光武日月 富强安泰는 / 국민교육 보급함에 專在함일세
우리덜은 덕을 닥고 지능 發하여 / 문명개화 선도자가 되여봅세다
사회의 許多 사업 감당하랴면 / 內智外體 강건함이 一代淸福응
공부할 때 공부하여 학문 연습코 / 운동할 때 운동하여 血脈流通케
용장한 정신으로 교문 나셔셔 / 친목 學友 作隊하여 행보 整齊라
(이하 24행 생략)

『황성신문』 1907. 4. 26)

각 공사립학교에서 부르는 운동가를 일치시키기 위하여, 학부에서 주관하여 군부 주사 김유탁에게 의뢰해 만든 노래이다. 노래가 게재된 『황성신문』에는 '군악과 답보(踏步)에 맞추어 청아하게 저술된 것'이라고 기록되어 있다. 학교에서 사용하는 운동가를 군부의 관리가 만들었다는 것이 주목된다.

융희학교의 교가로도 사용되었다는 '대한제국~되여봅시다' 부분에서 국민교육을 통한 문명개화의 필요성을 개론적으로 밝히고 있으며, 각론으로서는 학문을 통하여 정신을, 운동을 통하여 육체를 강건하게 하여 사회사업을 감당하자고 노래하고 있다.

⑤ 운동가

대한제국 광무일월 / 여자 교육 보급이라
우리들은 교육바다 / 문명 선도 되여보세
동포중에 여자들도 / 국가 분자 되여 나셔

충군애국 하량이면 / 학문업시 엇지하리
의뢰심을 다 버리고 / 自衣自食 힘써보세
학문하여 실업발달 / 운동하여 신체강건
경쟁시대 생게 나셔 / 신체자강 제일이라
日氣 좃코 너른 뜰에 / 여자학생 운동이라(이하 14행 생략)

(『만세보』 1907. 5. 26)

1907년 5월 26일에 개최된 여학교 연합운동회에서 불린 운동가이다.

양규(養閨)의숙, 상동여학교, 진명여학교, 신학원, 승동여학교, 간호원 예비 학도, 수원화성여학교 등에서 10~50여 명씩 참석한 이 운동회는, 우리나라 최초의 여학교 연합운동회였다.

이 연합운동회는 오전행사와 오후행사(운동경기)로 진행되었는데, 오전행사는 칙어봉독, 연합취지, 여자교육의 급무, 단체의 효력 등에 대한 연설과, 각 연설 사이에 부르는 창가로 이루어졌다. 연설 중 학부에서「여자교육의 급무」를, 그리고「독립가」를 만든 최병헌(학부주사)이「단체의 효력」을 연설하였다.22) 대한제국 학부에서 근대적 교육과정 가운데 운동을 중시하고 있음을 보여주는 대목이다.

또 연설 중간 중간에 창가합주, 진명여학교·양규의숙, 상동여학교, 신학원 학생들이 계속 창가를 불렀다는 사실에서 당시 근대적 교육과정 속에서 음악 또한 중시되었음을 알 수 있다.

⑥ 연합운동가

대한국 만세에 부강 기업은 / 국민을 교육함에 전혀 잇도다
우리난 덕을 닥고 지혜 길너셔 / 문명의 선도자가 되여봅시다
사회상 직책을 감당하랴면 / 체육의 완전함이 필요하도다
용감한 정신으로 뚜여 나가셔 / 동모들과 갓치 활동해보세
청명한 天氣와 넓은 마당에 / 태극기 아래 버려섯도다
남보다 더 잘할 경쟁심으로 / 활발히 내다라 빨니 나가셰
압션 자 누구냐 잠간 셧거라 / 만인 중 일등상은 내 물건일세
익긔기 죠코 지기 슬흠은 / 한 나라 한 몸이 일반이로세
상제의 稟賦한 귀한 인물로 / 아모 일도 분발하면 목적 달하네

---

22) 『만세보』 1907년 5월 26일.

나가세 나가세 고함 소래로 / 정신을 가다듬아 나아가 보세
한반도 제국에 영광 돌니고 / 우리 학교 명예랄 일층 빗내세
학도야 학도야 청년 학도야 / 충군심 애국성을 닛지 말지라

(『황성신문』 1908. 4. 24)

평양에서 개최된 연합운동회에서 부른 운동가로서 만주에서 1910년대까지 불렀다.[23]

위 ④·⑤·⑥ 노래들은 첫 부분이 거의 같은데, ④ 노래가 학부에서 주관하여 운동가를 일치시키기 위하여 만든 것임을 감안할 때 ④ 노래가 원형이고 이후 각 연합운동회에서 이 노래의 앞 4행을 넣어 운동가를 만들었음을 알 수 있다. 따라서 '대한제국~선도자가 되어봅시다' 부분이 당시 청년들 사이에 널리 유행하던 노랫말임을 알 수 있다.

---

23) 『최신창가집』, 95쪽.

제6장 을사늑약과 안중근의 의거

1. 을사늑약

삼천리 강토 이 나라 이천만 동포 이 백성
우리 눈물 저 대에 뿌려 대한 중흥 어서 해보세

호시탐탐 조선강탈을 노리던 일제는 을사오적(박제순·이완용·이지용·이근택·권중현)과 협잡하여 불법적으로 조선의 외교권을 박탈하였다. 이른바 '을사보호조약'이다. 1905년 11월 17일의 일이었다. 당시 참정대신이던 한규설은 우리나라의 외교권을 박탈하는 조약을 절대로 체결할 수 없다고 강경하게 반대하였다. 이에 일제는 참정 한규설을 강제로 감금시켰고 그 과정에서 일본헌병의 만행으로 한 참정의 옷이 찢기고 상투가 풀어졌다. 겨레의 사표로 백성들의 존경을 받았던 한규설은 후일 일제가 주는 작위직도 거부하고 깨끗한 삶을 살았다.

외교권 박탈 소식은 일반 국민들에게는 알려지지도 않았다. 그러나 이 소식을 들은 당시『황성신문』주필 장지연은 책상을 치며 통곡하였다. 그리하여 저 유명한「시일야방성대곡(是日也放聲大哭)」이란 명문을 발표하였다. "……단기 이래 4천 년 국민정신이 일야지간(一夜之間)에 졸연 멸망이지호(滅亡而止乎)아. 통재 통재라, 동포아, 동포아." 이 글을 통하여 을사늑약이 국민들 사이에 알려지게 되자, 시민들은 철시를 하고 학생들은 통곡을 하면서 학교문을 닫았다.

당시 시종무관장으로 개화운동에 참여하며 나라의 부국강병을 위하여 육군제도를 개혁하려 하고 있었던 민영환은 친일을 반대하였다. 늑약의 소식을 들은 그는 곧 대궐 앞으로 나아가 절대로 조약을 맺어서는 안 된다며 복합상소(伏閤上疏)를 올렸다. 그러자 일본군이 민영환을 궐 밖으로 몰아냈지만 이후에도 그는 강경한 상소를 하였다. 그러나 이토 히로부미가 황제를 협박하여 민영환의 상소를 물리쳤다. 그렇게 며칠이 지나자 민영환은 이윽고 대세가 기운 것을 알고 죽음으로써 늑약의 불법을 세계에 알리고 국민과 황제에게 분기하여 나라를 구할 것을 알리기 위하여, 종자를 심부름 보내고 조용히 방에 앉아 칼로 목을 찔러 순국하였다. 1905년 11월 4일(음력)의 일이다. 민영환 외에 조병세, 송병선, 홍만식, 이상철, 김봉학 등 뜻있는 애국지사들이 자결 순국하니, 이들을 '을사년의 6충신'이라 하였다.

11월 30일에 거행된 민영환의 장례에는 수많은 시민·학생이 참석하여 민영환의 순국의 뜻을 기렸다. 이 장례에서 불린 노래가 있다.

충신가

충신일셰 충신일셰 민충경공 충신일셰
돌아갈줄 뉘알엇나 사천년후 처음일셰
살기됴코 죽기슬킨 사람마다 상졍인데
부귀공명 다눌이고 부모쳐자 잇것만은
종묘샤직 보젼코져 칼노질너 피흘니니
텬디가 아득하고 초목금슈 슯허하네
엇지하나 엇지하나 대한국 엇지하나
삼천리 강토 흔들니니 이천만 동포 엇지하나
바다갓치 모인 됴객 꿀어진경 통곡하니
친분잇셔 그러한가 은졍잇셔 그러한가
뎡츙대의 사모하야 텬량지심 감발일셰
닛지마셰 닛지마셰 공의유셔 닛지마셰
유소사연 들어보소 피눈물이 졀노나네
살기랄 도모하면 필경에 살슈업고
죽기랄 긔약하면 분명이 산다하고
천백갑졀 분발하야 학문을 더욱힘써
자유독립 회복하면 구천에 돌아가도
긔어히 도아쥬고 깃버셔 웃갯노라
글자마다 픕진하고 말마다 격졀하다
......
죽은충신 장하다고 입으로만 칭찬말고
그유셔 본을 받아 학문을 힘써배고
사람마다 형뎨갓치 사랑하고 일심으로

죽기를 긔약하고 실지상 발바가셔
인민자유 보젼하고 대한독립 회복하면
츙신찬양 본졍이오 사모하난 의무로셰……

(『제국신문』 1905. 12. 26)

상여를 발인할 때 상여꾼들이 부른 노래이다. 장례식에 모인 추모객들이 통곡
하는 정황과 민영환의 유서 내용, 그리고 그 유서의 뜻을 이어 한마음으로 대한독
립을 회복하자는 내용으로 국민의 구국의식을 북돋우고 있다.

또한 장지인 용인까지 가는 행렬에도 수많은 인파가 뒤따르며 통곡했는데 이
행렬에서 많은 학생들이 부르던 노래가 있다.

충정공 민영환 순절송

1. 精忠일네 精忠일네 / 우리 민공 정충일네
   大節일네 大節일네 / 우리 민공 대절일네
   이 충성 이 절개는 / 만고에도 짝이 없네
   빛이 나네 빛이 나네 / 대한산천 빛이 나네
2. 起死得生 밝은 말씀 / 유서 중에 정녕하다
   동포들아 동포들아 / 이천만민 동포들아
   하여보세 하여보세 / 決心戮力 하여보세
   하여보세 하여보세 / 死中求生 하여보세
3. 堅持勉學 깊은 훈계 / 우리 학도 잊을손가
   학도들아 학도들아 / 대한제국 학도들아
   하여보세 하여보세 / 堅持志氣 하여보세
   하여보세 하여보세 / 堅其學問 하여보세
4. 독립일세 독립일세 / 대한제국 독립일세
   자유로세 자유로세 / 이천만민 자유로세
   이 독립 이 자유는 / 우리 민공 공이로다
   공이로다 공이로다 / 피흘리신 공이로다

(『광복의 메아리』, 136쪽)

이 노래 제목의 충정공은 민영환이 순국한 후 내려진 시호이다. 조병세도 충정
(忠正)의 시호를 받았고 송병선은 문충(文忠)의 시호를 받았다.

이 노래도, 민영환의 뜻을 이어 대한제국의 독립과 이천만민의 자유를 이룩하

자는 결의를 다지고 있다.

민영환이 자결 순국한 지 반 년 후인 1906년 4월 민영환댁 사당에 혈죽(血竹)이 솟아났다. '충신이 흘린 피에 하늘이 감동하여 혈죽이 생겼다'는 소문이 퍼지고 민영환의 집에는 이를 보려는 사람들로 인산인해를 이루었다. 혈죽은 마루 틈에서 났는데, 그 바로 옆에는 민영환이 자결할 때 입었던 피묻은 의복이 있었다. 혈죽은 네 줄기 아홉 가지에, 33개의 대잎이 있었다.

삼천리 강산에 민영환의 충정에 감동받아 애국 열의가 고조되었다. 「혈죽가」, 「유감 충정죽(有感忠正竹)」, 「혈죽기(血竹記)」, 「충정죽부(忠正竹賦)」, 「민공 혈죽가(閔公血竹歌)」(최병헌), 「혈죽해(血竹解)」 등 민영환의 충정을 기리는 수많은 시문과 노래가 신문, 잡지에 발표되었다. 황현은 「혈죽」이란 글로 민영환의 충정과 애국심을 예찬하였다.

또 현채는 『유년필독』에 다음과 같은 「혈죽가」를 실었다.

혈죽가

1. 슬푸도다 슬푸도다 / 우리 국민 슬푸도다
   國恥民辱 지금 생존 / 우리 무리 무삼 면목
   슬푸도다 슬푸도다 / 우리 국민 슬푸도다
   져버렷네 져버렷네 / 閔忠正을 져버렷네
   한 칼로 殉國하든 / 精忠 大節 그 靈魂
   九原冥冥 져 가온데 / 우리 국민 구버보네
   슬푸도다 슬푸도다 / 우리 국민 슬푸도다
   國恥民辱 우리 무리 / 一點報答 무엇신가
   自由國權 뺏기엿소 / 금일 노예 이 아닌가
   이 나라 무삼 나라 / 波蘭과 埃及이지
   이 나라 무삼 나라 / 인도와 월남일셰
   슬푸도다 슬푸도다 / 우리 국민 슬푸도다
   四叢九幹 져 대 보쇼 / 三十三葉 完然하이
   靑靑한 져 빗 또 있난가 / 우리 국민 警戒로셰
   精血이 모얏네 天地造化 / 忠憤이 이로다 神人感動
   만국이 同淚하고 / 세계가 掀動일셰
2. 슬푸도다 슬푸도다 / 우리 국민 슬푸도다

警戒로다 경계로다 / 우리 국민 져 대 보쇼
롤납고도 신긔하다 / 우리 閔忠正
어리셕고 불상하다 / 우리 국민들
三千里 疆土 이 나라 / 二千萬 동포 이 백셩
우리 눈물 져 대에 뿌려 / 大韓中興 어셔 해보세
奴隷되지 말고 / 국권 회복 하세
國恥民辱 어셔 씨셔 / 地下 含笑 우리 閔公
世界 一等國이 / 이 나라로다
世界 自由民이 / 이 국민일세
우리 동포 져 대 보쇼 / 우리 동포 져 대 보쇼
슬푸도다 슬푸도다 / 우리 국민 슬푸도다
슬푸도다 슬푸도다 / 우리 국민 슬푸도다

(현채, 『유년필독 3』, 141~146쪽 ; 오천석, 1964, 201쪽)

민영환의 '정충 대절'을 이어받아 국권을 회복하고 나라를 중흥시킬 것을 호소하고 있다. 당시 교과서인 『유년필독』에 실려 있는 것으로 보아, 주로 학생들이 이 노래를 통하여 애국정신을 고취했을 것으로 생각된다.

민영환의 순국에 대한 추도는 경술국치 이후에도 이어져 1910년대 만주에서 「민충정공 추도」라는 노래가 불렸는데, 이러한 사실은 1914년 만주 광성학교에서 발행한 『최신창가집』에서 확인되고 있다.

민충정공 추도

1. 天地至剛至正氣가 민충정의 一刀로다
2. 피가 흘어 대가 되니 대한제국 영광일세
3. 居諸광음 ○○○○(글자미상) 殉節하신 금일이라
4. 전국 동포 이천만이 爲公 추도 일반일세
5. 학도들아 학도들아 정녕 유서 잇을손가
6. 忠愛 목적 본을 바다 독립정신 높입세다
7. 竭忠保國 우리 마암 [忠]正公 일반이 안이랴
8. 년년 차일 기념하여 추도가를 높여보세

(『최신창가집』, 119쪽)

2. 안중근의 의거

원수 이등박문의 마지막 날이 이미 가까워 왔으니
손가락을 잘라 나라 원수 갚을 것을 맹세하노라

을사늑약 이후 애국충신에 대한 숭모의 열기가 고조됨과 비례하여 나라를 팔아
먹은 을사오적에 대한 겨레의 분노도 격앙되었다. 다음의 「매국경축가」는 을사오
적을 신랄하게 풍자하고 있다.

매국경축가

賣國大臣

1. 경축일새 경축일새 新明文에 날인하야
   대한강산 삼천리를 一手販賣하얏스니
   口文이 불소로다 부귀영화 自取하니 身外無物이라 국가난 何用인고
2. 경축일새 경축일새 한국에 大臣交椅 쟁탈자 何人이며
   일본제국 大勳位난 일평생 榮耀로다
   천상천하 유아독존 勢力熏燄 자취하니 신외무물이라 國君은 何用인고
3. 경축일새 경축일새 이내 일신 경축일새
   我命은 在天이라 뉘가 감히 죽이자고 庭請인지 伏閣인지
   一般逆賊 元老公卿 헌병대가 제격일새
   强國功勳 自取하니 신외무물이라 國論은 하용인고
4. 경축일새 경축일새 속국되면 뉘가 알며 영토되면 뉘가 아나
   내 부귀 내 지위야 三頭六臂 어늬 놈이 흥야 항야 하야보게
   如此하면 輪船타고 일본 동경 내곳지라
   綿綿餘裕 자취하니 신외무물이라 국토난 하용인고
5. 경축일새 경축일새 이천만 生靈 다 죽여도
   唯吾獨生 제일일새 無衣無食 할 理 잇나 無金無帛 하단말가
   고대광실 好家舍에 절대가인 行樂하고 錦衣玉食 자취하니
   신외무물이라 국민은 하용인고

(『대한매일신보』 1905. 12. 1)

나라와 겨레를 팔아 일신의 부귀영화를 꾀하는 매국노가 '매국을 경축'하는 것
을 노래함으로써 역설적으로 신랄하게 매국노를 풍자하고 있다.

그리고 자신(매국노)을 처단하려는 지사(애국자)를 역적으로 몰아 헌병대로 끌고 가라 하고 여차하면 일본으로 도망가서 잘 살면 된다고 하는 매국노의 '매국의식'을 노래에 표현함으로써, 매국노에 대한 국민의 분노를 역설적으로 증폭시키고 있다.

이러한 국민적 바람, 즉 매국노 을사오적을 처단하여 나라의 원수를 갚고 국가와 겨레의 자주독립을 굳건히 지키자는 뜻에서 의열운동이 있었다. 이완용은 애국지사 이재명의 칼을 맞았다. 권중현도 칼을 맞았다. 박제순과 이지용의 집에는 폭탄이 배달되었다. 힘센 장사들을 선발하여 을사오적을 처단하려는 움직임도 있었다. 오적은 나라를 팔아먹고 부귀영화를 누렸으나 동포를 배반한 대가로 전전긍긍하면서 생활하였다. 특히 1907년 고종 폐위 때에는 수천 명의 군중이 이완용의 집으로 돌진해서 매국노의 집을 불지르기도 했다.

한편 일본 제국주의 침략의 앞잡이로 을사조약을 강요한 이토 히로부미에 대해서도 정의의 철퇴가 내려졌다. 안중근은 문무를 겸비한 지사로, 을사늑약 이후 교육운동을 전개하다 블라디보스톡으로 망명하였다. 1908년에 그 곳에서 의병을 조직하여 국내 진공을 결행하기도 했다. 1909년 해삼위에서 동지들과 함께 독립운동을 하던 안중근은 침략의 원흉 이토 히로부미가 러시아와 교섭하기 위해 만주로 온다는 사실을 알게 되었다. 안중근은 동지들과 함께 의논하여 이토 히로부미 저격을 결의하였다. 안중근은 하얼빈에서, 우덕순(禹德淳)·조도선(曹道先)·유동하(劉東夏) 등은 채가구(蔡家溝)에서 이토 히로부미를 기다려 저격하고, 엄인섭(嚴仁燮)은 해삼위에 남기로 했다. 이들 동지들은 각지로 헤어지기에 앞서 비장하게 다음과 같은 「맹세가」를 불렀다.

맹세가

안중근 작사·譜曲

원수 이등박문의 마지막 날이 이미 가까워 왔으니
손가락을 잘라 나라 원수 갚을 것을 맹세하노라
백의 동포 만세 소리 울려 퍼지니
대지를 뒤흔들고 五洲를 진동하겠네

(姜錫勳·姜日松, 1993, 349쪽)

이 노래에는, 나라의 원수를 갚는 의거를 앞두고 단지로 맹세하는 장부의 심회가 담겨 있다.

1909년 10월 26일 9시 조금 지난 시각. 하얼빈역에서 정의의 총소리가 울려퍼지며 조선을 강탈하는 데 앞장섰던 이토 히로부미가 격살되었다. 안중근은 대사를 성공시킨 후, 태극기를 꺼내어 높이 휘두르며 대한만세를 외쳤다. 그리고 유쾌히 웃으면서 러시아 헌병에게 체포되었다. 옥중에서도 안중근은 적에게 굴하지 않고 오히려 적을 꾸짖으며 일제의 조선침략의 부당성을 밝혔다. 1910년 3월 26일 중국 여순감옥 형장, 안중근 의사는 일제 원수에 의하여 순국하였다.

「맹세가」는 다음에 나오는 「원수를 다 베이리」란 노래와 연관이 있는데 이들 노래는 모두 현재 가사만 확인되고 곡은 알 수 없다.

원수를 다 베이리

안중근 작사

만났도다 만났도다 / 원수 너를 만났도다
너를 한번 만나려고 / 露淸兩地 지날 때에
앉은 때나 섰을 때나 / 살피소서 살피소서
구주 여주 살피소서 / 너의 짝패 몇만이냐
오늘부터 시작하여 / 몇해든지 작정하고 / 대한 칼로 다 베이리

(『홍범도장군』, 211쪽)

청산리전투 이후 만주의 조선인들이 이 노래를 널리 불렀다.

중국 거주 교포인 김극성은 1923년 와룡구 어랑촌학교에서 안중근 작사의 이 노래를 배웠다고 한다.[1] '오늘부터 시작하여 몇 해든지 작정하고 대한 칼로 다 베이리'라는 구절에 대한 남아의 기개가 서려 있다.

한편 이와 비슷한 노래로 우덕순이 지은 것으로 전해지는 노래가 있다.

① 의거가

우덕순

만났도다 만났도다 너를 한번 만나고자
일평생에 원했지만 何相見之晚也런고
너를 한번 만나려고 수륙으로 기만 리를

---

1) 연변정협문사자료출판회, 『홍범도장군』, 연변인민출판사, 1991, 210쪽.

혹은 輪船 혹은 화차 천신만고 거듭하여
露淸 양지 지날 때에 앙천하고 기도하길
살피소서 살피소서 주 예수여 살피소서
동반도의 대제국을 내 원대로 구하소서
오호라 간악한 老賊아
우리 민족 2천만을 멸망까지 시켜놓고
금수강산 삼천리를 소리없이 뺏느라고
窮凶極惡 네 수단을……
지금 네 命 끊어지니 너도 원통하리로다
갑오 독립 시켜 놓고 을사 늑체한 연후에
오늘 네가 北向할 줄 나도 역시 몰랐도다
덕 닦으면 덕이 오고 죄 범하면 죄가 온다
네뿐인 줄 알지 마라 너의 동포 5천만을
오늘부터 시작하여 하나둘씩 보는 대로
내 손으로 죽이리라

(『한말저항시집』, 86~87쪽)

② 伊藤嘲罵歌

禹又山人(우덕순의 별호)

만나려고 만나려고 원수 네놈 만나려고
평생 한번 만나는데 왜 이다지 늦다더냐
네놈 한번 만나려고 수륙만리 천신만고
다하였네 다하였네 윤선화차 바꿔타며
로청양지 다닐 적에 행장마다 기도하고
……
그놈들을 伊藤같이 빨리빨리 주살할손
우리들이 이런 일을 하지 않고 무위편안
안주하면 국권회복 저절로는 안된단다
용감무쌍 힘을 쏟아 국민의무 다해보세

(라명순·조규석 외, 1993, 48쪽)

①과 ②를 비교할 때, 노래의 시작 부분은 표현 순서의 차이가 있지만 그 전개
가 같은데, 노래의 끝 부분은 ①이 결사정신을 북돋우는 데 비하여 ②는 계몽의식

을 고취시키는 표현으로 되어 있다.

그런데 『배달의 맥박』에는 「이등 도살가」라는 제목으로 「의거가」와 흡사한 노랫말이 실려 있는데 안중근 작사로 되어 있다. 안중근이 이토 히로부미를 격살하기 위해 하얼빈으로 가는 도중 열차 안에서 이 노래를 읊었다고 한다.

이등 도살가

안중근 작사

1. 만났도다 만났도다 원수 너를 만났도다
   너를 한 번 만나고자 일평생에 원했지만
   천신만고 거듭하여 가시성을 더듬었다
2. 너를 한번 만나려고 수륙으로 몇만리를
   혹은 윤선 혹은 화차 노국 청국 방황하고
   앉을 때나 섰을 때나 앙천하고 기도하고
3. 우리 민족 이천만을 멸망까지 시켜놓고
   금수강산 삼천리를 소리없이 뺏으려니
   살피소서 살피소서 주 예수여 살피소서
4. 궁흉극악 네 목숨이 나의 손에 달렸으니
   지금 네 명 끊어지니 너도 원통하리로다
   덕 닦으면 덕이 오고 죄 범하면 죄가 온다
5. 너를 오늘 만나보니 너뿐인 줄 아지마라
   너희 민족 오천만을 오늘부터 시작하여
   한놈 두놈 보는대로 내 손으로 죽이리라

(『배달의 맥박』, 368쪽)

이상 「원수를 다 베이리」, 「의거가」, 「이등 도살가」를 볼 때, 표현이 유사하며 4·4조의 형식을 취하고 있다. 노래의 원작자가 우덕순이란 기록도 있고 안중근이란 기록도 있으나 한 가지 확실한 사실은 시기와 장소에 따라 구전되는 과정에서 노랫말이 약간씩 바뀌었다는 것이다. 이렇듯 여러 형태로 구전되었다는 사실에서 당시 위 노래가 얼마나 대중적인 공감대를 형성하였는지 알 수 있다. 이러한 대중의 공감대는 바로 침략원수에 대한 민족의 저항 의식과 연관되는 것이다.

안중근의 의거 이후 이러한 대중의 반일의식이 집약되어 다음과 같은 노래가 널리 불렸다.

십진가(일본놈 이등박문이가)

일 일본놈의
이 이등박문이가
삼 삼천리 강산에서
사 사주가 나빠
오 오대산을 넘다가
육 육혈포를 맞고
칠 칠십 먹은 늙은이가
팔 팔자가 사나워
구 구두발로 채워[채여]
십 十字街리[열조가리]가 났다

(『한국민요집 1』, 470쪽 ; 『한말저항시집』, 143쪽)

　이 노래는 이토 히로부미를 풍자·조소하고 있다. 여기서 '오대산을 넘다가 육혈포를 맞고'라는 표현이 눈에 띈다. 이토 히로부미의 저격 장소가, 이 노래에서는 오대산으로 되어 있는 것이다. 이것은 두 가지 의미를 지닌 것으로 보인다. 첫째 민중적인 이 노래에 참요적 성격이 있는 점이다. 참요란 정치적 징후를 암시하는 민요이다. 위 노래는 안중근 의거 직후에 민중들이 부르던 노래이지만, 침략의 원흉인 이토 히로부미는 당연히 저격당할 운명이었다는 민중의 인식이 위 노래에 참요적 성격을 부가하여, '하얼빈'이 '오대산'으로 바뀐 것으로 보인다. 둘째 침략의 원흉을 타국이 아니라 우리나라에서 처단하고자 했던 민중의 바람이 반영된 것으로 보인다.

　십진가라는 대중적 표현형식을 취하고 있는 이 노래는 구전되는 과정에서 노랫말이 변형되어 널리 불렸는데(제3부 제1장 1. 민요·속요 참조), 당시 민중의 반일의식의 공감대를 보여주는 '걸작' 노래라 할 수 있다.

　또한 러시아 등의 망명지에서는 '시베리아 땅은 조국강토 아니네 왜 우리는 여기서 헤매이는가'로 시작하여 '더 이상 슬퍼마라 우리 동포여 자유의 그 날이 멀지 않았다'로 끝나는 「안응칠의 애국의 노래」(안응칠은 안중근의 아명)도 전파되었다. 이 노래는, 의병 출신의 러시아 망명자가 1차 대전에 참가했다가 독일군에 체포되어 심문 받던 도중 녹음되어 기록이 전해졌는데,[2] 비록 동일하지는 않지만 노래의 전개가 1910년대에 노령·만주에서 널리 불리던 「조국생각」의 1·2절과 비슷하다. 원래 같은 노래가 구전되는 과정에서 제목과 표현이 바뀌면서 불렸던 것으로 보인다. 여하튼 「십진가」, 「안응칠의 애국의 노래」 등은 안중근의 의거를 배경으로 탄생하여 대중의 항일의식을 고취시켰다.

2) 『중앙일보』 1998년 3월 26일.

제7장 경술국치

1. 경술국치

**슬프도다 우리 민족아 사천여년 역사국으로
자자손손 번영하더니 오늘날 이 지경 웬일인가**

1907년 통감부를 설치하여 대한제국의 내정을 장악하고 군대마저 해산시킨 일제는, 일본 군대와 헌병을 불러와 총칼로 의병과 애국지사들을 탄압하였다.

1909~10년에 이르러 일제는 친일매국단체(일진회)를 이용하여 한일합병이 필요하다는 여론을 조작하며 한일합방을 강요하였다. 친일파들이 나라 팔아먹는 일에 기를 쓸수록, 사회는 어수선해지고 민중들의 배일감정은 더 고조되었다. 이 시기에 '일본인'을 풍자하며 이른바 '합방'을 경계해야 한다는 노래가 발표되었다.

흥타령

1. 모진 일세가 흥 / 하 괴상하여서 흥
   그놈의 익심에 / 다 죽겠구나 흥
   아이고 대고 흥 / 정신을 차려라 흥
2. 날다 길다 흥 / 네 어디 갈소냐 흥
   요놈의 난쟁이야 / 네 명이로구나 흥
   어리화 좋다 흥 / 네 가련하구나 흥
3. 正 합방인지 흥 / 假 합방인지 흥
   일진광풍에 흥 / 집 떠나 가겠네 흥
   아이고 대고 흥 / 이천만동포야 흥

(『광복의 메아리』, 145쪽)

1, 2, 3절 순으로『대한매일신보』(1909년 2월 13일, 2월 19일, 1910년 1월 23)에 발표되었다. 원 제목은 1, 2, 3절 순으로「정신을」,「가련명(可憐命)」,「이천만 동

포야」이다.

1절에서는 세상이 뒤숭숭함을 노래하면서 국민들의 경각심을 고취시키고 있다. 2절에서는 일본(난쟁이)을 조소적으로 풍자하고 있다. 3절에서는, 이미 '한일합방'에 대한 경각심을 고취시키면서 '합방'될 경우 이천만 동포가 집을 빼앗길 상황에 이른다고 하고 있다.

이러한 민중들의 배일 분위기가 직접 행동으로 표현된 것이 이완용집 방화사건이다. 1907년 정미7조약에 분노한 민중들은 대를 지어 이완용집으로 몰려가 불을 놓았던 것이다. 이 때 이완용은 역시 매국노인 송병준집으로 피하여 목숨을 부지하였다.

이 시기 반일무력항쟁으로서의 의병항쟁 외에도 의열투쟁이 잇따랐다. 한국이 일본에 합병되어야 한다는 억지 주장을 벌이던 스티븐슨을 장인환·전명운이 저격하였고, 1909년에는 침략의 원흉 이토 히로부미를 안중근이 저격하였다. 또 이재명은 군밤장수로 변장하여 길목을 지키고 있다가, 지나가던 이완용을 칼로 찔렀다. 경술국치 한 해 전 12월의 일이다.

이렇듯 민중들이 일본을 조소하면서 합방을 경계하고 일부 지사들은 침략의 원흉들을 격살하는 데 몸을 던졌지만, 일제와 친일매국노들은 더욱 더 광분하며 '한일합방'을 서둘렀다.

1910년 8월 일제의 사주를 받은 매국 7적은, 무조건적인 합병조약문을 순종 황제에게 들이밀며 옥새를 찍을 것을 강요했다. 이 때 황제는 벌벌 떨고 황후는 목을 놓아 통곡하였다고 한다. 결국 강요에 못 이긴 순종은 시종을 불러 옥새를 찍게 했다. 4천 년 동안 찬란한 문화를 꽃피우던 겨레의 삶터를 적에게 내주는 순간이었다. 그리고 8월 29일 국치 소식이 공표되었다.

민중들은 통곡하며 태극기 없는 거리를 다녔다. 나라 잃은 슬픔에 초야의 애국시인 황현과 정부관리 홍범석, 김석진, 이범진, 이재윤, 이만도, 송종규, 송도순, 반학영 등 수십 명의 지사들이 자결 순국하였다.

황현은 강화학파 이건창과 친분이 깊은 인물로 과거에 장원급제했으나 정부관리들의 매국적 태도에 분개하여 초야에 묻혀 학문을 하였다. 나라가 망한 소식을 듣고 유시 4수를 남기고 자결 순국하였다. 유저로 『매천집』, 『매천야록』, 『동비기략(東匪紀略)』 등이 있다.

이렇듯 우국지사들은 순국으로 겨레의 사표가 되었지만, 친일파들은 정반대로 일제의 비호 아래 권력과 영화의 길을 걸었다. 일제는 70여 명의 친일파에게 작위와 포상금을 내렸다. 그러나 그 가운데 김석진은 자결 순국으로, 조정구는 자결 미수로 작위를 받지 않았고, 한규설·유길준·윤용구 등은 작위를 거부하고 상금도 돌려보냈다. 일제 총칼의 위협 아래에서도 의로운 기상을 지킨 것이다.

망국의 소식이 전해지자 삼천리 방방곡곡에 통곡의 소리가 끊이지 않았고 남녀노소 신분여하를 막론하고 비탄의 노래를 불렀다.

이 때 불린 「망국가」가 있다.

망국가(정신가, 감동가)

전미보 작사

1. 슯으도다 우리 민족아 사천여년 력사국으로
   자자손손 복낙밧더니 오날날 이 지경 웬일인가
2. 일간 초옥도 네 것 안이요 수모전토도 네 것 못되리
   무리한 수욕도 대답 못하고 공연한 구타만 거겨 밧노나
3. 한치 버레[벌레]도 만일 밟으면 죽기젼 한번 옴쯕거리고
   조고만 벌도 네가 다치면 네 몸을 반다시 쏘고 죽는다
4. 눈을 드러 살펴보니 삼천리 우에 사모찬 것은
   우리 부모의 한숨이오 우리 학도의 눈물이로세
5. 남산 초목도 눈이 잇스면 비참한 눈물이 가득하겟고
   동해어별도 마음 잇스면 우리와 갗이 서러하리라
6. 금수강산 빗츨 이럿고 광명한 일월이 아득하고나
   이것이 누죄냐 생각하여라 네 죄 내 죄 까딱이로다
7. 사랑하는 우리 학도야 자던지 깨던지 우리 마음에
   나태한 악습과 의뢰 사샹을 모도다 한 칼노 끈어 바리고
8. 사랑하는 우리 학도야 죽던지 살던지 우리 마음에
   디혜를 배우고 덕을 닥아서 우리 국권을 회복합세다
9. 애국정신과 단톄심으로 육젼혈투 무릅써으면
   원수가 비록 산과 같으나 우리 앞길 막지 못하네
10. 독립긔 밧고 자유종 치난 때 부모 한숨은 우숨이 되고
    대한 반도 광명 텬디에 건국영웅 우리 안인가
(후렴) 철사 주사[紬絲]로 결박한 줄을 / 우리 손으로 끈어 바리고

독립 만세 장한 소래에 / 동해가 변하야 륙디가 되리라

(『최신창가집』, 126쪽)[1]

노랫말 1~6절에서 망국의 한과 그에 대한 반성을 표현하고, 7~10절에서는 망국을 극복하고 국권과 자유를 되찾기 위한 의지를 다짐하고 있다.

이 노래는 경술국치 직후에 학생들을 중심으로 널리 불렸는데 오산학교에서는 국치 소식을 듣고 전교생이 한 자리에 모여 통곡을 하며 이 노래를 불렀다. 또 국치 당시 대성학교에 다니던 선우훈은, 이 노래를 부르던 정황을 다음과 같이 기록하고 있다.

우리는 울고 또 울었다.……해와 달은 빛이 없고, 보이는 것 모두 슬퍼만 보였다. 이완용을 못 죽이고 송병준을 살려 두다니!……이제라도 기회만 있으면 나라를 위해 죽고 싶었다.……'철사줄로 얽어맨 줄을 / 우리의 손으로 끊어버리고 / 독립만세 우뢰소리에 / 바다가 끓고 산이 동하겠네.' 우리는 이 노래를 부르고 희망의 장래를 생각해 보았다.[2]

한편 『광복의 메아리』에 「감동가」라는 제목으로 총 5절이 기록되어 있는데, 5절 노랫말은 위에서 인용한 총 10절 노래와 전혀 다른 것으로 보아 후에 덧붙여진 것으로 생각된다.

5. 휘날리는 태극기 아래 만세소리가 드높아진다
   없는 총검만 찾지를 말고 애국의 정신을 발휘하여라

(『광복의 메아리』, 142쪽)

---

1) 동 노래집(122쪽)에는 총 6절의 「애국」이란 노래가 기록되어 있는데, 6절과 후렴이 전혀 다를 뿐 나머지는 「망국가」 표현과 유사하며 곡조도 같은 곡을 사용하고 있다. 오천석, 『한국신교육사』(202~203쪽)에 3절이 기록되어 있는데 2절 '네 것'이 '내 것'으로 후렴 '장한 소리에 동해가 변하여 육지가 되리라'가 '우뢰 소리에 바다이 끓고 산이 동하네'로 되어 있다. 선우훈의 『그래도 내 민족이 귀하다』(역민사, 1993, 30~31쪽)에는 1·5절을 1·2절로 하여 총 2절을 기록하고 있다. 이유선의 『한국양악백년사』(음악춘추사, 1985, 57쪽)에 전미보 작사로 기록되어 있다.

2) 선우훈, 『그래도 내 민족이 귀하다』, 역민사, 1993, 31~32쪽.

2. 국치가

경술년 추팔월 이십구일은 조국의 운명이 떠난 날이니
가슴을 치면서 통곡하여라 갈수록 종설움 더욱 아프다

국치 이후 일제의 총칼에 빼앗긴 나라를 되찾기 위해 해외로 망명하는 지사·동포들이 늘어났다. 이들은 국치를 잊지 않고 나라를 되찾기 위하여 분골쇄신의 노력을 경주하였다.

경술국치 이후 매년 8월 29일이 되면 국외(만주, 중국관내, 미주 등)에서 '국치기념행사'를 치르고, 원수에 대한 적개심과 조국독립에 대한 신념을 고취하였다. 그리고 기념식 후에는 대대적인 독립만세시위를 전개하였다. 이러한 시위운동을 벌이던 중에 일제에 의해 피검당하는 인사들도 있었다. 예를 들어, 1930년 만주 두도구(頭道溝)의 교포 600여 명이 만세시위를 했는데 10여 명이 두도구 일영서(日領署)에 피검되었다는 신문 기록이 있다.[3]

또 기념행사 외에, 이 날이 되면 만주의 동포들은 조석반을 굶었다. 그것은 누가 강제로 시킨 것이 아니라 동포들 모두가 스스로 그렇게 하였다. 이 날은 '굴뚝에 연기를 안 내는 날'이라 하며 일체 밥을 짓지 아니하여 왜적에 대한 적개심을 고취시키며 어른 아이 할 것 없이 모두 굶었다.

한편 국내에서도 국치일을 잊지 말고 조국의 독립을 이루자는 활동을 전개했는데, 국내는 일제의 탄압이 극심하였기 때문에 만세시위운동은 전개하지 못하고 대신 '격문(檄文)'을 통하여 왜적에 대한 적개심을 고취하였다. 국치기념일이 다가오면 일제 경찰은 다수의 사람을 '예비 검속'하여 국치기념행사를 원천 봉쇄하려고 했음이 당시 신문 기사에서 많이 확인된다.

원한과 분격의 눈물을 흘리며 부르던 국치의 노래들이 있다.

① 국치추념가

검소년 작사

1. 경술년 추팔월 이십구일은 / 조국의 운명이 떠난 날이니
   가슴을 치면서 통곡하여라 / 갈수록 종설움 더욱 아프다
2. 조상의 피로써 지킨 옛집은 / 백주에 남에게 빼앗기고서

---

3) 『조선일보』 1930년 9월 7일.

처량히 사방에 표랑하노니 / 눈물을 뿌려서 조상하여라
3. 어디를 가든지 세상 사람은 / 우리를 가리켜 망국노라네
　　천고에 치욕이 예서 더할까 / 후손을 위하여 눈물뿌려라
4. 이제는 꿈에서 깨어날 때니 / 아픔과 슬픔을 항상 머금고
　　복수의 총칼을 굳게 잡고서 / 지옥의 쇠문을 깨뜨리어다

(『광복의 메아리』, 47쪽)

만주에서 널리 불리던 노래이다.

1·2·3절에서 나라를 빼앗긴 치욕과 설움을 표현한 후에, 4절에서 '복수의 총칼'을 들고 나라를 되찾을 것을 결의하고 있다.

노래의 작사자가 '검소년'으로 되어 있는데, 어떤 독립운동가의 별호이거나 혹은 가명인 것으로 보인다.

② 국치가

桓山(이윤재) 작사

1. 빗나고 영광스런 반만년 역사 / 문명을 자랑하던 선진국으로
　　슬프다 千萬夢外 오늘 이 지경 / 아! 이 부끄럼을 못내 참으리
2. 신성한 한배 자손 이천만 동포 / 하늘이 빼아내신 민족이어니
　　원수의 칼날 밋태 魚肉됨이여 / 아! 이 부끄럼을 못내 참으리
3. 화려한 금수강산 삼천리 땅은 / 선조의 피와 땀이 적신 흙덩이
　　원수의 말발굽에 밟핀단 말가 / 아! 이 부끄럼을 못내 참으리
4. 최영과 무열왕의 날랜 군사와 / 鄭地와 충무공의 쓰던 무기를
　　언제나 쾌히 한번 시험해 볼가 / 아! 이 부끄럼을 못내 참으리
5. 어잣[어찌하]나 역사 우에 더렵힌 때와 / 어잣나 자손만대 끼쳐줄 욕을
　　우리의 흘린 피로 이를 씻고저 / 아! 이 부끄럼을 못내 참으리

(『독립신문』 1922. 8. 29)

나라 잃은 치욕을 자손에게 물려주지 않기 위해 피흘려 분발하자는 노래로서 『독립신문』 1922년 8월 29일자 '시세계(詩世界)' 난에 실려 있다. 환산 작으로 발표되었는데 환산은 이윤재의 호이다. '한뫼'라고도 했다.

이 노래는 이윤재가 중국에 있던 시절에 발표한 것이다.

이윤재는 3·1운동에 참여한 후 중국으로 건너가 북경대학을 졸업하고, 다시

국내로 들어와 한글 연구에 진력하였다. 협성, 경신, 배재, 중앙, 연희전문학교 등에서 겨레의 얼을 지키기 위한 한글교육에 헌신하였다. 조선어학회 기관지 『한글』의 간행, 「한글 맞춤법 통일안」의 제정, 조선어사전편찬회 등에도 주도적으로 참여하였다.

1937년에 수양동우회사건으로 옥고를 치렀고 1942년에 최현배 등과 같이 조선어학회사건으로 체포되어, 악형과 굶주림과 영양실조로 1943년에 옥사하였다.

③ 국치가

1. 슬픈 맘같은 내 동포들 눈물피로 상대하니
   오늘날 깊이 생각할 것 우리나라 어찌 되었나
2. 금조각같은 한반도를 원수에게 빼앗기고서
   찬 바람 부는 거친 들에 유리표박 왠일이냐
(후렴) 잊을가 잊을가 경술 팔월 이십구일을

(『배달의 맥박』, 363쪽)

만주, 중국 관내에서 부르던 국치의 노래이다.

노랫말 후렴 '잊을가 잊을가 경술 팔월 이십구일을'이란 대목에서 망국의 한과 치욕을 잊지 말자는 비장한 감개를 읽을 수 있다.

한편 이인섭(고려공산청년회, 조선공산당에서 활동하다 중국공산당에 입당한 인사로 현재 중국 거주)의 기록에는 노랫말이 약간 달리 되어 있다.

1. 슬픈 맘 같은 내 동포들 눈물빛 서로 상대했네
   오늘 깊이 생각할 것 우리나라 어찌되었나
2. 금쪼각 같은 한반도를 원수 놈의 손에 내맡기고
   찬바람 부는 모진 들 우리 몸을 널어놓았네
(후렴) 잊을까 잊을까 경술 8월 29일을 / 잊을까 잊을까 경술 8월 29일을

(강용권, 1996(상), 303~304쪽)

④ 제목미상

1. 눈물을 뿌려 됴상하여라 / 대한의 운명이 떠낫도다
   텬디난 캄캄 어두어지고 / 일월은 팀팀 암담하고나
2. 슯히 날니던 태극긔발이 / 티욕을 밧고 떠러진 후에

　　　노예 멍에와 우마편칙이 / 이러케 심할줄 몰낫고나
　　3. 죽지만 마라 죽지만 마라 / 애국경신이 죽지만 마라
　　　반도쟝사를 익글고 와서 / 왜구를 모다 구튝하리라
　　(후렴) 대한의 운명 대한의 운명 / 우리를 떠나 어대로 가나
　　　　힘과 재조를 다 길은 후에 / 소래를 놉혀 널 불으리라

(『신한민보』 1913. 10. 24)

　1913년 미주에서 거행된 국치기념일 행사에서 부른 노래이다.

　기념행사에서는 이 노래를 부르는 가운데 벽 중앙에 걸려 있던 태극기가 떨어지는 상황이 연출되었다. 그 상황을 『신한민보』(1913년 10월 24일)는 이렇게 전한다. "이 때 태극국장은 벌써 땅에 떨어져 보이지 않고 검은 기가 회소 전면을 덮었으니……슬픈 바람에 휘장이 날리며 참담한 기운이 방안에 가득하여 정히 비감[하였다.]"

　1·2절은 망국의 비탄을 노래하고, 3절은 애국정신을 잃지 않고 왜적을 무찌르자는 결의를 다지고 있다.

⑤ 국치일 노래

「스완이으 리버」 곡조

　　1. 뒷동산 뎌 송백 그 절개 직히려고 / 찬 서리 견대여 홀로 푸르럿네
　　2. 압뜰의 향일화 단심을 변치 안코 / 사나운 동남풍 이기여 태양만 향하네
　　3. 봄날의 져 참새 날기를 배호려고 / 약한 나래 이가지 뎌가지 자조 옴기네
　　4. 청텬의 백일이 다하면 등밝히고 / 밤과 낮 가리지 말고 우리 뜻 일우세
　　(후렴) 중한 책임 맛흔 남녀 우리 동포 / 곤고하고 어려움 참아셔 목덕을 달하셰

(『신한민보』 1917. 9. 6)

　1917년 미국 로스앤젤레스 국치 기념식에서 부른 노래이다.

　1절과 2절은 비록 나라를 빼앗겼지만 동포들이 '절개'와 '단심'을 잃지 않고 있다는 사실을 표현하고 3절에서는 참새를 빌어 동포의 유랑을 비유하고 있다. 그리고 4절에서 나라를 반드시 되찾겠다는 결의를 다지고 있다.

　다른 국치일 노래와 비교해 볼 때 '국치의 한'을 격정적으로 표현하기보다 끝까지 민족정신을 잃지 말자는 쪽에 비중을 두고 있다.

제8장 독립군(1)
—1910년대 만주를 중심으로—

1910년 봄 신민회 간부 양기탁의 집에서 신민회 간부회의가 비밀리에 열렸다. 이동녕·안태국·주진수·양기탁 등이 참가한 이 비밀회의에서, 국내에서의 독립운동이 힘들어지게 되었으니 만주로 건너가 제2의 독립운동 기지를 건설하자는 결의가 이루어졌다. 그 해 7월 이동녕, 이회영 등 4명의 일행은 종이장수로 변장하고 만주로 시찰을 떠나서 유하현 삼원보를 독립운동 기지로 선정하였다.

이후 이회영·이시영 가의 6형제, 여준, 이동녕, 이상룡, 김창환, 주진수, 이관직, 이장녕 등은 서간도 유하현으로 망명 이주한다.

사실 서간도는 국내 의병들이 활동이 어려워지면서 망명하여 재기의 무대로 삼은 곳이기도 했다. 예를 들어 유인석, 이강년, 조맹선, 박장호, 전덕원, 이진룡, 홍범도 의병부대의 진영이 서간도로 이동하여 전열을 가다듬었다.

이렇게 해서 서간도에는 한인교포가 거주하는 지역을 중심으로 하여 여러 독립운동단체가 조직되었다. 그 가운데 행정·군사 양 면에서 두드러진 단체가, 신민회의 뜻을 이어 조직된 경학사(뒤에 부민단으로 발전)였다. 또한 망명 의병진을 중심으로 조직된 포수단, 농무계, 향약사 등이 있었다.

한편 북간도에서도 독립운동기지가 건설되었다. 경술국치 몇 해 전에 이미 이상설, 이동녕 등에 의해 서전서숙이란 학교가 세워지면서 민족운동이 경영되기도 했다. 여기에 경술국치를 전후하여 이동휘, 구춘선, 서일, 나철, 현천묵, 박찬익 등이 망명하면서 독립운동단체를 조직하게 된다.

서전서숙이 문을 닫은 이후 국자가(局子街)를 중심 지역으로 하여 간민교육회(일종의 한인 자치기구로 뒤에 간민회로 발전)를 조직하여 독립운동기지를 마련하고 인재를 양성하였다. 이 간민교육회를 후원하는 단체로서는 청년친목회와 대동협신회가 있었고 황병길 등이 조직한 기독교우회도 있었다.

이들 서·북간도의 독립운동단체들은 교육기관을 설립하여 인재 양성을 도모하였으며, 나아가 독립군을 조직하여 항전의 기반을 만들었다.

1. 신흥무관학교

칼춤추고 말을 달려 몸을 단련코
새론 지식 높은 인격 정신을 길러

국내에서 신민회 활동을 하던 이시영, 이동녕, 이회영 등의 독립지사들은 독립운동의 힘을 기르기 위하여 1910년 만주로 망명한 후, 만주 유하현에서 독립운동 단체인 경학사를 조직하고 그 산하에 독립군 양성기관으로 신흥무관학교를 설립하였다. 신흥무관학교의 최초 명칭은 신흥강습소였고 신흥중학으로 개칭하였다가 3·1운동 이후 만주 삼천(이청천·김경천·신동천)이 신흥중학으로 망명해 오면서 정식으로 신흥무관학교가 되었다.

신흥무관학교에는 고산자의 고등군사반과 합니하의 초등군사반이 있었다. 이 학교의 교수진에는 이동녕, 이시영, 여준, 이천민, 이장녕, 이청천, 윤기섭, 김창환, 김광서[金擎天], 신팔균[신동천], 이범석 등 항일운동에 뚜렷한 족적을 남긴 인사들이 많이 참여하였다.

신흥무관학교는 병농일치의 둔전병제로 운영되었다. 훈련의 기본 정신은, '구국의 대의 6개 항목', 즉 '불의에 반항정신, 임무에 희생정신, 체련에 필승정신, 간고에 인내정신, 사물에 염결정신, 건설에 창의정신'이었다.

신흥무관학교는 1907년 군대 해산과 1909년 대한제국 육군무관학교의 강압적 해산 이후, 독립군 장교를 양성하는 체계적인 무관학교로 설립되었다는 점에서 역사적 의미가 크다. 1913년부터 1920년까지 신흥(무관)학교를 졸업한 청년들은 2천여 명에 이르는데 이들은 서로군정서, 북로군정서를 비롯하여 만주 각 무장항일단체의 장교(및 하사관) 또는 민족학교 교사로 복무하며 열과 성을 다하여 항일 독립운동과 구국의 대열에 나서 항전을 벌이다 많은 희생을 치렀다.

신흥무관학교의 교가는 다음과 같다.

신흥무관학교 교가

1. 서북으로 흑룡대원 남의 영절의 / 여러 만만 헌원자손 업어기르고

동해섬중 어린 것들 품에다 품어 / 젖먹여 기른 이 뉘뇨
우리 우리 배달 나라의 / 우리 우리 조상들이라
그네 가슴 끓는 피가 우리 핏줄에 / 좔좔좔 결치며 돈다

2. 장백산 밑 비단같은 만리낙원은 / 반만년래 피로 지킨 옛집이어늘
남의 자식 놀이터로 내어 맡기고 / 종설움 받는 이 뉘뇨
우리 우리 배달 나라의 / 우리 우리 자손들이라
가슴치고 눈물 뿌려 통곡하여라 / 지옥의 쇠문이 온다

3. 칼춤추고 말을 달려 몸을 鍊緞코 / 새론 지식 높은 인격 정신을 길러
썩어지는 우리 민족 이끌어 내어 / 새 나라 세울 이 뉘뇨
우리 우리 배달 나라의 / 우리 우리 청년들이라
두팔 들고 고함쳐서 노래하여라 / 자유의 깃발이 떴다

(원의상, 1969, 240쪽)[1]

노랫말 가운데 '서북으로 흑룡대원'은 중국을 뜻하고 '동해섬중 어린 것'은 일본을 뜻한다. 즉 중국과 일본 모두가 오랜 옛날에 우리 겨레의 교화를 받았다는 뜻이다.

1절에서 선조의 위대함을, 2절에서 망국의 현상을 표현하고 3절에서 심신을 단련하여 민족과 나라를 구한다는 청년의 의기를 노래하고 있다.

이 노래는 신흥무관학교 교가이지만 만주 독립군진영에서 널리 불렸다. 일례로 대한청년단연합회에서 활동하던 한철수는, 당시 만주에서 이 노래를 열심히 불렀다고 회고하였다.[2] 또한 독립군 외에 일반 교포, 청년 학생들도 이 노래를 널리 불렀다. 예를 들어 신흥무관학교 생도였던 허채의 누이 허은은 오빠에게서 이 노래를 배워 현재까지도 기억하고 있다고 한다.[3] 신흥무관학교의 구국의 이념이 만주 전역에 널리 퍼져 있었음을 보여주는 대목이다.

1920년 8월 신흥무관학교는 제2의 군사기지인 안도현 삼림지대(백두산 북쪽지역)로 이동하여 만주 군사단체들과의 통합을 통하여 국내 진공을 계획하였다. 그런데 일본군 대부대가 '독립군 토벌'을 위하여 만주로 들어옴으로써 역사적인 청

---

1) 『광복의 메아리』(48쪽)에 1절 후렴(우리 우리~돈다)이 2·3절에도 반복되는 것으로 되어 있으나, 노랫말로 볼 때 각 절 후렴이 다른 것이 옳다. 또 '좔좔좔 결치며'로 되어 있으나 위 노랫말 '결치며'가 옳다. '물결치다'는 뜻이다.

2) 한철수, 『나의 길』, 송산출판사, 1984, 19~20쪽.

3) 허은, 『아직도 내 귀엔 서간도 바람소리가』, 정우사, 1995, 76쪽.

산리전투가 벌어지고, 이 여파로 신흥무관학교는 홍범도 군(軍)과 연합하여 만주 무장단체의 집결지인 밀산으로 북정(北征)하게 되었다. 이로써 신흥무관학교는 폐교되었다.

한편 신흥무관학교 졸업생 및 재학생은, 혁명청년의 결사조직으로 신흥학우단을 조직하였다. 졸업생은 정단원이고 재학생은 준단원이었다.

"혁명대열에 참여하여 대의를 생명으로 삼아 조국광복을 위해 모교의 정신을 그대로 살려 최후 일각까지 투쟁한다." 이것이 신흥학우단의 목적이었다.[4] 학우단은 한인교포 50호 이상이 거주하는 지역에 소학교를 설립하여 아동교육을 담당하고 또 노동강습소를 개설하여 농촌청년에게 군사훈련과 계몽교육을 실시하였다. 또 『학우보』 등의 간행물을 통하여 혁명이념을 선전하고 독립사상을 고취하였다.

신흥학우단의 단가는 다음과 같다.

신흥학우단가

1. 또또따따 기상나팔 그 얼마나 새롭던가
   조국의 얼 맞아드려 절치부심 칼을 갈며
   광복대업 달성코자 兄아 弟야 금란결맹
   우리 단의 단결일세
2. 우렁차다 군가소리 山崩地拆 하였어라
   한번 뛰어 강을 건너 한번 쳐서 왜적토평
   그 기세 장할세라 赴湯蹈火 그 기상은
   우리 단의 기백일세
3. 시베리아 요동천리 거침없이 遍踏할제
   野獸馬賊 다 만나고 만주벌판 雪寒風에
   갖은 고초 다겪어도 일편단심 나라 회복
   우리 단의 정신일세
4. 백만적병 무찌르던 乙支蘇文 垂範대로
   포연탄우 火海속에 동정서벌 육탄삼아
   救國成仁 하신 故友 백절불굴 절개로세
   이것이 곧 우리 團是

(『광복의 메아리』, 48쪽)

---

4) 원의상, 「신흥무관학교」, 『신동아』 1969년 6월호, 238쪽.

노랫말 가운데 을지(乙支)는 을지문덕 장군, 소문(蘇文)은 연개소문 장군을 의미한다. 조국을 광복시키려는 혁명청년의 기개와 패기가 노랫말에 잘 나타나 있다.

원의상은 위 노래 3·4절을 「학우단 단시(團是)」 1·2절로 회고하였다. 또 야수마적을 야전마적(野戰馬賊)으로, 만주벌판을 만수장림(萬樹長林)으로, 백만적병을 만적(萬敵)으로, 육탄을 육진(肉陣)으로, 구국성인을 구국대성(救國大成)으로 기록하고 있다.5)

2. 무장항일의 기치를 높이고

**압록강과 두만강을 뛰어건너라
악독한 원수무리 쓸어몰아라**

앞서 언급했듯이 1910년 경술국치를 전후하여 만주로 망명한 독립지사, 의병들은 독립운동단체를 조직하고 곳곳에서 독립운동을 전개한다. 그 구체적인 표현이 바로 독립전쟁의 준비이다. 만주는 독립전쟁의 기지가 되고, 만주 동포들 사이에서는 독립전쟁의 분위기가 고조되었다. 1910년대는 바로 독립전쟁의 준비시기라 할 수 있다.

이러한 분위기가 반영되어, 1910년대에는 용맹한 독립군의 기상과 동포들의 총궐기를 주장하는 노래들이 탄생한다. 다음 네 곡의 독립군가는 작자미상이지만 당시 만주에서 널리 불리던 노래이다.

① 독립군가

1. 신대한국 독립군의 백만용사야 / 조국의 부르심을 네가 아느냐
   삼천리 삼[이]천만의 우리 동포들 / 건질 이 너와 나로다
2. 원수들이 강하다고 겁을 낼건가 / 우리들이 약하다고 낙심할건가
   정의의 날센 칼이 비끼는 곳에 / 이길 이 너와 나로다
3. 너살거든 독립군의 용사가 되고 / 나죽으면 독립군의 혼령이 됨이
   동지야 너와 나의 소원 아니냐 / 빛낼 이 너와 나로다

---

5) 위의 글, 239쪽.

4. 압록강과 두만강을 뛰어건너라 / 악독한 원수무리 쓸어몰아라
　　잃었던 조국강산 회복하는 날 / 만세를 불러보세
(후렴) 나가 나가 싸우려 나가 / 나가 나가 싸우려 나가
　　독립문의 자유종이 울릴 때까지 / 싸우려 나가세

(『광복의 메아리』, 45쪽)

이 노래는 1910년대부터 만주에서 부른 대표적인 독립군가로, 1940년대까지 독립진영에서 애창되었다.

노랫말에, 항일전쟁에 대한 소명, 승리에 대한 신념, 생사를 초월한 희생정신, 조국 진공전에 대한 기대 등이 잘 나타나 있다.

이 노래는 기념식에서도 널리 불렸는데 예를 들어 1920년 임시정부에서 주최한 3·1절 기념식에서 이 노래를 부르던 정황이 다음과 같이 기록되어 있다. "독립군가 '나가 나가 싸호려 나가'를 창(唱)함에 비상히 흥분된 회중(會衆)은 전신에 전율을 감(感)하고 얼골에 나타난 결심의 표정은 독립전쟁의 장래를 축(祝)하다."[6]

노랫말 가운데 '삼천만의 우리 동포들'은 후일 1930년대부터 개사된 것이다. 1910년대에 불린 독립군가는 동포 수가 '이천만'으로 되어 있었다.

② 봉기가

1. 이천만 동포야 일어나거라 / 일어나서 총을 메고 칼을 잡아라
　　잃었던 내 조국과 너의 자유를 / 원수의 손에서 피로 찾아라
2. 한산의 우로[雨露] 받은 송백까지도 / 무덤속 누워있는 혼령까지도
　　노소를 막론하고 남이나 여나 / 어린 아이까지라도 일어나거라
3. 끓는 피로 청산을 고루 적시고 / 흘린 피로 강수를 붉게 하여라
　　섬나라 원수들을 쓸어버리고 / 평화의 종소리가 울릴 때까지

(『광복의 메아리』, 46쪽)

1910년대에 총궐기를 부르짖던 노래로 만주·노령의 독립진영에서 많이 불렀다.

남녀노소를 막론하고, 심지어 혼령까지도 일어나 왜적을 물리치자는 노랫말이 비장하다. '섬나라 원수들을 쓸어버리고 평화의 종소리가 울릴 때까지'라는 표현

---

6) 『독립신문』 1920년 3월 4일.

에서 항일전쟁이 바로 평화를 위한 전쟁임을 밝히고 있다.

노래의 곡조는 일본군가 「러시아정벌가(征露の歌)」 곡을 차용하였다.[7]

1930년대 후반 공산주의 진영에서는 위 노랫말을 바꾸어 「총동원가」란 제목으로 불렀는데, 원 노래에 없는 후렴을 붙인 것이 특징적이다.

동무들아 어서 빨리 일어나거라 / 일어나 총을 들고 칼을 잡아라
잃었던 우리 자유 우리 권리를 / 우리들의 손으로 기어이 찾자
(후렴) 나가자 반일의 병사와 인민들 / 모두 다 전선에 나가 싸우자

(『항일혁명문학예술』, 87쪽)

③ 용진가(독립군가)

1. 요동만주 넓은 뜰을 쳐서 파하고 / 여진국을 토멸하고 개국하옵신
   동명왕과 이지란의 용진법대로 / 우리들도 그와 같이 원수 쳐보세
2. 한산도의 왜적을 쳐서 파하고 / 청천강수 수병 백만 몰살하옵신
   이순신과 을지공의 용진법대로 / 우리들도 그와 같이 원수 쳐보세
3. 배를 갈라 만국회에 피를 뿌리고 / 육혈포로 만군중에 원수 쏴 죽인
   이준공과 안중근의 용진법대로 / 우리들도 그와 같이 원수 쳐보세
4. 창검빛은 번개같이 번쩍거리고 / 대포알은 우뢰같이 퉁탕거릴제
   우리 군대 사격 돌격 앞만 향하면 / 원수머리 낙엽같이 떨어지리라
5. 횡빈대판 무찌르고 동경 들이쳐 / 동에 갔다 서에 번쩍 모두 함락코
   국권을 회복하는 우리 독립군 / 승전고와 만세 소리 천지 진동해
(후렴) 나가세 전쟁장으로 나가세 전쟁장으로 / 검수도산 무릅쓰고 나아갈 때에
   독립군아 용감력을 더욱 분발해 / 삼[이]천만번 죽더라도 나아갑시다

(『광복의 메아리』, 44쪽)[8]

1910년대 만주 독립군 진영에서 부르던 대표적 독립군가이다. 동명왕, 이지란, 이순신, 을지문덕, 이준, 안중근 등 선열들의 뜻을 이어 원수를 물리치자고 결의를 다지는 노래이다.

기록을 볼 때 이 노래는 만주 독립군의 회의·기념식 때도 불렀다. 예를 들어

---

7) 山本芳樹 編, 『思い出の日本軍歌集』, 東京 : 金園社, 1961, 60쪽.
8) 한철수의 앞의 『나의 길』(31쪽)에는 「독립군가」로 되어 있으며 1940년대 한국광복군에서는 「광복군용진가」로 부르기도 했다.

대한청년단연합회의 제2회 정기총회에서 회의시작 때 애국가를 부르고 회의 끝에 이 용진가를 불렀다.[9]

이 노래의 곡은 프러시아 행진곡이었으며, 작사는 이광수와 신채호의 양 설이 있다.

신채호는 성균관 박사 출신으로 구한말 애국계몽운동에 참여하다가 1910년에 해외로 망명하였다. 교육운동, 무정부주의 활동, 한국사 저술 등의 활동을 하던 그는 1928년에 적에게 체포되어 1936년에 옥중 순국하였다. 노령에서 무관학교를 설립하기 위해 노력하기도 했으며 상해의 박달학원(博達學院)에서 청년들을 가르쳤고 봉천성의 동창학교(東昌學校) 교재도 저술하였다.

노랫말 1~3절에 역사상에 나타난 애국선열을 모범삼아 '우리들도 용감하게 원수 쳐부수는 전쟁장으로 나가자'고 되어 있다. 역사 사실을 소재로 한 독립군가로 역사에 대한 이해가 있는 사람이 이 노랫말을 지었을 것이라고 생각되기도 한다. 그러나 기백과 투지를 강조한 나머지 역사적 사실에 부합되지 않는 표현을 한 부분이 있다. 즉, '여진국을 토멸하고 개국하옵신 동명왕과 이지란의 용진법대로'라는 부분은 역사적 사실에 맞지 않다. 동명왕이 여진국을 토멸하고 개국한 것은 아니다.[10]

이렇게 볼 때 신채호 작사설에 의문점이 있으나, 작사자가 이광수라는 설도 확실하지 않다. 이광수는 무장항쟁 운동가가 아니었다.

한편 1930년대 후반 사회주의 진영에서는 위 노랫말을 사회주의적으로 바꾸고 「유격대행진곡」이란 제목을 붙여 불렀다.

> 동무들아 준비하라 손에다 든 무장 / 제국주의 침략자를 때려부시고
> 용진용진 나아가세 용감스럽게 / 억천만번 죽더라도 원수를 치자
> (후렴) 나가자 판가리 싸움에 나가자 유격전으로
>   손에 든 무장을 튼튼히 잡고 나갈 때에
>   용진용진 나아가세 용감스럽게 / 억천만번 죽더라도 원수를 치자
>
> 『항일혁명문학예술』, 85쪽)

---

9) 김정명 편, 『조선독립운동 1-분책』(국학자료원 영인, 1980), 437쪽. 여기에는 「독립군가」로 되어 있는데 노랫말이 「용진가」와 같다.
10) 조동일, 『한국문학통사 5』, 지식산업사, 1994, 88쪽.

④ 作隊歌

1. 동포들아 대를 지어 나아가자 / 우리 국권 회복할 날 오늘 아닌가
   활발하고 용감한 우리들 앞에 / 독립의 깃발은 휘날린다
2. 피를 흘려 우리 국권 되찾기 위해 / 씩씩하게 앞으로만 전진할 때에
   빛나는 태극기를 펄펄 날리며 / 우렁차게 자유종을 쾅쾅 울려라
3. 초연탄우 무릅쓰고 나가는 곳에 / 뜨거운 피가 끓고 정성 묻힌 곳
   끝까지 쉬지 않고 나아갈 때에 / 자유와 독립은 오고 말리라
(후렴) 만세 만세 함께 부르고 / 독립 독립 높이 외치자
   이천만 한데 뭉쳐 나가는 곳에 / 최후의 승리가 오고 말리라

(『광복의 메아리』, 62쪽)

만주 독립군진영의 노래로, 봉천성 통화현 반랍배(半拉背)의 우문관(友文館)에서 발행(1919년 6월 24일)한 『소년창가』에 실려 있어 당시 학생들 사이에서도 많이 불린 것으로 보인다.

이 노래집의 발행자는 억불천(億不千)이고 정가는 소은 2각(角) 5푼(分)이었다. 억불천은 가명으로, 독립운동 진영이 단지 '천에 그치지 않고 억에 이르기까지' 발전하고 또 독립운동가요도 널리 보급되길 바란다는 뜻에서 붙인 이름이 아닐까 한다.

그리고 내용은 45매로 이루어져 있는데, 애국가, 대한혼, 소년남자가, 한반도, 석음가(惜陰歌), 작대가, 행보가, 감동가, 혈성대가, 개천절경하가, 관동팔경가, 거국행(去國行), 의무가, 부모의 은덕 등 민족적 노래들이 수록되어 있었다.

한편 『현대사자료 조선 3』에는 「독립가」라는 제목으로, 이와 유사한 노랫말이 실려 있다. 그리고 그 곡조는 「작대가」 곡과 같다고 한다. 이 노랫말은 작대가 곡에 홍경현 삼성학교(三成學校)에서 노랫말을 바꾸어 부른 것이다.

독립가

작대가 곡

1. 동포들아 一隊되어 나아가자 / 우리 국권 회복할날 오늘 아닌가
   활발하고 용감한 우리들 앞에 / 독립의 깃발은 휘날린다
   만세 만세 함께 외치고 / 독립 독립 부르자
   피를 흘려 우리 국권 되찾기 위해 / 태극기를 가지고 나아가자

2. 빛나는 태극기를 펄펄 날리고 / 용감하게 자유종을 쾅쾅 울리며
   硝煙彈雨를 무릅쓰고 나아가는 곳에 / 독립의 국권은 오고말리라
   뜨거운 피가 끓고 정성 묻힌 곳 / 원수놈의 총칼은 꺾이고말리라
   최후까지 쉬지 않고 나아갈 때에 / 자유의 복락은 오고말리라

(『현대사료 조선 3』, 131~132쪽)

'작대'라는 제목을 단 노래는 위 노래 외에 또 한 곡이 있다.

작대

1. 동모들아 떼를 지어 노래부르세 아름다운 목소래와 깃분 맘으로
   고함 소래 노피하여 용맹스럽게 거름을 맛초며 가세
   (후렴) 아모 근심 염려 말고 갓튼 맘으로 거름을 맛초어 가세
   만세 만세를 갓치 부르며 만세 만세를 노래합시다

(『최신창가집』, 83쪽)

총 3절로 이루어진 이 노래는, 만주 광성학교에서 간행한 『최신창가집』에 실려 있는데 독립군 진영의 「작대가」와 비교하여 항전의 정서는 떨어지지만 '대'를 지어 나아가는 단결심을 고취시키고 있다.

⑤ 운동(독립군가)

1. 백두산 하 넓고 넓은 만쥬뜰들은 / 건국영웅 우리들의 운동장이요
   거름거름 대를 지어 앞만 향하여 / 활발발 나아감이 엄숙하도다
2. 대포 소리 앞뒤산을 둘둘 울니고 / 총과 같이 霜雪같이 맹열하여도
   두럼없이 악악하는 돌격 소리에 / 뎌의 군사 홍겁하여 정신 일엇네
3. 억만 대병 가운대로 헤치고 나아가 / 우리들의 총과 검을 휘휘둘닐제
   원슈 머리 말 우에서 떠러지난 것 / 늦은 가을 남우닙과 다름없고나
4. 개선문 하 자유종을 떵떵 울니고 / 삼천리에 독립긔를 펄펄 날닐제
   만세 만세 만세 만세 우리나라에 / 만세 만세 만세 만세 우리 동포야

(『최신창가집』, 97쪽)

1914년 만주 광성학교에서 발행한 노래집에 「운동」으로 제목을 달고 있으나 「독립군가」라는 제목으로도 불렀으며[11] 실제로 노랫말에 항전의식이 담겨 있다.
1910년대의 독립군가는 대개 작자미상인데, 그 가운데 다음 두 노래는 안창호

작으로 전해지고 있다.

① 격검가(쾌하다 장검을 빗겨들었네, 장검가)

안창호 작사

1. 쾌하다 쟝검을 빗겨들엇네 / 오날날 우리 손에 잡은 칼은
   요동만쥬에 크게 활동하던 / 동명왕의 칼이 방불하고나
2. 한반도의 용감한 쾌남아를 / 어느 누가 능히 대적할소냐
   청천강에 隋兵을 격파하던 / 을지공의 칼이 오날날 다시
3. 우리의 칼이 한번 빗나난 곳에 / 악마의 머리 츄풍낙엽일세
   한산도에 왜적을 격파하던 / 츙무공의 칼이 오날날 다시
4. 오날날 우리 손에 잡은 칼은 / 누구를 위하야 련습함인가
   바다를 갈으고 산을 벼인 후 / 승전고 울니며 독립 만세
(후렴) 번젹 번젹 번개같이 번젹 / 번젹 번젹 번개같이 번젹
   쾌한 칼날이 우리 손에 빗나며 / 독립의 위권을 떨치난고나

『신한민보』 1915. 6. 17 ; 『안도산전서(중)』, 54쪽)[12]

1899년, 안창호가 고향 강서에 점진학교를 세우고 이 노래를 만들어 불렀는데 이후 1900~1910년대 의병과 독립군에서도 널리 불렀다.

구전되는 과정에서 제목과 노랫말이 변형되어 불렀는데『애국가집초(愛國歌集抄)』에는 「쾌하다 장검을 비껴 들었네」로 되어 있다. 이것은 노래의 첫 구절을 제목으로 딴 것인데 위 노랫말의 4절이 없이 총 3절로 되어 있다.[13]

②-1 혈성대

신대한의 애국청년 끝난 피가 뜨거워 / 일심으로 분발하야 혈성대를 조직코
조상나라 붓들기로 굿게 맹약하엿네 / 두려마라 부모국아 원슈들이 만흐나
담력잇고 용맹잇난 혈성대의 청년들 / 부모국을 직회랴고 굿게 파슈섯고나
혈성대의 조국경신 뼈에 깁히 잠기여 / 산은 능히 뽑드래도 그 경신은 못뽑어
장할셰라 장할셰라 혈성대의 그 경신 / 혈성대의 츙의졀개 굿셰고도 굿셰여

---

11) 김광희, 「창동학교의 지난날을 그리여」, 『연변문사자료 5』, 1988, 59쪽.
12)『최신창가집』(74~75쪽)에는 후렴 '독립의 위권'이 '제국에 위엄'으로 되어 있고,『광복의 메아리』(40쪽)에는 「장검가」라는 제목으로 앞 3절이 기록되어 있다.
13) 도산기념사업회 편, 『안도산전서(중)』, 범양사, 1990, 45쪽.

쇠난 능히 굽히여도 그절개난 못굽혀 / 장할셰라 장할셰라 혈셩대의 그절개
번개갓치 활동하고 벽력갓치 맹렬한 / 혈셩대의 장한 긔개 뉘가 능히 막을가
장할셰라 장할셰라 혈셩대의 그 긔개 / 대포소래 부드치며 칼이 압홀 막으대
모험하난 혈셩대난 분풀고 신나가네 / 장할셰라 장할셰라 혈셩대의 용진력
혈셩대의 올흔 피가 하슈갓치 흘너셔 / 나라영광 빗치나고 나라위엄 떨치네
혈셩대를 혈셩대를 항상 노래하리라

(『대한매일신보』 1909. 8. 11)

②-2 혈셩대

1. 신대한에 애국청년 끌난 피가 뜨거워 일심으로 분발하여 혈셩대를 조직코
   조상나라 붓들긔를 굿게 맹약하엿네
2. 두려마라 부모국아 원슈들이 많으되 담녁잇고 용맹잇난 혈셩대의 청년들
   부모국을 직히랴고 굿게 파슈셧고나
3. 혈셩대의 조국경신 뼈에깁히 잠긔여 산은능히 뽑더라도 그경신은 못뽑아
   장할셰라 장할셰라 혈셩대의 그경신
4. 혈셩대의 츙의결개 굿세고도 굿세도다 쇠는능히 굽혀도 그경신은 못굽혀
   장할셰라 장할셰라 혈셩대의 그결개
5. 번개같이 활동하고 원수들이 맹렬하되 혈셩대의 장한긔개 뉘가능히 막을가
   장할셰라 장할셰라 혈셩대의 그긔개
6. 대포소리 부드치며 칼이 앞을 막으되 모험하는 혈셩대는 돌격셩만 부르네
   장할셰라 장할셰라 혈셩대의 맹진력
7. 혈셩대의 흘닌 피가 하수같이 흐르네 나라영광 빗내지고 나라위엄 떨치네
   혈셩대를 혈셩대를 항상 노래하리라

(『최신창가집』, 93쪽)

②-3 혈셩대

1. 장하도다 애국청년 일체 분발 피 끌어
   물결같이 일어나니 혈셩대가 되였고나
   걱정마라 부모국아 피가 끓는 혈셩대가
   조상 나라 붙들기로 맹약하고 나셨고나
2. 혈셩대의 조국 정신 뼈에까지 잠겼도다
   산은 능히 뽑더라도 그 정신은 못뺏아
   걱정마라 부모국아 천만번 죽더라도

변치 않을 혈성대가 일심으로 일어섰네
3. 혈성대의 충의 절개 군세고나 군세고나
   쇠는 능히 굽히어도 그 절개는 못굽히네
   걱정마라 부모국아 충의있는 혈성대가
   나라 집을 지키려고 여기 파수 굳게 섰네
4. 벽력같이 맹렬하고 번개같이 활동하는
   혈성대의 장한 기개 누가 능히 당할소냐
   두려마라 부모국아 용맹있는 혈성대가
   나라집을 도우려고 맹렬하게 활동하네
5. 대포소리 부딛치고 칼이 앞을 막더라도
   유진무퇴 혈성대는 겁이 없이 나아가네
   두려마라 부모국아 담력있는 혈성대가
   모험 돌격하는 때에 저 원수를 항복받네
6. 혈성대의 흐른 피가 하수같이 크게 흘러
   나라 힘을 떨쳐내고 나라 영광 빛내 보세
   걱정마라 부모국아 혈성대가 예 있구나
   장할세라 혈성대를 항상 불러 노래하리

(『안도산전서(중)』, 57~58쪽 ; 『신한민보』 1916. 5. 11 ; 『최신창가집』, 94쪽)

②-4 혈성대

1. 신대한의 애국청년 끓는 피가 뜨거워 일심으로 분발하여 혈성대를 조직코
   조상나라 붙들기로 굳게 맹약 하였네
2. 두려마라 부모국아 원수력 강하되 담력있고 용맹있는 혈성대의 청년들
   부모국을 지키려고 굳게 파수 섰고나
3. 혈성대의 조국정신 뇌수속에 밝혔다 산은 능히 뽑더라도 우리정신 못뽑아
   장할세라 군세고나 우리 청년 혈성대
4. 대포소리 부딛치며 칼이 앞을 막으되 모험하는 혈성대는 승승장구 돌격해
   용쾌하다 만전불패 혈성대의 맹진력

(『애국가집초』, 1926 ; 『안도산전서(중)』, 50~51쪽)

②-5 혈성대가

안창호 작사

1~3절은 ②-4와 같음

4. 대포소리 부딛치며 칼이 앞을 막으되 적진향한 혈성대는 승승장구 돌격해
　통쾌하다 높은 함성 혈성대의 승전가

(『광복의 메아리』, 41쪽)

위 「혈성대(가)」는 독립진영에서 널리 부르던 노래이다. 시기·장소에 따라 노랫말 표현이 변형되어 불렸는데 위에서 인용한 다섯 가지 사례는 기록되어 있는 문건의 연대순이다.

우선 가장 앞서 1909년에 발표된 노랫말은 절 구분 없이 21행(원문에는 42행)으로 되어 있다. 이 노랫말을 원형으로 하여 1910년대부터 3행 1절에 총 7절의 노래와 4행 1절에 총 6절의 두 종류의 「혈성대」가 불렸는데 1914년 만주 광성학교에서 펴낸 『최신창가집』에는 두 종류의 노래가 모두 수록되어 있고 곡도 다르다.

1926년에 기록된 것으로 보이는 ②-4의 경우 3행 1절에 총 4절로 되어 있고, 1982년에 편찬된 기록에 나오는 ②-5의 경우도 3행 1절에 총 4절인데, 이 노랫말은 ②-4 노랫말과 거의 흡사하므로 ②-4를 원형으로 삼았음을 알 수 있다.

절 구분이 없이 발표된 ②-1을 원형으로 하여 절 수로 보면 4절·6절·7절이 있고, 한 절의 행 수로 보면 3행·4행 두 종류가 있다.

노래의 곡조는 미국의 찬송가 가운데 단조로운 가락을 차용하였다고 하는데,[14] 곡조도 두 가지였다.

작사자의 경우 해방 이전의 기록에는 작사자가 명기되어 있지 않은데 ②-5의 기록에 안창호 작사로 명기되어 있고, 또 『안도산전서(중)』에도 안창호 작사가 확실하다고 되어 있다.

혈성대는 '자신을 과감하게 희생하고 싸우는 돌격대'의 의미이다. 1909년에 처음 발표된 상황을 보아 '의병전쟁'을 염두에 둔 표현이라 할 수 있다. 또 노랫말에도 '나라를 지키려고 애국 전선에 선 청년의 열혈 의기'가 격정적으로 표현되어 있다. 그러나 노래제목의 혈성대는 실제 존재했던 조직은 아니다.

독립운동에서는 '혈성'이라는 표현이 여러 차례 사용되었다. 우선 독립운동단체 가운데 혈성단(단장 김국초, 1920대 초에 활동), 혈성단애국부인회(서울에서 조직된 부인회) 등이 있다. 이봉창, 윤봉길 의사의 한인애국단 선서문에도, "나는 적성(赤誠)으로써 조국의 독립과 자유를 회복하기 위하여 한인애국단의 일원이 되어

---

14) 황문평, 『한국대중연예사』, 부루칸모로, 1989, 210쪽.

적국의 수괴를 도륙하기로 맹세하나이다"라고 되어 있다.

3. 소년의 행군

원수들의 총칼이 앞을 막아도
우리들은 조금도 두려움없네

이상 1910년대 대표적인 독립군가를 살펴보았는데, 이 시기에는 '소년'들의 노래도 여럿 탄생하였다. 오늘날 소년이라고 하면 어린 학생을 떠올리나 당시 '소년'은 국가를 위망에서 구할 청년지사로 인식되었다. 독립군 진영에도 소년층이 많이 참여하였으며, 특히 무관학교나 민족학교에서 교육받던 소년들은 군사훈련이나 민족교육을 통하여 구국의 일꾼으로 성장하였다. 따라서 당시 만주에서는 소년을 소재로 한 독립군가가 나오고, 실제로도 많이 불렸던 것이다.

① 소년군가

1. 장하고도 장하다 우리 소년아 / 새 나라의 주인공된 우리들이다
   우리들도 끓는 피를 식히지 말고 / 원수들의 땅으로 어서 쳐가자
2. 소년군 동무들 낙심말아라 / 제국주의 최후 계단 원수놈들은
   제놈끼리 물고뜯고 아우성치며 / 죽을 자리 찾노라고 헤매이리라
3. 애국자의 더운 피 가슴에 끓고 / 열사들의 팔다리는 민활하도다
   원수들의 총칼이 앞을 막아도 / 우리들은 조금도 두려움없네

(『광복의 메아리』, 43쪽)

1910년대 독립군 진영의 젊은 용사들이 부르던 노래이다.

노랫말에, 장한 소년들이 새 나라를 건설하기 위하여 애국의 열성을 다할 것을 촉구하고 있다. 노랫말 가운데 '제국주의 최후 계단'이란 표현이 눈에 띈다. 또 '제놈끼리 물고뜯고 아우성[친다]'고 되어 있다. 제국주의 열강 간의 모순과 이에 따른 제국주의전쟁을 의미하는 것이다.

레닌은 1915년에 『제국주의론』을 발표하였다. 레닌의 제국주의론이 1910년대 후반에 이미 독립운동 진영에 소개되었는지, 아니면 처음에는 다른 노랫말이었는데 '제국주의 최후 계단'이란 표현으로 개사되었는지는 불확실하다. 하지만 이 노

래가 노령·만주 지역에서 불렸음을 생각할 때 1910년대 후반기에 '제국주의'란 표현을 이미 사용하였을 가능성도 있다. 일본을 제국주의로 표현한 최초의 노랫말일 것이다. 노래의 곡조는 일본군가「일본해군」곡을 차용하였다.15)

②-1 모험맹진

1. 눈을 들어 삼천리 구울러 보니 / 금수강산 대한국 내 나라이오
   승승하게 자라는 우리 소년들이세 / 국민 쟈격이 튼튼하도다
   ○○ 길어 시험과 쟝애되난 것 / 조곰도 사양말고 달녀나가셔
   내 팔뚝 내 힘을 시험하난 때 / 태산이 가뱌업고 우서우리라
2. 이천만 동포중 우리 형뎨야 / 국가에 수치를 니가 아나냐
   톈분한 자유권은 사가 업건만 / 우리 민족 무삼죄로 죄를 받는가
   나라사랑 하난 자 격지 안컨만 / 모험맹진 할 쟈야 몃치 되나냐
   깰지라 소년들아 험한 마당에 / 조곰도 사양말고 달녀 나가세
3. 동서양 영웅이 별인 안이니 / 이십세긔 경쟁쟝 좋은 긔 ○○
   모험맹진할 자 몃치 안이냐 / 앞서 길을 쥬겨말고 나아가겟네
   자나깨나 잊지 말고 생각하기는 / 나의 책임 못다하면 사람 못되네
   뭇노니 우리 소년 대한 동포야 / 이 때가 어느 때냐 생각하여라
4. 나아가세 나아가세 아모 겁없네 / 천신과 만고는 사업성취니
   분골쇠신을 둘여할소냐 / 내 한 몸 죽으면 츙혼일세
   우리 재조 우리 힘을 여때 못배면 / 황천에 원혼을 면치 못하리
   을지문덕 리순신 쟝 우리 모시고 / 한길노 두러서서 나갈지이다

(『최신창가집』, 127쪽)

②-2 소년모험맹진가

1. 이천만의 백의동포 우리 소년아 / 국가의 수치를 네가 아느냐
   천부의 자유권 차별없거늘 / 우리 민족 무삼죄로 욕을 받는가
2. 나라 사랑하는 자는 적지 않지만 / 모험맹진하는 자 몇이 되느냐
   깰지라 소년들아 험한 마당에 / 잠시라도 지체말고 달려나가세
3. 침략자의 원수들은 많다 하지만 / 의혈충국 소년들아 한데 뭉쳐서
   태극기 앞세우고 맹진할 때에 / 원수 머리 낙엽같이 떨어지리라

(『광복의 메아리』, 50쪽)16)

---

15) 山本芳樹 編, 『思い出の日本軍歌集』, 東京 : 金園社, 1961, 30쪽.

1910년 경술국치 이후 국내, 만주 독립진영에서 불리던 노래로, ②-2 노래는 ②-1 노래의 2절을 두 절로 구분하고 새로 3절을 붙여 만들어진 것이다.

1910년대의 만주·노령 독립군에는 청소년층이 다수 참여하였다. 신흥무관학교를 예로 들 때 이들 소년들도 무관학교에 입학하여 사관교육을 받고 독립전쟁의 기간요원으로 성장하였다. 최소 연령의 생도는 14세에 입학한 김산(님 웨일즈의 『아리랑』에 14세로 기록되어 있고, 다른 기록에는 15세로 기록되어 있다)일 것이다. 그리고 17세의 소년으로부터 의병전쟁에 참여했던 장년층까지 노소를 막론하고 사관생도가 되었다.

③-1 소년남자가

1. 무쇠골격 돌근육 쇼년 남자야 / 애국의 정신을 분발하여라
   다다럿네 다다럿네 우리나라의 / 쇼년의 활동시대 다다럿네
2. 신톄를 발육하난 동시에 / 경쟁심 주의력 양성하려고
   공긔됴코 구역넓은 연기장으로 / 활발발 나난듯이 나아가네
3. 츙렬사의 더운피 순환 잘되고 / 독립군의 팔다리 민활하도다
   벽력과 부월이 당전하여도 / 우리난 조곰도 두렵업네
4. 돌니고 빼여쥐난 백륜격긔난 / 신속함이 흑운심쳐 번갯불갓고
   보내고 바다차난 슈구츅국은 / 분분함이 백일청텬 소락비로다
5. 해전과 륙전의 모든 류회를 / 차례로 흥미잇게 승부 결하니
   개선문 두려서 열니난 곳에 / 승전가 울녀라 둥둥둥
(후렴) 만인대덕 련습하여 / 후일 전공세우세
      결세 영웅 대사업이 / 우리 목덕 아닌가

(『대한매일신보』 1909. 7. 24)

③-2 소년행진가(소년행진곡)

안창호 작사(추정)

1. 무쇠팔뚝 돌주먹 소년남아야 / 애국의 정신을 분발하여라
2. 충열사의 끓는 피 순환 잘되고 / 쾌남아의 팔다리 민활하도다
3. 일편단심 씩씩한 소년남아야 / 조국의 정신을 잊지말라

---

16) 『배달의 맥박』(323쪽)에는 노랫말이 약간 다르게 되어 있는데 1절 첫 구절이 '단군성조 피받은 배달소년아', 2절 마지막 구절이 '조금도 사양말고 달려가가세'로 되어 있다.

4. 벽력과 부월이 당전하여도 / 우리는 조금도 두렵지 않네
(후렴) 다달았네 다달았네 우리나라에 / 소년의 활동시대 다달았네
　　　만인대적 연습하여 후일 전공세우세
　　　절세영웅 대사업이 우리목적 아닌가

(『광복의 메아리』, 37쪽)[17]

③-1은『대한매일신보』에 「한인 야구단용 창가」로 실려 있다. 국문판에는 순한글로, 한문·한글 혼용판에는 혼용으로 기재되어 있다. 원래『황성신문』(1909년 3월 21일)에 「야구단 운동가」란 제목으로 총 3절(위 노래 1·3·5절)이 발표되었던 것이다.

③-2는『광복의 메아리』에, 1900년대부터 학생과 의병들이 부르던 것으로 기록되어 있는 노랫말이다. 노래의 원형은 ③-1이고 ③-2는 후일 변형된 것으로 보인다.

노랫말 2·4·5절에는 운동가 성격이 강하게 드러나 있는데 1·3절과 후렴은 소년의 애국심 고취와 전투적 기상을 북돋우고 있다. 특히 3절에 '독립군'이란 표현이 주목된다. 독립군이란 1910~30년대 대일항전의 선봉에 선 무장의용군의 상징적 표현이 되었다.

이 노래는, 후일 대일항전의 상징적 표현이 되는 '독립군'이란 말을 최초로 사용한 노래로 주목된다. 그리고 부분적이지만, 노랫말에 항전의 정신이 담겨 있다. 독립군이란 표현은 앞에서 본 '혈성대'란 표현과 비슷한 시기에 나왔는데, 혈성대란 표현이 노래 외에서는 전파되지 않았음에 비해, 독립군이란 단어는 일제를 구축하고 나라와 겨레를 되살리는 항일전쟁 주체의 상징적 표현으로 인지되었다.

④ 의무(청년의 의무)

1. 청년들아 청년들아 신대한국 청년들아
　　사천여년 조국 정신 보기 위하야 죽구 삶물[삶을] 같이하자 맹약이로다
2. 이십세기 경쟁장에 강병으로 행진하세
　　국가 안에 자유 독립 보전하기는 우리 청년 학생들에 혈성으로야
3. 우리 목적 도달하고 忍耐性에 달녓고나

---

17) 이 노래집에 안창호 작으로 기록되어 있으나『안도산전서(중)』에는 이 노래가 실려 있지 않다.『배달의 맥박』에는 「소년행진곡」이라는 제목으로 되어 있다.

至大至重하는 짐을 지고 가는 자 만세 복락 표준하여 낙심말지라
  4. 대사업을 목적하면 위험한 곳 당하리니
    괴로우나 즐거우나 膽力 가지고 天地末日 되긔까지 영영 보전케
  (후렴) [신대한국] 청년들아 우리 원슈 누군가
    언제던지 잊을소냐 피를 흘녀 갚고야

(『최신창가집』. 105쪽 ;『망향성』. 107쪽)18)

  1910년대 만주 광성학교(교장 이동희)에서 부르던 노래로,『망향성』에도 기록된 것으로 보아 1940년대까지 독립진영에서 불렸다.
  이상 노래들은 조국침략의 원수를 물리치는 전선에 새 시대의 주역인 소년들이 적극 참가할 것을 표현하고 있다.

4. 독립전쟁의 이념

  이상에서 1910년대 독립진영의 독립군가를 살펴보았다. 항일의 노래를 애국계몽의 노래와 항전의 노래로 분류할 때 독립군가는 직접적인 항전이란 측면에서 구한말 애국계몽의 노래보다는 의병진영의 노래와 그 맥을 같이한다고 할 수 있다. 그러나 독립군가의 내용면에 있어서는 위정척사로서의 의병의 노래보다는 근대적 민주국가의 수립이라는 계몽운동의 노래에 가깝다. 즉 의병노래에서 나타나는 충군=반외세=애국(독립)이라는 등식에서 충군이 **빠지고** 반외세=애국(독립)= '인간의 자유'란 등식을 성립시키는 것이다.
  그리고 여기서 애(愛)의 대상으로서의 국(國)은 봉건국가가 아니라 근대적 민주국가,「독립군가」의 표현을 빌자면 '신대한국'인 것이다. 이 신대한국은 자유와 독립, 그리고 정의와 평화가 있는 나라로 인식되고 있다. 그러한 나라는 바로 일제 원수를 조국강산에서 쫓아냄으로써 가능하다. 따라서 이천만 동포가 총궐기하고 특히 '백만 독립군 용사'들이 항일전선에 나서 적을 무찌름으로써 나라의 독립과 자유를 이룩하자는 것이다.
  그리고 나라의 독립·자유는 인간으로서의 자유와 평등으로 연결된다. 이러한

---

18)『최신창가집』에 후렴 첫 구절이 '대한제국'으로 되어 있으나 1절에 '신대한국'으로 되어 있고,『망향성』에도 '신대한국'으로 되어 있음으로 보아 '신대한국'이 옳다.

면에서 1910년대의 독립군가는 대한제국 시기의 애국계몽가 및 의병노래에서 한 걸음 발전하였다고 할 수 있다. 당시 독립전쟁의 인식을 보여주는 노래로 「자유가」, 「독립」, 「불합리가」가 있다.

①-1 자유가

1. 사람은 사람이란 이름 가질 때 / 자유권을 똑같이 가지고 났다
   자유권 없이는 살고죽은 몸인데 / 목숨은 버리어도 자유는 못버려
2. 차라리 다 죽어서 자유혼 된들 / 그 몹쓸 종노릇 할 줄 아느냐
   배달의 젊은이여 어서 일어나 / 우리들의 자유를 위해 싸우자
3. 자유를 찾던지 내 몸이 죽던지 / 끝까지 기운 떨쳐 힘껏 싸우자
   원수야 너의 힘 몇 푼어치나 / 독립군의 싸움법을 당해낼소냐

(『광복의 메아리』, 51쪽)

①-2

1. 위와 같음
2. 배달의 어린이야 어서 자라서 / 우리들의 자유를 위하여 싸우라
   자유를 찾던지 우리 몸이 죽던지 / 끝까지 기운 떨쳐 힘써 싸우라
3. 차라리 다 죽어서 자유혼 되나 / 이 몸 쓰고 종노릇 나는 아니해
   원수야 너의 힘 몇 푼어치 되느냐 / 이순신의 싸움법이 여기 또 있다
4. 정의가 무엇이냐 자유 위하여 / 자유 앗은 원수를 죽임이 정의
   정의의 날랜 칼 들고 있는 그 날엔 / 반가운 자유가 내게도 오리라

(『배달의 맥박』, 385쪽)

② 자유

1. 한반도 강산 우리나라는 단군의 유업 완연하고나
   당당한 ○○(글자미상) 이천만으로 육대주 상에 활동
2. 선죠의 주신 살진 토디는 우리의지 직힐 유업이로다
   열강의 야심을 생각할사록 우리의 勇力을 더욱
3. 신대한 국민 우리 동포야 국가의 흥망이 늬게 달녓나
   우리의 정성과 힘을 다하야 내 나라 국권 회복
4. 자유를 일은 나라 백성은 생활할 곳 전혀 업고나
   차라리 이 몸이 한번 죽어도 우리의 자유는 영원

　　(후렴) 하나님이 주신 자유를 대한 사람 모다 가졋네
　　　　 독립의 사상과 애국성으로 우리 자유를 공고

(『최신창가집』, 65쪽)

　일제에게 **빼앗긴** 겨레의 자유를 되찾기 위해 힘껏 싸우자는 노래로 ① 노래는 1910년 경술국치 이후 만주 독립진영에서 널리 불렸고 ② 노래는 만주 민족학교에서 불렀다. ① 노래는 항전성이 강하게 표현되어 있고, ② 노래는 계몽적 성격을 지니고 있다.

　모든 사람은 자유의 권리를 지니고 있으며, 목숨보다 귀중한 자유를 싸워 찾는 것이 바로 정의라는 노랫말에서 당시 독립지사들의 자유·평등·정의에 대한 인식을 읽을 수 있다. 즉 나라를 되찾는 독립운동은 곧 사람으로서의 자유권을 되찾기 위한 운동이라는 인식이 눈에 띄는 것이다.

③ 독립

　　1. 아쥬동방 화려반도난 개국된지 사천년여의 국일세
　　2. 단군긔자 됴션국으로 게게승승 독립이 완연하도다
　　3. 산천리 죠션 강토난 이천만 우리의 유업이로세
　　4. 금수강산 명승디난 자유국민 혈성이 가득하도다
　　5. 혈성 충의 힘을 다하면 국가회복하긔난 비란이로세
　　6. 유진무퇴 결사함으로 혈누용담 가지고 나아가보세
　　7. 竭忠報國 우리의 짐이니 간신적자 되난 자 없이 해보세
　　8. 을지문덕 금[김]유신 장을 우리 흉중에 모시고 나아갑세다
　　9. 자주 국민 대한 동포야 락담샹혼 마시고 니러납시다
　　10. 만유쥬괴 긔국[구]하오니 대한국권 만만세 유지하소세

(『최신창가집』, 89쪽)

　1910년대 만주에서 불리던 노래로서 비록 적에게 국가를 **빼앗겼지만** 결사정신으로 국가를 회복하기 위해 나아감으로써 자유와 독립, 국권은 죽지 않고 살아 있다고 노래하고 있다.

④ 불합리가

　　1. 자연에 벗으러진 이놈의 세상 / 평등한 자유가 다 있건만은

　왜놈의 권리의 썩어진 냄새 / 무리한 속박이 너무 심하다
2. 배줄여 벌어놓은 농작산물은 / 고색끼 매국노의 배를 불리고
　땀흘려 지어놓은 정자 속에는 / 악마의 신사숙녀 노래를 부른다
3. 아사라 악마들아 잘사나보자 / 네 마음 네 멋대로 실컷 해보라
　억울에 싸인 불평 대지의 서름 / 영원한 고민으로 원수갚으리

(『배달의 맥박』, 386쪽)

　1919년경부터 불리던 노래이다.

　왜적에게 자유를 빼앗기고 왜놈·매국노에게 자신의 생산물을 빼앗기는 동포의 참상을 노래한 것이다. '원수 왜적'을 물리침으로써, 자신이 산출한 생산물을 자신이 가지지 못하는 불합리한 현상을 타파하자고 되어 있다.

　이 노래는 주로 만주에서 불렀는데, 재동만조선청년총동맹(1928년 용정에서 조직)에서 이 노래를 통하여 사상교양을 했다는 기록이 보인다. 재동만조선청년총동맹에서는 이 노래 외에, 「고려혁명가」, 「용진가」, 「혁명가」 등의 선전가요를 불렀다고 하는데[19] 이로 보아 1920년대 사회주의 진영에서 사회주의 '혁명가'와 아울러 민족주의 노래도 불렀음을 알 수 있다. 즉, 1920년대 항일운동 선상에서 민족운동과 사회운동이 상호 배타적인 관계에 있지 않았던 것이다. 그러나 1930년대 중국공산당의 무장봉기전술이 만주에서 실행되면서 공산주의 진영에서는 기존의 민족주의적 노래를 부르지 않게 되고 설령 곡을 차용하더라도 노랫말 표현을 바꾸어 부르게 되었다.

5. 미주지역의 군사운동

　경술국치 이후 해외에서의 독립기지 건설운동은 만주 외에도 노령·미주 지역에서도 추진되었다. 노령지역의 독립군가에 대해서는 별도로 서술될 것이고 여기서는 미주지역에서의 독립군 양성 활동을 살펴보기로 한다.

　미주지역에서의 독립기지 건설도 국내 교포의 미주지역 이주와 더불어 시작되었다. 경술국치 후에는 많은 애국지사들이 미주지역으로 망명하여 독립운동을 전

---

19) 아세아문제연구소, 『희귀문헌 해제』, 1995, 197쪽.

개하였다.

미주지역의 군사운동은 주로 박용만에 의해 추진되었다. 구한말 개화파 정객들과 교류를 갖던 박용만은 도미 유학(이 때 동반자로 유일한 · 정한경 등이 있다)하여 헤스팅스 대학을 다녔다. 그는 '전북미한인대표자회의'에 참석하여 군사훈련안을 제기하고, 이후 헤스팅스 대학에서 30명 가량의 학생을 대상으로 군사훈련을 실시하였다.

헤스팅스의 학생들은 주로 그 지역 유학생들로 각자의 학교에서 공부하다 방학을 이용하여 헤스팅스 대학에서 군사훈련을 받았다.

1911년 4월에 시작된 헤스팅스 한인소년병 학교는, 1912년 13명의 졸업생을 냈다. 그러나 1912년 박용만이 이 학교를 떠나면서 폐교되었다.

한인소년병학교 군가

1. 이 몸 조선국민 되여 / 오늘 비로소 군대에 바쳐
   군장 입고 擔銃하니 / 사나이 놀음 처음일세
2. 군인은 원래 나라의 번병 / 존망과 안위를 담당한 자
   장수가 되나 군사가 되나 / 나의 직분 나 다할 것
3. 나팔소리 들릴 때마다 / 곤한 잠을 쉬히 깨네
   예령 동령 불을 때마다 / 정신차려 활동하라
4. 우리 조련 이같이 함은 / 皇天이 응당 아시리라
   독립기 들고 북치는 소래 / 대장부 사업 이뿐일세
(후렴) 종군락 종군락 / 청년 군가 높이하라
   사천년 영광 회복하고 / 이천만 동포 안녕토록
   종군락 종군락 / 이 군가로 우리 평생

(박영석, 1987, 88~89쪽 ; 『신한민보』 1914. 7. 16)

작사자가 알려져 있지 않지만 박용만이 세운 '헤스팅스 한인소년병학교'의 군가이므로 박용만 자신이 노랫말을 만든 것으로 추측된다.

노랫말 가운데 '종군락(從軍樂)'은 즉 나라를 위해 종군함이 즐겁고 유쾌한 일이라는 뜻이다.

박용만은 실력을 바탕으로 한 직접적인 무력항쟁 노선을 취하였으며 국민개병제를 주장하였다. 이러한 그의 주장이 경술국치 이후 미주지역 동포들의 호응을

얻어 그는 1912년 11월 국민회 중앙총회 북미지방총회대표로 선임되었다.

교민이 많이 사는 하와이로 간 그는 한인의 자치제를 확립하려 함과 아울러 1914년에 국민군단을 조직하고 미국식 군대훈련을 실시하였다. 국민군단의 학생 수는 103명(후에 131명)이었다.

국민군가

박용만 작사

1. 오 우리 국민군 소년자제 건강한 용사들
   다 나와 한 목소리로 국민군가 부르세
2. 산넘어 물건너 백만적병 한칼에 베일제
   승전고 크게 울려라 국민군가 부르세
3. 흑룡강 맑은물 남북만주 높은산 넓은들
   우리 말안장 벗겨라 국민군가 부르세

(후렴) 부르세 국민군가 지르세 우리 목소리
       잠든 자 깨고 죽은 자 일도록 우리 국민군가 높이 부르세

(『광복의 메아리』, 52쪽)

1914년 8월 29일 하와이에서 국민군단 군영 낙성식을 거행할 때 부른 노래이다. 군민군단은 미국 하와이군사령부의 묵인하에 조직되었으며, 목총으로 훈련을 받았다. 재정은 동포들의 기부금으로 충당되었다. 단장은 박용만이고 노백린도 별동대 주임으로 국민군단에서 활동하였다.

이렇듯 군사운동이 진행되는 과정에서 교포들이 국민회에 거는 기대도 컸다. 1915년 2월 11일자 『신한민보』에는 국민회 창립을 경축하는 노래가 실려 있다.

경축가

1. 해외에 특립한 우리 국민회난 대한인의 대동단결이니
   우리 사랑하며 우리 숭배함이 간절하다
2. 신성하고 귀한 우리 국민회난 우리들의 무형한 국가니
   놉혀 찬양하며 길히 춤성함이 오래고나
3. 목덕이 위대한 우리 국민회난 품은 뜻이 대한민족으로
   인연 깁히 믿고 영광 날리기로 맹약일셰

노랫말에 대동단결체로 조직된 국민회에 대한 충성을 표현하고 나아가 대한민
국의 영광을 맹약하고 있다.

그런데 교포사회의 주도권을 잡으려던 이승만이 박용만을 자신의 정적으로 여
김에 따라 교포사회가 분열되고 국민회도 약화되었다.

1919년 임시정부 수립 후 박용만은 외무총장으로 피선되었으나 이승만의 노선
에 반대하여 취임하지 않고 하와이를 떠나 1921년 북경에서 군사통일회를 조직하
였다. 또 경신참변 후, 재건된 서로군정서의 사령관으로 선임되었는데 실제로 사
령관으로 취임하여 활동하였는지는 확인되지 않는다.

이후 박용만은 하와이, 북경 등을 오가며 군사운동기지 확충을 위한 자금 마련,
교과서 편찬 등의 활동을 전개하였으나 밀정이란 혐의를 받고 의열단원(다물단원
으로 기록한 경우도 있다) 이해명에게 피살되었다. 이규창의 기록에 의하면 당시
김달하(金達河 : 김활란의 형부)의 주선으로 박용만이 국내로 들어가 조선총독을
만나고 거액을 받아 다시 북경으로 돌아왔다는 풍문이 있어 먼저 김달하를 살해
하고, 이어 박용만도 살해했다고 한다.[20]

미주지역은 국내와 지리적으로 멀리 떨어져 있기 때문에 군사활동에도 어려운
점이 많았다. 따라서 미주지역의 군사지도자(노백린, 박용만 등)도 실제적인 대일
항전을 위해서는 미주지역보다는 만주·중국을 중요하게 여긴 것으로 보인다. 이
러한 인식은 국민군가 노랫말 3절 '흑룡강 맑은 물 남북만주 높은 산 넓은 들'이라
는 표현에서도 간접적으로 읽을 수 있다.

즉 조국에서 멀리 떨어진 미주지역에서 항일군대를 조직하였지만, 궁극적으로
는 만주를 무대로 항일전쟁을 전개할 계획이었을 것으로 추측되는 것이다. 그리고
실제로 노백린, 박용만 등은 미주지역에서 중국으로 건너가 무장활동을 전개하였
다. 외교노선 중심의 이승만이 미주지역에서만 활동하던 것과 대비된다.

1910년대에 미주지역에서 불리던 「만주들」이란 노래가 있는데[21] 이 노래는
"고구려 강산 두루 편답하얏네 / 평원 광야는 동편 가나안 복디요 / 록슈청산 텬
하데일 승디라 / 내고향 만쥬들"이란 표현을 담고 있어 당시 미주지역 동포들 역
시 만주를 그리워하고 있었음을 보여주고 있다.

---

20) 이규창, 『운명의 여진』, 보련제, 1993, 82쪽.
21) 『신한민보』 1917년 5월 10일. 이 노래의 곡조는 「차이나 타운」이었고 장백산인 작으
로 발표되었다.

　임시정부 수립 이후 미주지역의 군사운동은 임시정부와 연계를 맺으며 전개되었는데 예를 들어 임정 군무총장 노백린의 노력으로 1920년 2월 캘리포니아주에 비행사양성소(항공학교, 학생수 19명)가 설립되기도 했다. 이는 재미동포들의 열렬한 환영을 받았으나 참여자가 적고 또 재정적으로도 난관에 봉착하였다. 1941년에는 한인경비대(일명 맹호군)가 창설되어, 1943년에 임시정부 군사위원회의 인준을 받았다.

제9장 3·1운동

1. 3·1의 만세함성

터졌구나 터졌구나 대한 독립성
십년을 참고 참아 인제 터졌네

경술국치 이후 일제는 조선을 수탈하기 위해 식민지 경제체제를 만들었다. 우선 토지조사사업을 시행하여 조선 농민의 토지를 강탈하였다. 이 토지는 총독부·일본인의 농지로 변했다. 1911년에는 회사령(회사 설립의 허가주의)을 만들어 조선 내 민족기업의 발전을 방해하였다.

당시 조선 인구의 절대 다수를 차지하고 있던 농민들은 일제의 수탈로 인하여 자신의 농지를 빼앗기고 소작농이 되거나 그나마도 할 수 없는 경우에는 품팔이, 화전민이 되었다. 살 길을 찾아 만주, 시베리아, 중국, 미주 등지로 유랑의 길을 떠나는 동포가 증가했다.

그런데 세계정세는 1918년 1차 세계대전의 종전과 함께 변화하고 있었다. 미국 대통령 윌슨은 전후 강화회의의 기본 조건 가운데 하나로 민족자결을 주장하였다. 이에 영향받은 일본의 조선 유학생들은 1919년 2월 8일을 기하여 독립선언을 발표하였다.

또한 1919년 1월 22일에는 고종 황제가 사망하였다. 이 때 일제가 음식에 독을 넣어 고종을 독살했다는 말이 세간에 돌았다. 고종의 사망을 전해 들은 시민들은 철시하고 가무음곡을 폐하였으며, 학생들은 흑색 완장을 달고 동맹휴학을 하였다.

일제의 수탈로 인한 민중의 배일감정, 윌슨의 민족자결주의 주장, 고종의 독살설, 동경 유학생들의 독립선언 등의 요인에, 경술국치 이후에도 꺾이지 않던 구국의 독립사상·운동이 합쳐져 드디어 거족적인 3·1만세운동이 전개되었다.

3·1운동은, 민족대표 33인(천도교, 기독교, 불교계 등의 대표)이 "오등은 자에

아 조선의 독립국임과 조선인의 자주민임을 선언하노라……"로 시작되는 독립선언서를 낭독함으로써 시작되었다. 33인은 태화관에서 모두 연행되었다. 그러나 파고다공원에 모였던 수많은 학생·시민들에 의해 독립만세 시위운동은 그칠 줄 모르고 전개되었다. 이 첫 봉화에 이어 전국 각지, 삼천리 방방곡곡에 민족의 만세 함성이 터졌다.

1,542회의 집회 수에 200여 만 명이 참가한 가운데, 일제에 체포된 사람은 46,948명이었다. 7천여 명이 사망하고 1만 5천여 명이 부상당했다.[1]

이러한 거족적인 독립운동 시위 가운데 만세 함성과 함께 시위군중들이 부르던 노래가 있었다. 예를 들어 3월 1일부터 5일 사이에 「독립가」라는 제목의 노래가 군중에게 배포되었고, 3월 26일에는 「대한제국 독립창가」라는 제목의 유인물이 군중에게 배포되었다. 또 광주에서는 3월 10일 5천여 명의 군중들이 태극기를 들고 '대한독립 만세'를 고창하면서 「독립운동의 노래」(최남선 작사의 노래로 가사는 미상)를 불렀다.[2]

또 3월 1일 평양에서는 수천 명의 군중·학생들이 '대한독립 만세'를 외치면서 「학도가」('학도야 학도야 애국의 정신을 분발하여라'), 「혈성가」 등의 노래를 부르면서 시위를 벌였다.[3] 「혈성가」(총 4절)에는 '피를 뿌리며 대한독립을 쟁취하리라', '신대한의 애국청년 끓는 피가 뜨거워' 등의 표현이 있어서 시위에 가담했던 박현숙이 일제에게 검속당한 후 이 노래의 작자에 대하여 취조받았다고 하는데, 노랫말의 표현으로 보아 안창호 작 「혈성대(가)」(혹은 그 변형된 노래)인 것으로 보인다. 3·1운동 당시 위 노래들 외에 기존의 애국창가들 및 만주에서 불리던 항전의 노래들도 많이 불렀을 것으로 추측되나 기록을 통하여 3·1운동 당시 불렀던 것으로 확인되는 노래는 다음과 같다.

① 광복가

1. 이천만 동포야 일어나거라 / 일어나서 총을 메고 칼을 잡아서

1) 박은식, 『한국독립운동지혈사(상)』, 서문당, 1975, 196쪽.
2) 이정은, 「3·1운동기 학생층의 선전활동」, 『한국독립운동사연구』 7, 1993, 35·40쪽 ; 최영희, 「만세, 독립만세」, 『한국현대사 4』, 신구문화사, 269쪽.
3) 숭실대학교, 『숭실대학교 90년사』, 1987, 315쪽 ; 숭의90년사 편찬위원회, 『숭의구십년사』, 숭의학원, 1993, 126쪽.

　　　잃었던 내 조국과 너의 자유를 / 원수의 손에서 피로 찾아라
　2. 한산의 우로 받은 송백까지도 / 무덤 속 누워 있는 혼령까지도
　　　노소를 막론하고 남이나 여나 / 어린아이까지라도 일어나거라
　3. 끓는 피로 청산을 고루 적시고 / 흘린 피로 강수를 붉게 하여라
　　　섬나라 원수들을 쓸어 버리고 / 평화의 종소리가 울릴 때까지

(『광복의 메아리』, 46쪽)

　3·1운동 때 부르던 노래로, 「봉기가」 혹은 「독립가」라고도 한다. 1910년대 만주에서는 「봉기가」라는 제목으로 독립군들이 애창하였다.

　수만 명의 시민과 학생이 파고다공원을 중심으로 한 종로 일대에 모인 가운데 독립선언서가 낭독되었다. 『한국가요사』에 의하면, 곳곳에서 독립만세 외침이 터져나오는 가운데 교사·학생의 주도로 이 노래를 부르며 시위행진을 하였다고 한다.4) 그러나 현재 전해지는 기록상으로 파고다공원 일대 시위에서 이 노래를 실제로 불렀다는 내용은 확인되지 않는다.

　흔히 3·1만세운동을 비폭력 평화적 시위운동이라고 하는데, 만일 3·1만세운동에서 이 노래가 실제로 불렀다고 하면, 비폭력주의는 3·1운동에 불씨를 던진 33인의 '독립선언서'에서 표방했던 표어이고, 군중들은 3·1운동을 전 민족의 총궐기로 생각했음을 알 수 있다. '일어나서 총을 메고 칼을 잡아라'는 대목은 독립전쟁론의 인식을 보여주고 있으며 '평화의 종소리가 울릴 때까지'라는 표현은 항일운동이 진정한 평화를 위한 것임을 나타내고 있다. 이 노래는 항일운동이 지닌 두 가지 성격 즉 항전적 성격과 평화(항전의 궁극적 지향점)적 성격을 동시에 보여주고 있다.

②-1 3·1운동가

　1. 터졌구나 터졌구나 대한독립성 / 십년을 참고 참아 인제 터졌네
　　　삼천리 금수강산 이천만 민족 / 살았구나 살았구나 이 한 소리에
　2. 터졌도다 터졌도다 대한독립성 / 십년을 참고 참다 인제 터졌네
　　　피도 대한 뼈도 대한 이 내 한몸을 / 살아 대한 죽어 대한 대한 것일세
　(후렴) 만세 만세 독립인 만만세 만만세 / 대한 만만세 대한 만만세

(『배달의 맥박』, 377쪽)5)

---

　4) 박찬호, 『한국가요사』, 현암사, 1992, 54쪽.

②-2 3 · 1만세가

터졌구나 터졌구나 조선 독립성 / 십년을 참고 참아 인제 터졌네
뼈도 조선 피도 조선 이 피 이 뼈는 / 살아 조선 죽어 조선 조선 것일세

(박찬호, 1992, 56쪽)

②-3 독립가

이정근 작사

1. 터졌구나 터졌구나 독립성이 터졌구나
   15년을 참고 참다 이제서야 터졌구나
   피도 대한 뼈도 대한 살아 대한 죽어 대한
   잊지 마라 잊지 마라
2. 하느님이 도우시매 대한국은 다시 왔네
   어두웠던 방방곡곡 독립만세 진동하네
   삼천만민 합심하여 결사독립 맹세하세
   대한독립 만세만세 대한독립 만세만세

(김선진 저, 이현희 감수, 1983, 142쪽)

이들 세 노래는 제목이 다르고 표현도 약간씩 다르지만 거의 같은 노래임을 알 수 있다.

이 가운데 「3 · 1만세가」는 3 · 1운동의 전면에서 싸운 투사들이 투쟁 속에서 만든 투쟁가로 구전(혹은 필전)되던 노래이다. 「독립가」는 경기도 발안(發安)에서 3 · 1운동이 전개될 때 부르던 노래이다.

표현의 유사성으로 볼 때 같은 노래가 3 · 1만세 함성이 전국으로 확산되는 과정에서 약간씩 변화되어 전파되면서 민중들이 널리 불렀음을 알 수 있다.

이 노랫말의 골격은 「3 · 1만세가」에 있는 표현이라 할 수 있다. 이 노래의 표현이 「3 · 1운동가」나 「독립가」에도 들어 있다. 국호 표기에 있어서는 「3 · 1운동가」와 「독립가」가 '대한'으로 표시함에 비하여 「3 · 1만세가」는 '조선'으로 표시하고 있다.

이 가운데 작사자가 이정근으로 명기된 「독립가」에는 '15년을 참고 참아'로 되어 있다. 다른 노래가 경술국치로부터 10년으로 표현하고 있음에 비하여 이 노래

---

5) 이 노래집에 곡보가 있으나, 원래 곡이 아니라 해방 이후 작곡된 것이다.

는 을사늑약으로부터 15년이라고 표현하고 있는 것이다.

작사자 이정근은 대한제국 때 궁내부 주사였다. 그는 1905년 을사늑약 이후 분개하여 관직을 그만두고 낙향하였다. 그리고 고향인 경기도 남양군(지금의 화성군) 팔탄면에서 30여 명의 제자들을 가르치며 독립운동을 준비했다.

1919년 3·1운동을 맞이하여 이정근은 제자들을 규합하여 발안의 만세운동을 주도하였다. 군중 앞에서 만세를 외치던 이정근은 일본군의 칼을 맞고 순국하였다. 위 노래는 3·1만세운동이 일어남을 보고 지역에서의 만세운동을 준비하며 만든 것으로 보인다.

③ 독립가

1. 즐겁구나 기쁘도다 조선민족 독립일세
   펄럭이는 태극기 어디갔다 이제 왔나
   너를 들고 춤을 추니 활발 기상 일어난다
   동포들아 동포들아 정의 인도 잊지마라
2. 약육강식 허사로다 仁者無敵 신세계다
   봄이 온다 봄이 온다 반도강산 봄이 온다
   大寒餘毒 우습도다 양춘소식 너알도다
   백두산과 동해물에 우리 복락 무궁하다

(『현대사자료 조선 3』, 46~47쪽)

1919년 3월 만주 용정에서 독립시위운동이 전개될 때 군중들에게 이 노래가 배포되었다.

1919년 3·1운동은 국내뿐 아니라 만주지역에도 요원의 불길처럼 번졌다. 용정, 화룡, 훈춘, 유하, 통화, 관전, 환인, 집안 등지에서 만세운동이 전개되었다. 3월 13일 만주 용정에서는 2만여 명이 참가한 대시위가 있었다. 동명학교 학생들이 앞장선 시위대는 일제 경찰의 총칼을 두려워하지 않고 뛰쳐나갔다. 이 날 시위에서 13명이 순국하였다. 이어 3월 17일 4천여 명의 군중이 다시 용정에 집결하여 순국 13명에 대한 장례식을 거행하였다.[6]

이 노래는 3월 13일에 거행된 만세시위운동 때 군중들에게 배포된 유인물에 있

---

6) 이동현, 「요녕일보 제공 '중국 동북의 조선족과 3·1운동' 보고서 의미」, 『중앙일보』 1995년 2월 28일.

던 것이다. 유인물에는 「조선민보논설」이 함께 있었다.

이 노래를 시위 때 실제로 불렀는지는 확인되지 않지만 만주에서의 3·1시위운동 당시 '독립가'가 전파되었다는 점에서 의미가 있다.

이상 3·1운동 당시 불리던 노래들은 망국 이후의 한을 떨쳐버리고 일어나서 독립과 자유를 되찾자는 희망과 결의를 기본적 정서로 하고 있다. 그리고 '참고 참다 터진 독립성', '살아 조선 죽어 조선'이란 표현에는 전 민족적 만세함성의 폭발성과 결사정신이 담겨 있다. 그리고 이러한 민족함성의 정서는 일명 「봉기가」라고도 불리는 「광복가」에 '이천만 동포의 총궐기'로 압축되어 나타나고 있다.

2. 3·1운동을 기리며

> 전민족이 일어나 피로 싸운 삼일절
> 높이 깃발을 들어라 크게 북소리 울리고
> 우리들은 뒤를 이어 힘차게 나가자

3·1운동은 동학혁명, 의병전쟁, 애국계몽운동의 흐름을 한데 모은 거족적 민족운동이었다. 작은 '강줄기'가 한데 모여 큰 '호수'를 이루고 다시 '큰 강'을 만들어 바다에 이르듯이, 3·1운동은 하나의 큰 '호수'였으며 이후 민족독립운동의 '큰 강'을 형성하는 계기가 되었다.

우선 3·1운동의 영향으로 상해에서 임시정부가 수립되었다. 또 독립국가의 정체(政體)가 왕정이 아닌 근대적 민주국가로 확립되었다.

또 3·1운동을 통하여 수많은 지사들이 국경을 넘어 만주·시베리아·중국 등지로 망명함으로써 해외의 독립운동기지가 공고해졌다. 1920년대에 만주의 무장항일전쟁이 고조되었던 것도 3·1운동의 직접적인 영향을 받았던 것이다.

국내에서는 일제가 문화정책으로 전환하였다. 이는 물론 일제의 조선인회유책이었지만, 민족운동가들은 이를 이용하여 문화·사회운동을 적극적으로 전개하였다. 또 러시아혁명의 영향을 받아 3·1운동 이후 국내외 독립진영에 사회주의가 전파되어 항일운동의 새로운 전기를 맞게 되었다.

이렇듯 민족독립운동의 큰 분수령이 된 3월 1일을 경축일로 하여, 1920년 이래로 국내외를 막론하고 3·1절을 경축하는 기념식과 만세시위, 독립유인물 배포 등이 거행되었다. 3·1절 기념식은 단순한 기념식이 아니라 3·1정신을 잇는 또 하나의 독립운동이었으며 그 과정에서 일경의 모진 탄압을 받기도 했다.

해외에서 거행된 3·1운동 기념식은 시기와 지역에 따라 차이가 있지만 대개 애국가 제창으로 시작하여 독립선언서 낭독, 축사, 독립군가 합창, 만세삼창, 시위 등의 순으로 진행되었다. 1920년에 거행된 상해와 블라디보스톡의 기념식을 보자.

1) 상해 : 동포들의 집에 태극기를 게양하고 우선 임시정부·의정원의 경축식이 개최되었는데, 애국가, 총리 식사, 의정원의장 축사, 학생들의 독립군가 합창, 만세삼창으로 진행되었다. 2시에는 민단 주최로 기념식이 열렸는데 임정 요인 등 700여 명이 참석하여 여운형의 개식에 이어, 애국가 제창, 독립선언서 낭독, 이화숙의 독창, 국무총리·내무총장·노동국총판의 축사, 내빈 축사, 만세삼창으로 진행된 후, 태극기를 앞세워 상해 시내에서 독립만세시위를 하였다.[7]

2) 블라디보스톡 : 노령에 있는 20개 단체 합동으로 행사를 개최했는데, 교포들의 집에 태극기를 게양하고 식장에 모여, 애국가로 시작하여 이규(李揆 : 이동휘의 부친) 등의 연설이 있은 후 「소년건국가」 합창으로 종료하였는데 식후에는 신한촌에서 시위를 하고 저녁에는 한민학교에서 연극을 상연하여 독립정신을 고취하였다.[8]

이러한 해외의 3·1절 기념식은 일제의 격심한 탄압을 받기도 했는데 예를 들어 1920년 만주 용정에서는 기념식 후 60여 명(학교선생·학생 등)이 왜경에 의해 체포되었다.[9] 또한 1925년에 동경에서 기념식 후 일경과 격투 끝에 수십 명이 체포되었다는 기록도 보인다.[10]

국내의 경우, 1920년에 전국 각지에서 3·1절을 기념하여 만세운동이 전개되었는데 『반도신문』(1920년 3월 19일)에는 서울, 평양, 부산, 황주(黃州) 등 각지의 만세운동·태극기 게양운동 상황이 기록되어 있으며, 배재학생의 만세시위로 미국인 교장이 일제에 의해 강제로 교직에서 물러난 사실도 기록되어 있다.[11]

국내의 3·1절 기념운동은 상대적으로 해외보다 더 격심한 탄압을 받았는데,

---

7) 『독립신문』 1920년 3월 4일.
8) 『동아일보』 1987년 2월 28일.
9) 『독립신문』 1920년 3월 23일.
10) 『조선일보』 1925년 3월 3일.
11) 『동아일보』 1987년 2월 28일.

일례로 1923년 3월 1일 원산 배성교 3학년생 전원이 교정에서 독립가를 부르며 기념식을 거행한 일로 학생과 학교 직원 모두가 일경에 체포되어 취조당하였다.[12] 또 원산 보광학교 학생들이 3·1운동 기념식을 계획하다 4명이 일경에게 체포되어 일제에게 재판을 받았다는 기록도 있으며,[13] 이외에도 매년 3·1절이 되면 일경이 촉각을 곤두세우고 수많은 사람들을 체포, 구금했다고 당시 언론은 기록하고 있다.

국내의 3·1절 기념운동에서 특이한 점은 일제의 격심한 탄압으로 만세시위운동이 힘든 상황에서 독립정신의 고취를 위하여 '3·1기념선언문' 등 독립선전물이 많이 배포되었다는 사실이다. 당시 언론에는 이들 '선전문' 사건에 대한 기사가 많이 실려 있다. 또 감옥에서도 3·1절 기념운동이 전개되었는데, 일례로 평양형무소에서 3·1기념 만세를 고창하여 일경에 의해 악형을 받아 두 명이 사망하였다.[14]

이렇듯 국내외에서 전개되었던 3·1절 기념행사는 단순한 기념식이 아니라, 3·1만세운동의 독립정신을 이어 기필코 독립을 쟁취한다는 피어린 절규였으며 기념운동의 과정에서 또한 일제의 격심한 탄압을 받았던 것이다.

3·1절 기념행사에서 「독립군가」, 「소년건국가」, 「추모가」, 「독립가」 등의 '항일노래'가 불렸다는 사실이 확인되는데, 다음 노래들은 피어린 3·1정신을 이어 기필코 독립을 쟁취한다는 '3·1절 노래'들로서 항전의 결의를 다지고 있다.

① 3·1운동가

1. 사천이백오십이년 삼월 일일은 / 이 내 몸이 압록강을 건넌 날일세
연년이 이 날은 돌아오리니 / 내 목적을 이루기 전 못잊으리라
2. 삼천리 강산은 나의 집이며 / 부모형제 처자들과 이별을 하고
한줄기 눈물로써 압록강 건너 / 그리운 부모국을 하직하였네
3. 나라 잃고 떠나온 외로운 이 몸 / 간 곳마다 고생이며 학대로구나
동포들아 묻노니 내 죄뿐이랴 / 너희 죄도 있으리니 같이 싸우자

(『광복의 메아리』, 56쪽)[15]

---

12) 『동아일보』 1923년 3월 12일.
13) 『조선일보』 1924년 4월 12일.
14) 『조선일보』 1924년 4월 7일.
15) 『배달의 맥박』(374쪽)에 「3·1절노래」란 제목으로 기록되었는데 노랫말이 약간 다르

3·1운동 이후 만주·중국 독립진영에 참여한 애국지사와 동포들이 부르던 노래로 널리 구전되었다. 이종정의 「만몽 답사여행기」에 장춘에서 길림으로 가는 기차 안에서 이 노래를 들었다는 기록이 나오는 것으로 보아 만주동포 사이에 널리 불리던 정황을 알 수 있다.[16]

노랫말에 국경을 넘어 망명하여 풍찬노숙하며 투쟁하는 지사들의 뜻이 담겨 있다. 노랫말 첫 구절 (단기) 4252년 3월 1일은 서기 1919년 3월 1일로서, 3·1만세운동을 통하여 조국광복의 뜻을 품고 만주로 망명한 것을 표현하고 있다.

3·1운동의 만세함성은 거족적인 독립운동 분위기를 촉진하였고 이후 많은 애국지사들이 압록·두만강을 넘어 망명하여 가열차게 독립운동을 전개하였다. 1919~20년부터 만주에서 항일무장투쟁의 분위기가 고조되어 대일항전이 가열차게 진행된 것도 3·1운동의 영향이 컸다.

"동포들아 묻노니 내 죄뿐이랴, 너희 죄도 있으리니 같이 싸우자"는 대목에서 거족적인 총동원의 결의를 읽을 수 있다. 이러한 표현은 「기전사가」에도 보인다.

②-1 3·1절 노래

1. 참 기쁘구나 삼월 하루 독립의 빛이 비쳤구나
   삼월 하루를 기억하며 우리의 원수를 잊지 말자
2. 십년간 받은 원수 치욕 오늘에 씻어버렸구나
   금수강산이 새로웠고 이천만 동포가 기뻐한다
3. 잊지말아라 삼월 하루 반도에 사는 소년소녀들
   자자손손이 전해 가며 억만대 가도록 잊지 마라

다. 2절은 집→님, 처자→친구, 그리운→한숨으로, 3절은 나라→임, 학대로구나→눈물 짓누나, 동포들아 묻노니→물어보자 동포들아, 싸우자→나가자로 되어 있다.

16) 이종정, 「만몽답사여행기」, 『조선일보』 1927년 10월 15일~12월 2일 ; 소재영 편, 『간도 유랑 40년』, 조선일보사, 1989, 78쪽. 이 여행기에 실린 노랫말은 『배달의 맥박』 노랫말과 같지만, 1절의 1919년을 1925년으로 기록하고, 4절도 있는데 다음과 같다. "서백리아 찬 바람에 들을 달리며 / 스슬랜드 동산에 눕기도 하고/ 몽고리아 사막도 밟아 들 보며 / 아라비아 벌판에도 거닐리로다." 1~3절의 노랫말 전개와 동떨어진 표현이란 점에서 구전되는 과정에서 4절이 첨가된 것으로 보이며, 실제로 桂基華 편, 「새배달 노래 - 1920년대 재만주동포 애창곡」, 『한국독립운동사연구』 2, 1988, 715쪽(이하 「새배달 노래」로 줄임)에 '3·1절'이란 제목으로 4절만 기록되어 있어, 4절만 별도로 부르기도 했음을 알 수 있다.

(후렴) 만세 만세 만세 만세 우리 민국 우리 동포 만세
　　　만만세 만세 만세 만세 대한민국 독립 만만세라

(『광복의 메아리』, 55쪽)

②-2 3·1절가

1. 참 기쁘고나 삼월 하루 독립의 빛이 비쳤고나
　금수강산이 새로웠고 삼천만 국민이 기뻐한다
2. 잊지말어라 삼월 하루 반도에 소년소녀들아
　자자손손이 전해 가며 천만대 가도록 잊지마라
3. 십년간 받은 원수 치욕 이날에 씻어버렸고나
　삼월 하루를 기억하고 우리의 원수를 잊지마라
(후렴) 만만세 만세 만세 만세 우리 민국 우리 동포 만세
　　　만만세 만세 만세 만세

(『망향성』, 40쪽)

②-3 3·1절가

참 기쁘고나 삼월 하루 독립의 빛이 비쳤고나
금수강산이 새로왔고 삼천만 동포가 기뻐한다
만세 만세 만세 만-세, 우리나라 우리 동포 만세
만만세 만세 만세 만-세, 대한의 독립이 만만세라!

(김명수, 『명수산문록』, 79~80쪽 ; 이명화, 1990, 125쪽)

중국 관내에서 3·1운동을 기념하기 위해 만들어 부르던 노래이다.
상해에서 개최된 3·1절 기념식에서 인성학교 학생들이 이 노래를 불렀다. 또 동포들 집을 순회하며 이 노래를 불러 주기도 하였다. 상해에서는 매년 3월 1일이 되면 날도 밝지 않은 새벽에 인성학교 학생들이 국기를 들고 애국가를 부르며 동포들의 집으로 행진하여 만세를 고창하였다.[17]

③ 3·1행진곡

전민족이 일어나 피로 싸운 삼일절 / 전민족이 일어나 피로 싸운 삼일절
높이 깃발을 들어라 크게 북소리 울리고 / 우리들은 뒤를 이어 힘차게 나가자

---

17) 『독립신문』 1924년 3월 29일.

걸음걸음 피를 밟아온 / 우리 겨레 함께 뭉쳤다
높이 깃발을 들어라 크게 북소리 울리고 / 우리들은 뒤를 이어 힘차게 나가자

(『광복의 메아리』, 54쪽)

3·1운동 직후부터 만주와 중국 독립운동진영에서 부르던 노래이다.

노랫말에 3·1운동의 정신을 이어 힘차게 나가자고 하고 있다. 여기서 '피로 싸운 삼일절'이란 대목이 보인다.

3·1운동은 비폭력 평화시위운동을 표방했지만 일제의 총칼에 맞서는 민중들의 희생이 컸다. 3월 1일 선천에서 평화적으로 시위하던 군중에게 일본경찰이 발포하여 첫 희생자가 나왔다.

통계에 따르면 일본군·경찰의 무력진압 과정에서 사망한 민중이 7천여 명에 이른다. 그 가운데 수원 제암리의 집단학살은 일제의 무자비한 폭행을 여실히 보여준다. 일본군은 제암리의 양민 30여 명을 교회에 몰아넣고 총을 쏘고 불을 질러 학살했는데 그 가운데에는 아기도 있었다. 실로 참혹한 만행이었다.

④ 독립운동가

血誠生

1. 동포들아 일어서자 용감하게 / 적수공권뿐이라도 두려울소냐
   정의 인도 광명이 비치는 곳에 / 원수의 천군만마 능히 이기리
2. 동포들아 세워라 자유의 깃발 / 삼천리 신대한의 독립정신을
   온세계 만방에게 선양되도록 / 영광의 태극기를 높이 올리자
3. 동포들아 일어서자 용감하게 / 이제야 십년원한 풀 때가 왔다
   뜨건 가슴 끓는 피를 흘릴 때에는 / 이천만민 한 맘으로 죽으면 산다
4. 동포들아 독립만세 높이 부르자 / 외쳐라 독립만세 하늘 닿도록
   단군자손 억만대의 자유를 위해 / 이천만의 소리 높여 독립 만만세

(『광복의 메아리』, 57쪽)

1919년 임시정부 23호로 지정된 「독립운동가」로 국내에도 전파되었다.

1919년 11월 25일(음력 10월 3일) 개천절을 기하여 서울시내 곳곳에서 태극기를 게양하고 학생들은 선전문을 살포하며 시위운동을 전개하려 하였다. 27일에는 시위운동의 분위기가 고조되어 보성학교·배화여고 등에서 오후 5시 광화문에 모여 시위운동을 결행한다는 선언문이 배포되었다.

일제는 예비검속으로 십여 명의 '선동자'를 체포했는데 보성학교 학생·기독청
년회학관 공업부 학생 등에게서 「대한민국임시정부성립축하문」, 「축하가」, 「포고
문」 등이 발견되었다. 위의 「독립운동가」도 이들에게서 발견되었다. 이 노래는 '반
지반절(半紙半折)'의 활판에 기록되어 있었다.[18] 임시정부에서 인쇄하여 국내로
반입한 것인지, 아니면 임시정부에서 반입된 것을 국내에서 다시 인쇄한 것인지
확인되지 않지만, 여하튼 임시정부의 독립운동가가 국내로 전해져 독립시위운동
에 사용되었다는 점에서 주목된다.

또 이 노래는 「독립축하가」라고도 불렸다. 1920년 3·1운동 1주년을 기하여 서
울 시내 각 학교 학생들은 선전문을 배포하거나 게시판에 부착하고 시위운동을
전개하려 하였다. 이 때 배포된 것이 「대한독립 일주년 축하 경고문」인데 끝에 혈
성생이란 명의로 된 「독립축하가」가 실려 있는데 「독립운동가」와 같은 노래이
다.[19] 국내에 배포된 「독립운동가」(독립축하가)의 노랫말은, 인용된 노랫말과 약
간 다르다. 4절 1~2구절이, '동포들아 독립 만세 독립 만만세 / 외쳐라 독립 만세
독립 만만세', 혹은 '동포들아 독립 만세 만만세 부르짖자 / 독립 만만세'로 되어
있다.[20]

⑤ 기원절경축가

1. 기쁘도다 금일 우리 민국 기원절 / 이천만 동포들아 경축하세
   우리들의 신생명을 다시 찾은 날 / 一心合力하여 경축하세
2. 금일의 기원절은 제일차로 하여 / 우리 이천만 대영광이고
   우리 독립선언 이래 이제 일년 / 이와 같은 성적 축하하세
3. 삼천여리 강산 무궁화 강산 / 그대의 화려함은 세계 으뜸이고
   동양의 요새이자 동양의 방파제 / 우리 민국 비할데 없음이다
4. 일시 모욕당한 우리 화려강산 / 금일이 되어 무리지어 뛴다
   백두산의 흰돌들도 뛴다 / 압록강의 어별들도 뛴다
5. 금일이 되어 이천만 민족 / 그대의 십년 고난 어떠했는가
   금일 기원됨을 경축하여 / 만세까지 나아갑시다
(후렴) 경축하세 경축하세 / 우리 개국 기원절 경축하세

18) 김정명 편, 『조선독립운동 1-분책』(국학자료원 영인, 1980), 201쪽.
19) 위의 책, 293~294쪽.
20) 위의 책, 201·202·203·294쪽.

경축하세 경축하세 / 우리 대한민국 기원절이다

(『조선독립운동 1-분책』, 297쪽)

이 노래는 3·1운동 1주년을 기념하여 전국 각지에서 시위운동을 전개하려는 분위기 속에서 일제가 차압한 문건 가운데 포함되어 있었다.

여기서 기원절은 바로 3·1운동일을 말한다. 대한이 독립국임을 선언한 3월 1일이 곧 대한민국의 성립일이라는 말이다. '독립선언 이래 이제 일년'은 1920년 3월 1일을 뜻한다. 3·1운동(기원절)을 경축하며 힘을 모아 만세부르자는 내용에 3·1운동의 전 민족적 만세함성이 살아 있는 듯하다.

⑥ 3·1절

1. 삼월 초하룻날 우리나라 다시 산 날
   한양성 만세소리 삼천리에 울리던 날
   강산아 입을 여러라 독립 만세
2. 삼월 초하로날 의인의 피 흐르던 날
   이 피가 흘러들어 금과 옥이 되옵거든
   삼천리 자유의 강과 산을 꾸미고져

(『독립신문』 1920. 3. 1)

『독립신문』에, 송아지의 「즐김노래」, 김여(金輿)의 「3월 1일」이란 시와 함께 발표되었다. 노랫말에 3월 1일이 나라가 다시 산 날로 되어 있다. '민국 기원'의 뜻을 담고 있다.

⑦ 3·1가

1. 조선의 들판에 불이 붙었고 조선의 산봉우리도 불탄다
   시뻘건 화염 그 가운데 백의 입은 대중의 함성이 들린다
2. 삼월의 반역은 이천만 대중을 반제국주의 전선으로 총동원하여
   적의 아성을 총공격하는 위대한 전투의 첫 시련이다
(후렴) 나아가자 싸우자 조선 대중이여 모두 전선으로 나가자 싸우자

(한상도, 1994, 269쪽)

중국 관내 조선혁명 군사정치 간부학교(의열단에서 경영)의 3·1절 기념식에서

부르던 노래인데 이 학교에서는 「애국가」, 「교가」, 「군가」, 「추도가」, 「삼민주의가」 등도 불렀다.

이상 3·1운동을 기리는 노래들은 주로 만주·중국 관내 등 해외에서 널리 불렀다. 노랫말들을 볼 때 두 가지 기본적 내용을 지니고 있다. 첫째, 대한민국(임시정부)의 성립과 3·1운동을 연계하여 독립을 축하한다는 희망을 표현하고 있다. 둘째, 많은 희생을 치른 3·1운동의 뜻을 이어 기필코 독립을 달성한다는 의지를 표현하고 있다.

제10장 독립군(2)
−1920 · 30년대 만주를 중심으로−

1. 항전의 깃발

맹세코 싸우고 또 싸우리니
성결한 전사를 하게 하소서

1919년 전 민족의 만세함성은 해외지역의 독립운동에 큰 영향을 주었다. 중국 상해에서는 임시정부가 수립되었다. 만주에서는 독립전쟁의 분위기가 더욱 고조되었다. 3·1만세시위운동이 동포의 큰 희생을 치렀으면서도 독립달성이라는 효과를 보지 못했다는 점에서 수많은 지사들이 압록강·두만강을 넘어 만주로 망명하여 독립진영에 가담하였다. 그들은 조직적인 무력항쟁만이 조국을 독립시킬 수 있는 길이라고 인식하고, 독립전쟁을 수행할 독립군을 양성·훈련하여 국내 진공을 통하여 조국을 독립시키려고 헌신하였다.

이러한 상황에서 3·1운동 이후 남북만주 곳곳에서 무장항일단체가 조직되었다. 우선 남만주에서는 기존의 부민단이 한족회로 확대되었다. 그리고 한족회는 기존의 독립운동을 지도할 중앙정부로서 서로군정부를 조직하였다가 상해에서 임시정부가 수립되자 서로군정서로 개편하였다. 또 의병과 유림들은 기존의 보약사·향약계·농무계·포수단 등을 통합하여 대한독립단을 조직하였다. 또 각지의 청년단을 통합한 대한청년단연합회도 조직되었다. 이들 조직은 모두 3·1운동의 영향을 받아 1919년에 조직된 것이다. 1920년에는 군비단, 대한청년단연합회, 서로군정서, 대한독립단 등 단체의 일부 의용군들을 모아 광복군총영을 조직하였다. 이들 조직 외에 남만주에서는 3·1운동 이후, 광복단, 의성단, 천마대, 태극단, 소년단, 대진단, 백산무사단 등 대소 단체들이 조직되어 무장항일의 기치를 높이 들었다.

북만주에서는 간민교육회를 이은 간민회가 3·1운동 이후 북간도의 독립운동

조직화를 위해 대한국민회로 확대 개편되었다. 대한국민회는, 한인 자치활동과 아울러 독립군을 조직하여 활동하였다. 훈춘에서는 구춘선이 이끄는 훈춘국민의회가 조직되었다. 서일이 조직한 중광단(대종교 단체)은 정의단으로 확장되고 이후 북로군정부를 거쳐, 임시정부 조직 후에는 북로군정서로 되었다. 또 3·1운동 후 가장 먼저 항일전을 전개한 대한독립군(홍범도 지휘)도 있었다. 이외에도, 군무도독부, 의민단, 대한광복단, 의군부, 대한정의군정사, 대한신민단, 야단, 혈성단 등이 각지에서 조직되어 무장항일의 기치를 높이 들었다.

이들 남북 만주의 무장단체들은, 일면으로 독립군을 양성하고 일면으로 국내로 진공하여 유격전을 전개하였다. 독립군 양성의 대표적 기관은 서로군정서에서 운영하던 신흥무관학교와, 북로군정서에서 운영하던 사관양성소였다. 그리고 대한독립군, 군무도독부, 서로군정서, 청년단연합회, 광복군총영, 광복단, 국민회군 등 비교적 규모가 컸던 독립군 단체들은 3·1운동 이후 국내로 진공하여 유격전을 전개, 많은 전과를 올렸다. 최초로 국내 진공전을 전개한 것은 홍범도의 대한독립군이었으며 1920년이 되면 각 무장단체들이 항전의 깃발을 높이 들고 국내 진공전에 참여하였다.

1919년 중반부터 1920년 청산리전투 전까지, 대한독립군, 신민단, 서로군정서, 대한독립단, 천마산대, 광복군, 벽창의용대, 구월산대 등은 갑산, 강계, 회령, 종성, 자성, 벽동, 위원, 삭주, 혜산진, 은율 등 함북·평북 등지의 일본군부대, 주재소, 적 경찰대를 공격하였다.

그리고 1920년 7월에는 두만강 온성 대안에 있는 봉오동에서 홍범도의 대한독립군과 최진동의 군무도독부가 연합하여 일본군 부대를 섬멸하였다. 거세지는 국내 진공전에 당황한 일제는, 일본군 19사단 월강추격대(越江追擊隊)를 편성하여 독립군 '토벌'에 나섰으나, 독립군은 삿갓을 뒤집어 놓은 것과 같은 봉오동 지역을 이용해서 일본군 추격대 450여 명을 섬멸하였다. 국치 이후 최대의 항일전에서 대승을 거둔 것이다.

이 시기의 봉오동전투와 지속적인 국내 진공전은 비록 일제를 구축할 정도의 대규모 항일전은 아니었지만 아군의 희생을 최소화하면서 적에게 타격을 가하며 항전의 기반을 공고히 했다는 점에서 겨레의 불굴의 독립정신을 고양시켰다.

이렇듯 거세지는 항전의 분위기 속에서 불리던 항일전쟁의 노래가 있다.

① 독립군가(독립군행진곡)

行步歌 곡조

1. 나아가세 독립군아 어서 나가세 / 기다리던 독립전쟁 돌아왔다네
   이 때를 기다리고 십년 동안에 / 갈앗던 날랜 칼을 시험할 날이
   나아가세 대한민국 獨立軍士야 / 자유독립 광복할 날 오늘이로다
   정의의 太極旗발 날리는 곳에 / 적의 군세 낙엽갓히 슬어지리라
2. 보나냐 반만년 피로 지킨 땅 / 오랑케 말발굽에 밟히는 모양
   듯나냐 이천만 檀祖의 血孫 / 원수의 칼 아래서 우짓는 소리
   양만춘 을지문덕 피를 밧앗고 / 이순신 임경업의 후손 아니냐
   나라 위핸 목슴을 터럭과 갓히 / 싸호던 네 조상의 후손 아니냐
3. 탄환이 비빨가치 퍼붓더라도 / 창과 칼이 네 압길을 가로막아도
   대한의 勇壯한 독립군사야 / 나아가고 나아가고 다시 나가라
   최후의 네 피방울 떠러지는 날 / 최후의 네 살졈이 떠러지는 날
   네 그리던 조상 나라 다시 살리라 / 네 그리던 자유꼿이 다시 피리라
4. 독립군의 백만용사 달리는 곳에 / 압록강 魚鱉들이 다리를 노코
   독립군의 불근 피가 내뿜는 때에 / 백두산 구든 바위 길을 열리라
   독립군의 날랜 칼이 빗기는 날에 / 현해탄 푸른 물이 핏빗이 되고
   독립군의 벽력갓흔 鼓喊 소리에 / 富士山 소슨 봉이 문허지노나
5. 나아가세 독립군아 한 호령 밋헤 / 질풍갓히 물결갓히 달려나가세
   하나님의 도으심이 우리에 잇고 / 조상의 신령 오서 인도하리니
   怨讐 軍勢 산과 갓고 구름 갓하도 / 우리 발에 뒷글갓치 훗허지리니
   영광의 최후 승리 우리 것이니 / 독립군아 질풍갓히 달려나가세
6. 하늘은 맑앗도다 땅은 열렷네 / 영광의 독립군기 높이 날리네
   수풀갓흔 창과 칼에 淋漓한 것은 / 십년 원한 씨서내던 핏줄기로세
   빗은 날고 해여진 우리 군복은 / 장백산 낭림산을 長驅한 標요
   우레갓히 우러오는 만세소리는 / 한양성 대승리의 개선가로다

(『독립신문』 1920. 2. 17, 3. 1)¹⁾

『독립신문』에 「독립군가(其一)」의 제목으로 발표되었다. '행보가(行步歌) 곡조'
라고 명기되어 있다.

---

1) 『광복의 메아리』(58쪽)에는 「독립군행진곡」이란 제목으로 위 노래 한 절을 두 절로
   나누어 총 12절로 기록하고 있다.

1919~20년에 여러 독립군 부대들이 압록·두만강을 뛰어넘어 왜적과 싸워 승리를 거두었다. 이들 전투들은 비록 소규모였지만 독립군의 사기를 고양시켰다. 이 노래는 3·1만세운동 이후 고조된 독립전쟁 분위기를 반영하여 3·1절 1주년을 기하여 발표된 노래로서 의미가 있다. 4절에서 압록강 어별들이 다리를 놓는다는 표현은 고구려 건국신화와 관련이 있다.[2] 천신의 아들 해모수와 물의 신 하백의 딸 유화가 결혼하여 주몽이 태어났는데 북부여 금와왕의 핍박을 받아 남쪽으로 피신을 하게 되었다. 뒤에서는 병사들이 쫓고 있고 앞에는 압록강이 가로막아 진퇴양난에 빠졌을 때, 강의 물고기·자라·거북 들이 다리를 만들어 주몽을 건너게 해 주었다는 전설이 전해진다. 강을 건넌 주몽은 졸본천에 이르러 도읍을 정하고 고구려를 세웠는데(기원전 37년) 그가 바로 동명왕이다. 이렇듯 고주몽의 신화를 빌어 독립군이 압록강을 건널 때 어별들이 다리를 놓는다는 표현을 써서 항일전쟁이 하늘의 뜻에 따르는 정의의 전쟁임을 밝히고 있는 것이다.

②-1 復讐懷抱(소년건국가)

1. 단군자손 우리 소년 국치민욕 네 아느냐
   부모 장사 할 곳 없고 자손까지 종 되엿다
   텬디 넓고 너르것만 의지할 곳 어대더냐
   간대마다 천대받고 까닭없이 구축되네
2. 나라없난 우리 동포 사라잇기 붓그럽다
   땀을 내고 피를 흘녀 나라수치 싯처놋코
   뼈와 살은 거름되여 논과 밧에 유익되세
   우리 목적 이것이니 잇지말고 나아가세
3. 부모 친척 다 바리고 외국 나온 소년들아
   우리 원수 누구던냐 이를 갈고 분발하여
   백두산에 칼을 갈고 두만강에 말을 먹여
   앞으로 갓 한 소레에 승전고를 둥둥 울녀
   (후렴) 이것나 이것나 우리 원수가 합병한 수치를 네가 이것나
          자유와 독[립]을 다시 찾기는 우리 헌신함에 전혀 잇도다

(『최신창가집』. 183쪽)[3]

---

2) 조동일, 『한국문학통사 5』, 지식산업사, 1994, 86쪽.
3) 『신한민보』(1915년 10월 28일)에는 「소년건국가」라는 제목으로 되어 있는데 후렴 부

②-2 복수가

1. 단군자손 우리 소년 국치민욕 네 아느냐
   부모 葬事할 곳 없고 자손까지 종 되었네
   천지 넓고 넓다지만 의지할 곳 어디메냐
   간 데마다 천대받고 까닭없이 구축되어
   잊었느냐 우리 원수의 합병수치 네 잊었느냐
2. 자유독립 다시 찾음 우리 몸에 달려 있고
   나라 없는 우리 동포 살아 있기 부끄럽다
   땀 흘리고 피를 뿌려 나라 수치 씻어놓고
   뼈와 살은 거름되어 논과 밭에 유익되네
   우리 목적 이것이니 잊지 말고 나아가세
3. 부모 친척 다 버리고 외국 나온 소년들아
   원수무리 누구더냐 이를 갈고 분발하여
   백두산에 칼을 갈고 두만강에 말을 먹여
   앞으로 갓 높은 구령에 승전고를 울려보세
   두둥두둥 만세 만세 만세 만세 만만세라

(『광복의 메아리』, 63쪽)

②-1 노래는 1910년대 만주와 미주지역 독립진영에서 부르던 것이고, ②-2는 ②-1을 원형으로 하여 1920년대에 독립전쟁의 분위기 속에서 변형된 형태로 불린 것으로 보인다.

②-1 노래는 한 절 4행에 후렴이 있는 형태(「복수회포」)와 없는 형태(「소년건국가」)가 있는데, ②-2 노래에는 한 절 5행에 후렴이 없다. ②-2 노래 1절의 5행, 2절의 1행은 ②-1 노래 후렴의 표현과 같고, 다만 3절의 5행은 새로 추가된 것이다. 또 기록상으로 볼 때, ②-1 노래의 곡조(「대한청년학도가」 곡과 동일)와 ②-2 노래의 곡조가 다른데, 1920년대부터 다른 곡조로 부른 것인지 아니면 원곡을 찾지 못한 상태에서 구전 상의 곡조를 붙인 것인지 확실하지 않다.

'백두산에 칼을 갈고 두만강에 말을 먹여'라는 대목은, 남이(南怡) 장군의 한시(漢詩) "白頭山石磨刀盡 豆滿江水飮馬無 男兒二十未平國 後世誰稱大丈夫"를 연상시킨다. 대장부의 기개를 보여주는 대목이다.

분이 없다.

2. 청산리전투

봉오동전투에서 패배한 일제는 제국 통치의 위협을 느끼고 대규모 '독립군 토벌'에 나섰다. 그리고 마적대가 훈춘을 습격하여 일본인 7명을 살해한 훈춘사건 (1920년 10월 2일)을 독립군의 행위라고 조작하여 대규모 일본군을 만주로 출동시켰다. 이 때 동원된 일본군은 19, 20사단 등의 정예부대 2만 5천 명에 이르렀다.

한편 만주의 독립군 부대들은 항전 역량의 대동단결과 국내 진공에 유리한 거점을 확보하기 위하여 안도현으로 이동할 계획을 이미 세우고 있었다. 특별히 이동지역으로 안도현을 선택한 것은 당시 안도현이 일제의 영향력이 미치지 않는 지역이었고, 또 삼림이 울창한 지대이자 국경에도 가까워 효과적으로 항전 역량을 보존하면서 국내로 진공하기에 유리했기 때문이다.

이러한 군사전략적 판단에서 가장 먼저 서로군정서(신흥무관학교)가 1920년 7월에 안도로 군사적 이동을 하였다. 그리고 홍범도의 대한독립군 등 북만주에 있던 독립군 부대들도, 일본군과 전투를 치르는 과정에서 계속 안도현으로 군사적 이동을 했다.

그리고 홍범도부대와 더불어 청산리전투의 주역이었던 북로군정서도, 9월 초에 사관연성소 졸업식을 마치고 남만주를 향하여 군사적 이동을 시작하였다. 원래 북로군정서의 뿌리는, 서일이 의병들을 규합하여 만주 왕청현에서 조직한 중광단(重光團)에 있다. 중광단은 이후 군사행동을 표방하여 대종교를 중심으로 정의단으로 개편되고 나아가 북로군정부를 수립하였다. 그러다가 1919년 상해에 임시정부가 수립되자 북로군정서로 이름을 바꾸었다.

북로군정서 지휘부는 총재 서일, 총사령관 김좌진, 참모장 이장녕과 현천묵, 김규식, 조성환 등이었다. 1919년 8월에는 소장 김좌진, 교수부장 나중소, 본부교사 이범석 등의 진용으로 사관연성소를 설립하였다. 이 사관연성소에는 박영희, 김훈, 오상세, 최해, 강화린, 이운강 등 신흥무관학교 졸업생들이 대거 참여하여 학도단장, 학도대장, 각 구대장을 담당하였다. 이 사관연성소 출신들이 청산리전투에 참전하여 큰 전공을 세웠다.

군사적 이동을 하던 북로군정서, 대한독립군 등 독립군 부대들은 10월 초 화룡현 삼도구에서 회합하여 선후 대책을 협의하였다. 그 결과 현천묵의 주장대로 일본군과의 접전을 피하고 자중할 것을 결정하였다.

그러나 5천 명의 일본군 동지대(東支隊)가 독립군의 이동경로를 차단하고 포위
망을 좁혀 왔다. 항전은 피할 수 없는 상황이 되었다. 그리하여 10월 21일 북로군
정서와 일본군 야마다(山田) 보병연대 사이의 최초의 전투를 시작으로 10월 26일
까지 청산리 · 어랑촌 일대에서 북로군정서(600여 명)와 홍범도 연합부대(대한독
립군, 의군부, 국민회, 신민단 등 1,400여 명)의 격렬한 항일전이 전개되었다.

이 연이은 전투에서 독립군이 섬멸한 일본군은 1,200여 명(2,000명, 3,300명 등
여러 설이 있는데, 1,200명 설은 북로군정서 총재 서일이 임시정부에 보고한 내용
으로 가장 앞선 연대의 기록이라 할 수 있다)에 이르렀다. 독립군의 전사자는 130
여 명이었으니 독립군의 완전한 승전이었던 것이다.

청산리전투는 독립군의 매복과 기습을 주로 한 전투였기 때문에 전투 도중에
'독립군가'를 부르지는 않았을 것이지만, 다만 독립군 전사들의 마음 속에는 용장
한 독립군가가 메아리치고 있었을 것이다.

어떤 글에 의하면, 독립군들이 부르던 「북로군정서가」라는 노래를 만주에서 채
록하였다고 하는데, 독립군들이 실제로 부르던 노래가 아니라 해방 후에 만들어진
것으로 판단된다. 만주에서 채록했다는 「북로군정서가」의 노랫말은 다음과 같다.
"백운평 가파른 산고지 / 붉은 피 물들이는 북로군정서 / 아 몸에 끓는 피, 아……
/ 삼천리 강산은 영원히 우리 것"[4]

백운평이란 표현으로 보아 청산리전투를 묘사한 것인데, '붉은 피 물들이는 북
로군정서'란 대목에서는 독립군 전사자가 대단히 많은 듯이 묘사되어 있다. 사실
에 부합되지 않은 것이다. 그리고 노랫말 표현 전체도 1920년대식이 아니라 현대
적이다. 또 1920년대의 독립군가를 볼 때 '학교 교가'를 제외하고는 단체 이름을
딴 '단체가(團體歌)'는 존재하지 않았다. 게다가 청산리전투 이후 북로군정서는
밀산 · 노령으로 갔다가 다시 만주로 나와, '대한독립단'을 결성하였기 때문에 「북
로군정서가」가 '존재'할 이유가 없었다. 『광복의 메아리』, 『배달의 맥박』 등 현존
독립군가를 총괄한 노래집에도 「북로군정서가」는 없다. 따라서 위 「북로군정서
가」를 독립군이 불렀다는 것은 사실이 아니다.

다음 노래들은, 『광복의 메아리』에 북로군정서에서 부르던 노래로 기록되어 있
는 것들이지만 독립군가를 특정 단체에서만 부른 것이 아니라 만주 전역에서 널

---

4) 진용선, 「중국 흑룡강성의 아리랑」, 『객석』 1995년 6월, 163쪽.

리 불렀음을 감안할 때, 북로군정서 단독의 독립군가라기보다는 만주에서 널리 부르던 독립군가로서 북로군정서에서 특히 즐겨 부르던 노래인 것으로 생각된다.

①-1 祈戰死歌

이범석 작사·작곡

1. 하늘은 미워한다 배달족의 자유를 억탈하는 왜적들을
   삼천리 강산에 열혈이 끓어 분연히 일어나는 우리 독립군
2. 백두의 찬 바람은 불어 거칠고 압록강 빙상에 은월이 밝아
   고국에서 전해오는 피비린 냄새 네 죄도 있으리니 같이 나가자
3. 하나님 저희들은 일후에도 천만대 자손의 행복을 위해
   결단코 한 목숨 바치겠으니 빛나는 전사를 하게 하소서

(지복영, 『강도 굽이굽이 산도 굽이굽이』 미간행)

①-2

1. 위 노래 1절과 동일
2. 백두의 찬 바람은 불어 거칠고 압록강 얼음 위엔 은월이 밝아
   고국에서 불어오는 피비린 바람 갚고야 말 것이다 골수에 맺힌 한을
3. 하느님 저희들 이후에도 천만대 후손의 행복을 위해
   이 한 몸 깨끗이 바치겠으니 빛나는 전사를 하게 하소서

(『우둥불』, 469쪽)

①-3

1. 위 노래 1절과 동일
2. 백두산 찬 바람은 불어 거칠고 압록강 얼음 위에 은월이 밝아
   고국에서 전해오는 피비린 냄새 아깝고 원통하다 우리 동족들
3. 물어보자 동포들아 내 죄뿐이냐 네 죄도 있으리니 같이 나가자
   정의의 총과 칼을 손에다 들고 동족을 구하려면 목숨 바쳐라
4. 겁 많고 창자 썩은 어리석은 놈 자유를 찾겠다는 표적만으로
   죽기는 싫어해도 행복만 위해 우리가 죽거든 뒤나 이어라
5. 하나님 저희들은 이후에라도 몇만대 자손들의 행복을 위해
   맹세코 이 한 목숨 바치겠으니 성결한 전사를 하게 하소서

(『배달의 맥박』, 339쪽)

①-4

1. 위 노래 1절과 동일
2. 백두산의 찬바람은 불어 거칠고 압록강 얼음 위에 은월이 밝아
   고국에 전해오는 피비린 냄새 분하고 원통하다 우리 동족들
3. 물어보자 동포들아 내 죄뿐이냐 네 죄도 있을지니 함께 싸우자
   하나님 저희들은 굽히지 않고 천만대 후손의 자유를 위해
(후렴) 맹세코 싸우고 또 싸우리니 성결한 전사를 하게 하소서

(『광복의 메아리』, 66쪽)

위 노래는 만주 독립진영에서 널리 불리던 것으로, 노랫말도 구전되는 과정에서 약간씩 변형되었으나 뜻의 흐름은 같다. 위에서 보듯이 현재 네 종류의 가사가 전해지는데 그 가운데 ①-1과 ①-2가 상당히 유사하며 후렴도 없고 절 수도 같다. 이로 보아, 이 노랫말이 원래 만주에서 실제로 불리던 원형이라고 판단된다. 그리고 ①-4는 해방 후에 앞의 원형을 바탕으로 후렴을 붙여 개작한 것이다.

노랫말 중 '물어보자 동포들아 내 죄뿐이냐 네 죄도 있을지니 함께 싸우자'는 대목에서 전 민족의 총궐기를 주장하고 있다. 또 '빛나는 전사를 하게 하소서'라는 대목에서 독립군의 비장한 결의를 확인할 수 있다.

이 노래의 작자로 알려진 이범석[5]은, 1915년에 만주로 망명하여 1919년 운남강무당(기병과)을 졸업하고 신흥무관학교 교관을 거쳐 북로군정서 교관으로 활동했다. 1920년 9월 일본군의 만주 침입으로 북로군정서가 안도현으로 이동할 때 연성대장으로 사관학교 생도대를 이끌고 청산리전투에서 크게 활약했다.

『광복의 메아리』에 '청산리전투를 앞두고 결사적 투쟁을 다짐한 노래'라고 되어 있는데 이 말에는 약간 무리가 있는 듯하다. 당시 북로군정서가 미리 계획하여 청산리전투를 벌인 것이 아니라 이동 도중 일본군 대부대와 조우하여 전투가 전개된 것이기 때문이다. 그런데 이범석 저『우등불』에는 「자료」로서 「기전사가」 외에 「망향가」도 실려 있는데 이 노래에 대하여『광복의 메아리』에는 이범석 작사로 기록되어 있고,『배달의 맥박』에는 시인 이상화의 형인 이상정(이연호) 작사로 기록되어 있다. 어떤 기록이 옳은 것인지 확인되지는 않는다.

---

5) 『광복의 메아리』에 이범석 작사·작곡으로,『배달의 맥박』에는 이범석 작사로 기록되어 있다.

② 독립군은 거름(거름인 독립군)

1. 이곳은 우리나라 아니건만은 / 무엇을 바라고 여기 왔는가
   배달의 거름 될 우리 독립군 / 설 땅은 없지만 희망은 있네
2. 두만강 건너편을 살펴보니 / 금수강산은 빛을 잃었고
   신성한 단군자손 우리 동포는 / 왜놈의 철망에 걸려 있구나
3. 조국을 건지려고 숨진 영혼들 / 하늘에서 우리들을 지켜보리니
   한사코 원수 무리 소멸시키고 / 한반도 강산을 회복하리라

(『광복의 메아리』, 68쪽)

　『광복의 메아리』에 1920년대 임정 산하 북로군정서 독립군의 노래로 기록되어
있는데,『배달의 맥박』(334쪽)에는 「거름인 독립군」이란 제목으로 1920년대 동북
만주의 독립진영에서 불리던 노래로 기록되어 있다. 이 노래의 원형은 1910년대에
만주 · 노령 · 미주 지역에서 널리 부르던 「조국생각」으로, 1 · 2 · 3절이 「조국생
각」의 1 · 5 · 7절과 거의 같다. 선열의 뜻을 이어 자신을 희생하고 조국을 되찾자
는 독립군의 다짐을 노랫말에 담고 있다. 곡조는 일본군가 「전우」를 차용하였다.6)

③ 승리행진곡

김좌진 작사

1. 압록두만 홍안령에 발해의 달에 / 길이길이 밟았던 그 때 그리워
   거센 바람 높은 소리 큰 발자취로 / 거침없이 위 아래로 달려가누나
2. 잘즈믄[억천번] 익힌 힘줄 벌떡거리고 / 절절 끓는 젊은 피는 넘치려누나
   한밝뫼재[백두산봉] 비낀 달에 칼을 뽑을제 / 바위라도 한번 치면 부서지리라
3. 하늘 아래 모든 데서 악을 뿌리며 / 조수같이 밀려온들 그 무엇이랴
   싱긋 웃고 무쇠팔뚝 번쩍일 때에 / 구름 속의 선녀들도 손뼉 치리라
(후렴) 나가라 싸워라 대승리 월계관 / 내게로 오도록 나가 싸우라

(『광복의 메아리』, 64쪽)

　김좌진이 작사하고 북로군정서에서 청산리전투를 전후하여 부르던 노래로 알
려져 있다. 그런데『조선족 근대교육의 선구자 - 김약연』에 이 노래 2절과 표현이
약간 다른 노래가 명동학교의 「운동가」로 기록되어 있는데 전후 상관 관계는 확

---

6) 山本芳樹 編, 『思い出の日本軍歌集』, 東京 : 金園社, 1961, 32쪽.

인되지 않는다.[7] '싱긋 웃고 무쇠팔뚝 번쩍일 때에, 구름 속의 선녀들도 손뼉 치리라'는 대목에서 호걸스러움이 엿보인다. 그런데 이 노래의 곡조는 약간의 차이가 있지만 일본군가 「군함 행진곡」을 차용했는데,[8] 황문평은 '아이러니컬한 음악현상'이라고 평하고 있다.[9]

이상 1920년경에 불리던 다섯 곡의 독립군가는, 3·1운동 이후 고조되던 항전의식 속에서 왜적에 대한 적개심과 결사정신, 그리고 승리에 대한 신념을 표현하고 있다.

3. 고난의 행군

**피에 주린 왜놈들은 뒤를 따르고
괘씸할사 마적떼는 앞길 막누나**

봉오동전투와 청산리전투에서 패전한 일본군은, 그 화를 조선교포들에게 돌려 만주에서 '경신대학살'을 자행하였다. 일본군은 곳곳에서 학살과 방화를 자행했는데 심지어는 독가스를 사용하여 양민 수십 명을 무더기로 학살하기도 하였다.

이러한 상황 아래 만주의 독립군은 교포에게 더 이상의 피해를 주지 않기 위하여 결국 밀산(密山)으로 활동지를 옮기기로 결정하였다.

이 밀산으로의 북정(北征)은 대단히 간고한 여정이었다. 만주에서도 험하기로 유명한 산악들이 행군을 간고하게 만들었다. 뒤에서는 일본군이 추적하고 앞에서는 친일마적들이 길을 막았다. 10월 말에 찾아온 북쪽 산악의 한겨울은 온 천지를 빙설로 뒤덮었다. 식량도 떨어진 기아의 행군이었다.

이러한 독립군들의 고난의 행정을 보여주는 '고난의 노래'들이 있다.

① 고난의 노래

1. 이내 몸이 압록강을 건너올 때에 / 가슴에 품은 뜻 굳고 또 굳어

---

7) 조창현, 『조선족 근대교육의 선구자 - 김약연』, 16쪽(강용권, 『죽은 자의 숨결, 산 자의 발길(하)』, 장사, 1996, 295쪽 참고).
8) 山本芳樹 編, 앞의 책, 46쪽.
9) 황문평, 『한국대중연예사』, 부루칸모로, 1989, 219쪽.

만주들에 북풍한설 몰아부쳐도 / 타오르는 분한 마음 꺼질 바 없고
오로라의 얼음산의 등에 묻혀도 / 우리 반항 우리 싸움 막지를 못하리라
2. 피에 주린 왜놈들은 뒤를 따르고 / 괘씸할사 마적떼는 앞길 막누나
황야에는 해가 지고 날이 저문데 / 아픈 다리 주린 창자 쉴 곳을 찾고
저녁이슬 흩어져 앞길 적시니 / 쫓기는 우리의 신세가 처량하구나

(『광복의 메아리』, 74쪽)

봉오동전투, 청산리전투 이후 일본군의 대공세에 고난을 당하던 독립군의 노래
이다. 노랫말 1절에는 독립의 굳은 뜻을 품고 압록강을 넘어 일제와 싸우는 독립
지사의 모습이 그려져 있고 2절에는 일본군에게 고난을 당하는 독립군의 상황이
절실하게 그려져 있다. 만주동포의 안전을 위해 장정을 하는 길, 그 길은 '피에 주
린' 일본군이 추격하고 친일 마적이 행군을 방해하는 고난의 길이었다.

장장 2개월 이상의 행군 끝에 밀산에 도착한 만주 독립군부대들은 대한독립군
단을 결성하였다. 대한독립군단은 독립전쟁사상 최초로 항전 역량을 결집하여 탄
생한 독립군 단체로 의미가 있다. 총병력이 3,500여 명에 이르는 대한독립군단의
진용은 다음과 같았다. 총재 서일, 부총재 홍범도 · 김좌진 · 조성환, 총사령 김규
식, 참모장 이장녕, 여단장 이청천, 중대장 김창환 · 오광선 · 조동식 · 윤경천 등.

장정이라 하면 중국공산당의 장정이 역사적으로 유명하지만, 만주 독립군부대
의 장정은 그 훨씬 이전에 있었다.

② 광야를 달리는 독립군

이청천 작사, 곡은 「다뉴브강의 물결」

1. 광야를 헤치며 달리는 사나이 / 오늘은 북간도 내일은 몽고땅
흐르고 또 흘러 부평초같은 몸 / 고향땅 떠난 지 그 몇 해이런가
석양하늘 등에 지고 달려가는 독립군아
남아 일생 가는 길은 미련이 없어라
2. 백마를 타고서 달리는 사나이 / 흑룡강 찬바람 가슴에 안고서
여기가 싸움터 웃음띤 그 얼굴 / 날리는 수염에 고드름 달렸네
북풍한설 헤쳐 가며 달려가는 독립군아
풍찬노숙 고생길도 후회가 없어라

(『광복의 메아리』, 65쪽)

　신흥무관학교 교성대가 밀산으로 장정하던 당시 부르던 노래로 알려져 있다.

　이청천은 대한제국 육군무관학교 생도로 있던 중 국비유학생으로 일본 육군사관학교에 유학하였다. 3·1운동 이후 동지 김광서와 함께 압록강을 넘어 만주로 망명하여 신흥무관학교 교성대장·서로군정서 사령관으로 독립군 인재를 양성하고 항일전을 전개하였다. 그런데 만주에서 독립군 세력이 강성해짐을 두려워하던 일본군이 출병하게 되고, 또 일본의 압력을 받은 중국 관헌이 독립군의 이동을 요청하여, 신흥무관학교는 안도현으로 이동하였다. 그 곳에서 독립군의 대동단결을 이루어 국내 진공전을 전개하기 위함이었다. 그리고 청산리전투 직후 신흥무관학교는 홍범도부대와 연합하여 밀산으로 북정하였다.

　노랫말과 곡조(루마니아 작곡가 이바노비치의 「다뉴브강의 물결」) 모두 비장한 느낌을 준다. 그러나 풍찬노숙 가운데서도 조국독립을 위해 달려가는 독립군의 후회 없는 삶이 노랫말 속에 담겨 있다.

　그런데 노래가 구전되는 과정에서 곡과 노랫말이 변형된 형태로 불리기도 했는데 예를 들어 「다뉴브강의 물결」보다 씩씩하고 행진곡 풍으로 불리던 다음과 같은 노랫말도 전해지고 있다.

> 광야를 달리는 사나이 사나이 / 오늘은 북간도 내일은 몽고
> 흐르고 또 흘러 부평초같은 몸 / 고향을 떠나온 지가 몇몇해이던가
> 달려라 달려라 사나이 사나이 / 사나이 일생은 아깝지 않다[10]

③ 독립군(독립군의 분투, 戰時歌)

1. 西伯里와 만주뜰 險山難水에 / 결심 품고 단니는 우리 독립군
　천신만고 모도 다 달게 녁이며 / 눈물 땀을 뿔임이 그 얼마인가
2. 몽고사막 내부는 차듸찬 바람 / 사정업시 살졈을 떼갈 듯한데
　삼림 속에 눈깔고 누워잘 때에 / 끌는 피가 더욱히 띠거워진다
3. 지친 다리 끄을며 步步前進코 / 쥬린 배를 띠줄나 힘을 도읍데
　무정하다 세월은 흘너가건만 / 목적하는 큰 사업 언제 일우랴
4. 부모형제 처자를 이별하고셔 / 십여 년을 이갓히 생활하다가

---

10) 이 노래는 1960년대 말~1970년대 초 독립군을 소재로 한 영화에 사용되었다고 하는데, 필자는 그 영화를 확인하지는 못했다.

무궁화가 봄 맞나 다시 필 때에 / 우리 즐검 딸아서 무궁하리라

(『독립신문』 1922. 10. 21)[11]

『독립신문』에 발표된 독립군가로 3·1운동 이후 만주·시베리아를 누비며 고난의 활동을 지속하던 독립군의 모습을 그리고 있다. 조국의 독립을 위한 고난의 여정 속에서, 눈구덩이에서 잠을 자면서도 독립의 꿈과 희망을 잃지 않았던 독립군 전사들의 모습이 잘 나타나 있다.

한편 이인섭의 기록에는 「독립군가」라는 제목으로 하여 총 2절이 있다.

1. 남북만주 광막한 험산악수에 / 결심 품고 다니는 우리 독립군
   천신만고 모두 다 달게 이기며 / 피눈물을 뿌린 이 그 얼마더냐
2. 장백산하 아침에 쌀쌀한 바람 / 칼을 짚고 우뚝 서서 굽어살피니
   남북만주 넓고 넓은 이 뜰에도 / 이 내 몸이 활동키는 역시 좁더라

(강용권, 1996(상), 301쪽)

1930년대 후반 만주 사회주의 진영의 항일유격대에서 노랫말 가운데 '독립군'을 '혁명군'으로, '큰 사업'을 '혁명사업'으로 바꾸어 부르기도 했는데, 현재 중국에서는 「혁명조의 노래」, 북한에서는 「혁명군의 노래」로 제목을 붙이고 있다.[12]

이상 세 곡의 노래는, 조국의 독립을 위하여 풍찬노숙하며 활동하던 독립군의 고난에 찬 모습과, 그러한 고난 속에서도 독립의지를 꺾지 않는 후회 없는 삶을 표현하고 있다.

4. 독립군 추도가

산에 나는 까마귀야 시체 보고 우지마라
몸은 비록 죽었으나 독립정신 살아있다

항일전쟁이 치열할수록 독립의 희망이 커짐과 동시에 희생도 나왔다. 봉오동전

---

11) 『배달의 맥박』(333쪽)에는 '험산난수'를 '험산악수(險山惡水)'로 기록하고 있으며, 「새 배달 노래」(710쪽)도 위 노래 제목을 「戰時歌」로 달고 '험산악수'로 기록하고 있다.
12) 조성일·권철 주편, 『중국조선족문학사』, 연변인민출판사, 1990(대구 : 중문출판사 영인, 1991), 202쪽 ; 사회과학출판사 펴냄, 『항일혁명문학예술』, 갈무지, 1989, 99쪽.

투, 청산리전투, 수많은 국내 진공전 등을 통하여 적지 않은 독립군들이 적에게 희생당하였다. 이들은 경우에 따라 그 성명이 밝혀지기도 하지만 대개의 경우에는 이름도 남김 없이 대일항전의 대열에서 순국하였다. 있는 흔적도 지워 가며 활동하던 독립운동가들의 간고함을 고려할 때, 대일항전의 대열에서 흔적 없이 순국하였던 전사들이 무수히 많을 것이다.

1920년대에 만주가 독립운동의 '근거지'이자 독립군의 '기지'로 공고해지는 과정의 이면에는 조국광복이란 대의를 위해 주저 없이 자신을 희생시켰던 수많은 전사의 영령이 있었던 것이다.

이렇듯 자신의 모든 것을 바쳐 일제와 싸우다 순국한 독립군 전사들을 추모하는 노래가 있다.

① 독립군추도가

1. 가슴 쥐고 나무 밑에 쓰러진다 독립군
   가슴에서 쏟는 피는 푸른 풀 위 질벅해
2. 산에 나는 까마귀야 시체 보고 우지마라
   몸은 비록 죽었으나 독립정신 살아있다
3. 만리창천 외로운 몸 부모형제 다 버리고
   홀로 섰는 나무 밑에 힘도 없이 쓰러졌네
4. 나의 사랑 대한독립 피를 많이 먹으려나
   피를 많이 먹겠거든 나의 피도 먹어다오

(『광복의 메아리』. 84쪽)

1920년대 만주에서 혈전을 벌이다 전사한 독립군을 추도하는 노래로 가사의 내용이 비장하다. 나라를 되찾기 위한 독립군의 강고한 희생정신과 죽어서라도 독립을 위해 싸우겠다는 독립의지가 두드러지게 표현되어 있다.

독립군들은 전사한 전우를 추모하면서, '몸은 비록 죽었으나 독립정신 살아있다'는 노랫말을 외치며 더욱 항일전쟁의 의지를 불태웠을 것이다.

이 추도가는 공산주의 진영에서도 많이 불렀는데, '독립군'을 '혁명군', '독립정신'을 '혁명정신', '대한독립'을 '조선혁명'으로 바꾸어 불렀다.13)

---

13) 김재국 주편, 『중국조선족 항일녀투사들』, 료녕민족출판사, 1993, 276쪽.

이 노래는 1930·40년대에도 각종 독립운동 기념행사에서 많이 불렸다. 일례로, 의열단에서 경영하던 조선혁명군사정치간부학교에서는 각종 기념식 때 항일전에서 희생당한 영령들을 추모하며 이 추도가를 불렀는데 의열단에서 부른 추도가에도 '독립'이 '혁명'으로 되어 있다.14)

한편 어떤 기록에는 제목이 「혁명가」로 되어 있으며 '몸은 비록 죽었으나 혁명정신 살아있다' 부분이 두 번 반복된다. 또 곡은 러시아 노래 「스텐카라친」의 곡을 딴 것으로 되어 있다.15) 이 노래의 곡은 두 종류가 있는데, 그 가운데 하나가 「스텐카라친」이다.

② 추도가

1. 슬푸다 순국한 우리 용사야 / 동지를 바리고 몬져 갓고나
   국토를 未復코 身先死 하니 / 애달고 원통한 이 몸이로다
2. 왜적의 未盡滅을 恨치 마러라 / 최후의 성공을 우리 擔當해
   용진무퇴한 의용 군인아 / 광복할 날이 머지 안켄네
3. 神靈한 皇天이 感應하소사 / 우리의 충혼을 위로하소서
   우리에 英魂을 竹帛에 올려 / 꼿다운 일홈을 千秋에 전해

(『독립신문』 1922. 8. 29 ; 『독립운동사 5』, 303쪽)16)

3절 노랫말의 죽백(竹帛)은 원래 대·헝겊이란 뜻으로 종이가 발명되기 이전에 종이 대신 쓰던 것이다. 이후 '역사적 기록'이란 뜻으로 사용되었다.

이 노래는 1922년 8월에 서로군정서 의용군 본부에서 주최한 독립군 순국용사 추모식에서 불렀다. 추모식은 경례, 애국가 합창, 추도식 취지 설명, 추도문 낭독, 추도가 합창, 순국 용사 실기(實記) 설명의 순으로 진행되었다.

이 추도식에서 열기(列記)된 서로군정서 순국 장병은 신광재(의용대장), 이창덕(친일파 후창군수 총살) 등 19명이었다. 이들은 적과 교전하던 중에 전사하였거

---

14) 한상도, 『한국독립운동과 중국군관학교』, 문학과지성사, 1994, 268쪽.
15) 태윤기, 『회상의 황하』, 甲寅출판사, 1975, 131쪽.
16) 『광복의 메아리』에는 「순국용사추도가」라는 제목으로 노랫말이 다음과 같이 다소 다르게 기록되어 있다. 1절 身先死 하니→홀로 떠나니, 이 몸뿐일세, 2절 의용 군인아→대한남아야, 3절 우리의 영혼을→용사의 충혼을, 꽃다운 이름을 천추에 전해→빛나는 이름을 길이 전하리.

나 적에게 체포되어 옥중에서 순국한 지사들이다.

③ 선열추념가

이광수 작사

1. 아침해 고운 빛 비춰 이 강산 밝아도 / 국권 잃고 울부짖던 선열 누우셨네
   빼앗긴 나라 찾고자 그 몸 제물되니 / 제단 위에 황촉불꽃 정기 떠오르네
2. 도처 청산 집을 삼고 갖은 고생하며 / 검산도수 돌진하던 선열 누우셨네
   겨레를 살리려고 그 생명 바쳤네 / 향로 안에 피는 향기 영기 솟으려네
3. 광복대업 이루려고 일생을 다하신 / 조국의 수호신이 되어 선열 누우셨네
   그 힘으로 우리 살고 그 덕에 자손사네 / 청사에 빛난 이름 천추에 정기되네
4. 나라 위해 목숨 바친 님이 그립구나 / 다시 만나 볼 수 없는 선열 누우셨네
   우리 강토 자유 얻고 겨레 살으리니 / 안심하사 천국에서 길이 쉬옵소서

(『광복의 메아리』, 82쪽 ; 『배달의 맥박』, 414쪽)

1920년대에 만주 독립군 진영에서 추모식 때 부르던 노래이다. 제목이 「선열추념가」이고 내용도 순국선열에 대한 것으로 보아, 순국 독립군 및 애국선열에 대한 추모의 노래이다.

『배달의 맥박』에는 이광수 작사로 되어 있다. 이광수는 동경 유학생의 2·8독립선언서를 작성하였고 상해로 건너가 임시정부 활동에 참여하였다. 1922년에 귀국하여 문단활동, 수양동우회 활동 등을 하였으나, 1938년부터 친일활동을 해서 해방 후 반민특위에 의해 구속되기도 했다.

위 노래는 이광수가 상해에 있을 때 작사한 것으로, 1920년대까지 독립진영에서 불렸으나 이광수의 변절 이후에는 불리지 않았다.

그런데 1993년 민족정기의 고양을 위하여 국립묘지에 임정요인 묘역을 만들어 거행된 '임시정부 선열5위 봉환 국민제전'에서 이 노래가 조가로 사용되었다. 애초에 「선구자」가 거론되었으나, 작사자 윤해영의 친일활동이 문제시되어 취소된 것으로 보인다. 「선열추념가」 선정의 이유는, 노랫말이 봉환된 5인의 활동과 가장 잘 들어맞는다는 것이었다.[17]

---

17) 『조선일보』 1993년 8월 10일.

5. 배달겨레여 총동원하라

병사는 칼을 들라 선봉전에서
노소도 소원대로 총동원하라

1920년에 자행된 일본군의 경신학살로 만주 독립군 활동에 일시적 혼란이 있었으나, 곧 만주 독립운동 지도자들과 독립군 전사들에 의하여 극복이 된다. 만주 독립군부대 주력은 밀산을 거쳐 노령으로 이동하여 고려혁명군을 조직하였다. 남만주 잔류 독립군부대들은 곧 재편되어 통의부를 결성한다. 그리고 여러 과정을 거쳐 1920년대 후반에는 남만주의 정의부, 북만주의 신민부, 동만주의 참의부 등 삼부(三府)의 시대가 열린다.

삼부는 만주교포에 대한 행정과 독립군의 군사활동을 적절히 조화시키면서 대일항쟁을 전개했다. 이 시기에 수많은 국내 진공전이 전개되어 적의 주재소를 공격하고 적의 침략기관을 파괴하였다. 비록 적을 조국에서 몰아낼 정도는 아니었지만 일제의 침략행위에 적지 않은 타격을 주었다.

이렇듯 지속적으로 고조되는 대일항전의 상황 속에서 전 겨레의 궐기를 부르짖는 노래들이 나왔다.

① 항일전선가

1. 착취받고 억압받는 배달민족아 / 항일의 전선에 달려나오라
   다달았네 다달았네 우리나라의 / 독립의 활동시대 다달았네
2. 병사는 칼을 들라 선봉전에서 / 노소도 소원대로 총동원하라
   원수들을 처없애는 최후결전에 / 한마음 한소리로 모여들어라
3. 소화궁전 황금탑에 폭탄 던지고 / 군벌재벌 소굴에 불을 지르자
   백의동포 학살하는 강도놈들을 / 단두대에 목을 잘라 복수를 하자
4. 독립문에 자유종을 높이 울리고 / 삼천리에 태극기를 펄펄 날릴제
   수십년을 짓밟히던 무궁화동산 / 우리 조국 낙원으로 만들어보세
(후렴) 풍운같이 일어나자 / 모든 일터에서
       달려가자 독립전선 / 한마당에로

(『광복의 메아리』, 60쪽)

1920년대 독립군의 항일전선 총동원가이다.

독립군은 항일전쟁의 선봉에 나서고, 의열투쟁으로 '소화(昭和)궁전 황금탑'을 폭파하고, 모든 동포가 '일터'에서 일어나 독립전선을 구축하자는 내용이다.

'노소도 소원대로 총동원하라'는 대목이 눈이 띈다. 당시 임시정부나 독립운동 단체들은 대개 국민개병제를 채택하였다. 즉 일제를 조국강산에서 몰아내기 위해서는 너나없는 항전이 요구되기 때문에 군활동에 적절한 나이의 젊은이들로 강한 독립군부대를 조성하고자 하였다. 그런데 적절한 나이에 해당되지 않는 노년층이나 소년층도 자신이 원하기만 하면 군대 입대를 허용해 주는 입장이었다. 이것은, 나라를 되찾는 일은 남녀노소 구별없는 온 국민의 과업이었기 때문이다. 또 실제로 각 독립군부대에는 의병 출신의 노년층과 신진 소년층, 그리고 여성들도 참여하고 있었다.

이 노래는 1930년대 사회주의 진영에서 「통일전선가」라는 제목을 붙여 부르기도 했다. 1·4절 가운데 '독립의 활동시대'를 '조국의 광복시기', '독립문'을 '개선문', '태극기'를 '붉은 기', '무궁화 동산'을 '삼천리 강산', '조국'을 '조선', '독립전선'을 '통일전선'으로 바꾸어 불렀다.[18]

② 최후의 결전

윤세주 작사

1. 최후의 결전을 맞으러 가자 / 생사적 운명의 판갈이로
   나가자 나가자 굳게 뭉치어 / 원수를 소탕하러 나가자
2. 무거운 쇠줄을 풀어 헤치고 / 뼈속에 사무친 분을 풀자
   삼천만 동포여 모두 뭉치자 / 승리는 우리를 재촉한다
(후렴) 총칼을 메고 혈전의 길로 / 다 앞으로 동지들아
   승리의 깃발은 우리 앞에 날린다 / 다 앞으로 동지들아

(『광복의 메아리』, 69쪽)

1920년대 조국독립전쟁의 결전을 앞두고 만주 독립군이 부르던 노래이다.

이 노래의 작사자로 알려진 윤세주는 1919년에 만주로 망명하여 의열단 창단에 참가하였다. 1920년에 국내로 폭탄을 반입하다 체포되어 옥고를 치른 후 1926년에 다시 만주로 망명하였다. 이후 한국독립군에 참가한 것으로 보인다.『백강회고

---

18) 조성일·권철 주편, 앞의 책, 199쪽 ; 사회과학출판사 펴냄, 앞의 책, 91·108쪽.

록』에 기록된 한국독립군 장령 명단 중 '윤×주'라는 이름이 나오는데 윤세주로
판단된다.[19] 윤세주는 1935년에 민족혁명당 집행위원이 되었으며, 이후 김원봉과
함께 조선의용대를 조직하여 활동하던 중 화북지역 태항산에서 전사하였다.

사회주의 진영에서는 후렴의 혈전·승리를 '혁명'이란 표현으로 바꾸어 불렀다.

③ 혈전의 때는 왔도다

1. 충용한 대한의 남아여 / 혈전의 때 광복의 때는 왔도다
   그대도 나가자 나도 나가마 / 정의를 위하여 자유를 위하여
   쇠와 피로써 조국을 소생시킴은 / 이 때가 아닌가'
2. 충용한 대한의 남아여 / 결전의 때 독립의 때는 왔도다
   모두들 나가자 앞서 나가자 / 조상을 위하여 후손을 위하여
   넋과 몸으로 최후의 희생 바치실 / 이 때가 아닌가

(『광복의 메아리』, 55쪽)

「최후의 결전」, 「항일전선가」와 일맥상통하는 노래이다. 1920년대에 이렇듯 '결
전'의 때가 이르러 총동원을 요구하는 노래가 여럿 보이는 것은 당시 독립전쟁의
분위기가 고조되고 있었음을 시사해 주고 있다.

④ 전진가

김광현 작사

1. 독립군의 깃발 펄펄 날릴제 신호나팔 크게 울려퍼지네
   일기당천 용사 때는 왔으니 보무당당 힘차게 나아갑시다
2. 침략주의 원수 비록 강하나 뒤질세라 오직 앞만 보고서
   검수도산 뚫고 돌격할 때에 악마같은 무리들 쓰러지리라
   (후렴) 결전장을 향하여 전진 또 전진 승전가는 높이 우렁차리라

(『광복의 메아리』, 73쪽)

1920년대 만주 독립군 진영에서 부르던 노래이다.

김광현이 어떤 활동을 하던 인사인지 확인되지 않으나 의병으로 활동하던 김광
현(金光鉉)이 있었는데 그가 만주로 망명하여 독립군 진영에서 부르던 노래를 작

---

19) 조경한, 『백강회고록』, 한국종교협의회, 1985, 91쪽.

사한 것이 아닐까 추측된다. 김광현은 이 노래 외에 「조국송」, 「기원송」도 작사하였다.

「전진가」라는 제목의 노래는 이 밖에도 두 종류가 더 있고 「학생전진」[20]이란 노래도 있는데, 전체적으로 독립군의 노래라기보다 애국계몽운동 노래에 가깝다. 우선 한국 서양음악 도입의 선구자였던 김인식의 「전진가」를 보자.

전진가

김인식

1. 참갓분 음성으로 노래하여 / 직무에 전진전진 향합세다
2. 일초나 반초인덜 방심말고 / 저길에 어서어서 나아갑세다
3. 문명할 목덕으로 립지하여 / 시종이 여일하게 하여 보세
4. 부강할 목덕으로 배양하여 / 챵생을 소생하게 하여 보세
5. 모험할 졍신으로 배양하여 / 사생을 불고하게 하여 보세
6. 용감한 졍신으로 배양하여 / 진진코 부절하게 하여 보세
7. 근면한 사샹으로 연구하여 / 일신코 월신하게 하여 보세
8. 인내한 사샹으로 경난하여 / 백련한 강텰갓치 되여 보세
9. 국사를 담임하되 진츙으로 / 국권을 견고하게 하여 보세
10. 문명코 부강하게 득달하여 / 류주에 독립긔를 휘날니세
(후렴) 각 과를 진무하되 락심 말고 하겟다 하세 우리 직무를
전진 전진 깃분 마음과 전진 전진 깃분 노래

(『신한민보』 1916. 5. 4 ; 『최신창가집』, 73쪽)

다음은 만주에서 부르던 「전진가」이다.

전진

1. 뒤에 일은 생각말고 앞만 향하야 전진 전진 나갈 때에 활발스럽다
   청년들아 용감력을 더욱 분발해 전진 전진 나아가세 문명부강케
2. 오고가난 바람 형세 맹렬한 것은 무형무색 공긔들이 합력함이오
   우리들의 전진하난 문명 긔상은 노심초사 힘써 함이 이것 안인가
3. 태평양과 대서양에 무한 물은 산곡간에 적은 물이 회합함이오
   우리들의 모든 사업 셩취하기는 천신만고 지난 후에 능히 할이라

---

20) 『최신창가집』, 99쪽.

(후렴) 청년의 가는 앞길이 태산과 갓치 험하다 고생함을 생각말고 나갈 때에
　　　청년들아 용감력을 더욱 분발해 전진 전진 나가세 문명부강케

(『최신창가집』, 153쪽)

위 노래는 국내에서 학생들의 계몽의식을 고취시키는 노래로도 불렸는데, 비록 노랫말의 순서가 바뀌었지만 다음과 같은 노래는 위 노래가 널리 구전되던 정황을 보여주고 있다.

　　　제목미상

공부할 날 많다꼬 믿지 마시요 / 무정 세월 물결같이 흘러가네
고생함을 생각 말고 앞만 향하야 / 전진 전진 나가세 문명부강케
오고 가는 바람 형세 맹렬한 것은 / 무형 무세 공기들이 협력함이요
태평양과 대서양에 무관한 물은 / 산곡 간에 적은 물이 모여듬이요
청년들의 모든 학업 성취 되기는 / 천신만고 지난 후에 능히 되리라
고생함을 생각 말고 앞만 향하야 / 전진 전진 나가세 문명부강케
청년의 닦는 학업은 장래 귀촉[귀한 새싹]이로다

(성춘식 구술, 신경란 편집, 1990, 167~168쪽)

이 노래의 대부분의 표현이 위 「전진」과 같은데, 「전진」에 보이지 않는 첫 줄과 마지막 줄의 표현도 사실은 1910년대 만주에서 부르던 「권학가」 1절 1~2 구절과 후렴 첫 구절에 해당된다.[21]

그런데 김형직이 지었다는 「전진가」도 있는데 그것은 바로 위 「전진」 3절 '모든 사업 성취하기는'을 '적은 지식 발달하기는'으로 바꾸고 후렴 '견진'을 '용진'으로, '고생'을 '낙심'으로 바꾼 것이다.

태평양과 대서양의 무한한 물은 / 산곡 간의 적은 물이 회합함이요
우리들의 적은 지식 발달하기는 / 천신만고 지난 후에 능히 하리라
(후렴) 청년들이 가는 앞길 / 태산과 같이 험하다
　　　고생을 락심말고 나아갈 때에 / 청년들아 용감력을 더욱 분발해
　　　용진 용진 나아가세 문명부강케

(한상우, 1989, 72쪽)

---

21) 『최신창가집』, 160쪽.

흥미로운 사실은 김형직이 「전진가」 외에도 많은 수의 노래를 창작하였다고 북한에서 주장하는 것이다. 즉 「정신가」, 「자장가」, 「남산의 푸른 소나무」, 「교가」, 「학도가」 등 수많은 노래를 창작하여 보급하였다고 하면서 이것들을 불후의 작품이라고 평하고 「전진가」가 '혁명투쟁에 나서자는 전투적 호소'의 노래라고 평가하고 있다.[22] 그러나, 위에서 보았듯이 김형직이 지었다는 「전진가」는 만주에서 부르던 「전진가」 표현을 조금 바꾼 것에 불과하다. 그리고 「정신가」의 경우도 그 노랫말이 확인되지는 않으나, 경술국치 당시에 부르던 「망국가」를 1910년대에 만주에서 「정신가」로 부르기도 했다는 점에서,[23] 김형직의 「정신가」도 「망국가」를 가리키는 것으로 보인다.

⑤ 혁명군행진곡(勞兵會歌)

곡은 「라 마르세이유」

우리는 자유를 찾으러 힘써 가는 싸움꾼이니
병장기 연장을 다 들고 싸움하러 나아가자
원수에게 얽매인 사슬 모조리 때려 부수고
무궁화 옛 동산의 묵은 밭 다시 갈아서
새나라를 세우러 나아가자
이것은 우리의 거룩한 짐이니
우리의 뜻 이루도록 싸우러 나가자
우리의 뜻 이루도록 싸우러 나가자

(『광복의 메아리』, 86쪽)

1922년 10월 28일 항일군 양성과 지원을 위해 임정 산하에 노병회를 조직한 이후에 불린 노래이다.

노병회는 1922년 10월 중국 상해에서 김구의 주창에 의해 조직된 독립운동단체이다. 노병회의 목표는 10년 이내에 1만 명 이상의 '노병(勞兵)'과 100만 원 이상의 '전비(戰費)'를 조성하여 독립전쟁을 개시한다는 것이었다.

한국노병회에는 손정도, 여운형, 조동우, 이유필, 윤기섭, 김인전, 최석순 등이 참가하였다. 회원은 시기에 따라 20~50여 명에 이르렀다.

22) 사회과학출판사 펴냄, 『항일혁명문학예술』, 갈무지, 1989, 59쪽.
23) 『최신창가집』, 126쪽.

'노병'은 '독립 생계를 영위할 수 있는 노농적 기술을 겸비한 병사'를 의미한다. 즉 생산과 군활동을 겸비한 일종의 '둔전병'이라고 할 수 있다. 노병회에서는 15~40세의 건장한 청장년을 특별회원으로 가입시켜 군사교육과 생산기술 습득을 통하여 '노병'을 양성하려 했다. 그리고 이러한 계획은 일부 회원을 중국 군사학교나 병공창(兵工廠)에 유학시킴으로써 실현되기도 했다.

그러나 1923년 10월 김구가 노병회 이사장 직을 사퇴한 이후 노병회는 이렇다 할 활동을 전개하지 못하다가 1932년 10월을 기하여 해산되었다. 노병회는 비록 뚜렷한 성과 없이 해산되었지만 둔전병제의 정신으로 독립전쟁을 대비하여 노병을 양성하려 했다는 면에서 매우 훌륭한 계획이었다.[24]

노랫말 가운데 '병장기 연장을 다 들고 싸움하러 나아가자'에 노병회의 취지가 잘 나타나 있다.

이 노래의 곡조는 프랑스혁명곡 「라 마르세이유」인데 당시 만주에서는 이 곡조를 차용하여 '다물의 용사여 일어나거라 혁명전쟁에 가담해'로 시작되는 노래를 널리 부르기도 했다. '다물'이란 '잃어버린 것을 되찾는다'는 뜻의 옛말이다.

⑥-1 승리의노래(남만학원가)

1. 우리는 누리에 붙는 불이요 / 철괴도 부수는 망치로다
   희망의 표상은 태극기요 / 외치는 표어는 투쟁일 뿐
2. 무기를 잡아라 의론 자들아 / 멍에를 벗어라 종된 자들아
   우리의 앞에는 승리나 죽음 / 나가세 앞으로 결전일 뿐
3. 반만년 역사의 배달민족아 / 삼천리 내 강토 다시 찾으려
   끓는 피 흘리며 돌격할 때에 / 최후의 목표는 승리일 뿐

(『광복의 메아리』, 70쪽 ; 『배달의 맥박』, 343쪽)

1920년대 봉천성 왕청문(旺淸門) 남만학원 및 독립군 진영에서 부르던 노래이다.

남만학원은 정의부에서 혁명 간부 인재를 양성하기 위하여 설립한 학교이다. 이 학교에서는 각종 혁명지식과 무장항일이론을 연구하고 가르쳤다. 그리고 이 학교 출신자는 정의부 의용군으로 편성되어 대일항전에 나섰다.

---

24) 신용하, 「백범과 한국노병회」, 『백범연구 4』, 1989.

1925년 1월 각 항일단체를 대동단결시켜 탄생한 정의부는, 지속적 대일항전의 기초인 민족교육을 중시하고 남만주 각지에서 민족주의 교육을 실시하였다. 특징적인 민족학교를 들자면, 삼성(三省)여학교, 지족(知足)농촌학교, 동명(東明)중학, 검성(儉成)중학, 화흥(化興)중학, 화성의숙(華成義塾) 등이 있다. 이외에도 민족주의 교육을 실시하는 초·중등학교가 많았다. 이들 민족학교에서는 일반 학과로 민족교육을 실시하였고 일반 학과 외에 군사훈련도 실시하였다.

화성의숙의 숙장(塾長)은 최동오이고 교관은 이웅 등이었다. 혁명적 간부 인재를 양성하기 위해 설립된 이 화성의숙에는 정의부 의용군이 입학을 하기도 하고 이 학교 졸업생이 정의부 의용군이 되기도 했다. 앞서 이야기한 남만학원과 비슷한 기능을 가진 학교였다. 남만학원과 화성의숙이 동시에 존재했는지 아니면 시기와 상황에 따라 선후하여 존재했는지 알 수 없지만, 정의부에서 혁명 간부 인재를 전문적으로 양성하기 위하여 설립한 학교였다는 점에서 주목이 된다.

가사 내용을 보면, '우리의 표상은 태극기'라는 부분에서 민족주의정신을 살필 수 있고, '무기를 잡아라 의론자들아'에서 공론을 배격하고 직접 항일투쟁에 나서려는 청년전사들의 씩씩한 기상을 읽을 수 있다.

⑥-2 혁명가

1. 우리는 누리에 붙는 불이요 / 종제도 마수는[부수는] 망치라
   희망에 표대는 붉은 기요 / 웨치는 표어는 투쟁뿐
2. 무광을[무기를] 잡아라 외론[의론]자들아
   멍에를 멋어라[벗어라] 종된자들아
   우리의 앞에는 승리와 죽음 / 나가세 앞으로 앞으로
   (후렴) 게걸든 소리에 목이 쉬리 / 우리 피 짜내던 놈들아
   맹렬한 최후의 전투에서 / 우리의 대오는 백배해

(『겨레의 노래 1』, 224쪽)25)

이 노래는 위 「승리의 노래」와 노랫말이 유사한데 곡이 다르고 후렴도 있다. 「승리의 노래」의 '태극기'가 「혁명가」에는 '붉은 기'로 표현되어 있다. 이로 볼 때 앞의 노래는 민족주의 진영에서, 뒤의 노래는 사회주의 진영에서 주로 불렀다고

---

25) [ ] 안의 표현은, 오식으로 보이는 것을 「승리의 노래」와 비교하여 바로잡은 것이다.

판단된다.『겨레의 노래 1』에, 이 「혁명가」는 1920년대 중국 동북부에서 불리던 대표적 혁명가로 기록되어 있다.

6. 무장항일운동의 재편·강화

서산에 지는 해야 머물러다오
우리 동지 돌아올 길 아득해진다

정의부, 신민부, 참의부 등 재만 삼부에 의한 독립운동 전개과정 속에서 운동의 역량을 한데 모아 대일항전을 수행할 필요가 있다는 취지에서, 1928년 만주에서 유일당운동이 전개되었다. 그리고 이 운동의 결과, 남만주에서는 조선혁명당, 북만주에서는 한국독립당이 유일당으로 조직되었다. 그리고 조선혁명당은 행정조직으로 국민부를 결성하고, 한국독립당은 한족연합회를 조직하였다.

한국독립당은 한국독립군(사령관 : 이청천, 참모장 : 신숙)을, 조선혁명당은 조선혁명군(사령관 : 양세봉, 참모장 : 김학규)을 조직하여 대일항전을 전개하였다. 1931년 일제의 만주침략을 계기로 한국독립군과 조선혁명군은 중국의용군과 합작하여 일본군과 전면전을 벌였다. 1910~20년대의 항일전이 단기적이고 분산적인 유격전이라고 한다면, 1930년대 한중합작에 의한 항일전은 장기적이고 조직적인 정규전 성격이 강했다. 이들 전투는 비록 한중연합의 형태를 취했지만 독립군이 별도의 지휘계통을 지닌 부대로 참전하여 항일전의 선봉이 되었다.

한국독립군은 중국의용군 이두·정초부대, 고봉림부대, 오의성·시세영부대와 연합하여 아성전투, 쌍성전투, 대전자전투, 동경성전투 등에서 승전을 하였다. 대전자전투는 독립군 토벌로 악명높던 일본군 간도파견군을 섬멸한 전투로 독립전쟁사상 최대의 전과(군수물자 등)를 올렸다. 조선혁명군은 중국의용군 이춘윤부대, 왕봉각부대, 등철매부대 등과 연합하여 흥경현성전투, 통화현 쾌대무전투, 강전자전투 등에서 승전하였다.

그러나 한국독립군과 조선혁명군의 항일전에서, 막강한 일본군의 화력(특히 일본 공군)에 많은 희생자도 생겼다.

다음 노래는 만주사변 이후 전개된 조선혁명군의 항일전에서 희생당한 동지를 추모하는 노래이다.

전우추모가

김학규 작사 · 작곡

1. 언제나 우리 동지 돌아오려나 / 애가 달아 기다린 지 해가 넘건만
   찬바람 눈보라 휘날리는 들 / 눈물겨운 백골만 널려 있구나
2. 서산에 지는 해야 머물러다오 / 우리 동지 돌아올 길 아득해진다
   돌아보니 동지는 간 곳이 없고 / 원수들의 발굽만 더욱 요란타
3. 아 생각 더욱 깊다 나의 동지야 / 네 간 곳이 어드메냐 나도 가리라
   보고싶은 네 얼굴 살아 못보니 / 넋이라도 네 품에 안기려 한다

(『광복의 메아리』, 88쪽)

1930년대 조선혁명군이 일본군과 전투하던 중 부상한 전우를 구하지 못하여 그 전우는 전사하고 말았다. 이 노래는 바로 이들 동지를 추모하는 노래이다. 가사 중에, 전투에서 부상당한 동지가 무사히 돌아오길 기다리며 '서산에 지는 해야 머물러다오 우리 동지 돌아올 길 아득해진다'라고 절규하는 모습은 눈시울을 뜨겁게 한다. 작사 · 작곡자 김학규는 조선혁명군의 참모장이었다.

만주사변 후 한국독립군 · 조선혁명군은 항일중국군과 연합하여 치열한 항일전쟁을 전개하였으나 군수물자 등 군사력 면에서 일본군에 훨씬 뒤졌다. 오직 독립에의 의지로 항전을 지속할 수 있었다.

이러한 가운데 윤봉길 의사의 상해의거 이후, 김구 주석과 장개석 총통의 합작으로 중국 관내 낙양에 독립군 양성을 위한 군관학교 설립이 결정된다. 김구 주석은 연락원을 파견하여 만주에서 악전고투하는 한국독립군의 관내 이동을 요청하게 되었다. 이에 한국독립군 장령 일부는 후일을 기약하며 1933년 말에 관내로 이동하였다. 또한, 조선혁명군도 연석회의를 열어 부족한 인력 · 물자를 보충받기 위하여 대표를 임시정부에 파견하기로 결정한다. 1934년 초 조선혁명군의 명령을 받은 참모장 김학규와 그 부인 오광심은, 농부와 아내로 변장하고 비밀공작원의 도움을 받아 임시정부를 찾아 남경에 도착한다.

이 때 오광심이 임시정부를 찾아가는 심정을 그린 노래가 있다.

님찾아 가는 길

오광심 작사

1. 비바람 세차고 눈보라 쌓여도 / 님향한 굳은 마음은 변할 길 없어라

님향한 굳은 마음은 변할 길 없어라
2. 어두운 밤 길에 준령을 넘으며 / 님찾아 가는 이 길은 멀기만 하여라
   님찾아 가는 이 길은 멀기만 하여라
3. 험난한 세파에 괴로움 많아도 / 님맞을 그 날 위하여 끝까지 가리라
   님맞을 그 날 위하여 끝까지 가리라

(『광복의 메아리』, 88쪽)

1934년 오광심이 임시정부를 찾아올 무렵 지은 노래로 '님'은 조국광복을 의미한다.

오광심은 1931년 만주사변 발발 후 조선혁명군에 입대한 여군이다. 관내로 이동한 후, 김학규는 광복군 제3지대장으로 항일전을 전개하고 오광심 역시 광복군 3지대 대원으로 종군하였다.

노랫말에 어떤 고난도 극복하고 조국의 광복을 위하여 끝까지 투쟁한다는 결의가 보인다.

제11장 경신대학살

1. 경신대학살

**총에 맞고 칼에 찢겨 죽은 자 중에
네 아버지 그 가운데 한 사람이다**

3·1만세운동 이후 만주 독립군의 세력이 강성해짐에 따라 제국통치의 위협을 느끼던 일본군은 이른바 간도 '토벌'에 나선다. 그러나 청산리전투에서 독립군에게 패배한 일본군은, 그 화를 조선양민에게 돌려 만주에 거주하던 동포들을 무차별 학살하기 시작하였다.

이른바 경신대학살(경신대참변)이다. 일본군은 곳곳에서 학살·방화를 자행했다. 심지어 독가스를 사용하여 양민 수십 명을 무더기로 학살하기도 했다. 이 당시 학살당한 한국인이 2만 명에 이른다는 기록도 있다.

당시 용정촌에 있던 한 캐나다 교회의 병원장은 그 때의 참상을 다음과 같이 기록하고 있다.

> 무장한 일본군이 이 촌락을 포위하고 낟가리에 불을 지르고 집안의 사람들을 밖으로 나오라고 명령하였다. 밖으로 나온 사람은 모두 총살당하였다.……불 속에서 숨이 붙어 일어나는 자가 있게 되면 총창으로 찔렀다.……나는 학살되고 방화당한 32개 촌의 마을 이름과 정황을 잘 알고 있다. 한 마을에서는 145명이 살육되었다. 서구 등에서는 14명을 세워 놓고 총살한 후 석유를 쳐서 불태웠다.[1]

일본군의 잔학함은 만주를 저주받은 땅으로 만들었다.

일본군의 이 잔혹한 간도토벌에 희생당한 동포의 참상을 그린 「간도토벌가」가

---

1) 마띵(캐나다장로과 장로교회 제창병원 원장), 『견문기』(리광인, 「'경신대토벌'과 연변 조선족 군중의 반'토벌'투쟁」, 『한국학연구』 4, 1992, 127쪽에서 재인용).

있다. 노령 알마타에 거주하는 이숙채 씨는, 「간도토벌가」라는 노래를 다음과 같이 회고하고 있다.

간도토벌가

어머니 어머니는 왜 우십니까 어머님이 울으시면 울고싶어요
품안에 안기어서 울음을 운다 돈이 없고 무기 없는 우리 민족은
총에 맞고 칼에 찢겨 죽은 자 중에 네 아버지 그 가운데 한 사람이다
애처롭고 슬프도다 원수의 손에 불에 타고 몸이 찢겨
원통하게도 네 아버지 원한 품고 돌아갔구나

(「한민족의 노래 - 러시아의 한인들(1)」)[2]

일본군의 간도토벌로 원한을 품고 죽은 아버지를 그리워하며 어머니의 품안에서 우는 아이에게 들려주는 어머니의 말을 빌어, 일본군의 만행을 폭로하며 항일의식을 고취시키고 있다.

이 노래를 노령 거주 동포들도 기억하고 있는 것으로 보아 경신대참변 이후 만주·노령 각지에서 이 노래가 민중 사이에 널리 퍼졌음을 알 수 있다.

이 「간도토벌가」와 유사한 노래로 「아버지 생각」이란 노래가 있다.

아버지 생각(독립군모자가)

1. 어머님 어머님은 왜 우십니까 / 어머님이 울으시면 울고 싶어요
   품안에 안기여서 울음을 운다
2. 흐르는 눈물을 서로 닦으며 / 야 - 야 수동아 네 아버지는
   엄동설한 찬바람 지나 북간도
3. 떠나가신 이후로 오늘날까지 / 한 번도 못뵈니 이에 이르러
   어언간 삼춘은 유수같고나
4. 신문에 이르기를 지나 마적은 / 우리 동포 촌락을 습격하여서
   돈이 없고 무기없는 우리 동포들
5. 애처럽고 슬프도다 왜놈의 손에 / 총에 맞고 칼에 찔려 죽은 자 중에
   네 아버도 그 가운데 오직 한 사람

---

2) 박종성 취재·연출, 「한민족의 노래 - 러시아의 한인들(1)」, KBS FM 1995. 8. 13 방송).

　6. 슬프도다 가세 빈궁함이여 / 생각하니 눈물이 앞을 가리운다
　　야 - 야 수동아 - 야 - 야야야
　7. 네 아버지 돌아오길 아침저녁으로 / 하느님께 기도는 드리었건만
　　그도 또한 허사이라 쓸데없고나

(「새배달 노래」, 714쪽)3)

이 노래는 만주에서 널리 불렸다. 만주로 떠난 아버지가 '왜놈'에게 희생당하였다는 내용을 아들 '수동'에게 이야기해 주는 '어머니'의 말을 빌어, 왜적에게 고난받는 민족의 슬픔을 노래하고 있다.

위 「간도토벌가」와 「아버지 생각」을 비교해 볼 때 「간도토벌가」의 표현이 간결하게 압축되어 있으나 노래의 내용과 전개는 같다. 또 두 노래의 노랫말에 공히, '왜놈'(원수)의 손에 아버지가 비참하게 희생당하였다고 되어 있다. 따라서 이 두 노래는 간도토벌에 희생당한 동포들을 추념하며 일제에 대한 적개심을 고취시키던 노래로서, 널리 구전되는 과정에서 표현이 바뀌었음을 알 수 있다.

「아버지 생각」의 4절에 나오는 '지나 마적'은 친일 마적을 지칭하는 것이다. 만주의 마적은 두 부류가 있었는데 항일이란 측면에서 독립군에 협조한 항일 마적이 있었던 반면에 일제의 주구로 독립군을 괴롭힌 친일 마적도 있었다. 경신대학살 때 일제는 군대를 동원하기 힘든 삼림지역의 경우에 친일 마적을 동원하여 조선동포들을 무차별 학살하기도 했다. 일제의 낭인 지가쿠(天樂)는 마적 장강호(長江好)와 제휴하여 수십 명의 양민을 살육하였다.

이 노래는 국내에도 전파되어 개사된 형태로 불렸다.

수동이 어머니의 노래

　어머님이 울으시면 울고 싶어요 / 품안에 안기어서 울음을 운다
　야아야 수동아 너의 부친은 / 엄동설한 찬바람에 지나 북간도
　떠나가신 이후로는 지금까지에 / 어언간 삼년이 흘러갔도다
　전보에 이르기를 지나 마적에 / 칼에 맞고 불에 타진 우리 동포 중
　네 아부지 그 가운데 한 사람이라……

(나승만, 1995, 71쪽)4)

<hr/>

3) 『배달의 맥박』(518쪽)에는 「독립군모자가」라는 제목으로 되어 있는데 '수동이와 그 어머니'의 모자(母子) 관계에서 딴 제목이다. 노랫말이 약간 다르나 위와 같은 노래이다.

이 노래는 1920년대에 국내에서 부르던 노래인데 노랫말 전개가 위의 「간도토벌가」, 「아버지 생각」과 같다.

나승만의 글에 따르면 완도군 소안면 월항리에서 야학 등을 통하여 이 노래가 마을 사람들에게 전파되었다고 한다. 나승만은, 수동이 어머니라는 시적 자아를 통하여, 일제에게 희생당한 민중의 참상과 어린아이를 키우며 돌아올 남편을 기다리는 농촌의 부녀자들의 심정을 현실적으로 표현하고 있다고 이 노래를 평가하였다. 「아버지 생각」의 노랫말과 비교해 볼 때, 중간중간의 구절이 생략된 형태로 개사되어 불렸다. 그리고 국내에서 불리던 관계로 '왜놈의 손에 총에 맞고 칼에 찔려 죽은 자'라는 직설적 항일 표현은 하지 못했을 것으로 추측된다.

이상 세 노래는, 경신대학살을 배경으로 탄생한 민중의 노래로서, 만주·노령·국내 등지에서 광범위하게 불렸다. 비록 표현에 약간씩 차이가 있으나, 이는 시기와 지역에 따라 구전 과정에서 나온 상이함이고 노랫말이 지니고 있는 기본적 정서와 내용은 동일하다.

그리고 만주사변 이후에 항일전쟁이 치열해지는 과정에서, 왜적과의 항전이 직접적으로 표현된다. 만주에 거주하는 이민(1996년 1월 현재 중국 흑룡강성정협 부주석)이 회고하는 노래의 1절은 「아버지 생각」 1절과 같고, 2~4절은 다음과 같다.

2. 어머니 아버지는 왜 아니 오셔요 / 아기야 우리 수동아 너 아버지는
   전선에로 왜놈들과 싸우러 나갔다
3. 전선으로 떠나가신 너 아버지는 / 총에 맞고 불에 타신 중
   너 아버지도 다 함께 희생했다
4. 어머니 어머니 울지 마셔요 / 어머니가 울면 울고싶어요
   품안에 안겨서 함께 울었다

(강용권, 1996(상), 140쪽)

이 노랫말에는 항일전을 전개하는 도중 아버지가 전사했음이 명확하게 표현되어 있다.

위에 설명한 「간도토벌가」, 「아버지 생각」(독립군 모자가), 「수동이 어머니의 노래」가 간도토벌에 희생당한 아버지를 그리는 노래라면 다음 노래는 일본군 토벌에 희생당한 어머니를 그리는 노래이다.

---

4) '이하 생략'은 출처대로.

제목미상

검푸른 하늘에서 흘러난 별은 / 그대로 무엇하러 가시납니가
봄은 가고 봄은 오나 나의 엄마는 / 한번 가신 이후로 오시지 않소
세살 먹은 내 동생은 엄마를 찾아 / 눈물짓고 우는 때면 나도 울어요
동생아 내 동생아 너 울지 마라 / 우리 엄마 일본 토벌에 세상 떠났다

(「한민족의 노래 - 러시아의 한인들(1)」)

경신대학살 때 희생당한 어머니를 그리는 아이들의 절절한 마음이 시적이면서
도 현실적으로 형상화되어 있다.

이 노래는 노령 연해주 동포가 기억하여 구술한 노래인데, 연해주만이 아니라
만주에서도 불렀을 것으로 판단된다.

만주에서는 실제로 다음과 같은 노래가 불렀는데 엄마를 그리는 아이의 애끓는
정서라는 면에서 위 노래와 같은 맥락에 서 있다.

제목미상

1. 쓸쓸한 가을 밤에 외로이 서서 / 그 슬픔 노래하며 슬퍼합니다
2. 달아 달아 밝은 달아 내말 들어줘 / 오시랴던 우리 엄마 왜 아니 오셔요
3. 세살 때에 우리 엄마 전선을 나가 / 한번 가신 우리 엄마 왜 아니 오셔요
4. 봄이면 기럭떼도 돌아오건만 / 한번 가신 우리 엄마 왜 아니 오셔요
5. 불쌍한 이내 신세 가련도 하여 / 꿈에나 한번 와서 안아주세요

(강용권, 1996(상), 140쪽)

노랫말이 노령 연해주에서 부르던 노래와 상당히 다르지만 표현이 비슷한 부분
이 보인다. 특히 '한번 가서 오지 않는 엄마'에 대한 애끓는 그리움 면에서 같은
정서를 지니고 있다. 따라서 이 노래 역시 경신대참변 이후에 탄생한 노래이며,
후일 구전되는 과정에서 '전선을 나간 엄마'로 표현이 바뀐 것으로 보인다.

한편 만주 동포들이 대규모 참변을 당했다는 소식이 중국 관내에 전해지자 관
내에 거주하던 동포들은, 만주동포들을 구제하기 위하여 연설회를 개최하고 모금
운동을 벌이기도 하였다.

연설회는 김순애·김태연의 '슬픈 노래' 합창으로 시작되었고, 이어 안창호가
일본군의 대학살 상황을 동포들에게 상세히 알렸다. 그리고 만주의 동포들을 구제

하기 위한 모금에 나섰는데, 참가자 250여 명이 모두 참가하여 6백여 원의 구제금을 모았다.

이 연설회에서 합창한 노래가 있다.

합창가

1. 느즌 가을 밝은 달은 / 동창애다 물드리고
   나는 기력 울어 잇고 / 부난 바람 쓸쓸한대
   북편으로 오는 쇼식 / 원수의게 학살밧어
   죽고 샹한 나의 동포 / 호소하는 소래로다
2. 늙은 부모 자녀 일코 / 애통하는 그의 졍형
   어린 아해 부모 일코 / 울며 찾는 그의 형샹
   생각사록 끗이 업고 / 뜻할사록 아득하다
   흉악한 뎌 원수끠셔[원수에게서] / 구원할 자 그 뉘런가
3. 치운 하늘 싸힌 눈 속 / 집을 일코 떠는 아해
   주린 챵자 움켜쥐고 / 원슈 칼을 막는 부로
   피와 눈물 뿌린 속서 / 구원할 쟈 그 뉘런가
   오날 모힌 내 동포야 / 쟈지 말고 니러나라

(『독립신문』 1920. 12. 18)

간도토벌을 소재로 한 앞의 두 노래들이 모두 희생당한 가족 당사자의 애통한 정서를 형상화하고 있음에 비하여, 이 노래는 학살당한 동포를 바라보는 다른 지역 동포들의 입장에서 경신대학살을 형상화하고 있다.

3절 마지막 구절 '오늘 모인 내 동포여 / 자지 말고 일어나라'라는 표현에서, 집회에 모인 동포들에게 항일의식과 동포애를 고취하는 모습을 읽을 수 있다.

2. 또 하나의 학살—동경대진재 학살

**온갓 소리 들씨우어 니를 갈고 막 죽엿네
저 피방울 쏘친 곳에 바람 맵고 셔리 차아**

1923년 9월 1일 동경에서 대지진이 발생하였다. 사회적 분위기가 흉흉한 틈을 타 일본인들은 한국인이 폭동을 일으키고 우물에 독을 타서 일본인들을 독살하려

한다는 터무니없는 소문을 퍼뜨렸다. 일본인들은 자경단을 조직해서 한국인들을 보이는 대로 체포하고 학살하였다. 이 때 학살당한 한국인이 3천여 명이나 되었다. 일본정부는 폭동 소문이 근거 없음을 알면서도 무고한 한국인들을 희생양으로 삼아 저들의 '민심 수습'이라는 정치적 목적에 이용하였다.[5]

3천여 명의 동포들은 이역 하늘 동경에서 무주고혼이 되었다.

이 소식을 전해 들은 상해의 동포들은, 상해교민단 주최로 1923년 11월 17일 상해 프랑스조계 3 · 1당(堂)에서 추도회를 개최하였다. 추도식장에는 '추도피학살교왜동포지령(追悼被虐殺僑倭同胞之靈)'이란 현수막이 걸려 있었다. 「무궁화의 노래」로 시작된 추도회는, 김붕준의 식사, 조덕진의 피해상황 보고, 추도가 합창, 조완구의 추도사 낭독, 묵념의 순으로 진행되었다.

이 때 부른 추도가는 다음과 같다.

추도가

1. 독사 여호 겸한 원수 / 제죄로써 닙은 천벌
   지다위를 밧은 우리 / 참혹할사 이 웬일가
2. 산도 셜고 물도 션대 / 누로 해서 건너갓나
   땀흘리는 구진 목숨 / 요것까지 빼앗는가
3. 나그네 집 찬 자리에 / 물쥐어먹고 맘 다하여
   애끌히던 청년학도 / 될셩부른 싹을 꺼어
4. 온갖 소리 들씨우어 / 니를 갈고 막 죽엿네
   저 피방울 쏘친 곳에 / 바람 맵고 셔리 차아
(후렴) 아프고도 분하도다 / 원수에게 죽은 동포
         하느님이 무심하랴 / 갑풀 날이 멀지 안소

(『독립신문』 1923. 12. 5)

참혹하게 죽은 동포들을 추도하고 원수를 갚을 것을 다짐하는 노래로, 추도회 석상에서 인성학교 학생 일동이 오열하면서 이 노래를 불렀다.

노랫말 가운데 '지다위'는 '제 허물을 남에게 씌우는 짓'이란 뜻이다.

---

5) 井上淸, 『日本の歷史』, 東京 : 岩波書店, 1977, 155~157쪽.

제12장 국민대표회의

이천만의 각오로 열린 이 모듬
반만년 역사상에 처음 일이니

경술국치 이후 3·1운동 이전까지 의병·독립군 부대의 활동은 개별적이었다. 그 후 거족적인 3·1만세의 함성이 터진 후, 임시정부가 수립되면서 민족적 역량을 하나로 모으는 노력이 경주되었다. 만주·노령에서는, 고조된 항일전쟁의 분위기 속에서 수많은 독립군 단체들이 전열을 가다듬었고, 그 결과 봉오동전투와 청산리전투, 소규모 국내 진공 유격전을 통하여 적에게 타격을 주었다. 그러나 일본군의 대학살로 인하여 독립군 주력부대는 노령으로 이동하게 된다.

경신대참변 이후 각지 각 단체의 독립운동 지도자들은 거족적인 독립진영의 힘을 모아 통일된 운동역량을 구축함으로써 대일항전에서 승리하기 위하여 독립운동단체 통일운동을 전개하였다.

1921년 1월 1일자『독립신문』에 실린 다음 노래는 단결과 통일에 대한 바람을 담고 있다.

신년축하가

張聖山 작사, 애국가 곡

1. 축하하세 림시정부 / 하날 명을 밧아
   신국가를 완성하야 / 년년 향복하세
2. 축하하세 독립신문 / 하로라도 쉼업시
   신년사업 더욱 발견 / 년해 션뎐하세
3. 축하하세 독립군인 / 하나갓치 나가
   신귀하게 왜적칠 때 / 년견 년승하세
4. 축하하세 각 단톄여 / 하나가 되여서
   신실하게 활동하며 / 년합견진하세

　5. 축하하세 이천만인 / 하나 빠짐업시
　　신셩하게 통일하야 / 년락 진츕하세
　6. 축하하세 해외동포 / 하로밧비 힘써
　　신복디로 도라갈 해 / 년금 민국 삼년
　(후렴) 국토를 신년에 광복하야 / 대한 사람 독립으로 기리 사라보세

(『독립신문』 1921. 1. 1)

애국가 곡조에 '축·하·신·년' 4행시를 붙인 것이다.

1·2절은 임시정부와 독립신문에 대한 바람을 표시하고 있고 4·5·6절은 독립군·독립운동단체와 이천만 동포가 하나됨(연합·통일)을 기원하고 있다. 그리고 항전을 통하여 '신복지'로 돌아갈 바람이 마지막 절에 표현되어 있다.

작사자 장성산은 후일 한국독립당 관내촉성회연합회 집행위원으로 활동하였으며 목사였다.

이 노래는 1921년의 독립사업에 대한 희망을 담은 노래라고 할 수 있는데 바로 이 해 4월에 신채호, 신숙, 박용만 등에 의해 군사통일촉성회가 조직된다. 군사통일촉성회는 재만 독립군 세력의 단결을 위하여 개최되었는데, 국내 진공의 준비, 분산된 독립군의 통합, 군사지휘권 확립, 이승만의 위임통치 문제, 임시정부의 부인 문제 등이 논의되었다. 그리고 이러한 문제들을 해결하기 위하여 국민대표회 주비위원을 선출하여 국민대표회의를 추진하였다.

한편 임정 내부에서도 임시정부의 창조, 개조, 존속 등을 놓고 의견이 엇갈리는 가운데, 1921년 5월 안창호가 국민대표회의 조직의 필요성을 제기하였다. 그리하여 국민대표회기성회가 조직되고 반(反)이승만노선에 섰던 안창호, 여운형, 김병조, 김규식 등이 위원으로 선출되었다. 이승만은 한국에 대한 미국의 위임통치를 제기하여 많은 지사들로부터 공격을 받고 있었다.

그리하여 여러 차례의 논의 끝에 1922년 5월에 국민대표회의주비위원회선언서가 발표되었다. 그 요지는 군사단체를 통일하여 무장독립운동의 지휘권을 일원화하고, 독립운동단체의 분산성을 극복하여 통일된 조직으로 조국광복을 달성한다는 것이다.

그리하여 1922년 말부터 1923년 1월까지, 장건상, 원세훈, 이탁, 손정도, 여운형, 이유필, 안창호, 선우혁, 김동삼 등 각 지역·단체의 대표자 110여 명이 상해에 모였다.[1]

이들 대표들은 본 회의에 들어가기에 앞서서, 1월 31일 오후 2시 상해 모이당(慕爾堂)에서 순국선열에 대한 추도식을 개최하였다. 250여 명이 참석한 이 추도식은 애국가 봉창, 식사(의장 김동삼), 묵념, 추도문 낭독(신숙), 인성학교 학생의 헌화 및 독립가 합창, 추도가 합창, 추도연설(손정도・안창호・남형우・윤해・박응칠)의 순으로 진행되었다. 김동삼은 식사에서 국민대표회의가 소집된 것을 기회로 애국을 위해 순국한 독립군・의사의 영혼을 위안할 목적으로 추도회를 개최하였다고 밝혔다.[2]

이 추도회에서 불린 추도가는 다음과 같다.

① 추도가

1. 정처 업시 단니는 나라 일흔 우리가 / 만리 이역에 안져 슯흔 맘과 눈물로
   순국하신 諸賢을 생각하는 서름은 / 하날 땅이 캄캄코 가슴 속이 터진다
2. 멀니 뵈는 고국은 구름 속에 잠겼고 / 無主孤魂 외롭게 떠단니는 져 충혼
   나라 찻지 못하고 도라가신 그 원한 / 간 곳마다 이 애통 원한 애통스럽다
3. 칼과 총과 창 끗헤 한숨 쉬며 가실 때 / 매와 絞繩 불 속에 중한 괴롬 당할 때
   아득하신 정신에 애쓰시던 그 형상 / 가삼 속에 흐르는 더운 피가 끌는다
4. 먼져 가신 여러분 순국하신 자최를 / 우리 또한 따라서 함께 밟아 가리니
   忠魂義魄 그 정신 무궁화에 실녀서 / 무궁토록 영원히 우리 따에 빗나리

(『독립신문』 1923. 1. 31)

1~3절에서 순국선열을 추모하고, 4절 1・2구절에 순국선열의 뒤를 따르겠다는 다짐을 하고 있다.

이 추도가는 추도식에서 김순애・정학수 양인에 의해 불렸다. 김순애는 김규식의 부인으로 1917년 상해에서 애국부인회를 조직하였고, 국민대표회의에도 애국부인회 대표로 참석하였다.

국민대표회의 본 회의에 앞서 선열에 대한 추도식을 거행한 것은, 선열들의 조국애와 희생정신을 본받아 독립운동 역량을 한데 모아 일제와 싸우자는 바람을 담고 있었던 것이다. 사실 이전에 각지의 독립운동단체에 의해 순국선열 추도식이

---

1) 이상 국민대표회의 개최에 대해서는 박영석, 『한민족독립운동사연구』, 일조각, 1984, 277~344쪽을 참고.
2) 국회도서관 편, 『한국민족운동사료 - 중국편』, 1976, 302~303쪽.

개별적으로 거행된 바 있었으나 국치 이래 독립운동단체 대표들이 한곳에 모여 추도식을 거행한 것은 이것이 처음이었다. 따라서 당시『독립신문』(1923년 1월 31일)은 '대한민국 역사상 일대 광채를 빛낼 만한 장엄 신성한 의식'이라고 표현하고 있다.

② 순국제현 추도가

一雨

1. 반만년 길게 오는 우리 역사가 / 國粹를 보존코져 목숨 바리신
   지사와 仁人들의 피로 墨삼아 / 기록한 페지 페지 꼿송이로다
2. 이 역사 우리 뇌에 뿌리 박히고 / 그 꼿이 우리 몸에 열매 되여서
   만고의 대치욕을 당한 날부터 / 순국한 제현들이 接踵하엿네
3. 제현의 끌는 피가 우리 가슴에 / 뜨거운 눈물 되야 소사 오를 때
   우리 몸 희생삼아 추도제단에 / 알들이 바치오니 바드시소셔

(『독립신문』1923. 1. 31)

『독립신문』에 ①과 같이 실려 있는 추도가이다. '접종'은 계속 뒤를 잇는다는 뜻이다.

추도식을 개최한 이후 2월 2일부터 국민대표회의 본 회의가 열렸다.

의장단은 의장(김동삼), 부의장(안창호 · 윤해), 비서장(김병조), 비서(김홍서 · 한진교 · 차이석) 등이었다.

대표회의에서는, 군사, 재무, 외교, 생계, 교육, 노동, 헌법기초 등 독립운동 방침, 국호, 헌법, 독립운동상의 사건들(위침통치 사건, 자유시 사건, 횡령 사건 등), 기관조직 등 독립운동의 역량 강화를 위한 제반 문제들을 논의하여 공통된 방안을 얻고자 하였다.

이러한 국민대표회의에 대한 기대감을 보여주는 축하가가 있다.

국민대표회 축하가

峯生

1. 이천만의 각오로 열린 이 몯음 / 반만년 역사상에 처음 일이니
   싸혓든 감정과 못은 허물을 / 동경의 손을 잡아 다 업시 하라
2. 오날부터 나가는 우리 압길은 / 튼튼한 신궤도에 화목스럽게

일헛든 조국과 너의 자유를 / 어서 급히 차즘도 이에 잇도다

(『독립신문』 1923. 2. 7)

이 노래는 '반만년 역사상에 처음 있는 일'이라고 표현하며 국민대표회의에 거는 기대를 나타내고 있다. 그리고 조국과 자유를 되찾는 지름길이, 바로 국민대표회의에 있다고 밝히고 있다.

이러한 기대감을 가지고 여러 달 동안 회의가 진행되었으나 결국 이 회의는 통일된 결론을 내리지 못하고 결렬되고 말았다. 즉 임시정부를 '개조'하느냐 '창조'하느냐 하는 문제를 두고 논의가 엇갈려 국민대표회의는 공통된 항일 역량을 구축하지 못하고 1923년 5월에 결렬되고 말았던 것이다.

그러나, 국민대표회의는 독립운동의 대동단결을 위해 최초로 개최된 거족적 회의로 역사적 의미가 크다. 비록 임시정부에서 이 회의에 참석하지 않았고 회의에 참석한 각 지역·단체 대표들도 창조와 개조의 문제를 두고 결렬되었으나, 이후에도 지속적으로 독립운동의 통일된 역량 구축을 위한 통일운동이 지속되었다. 만주의 전만통일회(全滿統一會), 부족통일회의(扶族統一會議), 유일당운동(唯一黨運動), 삼부통일회의(三府統一會議), 중국 관내의 정당통일운동, 국내의 신간회 등 대동단결로 통일된 항일 역량을 통하여 조국에서 일본제국주의를 몰아내고 빨리 독립을 쟁취하고자 하는 통일운동은 끊임없이 지속되었던 것이다.

제13장 의열투쟁

일제강점기에 독립을 위한 전략(방략)은 여러 가지였다. 외교활동은 임시정부의 국제적 승인(대한민국이 독립국임을 대외적으로 인정받는 것)·외교적 지원을 받기 위해 활동하는 것이었다. 또 문화계몽운동은 조국의 독립을 위해서는 실력이 필요한데 그 실력을 양성하기 위하여 문화적으로 계몽운동을 전개하는 것이다. 무장항쟁은, 일제의 총칼에 빼앗긴 나라를 독립시키기 위하여 무장력 강화를 통한 직접적인 무력항쟁을 전개하는 것이다. 의열투쟁은 침략의 원흉이나 일제 고관, 친일파 등을 의열 활동에 의해 처단하는 것이다.

1. 의열사 추도가

의열투쟁에 관한 노래는 대체적으로 추도가가 많다. 때로 거사를 앞둔 결의를 맹세하는 노래가 전파되기도 했으나(예를 들어 안중근 의사의 「맹세가」, 「의거가」등) 이는 특수한 경우이고 대개의 경우에는 의열투쟁의 결행 이후에 순국한 지사들을 기리는 추도가가 많다.

① 제목미상

김두봉 작사

1. 一國 남아 이목 갖추고 가슴에 피는 끓어 그 눈물 견디며
   몸던질 곳을 찾아 10년간 헤매이니 이곳이 바로 그 장소이다
2. 郭敬任 등은 다리를 절며 주구 움직임을 보고
   이곳이 바로 그 장소이다 왜놈 누구나 나와 관계 있으니
   나에게 장려의 편지 있다 교만한 자는 죽는다 그 무지개를 보라
3. 황색아 흑색아 안중근 강우규 이들 모두의 벗

그대의 묘에서 운다 혈통 같은 모두가 눈물 흘린다 운다 운다

(『조선독립운동 2』, 464쪽)

김두봉이 부산경찰서에 폭탄을 투척한 박재혁(朴載爀)을 애도하여 지은 노래이다.

노랫말의 '주구 움직임을 보고'는 '부산경찰서를 보고'라는 뜻이다. 황색아는 신라의 무동(舞童) 황창랑(黃倡郞)을 뜻한다. 그는 신라왕에게 백제왕을 죽이기로 약속하고 백제왕궁으로 가서 검무를 추다 백제왕을 죽이고 붙잡혀 죽은 인물이다. 흑색아는 백제의 장군 흑치상지(黑齒常之)를 뜻하는 것으로 보인다. 흑치상지는 백제 멸망 후 패잔병을 모아 백제부흥운동을 일으킨 인물이다. 그러나 뒤에 당나라에 투항한 사실을 보면 흑색아가 과연 흑치상지를 뜻하는지 의문이다.

박재혁은 1920년 의열단에 입단하여 부산경찰서장 살해 임무를 띠고 부산에 들어왔다. 고서상으로 위장한 박재혁은 서장실에 들어가 전단을 뿌린 후 폭탄을 던졌다. 일본 경찰서장은 중상을 입고 박재혁은 그 자리에서 체포된 후 옥중에서 1921년 5월 자결 순국하였다.

② 순국오열사가

1. 이준선생 화란 해아 만국회에서 이놈들아 먹겠거든 먹어보아라
   약소국가 한국 맛을 보아라 하고 배를 갈라 피를 뿌려 순국하시다
2. 안중근씨 왜적 이등 죽일려고서 석달이나 애써 쫓아 다니다가서
   하루빈서 만난 김에 쏘아 죽이고 조국원수 민족악마 잡아죽였네
3. 이봉창씨 소화놈을 죽일려고서 험악한 길 바다 건너 산을 뚫고서
   차고갔던 폭탄 던져 일황 때리니 그놈들은 죽는다고 꼴불견이었다
4. 윤봉길씨 상해에서 때를 기다려 백천대장 중국 침략 먹겠다고서
   홍[구]공원서 천장절을 경축하더니 폭탄 맞아 전멸하니 통쾌하도다
5. 백정기씨 상해 천진 습격할 때에 동에 번쩍 서에 번쩍 번개불같이
   귀신같이 일본놈을 잡아죽이고 조국광복 민족해방 위해 옥사라
6. 청년들아 잊지마라 순국열사들 분골쇄신 억울하게 없어졌지만
   붉은 피와 애국정신 영원 살아서 우리들을 가르치고 있지 않는가

(『배달의 맥박』, 364쪽)

이준, 안중근, 이봉창, 윤봉길, 백정기 등 순국열사들의 애국정신을 본받을 것을

격려하는 노래이다.

이준은 독립협회 평의장 등으로 활동하였으며, 1907년 헤이그 만국평화회의에 이상설, 이위종 등과 함께 밀사로 파견되었다. 그러나 을사늑약 때문에 외교권이 없다는 이유로 회의 참석이 거부되자, 열사는 식음을 전폐하고 단식 순국하였다.

노랫말에 백정기의 옥사가 있는 것으로 보아, 의열투쟁을 주로 하던 사람(혹은 단체)이 1936년 이후에 만든 것으로 보인다.

③ 순국선열추도가

옥인찬 작사 · 작곡

오 선열이여 국사에 피흘린 지 몇 해런가
망국의 한 품에 안고 영원히 잠드셨네
조국애에 불타는 일편단심 나라 위해 몸과 마음 다 바쳤네
원수의 총칼 겁낼손가 일신의 영화 탐낼소냐
오직 민족해방을 향한 충성뿐일세
오 선열이여 장하도다 그대 공적 무엇으로 보답하리
위대한 독립정신 거룩한 자아희생
민족의 힘과 거름되어 우리 그 뒤 따르리니
살아생전 못이룬 뜻 조국광복하는 날에 그대 이름 청사에 길이 빛나리

(『광복의 메아리』, 90쪽)

1937년에 만들어진 노래로 이봉창 · 윤봉길 · 백정기 등 순국지사의 영전에 바쳐졌다.

작사 · 작곡자 옥인찬은, 이 노래 외에 「지평선의 노래」도 작사 · 작곡하였다. 그는 중국 관내 독립운동 진영에서 활동한 음악가였던 것으로 보인다. 어떤 광복군의 회고기에 의하면 광복군 제3지대의 과외활동으로 노래를 부를 때 '테너' 옥인찬의 선창으로 「라 마르세이유」(프랑스혁명곡)를 불렀다고 한다.[1] 옥인찬은 전문음악인으로서 1948년에 김자경 등과 함께 오페라 「춘희」를 공연하기도 했다.[2]

이봉창은 한인애국단에 가입하고 일본으로 들어가 조국침략의 수괴 일왕을 폭살하려다 체포되어 1932년 이치가야(市ヶ谷) 형무소에서 순국하였다.

1) 김문택, 「회고 광복군 시기」, 『한국독립운동사연구』 2, 1988, 694쪽.
2) 김석민, 『한국연예인 반공운동사』, 예술문화진흥회 출판부, 1989, 37쪽.

윤봉길도 한인애국단에 가입하고 상해 홍구공원에서 침략의 수괴 일본군 장성 여럿을 살상하였다. 현장에서 일본군에게 체포되어 1932년 일본 가나자와(金澤) 형무소에서 순국하였다. 꽃다운 청춘을 나라에 바친 의사의 나이 25세였다.

백정기는 3·1운동 후 중국으로 망명하여 무정부주의 운동에 투신한 아나키스트이다. 1933년 상해 육삼정(六三亭)이란 요정에서 주중일본공사 아리요시 아키라(有吉明) 등이 회합한다는 정보를 입수하고 폭살하기 위하여 갔다가 체포되어 순국하였다.

2. 의열단

동지들아 굳게굳게 단결해 생사를 같이하자
어떠한 박해와 압박에도 끝까지 굴함 없이

의열투쟁의 대표적 단체로는 한인애국단, 의열단 등이 있었다. 기타 무정부주의자들이 만든 단체에 의한 의열투쟁도 있었으나 두드러지게 활동한 것은 위 두 단체였다.

한인애국단은 임시정부의 김구가 주도하여 만든 것이다. 1930년대 초 당시 중국 관내에서는 독립군에 의한 무장활동이 불가능하였다. 따라서 적은 인원으로 효과를 보기 위한 항일투쟁으로 의열투쟁이 선택되었던 것이다.

이전에 임시정부에는 김구가 주도하는 특무대가 있었는데, 이것이 이봉창 의거를 계기로 한인애국단으로 되었다. 한인애국단 입단선서는 다음과 같다. "나는 적성으로써 조국의 독립과 자유를 회복하기 위하여 한인애국단의 일원이 되어 적국의 수괴를 도륙하기로 맹세하나이다." 이봉창의 일왕 저격 의거, 윤봉길의 상해 홍구공원 의거 등은 모두 이 한인애국단에서 결행한 것이다.

의열단은 1919년 만주 길림에서 김원봉, 황상규, 이종암, 윤세주 등이 조직한 단체로, 적 암살, 적 기관 파괴 등의 의열투쟁을 목표로 삼았다. 만주에서 조직되었으나 주로 중국 관내에서 활동하였다. 의열단 활동으로는, 곽재기의 조선총독부 관공서 폭파기도 사건, 최경학의 밀양경찰서 폭탄투척 사건, 박재혁의 부산경찰서 폭탄투척 사건(이상 1920년), 김익상의 조선총독부 폭탄투척 사건(1921년), 나석주의 동양척식회사 폭탄투척 사건(1926년) 등이 있다.

이렇듯 의열투쟁은 대일항전에서 많은 성과를 올렸으나 개인적 테러에 의해 일제통치를 무너뜨릴 수는 없었다. 따라서 윤봉길 의거 이후 한인애국단이나 의열단 등에서는 종래의 개인 테러 활동에서 한 걸음 나아가 무장력 강화를 통한 무력항쟁 노선으로 전환하게 되었다.

우선 김원봉은 만주사변 후에 의열투쟁에서 무력항쟁으로 노선을 전환하고 군사정치학교를 설립한다. 또 임시정부의 김구 주석은 장개석과 회담 후 관내에서 독립군 양성을 위하여 낙양군관학교를 설립하기로 하고 만주의 한국독립군 장령의 관내 이동을 요청하였다. 낙양군관학교 설립에는 의열단도 동참하여 의열단원을 입교시켰다.

이러한 방향 전환 후에 의열단에서 부르던 노래가 있다. 이들 노래는 무력항쟁으로 방향을 전환한 후에 부른 노래이기 때문에 '의열투쟁의 노래'라고 할 수 없으나 의열단에서 주로 부르던 노래로서 의미가 있다.

① 혁명가

1. 동지들아 굳게굳게 단결해 생사를 같이하자
   어떠한 박해와 압박에도 끝까지 굴함 없이
   우리들은 피끓는 젊은이 혁명군의 선봉대
   우리들은 피끓는 젊은이 혁명군의 선봉대
2. 닥쳐오는 결전은 우리의 필승을 보여주네
   압박없는 자유의 독립을 과감히 쟁취하자
   우리들은 피끓는 젊은이 혁명군의 선봉대
   우리들은 피끓는 젊은이 혁명군의 선봉대

(『배달의 맥박』, 341쪽)

개별적 의열투쟁에 한계를 느낀 김원봉은 중국 황포군관학교에서 군사교육을 받고 군사행동을 목표로 방향전환을 하게 된다. 그리고 1932년부터 남경 교외에서 조선혁명군사정치간부학교를 운영하였다(이 간부학교에 대해서는 ②「교가」참조). 위 노래가 언제 만들어진 것인지는 확인되지 않지만 간부학교에서 이 노래가 불린 것은 확실하다.

이 간부학교에 관한 일제의 기록에는, 야외훈련 때 각종 군가를 불렀다고 하면서 위 노래를 인용하고 있다. 제목이 「군가」로 되어 있으며 후렴 부분은 위 인용

노래와 같지만 노랫말 표현이 약간 다르다.[3]

일제 기록에 따르면 이 노래는 4절까지 있었다고 한다. 그리고 '혁명군의 선봉대'란 표현으로 보아 이 노래는 의열단 초기부터 불린 것이 아니라 의열단이 군사행동을 목표로 방향전환을 한 이후에 불리던 것임을 알 수 있다.

이후 중국 관내지역에서 민족혁명당(의열단, 신한독립당, 조선혁명당, 한국독립당 등의 대동단결체)이 조직된 후, 민족혁명당 군사부원들이 이 노래를 불렀던 것으로 보인다.『배달의 맥박』에 이 노래의 제공자가 신화균으로 되어 있는데, 신화균은 만주 한국독립군 출신으로 낙양군관학교를 졸업하고 민족혁명당 군사부원으로 활동한 바 있었다.

② 교가

1. 꽃피는 고국은 빛 잃고 물이 용솟음치듯 대중은 들끓는다
   억압받고 빼앗긴 우리 삶의 길 들끓는 것만으로 되찾을 수 있으랴
   갈 길 방황하는 동포들이여 오라 이 곳 배움의 마당으로
2. 조선에서 자라난 아이들이여 가슴의 핏줄기 들끓는 우리 동포여
   울어도 소용없다 눈물 머금고 결의 굳게 모두 일어서라
   한을 푸는 성스러운 싸움에 필승의 의기 이 곳에 용솟음친다

(한상도, 1994, 266쪽)

1932년 10월 남경 교외에 설립된 조선혁명군사정치간부학교의 교가이다.

이 학교의 정식명칭은 중국국민정부 군사위원회 간부훈련반 제6대였고 의열단에서 운영하였다. 만주사변 이후 고조되는 항일전쟁 분위기와 윤봉길의 상해 의거를 바탕으로 중국 군사당국과 의열단 사이에 제휴가 성립되어, 이 학교가 설립되었다. 이 학교에는 1~3기에 걸쳐 125명이 입학하였다.

위 노래는 남경에 사는 '한학자'가 작사하고 작곡 경험이 있는 한 입교생이 곡을 만들었다고 한다. 이 입교생은 정률성인 것으로 보인다. 정률성은 1934년 위 학교를 졸업하였으며, 이후 중국공산당에 가입하고 노신예술학원 음악교사로 있었다.

---

3) '자유의 독립'이 '자유사회', '쟁취'가 '戰取'로 되어 있다. 한상도,『한국독립운동과 중국군관학교』, 문학과지성사, 1994, 268쪽.

제14장 조선의용군

1. 조선의용군 군가

1942년 8월 태항산에서 화북조선독립동맹(주석 김두봉)이 결성되었는데 조선의용군은 그 산하 의용군으로 탄생하였다. 그러나 조선의용군의 뿌리는 조선의용대에 있다. 조선의용대는 1938년 10월에 의열단 및 사회주의자들을 중심으로 하여 한구(漢口)에서 탄생했다. 처음에는 '의용군'으로 하려 했으나 중국 측에서 그 규모가 별로 크지 않으니 '군'보다 '대'로 하는 것이 좋겠다고 하여 '조선의용대'로 불렀다. 초기 의용대는 의용대장 김원봉을 비롯하여 100여 명으로 주로 정치·선전활동을 전개하였다. 조선의용대는 선전활동을 할 때 「아리랑」, 「낙화암」 등의 노래와 아울러, 「우리는 격변의 시대에 싸우고 있다」, 「민족해방가」, 「자유의 빛」 등의 창작노래를 불렀다고 하는데 노랫말과 곡은 전해지지 않는다.[1]

다만 「조선의용대 아리랑」이 전해지고 있다.

조선의용대 아리랑

1. 아리랑 아리랑 아라리요 / 아리랑 고개는 원한의 고개
2. 아리랑 아리랑 아라리요 / 아리랑 고개에 깃발이 펄펄

(「MBC 3·1절 특별기획 – 아리랑 아라리요(2)」)

이 노래는 각 절마다 한 사람의 선창에 이어 중창이 이어지고 있다.

아리랑 고개는 1절에서 원한의 고개로 등장하고 2절에서는 깃발이 날리는 고개로 등장한다. 이별과 한을 극복하고 독립의 희망을 노래하고 있는 것이다. 그런데 노랫말 중 '깃발이 펄펄'이란 대목은 「광복군 아리랑」(김학규 작사)의 '한양성 복판에 태극기 펄펄 날리네'라는 대목과 비교된다. 조선의용대 아리랑에서는 '태극

---

1) 양소전·이보온, 『조선의용군 항일전사』, 고구려, 1995, 170쪽.

기 펄펄'이 아니라 일반적인 '깃발이 펄펄'로 표현된 것이다.

조선의용대의 이념적 성격을 한 마디로 규정하기는 어렵지만 굳이 표현하자면 '민족주의적 사회주의'라 할 수 있을 것이다. 이러한 점에서 아리랑이라는 민족적 정서의 노래를 부르면서도 노랫말에는 태극기라는 표현을 피하고 그냥 '깃발'로 표현한 것으로 보인다. 그렇다고 해서 조선의용대가 태극기를 배척한 것은 아니다. 그런데 이러한 조선의용대의 민족적 입장은 후술하듯이, 조선의용대 주력이 북상하여 조선의용군으로 개편되면서 그나마 퇴색하게 된다.

1940년 중경에서 대한민국임시정부 산하의 국군으로 한국광복군이 탄생하였다. 이와 동시에 중국공산당은 자신들의 근거지인 화북지역으로 조선의용대를 이동시키려고 하였다. 이에 따라 조선의용대 주력은 태항산으로 이동한다.

이후 남아 있던 조선의용대가 한국광복군 1지대로 편입됨에 따라, 화북지역의 조선의용대는 1941년 6월에 항일의용군을 건립하였고 곧 이어 1942년 화북조선독립동맹이 결성되자 조선의용군으로 명칭을 바꾸었다. 조선의용군의 총사령은 무정, 부사령은 박효삼·박일우였다.

조선의용군은 사회주의 정치이념을 지닌 군대로 태항산에서도 중공 팔로군과 같이 활동하였다. 그리고 사회주의의 국제주의 원칙, 즉 일국일당주의에 따라 활동하였다. 조선의용군의 노래가 몇 가지 전해지나 종합적으로 볼 때 '독립운동가'는 적고 '사회주의가'가 많은 편이다. 조선의용군에서 활동하던 전문음악인으로는 앞서 언급한 정률성이 있었는데, 그는 '조선 독립'을 내용으로 한 노래는 많이 작곡하지 않았고 중국공산당과 연관된 사회주의가를 많이 작곡하였다. 그는 「연안송」, 「연수요」, 「10월혁명행진곡」, 「항전돌격운동가」, 「생산요」, 「팔로군대합창」, 「아랑에게」 등의 곡을 남겼다.

조선의용군에서 부르던 행진곡 몇 가지가 기록에 나온다.

①-1 의용군의 행진곡(조선의용군의 노래)

정률성 작곡

- 조국에의 진군 준비 -
중국의 광활한 대지 위에 조선의 젊은이 행진하네
발을 맞춰 나가자 다 앞으로
지리한 어둔 밤이 지나가고 빛나는 새 아침이 닥쳐오네

우렁찬 혁명의 함성 속에 의용군 깃발이 휘날린다
나가자 피끓는 동모야 뚫어라 원수의 철조망
양자와 황하를 뛰어넘고 피묻은 만주벌 결전에
원수를 동해로 내어 몰자 전진 전진 광명한 저 앞길로

(이정식 · 한홍구 엮음, 1986, 100 · 320쪽)

①-2

중국의 광활한 대지 위에 조선의 젊은이 행진하네
발맞춰 나가자 모두 앞으로
지리한 어둔 밤 지나가고 빛나는 새날이 닥쳐오네
우렁찬 행진의 함성 속에 의용군 깃발이 휘날린다

(김사량, 1989, 393쪽)

①-2의 노랫말은 앞의 노랫말과 비교할 때 앞 4행에서 약간 다르고 뒤 3행은 없다. 이 노래는 의용군의 군사행진 때 외에도 불렀는데 예를 들어 황무지를 개간하러 가는 길에도 불렀다고 한다. 『노마만리』에는 이 노래를 부르는 정황이 다음과 같이 묘사되어 있다.

새벽 조련이 시작된 모양이었다. 이윽하여 대오 하나가 소리 높이 행진곡을 화창하면서 집옆을 지나간다. 창문으로 내다보니 삐죽삐죽 곡괭이니 호미를 둘러메고서 행렬을 지어 오지산을 향하여 개황하러 가는 길이다.……기운찬 걸음걸이로 몰려 올라가며 부르는 노래는 "중국의 광활한 대지 위에……"2)

이 노래의 작곡자는 정률성이다. 정률성의 처 정설송은 조선혁명군정학교 교육장으로 있던 정률성이 「조선의용군행진곡」을 창작하였다고 기록하였다.3) 정률성은 연안에 있던 조선인 가운데 유일한 전문음악인이었다.

② 진군가

더럽힌 동방 하늘 전운을 뚫고 / 광명은 불꽃같이 굽이쳐 빛나

---

2) 김사량, 『노마만리』, 동광출판사, 1989, 393쪽.
3) 정설송, 「영원한 기억」, 『중국인민해방군가의 작곡가 정률성(1) - 그의 삶』, 형상사, 1992, 99쪽.

뛰노는 가슴 파도 쇠북 치나니 / 사무친 원한 풀러 나가자
(후렴) 우리 자유 우리 행복 우리나라 / 이 주먹 이 총칼로 빼앗아오자

(『중국조선족문학사』, 182쪽)

자유와 행복을 되찾기 위해 진군하자는 의용군의 노래이다.

③ 독립행진곡

압록강을 건너가자 조국을 찾아 / 푸른 물결 출렁출렁 희망 부른다

(이정식 · 한홍구 엮음, 1986, 100쪽)

압록강을 건너 조국으로 진군하고자 하는 조선의용군의 바람을 담은 노래이다. 이 노래는 작사 · 작곡자가 확인되지 않으나 일제의 패망을 목전에 둔 시기에 만들어진 것으로 보인다.

조선의용군 전신으로서의 항일의용군은, 화북지역에서 팔로군과 함께 호가장(胡家莊)전투 · 반소탕전(反掃蕩戰) 등을 전개하였다. 이 전투에서 의용군이 많은 희생자를 내게 되자 이후 중국공산당은 조선의용군을 보호하며 전투에 내세우지 않는 방침을 취하게 되었다.

이들 전투에서 손일봉, 주동욱, 최철호, 왕현순, 윤세주, 김창화, 호유백 등 십수 명이 전사하였는데 항일전투에서 전사한 조선의용군을 추도하는 노래가 있다.

조선의용군추도가

김학철 작사, 柳新 작곡

사나운 비바람이 치는 길가에 / 다 못가고 쓰러지는 너의 뜻을
이어서 이룰 것을 맹세하노니 / 진리의 그늘 밑에 길이길이 잠들어라
불멸의 영령

(이정식 · 한홍구 엮음, 1986, 268쪽)

조선의용군에서 전사자들을 안장할 때 부르던 노래이다. 김학철의 회고에 따르면 태항산으로 이동한 후 새 추도가를 만들라는 '상부의 지시'에 의해 이 노래를 만들었고, 조선의용군 문명철을 안장할 때 이 추도가를 불렀다고 한다.[4]

---

4) 김학철, 『최후의 분대장』, 문학과지성사, 1995, 251~252쪽.

작곡자 유신(본명 金容燮)은 당시 김학철과 함께 조선의용군 선전부에 있었다. 유신은 하모니카를 가지고 이 노래를 작곡하였다고 한다.

2. 진중가요

에 – 라 에라 에라 호호메야
호메 호메를 메고 가자

조선의용군에서는 「망향가」, 「그리운 조선」, 「고향이별가」 등 조국에 대한 그리운 정서를 표현한 노래들을 불렀다.[5] 그런데 이들 노래를 조선의용군에서 창작했는지의 여부는 확인되지 않지만, 아마 이전부터 있던 망향의 노래일 가능성이 크다.

앞서 언급했듯이 조선의용군은 중국공산당, 팔로군과 함께 행동했다. 따라서 진중가요로 중국공산당 노래를 많이 불렀을 것으로 추측되는데, 그 가운데 조선의용군에서 만든 노래가 '있어 주목된다.

① 미나리타령

이화림 작사, 정률성 작곡

미나리 미나리 돌미나리 / 태항산 골짜기 돌미나리
한두 뿌리만 뜯어도 / 대바구니에 찰찰 넘치누나
에헤야 데헤야 좋구나 / 어여라 뜯어라 지화자자 캐여라
이것도 우리의 혁명이란다

(김재국 주편, 1993, 185쪽)[6]

남동무들은 곡괭이 메고 / 태항산 골짜기로 올라가서
한포기 두포기 드덜기 빼고 / 감자를 두둥실 심는구나

(이이화, 1992, 16쪽)

---

5) 조성일 · 권철 주편, 『중국조선족문학사』, 연변인민출판사, 1990(대구 : 중문출판사 영인, 1991), 183쪽.
6) 이정식 · 한홍구 편, 『항전별곡』, 거름, 1986, 317쪽에는 노랫말이 약간 다르게 되어 있다. 돌미나리→들미나리, 골짜기→강변에, 뿌리→포기, 넘치누나→넘는구나.

태항산의 조선의용군이 나물을 뜯을 때 부르던 노래이다. 원래 곡은 「도라지타령」. 이 노래는 이화림의 부탁으로 정률성이 작곡하였다고 하는데, 「도라지타령」을 편곡해서 만든 것으로 보인다.

작사자 이화림은 이춘실이 본명으로 상해에서 김두봉의 소개로 한인애국단에 가입하였다. 윤봉길이 거사를 앞두고 홍구공원에 정탐을 갈 때 동행한 인물이 바로 이 이화림이다. 1935년 민족혁명당 부녀국 위원으로 활동하였고 조선의용대(후일 조선의용군)에 참가하였다.

『중국조선족 항일녀투사들』에는 「미나리타령」을 부르던 정황이 다음과 같이 기록되어 있다.

봄과 여름에는 여성들이 산골짜기를 누비며 미나리를 캐어다 찝찔씁쓰레한 돌가루를 소금삼아 쳐서 김치도 담그고 피마주 기름을 좀 두고 볶기도 해서 미나리겨떡과 같이 먹기도 하였으며……황무지를 개간하는 전사들도 이런 것밖에 먹지 못하였다……「도라지타령」 곡에다 맞추어 이화림이 지은 「미나리타령」은 태항산 골짜기에 메아리쳤다.[7]

② 호메가(호미가)

유동호 창작

동산천리 돋으신 해는 / 점심 때가 되어 온다
에 - 라 에라 에라 호호메야 / 호메 호메를 메고 가자

(이정식·한홍구 엮음, 1986, 320쪽)

조선의용군에서 부르던 일종의 노동요이다.

조선의용군 유동호가 연안 서남쪽 감천에서 황토고원을 일구어, 기장과 메밀을 심어 놓고 푸르른 밭에서 김을 매면서 창작한 노래이다. 1944년 의용군 제1구분대에서 추석날 문예공연을 할 때 이 노래가 발표되었다.

당시 조선의용군은 연안에서 황무지 개간활동을 하였다. 제1구분대는 연안 서남쪽 30리 가량의 감천에서 황무지 산을 일구었다. 제2구분대는 연안 동쪽의 고얼구 산골짜기에 땅을 파서 움집을 지었고 제3구분대는 사령부 주둔지에 함께 있었다. 사령부가 있는 나가평에서는 20여 무의 황토고원을 개간하여 조, 보리 등을

---

7) 김재국 주편, 『중국조선족 항일녀투사들』, 료녕민족출판사, 1993, 185쪽.

심었고 채소도 가꾸었다.8)

이렇듯 황무지 개간 등의 격중한 생산활동 속에서 「호메가」라는 노동요가 탄생하였던 것이다. 작곡자는 정률성인데 우리 가락에 맞추어 새로 「호미가」를 만들었다고 한다.9)

위 두 곡의 진중가요를 보건대 조선의용군이 생산활동을 중시했음을 알 수 있다.

8) 이정식 · 한홍구 엮음, 앞의 책, 318~319쪽.
9) 이이화, 「천재 음악가 정률성」, 『중국인민해방군가의 작곡가 정률성(2) - 그의 음악』
    (정설송 엮음), 1992, 16쪽.

제15장 광복군

1940년 9월 17일 중경 가릉빈관에서 한국광복군이 창군되었다. 식장 정문에는 태극기가 교차되어 나부끼고 또 식장 안 단상에도 대형 태극기가 걸렸다. 강단 좌우로는 태극기와 중국 국기가 교차되어 걸렸다.

이 창군식에는 임시정부 김구 주석 등 임정 요인과 내외국의 내빈이 참석하여 광복군의 전도를 축하하였다.

한국광복군은 임시정부의 국군으로 탄생하였다. 그리고 그 군사적 맥락은 구한말 외세를 물리치고자 일어선 의병, 3·1독립만세운동, 만주·노령의 가열찬 항일 무장투쟁 등의 맥을 이은 것이었다. 즉 경술망국 이후 전개되던 직접적 항전의 모든 맥을 이어 임시정부의 국군으로 탄생한 것이다. 이로써 임시정부는 공식적 대일전쟁의 기초를 확보하게 되었다.

한국광복군의 목표와 성격은 다음 문건에 잘 나타나 있다.

한국광복군은 혁명적 수단으로 원수 왜적의 침탈 세력을 박멸하여 국토와 주권을 완전히 광복하고 정치, 경제, 교육의 균등을 기초로 한 새로운 민주공화국을 건설하여 안으로는 국민 각개의 균등생활을 확보하며 밖으로는 민족과 민족, 국가와 국가 간의 평등을 실현하고, 나아가 인류와 일가가 되어 공존 공영을 촉진함을 당면 임무로 한다.

한국광복군은 한국 임시정부에 직할된 한국의 국군이다. 임시정부가 삼천만 대중의 공유한 혁명기관인 만큼 광복군도 당연히 삼천만 대중의 공유한 군사기구가 되는 것이다.[1]

광복군의 통수는 임시정부 주석 김구이고 총사령관은 이청천, 그리고 유동열·

---

1) 이청천, 「적구내 동지 동포에게 고함」, 『항일선언·창의문집』(유광열 편), 서문당, 1975, 253쪽.

이범석·이준식·김학규·공진원·황학수·조성환·조경한·이달수 등 만주 무장항일운동을 전개하던 인사들이 이 광복군 창군에 참여하였다. 광복군은 초기 목표에서, '최소한' 3개 사단의 편제를 통해 조국강산에서 일제를 구축할 것을 내세웠다. 이러한 목표 아래 광복군은 적후방공작, 초모활동, 선전활동, 적과 교전, 외국군(미국·영국·중국)과의 합작, 군사교육활동 등을 전개하였다.

한국광복군은 해방 전 항일무장세력 중 인원 면에서 가장 많았고[2] 대적(對敵) 활동에 있어서도 영국군과의 인도·버마 연합작전, 미군과의 OSS 작전, 중국군과의 제3전구·제9전구 연합작전 등 연합군과 폭넓은 연합작전을 전개하였다.

그리고 무엇보다도 광복군은 임시정부 산하 국군이었다. 당시 화북지역의 조선의용군이나 소련 영내의 88여단 등도 항일무장단체로 존재하고 있었으나 이들은 공산주의의 국제주의 원칙에 따라 중국공산당 혹은 소련공산당에 가입해 있었다.

1. 광복군 군가 - 지대가

한국광복군은 앞서 언급한 대로 초기에 최소 3개 사단 편제를 목표로 내세웠다. 그리하여 사단 편성 전까지 우선적으로 지대 편성을 하게 되었다. 따라서 광복군 지대는 바로 전투부대를 의미함과 동시에 장래 큰 단위 부대로 성장하기 위한 전초적 부대인 것이다. 해방 전 광복군은 3개 지대를 보유하고 있었다. 이들 지대의 지대가는 다음과 같았다.

① 광복군 제1지대가

1. 동지들아 굳게굳게 단결해 생사를 같이하자
   여하한 박해와 압박에도 끝까지 굴함 없이
   우리들은 피끓는 젊은이 광복군 제1지대
2. 닥쳐오는 결전은 우리의 필승을 보여주자
   압박없는 자유와 독립을 과감히 쟁취하자
   우리들은 피끓는 젊은이 광복군 제1지대

(『광복의 메아리』, 96쪽)

---

2) 한국광복군 700여 명, 조선의용군 400여 명, 88여단 100여 명.

광복군 제1지대의 지대가이다. 원래 조선혁명군사정치간부학교(의열단 경영), 민족혁명당에서 부르던「혁명가」에서 '혁명군의 선봉대'를 '광복군 제1지대'로 바꾸어, 조선의용대가 광복군에 편입된 이후 광복군 지대가로 불렸다.

광복군의 초기 부대 편제는, 참모장 이범석, 1지대장 이준식, 2지대장 공진원, 3지대장 김학규 등이었다. 여기에 무정부주의 계열의 무장단체인 한국청년전지공작대가 1941년 1월 5지대(지대장 나월환)로 편입되었다.

1942년에는 조선의용대도 광복군에 편입되어 관내 항일무장단체의 대동단결을 이룩하였다. 조선의용대는 광복군 제1지대가 되고 의용대 대장이던 김원봉이 그 지대장(부사령 겸직)이 되었다. 김원봉이 임시정부 군무부장이 된 이후에는 송호성·채원개가 차례로 1지대장을 역임하였다.

제1지대 본부는 중경에 있었고, 각 구대가 호북성 노하구(老河口 : 제5전구), 절강성 금화(金華 : 제3전구)에서 심리전 등의 항일전을 전개하였다.

② 광복군 제2지대가

이해평 작사, 한유한 작곡

총 어깨 메고 피 가슴에 뛴다
우리는 큰 뜻 품은 한국의 혁명청년들
민족의 자유를 쟁취하려고
원수 왜놈 때려 부수려 희생적 결심을 굳게 먹은
한국광복군 제2지대
앞으로 끝까지 전진 앞으로 끝까지 전진
조국독립을 위하여 우리 민족의 해방을 위해

(『광복의 메아리』, 97쪽)

광복군 제2지대의 지대가이다.

광복군 창설 이후 2지대(지대장 고운기)는 수원성(綏遠省) 포두(包頭)에서 초모활동 등을 전개하였다. 한편 조선의용대가 광복군 제1지대로 편입됨에 따라 종래의 1·2·5지대를 아울러서 새로 2지대를 편성하였다. 이 때 지대장은 이범석이었다. 2지대는 초기의 1·2·5지대를 통합하였고 이후에도 지속적 초모활동을 통하여 다른 지대에 비하여 병력 수가 가장 많았다. 본부는 서안에 있었다.

제2지대는 산서성, 하남성, 하북성 등지에서 적후공작과 항일전을 전개하였다.

그 과정중에 김유신, 이한기, 문학준, 정상섭 등이 태항산(太行山)에서 전사하였다. 1945년에는 국내 지하군 건설을 위하여 미군과 합작하고 OSS훈련을 받았다.

작곡가 한유한(한형석)은 상해신예예술대학(上海新藝藝術大學)을 졸업하고 한국청년전지공작대에서 선전활동을 하였고 광복군 제2지대에서 장교로 복무하였다.

작사가 이해평(이재현)은 중산대학 2년을 다니다 독립진영에 가담하여 광복진선청년공작대와 한국청년전지공작대에서 활동하였다. 광복군 2지대 본부요원으로 OSS훈련도 받았다.

③ 광복군 제3지대가

장호강 작사 · 작곡

1. 조국의 영예를 어깨에 메고 / 태극기 밑에서 뭉쳐진 우리
   독립의 만세를 높이 부르며 / 나가자 광복군 제3지대
2. 첩첩한 산악이 앞을 가리고 / 망망한 대양이 길을 막아도
   무엇에 굴할소냐 주저할소냐 / 나가자 광복군 제3지대
3. 굳세게 싸우자 피를 흘리며 / 총칼이 부러져도 열과 힘으로
   원수의 무리를 소멸시키러 / 나가자 광복군 제3지대
4. 뛰는 피 끓는 정열 모두 바쳐서 / 철천지 원수를 때려부수고
   삼천리 내 강산 도로 찾으려 / 나가자 광복군 제3지대

(『광복의 메아리』, 98쪽)

광복군 제3지대의 지대가이다.

지대장은 김학규. 김학규 외 7명의 광복군은 안휘성 부양에 거점을 마련하고 적 점령지로 지하공작원을 파견하였다. 그리하여 온갖 고난 속에서 초모공작을 통하여 제3지대가 발전하였다. 장준하, 김준엽 등 학병탈출자 수십여 명이 광복군에 입대한 것도 이 제3지대를 통해서였다.

제3지대는 다른 지대에 비하여 지하공작 활동을 많이 전개하였다. 또 1945년에 미군과 합작하여 국내 지하군 건설을 위한 OSS훈련을 전개하였다.

작사 · 작곡자 장호강은 광복군 제3지대 부관주임이었다. 해방 후 독립군가보존회를 조직하고 『광복의 메아리』를 편찬하기도 하였다.

2. 광복군 군가-용사의 노래

조국광복 쟁취하려 목숨을 걸고
원수들의 경계망도 아랑곳없이

광복군이 활동하던 1940년대는, 주관적 역량으로 보면 광복군의 탄생으로 대일항전이 구체화되던 시기임과 동시에 객관적 상황으로 보면 일본의 중국석권 및 태평양전쟁이 있었던 시기이다. 세계대전이란 상황은, 일면으로 제국주의 일본의 대외침략이 가속화되면서 전선이 확장됨과 동시에, 다른 일면으로 그 전선의 확장 가운데 한국광복군의 역할이 제고되는 것을 의미했다. 즉 한국광복군의 대일전 참여는, 조국강산에서 일제를 구축하고 삼천만 동포의 자유를 되찾는 것임과 아울러 세계질서 속에서 한국의 위치를 다지는 것이었던 것이다.

이러한 상황 속에서 광복군 전사들은 조국을 찾는 '용사'로서의 자신들의 역할에 대하여 더욱 의지를 굳혔다. 다음 노래들은 목숨을 아끼지 않고 조국광복전선에 나선 광복군 용사들의 모습을 담고 있다.

① 광복군 지하공작대가

장호강 작사·작곡

1. 조국광복 쟁취하려 목숨을 걸고 / 원수들의 경계망도 아랑곳없이
   대담무쌍하게 적진깊이 뚫고 들어가 / 애국동지 초모하는 지하공작대
2. 북경 천진 개봉 귀덕 박현 녹읍과 / 제남 청도 서주 방부 남경 상해에
   화북 화중 화남 땅의 어느 곳이든 / 동분서주 활동하는 지하공작대
3. 진포선과 경한선을 종으로 잡고 / 역수 황하 양자강을 횡으로 삼아
   종횡무진 수만리길 중국 대륙을 / 주름잡듯 날고 뛰는 지하공작대
4. 중국말과 일본말을 구사하면서 / 가지각색 복장으로 변장을 하고
   원수들의 총앞에도 웃음 띄우며 / 신출귀몰 광복군의 지하공작대

(『광복의 메아리』, 99쪽)

광복군은 지하공작을 많이 전개하였다. 초모활동, 광복군 거점 확보, 선전활동 등이 적 후방지역의 지하공작을 통하여 이루어졌다. 북평, 석가장, 천진, 태원, 서주, 청도, 제남, 개봉, 방부(蚌埠), 박현(亳縣), 귀덕(貴德), 회하, 상해, 남경, 무한(이상 제3지대 활동지), 태원, 노안, 태항산, 초작, 신향, 개봉, 낙양, 정주, 석가장,

북경(이상 제2지대 활동지), 노하구, 금화, 건양, 소주, 남창(이상 제1지대 활동지) 등 각지에서 광복군 지하공작대가 활동하였다.[3]

　적후공작의 지하거점은 사진관, 양복점, 희락관(喜樂館), 여관 등 다양했다. 광복군의 초기 지하공작은 점 대 점의 방식으로 이루어져 횡적인 연관성이 희박하였다. 따라서 대규모의 활동을 전개하는 데는 무리가 있었지만, 그만큼 왜적의 정탐망을 피하면서 확실한 성과를 올릴 수 있었다. 또한 애석하게 지하공작원이 체포되더라도 그 피해를 최소한으로 줄일 수 있었다.

　그런데 1945년에 접어들면서 지하공작대의 체계는 피라미드형도 겸하게 되었다. 한 명의 지역공작 책임자 아래 몇 명의 공작원이 있고 그 아래 다시 각자의 세포 동지가 있는 식이었다. 이 조직체계는 여러 광복군 지하공작대의 희생을 수반하는 것이었지만 일제의 패망을 앞둔 시기에 많은 성과를 올리기도 했다.[4]

　이서룡, 정태희, 이해순, 권혁상, 송병희, 정윤희, 백정현, 김천성(이상 제2지대), 한성수(제3지대) 등이 왜적에게 체포되어 순국하였고, 홍순명, 김영진, 이장식, 박윤기, 김윤택(이상 제3지대) 등이 체포되어 옥고를 치렀다.[5]

② 선봉대가

이두산 작사 · 작곡

　백두산이 높이 솟아 길이 지키고 / 동해물과 황해수 둘러 있는 곳
　생존과 자유 얻기 위한 삼천만 / 장하고도 씩씩한 피 뛰고 있도다
　한 깃발 아래 힘있게 뭉쳐 용감히 나가 / 악마같은 우리 원수 쳐물리치자
　우리들은 삼천만의 대중 앞에서 / 힘차게 걷고 있는 선봉대다

(『광복의 메아리』, 91쪽)

　1938년 이두산이 한구에서 지은 노래로 광복군의 대표적 노래이다.
　이 노래는 원래 조선의용대의 노래였던 것으로 보인다. 이두산은 조선의용대의 편집위원으로, 문화 · 선전 활동을 위하여 위 노래를 작사 · 작곡하였던 것으로 추측된다.
　그런데 박효삼, 윤세주, 이익성 등 사회주의 진영에 가까운 조선의용대가 중국

　3) 한시준, 『한국광복군연구』, 일조각, 1994.
　4) 김문택, 「회고 광복군 시기」, 『한국독립운동사연구』 2, 1988, 676쪽.
　5) 한시준, 앞의 책, 200쪽 ; 김문택, 앞의 글.

공산당 팔로군의 지역으로 북상하자, 잔류한 김원봉, 이두산 등의 조선의용대는 이미 창설된 임시정부 산하 국군인 광복군에 합류하게 된다. 조선의용대는 광복군 제1지대로 편입되고 이 노래도 광복군의 군가로 불리게 되었던 것이다.

노랫말 가운데 '삼천만 대중'이 나온다. 1910~20년대에는 우리 동포의 수가 '이천만'으로 되어 있는데, 1930년대에 들어서 삼천만으로 된다.

③ 특전용사의 노래

이신성 작사

1. 비가 오나 눈이 오거나 거센 바람 휘몰아쳐도
   바위같이 굳은 의지는 우리들의 기상이로다
2. 어서 가자 특전용사야 조국강산 다시 찾으러
   정의로운 총칼을 들고 앞을 향해 나아가리라
3. 대포소리 땅을 울리고 원수 무리 쏟아져 와도
   걸음마다 피를 흘린들 최후까지 싸워 이기리
4. 산을 넘고 바다를 건너 조국땅을 밟는 그날에
   원수들을 쫓아버리고 태극깃발 높이 날리리

(『광복의 메아리』, 106쪽)

제3지대 OSS 특전훈련대 용사들의 노래이다.

제2차 세계대전이 막바지에 이르게 되자, 광복군은 신속한 조국 진공작전을 계획하였다. 이 전략계획은 세 가지였는데, 첫째 광복군 주력이 동북(만주)지역으로 진군하여 국경을 넘어 국내로 진공하는 것, 둘째 특수훈련을 받은 광복군 기간요원을 국내로 밀파하여 지하군을 건설하고 항전의 기초를 형성하는 것, 셋째 태평양의 미군과 합작하여 국내 상륙작전을 전개하는 것이었다.

이 가운데 우선적으로 두번째 작전이 미군의 원조를 받아 실시되었다. 통칭 OSS훈련이라고 한다.

제2지대 50명은 서안 부근 두곡(杜曲)에서 특수훈련을 받았고, 제3지대 23명은 입황(立煌)에서 특수훈련을 받았다. 이들은 무전, 독도법, 첩보작전, 사격, 폭파, 도강 등 유격활동을 전문적으로 훈련받았다.

노래의 작사자 이신성은 제3지대 대원으로 OSS훈련에 참가하였다.

④ 용사들의 노래(진군나팔)

1. 날이 밝는다 진군하자 / 보무당당히 용사들아
   깊은 강물과 높은 준령을 / 단숨에 넘어 달려가자
2. 나팔 울렸다 돌격하자 / 용감무쌍한 용사들아
   나의 조국과 겨레 위하여 / 원수와 싸워 이기리라

(『광복의 메아리』, 106쪽)

1940년대 광복군의 노래이다. 곡은 「Darling Corry」.

⑤ 광복군 항일전투가

송호성 작사

1. 동반도의 금수강산 삼천리 땅은 / 반만년의 긴 역사를 자랑하였고
   그 품에서 자라나는 모든 영웅은 / 누구든지 우리 위해 피를 흘렸다
   본받아라 선열들의 자유의 독립을 / 쟁취하기 위하여 싸워죽었다
2. 삼십여년 흑암 속에 노예 생활은 / 자나깨나 망국한을 잊을 수 없다
   천고의 한 우리 원수 그 누구인가 / 삼도왜놈 제국주의 조작 아닌가
   때가 왔다 우리들의 복수할 시기가 / 너와 나의 피로써 광복에 바치자
3. 광복군의 용사들아 일어나거라 / 총칼 배낭 둘러메고 앞을 향할 때
   번개눈을 부릅뜨고 고함지를 때 / 살기 돋는 두 주먹은 발발 떠노라
   싸우자 침략자 우리 강토서 / 몰아낼 때까지 죽도록 싸우자
4. 퉁탕소리 나는 곳은 죽음뿐이요 / 검광 번쩍 날린 곳은 피바다이다
   광복군의 깃발은 도처에 날고 / 자유 독립 만세소리 천지 동한다
   뚜드려라 부셔라 모조리 잡아서 / 현해 속에 쓸어 넣고 말아버리자

(『광복의 메아리』, 101쪽 ;『배달의 맥박』, 345쪽)

1940년대 광복군과 관내 독립진영의 노래이다. 노랫말에, 왜적에 대한 적개심과 항일전에 나서는 결의를 나타내고 있다.

작사자 송호성은 보정군관학교 출신으로 광복군 총련처장(總練處長)과 1지대장으로 복무했다.

이들 광복군 용사들의 노래는 전체적으로 보아, 삼천만 동포의 부름과 애국선열의 뒤를 이어 항일전선에서 원수(일제)를 몰아내자는 광복군의 결의를 담고 있다.

3. 광복군 군가―행진곡

우리는 한국광복군 조국을 찾는 용사로다
나가 나가 압록강 건너 백두산 넘어가자

이상 광복군 지대가와 광복군 용사의 노래들을 보았는데, 앞 절의 조선의용군 군가에 비하여 광복군 군가가 풍부하게 보존되어 있음을 알 수 있다. 그 원인은 두 가지로 볼 수 있다.

첫째, 광복군은 임시정부의 국군으로서 공산주의 무장항일군에 비하여 민족적 입장의 노래를 많이 보유할 수 있었다. 앞서 설명했듯이 조선의용군은 공산주의적 입장에서 국제주의 원칙에 따라 '조선의 독립'을 내세우는 '민족적 군가'를 다수 만들기보다는 중국공산당의 노래를 많이 불렀던 것이다. 또 88여단에서 불리던 군가는 현재 확인되지 않고 있는데 아직 발굴되지 않았기 때문이기도 하지만 88여단이 소련의 통제 아래 있었기 때문에 '민족의 독립과 겨레의 자유'를 주장하는 '민족적 군가'를 널리 부르지 못하였을 것으로 판단된다.

둘째, 광복군에는 음악을 창작할 수 있는 전문음악인이 있었다. 이전까지의 독립군가나 독립진영의 노래가 대체적으로 기존의 노래에 가사를 바꾸어 부르던 것임에 비하여 1940년대 광복군의 노래는 새로 창작한 노래들이 많다. 그것은 한유한 등의 음악인이 광복군에 있었기 때문이다. 물론 조선의용군에도 정률성이 있었으나 그는 '민족적 군가'보다는 중국공산당의 노래를 많이 작곡하였다.

이러한 배경 속에서 광복군 진영에서는 다수의 행진곡이 탄생하였다.

① 광복군행진곡

이두산 작사·작곡

삼천만 대중 부르는 소리에 / 젊은 가슴 붉은 피는 펄펄 뛰고
반만년 역사 씩씩한 정기에 / 광복군의 깃발 높이 휘날린다
칼 짚고 일어서니 원수 치떨고 / 피뿌려 물든 골 영생탑 세워지네
광복군의 정신 쇠같이 굳세고 / 광복군의 사명 무겁고 크도다
굳게 뭉쳐 원수 때려라 부셔라 / 한맘 한뜻 용감히 앞서서 가세
독립 독립 조국광복 민주국가 세워보세

(『광복의 메아리』, 93쪽)

광복군의 대표적 행진곡으로 삼천만 동포에 대한 광복군의 사명이 막중함을 표현하고 있다.

노랫말 가운데 '민주국가 세워보세'가 눈에 띈다. 이 민주국가의 내용이 곧 임시정부의 건국방침이라 할 수 있다.

1941년 임시정부는 광복 후의 국가건설의 목표로 「대한민국 건국강령」을 제정하였다. 건국강령의 기본 원칙은 조소앙의 삼균주의였다. 삼균주의는 정치적 균등(보통선거 실시), 경제적 균등(국유제 실시), 교육적 균등(국비 의무교육제 실시)을 실현함으로써, 개인 대 개인, 나아가 국가 대 국가의 균등을 통하여 전 세계가 차등 없는 완전사회를 이룩하자는 것이다.6)

광복군은 임시정부의 국군이었다. 따라서 임시정부의 건국방침은 곧 광복군의 건국방침과 일치하는 것이다.

이 노래는 노랫말 가운데 건국의 방향, 곧 민주국가의 수립이라는 내용이 들어 있어 흥미롭다.

② 압록강행진곡

박영만 작사, 한유한 작곡

우리는 한국독립군 조국을 찾는 용사로다
나가 나가 압록강 건너 백두산 넘어가자
우리는 한국광복군 악마의 원수 처물리자
나가 나가 압록강 건너 백두산 넘어가자
진주 우리나라 지옥이 되어 모두 도탄에서 헤매고 있다
동포는 기다린다 어서 가자 고향에
등잔 밑에 우는 형제가 있다 원수한테 밟힌 꽃포기 있다
동포는 기다린다 어서 가자 고향에
우리는 한국광복군 조국을 찾는 용사로다
나가 나가 압록강 건너 백두산 넘어가자

(『광복의 메아리』, 94쪽)

광복군의 대표적인 노래이다.

작곡자 한유한은 한국청년전지공작대에서 대일 항전의식 고취를 위한 선전활

---

6) 강만길 편, 『조소앙』, 한길사, 1982, 102~107쪽.

동을 전개하였고 광복군 제2지대에서 복무하였다. 그는 한국청년전지공작대에 복
무하던 시절인 1940년에 서안에서 항일가극 「아리랑」을 직접 편극하고 공연을 총
지휘(예술조장)하였다. 민요 「아리랑」의 곡조를 살린 가극 「아리랑」은, 조국의 어
떤 마을에서 평화롭게 살던 목동·촌녀(村女) 부부가 조국강산이 왜적에게 유린
됨을 보고 만주로 건너가 독립군으로 활동하던 중 고향으로 돌아가 아리랑 산(山)
위에 태극기를 꽂기 위하여 왜적과 혈전을 벌이는 내용을 담은 것으로, 독립진영
에서 항일선전을 위하여 공연한 가극이란 점에서 주목된다. 이 가극은 「국경의
밤」, 「한국의 한 용사」 등의 연극과 함께 공연되어 중국인의 항일의식을 고취시키
고, 한·중 두 나라 민중의 연대감을 공고히 하는 데 도움이 되었다. 이들 항일 가
극·연극은, 항일 중국인과 중국군으로부터 큰 호응을 얻어 당시 중국신문에 보도
되며 순회공연도 하였다. 한유한은 위 노래 외에 여러 곡의 독립군가·진중가요를
작곡하였는데 독립진영에서 '운동'에 중심축을 두고 항일노래를 체계적이고 전문
적으로 창작한 최초의 전문음악인으로 주목된다.

박영만은 총사령부 정훈처에서 복무하였다.

노랫말에, '도탄'에 빠진 동포와 형제를 구하기 위해 조국으로 진군하고자 하는
광복군의 바람이 담겨 있다. '나가 나가 압록강 건너 백두산 넘어가자' 부분에서
광복군의 기상이 잘 드러나고 있다.

③ 조국행진곡

신덕영 작사, 한유한 작곡

1. 팔도강산 울리며 태극기 펄펄 날려서
   조국독립 찾는 날 눈앞에 멀지 않았다
   백두산은 높이 압록강은 길게 우리를 바라보고 있고
   지하에서 쉬시는 선열들 우리만 바라보시겠네
2. 독립만세 부르며 태극기 펄펄 날려서
   조국독립 찾는 날 눈앞에 멀지 않았다
   아름다운 산천 사랑하는 동포 우리는 만나볼 수 있고
   한숨쉬고 기다린 동포들 기쁨에 넘쳐 춤추겠네
(후렴) 험한 길 가시밭 길을 헤치고 넘고 또 넘어
   조국찾는 영광길 힘차게 빨리 나가세

(『광복의 메아리』, 95쪽)

광복군의 대표적 노래이다. 작사자 신덕영은, 북경대학을 나와 일본영사관에 있다가 독립진영으로 탈출하여 광복군 제2지대에서 복무하였다. OSS훈련도 받았다.

노랫말에 '조국독립 찾는 날 눈앞에 멀지 않았다'고 하여 곧 조국을 되찾을 수 있다는 신념을 보이고 있다. 이러한 신념이 있었기에 조국찾는 '험한 길 가시밭길'도 '영광길'로 생각하고 투쟁할 수 있었다.

④ 앞으로 행진곡

김의한 작사, 신하균 작곡

장하도다 한배님 아들딸들은 배달 겨레며
백두산 동해물과 한반도는 우리집일세
반만년의 역사는 밝고 밝은 한 빛 되며
찬란한 문화는 무궁화 향기로세
고구려의 강대하던 무용을 본뜨세
신라의 삼국통일 화랑을 본받세
청구에 자유종이 우렁차게 울릴 때
동아에 다시 서서 세계만방 으뜸되세
한겨레 한덩이 되어 하늘땅 있을 때까지
우리 정신 길고 멀게 용감히 앞으로 나가세

(『광복의 메아리』, 100쪽)

고구려 상무정신과 삼국신라 화랑도 정신으로 자유를 쟁취하자는 내용이다. 청구(靑丘)는 우리나라를 일컫는 말이다. 작곡자 신하균은 광복군 총사령부 참모처에서 복무하였고 작사자 김의한은 총사령부 정훈처 선전과장으로 복무하였다.

⑤ 세기행진곡

1. 떠나온 고국하늘 아득한 그 꿈 / 발맞춰 나아가면 웃음이 핀다
   어깨에 총을 메고 태극기 들고 / 한양성 찾아갈 그 날의 기쁨
2. 북악산 한강물아 너 잘 있드냐 / 앞 남산 봉화불을 높이 올리자
   광복군 맹호처럼 진격할 때에 / 삼천리 강토에는 태극기 펄펄
(후렴) 세기의 진군이다 우리의 자랑 / 울려라 이 강산의 독립 종소리

(『광복의 메아리』, 111쪽)

⑥ 앞으로 갓

1. 넓은 대지 발맞추어 앞으로 가자 씩씩한 용사들
   산을 넘고 물을 건너 앞으로 가자 승리의 기상높이
2. 넓은 대지 발맞추어 달려서 가자 씩씩한 용사들
   산을 넘고 물을 건너 달려서 가자 승리의 기상높이

(『광복의 메아리』, 102쪽)

위 두 노래는 조국진공전을 앞둔 기대감을 행진곡으로 표현하고 있다. ⑤ 노래 의 '앞 남산 봉화불을 높이 올리자'는 표현은, 1934년에 조명암이 작사한 「서울노 래」의 '앞 남산 봉화불도 꺼진 지 오랩니다'는 표현과 대칭된다.

4. 광복군 군가—전선의 아침

우리 국기 높이 날리는 곳에
삼천만의 정성 쇠같이 뭉쳐

광복군의 하루 일과는 기상나팔과 국기게양으로 시작되었다. 광복전선의 아침 은, 태극기 앞에서 선열의 명복을 빌고 조국광복을 맹세하는 것으로 시작되는 것 이다.

① 기상나팔

1. 기상나팔이 울려퍼진다 / 모두들 일어나 군복을 차리고 뛰어나가자
2. 태극 깃발을 높이 올리자 / 선열을 위하여 머리를 숙이어 명복을 빌자
3. 동녘 하늘을 바라보면서 / 조국의 광복을 쟁취하려고 맹서를 하자

(『광복의 메아리』, 107쪽)

② 昇旗歌

이범석 작사, 한유한 작곡

조국강산 멀리 떠난 태극기 / 우리 피땀 흘려 정성을 바쳐
조국광복 시켜 원수 몰아내 / 백두산 산봉에 펄펄 날리자

(『광복의 메아리』, 92쪽)

③ 국기가

이범석 작사, 한유한 작곡

우리 국기 높이 날리는 곳에 / 삼천만의 정성 쇠같이 뭉쳐
맹서하네 굳게 태극기 앞에 / 빛내리라 길게 배달의 역사

(『광복의 메아리』, 36쪽)

①은 광복군 기상의 노래이고, ②·③은 국기를 소재로 이범석·한유한이 만든 노래이다. 조국을 되찾고자 결심하고 떠나온 이역 하늘, 그 하늘 밑에 나부끼는 태극기, 그것은 감격, 회한, 그리고 승리에 대한 믿음의 상징이었다.

5. 진중가요(1)

광복군에서는 위의 '용사의 노래', '행진곡', '군가' 외에, 여러 곡의 진중가요도 널리 불렀다. 이들 노래도 창작된 것이다.

① 지평선의 노래

옥인찬 작사 · 작곡

1. 대평원의 지평선 먼동이 틀 때 / 대자연의 아침이 명랑하구나
   이것은 우리의 기상이니 / 일어나 싸워라 배달의 용사
2. 대평원의 지평선 먼동이 틀 때 / 광복군의 나팔이 우렁차구나
   이것은 우리의 함성이니 / 모두 다 모여라 배달의 용사
3. 대평원의 지평선 먼동이 틀 때 / 태극깃발 창공에 높이 솟았네
   이것은 우리의 깃발이니 / 그 밑에 뭉쳐라 배달의 용사

(『광복의 메아리』, 107쪽)

광복군의 항일전선에 대한 희망을 담은 노래이다.

작사·작곡자 옥인찬은 중국 관내 독립운동 진영에 있던 사람이다. 특별히 광복운동에 종사한 흔적이 보이진 않으나, 음악공부를 하고 나서 몇 개의 진중가요를 창작하는 등 독립운동 진영에서 음악활동을 한 것으로 보인다.

② 신출발

신덕영 작사, 한유한 작곡

1. 새로 출발해가자 비 그치고 구름 헤쳐
   햇발이 났네 맑고 밝은 새로운 광명
   먼지 하나 없는 길을 비춰고 있다
2. 발을 맞춰서 가자 구름 헤쳐 바람 자서
   햇빛이 났네 씻고 씻어 푸르른 나무
   씩씩하고 정다웁게 늘어서 있다
3. 명랑하게 나가자 바람 자고 햇빛 나서
   새들이 우네 빵긋빵긋 웃는 꽃송이
   아름답게 희망 넘쳐 바라다본다

(『광복의 메아리』, 108쪽)

광복군 동지들이 희망찬 새로운 출발을 다짐하는 진중가요이다.

이 노래를 만든 신덕영·한유한은 이외에도 「우리나라 어머니」, 「흘러가는 저 구름」 등의 진중가요와 「조국행진곡」이란 군가를 함께 만들었다.

③ 우리나라 어머니

신덕영 작사, 한유한 작곡

1. 우리나라 어머니 품을 떠나서 / 헤메이는 형제들 어서 뭉치세
   백설단심 끓는 피 깨끗이 바쳐 / 한을 풀고 찾으세 화려 삼천리
2. 우리나라 어머니 살리러 가세 / 가슴 속에 박힌 못 빼낼 때 왔네
   만련의지존은 맘 끝까지 싸워 / 분을 풀고 빛내세 배달 삼천만

(『광복의 메아리』, 108쪽)

④ 여명의 노래

이해평 작사, 한유한 작곡

처량한 땅 기나긴 밤 도처에는 어둠이다
우수에 잠겨 슬퍼 말자
어둠 지나면 새벽이니 어둠은 물러갈 것이다
어두운 밤 이미 지나 먼동 트기 시작한다
세우자 우리 새로운 한국
철굽에 밟힌 우리 땅에 햇빛 비치니 동포들아 노력해

(『광복의 메아리』, 109쪽)

⑤ 흘러가는 저 구름

신덕영 작사, 한유한 작곡

1. 저 산 넘어 저 멀리 흘러가는 저 구름 / 우리나라 찾아서 가는 것이 아닌가
   떠나올 때 말없이 떠나왔지만 / 타는 마음 끓는 피 참을 길 없어
   유랑의 길 탈출길 지나고 넘어 / 조국 찾는 혁명길 찾아왔으니
   보내다오 이 내 맘 저 구름아 / 보내다오 이 내 맘 저 구름아

2. 저 산 넘어 저 멀리 흘러가는 저 구름 / 우리나라 찾아서 가는 것이 아닌가
   떠나올 때 울면서 떠나왔지만 / 내리는 비 찬 바람 어둠 속에도
   위험한 길 싸움길 드나들면서 / 혁명가의 나갈 길 걷고 있으니
   전해다오 이 내 맘 저 구름아 / 전해다오 이 내 맘 저 구름아

3. 저 산 넘어 저 멀리 흘러가는 저 구름 / 우리나라 찾아서 가는 길이 아닌가
   돌아갈까 바라지 아니하면서 / 이 내 몸은 이국의 흙이 되어도
   정신 살아 우리 땅 화초가 됨을 / 기뻐하며 평안히 살아가기를
   바란다고 알려라 저 구름아 / 바란다고 알려라 저 구름아

(『광복의 메아리』, 110쪽)

이상 진중가요들은 어둠과 도탄 속에 있는 겨레(③에서 어머니로 표현)를 구하고 조국독립을 이룩하려는 광복군의 바람과 희생정신을 담고 있는 노래들이다.

6. 진중가요(2) — 민요

삼천만 가슴 타는데 혁명의 불길이 오른다

이제 광복군 진영에서 부르던 민요를 살펴보자. 원래 민요는 민중의 생활감정이 표현된 노래로서 민족적 성격을 지니고 있다. 따라서 조국독립을 위해 항전의 대열에 선 전사들 사이에서 널리 불렸던 것이다.

① 광복군아리랑

김학규 작사

아리아리랑 스리스리랑 아라리요 / 광복군 아리랑 불러나보세
1. 우리네 부모가 날 찾으시거던 / 광복군 갔다고 말 전해주소

2. 광풍이 불어요 광풍이 불어요 / 삼천만 가슴에 광풍이 불어요
3. 바다에 두둥실 떠오는 배는 / 광복군 싣고서 오시는 배래요
4. 아리랑 고개서 북소리 둥둥 나더니 / 한양성 복판에 태극기 펄펄날리네

(『광복의 메아리』, 102쪽)7)

「밀양아리랑」을 개사하여 광복군에서 부르던 노래이다. 작사자 김학규는 이외에도 「사발가」를 개사하여 「광복군 석탄가」도 만들었다.

이 「광복군 아리랑」은 제3지대에서 주로 불렀던 것으로 보이며, 제3지대에서는 이 밖에도 한국민요를 즐겨 애창하였다. 김문택의 회고록에 「광복군 아리랑」을 부르는 광경이 다음과 같이 기록되어 있다.

우리는 새로 들어온 신동지들에 대한 환영식도 가졌다.……내일의 영광된 조국 건설을 위하야 목숨을 내던지기로 굳게 굳게 맹세를 하고 다짐을 한 '광복군'의 젊은 용사들은 오늘의 괴로움과 슬프고 쓰라린 사연을 스스로 떨치고 달래며 서로를 위로하다, 마침내는 서로 얼싸안고, '우리네 부모가 날 찾으시거든 광복군 갔다고 말 전해주소'라는 「밀양아리랑」 곡의 「광복군 아리랑」을 불러댄다.8)

이 노래는 국내 충남 아산지방에서도 널리 전파되어 불렸다. 그런데 노래가 탄생한 시기에 대해서는 이론이 있다. 우선 이 노래에 관심을 지닌 대부분의 아산 사람들은 일제강점기 때부터 이 노래가 불렸다고 한다. 그러나 일제의 총칼이 서슬푸르던 시기에 국내에서 이런 노래를 불렀다는 사실에 대해 회의적인 견해를 표명하는 주장도 있다고 한다.9)

전자의 경우, 광복군의 반일노래가 지역적으로 중국과 가까운 아산지역으로 전파되었거나 아니면 역으로, 반일의식이 강한 아산지방에서 일찍이 이런 노래가 탄생해서 광복군 진영으로 유전(流轉)되었다는 두 가지 경우를 생각해 볼 수 있다. 후자의 경우에는, 해방 이후에 비로소 이 노래가 아산지방에 전파되었다고 주장한다. 실제로 해방 이후 광복군이 귀국하여 건국의 대열에 참여하는 과정에서 이 노

---

7) 노랫말 4절의 '아리랑 고개'는, '주실령 고개' 혹은 '동실령 고개'로 구전되기도 했다. 임동권 편, 『한국민요집 7』, 집문당, 1992,, 101쪽 ; 박찬호, 『한국가요사』, 현암사, 1992, 80쪽.
8) 김문택, 앞의 글, 645쪽.
9) 신경림, 「광복군아리랑」, 『강따라 아리랑 찾아』, 문이당, 1992, 182~185쪽 참조.

래가 전파되었을 가능성도 있다.

이 두 가지 견해에 대하여 확정적으로 단언할 수 없지만, 중요한 점은 대중적인 민요의 형식을 빌려 조국광복의 결의를 다지는 이 노래가 아직까지 잊혀지지 않고 불리고 있다는 사실이다.

② 광복군 석탄가

김학규 작사

1. 석탄 백탄 타는데 / 연기도 김도 안나고
   삼천만 가슴 타는데 / 혁명의 불길이 오른다
2. 서울장안 타는데 / 한강수로나 끄련만
   삼천만 가슴 타는데 / 무엇으로나 끄려나
3. 사꾸라가 떨어져 / 태평양 속으로 묻히고
   무궁화가 피어서 / 우주에 향기를 피운다
   (후렴) 에헤야 데헤야 에헤야 / 혁명의 불길이 타오른다

(『광복의 메아리』, 103쪽)

「광복군 아리랑」처럼 김학규가 민요를 개사하여 만든 노래이다. 원래 이 노래는 「사발가」혹은 「석탄가」로 원 노랫말은 다음과 같다.

석탄 백탄 타는 데는 / 연기나 펄펄 나건만
요내 간장 타는 데는 / 연기도 불길도 아니난다

그런데 이 원 노래는 망국 전 나라의 운명이 암담하기만 할 때, 청년애국자들이 비분강개의 심회를 발산하던 노래라는 해설도 있고, 농민의 괴로움을 가장 상징적으로 표현하고 있는 노래라는 해설도 있다.

원 노래가 괴로움과 가슴의 한을 표현하고 있는 반면에, 「광복군 석탄가」는 이러한 괴로움에 대한 극복 의지를 담아 '혁명의 불길이 타오른다'고 표현하고 있다.

이 「광복군 석탄가」는 특히 제3지대에서 많이 부른 것으로 보이며, 제3지대장 김학규가 즐겨 불렀다. 김학규 지대장이 이 노래를 부르는 광경이 『돌베개』에 다음과 같이 묘사되어 있다.

그리고 진정으로 우리(학병 탈출자 : 인용자)를 환영해 주는 가릴 것 없는 낯으로

우리를 찬양해 주었다. 각자가 지닌 장기라는 노래는 모두 쏟아져 나왔다. 동지들은 김 주임(김학규 : 인용자)에게 노래를 요구하는 박수를 쏟았다. 김 주임은 흔쾌한 표정으로 연한 목청을 돋구어 가며, "석탄 백탄 타는데……"라는 노래를 부르자 이곳 저곳서 취흥에 젖은 목소리로 개성난봉가를 비롯해 팔도강산의 모든 민요가 다 쏟아져 나와 군영은 떠나갈 듯해졌다.……드디어 독립군의 노래가 이 끝을 맺어 주었다.10)

③ 광복군 닐리리아

장조민 작사

닐리리야 닐리리야 / 니나노 난실로 내가 돌아간다 / 닐리리야 닐리리야
1. 청사초롱 불밝혀라 / 잃었던 조국에 내가 돌아간다 / 닐리리야 닐리리야
2. 일구월심 그리든 곳 / 태극기 날리며 내가 돌아간다 / 닐리리야 닐리리야
3. 잘있드냐 고향산천 / 부모여 형제여 내가 돌아간다 / 닐리리야 닐리리야

(『광복의 메아리』, 77쪽)

「닐리리아타령」을 개사하여 광복군에서 부르던 노래이다.

작사자 장조민은 만주의 참의부와 조선혁명군에서 활동하였다. 1943년 중국 관내(부양)로 탈출하여 광복군에 입대하고 제3지대 비서실장으로 복무하였다.

④ 황하야곡

장호강 작사, 중국민요 곡

1. 태항산맥 스쳐오는 바람소리에 들려오는 밤새 울음 처량하구나
   달빛 아래 굽이치는 황하물결은 쉬지않고 동녘으로 흘러만 가네
2. 북두칠성 별들은 잠이 깊은데 강나루터 갈대잎만 속삭이는듯
   황하강물 노려보며 지키는 병사 고향길을 헤아리며 밤을 지새네
3. 낙양성 밖 북망산 언덕바지에 영웅호걸 절세가인 편히 쉬는가
   항전의 거센 불길 꺼지지 않고 어느 때에 황하물은 맑아지려나

(『광복의 메아리』, 112쪽)

1940년대 중일전쟁 시기에 황하를 지키는 병사의 심정을 표현한 노래로, 민요를 개사한 노래로서는 특이하게 중국민요의 곡을 차용하였다. 3절 마지막 구절에

---

10) 장준하, 『돌베개』, 화다출판사, 1982, 144~145쪽.

항전에서 승리하고 평화의 시대가 오길 바라는 전사의 마음이 담겨 있다.

이상 광복군 진영에서 부르던 진중가요로서의 민요를 볼 때, 대개 조국으로의 진군을 내용으로 담고 있다. 특히 ①·③은 태극기를 휘날리며 조국을 찾고자 하는 광복군의 희망과 염원을 담고 있다. 조선의용군에서 부르던 민요풍의 노래(「도라지타령」, 「호메가」)가 연안의 '생산운동'을 소재로 하고 있는 것과 대비된다.

제16장 국내 계몽운동
-1920·30년대-

1. 계몽운동

우리가 우리의 힘 우리 재조로
우리가 만들어서 우리가 쓰자

3·1운동 이후 일제는 기만적 정책인 '문화정책'을 취하여, 한국인에게 일정 한도 내에서의 문화활동을 허용하였다. 이러한 상황에서 학생·청년들은 '배움'을 통하여 민족의 힘을 길러 장래에 대비하고자 하는 운동을 전개하였다. 『동아일보』, 『조선일보』 같은 일간지와 『창조』, 『조선문단』 같은 월간지도 간행되었다. 또 각종 학술·문화·예술 단체들이 창립되었다.

그리고 정치단체, 노동단체, 청년단체, 부인단체, 산업단체 등 문화운동을 전개하는 각종 사회단체가 조직되었다. 그 가운데 가장 활발하게 조직되어 '민족운동으로서의 문화운동'을 전개한 단체가 청년단체였다.

청년단체 조직은, 3·1만세운동 이후 청년들의 급속한 민족의식 성장을 기반으로 한 것이었다. 당시 통계에 따르면 1920년에 251개의 청년단체가 조직되었고 1921년에는 446개에 이르렀다. 이들은 민족운동의 다양한 진로를 모색하면서 대중운동에 활력을 주었다.

초기 청년단체의 목표는 문화운동이었다. 지식·사상의 탐구, 건강증진, 산업증진 등을 목표로, 친목회합, 강연, 야학, 운동회, 조사활동 등을 통하여 대중의 각성을 위해 활동하였다. 이것은 구한 말 이래의 애국계몽운동 정신을 잇는 것이었다.

이하 당시 조직되었던 청년단체의 노래를 보자.

① 고려청년회가

1. 높은 산과 고운 물은 천고의 승지요 의기로운 새 결정은 오늘 우리로다

  2. 문화의 기 높이 들고 정의를 따라서 달려가는 우리 길이 숫돌과 같도다
  3. 옛것 새것 다 섞어서 정화를 고르고 안과 밖을 다 닦아서 광택을 내리라
  (후렴) 무실과 역행을 목적 삼아 자강충실 용감하게 서로 도와가세

(『배달의 맥박』, 467쪽 ;『동아일보』 1920. 6. 26)

  1920년 6월 12일 개성에서 조직된 고려청년회의 회가이다.
  '문화의 기', '무실과 역행', '자강충실' 등의 노랫말에서 초기 청년운동의 성격이 나타나고 있다.
  그런데 1923년 3월 '전조선청년당대회'가 개최되면서, 청년운동은 초기의 계몽운동적 성격에서 벗어나 사회주의적 경향을 지니게 되었다. 위 개성 고려청년회도 이 청년당대회에 참여하였다. 이후 청년운동은 전체적으로 사회주의 계열의 청년들이 주도권을 장악하면서 사회주의화되었다.[1]

② 운동가

  1. 이상 높고 용감스런 우리 청년아 오늘이 청년들의 활동할 땔세
     온 세계의 우승권을 목표 삼아서 대활보와 대진취로 활동해보세
  2. 유달산의 굳은 골격 위의 엄하고 영산강의 맑은 원류 활기 동하여
     장쾌한 놀이터에 심신 수련코 붕정만리 저 넘어로 웅비해보세

(『배달의 맥박』, 468쪽)

  1920년 목포청년회에서 운동경기를 펼치며 청년들을 격려하던 운동가이다.
  1920년 9월까지 전남 각지에서 24개의 청년단체가 조직되었다. 이들 청년단체는 교육사업과 토론회·강연회 등을 개최함과 아울러, 각종 체육대회를 열어 체력 향상을 위해 노력하였다.[2]

③ 대구청년회가

  1. 팔공산이 숭엄하고 금호강 맑아 충준자제 길러내니 우리 새 청년
     뜨거운 피 참된 정성 서로 모인 곳에 새 생명 넘치네
  2. 덕성함양 지식교환 우리 주의는 친애로써 실현시켜 시종여일히

---

 1) 안건호, 「1920년대 전반기 청년운동의 전개」, 『한국근현대청년운동사』(한국역사연구회 근현대청년운동사연구반 지음), 풀빛, 1995.
 2) 이애숙, 「1920년대 전남 광주지방의 청년운동」, 위의 책.

　　이십세기 문명무대 오를 준비를 여기서 닦으세
　3. 새 문명을 흡수하고 새 지식 넓혀 새 수양의 최고기관 건설할 때에
　　어둔 사회 광명이 될 온갖 노력은 우리의 큰 사명
　4. 신성할사 우리 정신 발휘하는 곳 희망등이 번쩍이네 근화낙원에
　　문명화가 찬란하고 생명 맺어 영원무궁토록
　(후렴) 대구 대구 우리 대구 청년 청년 대구 청년
　　문화발전 생명 가진 대구 대구청년회

(『배달의 맥박』, 469쪽 ; 『동아일보』 1920. 6. 27)

　1920년 5월 26일에 만들어진 대구청년회의 회가이다.

　경북지역에서는 1920년에 40개의 청년단체가 있었다. 당시 청년단체들은 자기 수양, 신교육보급, 풍속개량, 농촌개량 등을 목표로 하여 '문화운동'을 표방하고 있었다.[3)]

　당시 청년단체의 운동론이 위 대구청년회가에도 그대로 드러나 있다. 지식과 학술을 연마하고 '새 문명'을 익히며 수양을 함에 있어서 청년회가 최고기관이라고 밝히고 있는 것이다. 후렴 '문화발전의 생명'이란 표현에서도 당시 청년단체가 문화운동의 중심임을 알 수 있다.

　일제시대 청년운동은 '대중의 각성'을 통하여 민족의 힘을 기르자는 운동이었다. 청년운동이 활발하게 전개되던 바로 그 시기에, '경제의 자립'을 통하여 민족의 힘을 기르자는 운동도 국내에서 전개되었다. 바로 물산장려운동이다.

　3 · 1운동 이후 일제는 한국에 대한 경제적 침략을 가속화시켰다. 이에 따라 이에 대응하는 민족기업의 육성이 절실해졌다.

　1922년 8월 평양에서 설립된 조선물산장려회는 일제의 경제적 침략을 물리치고 우리 물산품으로 민족의 활로를 찾고자 하였다. 조만식, 김동원 등이 물산장려운동에 앞장섰다.

　서울에서도 '내 살림은 내 것으로', '조선 사람 조선 것으로', '우리는 우리 것으로 살자' 등의 구호 아래 물산장려운동이 활발히 전개되었다. 각 지방에서도 분회가 속속 생겨났다. 각지에서 물산장려에 대한 강연회와 선전 행렬이 이어졌다. 물산장려회의 기관지인 『산업계』도 창간되었다.

---

　3) 김일수, 「1920년대 경북지역 청년운동」, 위의 책.

조선물산장려가(물산장려가)

윤석중 작사, 김영환 작곡

1. 산에서 금이 나고 바다에 고기 / 들에서 쌀이 나고 목화도 난다
   먹고 남고 입고 남고 쓰고도 남을
   물건을 나어주는 삼천리 강산 / 물건을 나어주는 삼천리 강산
2. 조선의 동모들아 二千萬民아 / 두발 벗고 두팔 것고 나아오너라
   우리 것 우리 힘 우리 才操로
   우리가 만드러서 우리가 쓰자 / 우리가 만드러서 우리가 쓰자
3. 조선의 동모들아 이천만민아 / 自作自給 정신을 잇지를 말고
   네 힘껏 버러라 이천만민아
   거긔에 조선이 빗나리로다 / 거긔에 조선이 빗나리로다

(『동아일보』 1926. 9. 1)

노랫말에 물산장려운동의 취지와 목적이 그대로 드러나 있다. 즉 1절에서는 우리 삼천리 강산에서 온갖 물산이 나옴을 노래하고, 2절에서는 우리 것을 우리가 만들어 쓸 것을 주장하며, 3절에서는 동포들이 자급자족을 통하여 조선을 빛낼 것을 권고하고 있는 것이다.

이 노래가 울려 퍼지는 가운데 전국적으로 국산애용운동이 확산되었다. 특히 일산품(日産品) 안 쓰기 운동도 전개되었다. 그것은 곧 민족자본에 의해 설립된 민족기업을 육성하는 것과 연관되는 것이었다.

이에 위기감을 느낀 일제는 강압적으로 물산장려운동을 방해하고 강연회 등의 행사를 금지시켰다. 이로써 물산장려운동은 침체일로를 걷는다. 또 당시 사회주의 진영에서 물산장려운동이 개량주의라고 비판하고 외래품을 취급하는 상인층도 의식적으로 이 운동을 거부하였는데, 이러한 요인도 물산장려운동을 침체시켰다.

결국 1940년에는 일제에 의해 물산장려회가 강제로 해산당했다.

물산장려운동의 창시자인 조만식은 생활 속에서 이 운동을 실천했는데 그는 늘 수목(헌 솜으로 실을 켜서 짠 무명)에 검정물을 들인 짧은 두루마기를 입고 평양에서 생산한 고무신을 신고 다녔다.

위 「물산장려가」는 '중앙번영회'에서 모집한 80종의 노랫말 가운데 당선된 윤석중의 노랫말에 김영환에게 의뢰한 곡을 붙인 것이다.[4]

물산장려운동의 전개과정에서 금주단연운동도 함께 전개되었다. 예를 들어 전

남 순천, 경북 달성, 황해 수안 등지에서 지방유지들과 농민들이 힘을 합쳐 금주단
연운동을 전개하였다. 금주단연이 국산품 애용과 직접 연관되는 것은 아니나, 금
주단연을 통하여 경제적 기초를 튼튼히 하고 국민의 건강을 지키자는 취지에서
보자면, 금주단연운동 역시 민족의 힘을 기르자는 물산장려운동과 맥을 같이하는
것이라 할 수 있다.

이러한 배경 속에서 불리던 「금주가」가 있다.

禁酒歌

林培世 작사·작곡
1. 금수강산 내동포여 술을입에 대지마라
   건강지력 손상하니 천치될가 늘두렵다
2. 패가망신 될독주는 빗도내서 마시면서
   자녀교육 위하여는 일전한푼 안쓰려네
3. 전국술값 다합하여 곳곳마다 학교세워
   자녀수양 늘시키면 동서문명 잘빛내리
4. 천부주신 네재능과 부모님께 받은귀체
   술의독기 받지말고 국가위해 일할지리
   (후렴) 아 마시지 말라 그 술 아 보지도 말라 그 술
   우리나라 복 받기는 금주함에 있나니라

(『광복의 메아리』, 159쪽)

1920년대 신생활운동의 일환으로 전개된 금주운동의 노래이다.

노랫말에 금주운동의 취지가 나타나 있다. 즉 금주를 통하여 건강을 지키고 자
녀를 교육시키며 곳곳에 학교를 세워 국가의 힘을 기르자는 것이다.

4절 노랫말의 '천부 주신'이란 표현에 기독교의 영향을 보이고 있으며, 실제로
이 노래는 한때 감리교회의 찬송가에 포함되었다.

작사·작곡자 임배세는 1919년 이화학교를 졸업한 성악가로 '한국의 꾀꼬리'라
는 별명을 갖고 있었으며, 역시 이화 출신인 정애식, 최활란, 박인덕 등과 더불어
여성음악가의 선구자 격인 인물이다.[5]

---

4) 『조선일보』 1926년 8월 30일(석) ; 『동아일보』 1926년 9월 1일. 『동아일보』에는 곡보
도 기재되어 있다.

일제강점기 계몽운동 가운데 특징적인 것으로 야학운동을 들 수 있다. 야학은 말 그대로 밤에 공부하는 것으로, 야학운동은 경제적 여건이나 근로조건 때문에 공부할 수 없는 사람들을 상대로 야학회를 통하여 문맹을 타파하고 계몽을 시키면서 나아가 민족적 의식을 고취시키는 것이었다. 당시 언론에는 1921년부터 1938년까지 야학에 관한 기사가 실려 있는데, 특이한 점은 1931년을 고비로 노동야학·농민야학에 관한 기사가 줄어들고, 1932년을 정점으로 하여 야학에 관한 일반적인 기사도 격감하고 있다는 사실이다.[6] 그리고 기사의 내용 가운데 야학교사의 항일정신(일제의 표현으로는 '불온') 등을 이유로 야학을 폐쇄한 사례가 많이 있다. 이는 1931년 일제의 만주침략을 전후하여 야학이 탄압을 받은 사실을 말해 줌과 동시에 역으로 야학을 통하여 겨레의 항일정신 고양이 이루어지고 있었음을 보여준다고 할 수 있다.

이러한 야학에서 부르던 노래가 있다.

야학의 노래

1. 옷밥에 굶주린 동무야 / 눈조차 머러서 산다나
   나제 못가는 학교를 / 한탄만 하면 뭐하나
2. 낫가락 허리에 꿰차고 / 지게 목발 때리며
   낫학교 못가는 신세를 / 노래만 하면 엇저나
3. 석유 궤짝 책상에 / 호롱 등불 까무락
   무쇠 가튼 정성에 / 열려 간다 이 눈들
(후렴) 나제 못배우는 동무야 / 가난에 쫓긴 동무야
   밤에 맞나서 배우자 / 뜨거운 손목을 흔들자

(김정의, 1995, 182~183쪽)

가난 때문에 배움의 기회마저 잃은 사람(아동, 여성, 근로자)에게 배움의 의욕을 고취시키고 있다. 비록 직접적으로 민족적 항일의식을 표현하고 있지는 않으나 '무쇠 같은 정성', '뜨거운 손목', '열려가는 눈' 등의 표현에서, 배움을 통하여 세상과 민족의 현실에 대하여 눈을 떠 가는 야학생들의 모습을 떠올릴 수 있다.

또 야학에서는 「야학가」라는 노래가 널리 불렸는데, 『동아일보』(1929년 12월 9

---

5) 이상만, 「한국음악백년 - 일화로 엮어 본 이면사」, 『경향신문』 1985년 12월 28일.
6) 조선일보사, 『조선일보항일기사색인』, 1986, 357~363쪽.

일)에 실려 있는 몽고생(夢古生)의 「귀농운동」에 야학가를 부르는 정황이 기록되
어 있다. "오인 일조의 어린 그들이 가지런히 단 위에 올라서서 '낮에는 일하고 밤
에는 배우세'라는 야학가를 할 때에, 모든 사람은 비록 늘 들어오던 것이라 할지라
도 이상한 새 맛으로 [듣게 되었다.]"

1929년에는 조선일보사에서 농촌계몽활동으로서의 문자보급운동을 전개하기
시작하였다. 일제에 대한 투쟁도 문화민족으로 각성될 때 가능한 것이고 그 기초
가 바로 한글의 보급이라고 인식하였던 것이다.

귀향 학생들은 『한글원본』이란 책을 가지고 농촌으로 가서 문자보급운동을 전
개하였다. 이러한 활동 가운데 「한글기념가」, 「문자보급가」도 보급되었다. 원래
이들 노래는 조선일보사가 현상공모하여 탄생한 노래였다.

① 한글기념가

도진호
1. 거룩할사 우리 한글 / 지은신 법 다하시고
   모양마자 고우시니 / 님이 살새 이 보배를
(후렴) 우주의 빛 세종님이 / 훈민정음 지으시사
   우리 겨레 갈치시니 / 오백년 전 오늘이여

② 문자보급가

이은희 요, 구왕삼 곡
1. 맑은 시내 가에는 / 고기 잡는 소년들
   일할 때 일하고 / 배울 때 배우세
(후렴) 아는 것이 힘 / 배워야 산다

③ 문자보급가

박봉준 작사, 김형준 편곡
1. 우리나 강산에 방방곡곡 / 새살림 소리가 넘쳐나네
   에에헤 에헤야 우렁차다 / 글소경 없애란 소리높다
(후렴) 아리랑 아리랑 아라리요 / 아리랑 고개로 넘어간다
   아리랑 고개는 별고개라요 / 이세상 문맹은 못넘긴다네

(이상 『조선일보 60년사』, 230쪽)

조선일보사가 1930년 연말에 현상공모하여 1931년 신년호에 당선작이 발표되었는데, 당선작은 없고 2등 입상으로 4편, 3등 입상으로 5편, 선외(選外) 가작으로 23편이 선정되었다. ① · ②는 입상작이고 ③은 선외 가작이다.

③은 아리랑 곡조를 편곡한 것으로 대중이 따라 부르기 수월하게 만든 것이다. ②는 구왕삼이 곡을 붙여 『아동가요 300곡선』(강신명 엮음, 농민생활사, 1936)에도 실린 것으로 보아 당시 널리 전파되었음을 알 수 있다.

한편 동아일보사에서도 1931년부터 이른바 '브나로드 운동'(뒤에 계몽운동으로 명칭이 바뀌었다)을 전개하였다. '브나로드'란 '인민 속으로'라는 뜻으로, 19세기 러시아 지식인들이 민중 속으로 들어가 계몽운동을 벌인 데서 유래한 말이다.

이들 문자보급운동이나 브나로드 운동은 원래 취지가 한글보급에 있었으나 농민 속에서 활동하던 청년학생들은 민족적 의식이 강했고 따라서 야학회 등을 이용하여 한글보급과 아울러 일제에 대한 저항의식도 일깨웠다.

원래 민족운동으로서의 야학운동은 원천적으로 일제의 탄압을 받았으나 위 한글보급운동은 합법적으로 일제의 탄압을 벗어날 수 있었다. 그러나 학생들이 이 운동을 실천하는 과정에서 자연히 민족의식의 고양이란 당면과제를 풀기 위하여 일제에 대한 저항의식을 고취시키게 되었다. 그리하여 결국 1935년에 가서는 일제 당국이 이들 문화운동으로서의 한글보급운동 및 계몽운동을 탄압하고 금지시키게 되었다.

한편 농촌계몽운동이 본격적으로 전개되던 이 무렵, 후일 상해 홍구공원 의거를 결행한 윤봉길도 고향 예산군 덕산면 오양리에서 월진회를 조직하고 계몽운동을 전개하였다. 월진회의 뜻은 '날로 앞으로 나아가고 달마다 전진하자'는 것이다. 이 월진회에서 부르던 「월진회가」가 있다.

월진회가

윤봉길 작사, 윤학원 작곡

1. 조화신공 가야산의 정기를 받고 / 절승경개 수덕산의 정기를 모아
   금수강산 삼천리 무궁화원에 / 길이길이 빛을 내는 우리 월진회
2. 가야산은 우리의 배경이 되고 / 온천뜰은 우리의 무대장이다
   두팔걷고 두발벗고 출연하여서 / 어서바삐 자급자족 출연을 하자
3. 암흑동천 계명성이 돋아오나니 / 약육강식 잔인성을 내어버리고

상조상애 넉자를 철안 삼아서 / 굳세게 단결하자 우리 월진회

(『광복의 메아리』, 172쪽)

1929년에 조직된 월진회는 농가부흥과 민족중흥을 위한 조직이었는데, 노랫말 가운데 '자급자족'이란 표현에서 물산장려운동의 영향을 엿볼 수 있으며 '상조상애'라는 표현에서 약육강식하는 침략주의를 배격하는 민족정신을 간접적으로 읽을 수 있다. 작곡자 윤학원은 월진회 회원은 아니었던 것으로 보인다. 월진회 창립 구성원 명단에 윤학원의 이름이 안 보인다. 월진회 창립 초기에는 이 노래가 존재하지 않았고 후일 만들어졌을 가능성이 크다.

자급자족과 상부상조를 표방하는 월진회의 회원은 근 40명이었으며, 이들은 농가부업, 삼림녹화, 학술토론회 · 학예회 개최 등을 실행하였다. 특히 윤봉길은 야학에서 한글을 가르쳤는데 그가 학생들에게 가르친 「한글노래」가 전해지고 있다.

세종임금 한글 펴시니 / 스물여덟 글자
사람마다 쉬 배워서 / 쓰기도 편해라

(임중빈, 1975, 218쪽)

이 노래가 윤봉길이 직접 만든 것인지 아니면 언론기관에서 전파한 한글보급가인지 모르겠지만, 계몽운동단체인 월진회를 조직한 윤봉길의 농촌계몽인식과 민족의식을 보여주는 노래라 할 수 있다.

윤봉길은 광주학생운동이 일어난 몇 달 후에 본격적으로 민족운동에 몸바칠 것을 결심하고 '장부출가생불환(丈夫出家生不還)'이란 글을 남기고 망명길에 올랐다. 1932년 임시정부 김구 주석의 도움을 받아 상해 홍구공원에서 의거를 성공시키고 가나자와 형무소 교외에서 총살로 순국하였다.

2. 계몽운동가-남궁억

너 낙심말고 힘껏 날아라
엄동 후엔 양춘이요 고생 끝에 낙이라

일제시대에 계몽운동가로서 계몽운동 노래를 많이 만든 두 사람을 꼽자면 안창

호와 남궁억을 들 수 있다. 안창호는 국내외를 오가면서 흥사단이란 조직체를 가지고 실력양성운동을 전개했고, 남궁억은 국내에서 특별한 단체를 조직하지는 않았으나 교육·언론활동을 통하여 계몽운동을 전개하며 실력양성에 많은 노력을 기울였다.

흥미로운 사실은, 안창호가 계몽운동가로서 많은 독립운동 노래를 만든 것과 마찬가지로 남궁억 역시 계몽운동 노래를 여럿 만들었다는 점이다. 남궁억이 만든 노래들로는 「기러기 노래」, 「일하러 가세」, 「무궁화 동산」, 「시절 잃은 나비」, 「운동가」, 「조선지리가」 등이 있다. 이들 노래는 청년학생들의 애국심을 고취시키는 노래로 당시 국내에서 널리 불렸다.

① 기러기 노래

남궁억 작사

1. 원산석양 넘어가고 찬 이슬 올 때
   구름 사이 호젓한 길 짝을 잃고 멀리가
   벽공에 높이 한 소리 처량 / 저 포수의 뭇 총대는 너를 둘러 겨냥해
2. 곳간 없이 나는 저 새 기를 자 뉜고
   하늘 위에 한 분께서 네 길 인도하신다
   낙심말고 목적지까지 가라 / 엄동 후는 양춘이요 고생 후는 낙이라
3. 산남산북 네 집 어디 그 정처없나
   난일화풍 편한 곳에 쉴 데 또한 많도다
   너 낙심말고 힘껏 날아라 / 엄동 후엔 양춘이요 고생 끝에 낙이라

(『배달의 맥박』, 498쪽)

남궁억은 독립협회 수석총무, 황성신문사 사장, 배화학당 교사 등으로 독립운동을 전개하며 교육, 언론 활동을 전개하였다. 그러나 일제의 압박으로 1918년 강원도 홍천군 서면 보리울[牟谷里] 산중에 은거하게 된다. 위 노래는 이 때 지은 것이다.

'포수의 총대'는 일제의 탄압을 의미하고 '엄동 후에 양춘'이란 바로 조국의 독립을 의미한다. 따라서 조국이 독립될 때까지 '힘껏 노력하자'는 계몽의 노래이다. 2절 노랫말에 기독교적인 표현이 담겨 있다. 곡은 미국 민요작곡가 포스터의 곡을 이용했다.

이 노래가 전국 각지에서 애창되던 정황은, 이은상의 다음과 같은 글에서도 알 수 있다. "그 때 선생(남궁억 : 인용자)이 지어 부른 노래 「기러기 노래」란 것은 어 느 새 전국적으로 퍼져 경향 각처에서 거의 애창하지 않는 이가 없었으니, 내가 20의 청년 시절에 이 노래를 부르며 눈물을 지었던 일이 지금도 오히려 잊혀지지 않는다."7)

②-1 무궁화 동산(근화의 춤)

남궁억 작사

1. 우리의 웃음은 따뜻한 봄바람 / 춘풍을 만난 무궁화 동산
   우리의 눈물이 떨어질 때마다 / 또다시 소생하는 이천만
2. 백화가 만발한 무궁화 동산에 / 미묘히 노래하는 동무야
   백천만 화초가 웃는 것같이 / 즐거워하라 우리 이천만
(후렴) 빛나거라 삼천리 무궁화 동산 / 잘 살아라 이천만의 조선족

(김우종, 1988, 253~254쪽 ;『배달의 맥박』, 401쪽)

②-2 웃음과 눈물

1. 우리의 웃음은 따뜻한 봄바람 춘풍을 만난 무궁화 동산
   우리의 웃음은 따뜻한 봄바람 춘풍을 만난 무궁화 동산
2. 우리의 눈물이 떨어질 때마다 또다시 소생하는 삼천만
   우리의 눈물이 떨어질 때마다 또다시 소생하는 삼천만
(후렴) 빛나거라 삼천리 무궁화 동산 잘 살아라 삼천만의 동포야

(『광복의 메아리』, 164쪽)

웃음과 눈물 모두를 나라와 겨레를 위해 바치자는 애국의 노래로, 1920년대 서 울 '일요학교대회'에서 어린이들이 무용을 하며 불러 대환영을 받은 노래이다. 이 후 전국적으로 널리 불렸다.

②는 ①과 곡이 다르지만 노랫말이 거의 같으며, 역시 1920년대에 부르던 노래 라고 하는데, ①의 '이천만 조선족'이 ②에는 '삼천만 동포'로 되어 있음으로 보아 ①의 구전 과정에서 ②가 나온 것임을 알 수 있다.

---

7) 이은상, 「잊을 수 없는 스승」, 『오늘도 탑을 쌓고』, 휘문출판사, 1971, 52~53쪽.

③ 삼천리 반도 금수강산(일하러 가세)

남궁억 작사, 안대선 작곡

1. 삼천리 반도 금수강산 / 하나님 주신 동산 / 이 강산에 할 일 많아
   사방에 일꾼을 부르네 / 곧 금일에 일 가려고 / 누구가 대답할까
2. 삼천리 반도 금수강산 / 하나님 주신 동산 / 봄 돌아와 밭갈 때에
   사방에 일꾼을 부르네 / 곧 금일에 일 가려고 / 누구가 대답을 할까
3. 삼천리 반도 금수강산 / 하나님 주신 동산 / 곡식 익어 거둘 때니
   사방에 일꾼을 부르네 / 곧 금일에 일 가려고 / 누구가 대답할까
(후렴) 일하러 가세 일하러 가 / 삼천리 강산 위해
   하나님 명령 받았으니 / 반도 강산에 일하러 가세

(김우종, 1988, 255~256쪽)[8]

보리울에 귀향한 남궁억은, 매일 새벽 인근의 유리봉이란 산에 올라가 조국의 독립을 위해 기도하였다. 1922년 어느 날 "주여, 이 나이 환갑이 넘는 기물(棄物)이오나 이 민족을 위해 바치오니 받으시고 젊어서 가졌던 애국심을 아무리 혹독한 왜정 하일지라도 변절하지 않고 육으로 영으로 감당할 수 있는 힘을 주옵소서"라고 기도하였다. 그리고 그 날 밤 붓을 들어 작사한 것이 바로 위 노래이다.[9]

조국독립의 염원을 담고 만들어진 이 노래는 이후 찬송가(402장)에 들어가 찬송을 통한 애국정신을 고취시키며 널리 불렸다.

1920년대 후반에 기독교 내에서 면려운동(勉勵運動)이 전개되었다. 면려운동은 종교운동이자 사회교육운동으로, 금주금연운동도 실천하였다. 당시 경안노회 산하 면려청년연합회 회장이던 정태성의 회고에 따르면, 회원들이 봉사정신을 드높이자는 취지에서 「일하러 가세」를 열심히 불렀다고 한다. 또 1940년대에 기독교 빈민운동을 하던 김연호도, 빈민굴에서의 선교활동 가운데 이 노래를 불렀다고 한다.[10]

8) 『광복의 메아리』(158쪽)에는 제목이 「일하러 가세」로 되어 있으며, '삼천리 반도 금수강산 하나님 주신 동산'이 두 번 반복된다.
9) 김우종, 「한서 남궁억」, 『상동교회를 중심으로 활동한 나라와 교회를 빛낸 이들』, 상동교회, 1988, 248~249쪽.
10) 정태성, 『晩悟 정태성 자전』, 시로, 1986 ; 김연호, 『눈물젖은 빵을 먹어 본 사람이 아니면 그 맛을 모른다』, 유림사, 1979, 53쪽.

남궁억은 무궁화를 나라의 얼을 상징하는 것이라 하여 무궁화 보급운동도 전개하였다. 일찍이 배화학당에 재직하던 시절 우리나라 최초의 무궁화수본 제작을 지도하였으며 강원도에 사립학교를 세우고 무궁화 묘포를 만들어 묘목을 전국에 보급하기도 했다. 각 학교, 기독교단체, 교회에서는 보리울에서 보내온 무궁화를 심어 겨레의 불굴의 얼을 고취시켰다. 만주사변 후 독립운동가의 체포에 혈안이 된 일제 경찰은, 강원도에서 남궁억을 비롯하여 민족정신이 강한 기독교 인사 28명을 체포 구금하였다. 이른바 '무궁화십자당사건'(일명 무궁화보급사건)이다. 남궁억은 옥고를 치르는 동안 건강이 악화되어 1935년 병보석으로 출옥하였으나 옥고의 여독으로 1939년에 사망하였다.

1920~30년대 국내에서 청년운동, 계몽운동이 활발하게 전개되는 과정에서 계몽운동가 역시 여럿 탄생하여 민중들 사이에서 불렸다. 이들 노래는 직접적인 항일의 표현을 담고 있지는 못했으나 무궁화, 백두산, 배달 등 민족을 상징하는 표현을 통하여 동포의 민족의식을 계몽하였다.

① 조선의 노래

이은상 작사, 현제명 작곡

1. 백두산 뻗어내려 반도 삼천리 / 무궁화 이 동산에 역사 반만년
   대대로 이어주는 우리 삼천리 / 복되도다 그 이름 조선이라네
2. 보아라 이 강산에 밤이 새나니 / 삼천만 너도 나도 함께 나가세
   길러온 재주와 힘을 모으세 / 기쁨이 복바쳐 노래하리라
3. 삼천리 아름다운 이 내 강산에 / 억만년 살아나갈 조선의 자손
   광명한 아침날이 솟아오르면 / 우리의 앞길은 탄탄하도다

(『광복의 메아리』, 167쪽)

1931년 동아일보 신춘문예 창가부에 당선되었던 노래로 익명생 작으로 되어 있으나 실은 이은상 작사였다. 이은상은 문학을 통하여 민족정기를 고취시키기 위해 활동하던 중 1942년 조선어학회사건으로 일제에게 체포되어 옥고를 치렀다.

노랫말 전체에서 애국애족정신을 고취시키고 있는 이 노래가 학생들 사이에 애창되자 일제는 '백두산 뻗어내려 반도 삼천리' 등의 표현을 문제 삼아 가창을 금지시켰다. 그러나 일제의 가창금지령에도 불구하고 학생들을 중심으로 널리 불렸다. 해방 이후 최초의 국민가요로 애창되며 「대한의 노래」로 제목이 바뀌었다.

작곡자 현제명은 숭실전문학교에서 음악공부를 시작하였고 1928년 미국에서 음악대학원을 졸업하고 귀국하여 연희전문학교에서 교편을 잡았다. 중일전쟁 발발 직후인 1938년에 『현제명 작곡집 제1집』이 치안을 이유로 발행 금지된 바 있는데 위 노래가 실린 것이 문제시된 것으로 보인다.

음악평론가 유한철은 이 곡에 대하여, "경쾌한 악상 속에 애국·애향에의 분발이 솟구[치며], 억센 행진을 연상시키면서 내 나라의 풀 한포기, 이슬 한방울, 기울어져 가는 조각달 들에 대한 애린이 각 귀절에 디테일이 되어 있다"고 평하였다.11)

② 배달의 노래

1. 우주가 생길 때에 백두산 솟고 천지물 흐르면서 배달족 이뤄
   내리는 물과 같이 영원히 자라 태극기 무궁무진 조화도 많다
2. 한반도 금수강산 아름다워라 배달족 조국정통 깨끗도 하다
   일어라 동해바다 파도와 같이 굳세라 금강산의 비로봉같이
(후렴) 만세 만만세 배달민족 만세 만만세 / 만세 만만세 배달민족 만세 만만세
(『배달의 맥박』, 285쪽)

배달겨레의 영원함을 표현하며 애국정신을 고취시키는 노래이다.

③ 민족의 약동

1. 백두산은 남북으로 내려 뻗쳤고 천지물은 동서 흘러 바다 이루고
   이 우주는 배달족의 무대가 되니 금수강산 인류사회 태극이로다
2. 반만년래 자란 뿌리 땅을 덮었고 삼천리에 뻗은 가지 세계 빛나네
   가지마다 송이송이 무궁화 피며 아름다운 배달 열매 삼천만이다
3. 내린 뿌리 뻗은 가지 어서 뻗어라 피는 꽃과 맺는 열매 많이 열려라
   삼천리는 삼만리가 되도록 뻗고 삼천만은 삼억만이 될 때까지다
(『배달의 맥박』, 286쪽)

배달겨레의 발전과 세계 속에서의 활약을 기대하는 노래로, '삼천리는 삼만리 되고 삼천만은 삼억만 될 때까지' 민족이 영원무궁하게 발전하기 희구하고 있다.

---

11) 유한철, 「현제명」, 『진리와 자유의 기수들』, 연세대학교, 1982, 198쪽.

제17장 흥사단

1. 청년학우회

무실역행 등불 밝고 깃발 날리는 곳에
우리들의 나갈 길이 숫돌같도다

일찍이 독립협회 평양지부 일을 맡고 있던 안창호는, 평양과 서울을 오가며 애국계몽운동을 전개하였다. 만민공동회에서 정치연설을 통하여 세인의 주목을 받기도 했다. 그러나 독립협회가 강압적으로 해산되자, 안창호는 교육사업에 뜻을 두고 고향인 강서군 동진면 바윗고지에 점진학교라는 초등학교를 세운다(1899년). 점진학교 시절 안창호가 만든 것으로 추정되는 노래가 있다.

부강의 노래(조국의 번영)

안창호 작사(추정)

1. 가치높고 귀중한말 애국하라 한말일세
   땀흘리고 피흘리어 내나라를 보존하세
2. 성품좋고 기질좋은 단군자손 배달겨레
   총명하고 준수하니 문명국민 이아닌가
3. 산고수려 우리강토 모든물산 풍족하고
   반도강산 좋은위치 수륙통상 편리하다
4. 신성하다 우리민족 애국심을 분발하여
   청구강산 우리나라 부강하기 어렵잖다

(『광복의 메아리』 126쪽 ; 『배달의 맥박』, 299쪽)

이 노래는 조국강산을 소재로 하여, 애국을 통하여 나라를 보존하고 강산이 번영하길 기원하고 있다. 1900년대부터 불렸다.

『배달의 맥박』에는 「조국의 번영」이란 제목으로 되어 있고, 「애국가집초」에는

「가치높고 귀중한 말」이란 제목을 달고 있다.1) 「애국가집초」는 미국에 거주하는 사람이 수십 년 간 소장해 오던 노래집을 추린 것으로『안도산전서(중)』에 전재되어 있는데 그 가운데 많은 노래가 안창호 작으로 확인된 것이다. 따라서 「부강의 노래」도 안창호 작일 가능성이 있으며, 특히 수록 노래 가운데 「거국가」보다 앞서 가장 먼저 수록된 것으로 보아 안창호가 미국유학 전에 만든 노래일 가능성이 크다.

나라의 부강을 위해 애국하고 또 그를 위하여 점진 점진 공부하여 발전하자는 안창호의 인식은 이후 안창호의 애국운동의 기초가 되었다.

점진학교 활동을 시작한 지 3년 후, 즉 1902년에 안창호는 교육학을 전공하여 교육자가 되겠다는 뜻을 안고 미국으로 유학의 길을 떠난다.

안창호는, 미주지역으로 유학온 유학생, 생활을 위해 조국을 떠나온 이민 노동자 등을 모아 조국광복과 상부상조의 목적을 지닌 공립협회를 조직하여 활동하였다. 그러나 미국에서 듣는 조국의 소식은 더욱 암울해져만 갔다.

1905년 조국의 외교권을 강탈한 을사늑약의 소식과 지사들의 순국 소식이 미국에 전해졌다. 을사늑약 이후 날로 위태로워져 가는 국가의 운명 앞에, 미주지역에 있던 동포들은 조국으로 돌아가 구국운동을 일으키기로 결의한다. 특히 안창호, 이강, 임준기 등은 1907년 어느 날, 조국에서 항일운동을 일으키기 위하여 '신고려회'를 조직하고 본국으로 들어가기로 결정하였다.

당시 미주지역의 동포들의 '귀국운동' 상황을 보여주는 「귀국가」라는 노래가 있다.

귀국가

도국생

도라가셰 도라가셰	재미동포 도라가셰
동반도의 부상지에	침침당야 밝어가고
됴일선명 하온아참	귀국하셰 귀국하셰
자유종을 크게치고	독립긔랄 높히들어
유진무퇴 하올적에	귀국하셰 귀국하셰
백두산을 가라치며	황발해랄 맹셰하야

1) 도산기념사업회 편, 『안도산전서(중)』, 범양사, 1990, 43쪽.

유사무생 하올때에	귀국하셰 귀국하셰
대포연긔 안개갓고	탄환방울 비와갓치
오더라도 겁이업시	압흘셔서 귀국하셰
모래밧혜 뼈를갈고	가을풀에 피를뿌려
죽더라도 영화로다	돌지말고 귀국하셰
을지공의 살슈든가	리통졔의 로량쳐름[노량처럼]
나도또한 영웅으로	개선가로 귀국하셰
재미동포 도라가셰	도라가셰 도라가셰

(『신한민보』 1909. 4. 14)

일제의 억탈에 의해 나라가 위망에 빠진 상황에서, 미주동포들이 조국으로 돌아가서 '자유종을 크게 치고 독립기를 높이 들자'는 노래이다.

노랫말 가운데 '대포연긔', '탄환방울' 등의 표현으로 보아 왜적과의 항전을 염두에 둔 노랫말이라 할 수 있다.

『신한민보』에 '도국생'의 글이 실려 있는데 글 말미에 "청컨대 미주에 있는 우리 동포는 장검을 빗겨들고 강개한 우성으로 이 도국생의 귀국가를 한 번 불러 볼지어다"라고 하면서 「귀국가」를 게재하고 있다. 도국생은 안창호의 필명일 가능성이 있다. 안창호는 호가 도산으로 알려져 있는데 언제부터 도산이란 호를 썼는지 모른다. 그런데 『대한매일신보』 1910년 5월 12일자에 안창호의 「거국가」가 신도 작으로 발표되어 있다. 따라서 적어도 1910년 이전에는 안창호가 도산 외의 필명을 가지고 있었음을 알 수 있는데 '신도', '도산' 등에 '도'자가 공통으로 있는 것으로 보아, 안창호가 '도'자를 애호했다고 추측되며 도국생은 안창호의 이명 혹은 필명일 가능성이 크다고 생각되는 것이다.

위 노랫말이 실제로 불리던 것인지는 확실치 않지만, 노랫말이 4·4조 형식으로 되어 있는 것을 보아 새로 곡조를 만든 것이라기보다는 전래되어 오던 곡조에 노랫말을 붙여 불렀을 것으로 추측된다.

1907년 국내로 들어온 안창호는 신민회, 청년학우회, 대성학교 등을 통하여 구국운동을 전개하였다. 신민회는 애국지사 이동녕, 이동휘, 이갑, 노백린, 양기탁, 신채호, 박은식, 전덕기, 조성환 등이 조직한 비밀결사 애국운동단체로서, 정치·경제·교육·문화 등 각 방면에서 민족의 힘을 기르기 위하여 활동하였다. 회원은 300여 명에 이르렀다.

교육 면에서는 각종 학교를 설립하여 인재를 양성하였으며 산업 면에서는 도자기회사를 설립하였고, 문화 면에서는 태극서관을 만들어 출판활동을 전개하였다. 또 구국의 일선에 나설 청년들의 단결체로 청년학우회를 조직하였는데 이들 조직은 바로 비밀결사 신민회의 표면조직이었다.

1908년 안창호는 평양에서 대성학교를 세웠다. 대성학교는 김진후가 희사한 돈으로 세운 중등학교로서 교장은 윤치호, 교장대리 안창호였다.

이 시절 안창호가 만들어 널리 불리던 노래가 있다.

맛나 생각(相逢有思, 만나 생각, 상봉가, 언제나 언제나)

안창호 작사

1. 사랑하난 우리 청년들 오늘날에 서로 맛나니
   반가온 뜻이 은근한 중 나라 생각 더옥 깁헛네
   언제나 언제나 독립연에 다시 맛날가
2. 청년들아 참 분하고나 뎌 원슈가 참 분하고나
   뎌 원슈를 다 모라내고 소평텬하 소원이로세
   언제나 언제나 개선가를 놉히 불을가
3. 청년들아 참 괴롭고나 남의 속박 참 괴롭고나
   이 속박을 버셔바리고 국광션양 소원이로세
   언제나 언제나 자유종을 크게 울닐가
4. 청년들아 참 슯흐고나 무국민이 참 슯흐고나
   우리 국권 회복하고셔 국위진동 소원이로세
   언제나 언제나 독립기를 놉히 날릴가

(『대한매일신보』 1909. 8. 13)

안창호는 여성교육에도 힘써서 여자들이 서울에 유학가길 적극 권장하였고 조신성으로 하여금 평양 진명여학교를 설립하게 하였다. 방학이 되어 서울로 유학갔던 학생들이 돌아오면 안창호는 이들 남녀학생을 초대하여 환영회를 열곤 했다. 위의 노래는 이러한 자리에서 불렸다.[2]

'분하고 괴롭고 슬픈' 현실을 토로하면서 자주·독립·자유·국권을 회복할 것을 주장하는 이 노래는 시기와 장소에 따라 제목과 노랫말이 바뀌면서 독립진영

---

2) 주요한, 『안도산전』, 삼중당, 1975, 73쪽.

에서 널리 불렀다. 특히 독립진영에서 구전되던 노래는 각 절의 마지막 행(언제나 ~)이 두 번 반복되고 있는데 이는 자유·독립에의 의지를 더욱 고조시키는 효과를 거두기 위한 것이었다. 4절로 발표되었던 이 노래는 뒤에 5절이 추가되어 널리 불렀는데, 만주에서 불리던 5절 노랫말은 다음과 같다.

> 5. 청년들아 조상 나라를 망케 함도 내 직책이요
>   흥케 함도 내 직분이라 낙심말고 분발합시다
>   소원을 소원을 성취할 날이 머지 않네
>   소원을 소원을 성취할 날이 머지 않네

(『최신창가집』, 62쪽)

5절은 안창호 작이 아니고 노래의 구전과정에서 다른 사람이 삽입한 것으로 보인다.

이 노래를 독립운동가들이 옥중에서도 불렀다는 기록이 있다. 평양감옥에 있던 한철수는 옥중에서 수양회(독립운동가들의 옥중모임)를 만들고 새로 투옥된 독립운동가가 있을 때 이 「상봉가」를 불렀다고 한다.[3]

홍사단의 전신이라 일컬어지는 청년학우회도, 안창호의 구상에 의해 조직되었다. 비록 안창호가 청년학우회의 간부직을 맡지는 않았지만 청년학우회의 탄생 및 그 활동은 안창호와 불가분의 관계에 있었다.

안창호는 민족부흥운동의 일환으로 청년의 인격 향상을 목적으로 하여 청년학우회를 조직하려 했다. 이를 두고 독립운동의 합법화를 위해 이러한 목적을 내세웠다는 설도 있고 안창호의 민족운동이 원래 비정치적이기 때문에 청년학우회도 비정치적 목적을 내세웠다는 설도 있다.

청년학우회가 내세우는 실력양성 노선은 청년학우회의 회가에도 나타나고 있다.

청년학우회가

최남선 작사

1. 무실역행 등불 밝고 깃발 날리는 곳에 / 우리들의 나갈 길이 숫돌같도다

---

3) 한철수, 『나의 길』, 송산출판사, 1984, 68~70쪽.

영화로운 우리 역사 복스러운 국토를 / 빛이 나게 할 양으로 힘을 합쳤네
2. 용장하던 조상의 피 우리 속에 흐르니 / 아무러한 일이라도 겁이 없도다
지성으로 이루랴고 노력하는 정신은 / 자강충실 근면정제 용감이로세
(『안도산전서(중)』, 41쪽 ; 『광복의 메아리』, 137쪽 ; 『최신창가집』, 180쪽)

노랫말을 만든 최남선은, 당시 안창호의 비서이자 청년학우회의 중앙총무로 활동했다.

노랫말에 나오는 '무실역행'이라는 표어는 안창호가 창안한 것으로, 청년학우회를 조직한 안창호의 기본적 구상이 담겨 있다. 또 2절에 자강충실·근면정제·용감 등의 구호도 있는데, 이들 구호가 바로 청년학우회의 4대정신, 즉 '무실·역행·충의·용감'으로 정리되는 것이다. 그리고 이 4대정신은 홍사단에 그대로 이어진다. 청년학우회는 경성, 개성, 대구, 평양, 오산, 의주 등 중학교가 있는 지역에 설립되었고, 곧 이어 중앙에 청년학우회연합회를 결성할 계획이었다. 그러나 경술국치 후 일제의 압박으로 모든 결사조직과 언론기관이 해산당하면서 청년학우회도 해체되었다.

한편 안창호로부터 청년학우회 취지서 작성을 지시받기도 했던 최남선은 1908년 자택에 신문관(新文館)을 설립하여 『소년』을 창간하였다. 최남선의 사양으로 신채호가 청년학우회 취지서를 작성하기도 했으나, 당시 최남선은 안창호의 실력 양성 노선에 전적으로 동감하고 청년학우회 활동에 참가하였다. 그가 창간한 『소년』도 청년학우회의 기관지로서의 성격을 지니고 있었다. 1910년 4월~6월호, 8월호에는 청년학우회 난을 만들어 「청년학우회가」, 「청년학우회 행보가」, 「청년학우회 휴학가」 등을 발표하기도 했다.

『소년』은 우리나라 최초의 근대적 잡지로, 서구문화(문학)를 소개하고 신체시를 개척하였다. 전기, 역사, 지리, 격언 등도 많이 게재하였다. 또 「경부철도가」, 「한양가」, 「모란봉가」(안창호), 「농부가」, 「신조선 소년」 등의 애국창가도 수록하였다.

신조선 소년

최남선

1. 우리는 아모것도 가진 것 없소 / 칼이나 류혈포나—
그러나 무서움 업네 / 철창 갓흔 형세라도

우리는 웃지 못하네

우리는 올혼 것 짐을 지고 / 큰 길을 걸어가는 者들일세

2. 우리는 아모것도 지닌 것 업소 / 비수나 화약이나−

그러나 두려움 업네 / 면류관의 힘이라도

우리는 웃지 못하네

우리는 올혼 것 廣耳삼아 / 큰 길을 다사리난 자들일세

3. 우리는 아모것도 든 물건 업소 / 돌이나 몽둥이나−

그러나 겁 아니 나네 / 細砂 갓흔 재물노도

우리는 웃지 못하네

우리는 올혼 것 칼해 집고 / 큰 길을 직혀 보난 자들일세

(『소년』 2-4, 1909. 4, 125~126쪽 ; 박찬호, 1992, 40~41쪽)

정미조약이 체결되기 전 최남선이 열 편의 시를 써서 그 중 세 편을 '구작삼편(舊作三篇)'이라 하여 『소년』에 발표한 것 가운데 하나이다.

정미조약은 1907년 7월 24일 강제되었는데 그 내용 가운데 한국군대의 해산이 포함되어 있었다. 그리고 8월 1일 대한제국 군대가 해산되었다.

'무서움(두려움, 겁)이 없다'는 표현에서 청년학우회의 용감한 정신을, 그리고 '큰 길을 간다'는 표현에서 무실역행의 정신을 읽을 수 있다. 또한 '칼이나 육혈포가 없다'는 표현에서는 청년학우회의 비정치적 실력양성주의를 엿볼 수 있다.

그러나 조선민족에게 '칼이나 육혈포'가 없었던 것이 아니다. 군대 이산 이후 대한제국 군인들이 의병진에 가담하면서, 전국적으로 항일의병전쟁이 가열차게 전개되었다. 또 1909년 10월에는 안중근의 이토 히로부미 저격의거가 있었다. 이 의거는 겨레가 살아 있음을 보여준 쾌거였다.

일제는 안중근의 의거를 구실로 이갑, 이동휘, 안창호 등 신민회에서 활동하던 지사들을 검거·투옥하였다. 그러나 안중근의 의거를 후원한 증거를 찾지 못한 일제는 그들을 풀어줄 수밖에 없었다. 그리고 내각조직에 이들을 등용하겠다고 제의하였다. 즉 '합방'을 앞둔 시기에 항일운동세력을 진정시키기 위한 술책을 제시하였던 것이다.

헌병대에서 풀려나온 신민회 간부들은 이갑의 집에서 내각조직에 대한 논의를 거쳐 불가 결정을 내렸다. 이후 향후 대책을 강구하는 몇 차례의 비밀회의를 열어, 국내에서 활동할 수 있는 사람은 국내에서, 국내에 남기 어려운 사람은 해외로 망

명하여 활동하자는 방침이 결정되었다. 그리하여 이갑, 안창호, 이동녕, 이동휘, 이시영, 신채호 등은 독립운동기지 건설을 목표로 해외로 망명하게 된다.

　해외 가운데 구미지역을 담당한 안창호는 「거국가」를 남기고 1910년 4월 배를 타고 중국, 러시아, 영국을 거쳐 미국으로 망명하였다.

거국가(거국행)

안창호 작사

1. 간다간다 나난간다 너를두고 나난간다
   잠시뜻을 엇엇노라 깝을대난 이시운이
   나의등을 내미러셔 너를떠나 가게하니
   이로브터 여러해를 너를보지 못할지나
   그동안에 나난오즉 너를위해 일하리니
   나간다고 슬허마라 나의사랑 한반도야
2. 간다간다 나난간다 너를두고 나난간다
   뎌시운을 대뎍타가 열혈누를 뿌리고셔
   네품속에 누워자는 내형뎨들 다깨워셔
   한번긔껏 해봣스면 속이시원 하겟다만
   쟝랫일을 생각하야 분을참고 떠나가니
   나간후에 더힘써라 나의사랑 한반도야
3. 간다간다 나난간다 너를두고 나난간다
   내가녀를 작별한후 태평양과 대셔양을
   건널때도 잇슬지며 셔비리와 만줏들에
   단닐때도 잇슬지라 나의몸은 부평갓치
   어나곳에 가잇든지 너를생각 할터이니
   너도나를 생각하라 나의사랑 한반도야
4. 간다간다 나난간다 너를두고 나난간다
   즉금리별 할때에는 빈쥬먹만 들고가나
   이후샹봉 할때에난 긔를들고 올터이니
   눈물흘닌 이리별이 깃분마지 되리로다
   음풍폭우 심한이때 부대부대 잘잇거라
   홋날다시 맛나보자 나의사랑 한반도야

(『대한매일신보』;『최신창가집』, 65쪽)4)

이 노래는 안창호가 조국을 떠난 얼마 후에 『대한매일신보』(1910년 5월 12일)에 '신도' 작으로 발표되었는데 신도는 당시 안창호가 사용하던 필명이나 호인 것으로 보인다. 미주지역에서 발행되던 『신한민보』(1915년 11월 11일)에도 발표되었다. 1910년대부터 국내외에서 널리 불렸던 만큼 노래제목이 다양한데, 「거국가」가 가장 널리 알려졌으며 「거국행(去國行)」, 「한반도 작별가」, 「간다 간다 나는 간다」라는 제목으로 불리기도 했다.

작곡자는 정사인, 이상준 양설이 있다. 『광복의 메아리』에는 정사인 작곡으로 되어 있고 이유선·이상만의 글에는 이상준 작곡으로 되어 있다.[5]

정사인 작곡설의 근거는 모르겠지만 이상준 작곡설의 근거는 1918년 이상준이 펴낸 『최신창가집』에 이상준 곡인 「석별(惜別)」이 들어 있는데 노랫말이 바뀌었지만('무정세월 여류하여 살과 같이 달아난다'로 시작), 곡은 「거국가」 곡이었다는 것이다. 또 이상준이 안창호의 대성학교에서 음악을 가르쳤다는 이야기도 있는 것으로 보아 「거국가」의 작곡자는 이상준 쪽에 비중이 간다.

정사인은 황실군악대(경술국치 後 명칭은 李王職洋樂隊) 출신으로, 전통가락을 서양악기로 연주하는 데 뛰어났다. 1915년부터 송도고보의 음악교사로 음악활동을 했다. 「추풍」, 「돌진」 등의 취주악곡을 남겼으며 「내 고향」(일명 「사향가」)도 그의 작품이다.[6] 경술국치를 전후한 시기에 애국창가를 창작하여 보급한 선구적 음악인 세 사람을 꼽자면, 정사인·김인식·이상준을 들 수 있다.

이상준은 조선정악전습소 출신으로, 보성, 숙명, 진명, 휘문 등의 학교에서 음악을 가르쳤다. 『조선명승지리창가』, 『중등창가집』, 『수진 조선 잡가집(袖珍朝鮮雜歌集)』, 『조선속곡집(朝鮮俗曲集)』 등도 펴냈다. 특히 『조선속곡집』은, 당시 일반인들이 천시하여 관심을 두지 않던 전래 속요를 오선지에 옮긴 것으로 이상준이 민중의 노래에 관심을 지니고 있었음을 보여주는 대목이다. 민요의 대중성에 대한

---

4) 주요한은, 위 노랫말 가운데 2절은 후인이 첨가한 것이고, 안창호 원작은 1·3·4절이라고 하면서 총 3절을 기록하였으나(주요한, 『안도산전』, 98~100쪽 ; 도산기념사업회 편, 『안도산전서(중)』, 범양사, 1990, 55쪽), 1910년 5월 발표되었을 때부터 4절로 되어 있었다.

5) 이유선, 『한국양악백년사』, 음악춘추사, 1985, 57쪽 ; 이상만, 「한국음악백년 - 일화로 엮어 본 이면사」, 『경향신문』 1985년 12월 21일.

6) 황문평, 「노래선정에 동참하면서」, 『겨레의 노래 1』(겨레의노래 사업단 편), 한겨레신문사, 1990, 29쪽.

그의 주장은 곧 '창가'의 보급으로 이어져 그가 펴낸 창가집들을 통하여 1920~30년대 서울 학생들 사이에 그의 노래가 많이 퍼졌다.[7]

그가 펴냈던 『중등창가』(김용준 발행)와 『풍금독창 중등창가집』(삼성사 발행)이 각각 1912년과 1930년에 일제 당국에 의해 치안을 이유로 발행 금지되었던 사실에서, 이상준이 음악을 통하여 민족정신을 고취시키려 했던 흔적을 역으로 추적할 수도 있다.[8]

한편 청년학우회 총무였던 최남선은 국내에 남아 계몽운동을 전개하였다. 최남선이 1914년 작사한 「세계일주가」가 있다.

세계일주가

최남선 작사

1. 한양아 잘있거라 갔다오리라 / 앞길이 질펀하다 수륙 십만리
   사천년 옛도읍 평양지나니 / 굉장할사 압록강 큰쇠 다리여
2. 칠백리 요동벌을 바로 뚫고서 / 다다르니 봉천은 옛날 심양성
   동북능 저 솔밭에 잠긴 연기니 / 이백오십년 동안 꿈자취로다
3. 남으로 만리장성 지나 들어가 / 벌판에 큰 도회는 북경성이라
   태화전상 알리는 닷동 다리 旗 / 중화민국 새 빛을 볼 것이로다
4. 만수산 동산안은 쓸쓸도 하다 / 떨어지는 나뭇잎 나부끼는데
   의구한 정양문밖 번잡한 시가 / 누런 티끌 하늘을 가리웠도다

(『광복의 메아리』. 148쪽)[9]

『청춘』창간호(1914년 10월호)에 최남선 작으로 발표되었다.

『청춘』은 『소년』과 마찬가지로 편집 겸 발행인이 최창선, 주간이 최남선, 발행소가 신문관으로 되어 있다. 『청춘』은 대중적 교양계몽지로서 창간사에서, "아무라도 배워야 합니다. 우리는 더욱 배워야 하며 더 배워야 합니다"라고 언명하였다. 청년학우회의 정신을 이어 실력양성 계몽주의를 표방했던 것이다.

---

7) 이상만, 앞의 글.
8) 『일정 하의 금서 33권』(『신동아』 1977년 1월호 부록), 260쪽.
9) 원래 133절까지 있는데, 위 4절은 만주·중국을 묘사한 부분이다.

2. 흥사단

동맹한 수련의 갈 길은 멀어도
맹세한 큰 뜻은 변함이 없나니

풍전등화의 운명에 빠진 나라를 구하고자 미국으로 망명한 안창호는 조선 8도의 대표가 될 청년들을 선택하여 창립위원으로 삼아 1913년 5월 13일 샌프란시스코에서 홍사단을 조직하였다.

홍사단 최초의 단원은 홍사단 창립위원인 8인, 즉 홍언, 조병옥, 송종익, 염만석, 정원도, 강영소, 김종림, 김항작 등이었다.

창립 당시 홍사단 약법에는 다음과 같은 창립의 목표가 밝혀져 있다. "홍사단의 목적은 무실역행으로 생명을 삼는 충의 남녀를 단합하여 정의를 돈수하고, 덕·체·지 삼육을 동맹 수련하여 건전한 인격을 작성하고 신성한 단결을 조성하여 우리 민족 전도 대업의 기초를 준비함에 있음."

홍사단은 안창호가 국내에서 조직하였던 청년학우회와 마찬가지로 무실과 역행을 통하여 민족의 전도를 밝게 하기 위하여 조직되었던 것이다.

이러한 홍사단의 목표(목적)는 「홍사단가」에도 나타나 있다.

흥사단가(흥사단 입단가)

안창호 작사, 김세형 작곡
1. 조상나라 빛내려고 충의남녀 일어나서
   무실역행 깃발밑에 늠름하게 모여드네
   맘을매고 힘을모아 죽더라도 변치않고
   한목적을 달하자고 손을들어 맹세하네
2. 우리인격 건전하고 우리단체 신성하여
   큰능력을 발하려고 동맹수련 함이로세
   부모국아 걱정마라 무실역행 정신으로
   굳게뭉친 홍사단이 네영광을 빛내리라

(『도산 안창호』, 55쪽 ; 『광복의 메아리』, 146쪽)

무실, 역행, 충의, 인격, 동맹, 수련(이 가운데 동맹·수련은 후일 수양동우회 조직 명칭의 기초가 된다) 등 홍사단의 상징적 표어(구호)들이 노랫말 가운데 들어

있다. 그리고 이러한 인격도야의 궁극적 목표는 '조상나라를 빛내기 위함'이라고
되어 있다. 민족주의를 표방한 것이다.

후일 국내에서 수양동우회사건이 일어났을 때, 일제는 이 노랫말의 '조상나라
빛내려고', '부모국아 걱정마라' 등의 표현이 독립운동을 표현한 것이라고 트집잡
아 동우회 회원들을 치안유지법 위반혐의로 기소하였다.[10]

홍사단의 입단식은 엄격한 절차를 거쳤다. 홍사단의 뜻을 따르는 입단 지원자
는 엄격한 문답을 거쳐 예비 단우(團友)가 되고, 6개월 이상의 홍사단 의무에 종
사한 단우를 다시 문답식과 서약례(誓約禮)를 거쳐 통상 단우로 삼았다. 홍사단
단우는 8명으로 반(대표 : 반장)이 되고 다시 3반으로 1중반, 3중반으로 1대반이
된다. 이는 군대식 조직으로 편성하여, 유사시에 동원을 용이하게 하기 위함이었
다. 홍사단대회는 상견례, 강연회, 운동회, 희락회, 상별례(相別禮) 등 다섯 가지가
있다. 또 홍사단 단우는 하루에 한 쪽 이상의 독서와 3분 이상의 운동을 할 의무
가 있었다.

「홍사단단우회 노래」를 보자.

홍사단단우회 노래

안창호 작사, 김세형 작곡

1. 건전한 인격과 신성한 단체로 민족의 앞길에 기초를 세우려
   조국의 아들딸 뭉치니 생각도 클시고 우리 홍사단
2. 동맹한 수련의 갈길은 멀어도 맹세한 큰뜻은 변함이 없나니
   사랑의 의로써 일마다 열심해 끝까지 나가라 우리 홍사단
(후렴) 참되자 일하자 믿브자 날세자 온몸과 온맘을 나라에 바치자

(『광복의 메아리』, 146쪽)

이 노랫말은 동맹 수련의 구체적 방법으로, '참되고, 일하고, 서로 믿고, 게으르
지 말 것'을 제시하고 있다. 이를 통하여 몸과 마음을 단련시켜 나라에 바치자고
되어 있다.

작곡자 김세형은 숭실전문학교를 졸업하고, 1928년 미국으로 유학을 떠났다. 음
악을 전공하면서 홍사단과 국민회에도 관계하였다. 그가 홍사단과 관련된 노래를

---

10) 주요한, 『안도산전』, 삼중당, 1975, 359쪽.

작곡한 것도 이러한 배경을 지닌 것이다. 귀국 후 이화여전 교수로 취임하였다가 1944년에는 국민가요·군가를 작곡하라는 일제의 요청에 협조하지 않는다는 이유로 이화여전에서 면직당하기도 했다.[11]

「흥사단가」, 「흥사단단우회 노래」의 작곡자가 실상은 김세형이었는데 일제는 홍난파가 작곡자라고 오판하고 그를 체포하여 취조한 일화가 있다. 홍난파는 3개월 후 출감했지만 옥중에서 얻은 병을 회복하지 못하고 1941년에 사망하였다고 한다.[12]

흥사단에서는 단기를 만들어 사용하였고 그 단기를 소재로 하여 「단기가」를 만들어 불렀다.

흥사단 단기가

안창호 작사

1. 황금같이 순결하고 열혈같이 붉었도다
   청천같이 푸르렀고 백일같이 뚜렷하다
2. 두날개를 넓게피어 향상하고 전진하세
   광명하다 이깃발이 흥사단의 대표일세
3. 기러기야 내단기야 너는나의 사랑이요
   너는나의 인도로다 영원토록 같이하세

(『광복의 메아리』, 147쪽)

이 노래의 원래 제목은 미상이나, 노래가사로 보아 후일 「흥사단 단기가」로 불린 것이다. 안창호의 장녀 안수산의 구술에 따르면, 안창호가 이 노래를 직접 만들어 아침저녁으로 옷깃을 여미며 흥사단 단기를 향해 불렀다고 한다.[13]

노랫말 가운데 기러기는 흥사단의 상징으로, 선비 '사(士)'자를 날개를 펼친 새의 모양으로 도안한 것이다. 기러기는 반드시 떼를 지어 날으므로 단결과 정의 돈수의 뜻을 지니고 있다.[14]

---

11) 우동희, 「음악계의 살아있는 증인 김세형교수」, 『인물로 본 숭실 100년』, 숭실대학교, 1994, 169~170쪽.
12) 이성삼, 「홍영후」, 『한국근대인물 백인선』(『신동아』 1970년 1월호 부록), 294쪽.
13) 도산기념사업회 편, 『안도산전서(중)』, 범양사, 1990, 61쪽.
14) 주요한, 앞의 책, 121쪽.

홍사단은 정치적 변혁보다는 끊임없는 전진에 의해 민족의 전도를 밝히려 했다. 홍사단에서 부르던 노래들에도 홍사단의 이러한 정신이 그대로 담겨 있어서, 무실·역행·전진·수련·용감·충의 등의 표현을 자주 사용하고 있다.

홍사단에서 널리 부르던 「항해가」란 계몽가의 경우도 예외가 아니다.

항해가

안창호 작사(추정)

1. 건전인격 재료로서 신성단결 배를모아
   독립자유 차게신고 항해원정 떠났고나
2. 충의용감 돛을달고 덕체지로 치를삼아
   시기비평 쌓인바다 모험전진 나아가세
3. 무실역행 운전기에 전속력을 다하여서
   落心回避 험한물결 기운차게 건너가세
4. 금수강산 삼천리에 국부민강 닻을줄떠
   삼천만의 한목소리 우리역사 빛내리라
(후렴) 어야디아 어서가세 파도가 흉흉타만
   우리어이 겁낼소냐 앞만보고 어서가세

(『배달의 맥박』, 384쪽)[15]

이 노래는 1910년대 세상의 험난함을 바다에 비유하고, 항해를 통하여 독립 자유를 달성하자고 하고 있다. 그리고 항해의 수단인 배를 단결, 돛을 충의와 용감, 운전기(運轉機 : 모터)를 무실·역행으로 비유하고 있다. 재미있는 상징적 표현이라 할 수 있다.

3. 수양동우회

1919년 3·1만세운동 직후까지 안창호는 국민회 중앙총회장으로 미주지역에서 활동하였다. 안창호의 민족운동은 각지 동포들의 지지와 성원 속에서 이루어졌다. 1918년에 미주지역에서 불리던 「환영가」에는 안창호에 대한 미주지역 동포들의

---

15) 『안도산전서(중)』(52쪽)에서 안창호 작으로 추정하고 있다.

성원이 그대로 표현되어 있다.

환영가

1. 즐겁도다 오늘날에 / 귀한선생 맛나셰라
   길고오랜 댱마날에 / 쳥텬백일 빗이난듯
2. 경애롭다 우리선생 / 튱의열셩 간졀하샤
   모든곤난 모든풍파 / 날로길히 밧앗고나
3. 흠도업고 티도업난 / 두렷하게 맑은마음
   가을하늘 반공듕에 / 놉히밋난 명월인듯
4. 괴로우나 즐거우나 / 변치안난 굿은졀개
   츄은바람 찬서리에 / 홀로소슨 챵숑인듯
(후렴) 선생을 션생을 오늘날에 모셧셰라
   놉혼덕을 사모하야 한곡됴 노래하셰

(『신한민보』 1918. 8. 8)

『신한민보』에는, 이 노래가 원래 창가집에 있는 것인데 "일간 돌아오시는 중앙
총회장 안창호 선생 환영회에서 이 노래를 쓸 터이라고 하여 본 보는 이를 게제하
여 각 지방회에 보이노라"는 기사가 실려 있다. 이 기사를 볼 때, 안창호가 각지를
유세하며 활동할 때 환영회에서 동포들이 부르던 노래임을 알 수 있다.

곡은 찬송가 162장을 사용하였다.

그런데 국내의 3·1 만세함성이 미주에 전해지자 안창호는 민족운동의 대동단
결을 위하여 1919년 4월 캘리포니아를 떠나 중국으로 가서 상해 임시정부의 내무
총장으로 선임되었다.

안창호는 1920년 상해에서 홍사단 원동위원부를 조직하였다. 그러나 홍사단의
목적은 회원 상호간의 인격향상과 실력양성이었기 때문에 홍사단 원동위원부가
직접 첨예한 독립운동을 전개하지는 않았고 다만 월례회 개최와 상호연락을 도모
하였다.

1932년 안창호가 윤봉길 의거의 여파로 일제에게 체포된 이후, 1933년 현재 원
동부 조직은 임시위원장(대리 송병조), 강연부, 음악부(韋惠園), 안제부(按濟部),
운동부, 도서부 등으로 이루어졌고 6~7명 정도의 반원으로 이루어진 총 6개 반의
반장으로는 선우혁, 차이석 등 임시정부에 관여하던 인사들도 있었다.16)

원동부 조직에 음악부가 있는 것이 주목된다. 안창호가 민족적 정서의 음악운동을 통하여 민족정신을 고양시키려 한 것을 여기서도 알 수 있다.

한편 흥사단 지부는 국내에서도 조직되었는데, 그것이 바로 수양동우회이다. 수양동우회는 1922년에 결성된 서울의 수양동맹회와 평양의 동우구락부가 합동하여 1926년에 탄생했는데 주도 인물은 장이욱, 정인과, 이대위, 주요한, 이광수, 이용설 등이었다.

수양동우회는 기관지로 『동광』을 간행했는데 이광수가 주재하고 주요한이 주간으로 활동했다. 『동광』에는 「수양동우회 노래」 등 수양동우회에서 부르던 노래들이 실려 있다.

수양동우회 노래

이광수 작사, 「Star-spangled banner」 곡

1. 건전한 인격과 공고한 단결로 / 새 조선 문화의 긔초를 세우려고
   조선의 아들 딸 모이어 오아 뭉치니 / 주의도 클시고 우리 수양동우회
2. 참되자 일하자 믿브자 힘있자 / 왼 몸과 왼 마음 나라에 받히자고
   조선의 아들 딸 모이어 오아 뭉치니 / 정신도 높고나 우리 수양동우회
3. 덕체지 세 가지 우리 큰 공부를 / 맹서하고 일생에 동맹 수련하자고
   조선의 아들 딸 모이어 오아 뭉치니 / 수련도 길도다 우리 수양동우회
4. 동지의 사랑은 변함이 없구나 / 의 위한 일심이 못할 일 무엇이냐
   조선의 아들 딸 모이어 오아 뭉치니 / 단결도 굳어라 우리 수양동우회
(후렴) 조선의 강산아 조선의 사람아 / 슬픔을 버리고 기쁘어 할찌어다
   우리 무리 일어나았네 일어나았네 / 조선을 살리려 조선을 빛내려

(『동광』 1-6, 1926. 10, 3쪽)

1절 노랫말은 「흥사단 단우회 노래」 1절과 흡사하지만 전체적으로 노랫말이 다르고 곡도 다르다. 일제 정보문서에 노래의 작사자가 이광수로 기록되어 있다.[17]

『동광』은 이 노래를 게재하며 다음과 같은 문구를 삽입하고 있어 눈길을 끈다. "오늘 우리 청년남녀의 가진 노래들은 넘우도 유치하고 넘우도 난잡하며 넘우도 '데카단'적이외다. 건전하고 긔운 있는 창가를 청년에게 소개하기 위하여 각 단체

---

16) 김정명 편, 『조선독립운동 2』(국학자료원 영인, 1980), 505쪽.
17) 아세아문제연구소, 『희귀문헌 해제』, 1995, 252쪽.

의 회가나 각 학교의 교가를 모집합니다."

1926년은 대중가요사적인 측면에서 중요한 해였다. 윤심덕이 음반으로 취입했던 「사의 찬미」를 통하여 우리나라 최초로 음반의 대중화가 이루어진 시기였다. 「사의 찬미」는 윤심덕의 정사 스캔들과 더불어 선풍적인 인기를 끌었다. 『동광』에서 말하는 당시 노래의 '데카단'이란 바로 윤심덕의 이 「사의 찬미」를 염두에 둔 것으로 보인다.

수양동우회에서 '건전하고 기운찬 노래부르기'를 통하여 민족의식을 고취시키려고 했음을 보여주는 대목이다.

수양동우회에서 부르던 노래로, 「3·1가」, 「동지사모가」, 「대한 반도는 우리의 사랑」, 「홍사단 입단가」 등이 있었음이 확인된다.[18]

이와 아울러 수양동우회에서 부르던 노래로 보이는 「나아가」, 「다 바치어」라는 노래가 『동광』에 실려 있다.

나아가

1. 굿게 결심한 충의 남녀들아 / 흑암한 악마세상 소멸하고
   광명한 새 천지 열기 위하여 / 아프로 나아가 싸홈하세
2. 나가 나가 아프로 다 함께 나가 / 큰 승전할 때까지 나아가
   개선문을 뚜렷하게 세우고 / 승전가를 크게 울러라
3. 무실의 투구를 머리에 쓰고 / 력행의 갑옷을 몸에 둘러라
   충의의 방패로서 아픔막고 / 용감의 칼 빼어 들어라
4. 차고 주림아 네가 무어냐 / 비란과 핍박아 네가 무어냐
   큰 싸홈하는 용장한 우리들 / 무엇을 두려 주저하랴
5. 일어나자 용감한 무리들아 / 나아가고 나아가고 또 나아가자
   올흔 것 밧들고 곳게 나가면 / 못 이길 것이 업스리라

이 노래는 『동광』 창간호(42쪽)에 '신청년창가'라는 항목으로 실린 청년계몽가이다.

노랫말 2절의 '무실 역행 충의 용감' 등의 표현으로 보아 역시 홍사단(수양동우회)을 중심으로 불린 노래임을 알 수 있다.

---

18) 아세아문제연구소, 『희귀문헌 해제』, 1995, 255쪽.

위 노래의 작사자는 명기되어 있지 않은데, 5절 마지막 구절의 표현은 최남선의 「신조선 소년」과 발상이 유사하다.

다 바치어

1. 불상한 우리 동포들 건지어 내려고
   맹약하고 뜻을 세운 애국 남녀들아
   나라 일을 위하여는 우리 생명 겁불갓다
   아낄 것이 무엇인가 다 바치어
2. 띄꿀 무쳐 데산이라 직던지 말던지
   우리의 정성 다할 뿐 우리의 성공은
   뷔인 말에 있지 아니하고 실지 실행함이로세
   참의 힘과 참의 정성 다 바치어

『동광』 창간호(41쪽)에 「나아가」와 함께 실려 있는 청년계몽가이다. 실지 실행, 참의 힘, 참의 정성 등의 표현에서 홍사단 분위기가 나타나고 있다.

1937년 국내에서 금주운동이 전개되는 도중에 수양동우회 간부들이 연관된 것을 빌미로 일제는 전국적으로 수양동우회 회원을 검거하였다. 일제는, 앞서 언급했듯이 「홍사단가」의 표현을 문제시하면서 수양동우회를 독립운동단체로 파악하여 회원들을 치안유지법 위반으로 기소하였다.

피검된 회원들 가운데 최윤호·이기윤은 고문으로 옥사하고 김성업은 불구가 되었다. 또 검사국에 송치된 42명 중 안창호는 옥고로 순국하였다. 그 밖에 41명이 재판을 받고 실형을 선고받았으나 1941년의 상고심에서 무죄판결을 받았다.

이 재판이 진행되는 과정에서 한글학자 이윤재 등은 일제의 강압에 굴복하지 않았다. 그러나 이광수 등은 전향서를 발표하고 적극적으로 친일활동에 나섰다.

제18장 해외에서의 민족교육

　민족의 독립을 위하여 또는 생존을 위하여 해외로 떠난 동포들은, 그 곳에서 학교를 세우고 학생을 모아 교육을 시켰다. 겨레의 자유와 나라의 독립은 인재양성을 통하여 가능하다고 생각하였던 것이다. 그리하여 해외의 우리 교포가 있는 어느 곳에서나 민족학교가 설립되어 장래 구국의 일꾼들을 길러 내었다.

　이러한 민족교육운동은 교포들이 많이 거주하는 지역일수록 더욱 강하게 추진되었다. 따라서 교포들이 많이 거주하였던 만주・중국・노령 등지에서 민족주의 학교들이 많이 설립되었다.

1. 만주의 민족교육

> 너희들의 팔다리로 창검을 삼아
> 좌충우돌 적진을 격퇴하고서

　만주지역에서 최초로 세워진 민족진영의 신식학교는 연변의 서전서숙이다. 서전서숙은 이상설에 의해 1906년에 설립되었고 이동녕, 여준 등이 이 학교의 교육과 운영에 참여하였다. 이후 만주 곳곳에서 민족학교가 설립되었는데 한 연구에 따르면 1920년대 당시 이름이 확인되는 민족주의학교 수는 150여 개에 이르고 있다.1)

　민족학교의 교과내용은 국어・역사・지리 등의 학과교육과 창가교육, 체조 등으로 이루어졌다. 이 가운데 국어・역사・지리는, 『최신동국사』, 『대한지지』, 『유년필독』 등의 민족주의와 애국사상을 고취시키는 교과서를 사용하였다. 이들 교

---

1) 이명화, 「1920년대 만주지방에서의 민족교육운동」, 『한국독립운동사연구』 2, 317~321쪽.

과서는 모두 일제가 '불온서적'으로 취급했던 것이다.

체조교육은 신체단련의 목적 외에 군사훈련의 성격을 겸하고 있었다. 장래 독립운동가로 양성하기 위함이었다. 민족학교의 교사들 가운데는 독립군 출신이 많았는데, 이들 교사에 의해 이루어지는 체조훈련은 사실상 독립군 양성의 초보적 활동이었던 것이다.

창가교육 역시 학생들의 민족의식과 항일정신을 고취시키는 방향으로 이루어졌다. 창가시간에 학생들이 배우던 노래는 애국계몽가, 독립군가 등이었다. 일례로 1920년대 민족학교에서 사용된 노래책인 『소년창가』와 『창가집』에는 다음과 같은 노래들이 수록되어 있었다.

> 『소년창가』: 애국가, 대한혼, 소년남자가, 한반도, 석음가(惜陰歌), 작대가(作隊歌), 행보가, 망향가, 가정가, 권학가, 상봉가, 감동가, 혈성대가, 아(我)운동장, 개천절 경하가(慶賀歌), 관동팔경가, 추묘(秋墓), 거국가, 살수대첩가, 의무가, 세계일주가, 부모의 은덕, 춘(春), 수학여행가2)
> 『창가집』: 모험맹진가, 복수설치가(復讐雪恥歌), 운동가, [항]해가, 부모은덕가, 단군가, 단심가(丹心歌), 학생전진가, 사발가, 쾌남가, 상봉우사가(相逢又思歌), 국혼가, 본국가, 군인가, 본국을 생각하는 가(歌), 우덕순가3)

『소년창가』는 통화현 반랍배(半拉背) 우문관(友文館)에서 등사인쇄한 것으로, 일제가 반랍배의 배달학교에서 압수한 기록이 남아 있다. 『창가집』은 붓으로 쓴 책자인데 집안현 화전자 육영학교에서 일제가 압수한 기록이 보인다. 이들 노래책에 수록된 애국창가 외에도 많은 독립군가, 애국창가들이 민족학교에서 널리 불렸다. 위 창가집에서 언급된 노래들 외에 다음과 같은 민족가요를 당시 만주 민족학교에서 불렀음이 기록에서 확인되고 있다. 「독립군가」, 「거북선가」, 「신흥무관학교 교가」, 「십진가」, 「원산항구가」, 「기차가」, 「인권가」, 「산천경개가」 등.

사실 앞에서 언급한 노래제목들은, 만주 민족학교에서 부른 것으로 확인되는 애국가요의 일부에 불과하겠지만, 이상의 제목만을 보더라도 만주 민족학교에서 애국창가를 통하여 민족정신과 독립·자주 정신, 그리고 항일의식을 일깨우던 정황은 쉽게 유추해 볼 수 있다.

---

2) 강덕상 편, 『현대사자료 조선 3』(국학자료원 영인, 1984), 132쪽.
3) 위의 책, 135쪽.

이제 노랫말이 전해지고 있는 민족학교의 교가를 보자.

① 동창학교 교가

이학수 작사

1. 동편하늘 올라 솟은 아침햇빛이 찬란하게 우리 학교 비치게 되면
   사방으로 모여드는 우리 학우들 다정하게 아침 인사 주고받는다
2. 때룽때룽 집합하란 종소리 나면 나란히 들에 모여 열지어 서서
   선생님께 경례하여 인사드리고 엄숙하게 훈계하는 말씀듣누나
3. 자나깨나 쉬지 말고 분발하여서 일심으로 덕성함양 학문을 닦고
   어둔 사회 광명토록 노력하여서 반만년의 우리 역사 빛나게 하자

(『배달의 맥박』, 463쪽)

경술국치 후 만주 환인현에 세웠던 동창학교(東昌學校 : 대종교계)의 교가이다. 이 학교에 관여하던 인사들로는 윤세복·윤세용·이극로·김영숙·이시열·김규환·신채호·박은식 등이 있었다. 일본의 사주를 받은 중국관헌의 압력으로 학교가 폐쇄된 후, 윤세복은 무송으로 가서 백산학교를 설립하고 흥업단을 조직하였다. 작사자 이학수는, 동창학교 교사, 흥업단 총무, 『배달민보』 주필, 통의부 학무부장 등으로 활동하였다. 동창학교와 흥업단 등의 활동에서, 윤세복과 행동을 같이한 것을 알 수 있다.

대종교 계열의 학교로는 위 동창학교 외에 연길현 문영학교, 화룡현 청일학교, 동일학교, 학성학교, 왕청현 명동학교, 원동학교, 고소학당, 창동학교, 영안현 동명학교, 동흥학교, 려명군숙 등이 있었다.[4]

② 창동학원 교가

1. 한줄기 뻗친 맥줄 흰뫼 아래 / 한배검이 처음 닦은 굳고 굳은 터
   그 우에 우뚝 솟은 우리 창동은 / 인류문화 발전하려 떨쳐나섰다
2. 여기저기 배달나라 남녀제씨들 / 애를 쓰고 힘들여 거둬 기를제
   피어린 력사로써 거름을 주어 / 사랑스런 강토에 다시 보내자
(후렴) 참스럽다 착하다 아름다워라 / 정신은 자유요 리상은 독립

(허진, 1988, 25~26쪽)

---

4) 이명화, 앞의 글, 316쪽.

1908년 연길현 와룡동에 설립된 창동소학교(1912년에 중학부가 부설되면서 창동학원으로 개칭)의 교가이다. '창동(昌東)'은 조선의 창성이란 뜻으로 지은 것이다.

창동학원의 선생들은 학생들에게 민족교육을 실시하였고 중학부에서는 항일무장투쟁의 준비로 군사훈련도 실시하였다. 당시 만주 민족학교에서는 일반적으로 이처럼 군사훈련을 실시하고 있었다. 창동학원생은 1919년 3월 13일 용정에서 반일시위운동을 전개하였다.

기록에 캐나다 장로교계 학교였다고 되어 있지만, 위 교가의 표현(흰뫼, 한배검 등)을 볼 때 대종교의 영향을 받고 있다.

③ 창동학교 교가

박창익 작사, 최재형 배사

1. 흰뫼가 우뚝코 두만물 흐르는
   넓다란 벌판에 형제의 마음과 힘을 모디여
   배움집을 세웠으니 창동 동천에 붉으레 돋는 해같이
   젊은 생명에 힘을 주노라
2. 보아라 보아라 이 세상을 보아라
   주림에 우는 자 광야에 엎드러진 그 참경
   오늘까지 사랑없는 이 땅 즐거운 동산을 이룰 양으로
   젊은 생명에 힘을 주노라
(후렴) 우리의 힘 될 이 위해 북돋아주고 길러주나니
        같이 기르자 동무야 창동을 창동을

(김광희, 1988, 59쪽)

1910년 경술국치 후 만주 용정현 덕신향 장골에 설립된 창동(彰東)학교의 교가이다. 1919년 3월의 용정 시위운동에도 이 학교 학생들이 다수 참가하였다. 1931년까지 모두 120여 명의 졸업생이 있었는데, 만주사변 후 일제에 의해 학교가 불타 버렸다.

위 노랫말은 원래 교가를 1926년 말에 고친 것이다. 1절의 '흰뫼, 두만물'이란 표현은 민족주의적이지만, 2절의 '주림에 우는 자'라는 표현은 사회주의적이다. 이것은 작사·작곡자가 사회주의자였던 것과 연관된다. 작사자 박창익은 당시 조선

공산당원이었으며, 최재형은 러시아 2월혁명곡을 배사하였다 한다.

이 학교에서는 매일 아침 조회시간에 위 노래를 불렀고 조회 끝에는 「주자권학가」를 불렀다고 한다. 또 「권학가」를 졸업가로도 사용했으며, 「망향가」, 「십진가」, 「세계일주가」, 「원산항구가」, 「기차가」, 「인권가」, 「산천경개가」, 「독립군가」('백두산하 넓고넓은 만주벌은 건국남아 우리들의 운동장일세'로 시작하는 노래) 등을 불렀다. 합주대도 있어서 「소년단가」, 「사천이백오십팔년」(단군의 개국기원 연도), 「두만강 건너편 간도뜰에서」 등을 합주하였다.[5]

④-1 명동학교 교가

흰뫼가 우뚝코 은택이 호대한 / 한배검이 깃치신 이 터에
그 씨와 키우신 뜻 / 넓히고 기르는 나의 명동

④-2 명동학교 창립기념가

1. 오랫동안 묵고묵은 간도황야에 / 새 문화 실어들여 펴기위해서
2. 이땅사람 캄캄하게 철모르고서 / 백만동포 살림살이 겨우잡힐때
(후렴) 우렁차게 간도문화 발원하던날 / 성심으로 노래하며 기념합시다

(강용권, 1996(하), 293~294쪽)

을사늑약 후 만주로 망명한 김약연이 설립한 명동학교(1908년에 명동서숙으로 시작)의 교가 및 창립기념가이다. 1919년 3월 13일 용정의 만세시위운동에 이 학교 학생들로 조직된 '충렬대'가 선두에 섰으며 경신대참변 때는 일본군에 의해 학교가 소각되기도 했다.

이상 교가들을 전체적으로 볼 때, 단군의 자손으로 태어난 형제들이 배움으로 힘을 길러 자유독립을 이룩하고 반만년 역사를 빛내자는 내용으로 되어 있다.

그런데 여기서 주목할 부분은 창동(彰東)학교 교가의 2절이다. '주림에 우는 자 광야에 엎드러진 그 참경'이란 부분은 동 학교 교가의 1절, 그리고 다른 학교의 교가들과 비교할 때 사회주의의 영향을 받은 표현이라 할 수 있다.

이 시기만 하더라도 만주의 사회주의자들이 민족성을 살리면서 사회주의운동을 하려 했음을 이 노랫말을 통하여 유추해 볼 수 있다. 그런데 1928년 코민테른

---

5) 김광희, 「창동학교의 지난 날을 그리여」, 『연변문사자료 5』, 1988, 59쪽.

에서 일국일당 원칙이 정해지고 이 원칙이 만주에 전해지면서 1930년대 이후에는 사회주의운동의 민족적 성격이 퇴색하게 되었다.

예를 들어 보자. 1930년 와룡동에 중국공산당 지부가 설립되면서, 창동(昌東)학원이 사회주의화되어 중국공산당의 정책을 따르게 되는데, 그 당시 창동학원생들은 「결사전가」, 「혁명가」 등을 불렀다고 한다. 「결사전가」는 원래 「소년행진가」의 노랫말을 바꾸어 부른 것이다.

그런데 「소년행진가」에서는 '애국의 정신을 분발하여라', '조국의 정신을 잊지 말아라' 등 애국정신을 고취시키는 표현을 사용한 데 비하여 「결사전가」는 '혁명의 결전', '부르죠아 박멸하는', '무산혁명 시기가 다달았네' 등 사회주의를 선전하는 표현을 사용하고 있다.

1930년대 이후 만주 사회주의 진영에서 부르던 항일노래를 볼 때 '조선'이란 표현이 간혹 사용되기도 하나 전체적으로 볼 때 민족적 의식을 고양시키는 표현은 사용되고 있지 않다.6)

한편 민족주의학교에서는 민족주의 정신을 고취시키는 노래들을 많이 불렀는데, 그 가운데 독립군가, 애국계몽가, 망향가 등의 노래는 다른 절에서 많이 기술하였고, 여기서는 「운동회 운동가」, 「거북선가」, 「혈성대창가」, 「종성당의 애국가」 등을 보자.

① 운동회 운동가

서일 작사

1. 백두산의 높은 봉은 우리 넋이요 천지수는 대양으로 흘러가도다
   영원무궁 일월성신 나아갈 때에 활발하게 나아가니 엄숙하도다
2. 너희들의 팔다리로 창검을 삼아 좌충우돌 적진을 격퇴하고서
   아름다운 우승기를 쟁취하도록 용감하게 분투하라 우리 선수야

(『배달의 맥박』, 464쪽)7)

---

6) 사회과학출판사 펴냄, 『항일혁명문학예술』, 갈무지, 1989에 실려 있는 노랫말 참조.
7) 이 운동가 외에 명동학교의 「육상운동가」, 「족구운동가」, 「운동가」 등이 있는데(강용권, 『죽은 자의 숨결, 산 자의 발길(하)』, 장사, 1996, 294~295쪽), 앞의 두 노래는 민족 정신을 고취시키는 표현이 없고 뒤의 노래는 북로군정서에서 불렀다고 전해지는 「승리행진곡」의 2절과 유사하다.

선구(船口)학교에서 부르던 응원가이다.

선구학교는 대종교에서 1928년 만주 밀산현 평안진 선구촌에 설립한 학교로 당시 교장은 나정련(羅正練)이었다.[8] 나정련은 나철(羅喆)의 장남으로 1914년에 만주로 망명하여 교육운동, 대종교운동을 전개하였다. 1942년 대종교사건(임오교변)으로 일경에게 체포되어 옥중에서 순국하였다.[9]

작사자 서일은 북로군정서 지도자로서 청산리전투를 승전으로 이끌고, 노령으로 이동하였다가 다시 밀산으로 나와 시운의 불리함을 한탄하며 1921년에 자결 순국하였다.

이 노래는 서일이 지은 노랫말에 곡을 붙여, 후일 선구학교에서 응원가로 사용했던 것으로 보인다.

②-1 거북선가

벽파정 푸른 물 파도는 높고 빠른 바람 앞뒤로 이는데
떴구나 떴구나 왜적의 배가 널쪽같이 둥둥 떠오누나
우리 장군 이순신은 거북선 휘몰아 왜적을 치셨네
우리도 용감케 나아가면 무엇인들 못하리

(지복영, 『강도 굽이굽이 산도 굽이굽이』 미간행)

②-2 거북선가

1. 벽파정 푸른 물 파도 높고 빠른 바람 앞뒤로 이는데
   떴구나 떴구나 원수의 배가 우수영 목에서 수백 척이
2. 맘 굳고 힘센 우리 장사들 거북배를 몰아 사면치니
   깨진다 터진다 원수의 배가 널쪽같이 둥둥 떠오누나
(후렴) 우리 청년 학도들아 삼백년 옛날에 조상을 본받아
       용감코 보면 우리 무엇 못하리

(『배달의 맥박』, 388쪽)

만주 독립군과 민족주의학교 학생들이 널리 부르던 노래이다.

임진왜란 때 이순신 장군이 세계 최초의 철갑선인 거북선을 만들어 한산도, 명

---

8) 『배달의 맥박』, 464쪽.
9) 대종교총본사, 『임오십현 순교실록』, 1971, 63~64쪽.

량, 부산, 노량 등지의 해전에서 승전한 사실을 소재로 하여, 항일의식을 고취시키고 있다.

③ 혈성대창가

1. 신대한의 독립의 소리 끓는 피 용솟음치고
   一團의 血誠 우리 동지 鐘醒黨을 조직하고
   조국을 회복할 것 굳게 맹약하였네
2. 슬퍼마라 부모국아 建國英士 낳아서
   의기있는 우리 청년 盡命忠劒 빛나 빛나
   산은 능히 막더라도 우리 의기 못막아
3. 높이 솟은 백두산 소나무 警醒黨의 무대 되고
   삼천리 금수강산 종소리에 공명한다
   이천만 우리 동지 울리는 소리에 깨어난다
4. 깨어 일어나는 독립군의 義勇劒 날카롭다
   雄將衝天 쾌한 형세 누군들 막을소냐
   조국회복 종성당원 그 활기 더욱 새롭다
5. 영세 독립 한국은 종성 아래 다시 세우자
   험한 풍우 落雷 중에 굳게 팔괘 정하고
   장하도다 종성당의 그 공훈

(『조선독립운동 2』, 894~895쪽)

④ 종성당의 애국가

1. 사천년 전 神祖가 내려주신 나라 오백년 역사를 지닌 예의국
2. 삼천리 강산에 惡風暴雨 몰아쳐 광명한 밝은 날 빛 가리우고
3. 웅장하게 울리는 저 종 아래에 깨어나는 傑士 혈성대를 일으킨다
4. 동방에 험한 바람 부는 날 고유의 오랜 강산에 빛 밝게 비추이고
5. 수년 간의 잠에서 깨어나지 못해 무도한 왜적의 무리 침입하여
6. 깨어나라 이천만민 우리 동포여 자유종의 맑은 음 높게 울린다
7. 쾌한 義勇劒을 모두 가지고 번쩍번쩍 빛나는 곳에 원수의 머리
8. 우리 독립가는 六州에 울리고 종성당의 만세소리 오래도록 용솟음친다

(『조선독립운동 2』, 895쪽)

위 두 노래는, 1920년 당시 유하현 민족주의 한인학교에서 가르치던 항일노래

로 일제 정보문서에 기록되어 있다. 이 학교는 한족회 산하의 민족학교였던 것으로 보인다. 1920년 당시 유하현에는 한족회 본부가 있었다.

「혈성대창가」노랫말 5절의 팔괘는 태극기를 의미한다. 그 곡조는 「혈성대가」곡을 사용한 것으로 보이며 노랫말도 「혈성대가」와 비슷한 곳이 몇 군데 있다.

종성당이란 조직의 활동 여부는 역사적으로 확인되지 않는데, 종성당은 실제 조직이라기보다 민족의 각성을 촉구하고 청년들의 의기를 북돋우기 위한 표현인 것으로 보인다. 이 노래의 원 곡조인 「혈성대가」의 혈성대도 실제 조직이 아니라 돌격대라는 뜻이다.

2. 중국 관내의 민족교육

경술국치 이후 지사들이 상해로 망명하면서 상해에서 최초로 조직한 교육기관은 1913년에 설립된 박달학원이다. 이 학원은 신규식, 박은식, 신채호, 문일평 등이 중심이 되어 조직한 동제사(同濟社)에서 설립한 것이다.

상해로 이주하는 한인들이 증가하면서 1917년 상해한인기독소학교가 설립되었다. 그리고 1918년에는 인성학교로 이름을 바꾸어 상해교민단 교육부에서 이 학교를 운영하였다. 이 학교의 설립취지는, '장래 우리 민족 흥왕(興旺)의 길은 오직 교육에 있다 하겠다'는 기금모집취지서에 잘 나타나 있다.

인성학교 졸업생이 늘어나면서, 이들에 대한 중등 과정의 교육을 담당하는 3·1중학도 설립되었다(1925년). 인성학교는, 상해사변 후 일제가 상해를 장악하자 운영에 어려움을 겪다가 1935년에 폐교되었다.

중국 관내 민족학교에서 어떤 노래들을 불렀는지 기록을 통하여 확인되는 바는 없으나, 만주 민족학교에서 부르던 독립군가와 애국계몽노래가 관내 민족학교에서도 널리 불렸을 것이다. 여기서는 기록에서 확인되는 인성학교의 노래들을 보자.

① 인성학교 교가

1. 사랑옵다 인성학교 德智體로 터를 세우고
   완전인격 양성함이 대한민국 기초 완연해

2. 의기로운 깃발 밑에 함께 모인 인성 소년아
　　조상 나라 위하여서 분투하여 공부하여라
　(후렴) 만세 만세 우리 인성학교 청천명월 없어지도록
　　　　네게서 난 문명샘이 반도 위에 넘쳐 흘러라

(『광복의 메아리』, 154쪽)

　인성학교는 외부적으로는 상해 대한인 거류민단에서 운영하였지만 거류민단이 임시정부의 지방행정기관 격이었으므로 결국 임시정부에서 인성학교를 운영하였다고 할 수 있다. 학교의 위치는 상해 불조계 천문로(天文路)에 있는 한 중국인의 2층집이었다.

　인성학교의 역대 교장으로 여운형, 김태연, 손정도, 여운홍, 김인전, 도인권, 이유필, 조상섭, 김두봉, 선우혁 등이 있었다. 이들은 임시정부에서 활동하던 인물들이다.

　학교과정은 소학교 과정에 해당되며 학생수는 매년 10~40명 정도였다. 학과 내용은 국어, 국사, 한국 지리, 한문, 산술, 이과, 수공(手工), 영어 등이었고, 수학여행, 학예회, 연극 등의 행사도 실시하였다.

　특히 중점을 둔 교육은 국사와 국어였다. 박은식은 4천여 년의 나라 역사와 일제의 침략사, 그리고 광복항쟁사 등을 강의하여 어린 학생들에게 '한국혼'을 심어주었다. 또 한글은 김두봉이 담당하였다.10)

　상해 독립운동 진영의 자제들은 대개 이 소학교에서 민족교육을 받았으며 후일 독립진영에서 활약하였다.

② 인성학교 운동가

1. 기다렸네 기다렸네 오늘 하루를 / 손을 꼽아 기다렸네 오늘 하루를
　　무쇠같은 팔과 차돌같은 다리 한 번 뽐내려
2. 우뢰같은 발자욱 소리 땅을 울리고 / 번개같은 대열 속에 지축을 향해
　　달려나가자 소년소녀들 누구가 이기리
　(후렴) 펄펄 날리는 태극기 훨훨훨 나가는 곳에
　　　　왜무리냐 배달이냐 나가자 쌈터로

(『광복의 메아리』, 154쪽)

---

10) 이명화, 「상해에서의 한인 민족교육운동」, 『한국독립운동사연구』 4, 21~22쪽.

상해 인성학교의 운동가이다. 곡은 「Battle Rhyme of The Republic」.

인성학교의 운동회는 5월 5일 어린이날에 즈음하여 개최되었는데, 상해교민 전체의 행사로 치러졌다.

독립운동 진영에 있던 학교의 운동회 행사는 단순한 운동회가 아니었다. 민족의 얼을 되살리고 강탈당한 나라를 되찾기 위하여 민족교육에 열심이었으니, 운동회도 당연히 갈고 닦은 힘을 발휘하는 무대가 되었다. 노랫말에 '무쇠같은 팔과 차돌같은 다리'로 '왜무리'와 '배달'의 싸움터로 달려나가자고 되어 있다.

③ 인성학교 졸업가

1. 귀하고 영광된 졸업장을 두 손 들어 받을제
   부모와 선생의 깊은 은덕 태산같은 줄 압니다
2. 코침을 흘리며 철모르는 손 잡아 이끌어 주시며
   학교로 인도해 주신 이는 우리 부모님이시로다
3. 발버둥치면서 억지쓸 때 글을 배워주시며
   배움길로 인도해주신 이는 우리 선생님이시로다
(후렴) 태산같은 큰 은덕 보답하기 위하여
   길러주신 이 몸을 조국에 바치렵니다

(『광복의 메아리』, 155쪽)

코흘리개 어린이가 학교에 입학하여 나라와 겨레의 정신, 말, 역사를 깨우치고 지식과 인간됨을 배운 후 졸업할 때, 그 고마움을 나타낸 노래이다. 노래 후렴에 '길러주신 이 몸을 조국에 바치렵니다'고 되어 있다. 당시 상해에 있던 독립운동 진영의 자제들은 거의 이 인성소학교를 졸업하였다.

3. 노령의 민족교육

**조국강산 사랑하고 동포형제 사랑하자
우리들의 일편단심 보국맹서뿐이로다**

신민회 간부들의 해외망명과 전후하여 노령 블라디보스톡 신한촌에 윤해, 장기영, 박은식, 백순, 유인석, 이범윤, 이상설, 홍범도 등 애국계몽운동가 및 의병들이

집결하였다. 이들은 만주와 더불어 시베리아가 독립운동의 기지로 적합하다고 판단하고 이 곳에서 힘을 길러 나라를 되찾고자 했다.

노령의 항일민족운동가들은 강력한 항일투쟁을 전개하기 위하여 1911년에 회장 최재형, 부회장 홍범도를 지도부로 하여 권업회를 조직하였다. 항일운동단체로서의 권업회에는 교육부가 있었는데, 1911년 현재 부장은 정재관이고 부원은 김현사·김규섭이었다.[11]

당시 기록을 볼 때 1912년 현재 노령에 거주하는 한인의 수가 15만 명(어떤 기록에는 30만 명)에 이르고 있었다. 이렇듯 많은 동포가 살고 있는 노령에서 민족주의 교육운동이 힘차게 전개되었다. 연해주의 민족주의학교에 대해서는 만주처럼 그 정확한 내역·정황이 밝혀져 있지 않지만, 다만 당시 노령 각지에서 교육활동을 전개하던 조중응(趙重應)의 진술에 따르면 그가 관여한 학교만 해도 70여 개나 된다고 하며, 당시 언론을 통하여 확인되는 학교 이름만 해도 36개 교에 이른다.[12]

이들 학교 가운데 블라디보스톡 신한촌에 있던 계동학교가 1912년에 확대 개편되어 한민학교로 되었다. 한민학교는 신한촌민회와 권업회가 민족주의 교육의 중심기관을 설치하는 데 힘을 합쳐 설립한 것으로, 240명 수용 규모에 교사도 26명이나 되었다. 교장은, 권업회 창립발기인이자 의사부 부의장(의장 : 이상설)이던 이종호(李種浩)였다.[13]

이종호는 교육구국의 뜻을 지닌 인사로 한북흥학회 사범과(師範科), 명성, 대성, 보성 등을 설립 혹은 인수하여 경영하며 교육운동을 전개하다 1909년 안창호 등과 함께 일제에게 체포된 바 있었다. 경술국치 후 이갑 등과 함께 노령으로 망명하여 구국운동을 전개하였다.

한민학교에서는 근대적 학문과 민족교육을 병행하였다. 창가 시간에는 「애국가」, 「보국가」, 「대한혼」, 「국기가」, 「운동가」, 「국민가」, 「소년건국가」, 「한반도가」 등을 불렀다.[14]

---

11) 윤병석, 「권업회의 이원제 운영」, 『재발굴 한국독립운동사 1』(한국일보사), 1987, 75쪽.
12) 윤병석·박민영, 「러시아 한인사회의 형성과 독립운동」, 『러시아 지역의 한인사회와 민족운동사』(한국독립유공자협회 엮음), 교문사, 1994, 117~118쪽.
13) 『배달의 맥박』, 404쪽.
14) 윤병석·박민영, 앞의 글, 117쪽.

그리고 이러한 애국창가들은 학교 교육현장뿐만 아니라 만세시위에서도 독립의식을 고취시키는 매체로 애창되기도 했다. 일례로 1912년 한민학교에서 개최된 국치기념일 행사에서 이종호, 김익용, 김하석 등의 강연이 있은 후, 한민학교 학생 250명과 일반인 400명이 대를 지어 한민촌 시가를 행진하면서 시위를 했는데 이때 「애국가」, 「독립가」 등을 목청껏 부르며 항일의식을 고취시켰다.[15)]

이들 노래들 가운데 「보국가」, 「국민가」, 「운동가」를 보자.

① 보국가

1. 조국강산 사랑하고 동포형제 사랑하자
   우리들의 일편단심 보국맹서 뿐이로다
2. 화려하다 우리강산 사랑하자 우리동포
   자나깨나 잊지말고 보전하세 우리국토
3. 우리들은 땀흘리어 문명부강 힘을쓰세
   우리들은 피흘리어 독립자유 회복하세
4. 도탄괴롬 닥쳐와도 장애물이 막더라도
   우리들의 굳센마음 추호라도 변할소냐
5. 많은고난 참고참아 쉬지않고 힘을쓰면
   무엇인들 못할소냐 맘을모아 노력하세
6. 이강산과 우리동포 길이길이 보전하세
   우리들은 이노래를 곡조맞춰 불러보세

(『배달의 맥박』, 404쪽)

② 국민가

1. 대한국민 동포들아 네 정신을 차리어라
   몸과 마음 다 바쳐서 우리나라 사랑하세
2. 화려강산 우리 향토 귀하고도 귀하도다
   국토형세 살피면서 우리나라 사랑하세
3. 임종 시에 모인 사람 무엇하는 마음인가
   힘과 마음 모으면서 우리나라 사랑하라
4. 국권회복 인민안락 어떻게 찾을 건가

---

15) 윤병석, 앞의 글, 81쪽.

맘과 몸을 바치어서 우리나라 사랑할 뿐

(『배달의 맥박』, 405쪽)

③ 운동가

1. 우리우리 대한청년 학도들아 아세아의 우리반도 독립하세
   용맹한 정신을 더욱 분발 열심히 연단하고 배우세
2. 벽속의 괘종소리 들어보라 인생백년 하루아침 춘몽같다
   일푼일각 쉬지 말고 아끼어서 활발한 마음으로 전진하자
3. 세상에서 좋은 일을 하려면는 건전한 청년밖에 또 없도다
   우리들은 애국사상 분발하여 문명의 선구자가 되리로다
4. 남양에서 밭을 갈던 제갈공명 호미자루 내버리고 일어섰다
   민충정공 충의의 붉은 피는 삼천리 이천만의 행복이다
5. 우리들도 충의의 본능 받아 마음속에 깊이 새겨 다듬은 뒤
   조국의 원수들을 쳐부수고 우리집을 우리들이 보전하세
6. 우리들은 무거운 소임졌다 피눈물과 철석심을 기울여서
   한걸음도 물러서지 말고서 열심히 학문에다 힘을 쓰자
7. 학도야 우리우리 청년학도야 대한나라 다시 한번 회복하세
   국민들이 짊어진 책무 다해 만세만세 만만세를 불러보자
(후렴) 전진전진 기쁜 마음 전진전진 즐거운 노래
   공부못해 낙담 말고 힘쓰자 노래하며

(『배달의 맥박』, 405쪽)

①「보국가」는 온갖 고난을 극복하고 한마음으로 나라의 문명부강과 독립자유를 위해 분발하자는 내용이고, ②「국민가」 역시 몸과 마음을 바쳐 국권을 회복하자고 외치고 있다. 그리고 ③「운동가」는 단순히 운동할 때 부르는 노래라기보다 학문에 힘을 써 원수를 쳐부수고 국권을 회복하자는 진취적 기상을 담고 있다. 그리고 후렴의 '전진 전진 기쁜 마음'이란 표현은, 김인식의 「전진가」에도 보이는 표현으로, 당시 애국청년들의 기상을 북돋우기 위해 즐겨 사용하던 표현임을 알 수 있다.

제19장 노령의 항일민족운동

그 누구냐 세상이 무서워 펄펄 뛴 자
그의 이름 빨치산 빨치산

19세기 말부터 국경을 넘어 만주·시베리아로 삶의 길을 찾아 떠나는 유민이 증가하였다. 또 의병전쟁 이후 경술국치를 앞둔 시기에 다수의 민족운동가들이 러시아로 망명하였다. 이들 가운데는 유인석, 이범윤, 이상설, 이기남, 김학만, 김학명, 안중근, 최재형, 이범진 등이 있었다. 이들은 러시아를 독립운동의 기지로 삼아 왜적을 물리치고자 했다.

1910년 8월 23일 블라디보스톡 신한촌 한인학교에서 시베리아 한인대회가 개최되어 성명회(대표 : 유인석)가 조직되었다. 성명회는 국치 소식을 듣고 결사대 50명을 조직해서 일본인 거류지를 습격하기도 했다. 1911년에는 재러시아 민족운동가를 총망라하여 광범위하고 강력한 항일투쟁을 전개하기 위하여 종래의 성명회를 계승하는 권업회가 조직되었다. 중요 민족운동가 57명이 참가한 총회는 최재형을 회장으로, 홍범도를 부회장으로 선출하였다. 그리고 권업회를 대표하여 운영하는 의사부 의장은 이상설, 부의장은 이종호가 선임되었다. 권업회에는 러시아 귀주자, 의병, 애국계몽운동가 등이 모두 참여하였으며, 실업을 증진시키고 국내 진공전을 준비하였다. 또 신문을 발행하여 민족의식을 고취하였다.

1917년의 러시아혁명은 노령의 민족운동에 큰 영향을 주었다. 레닌 정부는 식민지 민족해방운동을 지원한다고 선전하면서, 극동러시아에 거주하는 한인들을 회유하였다. 3·1운동 이후 광범위한 무장항일의 필요성을 느끼고 있던 항일지도자들은 러시아 노농정부의 지원을 이용하는 것이 항일에 유리하다고 판단하였다.

이러한 상황 가운데 만주 독립군의 대동단결 조직체인 대한독립군단은 극동러시아로 이동하여 군사력 증강을 도모코자 중소 국경을 넘었다. 그리하여 1920년대 초 노령의 이만, 자유시, 일크츠크 등지를 오가면서 러시아 한인항일부대와 만주

독립군의 대통합이 이루어졌다. 이른바 고려혁명군이다. 고려혁명군은 비록 러시아 혁명정부와 연합하였지만 공산주의를 목적으로 한 것이 아니라 한국을 해방시키기 위한 수단으로 소비에트 정부와 연합하였던 것이다.

그러나 이 와중에 민족주의적 입장에 섰던 독립군부대와 공산주의 이념을 우선적으로 내세우는 소비에트 정부 사이에 결국 갈등이 생기고 일부 만주 독립군 세력은 다시 만주로 돌아오게 된다. 이후 러시아에서는 항일빨치산들이 소비에트 정부의 통제 아래 항일전을 전개하였다. 그리고 1937년에 소련 내 민족주의 세력의 성장을 억누르려는 스탈린 정권의 탄압을 받고 러시아의 한인들이 중앙아시아로 강제 이주됨으로써 러시아에서의 항일민족운동은 막을 내리게 되었다.

러시아에서 불리던 항일노래는 두 종류가 있다. 하나는 러시아에서 민족운동이 활발하게 전개되던 시기의 노래로, 이 노래들은 조국독립의 갈망이 강렬히 담겨 있는 민족적 경향이 짙은 노래이다. 또 하나는 민족독립의 갈망보다는 사회주의적 이념이 짙은 노래이다.

우선 전자에 속하는 노래를 보자.

① 조국생각

1. 이곳은 우리나라 안이건만 / 무엇을 바라고 이에 왓난고
   자손의 거름된 이 독립군 / 셜 따이 업지만 희망이 잇네
2. 국권을 일허버린 우리 무리 / 해외에 티끌갓치 떠단닌다
   이러타 웃지말아 유국민들 / 자유회복 할 날 잇스리라
3. 해외에 나온 우리 청년들아 / 괴로우나 즐거우나 우리 마음에
   와신샹담으로 닛지 말고셔 / 원슈갑흘 준비를 합셰다
4. 셰비리아 찬바람에 고생함은 / 한반도 너를 위함이로다
   너와 나와 서로 맛나볼 때는 / 독립연 밧게 다시 업겟네
5. 두만강 건너를 살펴보니 / 금슈강산은 빗을 일엇고
   신셩한 단군자손 우리 동포는 / 뎌놈의 텰망에 걸녀 잇고나
6. 놉히 소슨 백두산아 이 말 드러라 / 뎌 건너 부사산 부러워 말어라
   우리의 청년이 디진 되여 / 부사산 혼들어 뽑으리라
7. 조국을 일코 가난 령혼은 / 텬당도 도리혀 디옥 되리니
   이 말을 닛지 말고 분발하면 / 조국 강산을 회복하리라

(1~4절은 『신한민보』 1918. 6. 13. 5~7절은 6. 20)

1910년대부터 노령, 만주에서 널리 부르던 노래이다. 『신한민보』에 '해삼위와 서북간도 등지에 유행하는 창가'로 기록되어 있다. 그런데 3·1운동 1년 후인 1920년 3월의 일제 정보문서에 노령에서 이 노래가 불리던 정황이 기록되어 있다.

1920년 3월 6일 오후 8시, 노령 '노우키에프스코에'에서 조선인 민회 주최로 연극무대가 펼쳐졌다. 조선인 300여 명과 러시아인 100여 명이 청중으로 참석한 이 연극회의 1막은 청년의병이 군복을 입고 무기를 지니고 조선으로 진공하는 내용이고 2막은 출연자가 모두 나와 항일가요를 부르는 것이었다. 3막은 청년의병이 6연발 권총으로 일본인을 공격하는 내용이었다. 막간에는 의용군 장교 김병식(金秉植 : 黃丙吉의 부하)이 무대 위에 올라와 관중들에게 독립군 의용병에 응모할 것을 역설하였다. 위 노래는 이 연극회에서 불린 노래로 조국독립에 대한 희망과 청년의 분발을 촉구하고 있다.

『최신창가집』(207쪽)에는 총 8절로 기록되어 있는데, 4절과 5절의 순서가 바뀌었고 위 노래에 없는 노랫말이 3절로 기록되어 있다.

  3. 한반도에 생장한 우리 민족아 하나님이 주신 독립석하에
     당당한 자유 생활 끈허진 지 사년이 발서 지나갓도다

또 일제 정보문서에는 3~5절이 위 노랫말과 많이 다르게 기록되어 있다.

  3. 한반도에 사람된 청년은 / 하늘에서 받은 독립국의
     완전한 자유 빼앗긴 지 / 이미 십여 년 星霜
  4. 두만강 건너편을 보니 / 금수강산 색을 잃었고
     시베리아의 한기 괴로울지라도 / 고국의 독립을 도모하기 위함이다
  5. 신성한 단군의 동포여 / 저들의 철창 감옥에 갇힌
     우리 동포와 만날 때는 / 독립의 잔치 펼쳐지리라

(『조선독립운동 3』, 478~479쪽)

② 제목미상

金河球

  1. 불행한 우리 동포여 / 이 고초를 어찌하나
     죄없이 받는 이 고초 / 호소할 곳 없도다
     한울님에게 우리는 기도를 / 라 라 드리세

2. 불행한 우리 동포여 / 이 고초를 어찌하나
   원수의 총과 칼이 / 우리 몸을 해치더라도
   피눈물을 뿌리면서 / 라 라 감수할뿐

3. 불행한 우리 동포여 / 이 고초를 어찌하나
   흉악한 形臺에 / 이 내 몸을 싣고서
   피부가 제멋대로 벗겨질지라도 / 라 라 이 내맘은 변함없어라

4. 불행한 우리 동포여 / 이 고초를 어찌하나
   흐르는 피눈물은 / 한강의 물로 변해
   아낌없이 우리 몸을 / 라 라 던집시다

③ 제목미상

金喆訓

1. 오리라 오리라 / 자유의 봄빛
   화려한 금수강산 / 더욱 생각난다

2. 노예의 압박을 / 받는 민족은
   자유의 노래를 / 더욱 높이 불러라

3. 雪寒의 강산에 / 잠들었던 초목은
   기뻐 뛰면서 / 봄을 맞는다

4. 전진하세 전진하세 / 우리 청년들아
   원수의 총검을 / 두려워하지 말고

5. 기독은 우리의 / 대장이 되어
   두려울 것 무엇이냐 / 오직 승리뿐

(이상 『조선독립운동 3』, 485쪽)

②·③은 1920년대 노령에서 불리던 노래들로 1920년 4월 포조(浦潮) 신한촌 한인 아이들 사이에 유행하고 있다고 기록한 일제 정보문서(「포조 신한촌에서의 배일창가에 관한 건」)가 있다.

②는 일제의 침탈로 고통받는 동포들의 실정을 토로하는 노래로 당시 『한인신보』 주필이던 김하구가 노랫말을 지었다.

③은 민족의 자유를 위해 싸우는 청년들의 승리에 대한 낙관적 정서를 희망차게 노래한 것으로, 국민의회 부회장을 역임한 바 있는 김철훈이 노랫말을 지었다. 노랫말 5절에 '기독(그리스도)이 우리의 대장이 되어'라는 대목으로 보아 김철훈

은 기독교인이었던 것으로 보인다.

④ 복수가

동포들아 잊지말자 너의 원수 / 단군의 혈손인 우리는 愛民
천오백년의 원수 너의 원수 / 고국의 대원수를 너는 잊지마라
반만년 이래의 조국과 자유 / 빼앗은 원수 三生 원수
삼천리 금수강산 낙토를 / 왜놈 그 원수를 너는 잊지마라
부모형제 자손 자매들아 / 일어나 가슴의 피를 모아
차이고 맞는 장면을 볼 때 / 천오백년 단군의 원수를 너는 잊지마라

(『조선독립운동 3』, 490쪽)

1920년 노령에서 원수에 대한 적개심을 고취시키며 부르던 노래이다.

이 노래는 원래 상해 임시정부에서 만든 것으로, 1920년 5월 노령 신한촌으로 보내져 노령에서도 불렸다. 특히 아이들이 이 노래를 많이 불렀다.

상해 임시정부에서는 이 「복수가」 외에 '단군자손 우리 소년 국민치욕 네 아느냐'로 시작되는 「복수가」도 불렀다.

이상 ①~④의 노래에는, 왜적으로부터 빼앗긴 나라를 되찾자는 민족적 항전의식이 강렬히 표현되어 있다. 임시정부에서 만들어 노령으로 전파한 노래도 있고, 기독교적 표현을 담은 노래도 있다. 이들 노래를 볼 때, 노령에서의 항일운동은 민족운동적 성격을 지녔으며, 설령 사회주의를 표방하였더라도 민족운동에 대하여 배타적이지 않았음을 알 수 있다. 예를 들어 ② 노래의 작자 김하구는 1927년에 민족주의와 공산주의의 연합을 위하여 활동하였다.[1]

한편 다음 노래들은 노령에서의 항일운동이 지닌 특수성을 담고 있다. 즉 소비에트 정부와의 연대에 의한 항일운동이 지닌 성격을 보여준다.

① 제목미상

산을 넘고 들을 지나 우리 사단 나간다
백파군대 [손아귀에서] 연해주를 앗으러
백파군대 [손아귀에서] 연해주를 앗으러
나가세 용감하게 연해주를 찾으러

---

1) 『조선일보』 1927년 1월 31일(석).

나가세 용감하게 연해주를 찾으러

(「한민족의 노래 - 러시아의 한인들(1)」)

② 총을 메고

총을 메고 바위 뒤에 들리나니 총소래
그 누구냐 내 동무냐 어서 이리 오너라
바위에 숨어있는 보기에 흉악한 저 사람
한 손에 총을 들고서 탄알을 재운다
우스꽝스런 모자를 눈섭까지 푹 눌러쓰고 나서니
의복은 그 무엇인지 번쩍 번쩍
그 누구냐 세상이 무서워 펄펄 뛴 자
그의 이름 빨치산 빨치산

(「한민족의 노래 - 러시아의 한인들(1)」)

③ 제목미상

카자흐 두목들을 분쇄하고 적 사령관들을 내쫓아
태평양에서도 장정을 끝냈네

(김승화 저, 정태수 편역, 1989, 136쪽)

1921년 6월 일본군과 백군 사이에 군사협정이 체결된 이래로, 일본군·백군 연합부대와 항일무장유격부대·적군 연합부대 간에 극동러시아를 차지하기 위한 전투가 1922년 말까지 전개되었다. 한국인으로 조직된 빨치산(무장항일유격) 부대들은, "[백군]을 빨리 내쫓을수록 일본이 성공할 기회는 적어지고 러시아 공화국은 더욱 빨리 강해지며, 조선도 보다 빨리 해방될 것"이라는 인식 하에 이들 전투에 참가하여 많은 전과를 올렸다.[2]

이용, 임표, 김홍일, 한운용, 김경천, 이중집, 한창걸 등이 지휘하는 '고려의용군' 각 부대는 이만전투, 볼로차예프전투, 폴타프카촌전투, 올긴스키전투, 아누치노전투 등에서 승전하였다. 그러나 일본이 시베리아 철병을 발표한 이후 혁명정부의 압력에 의해 한인무장유격부대들은 해체되었다.

노래 ①은, 적군과 연대하여 러시아를 빼앗기지 않기 위해 싸우는 한인무장부

---

2) 「한인 혁명본부의 서한」, 『소련한족사』(김승화 저, 정태수 편역), 대한교과서주식회사, 1989, 135쪽.

대의 모습을 담고 있으며 ②는 유격전의 형태로 일본군·백군과 싸우는 항일빨치산을 형상화시킨 것이다. ③은 일본군·백군을 몰아내고 극동러시아를 차지한 후 불리던 노래이다.

①의 곡조는 행진곡 풍이고, ②는 미국노래「클레멘타인」을 차용했다. ③은 민요라고 하는데 우리 민요인지 러시아 민요인지 확인되지 않는다.

이상 세 노래 가운데 ①·③은 전투에 참가하는 한인무장부대의 입장에서 부르는 노래이며 ②는 무장부대를 바라보는 대중의 입장에서 부르는 노래로 되어 있다. 우스꽝스런 모자를 눌러쓰고 반질반질 때에 절은 옷을 입고, 적이 나타나길 기다리며 총알을 장전하고 있는 전사, 바로 이들이 세상(왜적)이 두려워하는 빨치산(독립군)이라는 표현에서 당시 노령의 항일무장부대의 모습을 상상할 수 있다.

④ 인테르나치오날(인터내셔널)

빨치산의 땅에서 죽은 자들
일어나라 저주로 인 맞은 / 주리고 종된 자의 세계
우리의 피가 끓어넘쳐 / 결사전을 하게 하네
억제의 세상 뿌리빼고 / 새 세계를 세우자
짓밟혀 천대받는 자 / 모든 것의 주인이 되리
이는 우리 마지막 판갈이 싸움이니 / 인테르나치오날로 인류가 떨치리

(정동주, 1993, 712쪽)

⑤ 제목미상

버리자 버리자 압제 세계 / 버리자 버리자 낡은 혼
우리들이 공경하지 않는 저 우상 / 보기싫은 專制王의 영광도 모두 함께
나아가자 강철에 묶인 형제들아 / 죽더라도 굶는 자 위해
전세계 친구들 모두 함께 / 최후의 통첩을 원수에게
일어나라 굶은 자들아 / 함께 울리자 자유의 종
나아가자 나아가자 자 나아가자

(『현대사자료 조선 3』, 301쪽)

④는 러시아 볼셰비키 혁명 이후 한인 공산주의자들이 빨치산, 적군(赤軍)이 되면서 부르던 노래이다.

⑤는 1920년 아무루주 조선인 빨치산들 사이에 불리던 '혁명유행가'이다. 아무

루주에서는 1919년 10월에 농부·노동자를 중심으로 무장유격대가 조직되었고 1920년 4월에 조선인공산당이 조직되었다.

앞의 세 노래(①~③)가 연해주 지방의 내전과 연관된 노래로 전투에 중심을 두고 있음에 비하여, 위 두 노래는 항일전쟁보다 혁명에 중심을 두고 있다. 위 두 노래의 노랫말을 볼 때 노령에서 활동하던 한인 빨치산들에게 러시아혁명의 영향이 크게 미치고 있음을 알 수 있다.

이상 ①~⑤ 노래에는 조국의 독립과 민족의 자유를 주장하는 내용이 없는데, 이것은 1919~21년 혁명러시아라는 지역적 특수성에서 나온 것이라 할 수 있다.

러시아에서 활동하던 항일빨치산 혹은 민족운동가들은 혁명 내전에서 많은 공을 세우기도 하였으나, 결과는 소련의 배반이었다. 혁명러시아를 장악한 스탈린 정권은 1937년 소수민족의 민족적 경향을 억누르기 위하여 연해주의 한인들을 중앙아시아로 강제 이주시킨다. 스탈린 정권은, 강제 이주에 앞서 한인 공산주의 지도자들을 숙청하였고, 강제 이주에 반대하던 동포 지도자들도 모두 제거하였다.

제2부
언제든지 나라독립 잊지를 말자
-민족과 노래-

제1장 민족의 상징

1. 애국가

동해물과 백두산이 마르고 닳도록
하느님이 보우하사 우리나라 만세

애국계몽운동 시기에 애국가가 많이 발표되었다. 이들 애국가는 민족적 통일감
을 조성하며 나라를 사랑하자는 취지의 노래라는 면에서 동일한 성격을 지니고
있지만, 국가에서 나라를 대표하는 노래로 제정한 것과 민간에서 국민의 애국 열
의를 고취시키기 위하여 만든 노래로 구분해 볼 수 있다. 전자에 속하는 노래는,
독립문 정초식에 국가로 사용된 「조선가」(국가, 찬미가)를 시초로 하여, 대한제국
수립 이후 공식적으로 제정된 「대한제국애국가」, 1904년 영국군함의 한국국가 연
주 제의를 받고 제정된 「애국가」가 있다. 그 외의 애국가는 애국계몽운동 선상에
서 탄생한, 말 그대로 나라를 사랑하자는 노래들이다.

관작(官作), 사작(私作)을 불문하고 애국열의를 고취시키는 이들 노래는 경술
국치 이후 일제의 탄압을 받고 가창이 금지되었다. 그러나 일제의 무력탄압 속에
서도 우리 겨레의 얼이 살아 있었던 것처럼 애국가도 사라지지 않고 겨레 속에 숨
쉬고 있었다. 1919년 임시정부가 수립되면서 1904년에 만들어진 「애국가」를, 우리
겨레와 나라를 대표하는 노래로 불렀다.

일제강점기에 애국가를 부르거나 가르친 것을 이유로 일제 관헌의 탄압을 받은
사례가 다수 확인되는데, 이는 '애국가'를 통하여 얼을 지키려는 겨레의 힘찬 투쟁
고, 역으로 애국가를 없앰으로써 우리 겨레의 얼마저 말살시키려는 일제의 탄압이
지속되었음을 보여주는 것이다. 사례로는, 휘문학교 학생이 상해에서 독립신문과
애국가를 받아 배부하다가 일경에게 취조받은 것(1920년 4월), 단흥형무소에 투옥
된 독립운동가들이 임정 창립기념일에 애국가를 부르다 구타당한 것(1923년 5월),

하동공립보육학교 학생이 애국가 책을 소지하고 있다가 경찰서에 유치된 것(1923년 10월), 애국가를 부른 선생이 학교에서 면직당한 것(1928년 10월) 등이 있다.

애국가

안익태 작곡

1. 동해물과 백두산이 마르고 닳도록 / 하느님이 보우하사 우리나라만세
2. 남산위에 저소나무 철갑을 두른듯 / 바람서리 불변함은 우리기상일세
3. 가을하늘 공활한데 높고 구름없이 / 밝은달은 우리가슴 일편단심일세
4. 이기상과 이맘으로 충성을 다하여 / 괴로우나 즐거우나 나라사랑하세
(후렴) 무궁화 삼천리 화려강산 / 대한사람 대한으로 길이 보전하세

일제시대 나라는 빼앗겼으나 겨레는 살아 있고 겨레의 얼 또한 살아 있음을 단적으로 보여주는 애국가이다.

작사자에 대해서는 윤치호설, 안창호설, 김인식설 등 여러 설이 있다. 주요한의 『안도산전』에 의하면 윤치호가 지은 애국가의 가사 가운데 후렴 부분을 그대로 두고 앞부분을 안창호가 새로 작사하였다고 한다. 이에 윤치호도 찬동하여 안창호가 발의하고 윤치호의 명의로 발표하였다 한다.[1]

한편 『좌옹 윤치호전』에서는 윤치호의 『찬미가』에 든 노랫말을 근거로 윤치호 작으로 확증하고 있으며, 애국가 작사의 유래를 다음과 같이 설명하고 있다. 1904년 영국 군함이 제물포 항에 들어와 한국국가를 연주하겠다는 제의를 했는데 이에 고종 황제가 당시 외부 협판이던 윤치호에게 명하여 국가를 제정토록 했다. 그래서 윤치호가 밤을 새워 애국가를 작사하고 스코틀랜드 민요의 곡을 차용하였다.[2]

또 이상만은 김인식(개화기 서양음악의 개척자)과의 면담 결과를 토대로 김인식 작사에 대한 증거와 심증을 얻은 바 있다고 하였다.[3] 그러나 김인식 작사의 애국가는 다음 ⑥에 나오는 것으로 노랫말 내용이 윤치호 작 ③ 애국가와 비슷하다.

따라서 현재 불리고 있는 애국가의 작사자는 윤치호와 안도산으로 압축될 수

---

1) 주요한, 『안도산전』, 삼중당, 1975, 81쪽.
2) 김을한, 『좌옹 윤치호전』, 을유문화사, 1978, 99~100쪽 ; 정광현, 「애국가의 유래」, 같은 책, 304~309쪽.
3) 이상만, 「한국음악백년 ─ 일화로 엮어 본 이면사」, 『경향신문』 1985년 12월 7일.

있고, 그 가운데서도『찬미가』라는 자료입증 면에서 윤치호 쪽에 비중이 더 간다고 할 수 있다.

이 노랫말의 애국가가 만들어진 후 애국계몽운동기, 민족독립운동기에 널리 불렸다. 특히 1914년 만주 광성학교(교장 이동희)에서 펴낸『최신창가집』에 이 애국가가 '국가(國歌)'로 맨 앞에 실려 있는 것으로 보아4) 1910년대에 이미 국가로 불리고 있었음을 확인할 수 있으며 1919년 임시정부 수립 후에도 이 노래를 '국가(國歌)'로 불렀다.

최초의 곡은 스코틀랜드 민요「올드랭 사인」이었는데 1936년 안익태가 독일 베를린에서 애국가 곡을 완성하여 발표하였고, 1940년대부터 임시정부와 광복군에서 새 곡으로 애국가를 부르게 되었다.

학병으로 일본군을 탈출하여 독립진영에 가담한 장준하는 이 애국가를 처음 듣던 정황을 다음과 같이 기록하고 있다. "아직도 감격스런 그 불로하(不老河) 강변의 애국가가 우리들 귓전에서 맴돌건만 이 곳서(안휘성 부양 : 인용자) 부르는 애국가는 그 곡이 달랐다. 우리가 알던 애란의 민요곡이 아니라 지금의 안익태 씨 작곡의 곡이었다. 우리는 따라 부르지 못하고 그 경건하고 장엄한 분위기에 고개를 숙였다."5)

작곡자 안익태는 일본, 미국, 독일 등에서 음악 수업·활동을 했었는데 미국 샌프란시스코에서 한국인들이「올드랭 사인」곡의 애국가를 부르는 것을 듣고, 애국가 작곡을 결심했다고 한다. 1935년 미국에서「코리아환상곡」을 작곡하고 이어 1936년 베를린에서 애국가를 완성하여「코리아환상곡」끝에 합창으로 넣었다.6) 새 곡조의 애국가는 미주지역 대한국민회, 한장호(韓章鎬), 이유선(李有善) 등에게 송부되어 교포들 사이에 전파되었다.7)

애국계몽운동 시기에는 언론활동과 더불어 노래운동·시운동도 함께 전개되었다. 대중적 전파력과 결속력을 갖춘 문화적 수단에 의해 국민의 자각심과 애국심을 고취시키기 위함이었다. 실제로 당시 간행되던『독립신문』,『대한매일신보』,

---

4)『최신창가집』, 45쪽. 이 노래책에는 2절 '바람서리'가 '바람잇을', 4절 '충성을 다하며'가 '민족을 모으며'로 되어 있다.
5) 장준하,『돌베개』, 화다출판사, 1982, 144쪽.
6) 이혜구,「독립운동과 민족음악」,『한국음악논집』, 세광출판사, 1985, 248~249쪽.
7) 이유선,『한국양악백년사』, 음악춘추사, 1985, 152쪽.

『신한민보』, 『황성신문』 등에는 수많은 애국창가들이 실려 있다. 이들 노래가 어떤 계층에 의하여 어떠한 형태와 경로로 고창되었으며 어떠한 실천적 활동으로 연결되었는지 구체적으로 밝힐 수는 없으나 적어도 이들 애국창가를 통하여 나라의 자유(국권회복)와 부강을 부르짖던 시대적 정서는 확인할 수 있다.

이들 수많은 노래 가운데 일반적 계몽운동의 노래는 앞서 언급한 대로이고, 이하 노래제목에 '애국가'라 명기된 노래들을 발표 순으로 살펴보자.

①-1 애국가

이용우 작사

대조선국 인민들아 이사위한 애국하세
충성으로 님군섬겨 평안시절 향복하세
경사롭다 경사롭다 샹하업시 우리동포
강하가 맑다해도 원원한 우리마암
함끠모도 군사되야 경턴위디 하여보세
견신이 쇄분해도 나라위해 영광되리
황하슈가 여침토록 해륙군랄 봉축하세
평생집심 여일하기 안팟업시 맹새하세

(『독립신문』 1896. 7. 7)

①-2 애국의 노래

1. 대조선국 인민들아 합심하여 애국하세
   충성으로 임군섬겨 평안시절 행복하세
2. 함께모두 군사되어 경천위지 하여보세
   내한목숨 희생되도 나라위해 영광되리
3. 황하수가 여침토록 육해군을 보강하세
   일편단심 나라사랑 우리모두 맹서하세
(후렴) 경사로다 경사로다 상하없는 우리동포
   강물이 맑고맑아 원 – 원한 우리마음

(『광복의 메아리』, 125쪽)

1896년 개화운동 초기에 애국정신을 고취시키던 노래이다.

①-2의 노래는 ①-1의 노래를 원형으로 하여 현대적 표현으로 바꾸고 절을 구

분하였으며 원 노래의 3·4행을 후렴으로 삼고 있다.

이 노래는, 애국계몽운동 노래 가운데 최초로 '애국가'란 제목을 단 것으로 주목된다. 1896년 7월 7일자 『독립신문』에 '묘동 이용우'의 '애국가'로 발표되었는데 그 이전에 최돈성, 이필균 등의 노래가 발표되긴 했으나 제목에 '애국가'로 명기되지는 않았었다. 또한 이 노래의 발표 시기는 우리나라 최초의 애국가로 알려진, '성자신손 천만년은'으로 시작되는 윤치호 작 「애국가」보다 앞선다. 최초로 널리 불리던 애국가로 보자면 윤치호의 「애국가」를 들 수 있겠지만, 위 「애국가」가 윤치호의 「애국가」보다 앞서 발표된 것만은 확실하다.

노랫말에, 대조선국의 인민(국민)들이 애국하여 평안을 누리자고 되어 있다. 그리고 국민 모두가 군사가 되어 군대를 보강하자고 되어 있다. 당시의 부국강병 인식을 엿볼 수 있는 대목이다.

②-1 애국가(황제탄신축가)

높으신 상주님 자비론 상주님 / 궁휼히 보소서
이 나라 이 땅을 보우하소서
우리의 대군주 폐하 만세 / 만만세 만세로다

(박찬호, 1992, 26쪽)

②-2

윤치호 작사

1. 높으신 상주님 자비로운 상주님 궁휼히 보소서
   이 나라 이 땅을 지켜 주옵시고 오 주여 이 나라 보우하소서
2. 우리의 대군주 폐하 만세 만세로다 만만세로다
   복되신 오늘날 은혜를 내리사 만수무강케 하여 주소서
3. 상주의 권능으로 우리의 대군주 폐하 등극하셨네
   이 나라 이 땅은 영세불멸하겠네 대군주 폐하여 만만세로다
4. 상주님 은혜로 오 주여 이 나라 독립하였네
   우리들 백성은 상하 반상 구별없이 오 주여 상주님 기도하겠네
5. 홀로 한 분이신 만왕의 왕이여 찬미받으소서
   상주님 경배하는 나라와 백성들 국태민안 부귀영화 틀림없이 받겠네

(김을한, 1978, 63~64쪽 ; 이중태, 1992, 21쪽)

1896년 9월 9일 고종의 탄생일을 맞이하여 새문안 교회에서 거행된 경축예배에서 부른 노래로, 기록을 통하여 '실제 불린 애국가'로 확인되는 최초의 노래이다. 곡은 영국국가 곡을 차용하였다.

이 노래는 세 가지 성격을 지니고 있는데, 첫째 왕의 생일에 맞추어 왕의 만수무강을 비는 축가의 성격(봉건적 유제)이 있다. 둘째 나라의 자주독립과 국태민안을 기원하는 애국가적 성격이 있다. 셋째 기독교 찬송가적 성격이 있다. 이 점은 ②-2 노랫말 5절에 두드러지게 표출되고 있으며, 축하 예배 때 언더우드가 이 노래를 찬양가로 프린트해서 불렀다는 점에서도 확연히 드러난다. 그리고 실제로 당시 찬송가의 하나로 애창되었다 한다.

②-1 노래는 ②-2 노래의 1~2절을 축약한 것으로 그 상관관계가 확인되지는 않으나, ②-2 노래를 원형으로 하여 찬송가적 성격을 없애고 애국가적 성격과 군주 찬가적 성격만 살려 ②-1 노래가 나온 것으로 추측된다.

③ 애국가(무궁화가, 찬미가 제10)

윤치호 작사

1. 셩자신손 오백년은 우리 황실이요 / 산고슈려 동반도난 우리 본국일셰
2. 츙군하난 일편단심 북악갓치 놉고 / 애국하난 열심의긔 동해갓치 깁헤
3. 천만인 오작 한마암 나라 사랑하여 / 사농공샹 귀쳔업시 직분만 다하셰
4. 우리나라 우리 황뎐이 도우샤 / 국민동락 만만셰에 태평독립하셰
(후렴) 무궁화 삼쳔리 화려강산 / 대한사람 대한으로 기리 보젼하셰

(『대한매일신보』 1907. 10. 30 ; 『공립신보』 1908. 3. 11)[8]

1896년 11월 21일 독립문 정초식 때 최초로 부른 이래, 1907~08년 애국계몽운동기에 출판(『찬미가』), 언론(『대한매일신보』・『공립신보』)을 통하여 널리 알려졌다. 「애국가」, 「무궁화가」, 「찬미가」 등 여러 제목으로 불린 데서도 알 수 있듯이 당시 학생, 청소년, 의병진영 등에서 대중적으로 널리 불린 최초의 애국가로 곡은 「올드랭 사인」.

---

8) 『대한매일신보』에는 「무궁화가」로, 『공립신보』에는 「애국가」로 제목을 달고 있다. 한편 『찬미가』(1908년 간행)에는 「찬미가 뎨 十」으로 하여 노랫말이 약간 다르게 기록되어 있다. 1절 오백년이 천만년으로, 3절 천만인이 이천만인으로, 4절 황실이 님군으로 되어 있고, 2절은 '츙군하난 일편단심'과 '애국하난 열심의긔'가 서로 바뀌어 있다.

작사자 윤치호는 개화운동에 참여하여 이상재, 서재필, 이승만 등과 독립협회를 조직했으며 독립신문사 사장이기도 했다. 이후 장지연 등과 함께 대한자강회를 조직하였고 1911년에는 105인사건으로 체포되기도 했으나 일제 말기에는 총독부 중추원 고문이 되었다.

노랫말에 '우리 황실이요', '충군하는 일편단심' 등 봉건적 내용이 있기도 하지만 동포가 한마음으로 나라를 사랑하고 신분구별없이 맡은 일을 다하자는 '애국의 노래'로서 의미가 있다.

④ 조선가(찬미가 제1, 애국)

윤치호 작사

1. 우리 황상 폐하 텬디 일월갓치 만수무강
   산놉고 물고혼 우리 대한뎨국 하느님 도으사 독립부강
2. 길고 긴 왕업은 룡흥강 푸른 물 쉬지 안틋
   금강천만봉에 날빗 찬란함은 태극긔 영광이 빗취난듯
3. 비단갓혼 강산 봄꼿 가을달도 곱거니와
   오곡풍등하고 금옥구비하니 아셰아 락토가 이 아닌가
4. 이천만 동포난 한 맘 한 뜻으로 직분하셰
   사욕은 바리고 충의만 압셰워 님군과 나라를 보답하셰

(윤치호, 1908 ; 김을한, 1978, 201~202쪽 ; 『최신창가집』, 60쪽)

이 노래는 1896년 11월 21일 독립문 정초식에서 개식국가로 사용되었는데 배재학당 합창단에 의해 불렀다. 이 때는 「조선가」라고 했는데 1908년에 발행된 『찬미가』에 실리면서 「찬미가」라는 제목으로 되었다. 따라서 원 제목으로 보자면 「국가」, 「조선가」이며 「찬미가 제1장」이라고 하더라도 영문으로 Korea라고 되어 있고 곡조도 미국국가 곡조를 사용하도록 명기되어 있다.[9]

이 노래에 「찬미가」라는 제목을 붙이게 된 경위는 윤치호의 종교(기독교)와 관련이 있다. 갑신정변 이후 윤치호는 상해로 가서 미국 남감리교회에서 세운 중서(中西)학원에 입학하고 1887년 3월 보넬(중서학원 교수) 목사로부터 세례를 받고

---

9) 백낙준, 「윤치호의 애국가 작사고」, 『좌옹 윤치호전』, 을유문화사, 1978, 312~313쪽.
   이 밖에도 「우리 황상 폐하」, 「황실가」 등의 제목을 붙이기도 하였다(배종섭 소장 『창가책寫』; 『한말저항시집』, 35·37·38·39쪽).

한국인 최초로 남감리교인이 되었다.

『찬미가』에 실려 있는 15가지 노래는, 종교적 색채가 없는 애국계몽의 노래(1, 7, 10, 11, 14)와 종교적 색채가 짙은 찬송가로 구분된다. 「제10」이 '성자신손'으로 시작되는 애국가이고 「제14」가 현재 애국가 노랫말이다. 애국가가 여러 곡 실렸다는 점에서 일제는 치안방해를 이유로 1912년에 이 노래책을 압수하였다.

이상 애국가들은 대한제국 수립 이전의 노래이다. 1897년 8월 16일, 고종은 이전의 국호 '조선'을 '대한제국'으로 바꾸고 독립된, 부국강병한 나라의 건설을 지향하며 임금의 위호(位號)도 황제로 고쳤다.

다음 애국가들에는 이전 애국가 노랫말에 없던 '대한제국'이나 '황제' 등의 표현이 나온다. 그리고 대한제국과 황제의 운명을 동일시하고 있다.

① 부인회 애국가

삼천리 넓은강토 / 二千万중 만한동포
순셩학교 찬양회에 / 애국가를 드러보오
단군긔자 긔쳔년에 / 부인협회 처음일셰
쳐음일셰 쳐음일셰 / 녀학교가 쳐음일셰
문명동방 대한국에 / 황뎨폐하 쳐음일셰
셩샹의 놉흔은덕 / 하날아래 하날이라
순셩학교 창셜하고 / 동포녀자 만히모하
배양셩취 하량으로 / 각항재죠 갈아치니
구미각국 부러마쇼 / 문명동방 더옥죳타
만셰만셰 억만셰라 / 황뎨폐하 억만셰라
만세만셰 억만셰라 / 대한뎨국 억만셰라······

(『독립신문』 1898. 10. 18)

여성들(부인회)의 애국가로서 흥미로운 노래이다. 노랫말에 단군 이래 부인협회와 여학교가 최초로 설립되었다고 되어 있다. 봉건체제 아래서 억눌리던 여성들이, 부인협회를 만들고 여성학교를 만들어 애국계몽운동에 참여하는 당시의 정황을 볼 수 있다.

독립신문에 이 노래를 부르던 상황이 다음과 같이 기록되어 있다. "「부인회 애국가」 이 달 13일 오후 한 시에 찬양회 부인들이 모여, 일전에 여학교를 설립하

여 주옵소서 하고 진복하여 상소한 비지를 공포하고, 인하여 연설을 하며 나라 사
랑하는 노래를 지어 서로 부르고 즐거워하더라.”

②-1 대한제국 애국가

민영환 작사(추정), 에케르트 작곡

상제는 우리 황제를 도으사 / 聖壽無彊하사
海屋籌를 山갓치 싸으시고 / 위권이 환영에 떠치사
오천만세에 복록이 / 무궁케 하쇼셔
상제는 우리 황제를 도으소셔

(「대한제국 애국가 악보를 발견」, 『동아일보』 1968. 8. 7)

②-2 국가

상제난 우리 대한을 도으소셔 / 독립부강하야
태극기를 빗나게 하옵시고 / 權이 環瀛에 떨치여
於千萬歲에 자유가 / 영구케 하소셔
상제난 우리 대한을 도으소셔

(『최신창가집』, 208쪽)

②-3 국가(대한제국 애국가)

민영환 작사(추정), 에케르트 작곡

상뎨여 우리나라를 도우쇼셔 / 반만년의 력사 배달 민족
영원히 번영하야 해달이 무궁하도록 / 셩디 동방의 원류가 곤곤히
샹뎨여 우리나라를 도우쇼셔

(이유선, 1985, 136쪽 ; 박찬호, 1992, 91~92쪽)

이 세 노래는 「대한제국 애국가」로서, 노랫말은 다르지만 원래 같은 노래였던
것으로 판단된다. ②-1의 노래는 1968년에 악보가 발견되었는데, 「대한제국 애국
가」라는 제목을 달고 있으며, 당시 육군 부장(副將)이던 민영환의 ‘애국가 제정
취지문’이 실려 있고 프란츠 에케르트 작곡으로 명기되어 있다. 이 노랫말은『황
성신문』(1904년 5월 13일)에도 실려 있다.

②-2의 노랫말은 1914년 만주에서 발행된 『최신창가집』에 실려 있는데, ②-1
노래 ‘황제’를 ‘대한’, ‘성수무강’을 ‘독립부강’, ‘해옥주’를 ‘태극기’로 ‘복록’을 ‘자유’

로 바꾸어 표현하고 있다.

②-3의 노랫말은, 『한국양악백년사』에 '김영환 제공'이라고 명기되어 에케르트 작곡의 「국가」로 기록되어 있다. 앞의 두 노랫말과 다소 다르지만, 노래의 시작과 끝이 유사하다.

역사적으로 볼 때, 1902년 1월 대한제국의 요청으로 에케르트가 '국가'를 작곡하고 이어 대한제국 고종 황제의 명으로 「대한제국 애국가」가 공표되었으며 이것이 「대한제국 애국가」라는 명의로 동판 간행된 사실이 있다. 또한 1904년에 대한제국 학부(요즘 문교부)에서 이 노래를 가르치도록 한 사실이 있었다.[10] 그러나 그 외에 에케르트가 애국가를 작곡한 사실은 없다.

따라서 이 세 노래는 원래 연원이 같은 노래로서, 전승되는 과정에서 ②-2의 노랫말과 ②-3의 노랫말이 나온 것이다. ②-1의 노랫말에 봉건적인 군신관계가 강하게 표현되어 있는 데 비하여, ②-2·3의 노랫말에는 '황제'가 '대한'·'나라'로 대체되어 있다는 점으로 볼 때, ②-1의 노랫말이 원형이고 ②-2·3의 노랫말이 가필된 것이다. 여하튼 이 노래는 1902년 대한제국에서 공식적으로 제정한 최초의 애국가로서 의미가 있다.

에케르트는 독일공사의 알선으로 대한제국에 초빙된 독일 음악가로, 일본국가를 작곡하기도 했다. 1900년 대한제국 시위연대 군악대(대장 1명, 대원 50명)를 창설함에 에케르트를 초빙하여 악대 양성을 위촉하였다.

조선의 전통음악에 심취해 있던 에케르트는 대한제국 정부의 요청을 받고 조선의 전통적인 5음계 선율을 기초로 서양음악을 적용하여 이 곡을 작곡하였다.

그러나 일제의 억압으로 이 노래는 국경일 기념식이나 군대 안에서만 부를 수 있었다. 따라서 일반인들에게 보급되지 않았던데다가 경술국치 이후에는 가창 자체가 금지되어 사람들에게 잊혀지고 말았다.

그러나 ②-2·3의 노랫말이 전해짐으로써 두 가지 사실을 알 수 있다. 첫째, 일반인들에게 전파되지 않았지만 뜻있는 인사들에 의해 이 노래가 전승되고 있었음을 알 수 있다. 둘째 ②-2·3의 노랫말을 ②-1과 비교함으로써 군주제적 인식이 국가적 인식으로 전환되는 과정을 이해할 수 있다. 즉 '황제'가 '나라와 민족'으로

---

10) 최남선, 『조선상식문답 속편』, 삼성문화재단, 1974, 178쪽 ; 「대한제국 애국가 악보를 발견」, 『동아일보』 1968년 8월 7일 ; 張師勛, 「애국가의 존엄성」, 『예술과 학문의 만남』, 세광음악출판사, 1987, 204쪽.

대치되면서 황제에 대한 충성의식이 국가와 민족의 번영 기원으로 발전하고 있는 것이다.

에케르트는 대한제국 군대가 일제에 의해 강제로 해산되면서 직책을 잃었으나, 계속 한국에 머물면서 개화기 서양음악의 선구자(김인환, 백우용, 정사인 등)를 가르쳤고 1916년에 한국에서 사망하였다.

③ 애국충성가

1. 동해수와 백두산에 해돋고 달뜨니 신민이 보호하사 우리나라 만세
2. 南山寺와 靑松竹은 절개도 높으나 風雨霜露 불변함은 우리 기상일세
3. 춘하추동 사계절은 분명코 밝으니 일편단심 忠國誠은 우리 가슴일세
4. 천지신민 충성함은 다할 길 넓으네 자나깨나 애국심은 우리 황제일세
(후렴) 무궁화 삼천리 화려강산 대한 사람 대한에서 길이 충성하세

(임채욱, 1989, 79쪽 ; 박찬호, 1992, 28쪽)

1981년에 발견된 『기설(幾說)』이란 필사본(1903년)에 실려 있는 노래로 봉건적 군신관계를 표현하면서도 중심은 나라에 대한 충성에 두고 있다.

노래가 나온 시기는 '황제', '대한'이라는 표현으로 보아 1897년(대한제국 수립 연도)~1903년(노래가 실린 필사본의 연도) 사이이다.

주목할 점은 노랫말 표현이 현재 애국가와 비슷하다는 것이다. 그런데 지금의 「애국가」는 윤치호 작사설을 따를 경우 1904년에 만들어진 것이고, 안창호 개사설을 따를 경우 1908년에 만들어진 것이다.[11] 따라서 「애국충성가」는 현재 「애국가」보다 앞서 발표된 노래로, 그 원형으로서의 모습을 지니고 있다고 할 수 있다.

④ 애국가

노백린 작사

1. 화려한 강산 우리 대한은 삼천리 범위 적지 않도다
   백두산으로 한라산까지 자연한 경개 그림같도다
2. 언어와 의복 같은 동족이 한 마음 한 뜻 튼튼하구나

---

11) 주요한은 안창호가 대성학교에서 애국청년을 양성하던 시절에 「애국가」의 개사가 이루어졌다고 하는데 대성학교는 1908년에 설립되었다. 주요한, 『안도산전』, 삼중당, 1975, 81~83쪽.

원수가 비록 산해 같으나 우리의 힘을 꺾지 못하네
3. 높이 날리는 우리 태극기 우리의 혼이 그 속에 있다
    뭉쳐진 마음 굳게 다져서 우리 겨레를 함께 구하세
(후렴) 선조가 이미 여기 묻히고 우리도 대한혼이 되리니
    사천년 조국 대한 강토를 내 집을 내가 보호하겠네

(『배달의 맥박』, 290쪽)

이 노래에는 다른 애국가에 보이는 충군의 표현이 없다. 지리(백두산에서 한라산까지), 생활(언어와 의복), 역사(선조, 사천년 조국) 등을 겨레의 구성 요소로 들면서 혼을 다하여 겨레를 구하고 강토를 지키자고 노래하고 있다. 노래의 주체가 봉건적 충군 의식에서 벗어나 근대적 국가·민족 의식을 표방하고 있는 것이다.

그런데 이 노래는 총 7절로 된 「대한혼」의 1~3절과 거의 같다. 「대한혼」의 작사자는 밝혀져 있지 않으며 위 「애국가」는 노백린 작사로 알려져 있는데, 그 상관관계는 확인되지 않는다.

노백린은 일본 육군사관학교를 졸업하고 귀국하여 조국의 부국강병에 진력하던 애국지사이다. 대한제국 육군무관학교 교장을 역임하고 신민회 운동에도 참여하였으며, 해외망명 후에는 임시정부 국무총리 및 군무총장으로 독립운동을 전개하였다.

『배달의 맥박』에는 이 노래가 1904년경부터 불렸다고 하는데, 1904년이면 을사늑약 이전이다. 나라의 운명이 풍전등화처럼 꺼져가는 시기에, 외세로부터 나라를 지키고자 하는 애국의 정신이 담겨 있다.

⑤ 애국가

사랑할손 사랑홉다 어화됴타 우리나라
거울인듯 고혼물과 그림갓튼 놉흔뫼라
단군이래 사천년에 부국강병 거록하다
을지공의 디략에난 슈양뎨가 울고갓다
양만츈의 용맹에난 당태종이 혼이떳다
자쥬독립 이러하니 어느누가 결을손가
예성문무 태됴황뎨 한양셩에 도읍하사
성자신손 만만년에 동방텬디 문명하다

우리동포 여러형데 질거울사 웅쟝코나
아달되야 효도이고 님금에게 충셩이라
이나라에 백셩되니 됴흘시라 경사로다
부셰밧쳐 다사리고 군사되야 직히오자
우리귀운 비할진대 곤륜산이 놉흘손가
우리정셩 헤아리면 동해슈도 깁지안타
일월갓티 광명하게 우리나라 빗나이자
하날쳐름 놉흐도록 우리나라 밧들니라
물이거니 불이거니 나라일을 샤양할가
이내몸은 죽드라도 남의욕은 보지마자
이내집은 끈어져도 남의아래 되지마라
닛지마소 닛지마소 이마암을 자나깨나
이쳔만이 단톄되야 삼쳔리의 방패로다
어화어화 됴흘시고 이쳔만의 일심이라
사랑흡다 사랑흡다 우리나라 사랑흡다
이쳔만의 일심단톄 사랑흡다 우리나라

대한제국 시기의 교과서 『노동야학독본 1』(1907년 간행, 424~428쪽)에 실려 있는 애국가이다. 을사늑약·군대해산 등으로 나라의 운명이 꺼져가는 시기에 교과서에 실린 애국가로서 의미가 있다. 절 구분 없이 가사체 형식으로 된 것으로 보아 실제 불리지 않았을 수도 있지만, 교과서에 실렸다는 점에서 학생들에게 전파되었을 것으로 보인다.

'임금에게 충성하자' 등의 표현에서 봉건적 성격이 보이지만 노래의 기본적 정서는 '부국강병'과 '자주독립'이다. 특히 '죽더라도 욕을 당하지 말고 집을 잃더라도 남의 종살이를 하지 말자'는 대목에는 을사늑약 이후의 반외세 저항의식·독립정신이 담겨 있다. 노랫말의 마지막 부분 '이천만 동포가 한마음으로 나라를 사랑하자'는 표현은, 국가가 일개인이나 특정 계층의 전유물이 아니라 온 국민이 사랑으로 지켜야 할 대상임을 확인하고 있다.

⑥ 애국가

김인식 작사, 영국민요 곡

1. 화려강산 동반도는 우리 본국이오 / 품질됴흔 단군자손 우리 국민일세

2. 애국하는 의기열성 백두산과 갓고 / 충군하는 일편단심 동해갓치 깁다
3. 이천만인 오직 한마음 나라사랑하야 / 사농공상 귀천업시 직분을 다하세
4. 우리나라 우리 황상 황천이 도우사 / 만민동락 만만세에 태평독립하세
(후럼) 무궁화 삼천리 화려강산 / 대한사람 대한으로 길이 보전하세

(이유선, 1985, 116쪽 ;『보성 80년사』, 136~137쪽)

1910년 6월 10일에 발행된『보중친목회보(普中親睦會報)』제1호「문예」첫머리에, 당시 보성학교 음악교사이던 김인식 작으로 발표된 애국가이다. 악보도 있는데「올드랭 사인」곡이다.

노랫말 표현이 윤치호 작「애국가」와 거의 같은데 '성자신손 오백년은 우리 황실이요'를 '품질좋은 단군자손 우리 국민일세'로 바꾼 것이 크게 다르고 나머지 몇 군데는 단어를 바꾼 것이다.

이 애국가는 시기와 상황에 따라 조금씩 노랫말이 바뀌어 불렸는데, 예를 들어 상해지역에서 부르던「무궁화 내배달」도 있다. 한편 허은은 그의 회고에서, 만주에서 개천절 기념행사 때 석주 이상룡이 지은 애국가를 불렀다고 기술하고 있는데 그 애국가 노랫말이 "화려강산 동반도는 우리 본국이요 / 품질좋은 단군자손 우리 국민일세 / 무궁화 삼천리 화려강산 / 우리나라 우리 글로 길이 보전하세"이다.[12]

이상룡은 독립지사로 신민회에 참가하였고, 만주로 망명한 후 경학사, 서로군정서 등의 지도자로 독립운동을 전개한 인물이다. 허은 회고에 나오는 이상룡 작 애국가와 윤치호 작 애국가, 김인식 작 애국가의 상호 연관성 여부를 확인할 수 없지만, 표현이 조금씩 상이하지만 궁극적으로 같은 노래인 이 애국가가 국내, 만주 등지에서 널리 애창되었다는 점은 확실하다.

김인식은 구한 말에 서양음악을 개척한 인물로 상동청년학원, 보성·진명·기호·오성학교 등에서 음악을 가르쳤다.「국기가」,「전진가」,「학도가」등의 작품을 남겼다.

⑦ 애국

1. 대한제국 삼천리에 국민동포 이천만아

---

12) 허은,『아직도 내귀엔 서간도 바람소리가』, 정우사, 1995, 80쪽.

　　　大韓二字 잊지말고 국민의무 직혀보세
　2. 우리맘을 단결하여 님군의게 충성하고
　　　우리힘을 합하여셔 동포들을 사랑하세
　3. 太白山峰 백설갓이 우리정신 희게하고
　　　漢水맑은 물결갓이 우리정신 맑게하세
　4. 황상폐하 愛民聖德 黃海萬里 無極이오
　　　우리들의 자강력은 金剛千峰 울니리라
　5. 삼각산에 揭揚하난 태극기에 밝은빛은
　　　오대주에 어대[든]지 일월갓이 빗나도다
　6. 국민들아 국민들아 항상깨여 잇음으로
　　　자녀교육 의무삼고 청년배양 열심하세
　7. 청년들아 청년들아 德義二字 중심삼고
　　　晝夜不缺 勤工하야 직분담임 예비하세
　8. 하나님끠 비올것은 대한제국 우리나라
　　　독립부강 하게하고 영생복락 주옵소셔
　9. 만세만세 만만세요 대황제 폐하 만세
　　　황태자전하 만만세 대한제국 억만세라

(『최신창가집』, 57쪽)

　이 노래는 발표 연대는 확실하지 않으나 노랫말을 볼 때 대한제국 시기의 노래
이며 1910년대 만주에서도 불렸다.

　이상에서, 조선말 시기의 애국가 4종과 대한제국 시기의 애국가 7종을 살펴보
았다. 이들 애국가는 일반적으로 국가와 임금(혹은 황제)을 동일시하는 군주주의
적 인식을 보여주고 있다. 즉, 나라에 대한 충성이 바로 임금(혹은 황제)에 대한
충성으로 이어지고 있는 것이다.

　그러나 그 가운데 현행 「애국가」와 「대한제국 애국가」(2), 그리고 노백린 작사
「애국가」의 경우에는 충군에 대한 표현이 없고 나라에 대한 사랑과 국가의 무궁
함을 기원하는 표현으로 되어 있다. 따라서 조선말과 대한제국 시기, 즉 애국계몽
운동이 전개되던 시기에 불리던 애국가를 통해 볼 때, 봉건왕조와 입헌군주국가를
거치는 과정에서 근대적 시민국가를 지향해 가던 사상적 인식이 점차 싹트고 있
었음을 알 수 있다. 즉 조선말·대한제국 시기에 입헌군주제적 국가 인식이 싹트
고(이 단계에서는 왕=국가라는 등식이 성립된다) 이후 근대적 시민국가 인식이

형성되면서 군주와 국가를 분리시킬 수 있게 되었다. 위 애국가들의 노랫말에서도 그러한 변천과정을 간접적으로 읽을 수 있다. 그리고 경술국치 이후에 만들어진 것으로 보이는 다음과 같은 애국가에는 군주주의적 표현이 전혀 없다.

애국

1. 턴대를 개벽한 후에 동방 반도 대한
   황텬이 품부햇으니 우리 것 아닌가
   내가 아니 직히면 누구가 직힐소냐
   졍신을 차려 눈을 뜨라 지금이 어나 때나
2. 화려한 강산 중에는 사나니 누군가
   한 옷 닙고 한 말 하는 우리 동쪽일세
   셔로 위해 힘쓰라 이 내일이 아닌가
   이 큰 집을 보호할 이 우리가 아닌가
3. 국권을 회복할 이들 어나 누구 아닌가
   남녀로소 누구든지 직분을 다하야
   괴로우나 즐거우나 애국하난 자이니
   너도 애국 나도 애국 이것 내 직분일세

(『최신창가집』, 69쪽)

근대적 자주독립국가로서의 정체(政體) 확립은 상해 임정의 수립을 통하여 구체화되었고, 임시정부에서 현행 「애국가」를 공식화함에 따라 '애국=충군'이라는 내용의 애국가는 점차 불리지 않게 되었다. 해방 후, 임시정부 요인들이 환국할 때 비행기가 조국에 이르자 눈물 속에서 '동해물과……'의 「애국가」를 합창했다고 한다.

2. 나라사랑

긴 날이 맛도록 생각하고
깊은 밤 들도록 생각함은
우리나라로다 우리나라로다

대한제국 시기와 일제강점기에 나라를 사랑하고 영광되게 빛내자는 내용을 담

은 노래들을 많이 불렀다. 이들 노래는 내용적으로 애국가(나라를 사랑하는 노래)
와 유사하지만 직접 '애국가'라는 제목을 사용하지 않고 있다.

조국(나라)을 소재로 한 이 노래들은 애국계몽의 노래라 할 수 있는데 그 가운
데 안창호가 작사한 것이 여럿 있다.

①-1 靑年心得

1. 청텬의 백일이 밝음과 갖이 조국의 영화도 빗내여라
   조국의 영화가 빗나여짐은 청년의 고명함이 빗나여야
2. 송백의 푸른 기운 창창하고 소년의 긔샹은 늠늠하다
   우리의 긔샹이 송백 같으면 조국의 쇠한 긔운 떨치리라
3. 깊이 든 바위돌은 굴닐지라도 청년의 굳은 뜻은 못 굴이네
   우리 셰울 뜻이 참 견고하면 조국의 독립기초 든든하리
4. 인덕[언덕]에 개암이[개미]는 적은 버레나 잠시도 쉬지안코 양식 예비
   우리 청년 또 고생코 고생 신고를 지난 후에 목덕 달해
5. 눈밋헤 쇠한 초목 죽은듯하나 춘풍의 늠늠 생긔 발생한다
   조국은 잠시 겁은 두려워마라 우리가 너를 위해 힘쓰리라
(후렴) 조국의 영화 빗나여짐은 우리의 참으로 소원이라
   청년아 힘써 조국의 영화 태양의 빗 같이 빗내여보세

(『최신창가집』, 175쪽)

①-2 조국의 영광

안창호 작사(추정)

1. 청천의 백일 밝음과 같이 조국의 영광을 빛내어라
   조국의 영광이 빛나게 됨은 청년의 고명함이 빛남이라
2. 송백의 푸른 빛은 창창하고 소년의 기상은 늠름도 하다
   우리의 기상이 송죽같으면 조국의 독립기초 튼튼하리라
3. 태산을 빼는 힘이 있을지라도 청년의 굳은 뜻은 못꿇리네
   우리의 세운 뜻 참 견고하면 조국의 국권이 태산같으리
(후렴) 조국의 영광이 드러남은 우리의 진정한 소원이라
   청년들아 조국의 영광 태양의 빛같이 빛내어라

(『배달의 백박』, 300쪽)

1900년대의 노래로 경술국치 후에도 국내외 독립진영에서 불렸다. ①-2 노래는 5절로 된 ①-1 노래를 원형으로 하여 3절로 축약한 형태이다.

조국의 영광을 빛내기 위해 청년들이 분발할 것을 촉구하고 있다.

원래 이 노래는 미국 거주 교포가 소장하던 『애국가집초』에 들어 있는데, 그 가운데 안창호 작이 많기 때문에 이 노래도 안창호 작으로 추정되고 있다.

② 내 나라 보전

안창호

1. 갚이[가치]높고 귀중한말 애국하라 한말일세
   땀흘니고 피흘니어 내나라를 보전하세
2. 성품조코 기질조흔 단군자손 중다하다
   총명하고 준수하니 문명구민 이아닌가
3. 산고수려 우리강토 모든물산 풍족하고
   반도강산 죠흔위치 슈륙통상 편리하다
4. 신셩하다 우리민족 애국심을 분발하면
   청구산하 우리나라 부강하기 어렵잔타

(『망향성』. 80쪽)13)

동포들이 애국심을 분발하여 나라를 부강시킬 것을 촉구하는 노래이다.

이 노래 역시 미국 교포가 소장하던 『애국가집초』에 수록되어 있는데, 『망향성』에 안창호 작으로 명기된 것으로 보아 안창호 작이 확실하다.

한편 이 노래 1~3절은 1910년대에 만주에서 부르던 「제국지리」라는 노래 일부와 유사한데 그 상관 관계는 확인되지 않는다.

③ 애국가(긴 날이 맛도록, 우리나라)

안창호 작사

1. 긴 날이 맛도록 생각하고 / 깊은 밤 들도록 생각함은
   우리나라로다 우리나라로다 / 길이 생각하네 길이 생각
2. 내 먹고 마시며 의탁하야 / 모든 족척[족속]들과 생장한 곳

---

13) 도산기념사업회 편, 『안도산전서(중)』, 범양사, 1990, 43~44쪽에는, 「가치 높고 귀중한 말」로 제목을 달고, 2절 '중다하다'가 '좋다한다'로 기록되어 있다.

우리나라로다 내 일생 사랑해 / 길이 사랑하네 길이 사랑

3. 나의 부모 형뎨 갖이 살고 / 션조들의 해골 뭇친대난
우리나라로다 항샹 잊지 못해 / 잊지 못하겟네 잊지 못해

4. 태산이 변하야 바다 되고 / 바다가 변하야 들이 된들
나라 사랑하는 이 맘 변할손가 / 길이 불변하네 길이 불변

5. 내 나라를 내가 사랑하지 / 뉘가 내 나라를 사랑할고
내 몸이 죽어도 내 나라 보젼해 / 길이 보존하셰 길이 보젼

6. 우리나라 문명 발달되고 / 우리나라 독립 공고하고
빗난 영화로다 항샹 즐겟네 / 나라 영광일셰 나라 영광

(『최신창가집』, 109~110쪽 ;『신한민보』1943. 11. 5 ;『안도산전서(중)』, 60~61쪽)

만주에서는 「애국가」라는 제목으로 불렸으나, 중국 관내에서는 「긴 날이 맛도록」이란 제목으로, 그리고 미주지역에서는 「우리나라」라는 제목으로 널리 불렸다. 특히 미주지역의 경우, 1943년 11월 17일 로스앤젤레스 재미한족연합위원회에서 개최한 순국선열기념일 기념식에서 이성식의 독창으로 이 노래가 불렸다는 기록이 있다.[14]

이 노래에 얽힌 일화가 있다. 당시 대성학교 학생이던 전영택이 한밤중에 주번이 되어 학교를 도는데, 교장 방에서 잠도 자지 않고 책상에 앉아 손을 이마에 대고 있는 안창호의 모습을 보았다고 한다. 잠을 이루지 못하고 나라일을 근심하는 안창호의 모습에서 전영택은 감명을 받았다.[15] 위 노랫말의 1절은 밤새 나라일로 근심하는 안창호의 모습 그대로인 것이다.

이상 안창호가 만든 나라사랑의 노래를 살펴보았는데, 안창호는 실력양성주의·애국계몽주의를 실천하는 과정에서 노랫말을 많이 지었고 자신이 즐겨 부르기도 했다.

조국을 소재로 하여 김광현이 만든 노래도 있다.

① 조국송

김광현 작사

1. 힘찬 산맥 구불구불 높이 뻗었고 맑은 시내 굽이굽이 흘러내리는

14)『신한민보』1943년 11월 17일.
15) 주요한,『안도산전』, 삼중당, 1975, 74쪽.

삼천리 아름다운 무궁화 동산 영원히 빛나리
2. 억천만년 길이길이 살아지이다 자자손손 널리널리 퍼져지이다
단군성조 피를 이은 배달의 후예 영광이 넘치리
(후렴) 빛나거라 우리 조국 잘살아라 우리 겨레
세세무궁 영원토록 불러라 만만세

（『광복의 메아리』, 72쪽）

② 祈願頌

김광현 작사

1. 빛나는 금수강산 이천만 겨레를 지키소서
지혜와 용기의 은총을 주시고 영원한 자유를 내리소서
2. 이국땅 헤메이는 가련한 동포를 도우소서
영광과 승리의 축복을 주시고 조국에 독립을 주옵소서

（『광복의 메아리』, 72쪽）

위 두 노래는 1920년대 만주 독립군 진영에서 부르던 노래로, ①은 조국과 겨레의 영광을 찬미하고 ②는 자유와 독립을 기원하고 있다.

위 두 노래는 일제강점기에 불린 겨레의 노래 가운데 '~송'이란 제목을 달고 있는 유일한 노래일 것이다.

작사자 김광현이 어떤 활동을 하던 인사인지 확인되지 않지만, 민종식 의병부대에서 유격장으로 활동하던 김광현(金光鉉)이 있었는데 그가 경술국치 후 만주로 넘어가 독립군 진영에서 위 노래를 작사한 것이 아닌가 추측될 따름이다.

다음 노래들은 작사·작곡자가 확인되지 않는 것이다.

① 죽어도 못노아(못노아)

1. 아셰아 동편에 돌출한 한반도 / 단군의 품부한 복디로구나
에라 노아라 못놋케구나 / 삼천리 강산을 못놋케구나
2. 품질도 튼튼코 례의도 만은 / 단군의 혈족이 우리로구나
에라 노아라 못놋케구나 / 이천만 동포를 못놋케구나
3. 하나님 하나님 우리 내실계 / 자유와 독립을 안쥬섯나뇨
에라 노아라 못놋케구나 / 대한국권을 못놋케구나
4. 쳥년아 쳥년아 무러보자 / 만권의 시셔가 어대로 갓나

에라 노아라 못놋케구나 / 연필과 셔책을 못놋케구나
5. 삼척의 댱검을 빗겨들고셔 / 뎌 원슈 머리를 베라가누나
에라 노아라 못놋케구나 / 뎌 원수 목아지를 못놋케구나

(『신한민보』 1913. 10. 31, 1915. 12. 9 ; 『최신창가집』, 19쪽 ; 『망향성』, 82쪽)

만주, 중국 관내, 미주지역의 독립진영에서 1910년대부터 1940년대까지 부르던 애국계몽가이다.

삼천리 강산, 이천만 동포, 대한의 국권을 군게 지키기 위하여 학문에 힘쓰고 원수를 갚자는 노래인데 '죽어도 못놓겠다'는 표현에서 비장한 각오와 결사적 결의를 읽을 수 있다.

<h3 style="text-align:center;">② 대한혼</h3>

1. 화려한 강산 우리 대한은 / 삼천리 범위 젹지 안토다
   백두산으로 한라산까지 / 자연한 경개 그려냇도다
2. 언어와 의복갓흔 동족이 / 한 마음 한 뜻 든든하고나
   원수가 비록 산하갓흐되 / 자유의 경신 꺽지 못한다
3. 귀하고 빗난 우리 태극긔 / 우리 혼을 모다 들이네
   강강한 맘과 굿은 단톄로 / 동족을 셔로 도아 주리라
4. 용감한 우리 쳥년 남녀야 / 조국의 경신을 닛지 말고셔
   우리 힘과 졍셩 다하야 / 국민의 의무를 감당하리라
5. 국가를 사랑함 우리 의무요 / 동종을 보호함 우리 텬칙
   내 나라 위하야 젹은 이 몸을 / 공공한 사업에 들일이로다
6. 국민의 분자되난 이 내 몸이 / 담부한 책임 중대하도다
   내 맘과 내 경신 내가 직히면 / 내 나라 영광은 결노 나리라
7. 우리 션조의 쟝한 긔개로 / 국민을 사랑한 뜻 본밧아
   삼천리 안에 단군자손들 / 한 마음 한 뜻 가질지어다
(후렴) 션조님이 여긔 뭇쳣고 / 우리도 대한혼이 되니
   사쳔년 조국 대한 강토를 / 내 집을 내가 보전하리라

(『신한민보』 1916. 4. 13)[16]

---

16) 『최신창가집』(61쪽)에는 5절 '국가를~텬칙'이 '충군과 애민은 우리 직무요 보국과 헌신 우리 의무'로 되어 있고 후렴 '보전하리라'가 '보호하겟네'로 되어 있다.

1910년대부터 불리던 노래로 특히 만주, 노령, 미국 등 해외 독립운동 진영에서 널리 불렸음이 확인된다. 만주 통화현 문우관(文友館)에서 발행한 『소년창가』에 실려 있으며 노령 한민학교에서 이 노래를 불렀다는 기록도 있다. 그리고 미주지역에서 발행하던 『신한민보』에도 실려 있다.

노래 1~2절에서 겨레의 구성 요건인 지리적 환경, 언어, 문화(의복)를 들어 하나가 됨을 표현하고 3~6절에서 나라사랑을 다짐하며, 7절에서 선조의 뜻을 이을 것을 다짐하고 있다. 특히, 나라사랑을 '국민의 의무'로 파악하고 있는 점은, 기타 나라사랑의 노래에 보이지 않는 표현이다.

③ 조국회상곡

1. 조국을 잃어버린 유랑족으로 수만리 이역에서 설움받으며
   지는 해 돋는 달은 피눈물로서 일시도 잊지못할 조국의 광복
2. 돌근육 무쇠골격 대한청년아 팔다리 끓는 피를 한데 뭉치어
   배달족 억만년에 기초 세우세 조국은 신성하다 역사 반만년
3. 백두산 성봉 위에 자유종 울고 황해수 검은 바다 춤을 추으리
   이 목이 터지도록 소리 높이세 부르자 대한민국 만세 만만세

(『배달의 맥박』, 436쪽)

이역 하늘에서 조국의 광복을 맹세하며 부르던 조국 회상의 노래이다.

'돌근육 무쇠골격'이란 표현은, 만주 독립운동 진영에서 불리던 「소년행진가」(소년행진곡)에도 나온다. 노랫말의 표현이 격정적이고, 또 조국의 광복을 직접적으로 표현하고 있음으로 보아 만주에서 부르던 노래이다.

마지막 구절에서 국호를 '대한민국'으로 표현하고 있다. 「3·1절노래」에도 '대한민국'이란 표현을 사용하고 있지만 이 노래의 경우 다른 기록에는 '대한'으로 표기하고 있다(제1부 제9장 2. ② 3·1절노래 참조). 민족운동 시기에 불리던 노래에는 국호가 대개 '신대한[국]', '대한'으로 표현되고 있다. 대한민국이란 표현이 원래 있던 것인지 아니면 뒤에 바꾼 것인지 알 수는 없지만, 민족운동 시기에 이 표현으로 불렸다면 상해 임시정부를 염두에 둔 표현이라 할 수 있다.

④ 내 나라 사랑(애국)

1. 대한국민 동포들아 정신들 차려라

　　　몸과 맘을 모도 바쳐 몸과 맘을 모도 바쳐
　　　내 나라 사랑해 내 나라 사랑해
　2. 한 조상에 갓혼 자손 애정이 만코나
　　　동포정세 생각하니 동포정세 생각하니
　　　내 나라 사랑해 내 나라 사랑해
　3. 사망할데 님[臨]한 자야 어이 하잔 말가
　　　힘과 맘을 모도 드려 힘과 맘을 모도 드려
　　　내 나라 사랑해 내 나라 사랑해
　4. 국권회복 인민만락 어이하면 할가
　　　뜻과 맘을 모도 다해 뜻과 맘을 모도 다해
　　　내 나라 사랑해 내 나라 사랑해

(『최신창가집』, 128쪽 ; 『망향성』, 73쪽)

만주와 중국 관내 독립진영에서 부르던 노래로 몸과 마음을 모두 바쳐 나라를 사랑함으로써 국권을 회복하고 국민의 행복함을 이룩하자고 호소하고 있다.

⑤ 나라 보전(보국)

　1. 단군께서 건국하신 우리 대한국 / 산은 놉고 물은 맑은 명승디로세
　　　말도 갓고 의복 갓혼 우리 동족이 / 한 맘 한 뜻일세
　2. 하나님이 주신 우리 살진 토디와 / 생명재산 우리 것을 보전합시다
　　　보국으로 맹약하고 합심 다하니 / 독립이 완년토다
　3. 우승렬패하는 오늘 이십세기에 / 잠시라도 방심말고 전진합시다
　　　애국성과 단결력을 날로 배양해 / 국사를 도와보세
　(후렴) 만세 만세 이천만동포 만세 만세 삼천리 강토
　　　　　우리나라 우리들이 우리 힘으로 영원히 보전하세

(『망향성』, 72쪽)[17]

만주와 중국 관내 독립진영에서 부르던 노래이다.

노랫말 1절에 민족의 구성 요소들을 들고 있어 흥미롭다. 즉 역사(단군이 건국), 지리적 위치(명승지), 언어(말), 생활(의복) 등이 같은 '우리 동족'이라고 표현하고

---

17) 『최신창가집』(84쪽)에는 「보국」이란 제목으로, 1절 '단군께서'가 '단군긔자'로, 3절 '애국성과 단결력'이 '충군성과 애국심'으로, 후렴 끝 행이 '우리들의 힘으로써 영세에 무강켓네'로 되어 있다.

있다. 3절의 '우승열패하는 오늘 이십세기'라는 표현에 사회진화론적 인식이 담겨
있다.

⑥ 근화세계(애국)

1. 우리나라 신대한국 만세무강 하옵소서
   백두산이 외외하고 한강수는 양양한데
   단군셩자 삼천만중 그와갓치 희고밝다
2. 대쥬재[하느님]께 비나이다 근화세계 우리나라
   천만세에 무궁복을 그와갓치 나리소서
   거룩하고 거룩하다 우리나라 거룩하다

(『망향성』, 71쪽 ; 『최신창가집』, 143쪽)

'신대한국'의 무궁함을 기원하는 노래로, 만주와 중국 관내 독립진영에서 불렸
다. 1914년에 만주에서 발행된 『최신창가집』에 '신대한국'이 '대한뎨국'으로 기록
되어 있는 것으로 보아 경술국치 전부터 불리던 노래이며 경술국치 이후 몇 년까
지 '대한제국'으로 부르다가 임시정부 수립 이후 '신대한국'으로 바꾸어 불렀을 것
으로 판단된다.

'근화세계'는 '무궁화 나라', 곧 우리나라를 뜻한다. 중국 고대 지리책인 『산해
경』에 옛 우리나라가 군자국으로 기록되어 있는데 이 곳에 목근화(木槿花)가 많
다고 되어 있다. 이후 우리나라를 군자국 혹은 근역(槿域)이라 불렀다.

⑦ 애향가

1. 조상들이 터를 닦은 이 좋은 산수 / 개척하자 한데 뭉쳐 지와 성으로
   이 생명의 불을 태워 밝게 비추어 / 사랑하는 나의 조국 빛내어 보자
2. 세세무궁 높이여질 조상의 복지 / 창건하자 마음놓아 피와 땀으로
   높푸름의 가슴은 젊음에 자라 / 정의의 기를 세워 뻗어나가자
   (후렴) 아름다운 산과 바다 정든 고향아 / 하나님이 가려주신 만세의 낙토

(『광복의 메아리』, 162쪽)

개척·창조 정신으로 조국을 빛내자는 1920년대 민족의 노래이다.

조국 땅을 개척하여 조국을 빛내자는 표현으로 보아 국내 애국계몽가들에 의해
불리던 노래인 것으로 보인다. 제목이 「애향가」인데 여기서 애향은 곧 애국으로

이어지는 것이다.

⑧ 빛나는 조국

1. 딩동댕동 보슬비는 단물을 주고 / 철석철석 높은 파도 집터를 닦네
   둥실둥실 밝은 달은 길을 밝히고 / 송이송이 눈송이는 힘을 주누나
2. 구불구불 힘찬 산맥 충신을 낳고 / 굽이굽이 시냇물은 열녀를 낳네
   산의 나무 다듬어서 집을 짓고요 / 들의 곡식 거두어서 밥을 짓누나
3. 억천만년 길이길이 살아지이다 / 자자손손 널리 널리 퍼져지이다
   손에손에 괭이들고 이 땅을 파서 / 싱글벙글 웃으면서 힘있게 살자
(후렴) 빛나는 조국 빛나는 조국 / 아름다운 강산이라 얼싸 좋구나

(『광복의 메아리』, 175쪽)

1930년대에 불리던 노래로, 조국의 영광을 축복하고 있다.

보슬비, 파도, 달, 눈송이, 산맥, 시냇물, 나무, 들 등 한반도의 자연환경 모두가 '충신과 열녀'를 낳게 하고 조국의 앞날을 밝게 한다는 노랫말에 희망이 가득차 있다. 노래 표현으로 보아 국내에서 불리던 것으로 보인다.

3. 태극기

져 삼각산 마루에 새벽빗 빗칠제
그 그립던 태극긔 네 보앗나 보아

태극기의 태극은 우주의 근원을 의미하며, 건괘(좌상)는 하늘, 곤괘(우하)는 땅, 감괘(우상)는 물, 리괘(좌하)는 불을 상징한다. 또 민족성과 연관시켜 태극은 창조성, 흰 바탕은 순결성, 건괘는 발전성, 곤괘는 겸허성, 감괘는 전진성, 리괘는 광명성을 표현한다는 설명도 있다. 태극기를 만든 내역에 대해서는 여러 설이 있다.

첫째, 일반적으로 태극기는 박영효가 만든 것으로 알려져 있다. 박영효는 임오군란 후 수신사로 임명되어 서광범 등과 함께 일본에 파견되었다. 이에 나라를 상징하는 국기 도안의 안을 준비해 적절히 만들어 사용하라는 국왕의 승락을 얻는다. 박영효는 일본 기선 메이지마루(明治丸) 선상에서 태극 사괘 도안을 만들어 국기로 사용할 것을 결정하였고 1882년 8월 14일 일본 고베에 상륙한 이후부터

게양하기 시작하였다. 조선정부에서는 1883년 1월 27일에 국기사용을 정식으로 반포하였다.[18]

둘째, 병자수호조약 때부터 국기 제작이 논의되다가, 1882년 이후 공주관찰사 이종원(李淙遠)이 제출한 태극 팔괘 도식에 의해 처음으로 태극기를 만들었고, 실제 사용한 것은 박영효가 일본에 갈 때 처음 내걸었다는 설이 있다.[19]

여하튼 태극기를 국기로 처음 사용한 사람은 박영효임에 틀림없다.

박영효는 한말 개화파 인사로 일본과 교류가 잦았으며, 정치적 상황에 따라 한국과 일본을 오가며 지냈다. 경술국치 이후 일제가 주는 작위를 받았으며 식산은행 이사로 있기도 했다.

민족적 고난의 시기에 태극기는 나라와 겨레가 살아 있는 상징으로 인식되었다. 그래서 독립만세운동, 집회, 의식 등에서 태극기가 사용되었다. 3 · 1운동, 6 · 10만세운동, 광주학생운동 등 국내의 대규모 만세시위운동에서 태극기를 들고 독립만세를 고창한 사실들은 잘 알려져 있다.

당시 언론에 나타난 다음과 같은 일제의 태극기 탄압 사례들은 일제가 자주독립국가의 상징 가운데 하나인 태극기를 말살하기 위하여 얼마나 심혈을 기울였는지를, 또한 역으로 우리 민족이 태극기를 통하여 민족정신을 잃지 않고 나아가 독립정신을 고양시키기 위하여 얼마나 간고하게 노력하였는지를 보여준다.

  1920년 8월 : 태극기를 게양한 학생단 체포
  1921년 2월 : 안주군에서 설날에 집집마다 태극기를 게양하여 8명 체포
  1921년 2월 : 보교(普校) 문미(門楣)에 독립만세와 태극기를 그려 학생들 취조
  1923년 3월 : 창의문(彰義門)에 태극기 게양
  1923년 3월 : 관철동에서 일장기 사이에 태극기 날림
  1925년 1월 : 완도 신지면 주재소에 태극기를 게양하여 6명 체포
  1925년 3월 : 단천읍에 태극기 출현
  1925년 5월 : 양양공보생이 만든 태극기를 은혼식 날 사용하여 7명 피검
  1926년 6월 : 순종 장례일에 성암면 서기가 공공연히 태극기 게양을 지휘
  1926년 8월 : 풍산의 태극기 사건, 검사 8개월 구형
  1927년 7월 : 청년회에서 태극기 모방한 기를 제작, 25일 구류

18) 이현종, 「박영효」, 『한국근대인물백인선』(『신동아』 1970년 1월호 부록), 101~102쪽.
19) 문일평, 「태극국기의 유래」, 『史外異聞』, 신구문화사, 1976, 126쪽.

1930년 3월 : 북원공보교(北院公普校)에서 태극기를 압수[20]

심지어 일제는 태극기와 비슷한 태극무늬만 보아도 이를 압수하고 관계자를 체포하였다. 일례로 1922년 10월 광주 기독교 주일학교 진흥회에서 주최한 제등행렬에 5천여 명의 사람들이 참여하였는데, 일제는 그 가운데 태극무늬를 그린 등 두 개를 발견하여 현장에서 그 등을 압수하고 두 사람을 체포하였다.[21]

또 1920년 4월 2일자 『동아일보』에는 「태극에 신경과민」이란 제목 하에 일경이 전차 차창에 태극이 그려져 있는 것을 보고 운행을 중지시켜 차고로 끌고 가게 한 일과, 순사가 길을 가다 어떤 집에 태극 떡이 있는 것을 보고 칼로 그 떡을 베어버렸다는 웃지 못할 사건이 기록되어 있다. 이러한 사례들은 일제가 태극기를 없애고 민족의 얼을 말살시키기 위하여 얼마나 광분하였는지를 보여주는 대목이다.

①-1 국기가(국긔)

1. 아세아 동 대한국은 하늘이 살피신 내나라
   태극조판 하옵실 때 우리나라 창립코
   어천만세 무궁토록 무극으로 견고해
   문명천지 백일하에 영원토록 빗나네
2. 상하천재 문명기초 우리의 국긔에 빗나네
   우리의 국긔 나는 곳에 자유자강 확실코
   츙효졀의 겸견하여 보국안민 지극해
   삼천리는 광명하고 삼천만은 새롭다
3. 건곤감리 태극긔는 우리의 정신을 들이고
   맑은 마음 강한 긔운 태극같치 놉히 떠
   금수강산 명승지에 빈틈업시 날니세
   천만세에 무궁토록 우리 함게 하리라

(『망향성』, 87쪽 ; 『최신창가집』, 48쪽 ; 『신한민보』 1914. 6. 18)

①-2 국기가

1. 아세아 동 대한국은 하늘이 살피신 내 나라

---

20) 조선일보사, 『조선일보항일기사색인』, 1986, 609쪽.
21) 『동아일보』 1922년 10월 9일.

태극조판 하옵실 때 우리 국기 창조코
억만만세 무궁토록 무극으로 견고해
삼천리는 광명하고 이천만민 새롭다
2. 건곤이감 태극기는 우리의 국가를 빛내고
우리 국기 날리는 곳 자유자강 확실해
문명천지 백일하에 무극으로 견고해
삼천리는 광명하고 이천만민 새롭다

(『광복의 메아리』, 36쪽)

①-3 국기가

1. 상하천재 문명기초 우리 국기 빛나네
우리 국기 가는 곳에 자유자강 확실코
충의절의 겸전한데 보국안민 緜緜타
삼천리는 광활하고 육[이]천만은 새롭네
2. 건곤리감 태극기에 우리 정신 들었고
맑은 마음 강한 의기 태극같이 높이 떠
넓고 넓은 삼천리에 빈틈없이 날리여
육[이]천만인 무궁토록 우리 함께 하리라

(「새배달 노래」, 713쪽)

1900년대부터 국내 학생들과 만주 독립군 진영, 중국 관내지역에서 부르던 노래로, 만주 광성중학에서 펴낸 『최신창가집』에 「국가」(애국가) 다음에 실려 있는 것으로 볼 때 '국가'에 버금 가는 중요한 노래로 불렸을 것이다.[22]

이상 세 노랫말을 비교해 볼 때 원래의 「국기가」 노랫말은 시기와 장소에 따라 조금씩 변형되어 불렸으며, 『최신창가집』, 『신한민보』, 『망향성』 등에 실린 ①-1 노래가 원형이다.

②-1 태극기

1. 三角山 마루에 새벽빗 비췰제 / 네 보았냐 보아 그리던 태극기를
네가 보았나냐 죽온줄 알앗던 / 우리 태극기를 오늘 다시 보앗네
자유의 바람에 태극기 날니네 / 이천만 동포야 만세를 불러라

---

22) 신용하, 「해제」, 『최신창가집』, 국가보훈처, 1996, 25쪽.

다시 산[生] 태극기를 위해 / 만세 만세 다시 산 대한국
2. 붉은 빗 푸른 빗 둥굴게 엉키어 / 태극을 일윗네 피와 힘 자유 평등
　엉키어 일윗네 우리 태극일세 / 乾三連 坎中連 坤三絶 離中絶
　동서 남북 상하 천하에 떨치라 / 태극기 영광이 세계에 빗나게
　국민아 소리를 모도다 / 만세 만세
3. 대한국 만만세 갑옷을 닙여라 / 방패를 들어라 늙은이 절믄이
　머시마나 가시나 하나이 되어라 / 태극기 지켜라 귀하고 귀한 국긔
　왼 세계 백성이 다 모혀 돌어도 / 우리의 태극기 건드리지 못하리
　대한사람들아 닐어나 나가 나가 / 태극기를 지켜 대한나라 지켜

(『독립신문』 1919. 11. 27)

②-2 다시 산 태극긔

1. 져 삼각산 마루에 새벽빗 빗췰제 / 그 그립던 태극긔 네 보앗나 보아
　보앗나 보앗다 죽은 줄 아럿던 / 우리 귀한 태극긔 오늘 다시 밧네
2. 자유의 봄바람에 태극긔 날리네 / 동포들아 니러나 만세를 불너라
　불너라 불으자 다시 산 대한국 / 태극긔를 위하야 만세 만세 만세

(『망향성』, 88쪽)

　일제의 암흑 속에서 죽은 줄 알았던 태극기가 새벽빛과 함께 다시 살아남을 표현함으로써, 어떠한 고난 속에서도 '대한국을 다시 살리자'(조국독립)고 결의를 다지는 노래이다.

③ 丹心歌

1. 단심일세 단심일세 우리 마음 단심일세
　뜻과 맘을 같이하여 우리 장래 축복하세
　향오를 잃지마라 동서남북 열세집에
　우리 마음 우리 정신 태극기로 단심일세
2. 단심일세 단심일세 우리 마음 단심일세
　청황적백 사색줄을 곱게 땋아 줄을 꼬세
　정신을 잃지마라 원을 지어 도는 길에
　얼기설기 엮어가는 단심주가 내 맘일세

(『광복의 메아리』, 164쪽)

1920년대에 불리던 노래로, 우리 민족이 태극기를 중심으로 뭉칠 것을 강조하고 있다. 동서남북 열세 집은 '십삼도', 즉 한반도를 뜻한다.

같은 제목으로 1910년대에 만주에서 불리던 노래가 있는데, 이 노래의 내용은 학도들이 힘을 합쳐 나아가자는 것으로, 4절에 위 노래와 같은 표현이 들어 있다.

단심가

1~3. 생략
4. 단심일세 단심일세 우리 마음 단심일세
   우리 단심 되고 보면 전국국심 비란일세
(후렴) 행보를 일치말고 발을 맞쳐 나아가며
      유쾌하게 활동하세 신톄건강 하여보세

(『최신창가집』, 166쪽)

④ 태국긔가

창해소년

1. 뎌 먼 운소등에 펄펄 놉히 날며 / 만세 영광 자랑하니 우리 국긔로다
2. 청턴백일하에 광명정대하게 / 내 나라 내 민족으로 죽던지 살던지
3. 졀개툥렬하고 긔상 용감하다 / 세샹 나라 국긔등에 무엇 뒤질손가
4. 개션가 불으며 자유종 울닐 때 / 잠시 당한 이 슈티를 맑게 씨스리라

(『신한민보』 1915. 2. 4)

미주지역에서 불리던 태극기 노래로 곡조는 찬송가 240장을 차용하였다.

4. 무궁화

무궁화 삼천리는 우리 강산
신성한 삼천만은 우리 한국 민족

중국의 『산해경』에 옛 우리나라를 군자국이라 일컫고 여기에 목근화(木槿花)가 많다고 기록되어 있다. 이 기록에 의해 우리나라를 근화지향(槿花之鄉), 근역(槿域)이라고 하게 되었다. 근화는 곧 무궁화이다.

고려시대 시인 이규보가 근화를 논한 글에, 그의 벗 두 사람 중에 한 사람은 무

궁(無窮)이 옳다 하고 또 한 사람은 무궁(無宮)이 옳다고 주장하였다는 내용이 있다. 이로 보아 무궁화라는 이름의 유래가 오래 된 것임을 알 수 있다.

아침에 피었다가 저녁에 시들기를 반복하면서 여름부터 가을까지 계속 핀다는데서 무궁화의 이름이 유래한다. 이를 일컬어 문일평은 '자강불식(自强不息)하는 군자(君子)의 이상'이라고 표현하였다.[23]

남궁억이 한말 칠곡부사(漆谷府使)로 있을 때 윤치호와 상의한 후 무궁화를 국화(國花)로 삼았다는 말이 전해지는데, 이후 무궁화를 우리 겨레의 얼을 상징하는 국화로 생각하게 되고 우리나라를 무궁화 동산으로 일컫게 되었다 한다.

일제는 한민족 말살정책을 추진하면서 무궁화도 함께 말살시키려 했다. 그래서 무궁화를 보거나 만지면 눈병이 나고 부스럼이 난다는 등의 악선전을 했다. 그리고 무궁화를 강제로 뽑아버리기도 했다. 이른바 '무궁화동산사건'이다.

기록을 통하여 확인되는 무궁화 탄압사건은 다음과 같다.

남궁억의 무궁화보급사건 : 남궁억은 애국계몽운동가로서 무궁화가 나라의 얼을 상징하는 것이라 하여 전국적으로 널리 보급하고자 했다. 배화학당 교사로 있을 때 '무궁화 수본' 제작을 지도하였다. 또 홍천 보리울에 은거하면서 무궁화 묘목을 심어 전국에 보급하는 운동을 전개하였다. 1933년 일제가 보리울을 급습하여 남궁억 등 28명을 강제 구금하고 7만여 주의 무궁화 묘목을 불살랐다. 이것을 무궁화보급사건 혹은 십자가당사건이라 한다. 남궁억은 이후 옥고의 여독으로 순국하였다.

오산학교 무궁화동산사건 : 이승훈이 설립한 오산학교에서 민족독립의 뜻으로 무궁화동산을 만들어 학생들의 민족의식을 고취시켰다. 일제가 무궁화 동산의 철거를 지시하였으나 학교측에서 이를 거부하자 일제는 강제로 무궁화 동산을 철거하고 불태웠다.

연희전문학교 무궁화동산사건 : 연희전문학교 교정에 무궁화가 몇 백 그루 심어져 있었는데 일제는 강제로 무궁화를 전부 뽑아 버렸다.

소년군 강제해산 : 시국강연회에서 장내 정리를 하던 조선소년군의 항건(項巾)에 무궁화 표시가 있는 것을 문제삼아 1937년에 조선소년군을 해산시켰다.

중앙학교 교가·모표 교체 : 중앙학교 교가의 '무궁화 복판'이란 구절, 그리고

---

23) 문일평, 「木槿花」, 『花下漫筆』, 삼성문화재단, 1974, 82~83쪽.

모표에 그려진 무궁화를 문제삼아 일제가 교가를 금지시키고 모표를 교체하게 하였다.

① 무궁화

1. 무궁화 삼천리는 우리 강산 / 신성한 삼천만은 우리 한국 민족
   삼천리 삼천만은 우리 한국 / 만세 만세 영원무궁
   성자신손 삼천만 화려강산 삼천리 / 이 안에서 우리가 기쁜 노래 부르세
2. 신성하신 단군님 ○○년전에 / 태백산에 나리사 우리의 집을 지섯네
   삼천리 삼천만은 우리 한국 / 만세 만세 영원무궁
   육대주 오대양에 제일좋은 동반도 / 십수억 인종중에 신성한 우리 삼천만
3. 백두산 높은 봉이 없어지고 / 대동강 깊은 물이 말으도록
   삼천리 삼천만은 우리 한국 / 만세 만세 영원무궁
   아름다운 강산에 아름다운 집짓고 / 활발하고 즐겁게 뛰여라 우리 삼천만
(후렴) 억만세 만만세 우리 삼천만 동포
       만세 만세 만만세 삼천리에 무궁화 동산

(『망향성』, 51~52쪽)

무궁화를 상징으로 하여 애국정신을 고취시키는 노래이다. 무궁화는 태극기, 한글, 삼천리 금수강산, 백두산, 배달겨레, 단군 등과 같이 우리 한민족을 상징하고 있다. 2절은 단군, 3절은 백두산을 상징으로 하여 겨레의 무궁한 발전을 기원하고 있다.

② 무궁화 내배달

애국가 곡

1. 화려강산 동반도는 우리 본국이요 / 품질좋은 단군자손 우리 국민일세
2. 애국하는 의긔열성 백두산과 갓고 / 충근하는 일편단심 동해갓치 깁다
3. 한배자녀 오직 한 맘 나라 사랑하세 / 사농공상 상하없이 직분을 다하세
4. 우리나라 우리 민족 황천이 도으사 / 만민동락 영원토록 자유독립하세
(후렴) 무궁화 내배달 화려 강산 / 우리나라 우리들이 다시 건성하세

(『망향성』, 69쪽)

윤치호 작사의 옛 애국가를 변형시킨 노래로, 곡도 옛 애국가 곡조였다.

만주 및 중국 관내에서 많이 불렀다.

③ 무궁화 삼천리 오 내 사랑

모윤숙 작사

무궁화 삼천리 내 사랑아 화려한 네 품에 안기어
광명한 하늘에 올라가서 영원히 노래를 부르리
시냇물 흐르는 저 동산 귀하다 단군님 나신 곳
아 고국을 떠나 방황하는 동포 그리운 정 깊도다
형제여 돌아와 노래 부르자 무궁화 동산은 우리 집이라
아 우리 강산 내 사랑 만만세

(민숙현·박해경, 1981, 212~213쪽)

1930년 11월 이화학당에서 열린 'YWCA창립기념 음악회'에서 불린 노래이다. 곡은 추방당한 망명객의 심정을 읊은 「오 이탈리아」이고 노래 지휘는 당시 이화 YWCA 음악부장이던 채선엽(당시 이화학생)이 했다.

이 음악회에서는 국산품을 애용하자는 유인물을 청중에게 돌리기도 했다.

이 노래를 부른 후 채선엽은 서대문경찰서로 불려가 민족사상을 고취시키는 노래를 지도했다고 하여 문초를 당했다. 아펜젤러 교장이 이후에는 다시 이런 일이 없도록 책임지겠다는 서약서를 쓴 후에야 채선엽이 석방되었다.

이 노래는 결국 국내에서 한 번밖에 불리지 못하고 사장되었지만 무궁화를 소재로 한 노래를 일제가 탄압한 한 사례로서 의미가 있다. 그런데 이 노랫말과 유사한 「조선반도」라는 노래가 중국 관내의 독립진영에서 불렸는데 그 상관관계는 확인되지 않는다. 다만 노랫말의 원형이 「조선반도」이고 모윤숙이 약간 변화시켜 위 노랫말을 만들었을 가능성도 있다.

5. 한글

에에헤 에헤야 우렁차다
글소경 없애란 소리 높다

한글은 1443년 만들어져 1446년 훈민정음이란 이름으로 반포되었다. 28자의 자모가 있었으나 4자가 없어지고 현재 24자를 사용하고 있다. 세계에서 가장 과학적인 글로 알려져 있다.

우리 말과 글을 지키고 발전시키기 위하여 많은 분들이 노력하였다. 1907년 주시경·이능화·지석영 등이 '국문연구소'를 설치하고 한글에 대한 연구를 하였다. 특히 주시경은 심혈을 기울여 한글을 연구하고 후학을 양성해서 커다란 업적을 남겼다.

1921년에 조선어연구회가 발족되었고, 1926년에 훈민정음 반포 460주년을 기념하여 '가갸날'을 만들고 기념식을 거행하였다. 1928년부터 '가갸날'을 '한글날'로 고쳐 불렀다고 하는데 당시 언론기사에 1926~29년까지 '가갸날'로 되어 있고 1930년부터 '한글날'로 되어 있는 것으로 보아 1930년부터 '한글날'이란 명칭이 통용되었음을 알 수 있다.

그런데 1934년 10월 30일 한글기념회 개최에 대한 기사가 실린 이후에 한글 기념식에 대한 언론의 보도가 보이지 않는다. 이것은 만주사변 이후 일제가 민족말살정책을 추진하면서 한글을 탄압하는 과정을 보여준다. 1935년에는 1920년대부터 활발하게 전개되던 한글보급운동이 일제의 탄압을 받아 중단되었다. 일제는 문자보급운동이 농촌진흥운동과 대치된다는 구실을 붙여 '민간의 한글보급운동을 일체 불허'한다고 했는데,[24] 사실은 한글보급운동을 통하여 겨레의 얼이 고양될 것을 두려워한 일제가 본격적인 한글 탄압에 나선 것이었다.

그리고 1937년 중일전쟁 후 일제는 '황국신민화' 정책을 실시하여 1938년에 우리말 교육을 폐지하고 일어 상용을 강요하였다. 우리 말을 쓰는 학생들은 고초를 겪었다. 일례로, 동덕여자학교의 학생들이 우리 말을 쓰고 있는데 일본인 교사가 와서 학생들의 뺨을 때리고 구타를 한 일이 있었다.

1942년에는 조선어학회사건이 있었다. 어떤 여학생의 일기에 나온 내용을 한글 탄압의 구실로 삼아, 조선어학회에 참여하여 한글 연구를 하던 학자들을 구속하고 고문하였던 것이다. 이윤재·한징은 일경의 고문과 추위, 굶주림 끝에 옥사하였다. 이극로, 최현배, 이희승, 정인승, 정태진, 김법린, 정태진 등은 옥고를 치렀다.

한글운동은 직접적인 대일항쟁은 아니었으나 민족의 얼과 문화를 지킨 의미에서 그 역사적 의의가 대단히 크다. 한글 연구자들의 노력으로 시작된 한글운동은,

---

24) 『조선일보』 1935년 6월 11일.

이념과 신분을 초월하여 모든 계층의 지지를 얻으면서 가장 오랫동안 지속된 민족운동이었다. 일제의 황민화정책이 추진되는 과정에서 마지막 민족운동의 대미를 장식했던 것도 바로 이 한글운동이었다.

　일제 시대 한글운동이 지닌 범민족적 성격 때문에 한글 보급에 관한 가요들도 널리 불렸다. 특히 1929년부터 시작된 한글보급운동 당시에는, 신문사 공모 등을 통하여 발표된 노래만도 수십여 편에 이르고 있다. 그 가운데 대표적인 노래로서 「한글기념가」, 「문자보급가」를 보자.

① 한글기념가

도진호

1. 거룩할사 우리한글 / 지은신법 다하시고
　모양마자 고우시니 / 님이살새 이보배를
(후렴) 우주의빛 세종님이 / 훈민정음 지으시사
　우리겨레 갈치시니 / 오백년전 오늘이여

② 문자보급가

이은희 작사, 구왕삼 곡

1. 맑은 시내 가에는 / 고기 잡는 소년들
　일할 때 일하고 / 배울 때 배우세
(후렴) 아는 것이 힘 / 배워야 산다

③ 문자보급가

박봉준 작사, 김형준 편곡

1. 우리나 강산에 방방곡곡 / 새살림 소리가 넘쳐나네
　에에헤 에헤야 우렁차다 / 글소경 없애란 소리 높다
(후렴) 아리랑 아리랑 아라리요 / 아리랑 고개로 넘어간다
　아리랑 고개는 별고개라요 / 이세상 문맹은 못넘긴다네

(이상 『조선일보 60년사』, 229~230쪽)

『조선일보』에서 1930년 말에 현상공모하여, 1931년 신년호에 당선작 총 23편을 발표했는데, ①·②는 입상작이고 ③은 선외 가작이었다. ③은 아리랑 곡조를 편

320 제2부 언제든지 나라독립 잊지를 말자-민족과 노래

곡한 것으로 한글보급의 대중적 기반을 확보하기 위한 선전매체로 주목할 만하다.

1929년에 조선일보사에서 농촌계몽활동으로서의 문자보급운동을 전개하기 시작하였는데, 귀향학생들은『한글원본』이란 책을 가지고 농촌으로 가서 문자보급운동을 전개하면서 이들「한글기념가」,「문자보급가」도 보급하였다.

한편『동아일보』에서도 한글보급운동에 적극 참여하여, 신문 지면에 다음과 같은 한글에 대한 노래를 실었다.

한말, 한글

조종현 요, 형석기 곡

1. 방실방실 어린이 재미스럽게 / 말이 뛴다 뛴다 말은 하여도
   하는 이 말 이름을 모른다 해서 / '한말'이라 이름을 일러줬지요
2. 방실방실 어린이 얌전스럽게 / 가갸거겨 책 들고 글은 읽어도
   읽는 그 글 이름을 모른다 해서 / '한글'이라 이름을 갈쳐줬지요
3. 쉽고 쉬운 우리글 한글이라요 / 좋고 좋은 우리말 한말이라요
   방실방실 어린이 잘도 읽는다 / 방실방실 어린이 잘도 부른다

(『동아일보』1930. 11. 29 ; 박찬호, 1992, 156쪽)

이 노래가 실린『동아일보』에는, '지난 9월 29일을 기념하여'라는 주석을 달고 있다. 9월 29일은, 당시 훈민정음 반포일로 알려졌던 음력 9월 29일을 의미한다. 한글날은 음력 9월 29일을 양력으로 환산하여 정했기 때문에, 매년 다른 날로 정해졌는데 1930년에 세종 28년 음력 9월 29일을 양력으로 환산한 결과 10월 29일이라고 하여 1931년부터 그 날을 한글날로 고정시키게 되었다. 그러나 이후 양력 환산에 사용한 달력이 잘못되었음을 발견하고 반포일을 정하지 못하다가 '세종 28년 9월 상한(上澣)'에 훈민정음이 완성됐다는 문헌기록을 근거로, 9월 10일을 양력으로 환산하여 10월 9일을 한글날로 확정하게 되었다.

동아일보사에서는 1931년부터 브나로드 운동(뒤에 계몽운동으로 명칭이 바뀜)을 전개하였는데 이 운동은 한글보급운동에 농촌계몽운동의 성격을 부가한 것이었다.

조선일보사의 한글보급운동, 동아일보사의 브나로드 운동이 전개되는 과정에서, 민중의 민족정신이 고취되고 이것은 자연스럽게 일제에 대한 저항의식으로 연결되었다. 이에 언론사와 학생 등 각계각층의 호응과 지원을 받으며 전개된 한글

보급운동은 1935년에 일제의 탄압을 받고 금지되었다.

이상은 국내에서 한글보급운동과 연관되어 불린 노래인데, 다음 노래는 중국 독립운동 진영에서 부르던 한글에 관한 노래이다.

①-1 국문창립기념

작대가 곡조

1. 높이 소슨 쟝백산하 고은 天然界 녜젹 우리 신셩한 씨 처음 생겟네
   특별한 땅 특별한 씨 우리 민족에 서로 쓸 말 냇네
2. 거룩하고 밝은 우리 세종죠 말에 맛는 글을 샐오 지여내셧네
   아름답고 아름다운 우리나라에 특성을 글엿도다
3. 동서양에 열강을 살펴보건대 말과 글이 구역 따라 각각 달아도
   대한국의 말과 글을 발전하기는 우리의 담당일세
4. 뢰수 중에 죠국졍 배양하기는 국문 먼저 힘쓸 것이 필요하도다
   간편하고 알기 쉬운 우리 국문은 세게에 웃듬일세
5. 깃부도다 깃부도다 오날날이여 국문창조 긔념식을 축하해보세
   발라오라 어서 속히 연구하여셔 영원히 빗내보세
(후렴) 널이 널이 말 널이 멀이 멀이 우리 멀이
   우리 맘에 늘 이날을 긋게 싹이세 싹이세 늘 이날을

『최신창가집』, 120쪽)

①-2 우리 말과 글

1. 위 노래 1절과 동일
2. 총명하고 리상 많은 셜총 선생이 말에 맛는 우리 글을 지어 냇도다
   아름답고 보배롭다 우리 민족의 특성을 그렷네
3. 국민에게 조국졍신 배양하기는 국문발달 식힐 것이 필요하도다
   간편하고 알기쉬운 우리 국문은 못쓸 말이 업네
4. 엇던 나라 민족들을 삷혀보건대 말과 글이 구역따라 각각 다르되
   우리 말과 우리 글은 한결같해서 널니 통용하네
(후렴) 넓히 넓히 우리 말 넓히 널니 멀니 우리 글 멀니
   우리 말과 우리 글을 긔묘하여서 세게 웃듬일세

『망향성』, 93쪽)

우리 말과 글의 우수함, 편리함, 말과 글의 일치함 등을 노래로 표현하며 말과

글에 대한 사랑을 일깨우고 있다. 국내에서 부르던 한글노래와 비교할 때, '한글'이란 표현을 쓰지 않고 '우리 글', '국문'이라고 한 것이 눈에 띄며 또 한문투로 되어 있다.

①-1은 1910년대 만주에서 부르던 노래이고 ①-2는 중국 관내에서 부르던 노래인데, 두 노래를 비교해 보면 ①-2 노래는 ①-1 노래를 원형으로 하여 2~4절이 바뀐 것을 알 수 있다. 그런데 ①-1 노래 5절과 후렴에 한글창제일을 기념하자는 내용이 있는 것이 주목된다. 1914년에 간행된 노래집에 기록되어 있으므로 최소한 1914년에 이미 한글(국문)창제 기념식이 실제로 거행되었거나, 아니면 기념식을 거행하려 했음을 알 수 있는 것이다. 비록 대규모의 공식적인 기념식은 아니었겠지만, 1910년대에 이미 한글창제를 기념했다는 사실에서 한글 기념식을 통하여 민족의 얼을 고양시키려고 한 활동이 일찍부터 있었음을 알 수 있다.

이 노래는 한글을 통하여 애국심을 고취시키는 노래인데 한글의 '가나다'를 이용하여 민중의 애국계몽의식을 고취시키던 노래도 있었다. 「국문가」가 바로 그것이다.

① 국문가

1. ㄱ자 한 자 쓰고 보니
   기억하세 기억하세 국가수치 기억하세
   우리대한 독립하면 영원만세 무궁토록
   강구연월 태평가에 자유복락 누리련만
   금일수치 생각하면 죽기전에 못잊겠네
2. 가자 한 자 쓰고 보니
   가련하다 우리동포 踢大斥小 하는모양
   고할곳이 전혀없네 無知不仁 倀鬼들은
   月給分에 탐이나서 외인에게 아부하여
   자가형제 상잔하니 기가막혀 못살겠네
3. 나자 한 자 쓰고 보니
   나라파는 저대관은 남산첩경 쫓아가서
   昏夜乞哀 일만삼고 자가사는 불충하니
   권고해도 불청이요 논박해도 무용이라
   답답할사 이내심회 저인물을 어찌할고

4. 다자 한 자 쓰고 보니
　달아나는 저세월을 만류할자 누구있나
　유수같이 펄펄흘러 한번가면 그만이라
　일분일초 허송말고 국가사업 연구하여
　청년시기 勿失하고 주야용진 하여보세
5. 라자 한 자 쓰고 보니
　羅綱四列 이세계에 솟아날곳 바이없고
　아무쪼록 정신차려 고식지계 다버리고
　모험사상 길러내어 恢恢茫茫 이천지에
　저그물을 걷어내고 자유행동 하여보세
6. 마자 한 자 쓰고 보니
　魔獄中에 빠진백성 두고서는 못죽겠네
　살아생전 竭力하여 우리강토 침해자를
　一號驅除 몰아내고 열강국과 竝駕하여
　五洋六洲 넓은천지 우리國光 빛내보세

(『광복의 메아리』, 143쪽 ;『대한매일신보』 1909. 10. 22)

② 국문가

將泉生

1. 가장귀한 대한청년 걸음걸음 전진하세 고생환난 무릅쓰고
　누름같이 싸인侵氣 봄눈같이 쓸어내세 봄눈같이 쓸어내세
2. 나의일을 하는데는 너와나를 막론하고 노예됨을 면하고서
　누려보세 자유복락 이천만이 한가지로 이천만이 한가지로
3. 달아나는 이세월을 저디할자 뉘있으며 도탄중에 빠진백성
　두호할자 어디있나 우리청년 뿐이로세 우리청년 뿐이로세
4. 나팔불며 전진할제 너풀너풀 나는듯이 노중구적 만나거든
　누세수치 快雪하여 승전고를 울려보세 승전고를 울려보세
5. 마지니의 애국사상 머리속에 새겨넣고 모험정신 분발하면
　무엇인들 못할소냐 애국사상 빛내보세 애국사상 빛내보세
6. 바라노니 대한청년 벗어보세 이기반을 보국함만 목적삼아
　斧鉞當前 할지라도 용맹있게 나아가면 용맹있게 나아가면
7. 사농공상 물론하고 서로서로 단합하여 소소圭角 다버리고
　삼천만민 일심으로 절대사업 이뤄보세 절대사업 이뤄보세

8. 아름다운 이계식은 어김없이 맞을지니 오대주에 자랑할건
   우리나라 태극기라 이깃발을 빛내보세 이깃발을 빛내보세
9. 자던잠을 빨리깨고 저할일을 다하여서 조상께서 우리에게
   이어전한 이강토를 아무쪼록 보전하세 아무쪼록 보전하세
10. 차탄낙심 하지말고 처음내내 같이하자 초패왕의 발산력도
    騅不逝兮 낙망타가 오강에서 죽었나니 오강에서 죽었나니
11. 카부루는 제누구며 커름월은 제누구냐 코를골며 잠든자야
    쿨룩쿨룩 자지말고 일어나서 활동하소 일어나서 활동하소
12. 타인압제 벗을려면 터닦을건 독립대오 토지보전 하려거든
    헌신헌국 할지어다 결심있는 청년들아 결심있는 청년들아
13. 파도같이 몰려들어 너나나나 애국정신 포민헌국 하였으니
    푸르렀다 청구강산 상쾌하다 좋을시고 상쾌하다 좋을시고
14. 하나님이 우리에게 허락한땅 찾아놓고 호리같은 적국모욕
    復日에만 우리들이 노래삼아 불러보세 노래삼아 불러보세

(『배달의 맥박』, 504~505쪽 ; 『대한매일신보』 1910. 4. 5)

위 두 노래는, 한글의 '가나다'를 빌어 국민의 애국계몽의식을 고취시키는 국치 전후의 노래이다. 한글의 '가나다'를 첫 글자로 하여 노랫말을 만드는 형식이 '일 이삼사오'로 시작되는 '십진가'와 비슷하다.

① 노랫말 1절의 국가 수치는 을사늑약을 의미하며 3절의 '나라파는 저 대관'은 을사오적을 지칭하는 것이다. 경술국치를 10개월 앞둔 시점에서 발표된 이 노래 는, 을사늑약을 국가 수치로 파악하고 '정신을 차려' 독립을 하고 열강국과 어깨를 견줄 것을 권고하고 있다. 국가 수치를 당했지만 '마옥중(魔獄中)에 빠진 백성'을 두고 죽지 말고 힘써 노력하여 강토의 침략자를 물리치자는 데서 반외세 애국사 상이 두드러지게 나타나고 있다.

6. 역사

우리력사 삷혀보니 넷날판도 장하도다
만쥬벌과 서비리가 모다우리 넷땅일세

구한말 제국주의의 침략을 극복하고 근대적 역사인식을 체계화하기 위한 노력

이 역사학자들에 의하여 전개되었다.

황현(黃玹 : 『매천야록』), 정교(鄭喬 : 『대한계년사』), 장지연 등은 지배자 중심의 교훈적 역사연구에서 벗어나, 실사구시의 민족적·발전적 역사연구를 하였다. 이들은 강렬한 민족의식을 바탕으로 제국주의의 침략에 저항하였다.

박은식은 근대적 역사학 방법론을 최초로 사용하여 『한국통사』, 『한국독립운동지혈사』 등을 저술하였다. 이 역사서들은, 일제의 침략과정을 폭로하고 한국 독립운동의 피어린 자취를 근대적 역사방법론에 의하여 서술하였다.

그는 민족의 혼, 국가의 혼은 특히 그 나라의 역사에 담기는 것으로 보고 역사가 존재하는 곳에 나라의 혼이 존재한다고 생각하였다. 따라서 민족혼의 중심인 국사가 존속하면 그 나라는 망하지 않는다는 강렬한 민족정신을 주장하고 실천적으로 독립운동에 나섰던 것이다.

신채호는 박은식을 이어 『조선상고사』, 『조선사연구초』, 「조선혁명선언」 등을 저술하였다. 그는 우리나라의 근대역사학을 완성하였다.

그는 역사를 '아(我)'와 '비아(非我)'의 모순·대립의 관계에서 발전하는 것으로 인식하고 우리 역사를 새롭게 체계화하려고 노력하였다. 우리 민족을 '아'의 단위로 삼고 민족문명의 기원, 각 시대 사상의 변천, 민족의식의 성쇠 등 '아'의 발달상태와, '아'의 상대자인 이웃 민족('비아')과의 관계를 자신의 논저 속에서 서술하였다. 또한 그의 역사서술 속에서는 민족과 민중이 강조되고 있다. 이러한 인식은, 그의 독립운동 방략을 보여주는 「조선혁명선언」에 '이천만 민중'에 의한 강도 일본의 구축으로 나타나고 있다.[25)]

이러한 역사학자들의 민족적 역사학 연구는 민족운동과 그 궤를 같이하는 것이었다. 위에 언급한 황현, 박은식, 신채호 등의 민족역사학자들이, 모두 민족운동과 직접 연관되었다는 점에서도 그러하다.

이렇듯 민족역사의 찬란함과 그 불굴의 정신을 선양하기 위한 노력이 노래 분야에서도 있었다.

① 우리의 녯 력사

1. 우리력사 삷혀보니 녯날판도 장하도다

---

25) 김용섭, 「근대역사학의 성립」, 『한국현대사 6』, 신구문화사, 1971.

　만쥬벌과 서비리가 모다우리 녯땅일세
2. 황조유택 무궁하야 북부여의 단군자손
　나라터를 굿게각고 이천여년 다스렸네
3. 동명성왕 북래하야 혼강일대 자리잡고
　고구려를 건설하야 그때형세 장하엿다
4. 환도성에 아직까지 광개토왕 비문잇다
　남정북벌 간곳마다 동양대륙 진동햇네
5. 산해관에 옛무덤은 합소문의 뭇친데라
　개세영웅 녯자최를 오늘까지 볼수잇다
6. 롱천부를 도라보면 발해태조 사업디다
　사천만중 한호령에 해동성국 일우윗네
7. 우리동족 김태조는 백두산에 터를닥고
　이천오백 경병으로 횡행천하 족하엿다
8. 이러하든 옛기업이 오늘내것 안되엿네
　그러하나 분발하여 조상력사 다시잇세

(『망향성』, 91쪽)

②-1 제국역사

1. 백두산이 붓이되고 한강수가 연수되여
　우리민족 무궁력사 쳥텬쟝지에 써보세
2. 수양왕의 백만대병 검두고혼 되엿으니
　을지쟝군 삼척검이 천만고에 빗낫고나
3. 리세민의 삼십만병 일전하에 샤도하니
　량만츈의 일편전이 만고영소 날내도다
4. 쟝무세샹 한번나겨 웅도무략 배온후에
　무쟝군의 본을받아 덕개를 일치말고
5. 가화열렬 독자중에 경지요사 불복하여
　일본신자 불권하니 쟝하도다 박제상은
6. 옥중불식 림사시에 일족샹셔 간절하여
　지사불변 대춥절은 백제츙신 셩츙이라
7. 우리동포 이천만이 뎌 츙신 절개같이
　국가의무 다잇도다 지사불변 하여보세
8. 텬하문쟝 최치원은 일격문에 파덕하고

외국박학 왕박사는 일본문화 시죠되니
9. 우리나라 젼셩시에 우리민족 문명할때
  더벗릇이 강하더니 오날기반 웬일인가
10. 금유신의 ○○긔도 리충무의 지셩연구
  됴흔무긔 제죠하며 텰갑구션 또만들어

(『최신창가집』, 71쪽)

②-2 우리 력사

1. 백두산이 붓이되여 한강수로 먹을갈고
  청쳔으로 종히삼아 우리력사 써보리라
2. 수양왕의 백만대병 劍頭고혼 되엿스니
  을지장군 삼척검이 천만고에 빗낫도다
3. 리세민의 삼십만병 한싸홈에 쓰러지니
  양만춘에 일편젼이 젹의혼을 일케햇네
4. 신라츙신 박제상은 왜젹의게 사로잡혀
  죽기까지 불복하니 그졀개가 강하도다
5. 백제재상 셩츙이는 옥즁불실 림종시에
  일폭상셔 간졀하여 그마음을 뵈윗도다

(『망향성』, 90쪽)

위 ①·② 노래는 제목부터 '역사'라는 단어를 사용하고 있으며 노랫말에서도 우리 역사를 소재로 하여 민족정신을 고취시키고 있다.

①과 ②가 같은 곡을 사용했는데, ①은 동명왕·광개토왕 등의 사적을 통하여 옛 우리 민족의 강성함을 노래하고, ②는 을지문덕·양만춘·박제상·성충 등의 사적을 들어 나라의 자주독립정신과 충성심을 고취시키고 있다.

특히 ②의 1절, '백두산 붓'에다 '한강물 먹'을 묻혀 '청천 종이'에 우리 역사를 쓴다는 대목에서 우리 역사의 장구함과 위대성을 표현하고 있다.

③ 박제상가

계림[26]충신 박제상 물길이 천리 악한 왜나라 혼자 몸 머물러
왕자를 보내고 깎은 갈대밭 맨발에 붉은 피 달군 불쇠판

---

26) 신라 4대 탈해왕 때부터 한동안 부르던 신라의 나라이름.

생살 찢겨도 변치 않는 그 절개는 계림 내 나라
계림 개돝[개·돼지]이 된다 할지라도 왜나라 충신은 내가 안되리라

(『배달의 맥박』, 424쪽)

박제상의 충성을 소재로 하여 왜적과 타협 않는 민족정신을 고취시키는 노래이다. 신라시대에 박제상은 눌지왕의 부탁을 받고 지략으로 고구려에 볼모로 가 있던 왕자를 데려오고, 이어 일본에 볼모로 잡혀 있던 왕자 미사흔을 신라로 탈출하게 하였다. 이후 일본군에게 체포되어 기지마(木島)에 유배되었다가 살해당했다. 그의 부인은 그를 기다리다 망부석이 되었다고 한다.

④-1 선죽교

1. 선죽교 피다리 개성부 선죽교야 정포은 죽은지 묻나니 몇해냐
   국사에 피흘린지 천만고에 끼친 한이 다할 날 있으랴
2. 용수산 지는 해 말없이 넘어갈 때 선죽교 다리 밑 물소리 목멘데
   더구나 만월대에 슬피우는 저 두견성 못들을 것일세
3. 선생은 돌아가 백골은 흙과 먼지 혼과 넋 다 날아 있든지 없든지
   한 조각 붉은 마음 싯퍼렇게 살아 있다 본받세 우리도

(지복영, 『강도 굽이굽이 산도 굽이굽이』 미간행)

④-2

이상춘 작사, 유봉 작곡

1. 선죽교 피다리 개성부 선죽교야 정포은 죽은지 묻나니 몇해냐
   국사에 피흘린 자 천만고에 남은 한이 다할 날 있으랴
2. 선죽교 저웁비 처량히 홀로 서서 당년의 분한 일 호소함 같아라
   과객이 눈물지며 멈추고서 나아갈 길 다할 수 있으랴
3. 용수산 지는 해 말없이 넘어가고 선죽교 그 아래 물소리 목멘데
   더구나 만월대랴 슬피우는 저 두견새 못들을 소릴세

(『광복의 메아리』, 132쪽)

선죽교를 소재로 하여 정몽주의 절개를 그리는 노래로 1900년대부터 불렸다고 한다.
선죽교는 고려의 도읍지였던 개성에 있는 돌다리로 고려말 충신 정몽주를 이방

원의 부하가 쇠망치로 때려 죽인 장소이다. 선죽교에 갈색 반점이 있는데 정몽주가 죽을 때 흘린 핏자국이라고 한다.

⑤ 거북선가

1. 벽파정 푸른 물 파도높고 빠른 바람 앞뒤로 이는데
   떴구나 떴구나 원수의 배가 우수영목에서 수백척이
2. 맘 굳고 힘센 우리 장사들 거북배를 몰아 사면치니
   깨진다 깨진다 원수의 배가 널쪽같이 둥둥 떠오누나
(후렴) 우리 청년 학도들아 삼백년 옛날에 조상을
   본받아 용감코 보면 우리 무엇 못하리

(『배달의 맥박』, 388쪽)

임진왜란 때 왜적을 물리치기 위하여 이순신 장군이 만든 거북선을 소재로 하여 원수를 물리칠 결의를 다지는 노래이다.

이 노래는 만주 민족학교에서 널리 불렸다. 예를 들어 검성소학교 학생들이 등교길에 '이등박문 저격놀이'를 한 후에 모두 이 노래를 부르며 씩씩하게 행진해서 학교에 가곤 했다.

⑥-1 영웅모범

1. 게림나라 즘생 중에 개와 돗이 되여도 일본신하 안되기로
   죽기까지 결심한 박제상의 그 츙성을 우리 모범하리라
2. 일본나라 인군으로 남종 삼아 붙이고 일본나라 왕후로서
   녀종 삼기 작정한 석우로의 그 쟝긔를 우리 모범하리라
3. 주욕 신사 중한 의로 금산적을 즉칠데 빈주먹에 샷홈하여
   한나없이 다 죽인 됴중봉의 칠백의사 우리 모범하리라
4. 한산도와 영등포[안골포?]에 거북선을 타고서 일본군함 수천척을
   한나없이 함몰한 리순신의 그 韜略을 우리 모범하리라
5. 홍이[홍의] 입은 텬강장군 좌충우돌 하면서 쥐와 같은 왜놈 군사
   도처 싸화 죽이든 곽재우의 그 용맹을 우리 모범하리라
6. 의병 일켜 싸호다가 대마도에 갖여셔 일본나라 물과 곡식
   먹지안코 죽으신 최익현의 그 결개를 우리 모범하리라
7. 늙은 도적 이등박문 활빈 당도할 때에 삼발삼중 죽인 후

대한만세 불으든 안중근의 그 의긔를 우리 모범하리라

(『최신창가집』, 142쪽)

⑥-2 영웅의 모범

1. 계림의 견마가 될 자라 해도 / 일본의 칭신은 못하겠노라
   일사를 결심한 박제상 충성 / 우리들은 모범으로 삼아야겠다
2. 일본의 ○○를 종으로 삼고 / 일본의 ○○를 하녀로 삼아
   부리고 만다던 석우로 맹세 / 우리들은 모범으로 삼아야겠다
3. 욕군보다 신사라 한산적 칠 때 / 적수공권 적병들을 오살해버린
   조중봉 칠백의사 큰 담략을 / 우리들은 모범으로 삼아야겠다
4. 한산도의 영등포 거북선 타고 / 일본배를 모조리 무찔러버린
   이순신 장군의 용맹한 전략 / 우리들은 모범으로 삼아야겠다
5. 홍의천강 대장군 좌충우돌로 / 쥐새끼 같은 왜적 도처에서 친
   곽재우의 씩씩한 그 용맹함을 / 우리들은 모범으로 삼아야겠다
6. 의병을 일으켜서 싸움하다가 / 대마도로 잡혀가도 일속 안먹고
   마침내 순절한 최익현 절개 / 우리들은 모범으로 삼아야겠다
7. 노적 이등박문을 할빈서 습격 / 육혈포 세 발로 쏘아죽이고
   대한만세 부르짖은 안중근 의기 / 우리들은 모범으로 삼아야겠다

(『광복의 메아리』, 53쪽)

1910년대 항일영웅들의 의기를 모범으로 삼아 왜적에 대한 적개심을 고취하는 노래이다. 의병과 독립군 진영에서 많이 불렀다. ⑥-1 노래를 원형으로 ⑥-2 노래가 나왔다.

석우로는 신라의 장군으로 왜적의 침략에 맞서 싸우다 붙잡혀서 화형당하였다. 곽재우는 임진왜란 때 의병을 일으켜 왜적을 무찌른 의병장으로, 천강홍의장군(天降紅衣將軍)이라 불렸다. 최익현은 조선 말의 학자이자 의병장으로, 을사늑약 후 태인에서 봉기하여 일본군·관군과 맞서 싸우다 체포되어 대마도에 유배되었으나, 왜적의 음식물을 일체 거절하고 단식 순국하였다.

⑦ 나라의 한아버지들

종소리가 어둠 속에 비통하게 울니워서
영광 잇는 그 력사의 운명함을 조상한다오

        오 나라의 한아바지들 우리가 상하여
        차고 빗업는 땅우에 업드려서 우는 그 때

(『망향성』, 90쪽)

　망국의 현실을 우리 역사가 죽은 날로 상징하여 그 비통함을 노래하고 있다. 한 아버지는 할아버지의 원말로서 여기서는 조상을 의미하고 있다.

　이상 역사를 소재로 한 노래들을 볼 때 동명왕·광개토왕 등 나라의 부강함을 이룩한 왕과, 을지문덕·양만춘·박제상·석우로·정몽주·이순신·곽재우·최익현·성충 등 민족을 위해 활동하던 영웅들, 혹은 절개를 지킨 인물들을 칭송하고 있다. 나라를 총칼에 빼앗긴 민족으로서 이들 조상의 정신을 계승하여 자유와 독립을 되찾을 것을 다짐하는 뜻이다.

7. 한반도

(1) 한반도

                동해에 돌출한 나의 한반도야
                너는 나의 조상 나라이니
                나의 사랑함이 오직 너뿐일세

　일제의 한민족 억탈 시기에 한반도를 소재로 한 노래들이 여럿 탄생하였다. 한반도는 우리나라의 지리적 위치를 일컫는 말로 한국의 지리적 위치가 반도라는 뜻이다. 이 한반도의 형상을 두고 일제와 민족주의자 간에 논쟁도 있었다.

　일제는 우리 민족을 억압으로 통치하면서, 우리 민족의 진취적 기상을 누르기 위하여 한반도의 모습을 연약한 '토끼'로 비유하였다. 특히 일본 지리학자 고토(小藤)는 한국의 지형을 토끼 모습으로 그리고, 한반도는 토끼가 중국대륙을 향해 네 발을 모으고 뛰어가는 형상이라고 억지 주장했다.

　뜻있는 한국인들은 일인의 억지 주장에 분개하여 한반도의 모습을 백수의 왕인 호랑이로 형상화했다. 맹호가 발을 들고 대륙을 향해 달려가는 모습이라 한 것이다. 실로 진취적인 기상이 담뿍 담겨 있다. 최남선은 이런 모습의 지도를 고안하여 『소년』지 창간호에 실었는데 이에 대하여 당시 언론은 격찬을 아끼지 않았다고 한다.[27]

한반도의 진취적 기상과 한반도에 대한 사랑을 소재로 한 노래들을 보자.

① 열세집노래(조선지리가)

남궁억 작사

1. 북편에 백두산과 두만강으로 남편에 제주도 한라산
   동편에 강원도 울릉도로 서편에 황해도 장산곶까지
   우리우리 조선의 아름다움은 맹호로 표시하니 십삼도로다
2. 호랑이 잔등 위에 올라타고서 질풍처럼 종횡무진 달려나갈제
   알프스산맥도 막지 못하고 태평양 큰 물결도 두렵지 않다
   호랑이여 달려라 용맹스럽게 백두산 정기의 힘이 솟는다

(『광복의 메아리』, 165쪽)

1920년대 노래로서 우리나라 13도를 열세 집으로 표현하고 있다. 또 한반도를 맹호로 상징하여 우리 민족의 기백을 표현하였다. 원래 4절까지 있던 노래이다.

노랫말에서 한반도를 맹호에 비유한 것은 간접적인 항일의 표시였으며 남궁억이 이 노래를 널리 부르게 하여 애국심을 고취시켰다.[28]

②-1 한반도(한반도가, 나의 한반도, 한반도야)

안창호 작사

동해에 돌출한 나의 한반도야 / 너난 나의 죠상 나라이니
나의 사랑함이 오직 너뿐일셰 / 한반도야
은택이 깁고나 나의 한반도야 / 션조들과 모든 민족들이
너를 의탁하야 생장하엿고나 / 한반도야
력사가 오래된 나의 한반도야 / 션조들의 유젹을 볼 때에
너를 사모함이 더욱 깁허진다 / 한반도야
일월갓치 빗난 나의 한반도야 / 둥근 달이 반공에 밝은 때
너를 생각함이 더욱 간졀하다 / 한반도야
산천이 슈려한 나의 한반도야 / 물은 맑고 산이 웅장한데
너를 향한 츙셩 더욱 놉허진다 / 한반도야

27) 박종화, 『역사는 흐르는데 청산은 말이 없네』, 삼경출판사, 1979, 339~340쪽.
28) 김우종, 「한서 남궁억 선생의 생애와 사상」, 『상동교회를 중심으로 나라와 교회를 빛낸 이들』, 상동교회, 1988, 256쪽.

아름답고 귀한 나의 한반도야 / 너는 나의 사랑하난 바니
나의 피를 뿌려 너를 빗내고져 / 한반도야

(『대한매일신보』 1909. 8. 18)29)

1909년에 발표되어, 일제강점기에도 국내, 만주, 중국 관내, 미주 등지에서 널리
불린 노래이다.

2절 가사 중 '내 선조와 모든 민족들이 너를 의탁하여 생장하였고나'가 눈에 띈
다. 여기서 모든 민족이란 곧 중국과 일본을 뜻하는 것이다. 신흥무관학교 교가에,
'서북으로 흑룡대원 남의 영절에 여러 만만 헌원자손 업어 기르고'라는 내용이 있
다. 위의 노랫말과 일맥상통하는 것이다.

③ 근화낙원

1. 백옥갓흔 뫼봉들은 청천밧게 우람차게 소사잇는
   반도야 반도야 내 사랑 반도야
   수정갓흔 폭포수는 구름 속에 장관으로 그리워잇는
   반도야 반도야 내 사랑 반도야
2. 산명수려 깁흔 곳에 주련화각 천국인듯 황홀하다
   반도야 반도야 내 사랑 한반도
   일난풍화 별건곤[별세계]에 긔화요초 션경인듯 찬란하다
   반도야 반도야 내 사랑 한반도
3. 단향나무 창창한 곳 태백산에 집을 짓고 거하고저
   반도야 반도야 내 사랑 한반도
   무궁화 꽃 작작한 땅 에전[덴]동산 노래하며 춤추고저
   반도야 반도야 내 사랑 한반도
   (후렴) 근화락원 한반도야 만세 만세
        내 깁흔 정 못익여서 조국반도 네게로 간다 네게로 한반도야

---

29) 『최신창가집』(66쪽)에는 이 노래를 총 6절로 절 구분하였는데 순서가 약간 다르다. 위
   노래 3절 부분이 4절, 4절 부분이 5절, 6절 부분이 3절로 기록되어 있다. 『광복의 메아
   리』(139쪽)에는 「한반도가」라는 제목으로 위 노랫말의 1·2·3·6절을 1~4절로 기록
   하고 있다. 그런데 2절 '은택이 깁구나'가 '산천이 수려한'으로 되어 있고, 각 절 끝 '한
   반도야'가 두 번 반복된다. 『망향성』(97쪽)에는 총 3절로 기록하였는데 1~2절은 같고
   3절은 5절에 해당하며 '산천이'가 '삼천리', '높허진다'가 '깁허진다'로 되어 있다.

간다 간다 네게로 한반도야

(『망향성』, 102쪽)

한반도의 수려함을 통하여 나라사랑을 일깨우는 노래이다.

④ 반도가(꽃동산 반도)

金泰淵 작사

1. 금슈강산 삼천리에 됴흔 경개는 텬연으로 비져내인 공원이로다
   산은 놉고 물은 빗난 고흔 모양이 한 폭 그림일세
2. 호호탕탕 태평양에 넓은 그물은 동서남을 보기됴케 둘너잇스며
   북편으로 련한 대륙 끗이 없으니 수륙젼진하세
3. 백두산이 북에 소사 남에 끗치며 남해속셔 소사 나니 한라산일세
   그 가온대 금강산악 일만이천이 병풍갓치 섯네
4. 거록하다 반도로 된 화원 속에서 뛰고노는 이천만의 딸과 아달들
   아름답고 건장함이 녯날 에뎐에 아담 에와 갓다
5. 반만년의 긴 력사를 등에 실은 후 이천만의 귀한 자녀 품에 안고셔
   용맹잇게 뛰며가는 반도형세가 맹호긔상일세
(후렴) 만셰 만셰 우리나라 만셰 만셰 우리 강산
   만셰 만셰 우리 반도 거룩한 꽃동산

(『독립신문』 1921. 2. 17 ;『망향성』, 98쪽 ;『배달의 맥박』, 298쪽)

이 노래는 한반도의 수려함과 씩씩한 기상을 표현하고 있다. 5절에 '반도형세가 맹호긔상'으로 되어 있는데 위의 「열세집노래」와 일맥상통하는 표현이다.

「반도가」의 작사자 김태연의 일가족은 모두 3·1운동에 참여하였다가 어머니와 처는 옥사하고 부친은 복역하였다. 3·1운동 후 상해로 망명하여 인성학교를 설립하고 교장으로 활동하다 1921년 말에 병사하였다.

이 노래는 인성학교 학생들을 통하여 중국 관내에 전파된 것으로 보인다. 1921년 4월 9일 인성학교에서 학예회를 개최했는데 끝 순서에 두 소녀의 「반도가」 병창이 있었다고 『독립신문』(1921년 4월 21일)에 기록되어 있다.

⑤ 나의 사랑 한반도

1. 나의 사랑 한반도야 나 언제나 다시 볼가

  꿈에 놀던 나의 반도 깨여 생각 나의 반도가
  자나 깨나 이 가슴속 나의 사랑 한반도뿐
2. 나의 사랑 한반도야 나 언제나 다시 볼가
  나의 부모 나의 동생 고혼 얼골 암암하도다
  나 언제나 목적 일워 한반도에 다시 갈가

(『망향성』, 100쪽)

  중국 관내지역에서 불리던 노래로, 조국이 독립되는 날 한반도에 가서 부모형제를 만나고자 하는 바람이 표현되어 있다.
  '암암하다'는 '눈 앞에 아른거린다'는 뜻이며 '목적 일워'는 '목적을 이루어', 즉 독립을 쟁취한다는 뜻이다.

⑥ 못잇즐 한반도

1. 산천이 수려한 한반도야 나의 사랑 나의 사랑
  그리운 내 맘이 너 위하야 못잇노라 나의 사랑
2. 버들은 강변에 느러지고 꾀꼴이 봄노래한다
  해당화 명사[明沙]에 란발하고 봉접 쌍쌍 날나온다
3. 층암과 절벽은 웅장하고 폭포수는 쾌활하다
  청풍은 석양에 은근하고 명월은 거긔 다정코나
(후렴) 내 죽으면 바로 죽지 내 본향 녯집을 웨 니즈랴
    내 죽으면 바로 죽지 내 사랑 너를 잇즈랴

(『망향성』, 101쪽)

  한반도의 수려함과 웅장함을 노래하며 망명지에서의 한반도에 대한 그리움을 표현하고 있다. 중국 관내에서 불리던 노래이다.
  후렴 부분에서 죽어도 조국을 잊지 못하는 절실함이 표현되어 있다.

⑦ 조선반도

1. 무궁화 삼천리 내사랑아 화려한 네 품에 안기여
  자유와 복락을 누리면서 영원히 노래를 부르리
2. 시내물 흐르는 저 동산은 귀하다 단군님 나신 곳
  무궁화 삼천리 화려강산 내 사랑 만세라 만만세

  3. 고국을 떠나서 방황하는 동포의 그리운 정 깊도다
    형제여 도라와 갓치 살자 무궁화 동산은 네에 집
  (후렴) 아름다운 죠선 반도 억천만년 무궁토록
    너는 내 사랑이니 내 너를 잇지 못해

(『망향성』, 99쪽)

  중국 관내에서 불리던 노래이다.
  이 노래는, 1930년 11월 이화학당에서 열린 음악회에서 모윤숙이 지어 불렀다는 「무궁화 삼천리 오 내 사랑」이란 노래의 노랫말과 비슷하다.

⑧ 고려산천

  1. 산은 높고 물은 맑은 고려인의 산천이라
    푸른 두던[둔덕]에 웃는 꽃들 춤을 추었었고
    우거진 산곡에 맑은 물 흘러 노래하는
    넓은 들 열려 있으니 내 사랑 고려산천아
  2. 산은 천고에 높이 솟아 조상들의 뼈가 되고
    물은 흐르고 흘러서 스승들의 유훈이라
    이 산에 물길 있어 다할 길이 없어라
    봄기운 다시 찰 때니 내 사랑 고려산천아
  3. 아침해 솟아올라서 산과 들에 비출 때
    잠들었던 범 일어나 맑은 물을 마시고
    높은 산 올라선 뒤에 큰 소리 외칠 때
    온 세상 내 것 되리라 내 사랑 고려산천아

(『광복의 메아리』, 147쪽)

  1910년대의 노래이다.
  봄기운에 잠들었던 범이 깨어나 큰 소리 외칠 때 온 세상 내 것 되리라는 표현은 곧 조국의 독립을 의미하는 것이다.

⑨ 제국지리

  1. 우리대한 동반도난 디구샹에 웃뜸이라
    두루두루 살필사록 금강산하 분명하다

 2. 금강구월 지리묘향 백두게룡 명산들은
    빠낸귀운 쟝한형세 긔묘하고 절승하다
 3. 압녹청천 대동한강 금강락동 대강들은
    맑은빗과 길게흐름 아릅답고 빗낫도다
 4. 길고넓은 모든들에 가즌곡식 다잘되고
    크고젹은 언덕마다 과목살림 또잘된다
 5. 여긔져긔 새여보니 금은동철 싸여잇고
    동서물론 어대든지 금수어별 또만코나
 6. 삼면에는 바다이요 일면에는 연륙하여
    수륙통샹 편리하니 상업발달 더욱좋다
 7. 모든물산 풍족하고 수륙통샹 편리하며
    공업까지 발달되니 어이아니 좋을소냐
 8. 사시긔후 온화하여 위생샹에 젹당하고
    맑은바람 맑은달에 깊은흥치 또한좋다
 9. 셩품좋고 긔품좋은 단군자손 중다하네
    총명하고 준수하니 문명국민 되리로다
 (후렴) 귀한 말 귀한 말 나라사랑 하라한 말
        귀한 말 귀한 말 나라사랑 하라한 말
        땀흘니고 피흘니어 내 나라를 보젼하자

(『최신창가집』, 78쪽)

1절에서 우리나라를 총괄적으로 자랑하고 2~8절에서 산, 강, 들판, 광물, 해산물, 교통입지, 물산, 기후 등 자연환경의 우수함을 예찬한 후 9절에서 민족적 자긍심을 고취시시켜 애국 열의를 고조시키고 있다.

그런데 이 노래의 7·9절, 후렴의 일부 표현이 안창호 작 「내 나라 보젼」과 유사한데 「제국지리」가 안창호의 노래에서 차용한 것인지 아니면 안창호의 노래가 「제국지리」를 축약한 것인지 그 상관 관계는 확인되지 않는다.

   (2) 삼천리 금수강산

위에서 살펴본 노래들은 한반도 전체에 대한 사랑과 그리움, 혹은 아름다움과 장엄함을 표현하고 있다. 다음 노래들은 한반도의 특정 지역, 예를 들어 한양, 평양, 금강산 등을 구체적인 소재로 하여 삼천리 금수강산을 노래하고 있다.

①-1 모란봉

안창호 작사

1. 금수산에 뭉킨 정기 반공중에 우뚝 솟아
   모란봉이 되었구나 활발한 기상이 솟았는듯
2. 모란봉하 평양성은 제일 강산 명승지라
   일곳[일등] 낙원이 아닌가 쾌활한 흥치가 생기는듯
3. 모란봉하 좌우편에 보통벌과 대동들이
   광활하게 터졌고나 모색한 흄금이 열리는듯
4. 모란봉하 언덕 밑에 흘러가는 대동강물
   거울같이 맑았세라 더러운 마음이 씻기는듯
5. 모란봉하 먼들 밖에 크고 작은 뫼봉들이
   웅장하게 둘렸고나 광대한 경륜이 생기는듯
6. 모란봉하 보통강수 대동강과 합류하여
   황해수로 들어간다 무궁한 희망이 생기는듯
7. 모란봉하 순한 맥에 을밀 만수 둥근대가
   직주같이 놓였고나 유쾌한 애정이 생기는듯
8. 모란봉하 강가운데 능라 반월 고은 섬은
   비단 자리 피여논듯 애만한 정회가 깊어진다
9. 모란봉하 강물가에 층암 절벽 길게 뻗혀
   청루벽이 되였고나 장엄한 기개를 떨치는듯
10. 화려하다 금수강산 황금인듯 백옥인듯
    내 죽으면 바로 죽지 그대로 놓고는 못살너라
(후렴) 모란봉아 모란봉아 반공중에 우뚝솟아
    독립한 내 모란봉아 네가 내 사랑이라

(『안도산전서(중)』, 56~57쪽 ; 『최신창가집』, 68쪽 ; 『신한민보』 1915. 11. 25)

①-2 모란봉가

안창호 작사

1. 금수강산 뭉친 영기 반공중에 우뚝솟아
   모란봉이 되었구나 활발한 기상을 떨치는듯
2. 모란봉아 평양성은 제일 강산 명승지라
   일등낙원이 아닌가 쾌활한 흥취가 생기는듯

3. 모란봉아 언덕 밑에 흘러가는 대동강물
   거울같이 맑았어라 더러운 마음이 씻기는듯
4. 모란봉아 좌우편에 보통벌과 대동들이
   광활하게 터졌구나 모색한 흥금이 열리는듯
5. 모란봉아 보통강수 대동강과 합류하여
   황해수로 흘러간다 무궁한 희망이 생기는듯
6. 화려하다 금수강산 황금인듯 백옥인듯
   내죽으면 바로 죽지 그대를 놓고 난 못살리라
(후렴) 모란봉아 모란봉아 반공중에 우뚝솟아 독립한 내 모란봉아
   네가 네가 내 사랑이라 네가 네가 내 사랑이라

(『광복의 메아리』, 133쪽)

1900년대부터 널리 불리던 노래로 『신한민보』에 안창호가 평양에 있을 때 저작한 것이라고 기록되어 있다.

모란봉을 중심으로 한 그 주위의 풍경이 우리 민족의 기상과 희망을 보여준다는 내용의 노래이다. 『광복의 메아리』에 미국 「Dixe Land」 곡을 차용하였다고 곡보를 기록하였는데, 1914년 만주에서 발행한 『최신창가집』의 곡보는 이와 다르다. 「모란봉가」 노랫말이 「Dixe Land」 곡과 서로 맞지 않는다는 견해도 있으므로[30] 『최신창가집』의 곡이 원래 불리던 곡으로 보인다.

이 노래는 평양에서 활동하던 성악가 차재일이 즐겨 불러 「모란봉가」 하면 차재일이었다고 한다.[31]

①-1 노랫말이 원형이고 ①-2 노랫말은 ①-1 노랫말을 6절로 축약하고 또 표현도 조금씩 바꾼 것이다. 「모란봉가」가 구전되는 과정에서 여러 가지 노랫말이 나왔음을 보여주고 있다.

노랫말에 평양주변의 명승에 대한 내용이 많이 담겨 있다. 대동강, 능라도(비단폭을 깔아놓은 듯한 풍경), 부벽루, 을밀대, 기자능, 연광정(임진왜란 때 의기 계월향이 왜군 장수를 안고 떨어져 죽은 순국의 자리), 청류벽, 반월도 등이 평양의 명승지로 유명하다.

---

30) 도산기념사업회 편, 『안도산전서(중)』, 범양사, 1990, 43쪽.
31) 박용구, 「비평적 가곡 소사」, 『오늘의 초상』, 일지사, 1989, 69쪽.

② 箕城八景

1. 극동방에 돌출한 조선반도 중 제일 강산 우리 평양 유명하구나
   사천년 전 단군께서 창도하시고 삼천년 전 기자께서 건도하시다
2. 동현에 우뚝 솟은 장한 모란봉 용맹있게 북풍한설 막아던지고
   반공중에 우뚝 솟은 묘한 을밀대 을밀 賞秋 가을 풍경 자랑하누나
3. 월출 동정 부벽루 명랑한 곳에 염불기도 드리는 중 휘돌아선데
   동명왕의 양마하는 기린굴이요 동명왕의 칼을 갈던 도천석이라
4. 울울창창 기자능 송림 사이에 백설같은 두루미는 춤만 추누나
   사사록록 능라도 수양 사이에 황금같은 꾀꼬리는 벗을 부른다
5. 장성 일면 용용수 맑은 대동강 주야불식 용진함이 영웅의 기상
   대야동두 점점산 높은 문수산 점잔하게 앉은 자세 군자의 절개
6. 보통문 송객정아 말 물어보자 인간의 이별이 몇 만 명이냐
   죽어서 이별도 섧다 하는데 살아서 생이별이 웬말이냐

(『배달의 맥박』, 511쪽)

기성은 평양의 옛 이름이고 기성팔경은 평양의 팔경, 즉 을밀상춘(乙密賞春), 부벽완월(浮碧玩月), 영명심승(永明尋僧), 보통송객(普通送客), 거문범주(車門汎舟), 연당청우(蓮堂聽雨), 용산만취(龍山晚翠), 마탄춘창(馬灘春漲)을 말하는데, 위 노래에서는 을밀상춘이 을밀상추로 되어 있다.

③ 한양가

1. 높고 크게 빼여난 화산봉우리 / 천만년이 지나도 아니 깎이니
   그 밑에 성장하는 우리 기품이 / 자연하게 굿세고 높음이로다
2. 인왕산을 등지고 있는 경북궁 / 우리 황실 오백년 옛집이구요
   보신각에 매여단 크나큰 종은 / 때때로 시각을 알려주노라
3. 공중에 걸러놓은 전화전보줄 / 여보시요 평양이요 지척이 되고
   서울역에 들이닷는 화차 속에는 / 전국에 모든 인물 타고 내리네
4. 편주를 흘러저어 인천에 가니 / 어시장 고기 냄새 코를 찌르고
   제물포에 들이닷는 화물선에는 / 동서양에 모든 문물 실어 나르네
5. 동서에는 홍인영은 견고하고요 / 남북에는 숭례북문 사대문은
   수도의 안녕유지 상징이구요 / 우리 민족 영성쇠 말해주노라
6. 설악 송악 동서에 높이 솟았고 / 북악 치악 관악이 남북에 좌정

오악이 진산되여 지키리니 / 복되도다 우리 한양 영영하여라

(「새배달 노래」, 711~712쪽)

한양의 사적지와 주위 산악 등을 빌어 한양의 안녕과 복됨을 기원하고 있는 노래이다. '우리 황실 오백년', '전화·화차' 등의 표현에서, 애국계몽운동 시기에 이 노래가 나왔음을 알 수 있다.

④ 한양가

안창호 작사(추정), 박인덕 작곡

1. 한강물은 쉬지 않고 흐른다 한양아 / 남산우에 송백들은 사시로 푸르다
   청청한 산림새로 들리는 바람소리 / 너부르는 열성이다 한양아
   시원하게 대답하라 한양아
2. 고별된지 수년일다 한양아 / 고초 寒素 당한 예성 한양아
   너를 생각할 때에 양춘가절 돌아와 / 쌓인 永溪 녹아지듯 한양아
   언제 다시 만나보랴 한양아
3. 전일 너와 같이 놀 때 한양아 / 수모 寒素 당하여도 한양아
   피와 땀을 흘리며 너 위하여 부른다 / 네가 나의 사랑이다 한양아
   나의 수심 없어진다 한양아

(『안도산전서(중)』, 51~52쪽)32)

한양에 대한 사랑과 그리움을 통하여 조국에 대한 사랑을 표현한 이 노래의 작곡자는 1916년 이화학교를 졸업한 음악인(성악·피아니스트) 박인덕(朴仁德)이었다.

④ 한양가

최남선 작사

1. 하늘복이 두터운 대한 나라에 십삼도로 나누인 삼백여 고을
   정과 꽃을 모아서 세워 이룬 바 머리 도읍 한양이 이곳 아닌가
2. 너 보아라 하는듯 우뚝하게 서 큰 광채를 발하는 저 독립문은
   오늘 와서 잠시간 빛 없을망정 태양같이 환할 날이 머지 않았네

---

32) 『배달의 맥박』(296쪽)에는 「한양아」라는 제목으로 실려 있는데 위 노랫말과 몇 군데
    다르다.

3. 남산 밑에 지어논 장충단 저 집 나라 위해 몸바친 신령 모신 데
　태산같은 의리엔 목숨보기를 터럭같이 하였도다 장한 그 분네

(『배달의 맥박』, 372쪽)

　경술국치 후 살신성인한 선열들을 추모하며 독립의 날을 고대하는 노래이다.
『소년』2호에 '소년구가서류(少年口歌書類)', '사진 다수 삽입'이라는 선전문구를
달아 「한양가」 책 선전을 하고 있는데 1책 가격이 6전이었다.

　노랫말에 나오는 장충단은 1895년 을미정변 때 순사한 이경직, 홍계훈 등 충신
열사의 제사를 지낸 곳으로 이후 군인의 영령을 제사 지내는 곳으로 되었다. 지금
의 장충단공원 내에 있었다. 1900년에 고종이 '장충단'이라고 쓴 비(후면은 민영환
이 씀)를 세웠다. 단을 만든 후 민간에 '남산 밑에 장충단을 짓고 군악대 장단에
받들어 총일세'라는 노래가 퍼졌다.

⑤ 금강산 노래

이학수 작사

1. 백두산맥 남으로 천여리타가 위치좋게 淮陽의 동 高城 서에서
　창해를 곁에 두고 생긴 큰 뫼는 세계에 이름높은 금강산이라
2. 우뚝 솟은 비로봉은 주봉이 되고 석골로 된 만이천봉 늘어섰으니
　일월출봉 금강대 사자암이여 중되겠단 뜻 생기면 단발령이라
3. 안밖에 벌려 있는 부처님 댁은 큰적은 것이 어울려 백여덟인데
　楡岾長安 보덕굴은 이름이 높고 正陽表訓 마하연은 가장 크외다
4. 봄엔 금강 여름엔 봉래산이요 풍악은 가을 이름 겨울엔 개골
　남무가 가리우면 설산이 되고 화초가 만발하면 그림과 같소

(『배달의 백박』, 509쪽)

　금강산의 절경을 노래하고 있다. 금강산은 우리나라 오악 가운데 하나이며 세
계적으로 유명한 산이다. 각양각색의 기묘한 봉우리가 많아 일만 이천봉으로 일컬
어지며 108개의 절이 있는데 그 가운데 장안, 정양, 마하연, 보덕굴, 유점, 표훈, 도
산 등이 유명하다.

　작사자 이학수는 만주의 독립운동단체 흥업단, 광한단, 통의부 등에서 활동하였
다.

⑥ 대한팔경

왕평 작사, 형석기 작곡

1. 에 - 금강산 일만이천 봉마다 기암이요
   한라산 높아 높아 속세를 떠났구나
2. 에 - 석굴암 아침 경은 못보면 한이 되고
   해운대 저 달은 볼수록 유정하다
(후렴) 에헤야 좋구나 좋다 지화자 좋구나 좋아
   명승에 이 강산아 자랑이로구나

(『광복의 메아리』, 193쪽)

1930년대에 불리던 신민요 계통의 노래이다.

이 노래는 북한에서 애국적 노래로 평가받고 있는데, 북한에서는 「조선팔경가」라는 제목으로 노랫말을 바꾸어 체제선전에 이용하고 있다. 즉 노랫말 마지막을 '평양은 금수강산 행복의 낙원이다'라고 고쳐 부르고 있다.[33]

8. 단군

온누리 캄캄한 속 잘가짓 목숨없더니
한 새벽 빛 불그레 일며 환희 열린다
모두 살도다 웃는다

기원전 9세기경 송화강, 요하, 한반도 지역에 걸쳐 하나의 청동기 문화권이 형성되었다. 이 때 구릉에 토성을 쌓고 성 밖의 농민들을 지배하는 부족국가(성읍국가)가 탄생하였다. 이 부족국가를 기반으로 하여 요하와 대동강 유역에 조선(고조선)이란 고대국가가 탄생하였는데 이 고대국가의 지배자는 단군왕검이라 일컬어졌다.

단군신화에 따르면, 환인(태양신으로 추측된다)의 아들 환웅이 세상에 내려와 태백산의 신단수 아래에서 세상을 다스렸다. 이 때 사람이 되길 원하던 곰과 호랑이에게 쑥 한 줌과 마늘 스무 쪽을 주고 100일 동안 햇빛을 보지 말라고 했는데 호랑이는 참지 못해 뛰쳐나갔으나 곰은 끝까지 참아 웅녀가 되었다고 한다. 환웅

---

33) 한상우, 『북한 음악의 실상과 허상』, 신원문화사, 1989, 150쪽.

과 이 웅녀가 결혼하여 '단군'이 탄생하였다. 비록 시기와 지역 등 내용 면에서 서로 다르긴 하지만 역사적으로나 신화적으로나 단군의 존재는 부인할 수 없다. 또 그가 조선(고조선)의 지배자였음도 부인할 수 없다.

우리 민족의 역사가 오랜 만큼 민족의 근원인 단군을 기리는 기념절의 역사 역시 오래 되었다. 삼국시대까지 만주와 한반도에 거주하던 배달족은, 동맹(東盟), 무천(舞天), 천군제(天君祭), 대단(大檀) 등의 이름으로 단군이 세상에 내려온 개천절(음력 10월 3일), 단군이 승천한 날인 어천절(음력 3월 15일)을 기념하였다. 그러나 조선시대에 이르러 왕실에서만 단군에 대하여 제를 올리고, 민간에서는 단군의 존재를 망각함에 이르렀다.[34]

구한말·일제침략기에 우리 민족·국가의 근원을 따지는 과정에서 단군의 존재에 대하여 깊은 관심을 가지게 되었고, 이러한 관심은 나아가 단군종교(대종교)의 성립으로 이어졌다. 단군은 민족의 상징적 존재로 여겨졌다.

개천절, 어천절 등 단군기념일에는 기념식을 개최하여 민족의 얼을 고취시켰다. 해외에서 거행된 이러한 기념식은 일제의 압박이 덜한 탓에 성대히 개최될 수 있었으나 국내에서 개최되는 행사들은 때로 일제의 탄압을 받기도 했다. 예를 들어 다음과 같은 탄압이 있었다. 1921년 4월 22일 마산에서 단군 어천절에 단군을 기념하려던 학생 13명이 체포되었다. 이들은 시위가 목적은 아니었으나, 민족의 시조인 단군을 널리 알리기 위하여 '금일은 단군일', '조선 사람아 단군을 기념하라'라고 쓴 선전물을 공개 장소에 부착하였다.[35]

일제강점기에 민족운동의 전개과정에서 단군을 기리는 노래가 탄생하였다.

① 개천절가

1. 즐겁도다 상원 갑자 십월 삼일에 / 태백산우 단목 아래 셔긔둘니니
   거룩하고 인자하신 우리 한배님 / 천부삼인 가지시고 강림하셨네
2. 하나님의 크신 사명 바드신 한배 / 혼구에서 방황하는 우리 자손을
   넓히 건저 살니랴고 나리시언 날 / 깃붐으로 노래하여 송축합세다
3. 위험하고 곤란함을 무릅쓰고 / 악한 즘생 물니치고 개척하신 후
   이족들을 어루만저 덕화 베프샤 / 우리 자손 탱평으로 살게하셧내

(『망향성』, 85쪽)

---

34) 『독립신문』 1920년 5월 6일.
35) 『동아일보』 1921년 4월 26일.

② 개천절 노래

1. 하늘에는 창조의 힘 가득차고 태백산에 서운이 피어오르는
   상원갑자 상달 초사흘 이 좋은 달 거룩하신 우리 한배 한검님은
   큰 사랑과 큰 은혜 베푸시려고 아름다운 배달나라 세우시었네
2. 삼천리 금수강산 오곡은 익어 찬란히 황금 물결 이는 이 좋은 날
   삼천만이 노래불러 찬양하세 한검님의 큰 영광 큰 은혜를
   이보다 더 기쁜 날 또 있는가 이보다 더 거룩한 날 또 있는가
(후렴) 어화 어화 우리 한배검 우리 한배검
       어화 어화 우리 한배검 우리 한배검

(『배달의 맥박』, 287쪽)

③ 개천가(한배님 나리심)

최남선 작사

1. 온누리 캄캄한 속 잘 가지 늦 목숨없더니
   한 새벽 빛 불그레 일며 환희 열린다
   모두 살도다 웃는다
2. 늘 흰메 빛 구름 속 한울 노래 울어나도다
   고운 아기 맑은 소리로 높이 부른다
   별이 받도다 웃는다
(후렴) 한배 한배 한배 우리 한배시니 / 빛과 목숨의 임이시로다

(『광복의 메아리』, 123쪽 ; 『동광』 1-7, 101쪽)

위 세 노래는 개천절을 경축하는 노래로 ①은 중국 관내에서, ②는 대종교에서 부르던 노래이다. 개천절은 기원전 2333년 단군 왕검이 나라를 세우고 '조선'이라 이름 붙인 날이다. 일제강점기에 나라 잃은 백성으로서의 슬픔과 원수에 대한 적개심으로 매년 개천절이 되면 개천절 경축식을 개최하여 민족의 얼을 고양하였다.

④ 중광가(중광노래)

나철 작사

1. 돌집 속에 감춘 글이 다시 나온 날 / 거룩하신 한아배 빛 달같이 빛나
   어둔 밤에 헤매이던 우리 무리가 / 대종교 문 밝은 곳에 즐겨 놉시다
2. 돌집 속에 감춘 글이 다시 나온 날 / 거룩하신 한아배 빛 해같이 빛나

찬 새벽에 고생하던 우리 무리가 / 대종교 문 더운 곳에 즐겨 놉시다
3. 밝은 달과 더운 해는 질 때 있어도 / 거룩하신 한아배 빛 길이 쪼인다
오늘부터 한얼 말씀 깊이 깨달아 / 온누리가 한집되어 살아 봅시다

(『대종교 요감』, 443쪽)

대종교는 국조 단군을 신앙하는 민족종교로서 1909년 음력 정월 보름 나철에 의해 개종(開宗)되었다. 나철은 매국 오적을 암살하려다 실패하고 형을 언도받았으나 고종의 특사로 풀려난 바 있는 애국지사이다. 경술국치 후 대종교는 만주에서 교세를 확장하며 독립운동을 전개하였다. 특히 나철의 제자이던 서일은 풍부한 학식으로 『오대종지강연(五大宗旨講演)』, 『회삼경(會三經)』 등 대종교 교리를 정리한 저서를 지었고, 나아가 독립운동에도 많은 공헌을 하였다. 청산리전투에 참여한 독립군 전사들 가운데는 대종교도가 많았다.

1942년에는 일제의 박해로 인해 국내외에서 대종교 지도자 21인이 체포된 사건도 있었다. 이 가운데 권상익, 이정, 안희제, 나정련, 김서종, 강철구, 오근태, 나정문, 이창언, 이재유 등 10명이 옥고로 사망하였다.

위 노래는 대종교의 중광을 기리는 노래로 일제강점기에 치러진 중광절 기념식에서 불렸다. 예를 들어, 1923년 3월 2일 중광절 기념식 후 소년·소녀들이 자동차를 타고 「중광가」를 부르며 시내에서 전도문을 돌려 일반인들의 환영을 받았다는 당시 신문 기사가 있다.[36]

⑤-1 단군가

우리시조 단군끠셔 태백산에 강림하샤
나라집을 창립하야 우리자손 주시셨네
거룩하고 거룩하다 대황조의 높은성덕 거룩하다
모든고락 무릅쓰고 황무디를 개척하샤
량뎐미택 니를닥아 우리자손 기르섯네
닛지마세 닛지마세 대황조의 깁흔은덕 닛지마세
모든위험 무릅쓰고 악한즘승 모라내샤
해와독을 멀니하야 우리자손 보호햇네
닛지마세 낫지마세 대황조의 크신공덕 닛지마세

---

36) 『동아일보』 1923년 3월 6일.

착한도를 세우시고 어진정사 베프시뫼
청구산하 빗내시고 천○만손 복주엇네
닛지마세 닛지마세 대황조의 어진덕화 닛지마세
형뎨들아 자매들아 대황조의 자손된쟈
우리형뎨 자매들아 쳔번만번 죽드래도
변치마세 변치마세 대황조를 향한츙셩 변치마세
형뎨들아 자매들아 조상나라 모든민족
우리형뎨 자매들아 혈셩품고 동력하여
빗내보세 빗내보세 대황조의 높흔일홈 빗내보세

(『대한매일신보』 1909. 8. 6)[37]

⑤-2 국조단군 성덕가(대황조의 높은 덕)

1. 우리국조 단군께서 태백산에 강림하사
   나라집을 창건하여 자손에게 전하셨네
   거룩하다 巍巍蕩蕩 대황조의 어진성덕
2. 모든환란 무릅쓰고 황무지를 개척하사
   의식거처 편케하여 자손들을 기르셨네
   영원무궁 잊지마세 대황조의 높은은덕
3. 모든위험 물리치고 악한짐승 몰아내사
   평화로운 터를닦고 자손들을 보호했네
   공덕무량 기념하세 대황조의 크신공덕
4. 착한도를 세우시고 어진정사 베풀으사
   홍익인간 가르쳐서 자손들을 화하셨네
   천지무궁 빛내보세 대황조의 넓은교화
5. 형제들아 자매들아 대황조의 자손된자
   거룩하신 높은성덕 천번죽고 만번죽어도
   영세토록 변치마세 대황조께 향한충성

(『배달의 맥박』, 282쪽 ; 『안도산전서(중)』, 46쪽)

단군의 덕을 기리는 노래로 ⑤-1 노래가 원형이고 ⑤-2 노래는 ⑤-1을 바탕으로 표현이 약간 바뀌고 축약된 것이다. 「애국가집초」에도 「대황조의 높은 덕」이란

---

37) 『최신창가집』(106쪽)에 위 노랫말이 6절로 구분되어 기록되어 있다.

제목으로 실려 있는데 ⑤-2 노랫말과 거의 같다.[38]

노랫말의 태백산은 백두산, 대황조는 단군을 말한다. 고조선은 현재의 평양을 중심으로 존재했다는 설과, 요하 · 만주 · 한반도 등지에 널리 존재했다는 설이 있다. 태백산은 백두산의 옛이름으로 이 노랫말은 고조선이 만주와 한반도에 광범위하게 존재했다는 설을 취하고 있다.

작사자는 미상이나 안창호 작사설이 유력하다. 그 근거는 첫째 「애국가집초」에 실려 있는 노래들 가운데 안창호가 작사한 것이 많고, 둘째 ⑤-1 노랫말 마지막 부분의 '혈성'이란 표현이 안창호 작사의 「혈성대」를 연상시키기 때문이다. 그러나 안창호가 단군을 신봉했다는 기록이 보이지 않는다는 점에서 보아 안창호 작사설에 의문이 남기도 한다.

⑥ 성지태백산

鄭烈模 작사

1. 상원갑자 상달초사흘 태백산에 서기둘리니
   한검님이 인간위하여 이세상에 태어나셨다
   산마루는 눈이쌓이어 어느때나 깨끗하도다
   저와같이 우리마음도 순결하게 가져봅시다
2. 산마루에 한울못물은 바다같이 크고깊도다
   저와같이 우리마음도 너그럽게 가져봅시다
   송화강과 두만압록강 이못물에 근원두어서
   임없이 흘러나가니 우리믿음 끝이없도다

(『광복의 메아리』, 124쪽)

대종교에서 1910년대부터 부르던 노래이다.

⑦-1 신가(얼노래)

1. 어아어아 우리 한배님 가마고이 배달나라 우리들이 골잘해로 닛지말세
2. 어아어아 차맘은 화로이 되고 거맘은 설데로다 우리잡사람 활줄잣치
   바론맘 곳은살갓 차한맘에
3. 어아어아 우리골잘사람 한활터에 무리설데 마버의야 한김갓흔 차맘에

---

38) 도산기념사업회 편, 『안도산전서(중)』, 범양사, 1990, 46쪽.

눈바월이 거맘이라
4. 어아어아 우리골잘사람 활갓치 굿센맘 배달나라 벗치로다
　　골잘해로 가맘고이 우리 한배님 우리 한배님

(『독립신문』 1921. 11. 11)

⑦-2 신가

어아어아 나리 한배금 가미고이 배달나라 나리다도 골잘너나 도가오소
어아어아 차마무가한나라다시 거마무니 설데다리 나리골잘 다모한라두리
은챠마무 구셜하니 마무온다
어아어아 나리골잘다모한라하니 무리셜레아부리 아마이온다 차마무나하니
주모지마무나
어아어아 나리골잘다모한라고비온마무 배달나라 다리하소 골잘너나
가미고이 나리한배금 나리한배금

(『동광』 1-7, 1926. 11. 98쪽)

고구려 때부터 군가로 부르던 노래를 대종교의 서일 종사가 번역하여[39] 대종교에서 널리 부르던 노래이다. ⑦-1과 ⑦-2가 표현상 약간의 차이가 있지만 같은 노래이며 ⑦-2 노래가 ⑦-1 노래보다 더 고어적인 표현을 사용하고 있다.

⑦-1 노래를 1921년 10월 3일(음력) 상해 영파회관(寧波會館)에서 개최된 개천절경축식에서 불렀다는 기록이 있다. 300여 명이 참가한 경축식은, 개식 선포, 애국가 봉창, 국기에 대한 경례, 식사(신규식 대리 노백린), 경축사(안창호), 신가(神歌) 독창(金遠植), 개천절에 대한 역사 강의(김두봉), 만세삼창 순으로 진행되었다.[40]

안자산(安自山 : 安廓)은 이 전래가요의 뜻을 다음과 같이 해석하고 있다. "어아어아 우리 대황조 노픈 은덕 배달국의 우리들의 백천만인 잇지마세 / 어아어아 선심(善心)은 활이 되고 악심(惡心)은 관혁이라 우리 백천만인 활줄가티 바로 선심 고든 살가티 일심(一心)이예 / 어아어아 우리 백천만인 한활장에 무수 관혁(貫革) 파(破)하니 열심가튼 선심 중에 일점 설(雪)이 악심이라 / 어아어아 우리 백

---

39)「한얼노래」,『대종교 요감』(강수원 엮음), 대종교총본사, 1987, 470쪽.
40)『독립신문』 1921년 11월 11일 ; 김정명 편,『조선독립운동 2』(국학자료원 영인, 1980),
　　485쪽.

천만인 활가티 굿센 마음 배달국의 광채로다 백천만인 노픈 은덕 우리 대황조 우
리 대황조."41)

그런데 안자산은 이 노래의 유래에 대하여 옛 조상들이 '화복경앙(禍福慶殃)을
신명(神明)에 탁(托)하여 구도희가(懼禱喜歌)'42)하던 것이라고 밝히고 동명왕이
제사 때 외에도 이 노래를 불렀고, 광개토왕이 외적과의 전투에 앞서 병사들에게
부르게 하여 사기를 고취시켰다고 설명하고 있다. 단, 문체의 기승전결이 분명하
여 한시체의 흔적이 보이는 점을 들어 후인의 개작이거나 위작으로 추론하고 있
는데43) 이러한 점은 전래 가요를 서일이 위 노랫말로 번역한 데서 파생된 것이다.

⑧ 어천노래(어천가)

나철 작사

1. 어두움에 잠긴 누리 빛 밝혀주시고 늦목숨이 없던 것을 모두 살렸도다
2. 크고 밝은 세한참결 가르쳐주시고 아홉 겨레 세즘떼를 오래 다스렸다
3. 이 세상에 많은 일을 다 맡겨주시고 아사달 메빛 구름속 한얼노래 높다
(후렴) 온누리 임이신 우리 한배 오르셨네 오르셨네 세겸으로 한 몸

(『대종교 요감』, 441쪽)

이 노래는 단군이 세상이 온 지 216년 만에 다시 하늘에 오른 날(어천절)을 기
리는 노래이다. 노랫말 1절 3·4행이 후렴인 것으로 보인다.

기원전 2118년(경자년) 3월 15일이 어천절인데, 대종교에서 이 날을 기려 어천
절 행사를 치른다. 또한 상해 거류민단에서 어천절 기념식을 거행하였다는 기록도
보인다.

일례로 1920년 5월 3일(음력 3월 15일)에 200여 명이 참석한 가운데 거류민단
사무실에서 어천절 축하식이 거행되었는데, 김가진의 개식 선언, 어진(御眞 : 단군
존영)에 대한 경례, 신규식의 기념사, 박은식의 역사 강의, 이화숙(李華淑)의 「신

---

41) 안자산, 『조선문학사』, 한일서점, 1922, 11쪽(한국학진흥원, 『한국문학사 연구총서』,
   1982 영인판에 수록). 이 글에는, '무리설데~주모지마무나'가 '무리설데마부리야 다미
   온마차마무나하니유모거마무나'로 기록되어 있다.
42) 安廓, 「조선의 문학」, 『學之光』 6호 7, 65쪽(국학자료원, 『한국현대시이론자료집 1』,
   1995년 영인판에 수록).
43) 안자산, 앞의 책, 11쪽.

덕가(神德歌)」독창, 조완구의 연설, 애국가합창 순으로 진행되었다.44) 이 어천절 기념식에서 이화숙이 부른 「신덕가」는 ⑦ 「신가」일 가능성이 있다.

44)『독립신문』1920년 5월 6일.

제2장 그리움

1. 독립군을 그리워하는 노래

일제침략기 조국의 독립을 위해 압록·두만강을 넘어 만주·시베리아·중국 등지로 망명한 지사들이 무수히 많았다. 검수도산과 풍찬노숙의 험한 환경 속에서 그들은 조국광복이란 대의를 위해 한 몸을 주저없이 바쳤다.

독립군과 애국지사의 가족들은 헤어짐의 아픔 속에서도 독립의 그 날이 오길 기다리며 그리움을 달랬다. 이러한 그리움의 노래를 유형별로 보면, 첫째 독립군 자녀의 노래, 둘째 독립군 아내의 노래, 셋째 독립군 어머니의 노래로 구분된다.

이들 노래들은 독립군을 그리워하는 아이, 아내, 혹은 어머니의 심정을 시적으로 형상화하여 그리움을 독립에의 갈망으로 승화시키고 있다는 점에서 일제강점기 대중적 정서의 공감대를 형성하고 있다.

물론 이 노래들은 독립군 가족들만 부른 것이 아니다. 독립군을 그리워함은 곧 조국의 독립을 갈구함이요, 이러한 측면에서 다음 노래들은 대중적으로 널리 불렸던 것이다.

(1) 독립군 자녀의 노래

> 어머니여 아버지는 어디 가셨오
> 이렇게 오래도록 안오시나요
> 학교에서 오는 길에 서러웠다오
> 아버지가 보고싶어 울었답니다

① 아버지를 찾아서

1. 어머니여 아버지는 어디 가셨오 / 이렇게 오래도록 안오시나요
   학교에서 오는 길에 서러웠다오 / 아버지가 보고싶어 울었답니다
2. 아버지는 저 먼 곳에 가셨느니라 / 거기 가서 우리 동포 가르치신다

　　　머지않아 기를 메고 돌아오리니 / 그 때까지 공부 잚고 기다리거라
　3. 아버지를 찾아 나는 떠나갈테요 / 강을 건너 산을 넘어 어느 곳이든
　　　남북만주 넓은 들에 찾지 못하면 / 만리장성 넘어라도 찾아갈테요
　4. 거기서도 아버지를 찾지 못하면 / 동에서 서에서 남과 북으로
　　　절절 끓는 열대에도 아니 계시면 / 얼음 깔린 북국인들 왜 못가리까

(『광복의 메아리』, 85쪽)

독립진영으로 떠나가신 아버지를 그리워하는 어린이의 애끓는 정서가 담겨 있는 노래로서 1920년대부터 만주에서 널리 불렸다. 만주의 민족주의학교를 통하여 널리 알려지고 애창되었다.

만주 교포들은 매년 국치일(8월 29일)에 기념식을 거행하여 왜적에 대한 적개심을 고취하였다. 1925년 액목현 검성중학(교장 여준)에서 교포들이 참석한 가운데 국치기념일 행사가 있었다. 그 날 밤 검성중학 강당에서 노래와 연극공연이 개최되었다. 연극의 내용은 양근환(독립운동가)이 독립운동을 하러 집을 떠나 오랫동안 돌아오지 않아 그의 어린 아들 형제가 아버지를 찾아 떠난다는 것이었다.

막이 오르고 연극이 진행되면서 아들 역의 검성중학생이 위 노래 「아버지를 찾아서」를 부른다. 그리고 이어 양근환의 어린 딸이 떠나가는 오라비를 부여잡으며 떠나지 말라고 말리며 우는 대목이 나온다. 그런데 딸 역의 여학생이 연극이라는 사실을 잊은듯 발을 동동 구르며 진짜로 섧게 울었다. 이에 무대 위에 공연중이던 오라비, 어머니 역의 중학생들도 진짜 눈물을 흘리고 무대 아래 관중들도 흐느껴 울었다. 연극은 소동 끝에 원래 내용대로 전개되지 못하였으나, 참석자들의 마음속에 나라 잃은 슬픔을 되새기면서 항일의식을 고취하였다.

② 아버지 찾아서

　1. 그때까지 공부 잘하고 기다리거라 / 먼데라야 어딘가요 북간돈가요
　　　시베리아 만주리아 빈들인가요 / 알려주오 저희들이 찾아가게요
　　　아버지 돌아오실 때 기다리지요
　2. 떠나신지 어느덧 수십여년에 / 압록강서 한 번밖에 기별도 없어
　　　계신 곳이 어디인지 알 수 없으니 / 너희같이 어린 것이 어이 찾으랴
　3. 먼데라야 하늘 아래 땅이겠지요 / 남쪽에서 북쪽에 동에서 서에
　　　절절 끓는 열대에 찾지 못하면 / 얼음세계 남북빙양 찾아가지요

4. 내 아우야 나와 같이 너도 가려나 / 어린 것이 괴롭거든 집에 있어서
　홀로 계신 어머님 위로 잘하고 / 힘껏 애껏 공부 잘해 사람되거라
5. 형님이여 저도 같이 따라가지요 / 어머님은 뉘 데리고 계시라지요
　어머님 저희들은 떠나갑니다 / 언제 다시 뵈올는지 모르옵니다

(「새배달 노래」, 710쪽)

　「아버지를 찾아서」와 가사가 유사하다. 1절의 가사가 다른 절의 가사보다 길다. 이 가사는 망명을 떠나는 아버지와 이별하는 장면으로부터, 아이들이 아버지를 찾아 독립운동 진영으로 떠나는 장면까지 순서적으로 생생하게 묘사되어 있다.

③ 모자가

1. 아가야 자장 자장 잘도 자거라 아비는 나라 위해
　떠나갔단다 너도 또한 어서 자라 독립군 되라
2. 어머니 어머니는 왜 우십니까 어머니 울으시면
　울고싶어요 품안에 안기워서 울음을 운다
3. 어머니 어머니 우지마셔요 어머님 눈물을
　흘리시면 소자의 눈에는 피가 흘러요
4. 어머니 어머니 안심하셔요 소자도 얼른 자라
　독립군 되어 원수를 갚을 날이 머지 않아요

(『배달의 맥박』, 519쪽)

　독립군 처자의 노래이다. 1절은 독립군의 아내, 2~4절은 독립군의 아들이 노래의 주체가 되어 있다. 독립군 아버지를 그리워하며 슬픔을 승화시켜 자신도 독립군이 되어 원수를 갚는다는 어린이의 노래에는 나라 잃은 겨레의 피맺힌 절규가 담겨 있다. 노랫말 2절이 「간도토벌가」(아버지 생각)와 같은 것으로 보아 그 노래의 변형된 노래로 보인다. 그런데 4절에 표현되어 있는 항전의식은, 「간도토벌가」보다 더 심화되어 있다.

　(2) 독립군 아내의 노래

강건너 나부끼는 갈대잎아지는
애타는 내 가슴을 불러야 하건만
이 몸이 건너가면 월강죄란다오

① 越江曲

한국민요 곡

1. 강건너 나부끼는 갈대잎아지는 / 애타는 내 가슴을 불러야 하건만
   이 몸이 건너가면 월강죄란다오
2. 기러기 제철마다 일러서 보내며 / 꿈길에 그대와는 늘 같이 다녀도
   이 몸이 건너가면 월강죄란다오

(『광복의 메아리』, 135쪽)

② 送春曲

한국민요 곡

1. 새봄이 다가도록 기별조차 없는 님 / 가을밤 안신[雁信]까지 또 어찌 참으리오
   두만강 눈 얼음은 다 풀려 간다는데
2. 새봄이 아니오라 열세 봄 넘어간들 / 못찾을 나라만은 가신님 날 잊을까
   강남의 제비들은 제집 찾아 다 왔는데

(『광복의 메아리』, 135쪽)

위의 「월강곡」, 「송춘곡」은 두만강을 건너간 애국지사, 개척민 남편을 그리는 부녀자의 노래이다. 노랫말은 틀리나 곡은 같다.

관북지방과 만주에서 많이 불렸다 한다.

한편 류연산의 「중국 조선족 상징 아리랑」에는 「월강곡」, 「송춘곡」을 합쳐 「월강곡」으로 기록하고 있는데 노랫말이 약간 다르다.

1. 월편에 나붓기는 갈입대가지는 / 애타는 내 가슴을 불러야 보건만
   이 몸이 건느면 월강죄란다
2. 기러기 갈 때마다 일러야 보내며 / 꽃길에 그대와는 늘 같이 다녀도
   이 몸이 건느면 월강죄란다
3. 새 봄이 다 가도록 기별조차 없는 님을
   가을밤 안신까지 또 어찌 참으래요 / 도문강 눈얼음은 다 풀리였는데
4. 세 봄이 아니오라 열세 봄 넘어와도 / 못참을 내랴마는 가신님 날 잊을가
   강남의 연자들은 제 집 찾아 나왔는데

(박민일 편저, 1991, 115~116쪽)

류연산의 글에서도 밝히듯이, 「월강곡」은 구전이 중심이었기 때문에 구전 과정

에서 표현이 바뀌어 널리 불렸던 것이다.

③ 님생각

조순규 작사, 장은파 작곡

1. 예서 님이 계신 곳 그 몇 리련고 / 두만강 건너면 그 곳이런만
   그 님 소식 왜 이리 들을 수 없나 / 강남땅 먼 곳으로 떠난 제비도
   봄이 오면 옛 집을 찾아옵니다
2. 이 나라 이 백성을 구하리라는 / 크나큰 뜻을 품고 떠나가신 님
   만주땅 찬 바람에 어이 지내나 / 새 바람 싸늘하게 불기만 하면
   뼈마디 마디 마다 저려옵니다
3. 날마다 오는 신문 받아들고서 / 혹시나 우리 님이 아니 잡혔나
   자세히 몇 번이나 읽어보지만 / 그러나 거기서도 님 소식 몰라
   기다려 고운 얼굴 다 늙습니다

(『광복의 메아리』, 176쪽)

1930년 1월 19일자 『조선일보』에 실린 노래로, 독립진영으로 떠나간 님에 대한 그리움을 표현하고 있다. 독립군 가족의 그리움을 표현한 노래 가운데 드물게 작사 · 작곡자가 기록되어 있는 노래이다.

(3) 독립군의 어머니

① 사랑하는 나의 아들

1. 사랑하는 나의 아들 언제나 돌아오려나
   죽은 나무가지에서 꽃이 필 때나 오려나
   일구월심 너의 생각 잊을 날이 없으니
   사랑하는 나의 아들 언제나 돌아오려나
2. 사랑하는 나의 아들 언제나 돌아오려나
   북극해양 얼음산이 녹아질 때나 오려나
   만리타향 멀고 먼 길 기별조차 없으니
   사랑하는 나의 아들 언제나 돌아오려나

(『광복의 메아리』, 182쪽)

1930년대에 불리던 노래이다. 독립전선으로 떠난 아들을 그리는 어머니의 심정

이 애타게 표현되어 있다.

이와 노랫말이 유사한 것으로 「사고우(思故友)」란 노래가 있다.

　1. 사랑하는 나의 친구 언제나 도라오랴나
　　썩은 고목가지에셔 꼿이 필 때에 오랴나
　　일구월심 너의 생각 이 내 맘에 간절하다
　2. 치움 피해 강남으로 나러갓던 저 제비는
　　춘삼월 호시졀을 맛나 다시 도라왓것만
　　너는 한 번 떠나간 후 소식 몰나 궁금하다
　3. 나의 사랑하난 친구 어대로 향해 갓는가
　　험악한 이 셰상을 피해 텬당으로 갓는가
　　이 후에 텬당에 가 나와 함께 맛나보리
　(후렴) 사랑하난 나의 친구 언제나 도라 오랴나

이 「사고우」는 홍영후(홍난파)가 편찬한 『통속창가집』(1917년, 7쪽)에 실려 있다. 이 책에는 '세속의 창가'가 14, 15종 실려 있는데 곡은 외국곡이고 곡보는 홍난파가 친필한 것이다.

「사랑하는 나의 아들」의 '아들'이 「사고우」에는 '친구'로 표현되어 있다. 「사랑하는 나의 아들」은 원래 세간에서 불리던 「사고우」의 노랫말을 변형시켜 부르던 노래임을 알 수 있다.

② 離鄕歌

　1. 철모르고 연약한 어린 이 몸이 / 정깊은 고향을 등져버리고
　　급행열차 한 구석에 몸을 실은지 / 어언간 십여년이 지나갔구나
　2. 정거장에 기차는 떠나려할제 / 사랑하신 어머님은 눈물흘리며
　　네가 이제 떠나가면 언제오려나 / 눈물섞인 그 말씀을 못잊겠구나
　3. 오동추야 저 달은 반공에 솟고 / 짝을 잃은 외기러기 못가에 앉아
　　쓸쓸한 이국땅에 홀로 새우며 / 어머님을 그려본지 몇번이드냐
　4. 이내 몸이 돌아갈 날 언제이련가 / 이천만 우리 동포 손목을 잡고
　　무궁화 삼천리 넓은 강토에 / 태극기 휘날릴 날 그때로다

(『광복의 메아리』, 71쪽)

1920년대 만주 독립군 진영에서 널리 불린 노래이다.

이 노래는 위의 노래들과 달리, 독립진영에 가담한 지사가 노래의 주체가 되어 고향에 계신 어머님을 그리는 노래이다. 이 노래에 어머니와 독립진영의 아들이 만나는 날이 태극기를 휘날릴 날, 곧 조국이 독립될 날이라고 표현함으로써, 어머니에 대한 그리움을 독립에의 의지로 승화시키고 있다.

이상 노래들은, 독립전선에 나선 아버지·아들·남편에 대한 그리움과 기다림을 아이·어머니·아내의 입장에서 표현한 것, 그리고 해외로 떠난 지사의 어머니에 대한 그리움을 표현한 것이다.

'아버지를 찾고', '사랑하는 아들이 돌아오고', '님을 만나는' 날은 곧 조국을 독립시키는 날이며, 이들에 대한 기다림 역시 조국독립에 대한 바람이었다.

2. 망향가

일제강점기에 독립운동을 위하여 혹은 생존을 위하여 정든 고향을 떠나 해외로 이주한 동포들이 많았다.

동포 이주민이 가장 많이 거주하던 만주를 예로 들 때, 재만 한인은 1910년에 10만여 명이던 것이 1912년에 23만여 명으로 증가하였다.

만주사변 이후 일제의 만주 개발을 위한 이주정책에 의해 만주로의 이주민 수가 더욱 증가하여 1939년에 100만 명을 넘기고 1945년에는 200여만 명의 한인이 만주에 거주하고 있었다.

조국의 광복을 위해 한 몸 바치기로 맹세하고 조국을 떠난 지사들이나 가족의 생존을 위해 정든 땅을 떠나 이주민들이나 조국에 대한 그리움은 같았을 것이다.

이러한 배경 속에서 망향가가 다수 탄생하여 해외 동포들 사이에 널리 불렸다.

(1) 망향가·망향곡

> 동방에 달이 솟아 창에 비치니
> 어언간 깊이 든 잠 놀라 깨었네
> 다시 잠을 이루려고 무한 애쓰나
> 꿈에 뵈던 고향산천 간 곳이 없구나

①-1 망향가

장진영 작사·작곡

1. 적막한 가을 공산 야월 삼경에 슬피우는 두견새야 네 우지말아라
   타관한등 잠못자는 이 몸도 있나니 너로 인해 고향생각 더욱이나 간절타
2. 압록강 저 건너편 백두산 밑에 우리 부모 형제자매 그곳에 계시련만
   이곳에서 저곳까지 몇천리 되는가 언제 다시 고향가서 부모형제 만날까
3. 조국을 찾으려는 일편단심은 비가 오나 눈이 오나 변함이 없어라
   칼을 갈며 맹서하기 그 몇번이드냐 바라오니 그날까지 기다려주옵소서

『광복의 메아리』, 78쪽)

①-2 망향가

1. 적막한 가을 강산 야월 삼경에 슬피우는 두견새야 너 우지마라
   만리타국 旅館寒燈 잠못자는 나 너로 인해 고국 생각 더욱 간절타
2. 하늘 공중 뜬 기럭아 말 물어보자 한반도의 소식을 너는 아느냐
   나는 할 일 없이 이곳 왔지만 너조차야 무엇하러 여기 왔느냐
3. 만주들 시베리아 넓은 천지에 동에 번쩍 서에 번쩍 이 내 신세는
   물위에 부평초와 다름없구나 황천이여 한 번 굽어 살펴주소서
4. 얄루엠[압록강]의 저 물 건너 백두산하에 동포형제 부모국 거기 있건만
   이곳서 그곳까지 몇리 되는지 아아 더욱 간절하다 나의 부모국

『배달의 맥박』, 429쪽)

1920년대에 애국지사, 독립투사들이 향수에 젖어 복수심을 고취한 노래이다. ①-1의 1~2절에는 고향에 대한 그리움이 표현되어 있고 3절에는 조국을 되찾기 위한 결의가 담겨 있다. ①-1과 ①-2를 비교해 볼 때 ①-1이 망향의 그리움을 조국 광복의 의지로 승화시키고 있다.

②-1 망향가

1. 만주리아 타국에 이 몸이 자라 / 하루빈 시내야 너 잘 있거라
   내가 가면 아주 가며 영영 갈소냐 / 명년 이 때 춘삼월엔 돌아오리라
2. 시베리아 철도는 몇 번째 타나 / 아-나의 갈길은 향방 없구나
   떠나가는 나의 몸은 군인몸 되여 / 군용차 한 구석에 몸을 싣고서
   복받치는 한숨과 복수의 눈물 / 아-생각 더욱 깊다 나의 부모국

(후렴) 창파만경 층층이 앞을 가리워 / 다시 보지 못하는 내고향이라
　　　창파만경 층층이 앞을 막아서 / 다시 가지 못하는 내고향이라

「새배달 노래」, 712쪽)

②-2

1. 26년 따뜻한 네 품을 떠나 / 세상 풍진 모르는 나의 몽중에
　한수님 복락과 찬 자리 밑에 / 부모 동생 생각을 몇 번 하였나
2. 상해 천지 바닥이 적막도 하다 / 황해바다 물결은 파도쳐 울고
　4천여 년 내려오는 선조의 집을 / 부질없이 버리고 여기 왔구나
(후렴) 창파만경 청천이 앞을 가리어 / 다시 보지 못하는 내 고향이라

(강용권, 1996(상), 302쪽)

만주, 시베리아를 유랑하며 조국을 그리워하던 망향가이다.

②-1의 1절 노랫말이 2절에 비해 적은 것으로 보아, 일부가 누락된 것이다. 노랫말을 볼 때, 일찍이 만주로 망명한 가족의 어린이가 성장하여 독립군이 되어 복수를 다짐하는 심회를 그리고 있다.

②-2는 조국을 떠나 타국에서 고향을 그리는 심회를 표현하고 있다.

③-1 망향가(망향곡)

1. 금풍은 쇼슬하고 달은 밝은대 / 북방으로 나라오난 기력 소래는
　만츄의 쇼식을 전해 쥬난대 / 아아아 우리 부모형뎨 평안하신가
2. 본향을 떠나온 지 슈십여 년에 / 괴로움을 싸흐면 태산과 갓고
　슯흠의 눈물이 하해 갓흔대 / 아아아 져 달빗이 무정하고나
3. 산천도 생쇼하고 인종 달은대 / 두루두루 삷힐사록 막막하고나
　언제나 화려한 고국산쳔을 / 아이아 다시 맛나볼 슈 잇슬가?

(『신한민보』 1913. 10. 17, 1917. 10. 24)

③-2 思故國歌

1. 金風은 소슬하고 달은 밝은데 / 북방으로 날아가는 기력 소리는
　고국에 소식을 전해주는데 / 아 우리의 부모형제 평안하신가
2. 東天으로 두렷하게 소슨 저 달은 / 홀노 잇는 나의 창가의 비쵀여 주네
　모든 사람 저 달빗을 반겨 하여도 / 아 외로운 나의 맘은 산란하구나

3. 이 곳에서 나의 나라 멧리나 되나 / 저 달빗은 내 집에도 빗최리로다
   슬피 울고 날아가는 저 기럭이야 / 아 우리 집의 소식을 전해 줄소냐

(김영준, 1994, 351쪽)

③-3 사향곡

1. 동방에 달이 솟아 창에 비치니 / 어언간 깊이 든 잠 놀라 깨었네
   다시 잠을 이루려고 무한 애쓰나 / 꿈에 뵈던 고향산천 간 곳이 없구나
2. 낯설은 이국땅의 외론 나그네 / 달뜨는 밤이 오면 처량하여라
   올봄도 피었으리 붉은 진달래 / 정든 고향 그리워라 꿈엔들 잊으랴

(『광복의 메아리』, 77쪽)

③-4 망향가

1. ③-3 사향곡 1절과 동일
2. 金風은 소슬하고 달은 밝은데 / 북방으로 날아오는 기럭 소리는
   만추의 소식을 전해 주는데 / 아아 우리 동포 형제 평안하신가

(한철수, 1984, 22쪽)

3. 낯설은 타국 땅에 외로운 내 몸 / 달뜨는 밤이 오면 처량하여라
   올 봄도 피었으리 붉은 진달래 / 정든 고향 그리워라 꿈엔들 잊으랴

(『배달의 맥박』, 430쪽)

③-5 망향가

1. 동천에 달이 도다 창에 빛이니 / 어언간에 깊이 든 잠 놀라깻고나
   사면으로 자세히 두루 삺이니 / 꿈에 보든 고향산천 간 곳이 없고나
2. 별안간에 변한 마음 솟아나드니 / 부모얼골 눈앞에 암암하고나
   다시 잠을 이루라고 무한 힘쓰나 / 은연중에 부모생각 간절하고나
3. 우리 부모 리별하고 얼골 못보니 / 쇠약한 이 내 마음 문어지누나
   이내 가슴 이갗이 막막하거든 / 사랑하든 나의 부모 엇더하시랴
4. 반공중에 높이 뜬 밝은 저 달은 / 우리집 동산에서 비췻스리라
   슲이 울고 날아가는 저 기럭이야 / 우리 집에 나의 회포 전해주러마
5. 고향산천을 떠나 수천리 밧께 / 산 다르고 물선 타향에 객을 정하니
   섭섭한 맘 향하는 곳 고향뿐이요 / 다만 생각 나느니 정든 친구라
6. 고생 심회를 자아 천리를 밟고 / 은연중에 기럭으로 밤을 샛스니
   고국부모 생각은 더욱 간절코 / 도라갈 기회는 막막하고나

　　7. 추천 명월은 반공에 솟아서 / 만세계를 명랑히 비최엿는대
　　　월색을 희롱하는 저 기럭이야 / 이내 마음 이갖이 비창하도다
　　8. 본향에 게신 우리 정든 친구를 / 밝은 달 가을 밤에 더욱 간절타
　　　높고 밝은 구름편에 그리운 강 / 사향곡 一聲으로 내 정 표하노라

(『망향성』, 4쪽)

　　1910년대에 국내에서 유행되기 시작하여 만주, 미주 등 해외지역으로 전파된 노래이다. 특히 1920년대에는 만주의 애국지사·독립군들이 조국을 그리워하는 몸부림 속에 불렀던 노래이다.

　　위 다섯 곡은 제목이 다르지만 같은 노래이다.

　　우선 노랫말에서는, ③-1의 1절과 ③-2의 1절, ③-4의 2절이 같고 ③-3의 1절과 ③-4의 1절이 같으며 ③-5의 1절도 이와 거의 비슷하다. ③-3의 2절과 ③-4의 3절도 같다. 노랫말의 주된 정서는 가을밤에 잠을 이루지 못하고 고향 생각에 사무치는 것이고 그 고향과 노래하는 사람을 연결시키는 매개자로 기러기가 등장하고 있다.

　　그리고 곡보가 확인되는 ③-3과 ③-4는 곡이 같다.

　　이상을 통해 볼 때, 위 노래는 시기와 장소에 따라 노랫말이 약간씩 변하면서 널리 불리던 노래임을 알 수 있다.

　　그 가운데 기록상 가장 이른 ③-1의 노래는 『신한민보』에 두 번이나 실려 있다. 우선 1913년 10월 17일자에 「망향곡」의 제목 하에 '황화역려(黃花逆旅)'란 서두를 붙여 1절을 기록하고 있다. 그리고 노래 말미에 [東評] '慨慷悲壯 三唱泣下'라고 하여 비장한 정서를 평하고 있다. 1917년 10월 24일자에는 「망향가」의 제목으로 총 3절이 기록되어 있다. 그리고 '현재 내지에 유행하는 노래'라고 설명하고 있어서 이 노래가 1910년대에 국내에서 널리 불리고 있었음을 알 수 있다.

④ 망향곡

1설 : 이범석 작사·작곡, 2설 : 이상정 작사

　　1. 아름다운 삼천리 정든 내 고향 / 예로부터 내려온 선조의 터를
　　　속절없이 버리고 떠나왔으니 / 몽매에도 잊으랴 그리웁구나
　　2. 백두 금강 태백에 슬픔을 끼고 / 두만 압록 물결에 눈물뿌리며
　　　남부여대 쫓겨온 백의동포를 / 북간도의 눈보라 울리지 말라

3. 시베리아 가을달 만주벌판에 / 몇번이나 고향을 꿈에 갔더뇨
   杭蘇州의 봄날과 漳州의 겨울 / 우리 님의 생각이 몇번이던가
4. 상해 거리 등불에 안개가리고 / 황포강의 밀물이 부닥쳐올 때
   만리장천 떠나는 기적소리는 / 잠든 나를 깨워서 고향가라네
5. 일크츠크 찬바람 살을 에이고 / 바이칼 호수에 달이 비칠 때
   묵묵히 앉아 있는 나의 심사를 / 날아가는 기러기야 너는 알리라
6. 부모님 생각과 나라 생각에 / 더운 눈물 베개를 적실 뿐일세
   와신상담 십여년 헤매이어도 / 아아 나의 타는 속 뉘라서 알랴
(후렴) 굽이굽이 험악한 고향길이라 / 돌아가지 못하는 내몸이로다

(『광복의 메아리』, 79쪽)

1920년대 만주 시베리아 중국 대륙을 동분서주하던 독립지사들의 망향가이다. 김세일의 『홍범도 4』(252쪽)에는 「바이깔 호수」라는 제목의 노래가 실려 있는데 위 가사의 5절과 거의 비슷하다. 노령의 독립군들이 바이칼 호수를 지나가며 고향을 그리며 불렀다고 하는 「바이깔 호수」 노랫말은 다음과 같다.

이르쿠츠크 시내는 적막도 한데 / 바이깔 호수에 잠긴 달 보며
막막히 앉아 잇는 나의 심사를 / 날아가는 저 기럭아 너는 알리라

한편 『광복의 메아리』에는 '이범석 작사·작곡'으로 되어 있으나 『배달의 맥박』에는 이상정(李相定) 작사로 되어 있다. 이상정은 일명 이연호로 이상화의 형이다. 1923년 만주로 망명하여 풍옥상 막하에 있었고 1932년 흥사단에 가입하였다. 임시정부 의정원 의원으로 활동하였고, 중국군 고급참모로 항일전에 참가하기도 했다.

⑤ 사향가(타향, 내 고향을 이별하고)

1설 : 김철남 작사·작곡, 2설 : 정사인 작곡·작사미상

1. 내 고향을 이별하고 타관에 와서 적적한 밤 홀로 앉아서
   생각을 하니 답답한 마음 아아 뉘가 위로해
2. 우리 집서 머지않아 조금 나가면 작은 시내 졸졸 흐르며
   어린 동생들 놀던 그 모양 아아 눈에 암암해
3. 내 고향을 떠나올 때 내 어머님이 문앞에서 눈물흘리며

잘 다녀오라 하시던 말씀 아아 귀에 쟁쟁해
4. 중천으로 날아가는 저 기럭떼야 너 가는 길 그리 바쁘냐
　나의 회포를 우리 부모께 아아 전해줄소냐

『광복의 메아리』, 76쪽)

　국내에서 1910년대부터 널리 불리기 시작하여, 1920년대에는 만주의 독립투사들이 그리운 가족을 못 잊어하는 향수의 노래로 널리 불렀다. 조국과 고향을 그리워하는 노랫말에는 기러기가 많이 등장한다. 기러기는 철새로서 가을에 한국에 왔다가 봄에 북쪽으로 간다. 그 울음소리가 처량하여 예로부터 시나 노랫말에 많이 등장한다.『광복의 메아리』에 김철남 작사·작곡으로 명기되어 있는데, 김철남은 중국 사관학교를 졸업한 인물이다. 중국 황포군관학교 본부 부관으로 재직하였으며 1943년경에는 민족혁명당 중앙집행위원으로 있었다.

　그러나 한국가요사에 관한 여러 저서들에는 이 곡의 작곡자가 정사인이라고 명기되어 있다.[1] 특히 황문평은, 중학교 음악시간에 김인식(개화기 서양음악의 선구자)으로부터 이 노래를 배우며 정사인 곡이라는 가르침을 받았다고 한다.[2] 정사인은 대한제국 군악대 출신으로 이후 송도고보에서 교편을 잡고 후진을 양성하였다. 그는「추풍」,「돌진」등의 취주악곡도 작곡하였다. 황문평의 회고에 따르면 위 노래의 창작 연대는 1916년경이라고 한다. 그리고 장송 행렬에서 악대에 의해 널리 연주되었다는 사실을 밝히고 있다.

　김철남 창작설과 정사인 창작설의 상호 관계에 대해서는 확인되지 않으나 원래 정사인 작곡의 노래를 김철남이 즐겨 불렀기 때문에 김철남 작사·작곡으로 구전된 것으로 추측된다.

⑥ 망향

1. 부모 형뎨 리별하고 타관으로 작객[作客]되니

1) 이유선,『한국양악백년사』, 음악춘추사, 1985, 151쪽(여기에는「他鄕」이란 제목으로 되어 있다) ; 황문평,『돈도 명예도 사랑도』, 무수막, 1994, 132쪽(여기에는「내고향을 이별하고」라는 제목으로 되어 있고 작사도 정사인이 했다고 기록되어 있다) ; 박용구,『오늘의 초상』, 일지사, 1989, 65쪽.
2) 황문평,「노래 선정에 동참하면서」,『겨레의 노래 I』(겨레의노래 사업단 편), 한겨레신문사, 1990, 29~30쪽.

섭섭한 마암 향하는 곳 나의 본향뿐이로다
2. 놀든 친구 엇더하며 식솔들이 무양한가
멀니 멀니 나온 뒤에 고향 생각 간절하다
3. 도라갈 길 망막하다 도라가면 경을 풀가
대해같이 격한 공긔 은연 중에 담을 첫네
4. 본향 게신 친구들아 내 목소리 화답하고
높고 맑은 구름편에 그리운 경 표합내다

(『최신창가집』, 90쪽)

1910년대 만주에서 불리던 노래로 도입부는 ⑤ 「사향가」와 유사하다. 고향을 그리워하는 노래 가창자의 정서가 '공기가 담을 쳤네' 부분에서 고조되어 '구름편에 정을 표한다'는 부분에서 망향의 그리움이 시적으로 형상화되고 있다.

⑦ 망향곡

1. 저 멀리 뜬 달 아래 청구강산 내 고향 / 산구름 어려워서 바라보기 망연타
표루한 이 내 몸이 아하 고향그리워
2. 만리이역 나온 후에 흘러가는 세월아 / 몇몇해 거쳤는가 네 품안에 자라는
가련한 모든 생명 아하 평안하신지
3. 백두산에 뜬 구름이 반공중에 유유히 / 망향곡 속절없이 섧은 눈물 지우며
사창전[紗窓前] 외로운 손 아하 고향생각뿐
4. 고향아 말 들어라 너 위하여 타는 맘 / 사지에 피가 끓고 이 몸 간장 다녹아
끓는 피 마르기 전 아하 고향가고저
5. 내 퉁소 가는 곡조 동녘 하늘 우러러 / 황혼이 고요한데 슬픈 노래 부르니
정에 잠든 내 고향 아아하 생각나느냐

(「새배달 노래」, 709쪽)

1920년대에 만주동포들이 조국을 그리워하며 부르던 노래이다.

⑧ 망향가

桂貞植 작사 · 작곡

1. 무궁화 삼천리 내 본향 떠나 / 천만리 鵬程에 외로운 몸이
어엽분 곡조로 동모 삼아 / 내 고국을 노래한다
2. 나인강 언덕이 푸르러 올제 / 우리집 뒷동산 생각이 나고

　　　밝은 달 서산에 넘어갈제 / 어머님 품속이 간절하다
　3. 백두와 금강에 기상을 밧고 / 어엽비 자라는 내 동모들아
　　　이 몸이 업다고 우지마라 / 내 도라갈 날이 멀지 안타
　4. 무궁화 꼿가지 네 품에 안고 / 삼천리 청구에 물을 드리면
　　　도라가 네 눈물 다 씻기고 / 영원한 평화에 노래하리
　(후렴) (코러스) 산고수려 내 동반도 / 만세 만세 우리 삼천리
　　　　아침 이슬에 꼿 퓌련다 / 아 고국산천이 그립고나

(『동아일보』 1926. 9. 30)

1920년대 '바이올린의 천재'라 일컬어지던 계정식[3]이 독일 유학중에 작사·작곡하여 국내로 보내온 노래이다.

이 노래는 1926년 9월 30일 서울시내 중앙청년회관에서 청년회 주최로 열린 음악대회에서 계정식의 친구인 성악가 차재일이 최초로 불렀다.

노랫말 1~2절은 조국과 고향, 어머니에 대한 그리움을 표현하고, 3~4절은 조국으로 돌아가 무궁화 강산에서 평화의 노래를 부르고자 하는 바람을 담고 있다.

⑨ 망향곡

김종한 작사

　1. 송화강 밝은 달은 유정도 하온 것이
　　　천만리 흘러와도 날 따라왔네 날 따라왔네
　2. 고향은 하도 멀어 생각도 아득하고
　　　그리운 우리 님이 보낸 달인가 보낸 달인가
　3. 눈보라 치는 밤엔 하도야 서글퍼서
　　　사나이 갓 스물이 울기도 했소 울기도 했소
　4. 살면은 사는 곳이 고향이 되련마는
　　　살뜰히 가고픈 맘 어이나 하료 어이나 하료
　5. 기러기 돌아가는 가을이 올 때마다
　　　두만강 나룻배를 꿈에 봅니다 꿈에 봅니다

(『배달의 맥박』, 427쪽)

---

3) 『동아일보』 1926년 9월 30일. 계정식은 일제 말기에 『매일신보』에 친일음악론을 싣는
　 등 친일활동을 하였다.

1930년대에 해외의 동포들이 고향을 그리며 부르던 노래이다.

일제의 괴뢰정권인 만주국이 수립된 이후 일제의 만주개발을 위한 이민계획에 따라 재만 한국인의 수가 급증하게 되었다. 1938년경에는 94만여 명의 한국인이 만주에 거주하고 있었다. 그러나 이 때는 이미 일본군의 '토벌'에 의해 독립군 세력이 거의 만주를 떠나 타지역에서 활동하고 있었다. 따라서 독립군보다는 일반 만주동포들이 불렀을 것으로 판단된다.

(2) 고향의 추억

**사랑하는 나의 고향을 한 번 떠나온 후에
날이 가고 달이 갈수록 내 맘속에 사무쳐**

① 타향의 한

1. 밤은 깊고 고요한데 잔등불을 곁에 놓고 홀로 앉은 이 내 맘에 회포는
   여름날의 구름이라 뭉게뭉게 솟아나니 어느 누가 나의 뜻을 알리요
2. 반공중에 펄럭펄럭 날아가는 기럭떼야 그다지도 기럭기럭 처량해
   나의 수심 자아내니 하염없는 이 내 신세 홀로 앉아 길이 탄식뿐이라
3. 호미 차고 달을 보며 돌아오는 농부들과 천금준마 안장지어 타고서
   금채찍을 휘날리는 호화로운 아이들아 자연이냐 인조이냐 그 차별
4. 하늘땅이 개벽될 때 우리 인생 생겨나니 전능하신 그의 형상 따라서
   대자연의 애정 밑에 우리 사람 살아가니 동서흑백 모두 일반이로세

(『배달의 맥박』, 437쪽)

일제의 압박으로 정든 고향을 떠나 유랑하던 동포들의 고독함을 한탄하는 노래이다.

노랫말 가운데 '전능하신 그의 형상 따라서'라는 표현으로 미루어 기독교적인 영향을 받은 노랫말로 보인다.

② 추억의 노래

1. 사랑하는 나의 고향을 한 번 떠나온 후에
   날이 가고 달이 갈수록 내 맘속에 사무쳐
   자나깨나 나라 생각 잊을 수가 없구나
2. 가을 밤에 날아오는 저 기러기떼들아

내 고향에 계신 부모님 다 평안하시더냐
괴론 때나 즐건 때나 고향 생각뿐일세
(후렴) 나 언제나 사랑하는 고향에 다시 갈까 / 아 내 고향 그리워라

(『광복의 메아리』, 165쪽)

1930년대 애국지사들이 향수에 몸부림치며 부르던 노래이다.

③ 꽃피는 고향

문상명 작사, 중국민요

1. 진달래 붉게 피는 내 고향은 / 진달래 붉게 피는 내 고향은
   집앞에 시냇물 흐르고 / 뒷산에 뻐꾹새 지저귀리
   정든 내 고향 그리워라 / 부모님은 안녕하신지 / 그 언제쯤 만나뵈올까
2. 들국화 희게 피는 내 고향은 / 들국화 희게 피는 내 고향은
   꽃밭에 범나비 날으고 / 못가에 어미소 누웠으리
   정든 내 고향 그리워라 / 때가 오면 돌아가리니 / 그 날까지 참아주시오

(『광복의 메아리』, 113쪽)

1940년대 중국 관내 독립진영에서 고향을 그리며 부르던 노래이다.
작사자 문상명은 광복군 제3지대 개봉(開封)지구 공작원으로 활동하였다.
노랫말 끝에 고향에 돌아간다는 것은 조국의 독립을 뜻하며, 고향에 계신 부모님에게 그 날까지만 참아달라고 하는 이역 동포들의 절절한 마음이 나타나 있다.

④ 제목미상

1. 하나라면 / 한평생 좋은 것을 다버리고
   쓸쓸한 만주벌판 내가 왔구나
2. 둘이라면 / 두손이 부릇또록 봇다리 들고
   아장아장 걸어가는 국경 넘어로 회령고개로
3. 셋이라면 / 서서생각 앉어생각 장한 술이요
   갈길을 생각하니 막연도 하다
4. 넷이라면 / 놀다하던 소문이 굉장하더니
   현장에 와서보니 식갈나무신통마저서
5. 다섯이라면 / 다소간 식수를 장만해 놓고
   어린 동생 밥달라니 속이 상하네

    6. 여섯이라면 / 여성이나 남성이나 모두 합하여
       열심으로 일하여 고향갑시다
    7. 일곱이라면 / 일가친척 다버리고 여기 와보니
       여기도 살면은 내 고향이다
    8. 여듧이라면 / 야단이 났네 야단이 났네 야단이 났네
       부족한 생활이 야단이 났네
    9. 아홉이라면 / 아침 일찍 일어나서 땅을 파보니
       아껴먹든 살무리가 요뿐이로다
   10. 열이라면 / 여기 있는 여러 동무 내말 들어보
       열심으로 일하여 고향갑시다 고향갑시다

(임동권 편, 1993, 472쪽)4)

이 노래는 십진가[數謠]의 대중적 형식을 빌리고 있다. 노래의 전반적 흐름은 조국을 떠나 만주에서 온갖 고생을 하면서도 고향(조국)으로 돌아가길 기원하는 내용으로 되어 있다.

그러나 이 노래는 여타 '망향가'와 달리 고난에 대한 극복의 의지가 담겨 있다. 즉 총 10절 가운데 1~5절에서 만주로 쫓겨온 실정과 궁핍 속의 고난을 현실적으로 노래하고 6절에서 열심히 일해서 고향으로 가자는 의지를 표명하고 있다. 다시 8~9절에서 경제적 곤궁에 따른 어려운 생활을 호소하고 마지막 10절에서 또 한 번 열심히 일해 고향으로 돌아가자는 의지를 다짐하고 있는 것이다.

이 노래는 일제의 압박으로 고향을 떠나 이역에서 겪는 민중적 고난의 현상과 그에 대한 극복의지를 반복적으로 표현함으로써, 노래 주체의 서정적 감정을 고조시키고 있다.

이상 조국(고향)을 그리는 노래들을 살펴보았다. 독립군가의 작사자가 대개 밝혀져 있지 않음에 비하여 이들 망향가류의 작사자는 절반이 밝혀져 있다. 장진영, 김종한, 문상명, 계정식 등이 그들이다. 이범석, 이상정, 김철남 등 독립진영에서 활동하던 인사들이 망향가를 작사했다는 기록도 있으나 여러 기록들을 비교해 볼 때 불확실한 면이 있다.

이들 망향가류에는 만주, 시베리아, 기러기, 부모(형제), 가을 등의 표현이 자주 등장한다. 만주, 시베리아는 우리 동포들이 많이 살던 망명지였다. 또 기러기, 가

---

4) 이 노래는 홍성지방에서 채록된 노래이다.

을, 부모는 서로 연관되는 것이다. 앞서 언급했듯이 기러기는 가을에 한국에 왔다가 봄에 북쪽으로 간다. 따라서, 가을에 한국의 부모에게 자신의 소식을 전해 주고, 다시 부모님의 소식을 받아서 자신에게 가져다 주길 바라는 망향자의 슬픈 정서가 이렇듯 애잔하게 표현된 것이다.

3. 유랑의 노래

> 달 기울고 밤은 깊어 바람조차 거칠어라
> 언제쯤 이 강물을 다시 건너가리오

일제강점기 한국인의 해외이주 역사는 바로 유랑의 역사라 해도 과언이 아니다.

만주를 보자. 살 곳을 찾아 혹은 독립운동의 기지를 건설하기 위하여 만주를 찾은 동포들은 험한 환경을 이겨내고 삶의 터전을 마련해야 했다. 그러나 고난 속에서 마련한 터전도 잦은 자연재해 때문에 포기해야 했다.

또 만주는 중국 땅이라서 중국 관헌의 압력을 받아야 했다. 게다가 일제는 중국과 한국을 이간질시키기 위하여 갖은 수단을 동원하였다. 1926년에는 일제의 요구로 삼시협약이 체결되어 중국 관헌이 한국독립운동가를 단속하게끔 되었다. 비록 조국에서와 같은 일제의 탄압은 없었지만, 만주에도 일제의 탄압의 손길이 미쳤다. 독립군 토벌을 구실로 한 경신대참변과 같은 민족적 대수난도 겪었다.

1920년대 후반에는 만주지역에서 민족주의 진영과 공산주의 진영 사이에 대립이 격화되면서, 만주동포 사이에 정치적 불안도 가중되었다. 그리고 1931년의 만주사변은 만주를 전쟁지역으로 만들었다.

이렇듯 만주의 자연적·외교적·정치적·전쟁적 요인 때문에 만주의 동포들은 끊임없이 삶의 터전을 옮겨야 했다. 유랑의 세월이었다. 유랑살이를 소재로 망국의 슬픔을 표현한 노래가 여럿 탄생한 것은 바로 이러한 배경 때문이었다.

①-1 제목미상

지금부터 20년 전 아득한 그 때 우리나라 본국에서 살 수가 없어서
중국이나 어떤가고 찾아가 보니 그 곳도 일본놈들의 세력이더라

그래서 그 곳에서 살 수 없어서 노시아나 어떤가고 찾아와 보니
아 - 슬프도다 황제 노시아 그 곳도 ○○놈들의 세상이더라

「한민족의 노래 - 러시아의 한인들(1)」

①-2 일용농부가

20년 전에 나의 조국 조선은 종과 주인의 나라였네
여기서부터 이끌리는 희망을 갖고 평범한 행복을 찾기 위해서
다른 나라 하늘 아래인 중국으로 나는 왔네
그러나 여기서도 모든 것은 부자들의 소유였네
가난뱅이 영원한 근로자가 되었소 여기도 우리들의 피난처는 없구려
가난뱅이인 나를 오래 전부터 러시아의 불가사의한 광활한 토지가 손짓하였네
……
일용농부 평화의 진정한 주인은 토지와 자유를 얻었네
소비에트 러시아 진정한 나의 조국이여

(김승화 저, 정태수 편역, 1989, 144쪽)

살 곳을 찾아 중국, 러시아로 유랑해야 했던 동포들의 슬픔을 담은 노래로 두 노래가 많이 상이하지만 노래의 시작 및 중국·러시아로 유랑하는 전개과정이 유사하다. 노령에서 널리 불렸다.

①-1 노래는 러시아에 거주하는 최월래 씨의 노래를 채록한 것인데, 노랫말의 '황제 러시아'란 표현으로 보아 러시아혁명 전부터 불리던 것으로 보인다.

①-2 노래는, 노랫말 '소비에트 조국'이란 표현에서 보이듯이 극동러시아에 소비에트 정권이 수립된 후인 1923~25년경에 널리 불리던 민요이다.

따라서 노랫말의 원형은 ①-1이고, 소비에트 정권을 수립하는 과정에서 ①-2 노래가 만들어졌는데, ①-1 노래가 살 곳을 찾아 중국·러시아로 유랑해야 했던 한민족의 고난을 중심적으로 표현함에 비하여 ①-2 노래는 소비에트 선전에 중심을 두고 있는 것이다.

② 유랑의 노래

장관선 작사, 장은파 작곡

1. 다리 두고 배를 저어 압록강 건너서니
　달 기울고 밤은 깊어 바람조차 거칠어라

> 언제쯤 이 강물을 다시 건너가리오
> 언제쯤 이 강물을 다시 건너가리오
> 2. 허허벌판 낯설은 땅 어느덧 해는 지고
> 흙탕길엔 비 뿌리고 마을조차 뵈질 않네
> 애닯다 이 한 밤을 어디메서 지새랴
> 애닯다 이 한 밤을 어디메서 지새랴
> 3. 주린 창자 아픈 다리 가도 가도 끝이 없고
> 담장 높은 부락에는 개울음만 요란하다
> 유랑의 이 설움을 누구에게 전하랴
> 유랑의 이 설움을 누구에게 전하랴

(『광복의 메아리』, 87쪽)

1930년대 만주 독립진영에서 불리던 노래로, 동포들과 애국지사들의 유랑의 설움을 표현하고 있다. '유랑'을 소재로 하여 망국의 설움을 표현한 것이 「망국한」과 유사하다.

1절에, 만주로 망명·이주하는 지사·동포의 모습이 형상화되어 있다. 다리가 있는데도 배로 압록강을 건너며 언제 다시 조국으로 돌아갈 수 있을지 꼽아보는 망명자의 비장한 정서를 표현한 것이다.

2·3절에는 낯설은 만주 땅에서 하룻밤을 지새기 위하여 '주린 창자와 아픈 다리'로 유랑하는 동포의 모습이 형상화되어 있다. '주린 창자 아픈 다리'란 표현은 1920년대의 독립군가 「고난의 노래」에도 보인다.

③ 방랑가

> 1. 황혼이 깊으려네 이 밤 어디서 새리 저녁연기 떠오르네 저 마을 어씨 됐소
> 태공에 별이 뜬 곳 그 별을 따라갈가 갈 곳이 어드메뇨 외로운 이 몸
> 2. 여기가 백두성산 그 앞에가 두만강 강건너 어디런가 즐펀하다 만주벌
> 만주땅 건너편은 거기가 시베리아 끝없는 시베리아 오로라까지
> 3. 강산이 무심커니 누가 나를 위로해 물동이 이고가는 어여쁘다 시악씨
> 이 땅에 봄이 오면 찾을 날이 있으리 행식이 초라타고 웃지나 마소

(『배달의 맥박』, 434쪽)

노랫말 중 '이 땅에 봄이 오면'은 곧 '조국이 독립되면'이란 뜻이다.

백두산, 두만강, 만주, 시베리아 등지를 유랑하며 비록 행색이 초라한 가운데서도 조국의 독립을 기원하며 활동하는 지사의 뜻이 담겨 있다.

④ 방랑자의 노래(방랑가)

이규송 작사, 강윤석 편곡
1. 피 식은 젊은이 눈물에 젖어 낙망과 설움에 병든 몸으로
   북극한설 오로라로 끝없이 가는 애달픈 이 내 가슴 누가 알거나
2. 돋는 달 지는 해 바라보면서 산곱고 물맑은 고향 그리며
   외로운 나그네 홀로 눈물지을 때 방랑의 하루 해도 저물어가네

(『배달의 맥박』, 454쪽 ; 박찬호, 1992, 215쪽)

1930년대 조국을 등지고 이역 하늘 밑을 방랑하던 동포들의 한을 그린 노래이다. 1931년에 유행가로 음반 발매되었는데 원래 구전가요를 강윤석이 편곡하여 발표한 것인지 아니면 발표 이후 구전가요가 되었는지 모르지만, 일제강점기에 끝없는 유랑의 생활을 해야 했던 동포들의 한이 노랫말에 표현되어 있다는 면에서 널리 불렸다.

'피 식은 젊은이'라는 표현은 당시 6·10만세운동과 광주학생운동의 함성이 일제의 탄압으로 꺾이고, 독립의 희망이 보이지 않는 어두운 시대적 상황을 반영하는 상징적 표현이라 할 수 있다. 동시에 독립의 희망을 전혀 담아내지 못한 점에서 이 노래는 패배주의적 정서로 일관되어 있고 이러한 점은 1930년대 한민족의 유랑의 본질과 유랑의 종착점인 독립에의 의지, 저항을 왜곡시키는 역기능적 작용을 하였다.

⑤ 제목미상

1. 하나이라면 한나라 백의동포 무산대중아 무산대중아
   배고프면 떠나가는 북만주로다 북만주로다
2. 둘이라면 두만강 저 건너다 내 고향 두고 내 고향 두고
   부모형제 다 버리고 어디로 가나 어디로 가나
3. 셋이라면 서백리아 찬 바람에 추워서 떨고 추워서 떨고
   한번 간 우리 동무 왜 못 오느냐 왜 못오느냐

(태윤기, 1975, 131~132쪽)

1940년대 중국 관내 독립진영에서 부르던 노래이다.

고향을 떠나 만주 시베리아로 유랑하던 동포들의 고난을 그리고 있다.

원래 10절까지 있던 노래로 '십진가'의 형식을 취하고 있다.

1944년 중국 중앙군 낙양 포로수용소에는 여러 가지 이유로 중국군의 포로가 된 한인청년들이 있었다. 그 가운데, 사선을 넘어 일본군을 탈출한 학병들도 있었다. 이들은 1944년 추석에 「독립군추도가」, 「언제나 언제나」, 「아리랑」, 「막걸리타령」, 그리고 위의 노래 등을 부르면서 조국을 그리워하였다고 한다.

이들 포로들은 광복군과 중국군의 협상에 의해 독립정신교육을 거친 후에 광복진영으로 넘어왔다. 광복군에서는 인원을 파견하여 이들에 대하여 일정 기한의 정신교육과 기본 군사훈련을 실시한 후 순차적으로 광복진영으로 받아들였다.

이상 망국의 한을 담은 유랑의 노래 다섯 곡을 보았다. 『구약성서』에 압제의 땅 이집트에서 이스라엘 민족을 구원한 모세의 이야기가 있다. '젖과 꿀이 흐르는 땅'을 찾기 위하여 모세의 무리는 40년 동안 광야를 헤매야 했다.

망국의 한을 안고 이역 하늘 밑을 떠돌아다녀야 했던 우리 동포들의 모습을, 행복의 땅을 찾아 광야를 헤매던 이스라엘 민족에 비유할 수도 있을 것이다. 단, 동족을 압제의 땅 이집트에서 구원한 지도자는 모세 한 사람이었지만, 식민지 조선을 압제자 일제의 손에서 해방시키기 위해 분골쇄신 노력한 인물은 헤아릴 수 없이 많았던 점이 다르다.

4. 망국의 한

> 내 집을 남을 주고 떠돌이 신세
> 망국노의 학대에 눈물집니다

앞에서 유랑의 노래를 보았는데, 이는 망국의 한을 간접적으로 표현한 것들이다. 망국의 한을 직접적으로 표현한 노래들을 보자.

① 망국한

1. 제비는 등대에다 집을 짓고 / 즐겁게 즐겁게 살아가건만
   외로운 백의족 오늘도 종일 / 살길 찾아 끝없이 헤매입니다

2. 뒷동산 熊孫이도 땅굴이 있고 / 땅에 기는 달팽이도 집이 있건만
   외로운 백의족 오늘도 종일 / 살곳 없어 황야에 유랑합니다
3. 온누리에 사람은 평등하건만 / 약육강식 강자가 못된 탓으로
   내 집을 남을 주고 떠돌이 신세 / 망국노의 학대에 눈물집니다

(「새배달 노래」, 715쪽)

나라 잃은 민족이 되어 유랑할 수밖에 없는 슬픔을 노래하고 있다.

일제의 수탈로 살기 어려워진 동포들은 만주·시베리아 등지로 유랑의 길을 떠나야 했다. 그러나 척박한 만주·시베리아를 개척하고 삶의 뿌리를 내리는 것은 수월하지 않았다. 때로는 농사에 실패하기도 하고 때로는 일제의 압박이 그 곳에까지 미치기도 하고 때로는 친일마적의 공격을 받기도 했다. 동포들은 그러한 곤경에 처할 때마다 새로운 삶의 장소를 찾아 유랑의 길을 떠나야 했다.

1~2절 노랫말은 유랑의 노래라 할 수 있다. 3절 '사람은 평등하건만 강자가 못되게 집을 빼앗아 망국노로서 학대받는다'는 내용에 나라 잃은 설움이 가득차 있다.

② 실락원

1. 백두산 밑 푸른 언덕 계림 동산은 / 우리 민족 나고 자란 옛집이어늘
   오늘 와서 멸망의 지옥 이르니 / 아하 우리 돌아갈 길 어디란 말가
2. 부모없고 집잃은 이 내 신세는 / 배고프고 옷벗어 들에 우도다
   이 몸이 무엇에 죽는다 한들 / 어느 누가 날 위해 눈물 흘리랴
3. 형제들과 처자들은 어찌되었나 / 아직까지 실목숨 이어가는지
   동천에 뜬 구름 바랄 때마다 / 더운 눈물 뿌림이 그 몇 번이던가
4. 만주리아 빛긴 벌 가을바람에 / 거칠고도 많은 풀 쓸쓸도 하다
   한옛적에 용장한 조상님들이 / 우리 위해 피흘린 곳 여기이니라
5. 그 때에는 우리 박달잎도 성하고 / 아름답던 무궁화 꽃이 피어서
   이웃에서 자라던 모든 초목이 / 머리숙여 우리 영광 하례했니라
6. 골목골목 들리는 건 격양노래요 / 입으로서 나오는 건 사랑과 울음
   오직 자유로움으로 크게 소리해 / 하늘 아래 마귀들이 벌벌 떨었고
7. 그네 팔 그네 다리 정력의 결정 / 들을 때에 나오는 건 문명의 열매
   그네들이 이렇게 힘 안아끼고 / 우리 위해 이 강산을 꾸며주었네
8. 난데없는 검은 구름 달려오더니 / 미친 바람 모진 비에 천지 뒤놓아

　　　옥같이 고운 동산 진주같은 꽃 / 부질없이 떨어트려 흙에 묻었네
　9. 사천춘광 성해오든 거룩한 박달 / 우리 대에 잎사귀가 아주 말랐고
　　　그렇게도 아름답던 무궁화 가지 / 애달프게 말발굽에 밟혀버렸네
10. 오 - 나의 정든 임 푸른 언덕아 / 네가 과연 유심커든 돌아보아라
　　　비록 이 내 지은 죄가 중하다 한들 / 언제까지 이 내 몸을 버리려 하나
11. 쇠잔한 이 내 목숨 살아 있고 / 이 내 팔 이 내 다리 남아 있으니
　　　돌아올 東君[태양]의 수레 믿기에 / 부러지고 닳도록 쓰려 하노라
12. 깨어라 일어나라 내 동생들아 / 어이하여 너희는 죽는단 말가
　　　이 끝에 지옥과 저 끝에 낙원 / 어찌하여 너희는 못본단 말고
13. 봄이 오면 마른 가지 단물 오르고 / 굵은 뿌리 가는 뿌리 땅내 맡아서
　　　아름답던 무궁화 꽃이 피고요 / 비단같은 금수강산 화려하련만
14. 지금은 남의 자식 놀이터 되고 / 구박받는 우리 신세 처량하구나
　　　동포야 方寸에 刀 가슴에 품고 / 回春에 그 날을 준비하여라
15. 이 내 통로 회춘곡 크게 불러서 / 시름에 든 내 동포들 다 깨우고
　　　부활의 단 술잔에 얼굴을 피워 / 득낙원곡 높이 불러 만만세로다

　　　　　　　　　　　　　　　　　　　　　　　(「새배달 노래」, 705쪽)

　예전 우리 겨레의 삶을 '낙원에 자유롭게 사는' 것에 비유하고 일제가 나라를
빼앗은 것을 '낙원을 잃은' 것에 비유한 노래이다. 노랫말에 망국의 비탄과 아울러
'회춘과 득낙원', 즉 독립에 대한 희망도 동시에 담겨 있다.

　　　　③ 깊이 생각
　　　　　　　　　거국행 곡조
　1. 슲으도다 민족들아 우리 신세 슲으고나
　　　세게 만국 삶어보니 자유 활동 다건만
　　　우리 민족 무삼죄로 이 지경에 빠젓난가
　　　날고기난 금슈들도 몸담을 곳 다 잇겻만
　　　우리들은 간 곳마다 몸부칠 곳 없고보니
　　　가련하다 이 신세를 어이하면 좋단 말가
　2. 사랑홉다 청년들아 아모 넘녀 하지 말고
　　　너의 마암을 안심하여 앞에 길을 내다보라
　　　등뒤에는 범 따르고 발뿌리에 태산쥰령
　　　락심하여 쓸때없다 안이 갈 길 못되나니

    죽을 지경 당한 민족 분발심을 뽐내여서
    태산준령 헷친 후에 탄탄대로 行해 가세

(『최신창가집』, 103쪽)

 1910년대에 만주에서 불리던 노래로, 1절에서는 나라를 잃고 자유마저 빼앗긴 한을 표현하고 2절에서 분발하여 나아갈 것을 노래하고 있다.

④ 낙화암

이광수 작사, 梁田貞 작곡

1. 사비수 나리는 물에 석양이 비칠제 / 버들꽃 날리는데 낙화암이란다
   모르는 아해들은 피리만 불건만 / 맘있는 나그네의 창자를 끊노나
2. 칠백년 누려오던 부여성 옛터에 / 봄만난 푸른 풀이 예같이 푸럿네
   구중의 빛난 궁궐 있던 터 어디며 / 만승의 귀하신 몸 가신 곳 몰라라
3. 어둔 밤 불길 속에 곡소리 나더니 / 꽃같은 궁녀들이 어디로 갔느냐
   님주신 비단치마 가슴에 안고서 / 사비수 깊은 물에 던졌단 말이냐
(후렴) 낙화암 낙화암 왜 말이 없느냐

(『광복의 메아리』, 168쪽 ;『망향성』, 12쪽)

 1920년대부터 불린 노래로서 백제의 최후 참상을 조국의 비운으로 상징하여 애닯은 사연을 표현하고 있다. 홍난파가 펴낸 『세계명작가곡선집』(1925년)에 「봉선화」, 「기러기 노래」(남궁억 작사) 등과 함께 실려 널리 전파되었고, 대구에서 활동하던 성악가 권태호(權泰浩)에 의해 절창되곤 했다.[5] 독립운동 진영의 기념일에도 불렸으나 이광수의 변절 이후 공식석상에서 불리지 않게 되었다. 작곡자는 당시 우리나라에 와 있던 일본인 야나다 다다시(梁田貞)였다. '만승의 귀하신 몸'은 천자(왕)를 가리킨다. 중국 주나라 때 천자가 병거(兵車) 1만대[萬乘]를 관할지역에 출동시키는 제도에서 전화(轉化)되어, 만승이 왕을 일컫는 말이 되었다.

⑤ 낙화 삼천 간 곳 어데냐

1. 반월성 너머 사비수 보니 / 흘으는 물결 속에 낙화암은 감도네
   옛꿈은 바람 속에 살랑거리고 / 고란사 저문 날에 물새만 운다

---

5) 박용구, 「비평적 가곡 소사」, 『오늘의 초상』, 일지사, 1989, 69쪽.

2. 百花亭 앞에 두견새 울고 / 떠나간 옛 사랑에 천년 꿈이 새롭다
   王興寺 옛 터전에 저녁 연기는 / 무심한 강바람에 퍼져 오른다
3. 청마산 우에 햇발이 솟아 / 부소산 남쪽에는 터를 닦는 징소리
   옛 성터 새 뜰 앞에 꽃이 피거든 / 산유화 노래하며 향을 사르자
(후렴) 무러보자 무러보아 삼천궁녀 간 곳 어데냐
        무러보자 낙화 삼천 간 곳이 어데냐

(『망향성』, 13쪽 : 『광복의 메아리』, 181쪽)

④ 노래처럼 백제 멸망의 참상에 빗대어 망국의 비운을 노래하고 있다.

국내 유행가이던 이 노래는 1940년대에 일제에 의해 금지되었다. 1943년 침략 전쟁에 광분한 일제는 강제로 학도병을 지원시켰는데, 당시 민간에서는 위 노랫말의 '삼천 궁녀'를 '삼천 학도'로 바꾸어 부르곤 했다. 이것이 일제당국의 비위를 거슬려 금지되었던 것이다.[6]

⑥ 제목미상

1. 쇠사슬 굵은 줄에 얽어 매여서 / 끌리어서 가는 곳이 그 어디냐
   갖은 악형 죽음만이 기다리는 곳 / 감옥이나 사형장이 그곳이라오
2. 나라잃은 이 내 몸은 죄가 없어도 / 쇠사슬에 얽어매여 끌려가나니
   하늘가에 사무치는 원한의 눈물 / 뼛속까지 쑤시는 망국의 설움
3. 이 내 몸이 매여 매일 죄가 있다면 / 이 내 조국 빼앗긴 한 죄뿐이다
   나라잃은 망국민의 원통한 신세 / 울고울고 또 울어도 한이 없구나

(선우훈, 1993, 37쪽)

⑦ 제목미상

1. 내 나라 빼앗기고 남의 종이 뇌는 꼴을
   월남이 망하던 꼴 남의 꼴만 여겼더니
   오늘의 이 내 꼴이 그뿐인가 하노라
2. 내 나라 빼앗김도 이루 섧다 못하련만
   쇠줄에 얽어매여 형장 아래 맞아 죽음
   하늘에 사무친 원한 풀길없어 하노라

(선우훈, 1993, 39쪽)

---

6) 조흔파, 『사건백년사』, 정음사, 1975, 245쪽.

105인사건에 대한 선우훈의 회고기에 실려 있는 이 두 노래가 실제 불리던 노래인지 확인되지 않으나, 그 책에 실린 노랫말 가운데 실제 불리던 노래도 있다.

위 두 노래는 애국지사들이 일제에게 체포되어 형장·형무소로 끌려가며 망국의 한에 피눈물을 뿌리며 부르던 노래인 것으로 추측된다.

선우훈의 저서에는 ⑥ 노래를 부르는 정황이 다음과 같이 기록되어 있다. "나는 어디로 가는가? 유치장? 감옥? 재판소? 그리고 사형장!……우리의 신세가 남보다 못한 것이 있다면 나라 없는 신세뿐이고 우리에게 죄가 있다면 나라 빼앗긴 죄밖에는 없는데 나라 없는 신세가 이다지도 처참하고 나라 빼앗긴 죄가 이다지도 크단 말이냐? 1. 쇠사슬 굵은 줄에 얽어매여서……."

⑧ 옥야 삼천리

1. 류대부주 광활한데 아세아 동반도 / 백두산의 일지맥이 동으로 흘너서
   화려강산 되엿으니 옥야아 삼천리 / 금은동철 싸여잇고 살님도 조코나
2. 단군께서 창업하고 례의로 가르쳐 / 효자충신 영웅들이 수없이 생겼고
   문명하게 지내더니 우리 대에 와서 / 자유국권 어데가고 망국인 되엿나
3. 삼륙억만인 중에 슯은 것 만흐나 / 나라업는 우리 동포 데일 슯으도다
   애국하다 죽는 사람 제 직분 다하니 / 녜로붙어 충신열사 우리도 본밧세
4. 금수동물 버러지도 제집이 잇거든 / 집과 땅이 업는 우리 뼈와 살이 부서저도
   겁없이 나아가 삼도왜적 물니치고 / 승전고 울리세

(『망향성』, 74쪽)

망국의 슬픔을 극복하고 충신열사를 본받아 왜적을 물리치자는 결의를 담은 노래이다. 기타 망국의 슬픔을 표현한 노래들(①~⑦)과 비교해 볼 때 극복의 의지, 즉 왜적을 물리치고 승리하자는 결의가 강하게 담겨 있다.

곡은 옛날 찬송가 147장 곡을 사용하였다.

5. 부모의 은덕

산아 산아 높은 산아 네 아무리 높다한들
우리 부모 날 기르신 높은 은덕 미칠소냐

구한말 애국계몽운동 시기에 「부모은덕가」라는 노래가 나왔다. 높고 깊은 부모의 은덕에 효도로 보답하자는 계몽의 노래였다.

부모 은혜를 생각하는 노래(부모은덕가)

이성식

1. 산아 산아 놉혼 산아 네 아모리 놉다한들
   우리 부모 날 길으신 놉혼 은혜 밋츨손가
   놉고 놉혼 부모 은덕 어이하면 보답할고

2. 바다 바다 깁흔 바다 네 아모리 깁다한들
   우리 부모 날 길으신 깁흔 은덕 밋츨손가
   깁고 깁흔 부모 은덕 어이하면 보답할고

3. 산에 나는 가마귀도 부모 효도 극진한대
   귀한 인생 우리들은 부모님께 어이할고
   넓고 넓은 부모 은덕 어이하면 보답할고

4. 우리 부모 날 길을 때 고생인들 엇더하며
   뼈가 녹듯 슈고하야 우리들을 길럿스니
   닛지마세 닛지마세 부모 은덕 닛지마세

5. 굳고 굳은 바위돌은 만세토록 변치 안네
   한 부모의 같은 자손 우애지정 바위 같아
   우리들은 효도로써 부모 은덕 갚아보세

(1~4절 『신한민보』 1915. 7. 22 ; 5절 『최신창가집』, 96쪽7))

1915년도 『신한민보』에 이성식(李聖植) 작으로 실려 있지만 노래가 탄생하여 불리던 것은 1900년대부터이며, 학교 창가시간을 통해 널리 전파되었다.8) 미주지역에서는 4절로 불리고 만주에서는 5절까지 불린 것으로 보인다.

이성식은 1910년 4월에 『중등창가』(황성서적업조합)를 출판했는데 이 책은 비밀출판을 이유로 일제에 의해 압수당한 기록이 있다.9) 이 노래책에 실린 노래들은 애국정신을 고취하는 내용들이었을 것이며 따라서 이성식은 경술국치를 전후

---

7) 강용권, 『죽은 자의 숨결, 산 자의 발길(상)』(장사, 1996, 302~303쪽)에는 이 5절을 4절로 하여 총 4절을 기록하고 있다.
8) 『광복의 메아리』, 131쪽.
9) 『경무월보』 1912년 3월(「일제 초기의 언론출판자료」, 『한국학』 2, 1974, 13쪽).

하여 '애국노래운동'을 전개한 음악인으로 주목할 만하다.

그런데 『신한민보』1915년 6월 17일자에 안창호의 「격검가」를 소개하면서 이
성식 명의로 대한청년의 연습과 연구를 위하여 매주 노래 한 장을 기재한다는 안
내글을 싣고 있다. 이러한 내용으로 보아 이성식은 1915년을 전후하여 미주지역에
서 음악을 통한 애국활동을 전개하였음을 확인할 수 있다.

노래에서의 부모는 실제 육친으로서의 부모임과 동시에 자신의 뿌리가 있는 조
국이자 겨레이다. 실제로 일제 시기에 조국을 그리워하는 망향의 노래들에는 '부
모국'이란 표현이 종종 등장한다. 이러한 뜻에서 경술국치 이후 만주에서는 부모
의 은덕을 기리는 노래들이 많이 불렀는데, 1914년 만주 광성중학에서 펴낸 『최신
창가집』에는 위「부모은덕가」 외에 「감은(感恩)」, 「효효(效孝)」, 「찬양은덕」, 「아
(我)의 가정」 등이 실려 있다. 그 가운데 「감은」을 보자.

감은

1. 부모님의 나으사 또한 양육하셨네 풀과 같은 우리를 붓도두고 김매여
   좋은 꽃이 피기를 보시고져 할지니 감사할사 이 은혜 엇지하면 갑흘가
2. 사람되을 직분을 교훈하여 주시와 돌과 같은 우리를 가르시고 쪼음은
   보배그릇 되기를 원하시난 일일세 감샤할사 이 은혜 엇지하면 갑흘가
3. 문앞 枯木 가지에 반포하는 가마귀 부즈런이 물어다 제 어미를 먹이네
   가쟝 귀한 사람이 부모 사랑 모를가 감사할사 이 은혜 엇지하면 갑흘가
4. 슈를 놋세 슈놋세 부모은혜 슈놋세 오색찬란 능라실 세침중침 꿰여서
   등잔 앞과 달 아래 정성 드려 슈노니 고당백발 부모님 만슈무강합소셔

(『최신창가집』, 85쪽)

1~2절은 부모의 은혜를 상징적으로 표현하고, 3~4절은 사람이 지켜야 할 효
를 고취시키고 있다. 1939년에는 양주동 작사의 「어머니 마음」이 탄생하였다.

어머니 마음

양주동 작사, 이흥렬 작곡

1. 낳실제 괴로움 다 잊으시고 / 기를제 밤낮으로 애쓰는 마음
   진 자리 마른 자리 갈아뉘시며 / 손발이 다 닳도록 고생하시네
   하늘아래 그 무엇이 넓다 하리오 / 어머님의 희생은 가이없어라

2. 어려선 안고 업고 얼려주시고 / 자라선 문기대어 기다리는 맘
  앓을사 그릇될사 자식 생각에 / 고우시던 이마위에 주름이 가득
  땅위의 그 무엇이 높다 하리오 / 어머님의 정성은 그지없어라
3. 사람의 마음 속엔 온가지 소원 / 어머님의 마음 속엔 오직 한 가지
  아낌없이 일생을 자녀 위하여 / 살과 뼈를 깎아서 바치는 마음
  인간의 그 무엇이 거룩하리오 / 어머님의 사랑은 지극하여라

(『광복의 메아리』, 195쪽)

작곡자 이흥렬은 원산 출생으로 일본 동양음악학교를 졸업하였다. 졸업 후 독일유학을 권유받았으나 어머니를 생각하고 귀국하여 교사가 되었다. 세 살 때 아버지를 잃은 이흥렬은 홀로 된 어머니의 뒷바라지를 받으며 훌륭한 음악가로 성장하였다. 위 노래는 바로 이러한 어머니에 대한 이흥렬의 감사의 표시였다.[10]

이 노래는 경성방송국의 가정가요 보급운동의 일환으로 전파를 타고 당시 가장 널리 퍼진 노래라 할 수 있다. 「즐거운 우리집」(김동환 작사 · 김성태 작곡), 「산에 들에」(홍난파) 등의 노래도 방송 합창단의 합창을 통하여 널리 전파되었다.[11]

1940년대에 일제는 한반도의 청년들을 징병하여 대륙침략전쟁에 내몰았는데, 이 때 나온 「지원병의 어머니」란 노래가 있다. 전선으로 떠나가는 아들을 송별하는 어머니의 심정을 묘사한 노래로, 일제의 침략전쟁을 미화 · 찬양하는 영화 「지원병」의 주제가였다. 조명암 작사에 고가 마사오(古賀政男) 작곡이었다.

그런데 학병 출신들이 일본군을 탈출하여 독립진영에 가담하면서 이 노래의 가사 일부를 다음과 같이 바꾸어 부르곤 했다.

한국의 어머니

1. 나라에 밫이자고 키운 아들을 / 빛나는 싸홈터로 배웅을 할제
  눈물을 흘릴소냐 웃는 얼골로 / 긔빨을 흔들엇다 새벽 정거장
2. 사나의 목숨이 꽃이라면은 / 저 산천 초목 아래 피를 흘니고
  용감히 떨어지는 붉은 무궁화 / 이것이 한국 남아 본분일껴다

(『망향성』, 9쪽)

1940년대 말 생사를 건 모험 속에서 일본군을 탈출하여 독립진영으로 찾아온

---

10) 박찬호, 『한국가요사』, 현암사, 1992, 115쪽.
11) 이상만, 「한국음악백년」, 『경향신문』 1986년 9월 4일.

학병들은, 탈출 초기에 독립군가나 독립진영의 노래를 몰랐기 때문에 국내에서 부르던 일제 가요의 노랫말을 바꾸어 불렀던 것이다.

6. 자연가

자연을 총체적으로 표현하는 노래와, 계절(봄·가을)의 특징을 표현한 노래로 구분해서 '자연의 노래'를 보자. 특히 계절을 표현한 노래들은 봄의 생명성과 가을의 수확성을 상징적으로 표현하고 있다.

(1) 자연가

①-1 自然歌

1. 한 바퀴 뚜렷한 달 중천에 솟았고
   찬 이슬 가을밤이 낮과 같이 밝도다
   천지는 고요하고 새벽별 총총한데
   귀뜨라미 귀뜨라미 또르륵 또르륵
   스르름 맴맴 스르름 맴맴
   각각 좋아 노래하니 자연의 음악소리 돗도도 돗뎃다
2. 노고지리 소쩍새 꾀꼬리 종달새
   노래도 여러 가지 곡조도 가지각색
   솔쫑쫑 솔쫑쫑 구구구 구구구
   지리지리 지지배배 지리지리 지지배배
   각각 좋아 노래하니 자연의 음악소리 돗도도 돗뎃다

(지복영, 『강도 굽이굽이 산도 굽이굽이』 미간행)

①-2 자연가

1. 한 바퀴 뚜렷한 달 중천에 솟았네
   흰 이슬 가을달이 낮과 같이 밝도다
   때만난 모든 벌레 천지에 소리 소리
   귀뚜라미 귀뚜라미 베짱이 베짱이

> 무각씨는 똑딱똑딱 지렁이는 찌르르
> 갖가지로 다 우는 것 네의 무슨 뜻인고 내가 한번 묻고자
> 2. 묻노라 너의 벌레 무슨 흥 저렇듯
> 주야장천 긴긴 밤 찬 이슬과 찬 바람
> 조금도 쉬지 않고 밝도록 지저거려
> 이 귀뚜람 저 귀뚜람 이 귀뚤 저 귀뚤
> 이 베짱이 저 베짱이 저 베짱이 이 베짱이
> 그다지도 수다한가 달빛도 좋거니와 벌로히 소희[笑戱?]있소
>
> (『배달의 맥박』, 532쪽)

1910년대부터 불리기 시작하였으며, 1920년대 만주의 민족주의학교 학생들 사이에 널리 불렸다. 풀벌레 소리, 새 소리를 자연의 음악소리로 삼아 각종 의성어로 표현한 것이 무척 재미있다.

② 자연미(자연의 노래)

> 1. 중천에 높이 떠서 우는 저 새와 / 절벽에서 나리는 장쾌한 폭포
>   천연에 음악을 노래하는듯 / 끊이지 안는 저 바다 파도치는 소래
> 2. 시내가에 늘어진 푸른 버들과 / 천공에 빛나는 밝은 저 별은
>   천연의 경개를 그려내인듯 / 조물주의 조화가 이것이 아닌가
>
> (『망향성』, 55쪽)

만주와 중국 관내 독립진영에서 부르던 노래이다.

한편 홍난파의 『통속창가집』(9쪽)에는, 「천연의 미(美)」란 제목으로 이 노래가 실려 있는데 노랫말 표현이 약간 다르게 되어 있다.

> 1. 즁텬에 높히 떠 우난 저 새와 / 시내가에 느러진 푸른 저 버들
>   텬연의 음악을 알와 우난듯 / 끈이잔는 저 바다의 파도치난 소래
> 2. 시내가에 느러진 푸른 저 버들 / 아름답다 쳥텬에 빗난 저 별은
>   텬연의 경개를 그려내인듯 / 조물쥬의 조화가 이 안인가

홍난파는 위 창가집의 「예언(例言)」에서 "곡수는 14·15종에 불과하나 오직 화양(和洋) 명곡 중 취미 진진(津津)하고 우아 활발한 자로 선택하여 편성함"이라고 하였다. 따라서 이 창가집에 실린 노래들은 홍난파의 작곡이 아님을 알 수 있

으며 위 「천연의 미」는 1900년대 일본에서 크게 유행했던 노래이다.

③ 觀物生心

1. 뒷동산에 꽂피고 앞 내물이 흘을제 가지가지 붉고 묵묵수는 맑다
   잔디 우에 옥토기 짝을 찾아 나가네 거름거름 밝은 것은 어린 풀에
   속잎이요 임임총총 수목들은 반겨하난듯
2. 락락장송 풀으고 양유가지 풀을제 두류미 춤추고 꾀고리가 운다
   청천백일 높고나 나러가는 황새야 세샹사가 분요타고 높이 날러
   웃지말아 이 내 속에 품엇든 것 오직 일편심

(『최신창가집』, 87쪽)

④ 四時景

1. 동원에 화발하고 남구에 초록하니
   봉염의 세계로다 일시변화는 너의가 먼져
2. 강남에 雨歇하고 水北에 沙明하니
   鷗鷺의 생애로다 淸流沐浴은 우리와 같이
3. 風淸코 月明한대 鴻雁이 高飛하니
   羈窓의 鄕里로다 長夜感慨는 고금이 일반
4. 萬山에 雪白한대 松栢이 獨靑하니
   장부의 심사로다 千古持節은 누가 제일

(『최신창가집』, 155쪽)

위 두 노래는 자연을 소재로 하면서도 노래 끝에서 굳은 절개(일편심, 천고지
절)를 지킬 것을 표현하고 있다. 위의 창가집에는 이들 노래 외에 「성(星)」, 「사절
(四節)」, 「녀름의 자연」, 「양춘가절(陽春佳節)」, 「추경(秋景)」, 「등산」, 「월(月)」,
「조춘(朝春)」 등 자연을 소재로 한 노래가 많이 실려 있다.

(2) 봄의 노래
① 춘색가

吳能祚

1. 산위에 덮혔던 눈 흔적없이 녹았고 / 떨기 아래 구는 내 돌돌 흐르네

　　水澤에 모인 물 千尺이 깊었네 / 삼천리에 찬 것이 봄빛이로다
　2. 언덕 위에 잔디는 푸릇푸릇 엄나고 / 절벽위에 피는 꽃 점점 붉었네
　　꽃과 풀은 때쫓아 빛을 발하네 / 삼천리에 찬 것이 봄빛이로다
　3. 종달은 높이 떠 지중지중 노래코 / 기러기 짝지어 펄펄 날도다
　　울고가는 새들은 봄소식 전하니 / 삼천리에 찬 것이 봄빛이로다
　4. 나라 사랑 일편심 꽃과 같이 붉었고 / 동포 사랑 깊은 정 수택같고나
　　이 맘과 이 정을 사시 청춘 불변에 / 삼천리에 찬 것이 봄빛이로다

(한철수, 1984, 22~23쪽)

　　1920년대 만주에서 불리던 노래이다. 작사자 오능조는 대한청년단연합회 서기 겸 기관지 주필로 활동하던 인사로, 음악적 소양을 갖춘 지사였던 것으로 보인다. 일례로 1920년 4월에 개최된 대한청년단연합회 2회 정기총회에서 오능조는 지중진(池中鎭)과 함께 독립군가를 병창하기도 했다.[12]

② 봄의 頌歌

　1. 봄이 왔네 봄이 왔네 겨울 가고 봄이 왔네
　　천지간에 화기돈다 집집마다 기쁘도다
　2. 겨울철에 얼어붙은 샘물들이 다 녹았네
　　이골 저골 졸졸줄줄 사방으로 흐르누나
　3. 꽃이 피네 꽃이 피네 산과 들에 꽃이 피네
　　벌의 노래 나비춤에 온갖 것이 웃는구나
　(후렴) 바위밑에 눌린 풀도 싹이 터서 올라오네
　　한얼님이 주신 생명 대자연의 힘이 크다

(『광복의 메이리』, 160쪽)

　　1920년대 북만주 독립진영에서 부르던 노래로, 삼라만상이 소생하는 대자연의 섭리에 대하여 '한얼님'께 찬양하고 있다.

③ 봄편지

서덕출 작사, 홍난파 작곡

　　연못가의 새로 핀 버들닙을 따서요 / 우표 한 장 붓쳐서 강남으로 보내면

---

12) 김정명 편, 『조선독립운동 1-분책』(국학자료원 영인, 1980), 437쪽.

작년에 간 제비가 푸른편지 보고요 / 조선봄이 그리워 다시 차저 옵니다

　홍난파의 『난파동요 100곡집』(15쪽)에 수록되어 있는데, '애원의 정으로' 부르
도록 명기되어 있다. 버들잎을 봄의 상징으로 삼아 중국(강남)의 제비가 돌아오길
간절히 바라는 정서를 표현하고 있는데, '조선봄'을 '조국의 광복', '강남 제비가 다
시 찾아옴'을 '이역 동포들이 조국에 돌아옴'으로 해석할 수도 있을 것이다. 여하
튼 이 노래는 국내뿐 아니라 조국을 그리는 만주·중국 관내지역 동포들 사이에
서도 널리 불렸다.

(3) 가을의 노래
①-1 感秋歌

任學參 지음

1. 어언간 三秋는 지나가고 / 가을 바람 소슬한데
   단풍잎은 떨어져서 / 뜰앞을 쓰노나
2. 弓象角徵羽를 멀리하고 / 문을 닫고 홀로 앉아
   감추가를 노래하니 / 취미가 많구나

(지복영, 『강도 굽이굽이 산도 굽이굽이』 미간행)

①-2

1. 어언간 삼추는 지나가고 / 가을 바람 서늘한대
   단풍닢은 떠러저서 / 뜰앞을 쓸도다
2. 문전의 양류는 빛을 일코 / 누른 국화 피엿스니
   이 세월이 덧없서서 / 호걸이 늙는다
3. 청산에 만수는 꿈을 꾸고 / 추풍락엽 되일망정
   록엽없다 하지 마라 / 송죽이 푸르다
4. 반도를 단장한 이 강산아 / 별일도 많도다
   몇 가을을 지낸나냐 / 사천여년 세월 갔네

(『망향성』, 63쪽)

①-3

1. 어연간 삼춘은 지나고 / 가을 바람 서늘한데

　　　단풍잎은 떨어져서 / 뜰앞을 쓸도다
　2. 문전에 양루[양류]는 빛을 잃고 / 추풍낙엽 되였으니
　　　녹음없다 하지 마라 / 송죽이 푸르다
　3. 청산에 만수는 빛을 잃고 / 적막강산 되었으니
　　　이 세월이 덧이 없이 / 장부가 늙는다
　4. 반도를 안장[단장]한 이 강산아 / 몇 만년을 지냈느냐
　　　사천여년 세월간에 / 별일도 많고나

(「새배달 노래」, 716쪽)

　만주·중국에서 널리 부르던 노래로 여러 노랫말이 남아 있는데 구전되는 과정
에서 노래 표현이 약간씩 변화되었음을 알 수 있다. ①-1에는 지은이가 명기되어
있고 또 노랫말도 시적이다. ①-2와 ①-3은 모두 4절로 되어 있으나 구절이 바뀐
곳이 많고 표현도 약간 다르다. 이 노래 가운데는 가을의 스산함 속에서도 '송죽
이 푸르다'고 함으로써 독립의지가 살아 있음을 표현하고 있다. 또 세월이 무상한
가운데 '장부·호걸'이 늙는다는 표현에서 장부의 비장한 감개를 보여준다.
　지은이가 명기된 ①-1이 원 노랫말에 가까운 것으로 생각되며, 널리 구전되는
가운데 표현이 바뀌어 불린 것으로 보인다.

② 가을의 頌歌

　1. 봄이오면 밭을갈아 좋은씨를 뿌려놓고
　　　여름되면 김을매어 곡식만은 북돋우네
　　　힘을다해 농사지어 구슬땀을 흘려주니
　　　가을철에 곡식익어 황금세계 이루었네
　2. 콩심은데 콩이나고 팥심은데 팥이나니
　　　콩밭에시 콩을걷고 팥밭에서 팥을걷네
　　　악행에는 악과맺고 선행에는 선과맺어
　　　한얼님이 주신상벌 화복으로 나타나네
　3. 산과들에 단풍드니 나무잎이 아름답다
　　　자연속에 안겼으니 우리정신 상쾌하네
　　　가을하늘 깨끗하니 둥근달이 더욱밝다
　　　티끌세상 벗어나니 우리마음 명랑하네

(『광복의 메아리』, 161쪽)

  '한얼님'께 추수의 감사를 찬양하는 송가로, 1920년대 북만주 독립진영에서 부르던 노래이다. 대종교에서 만든 것으로 보인다.

제3장 항전의 대열

1. 동지의 노래, 지사의 노래

항일전선에 나선 애국지사들은 굳은 동지애로 단결하였다. 왜적의 총칼이 아무리 강하더라도 동지들의 굳은 의지는 꺾일 줄 몰랐다.

다음 노래들은 동지, 애국지사를 소재로 한 것들이다.

(1) 동지의 노래

> 금풍은 소슬하고 나무잎 지는데
> 이 동네 젊은 청년 떠나가누나
> 가는 동지 남는 동지 주고받는 말
> 언제든지 나라독립 잊지를 말자

① 동지

1. 상제난 우리를 도으샤 同志케 하시네 / 信愛로 일생 지낼졔 德에다 터하셔
2. 고난의 핍박하는 때 내에 뜻 너 차지 / 복락이 영화되는 때 내의 뜻 너 차지
3. 마암이 解散할지면 약하기 짝업고 / 이 맘이 단결할지면 강하기 한업네
4. 지식운 競爭하는 중 할 일이 만토다 / 일제히 어서 나아가 목적을 달하세
5. 오홉다 우리 동포여 信하고 愛하여 / 나라에 영광 돌니고 영원히 즐기세

(『최신창가집』, 55쪽)

② 동지의 노래

1. 사랑하는 우리 동지들 태극 깃발 높이 받들고
   조국광복 굳은 맹서는 영원토록 변함없으리
   언제나 언제나 자유종을 크게 울릴까
   언제나 언제나 자유종을 크게 울릴까
2. 사랑하는 우리 동지들 원수들이 비록 강해도

　　와신상담 굳센 투지는 최후까지 싸워 이기리
　　언제나 언제나 개선가를 높이 부를까
　　언제나 언제나 개선가를 높이 부를까
　3. 사랑하는 우리 동지들 깊이 맺힌 원한을 풀고
　　자나깨나 그리워하던 조국땅을 밟아 볼거나
　　언제나 언제나 한양에서 다시 만날까
　　언제나 언제나 한양에서 다시 만날까

(『광복의 메아리』. 105쪽)

　①은 1910년대 만주에서 부르던 노래로 뜻과 마음을 같이하여 나라를 위해 노력하자고 결심을 다지고 있다.

　②는 안창호 작사 「상봉가」(맛나 생각)의 노랫말을 고쳐 광복군 진영에서 부르던 노래로 굳센 투지로 조국을 광복시켜 조국 땅을 찾아가자고 맹세하는 동지들의 모습을 그려내고 있다.

　조국독립을 위한 고난의 활동 중에 동지를 만나거나 헤어질 때 부르던 노래가 있다.

① 환영(전우환영가)

　1. 즐겁도다 오날에 귀한 친구 만나셔라
　　길고 오랜 장마날에 청텬백일 빗치인듯
　2. 사랑홉다 모대인의 츙의혈셩 간절하여
　　모든 고난 모든 풍파 날노 길이 밧앗고나
　3. 흠도 없고 틔도 없이 두렷하게 밝은 마암
　　가을 하날 반공중에 높이 빗난 만월인듯
　4. 괴로우나 즐거우나 변치안는 높은 결개
　　츄은 바람 찬 셔리에 홀노 빼인 창숑인듯
　(후렴) 모씨를 모씨를 오날날에 맛나셔라
　　높은 덕을 사모하여 한 곡됴로 노래하세

(『최신창가집』. 156쪽)[1]

---

1) 『배달의 맥박』(494쪽)에는 2절 '모대인의'가 '생사동지', '츙의혈셩'이 '충의열성', 3절 '만월'이 '명월', 후렴 '모씨를 모씨를'이 '결사적 동지를'로 되어 있고 4절은 없다.

동지를 만나 그를 환영하는 노래로 1910~20년대 만주에서 불렸다. 서로 다른 임무를 지니고 각지에서 활약하다 다시 만난 동지 혹은 적에게 체포되었다가 탈출하거나 석방된 동지, 전선에서 헤어졌다가 다시 만난 동지 등을 환영하는 자리에서 이 노래가 불렸을 것이다.

그런데 1910년대에는 위 노랫말로 부르다가 1920년대 독립군 진영에서 「전우환영가」라는 제목으로 후렴 '모씨를 모씨를'을 '결사적 동지를'로 바꾸어 부른 데서, 시간이 경과하면서 노래의 항전성이 고양되고 있음을 확인할 수 있다.

② 작별의 노래

1. 잘가시오 잘가시오 정다운 형제여 / 이제가면 언제오리 눈물만 흐르네
   나라위해 떠나가는 가시밭 험한길 / 북풍한설 낯설은땅 평안히 가시오
2. 잘계시오 잘계시오 정다운 형제여 / 아름다운 고향산천 떠나서 가지만
   어디간들 잊으리요 내조국 내동포 / 다시만날 그때까지 안녕히 계시오

(『광복의 메아리』, 75쪽)

1920년대에 만주 교포사회에서 부르던 노래이다.

1절은 조국독립을 위해 떠나가는 독립지사를 전송하는 동포형제가 주체가 되어 있고 2절은 정든 고향산천과 형제들을 두고 독립진영으로 떠나가는 지사가 주체가 되어 있다. '다시 만날 그 때'란 곧 조국독립의 날이다.

③ 송별곡(송별의 노래)

1. 금풍은 소슬하고 나무잎 지는데 / 이 동네 젊은 청년 떠나가누나
   가는 동지 남는 동지 주고받는 말 / 언제든지 나라 독립 잊지를 말자
2. 두만강을 건너가는 가난한 겨레 / 왜놈의 채찍에 쫓겨가는데
   피끓는 우리 동지 우리 동포는 / 붉은 피를 뿌리려고 떠나가누나
3. 가는 동지 남는 동지 크게 외쳐라 / 압박받고 착취받는 우리 민족이
   고향마을 푸른 동산 저 하늘 높이 / 태극기를 휘날릴 때 다시 만나자

(『광복의 메아리』, 89쪽 ; 『배달의 맥박』, 440쪽)

1930년대에 함경도와 북간도 지역 애국지사들이 부르던 노래이다.

조국독립을 위해 떠나가는 동지를 송별하며 독립에의 결의를 다지는 동지들의 노래이다. 오늘은 비록 왜놈의 압박과 착취 때문에 떠나가지만, 곧 태극기를 휘날

리며 다시 만날 독립의 그 날에 대한 염원을 담고 있다.

이 노래는 공산주의운동 진영에서도 불렀다. '젊은 청년'을 '무산 청년'으로, '동지'를 '동무'로, '나라 독립'을 '무산혁명'으로, '우리 민족'을 '노농대중'으로, '고향마을 푸른 동산'을 '공장에서 농장에서', '태극기'를 '붉은 기발'로 바꾸어 1·2절(위 노랫말의 1·3절)을 불렀다.[2]

민족독립 진영에서 부르던 노랫말을 '공산주의적 표현'으로 개사하여 부른 정형적인 한 사례를 이 노래에서 볼 수 있다. 당시 만주 공산주의 진영에서 부르던 많은 노래들은 이처럼 민족독립운동 진영에서 부르던 노래들의 표현을 공산주의적으로 바꾼 것들이었다.

(2) 지사의 노래

> 지 는 해 돋 는 달 을 피눈물로써
> 일시도 잊지못할 조국의 광복

① 애국지사의 노래

1. 양자강 깊은 물에 낚시드리고 / 독립의 시절 낚던 애국지사들
   한숨과 피눈물로 물들인 타향 / 아침꽃 저녁달이 몇번이더냐
2. 가슴에 맺힌 한을 풀길이 없어 / 산설고 물선 땅에 수십년 세월
   목숨이 시들어서 진토가 된들 / 배달민족 품은 뜻을 버릴가보냐
3. 의분과 인내 속에 강은 더 흘러 / 내일의 기쁜 날을 맞이하려는
   자유와 독립의 힘찬 종소리 / 무궁화 삼천리에 울려퍼지리

(『광복의 메아리』, 61쪽)

1920년대 상해 애국지사와 만주 독립지사들이 부른 노래이다.
온갖 고난 속에서도 독립의 그 날을 위해 힘차게 나아가자는 내용이다.

②-1 독립지사의 노래

1. 조국을 잃어버린 유랑족으로 / 수만리 이역에서 설움받았네
   지는해 돋는달을 피눈물로써 / 일시도 잊지못할 조국의광복
2. 선열의 흘린피가 헛되지않게 / 팔다리 끓는피를 한데모아서

---

2) 사회과학출판사 펴냄, 『항일혁명문학예술』, 갈무지, 1989, 107쪽.

억만년 살아나갈 기초세우자 / 조국은 신성하다 역사반만년
3. 배달의 동포들아 총을들어라 / 몇백번 죽더라도 적과싸우자
독립의 승전가를 높이부를제 / 앞길은 찬란하다 삼천리강산

(『광복의 메아리』, 67쪽)

②-2 조국회상곡

1. 위 노래 1절과 동일
2. ○石과 무쇠돌격 대한청년아 / 팔다리 끌는피를 한데뭉치여
배달족 억만년에 기초세우세 / 조국은 신성하다 역사반만년
3. 백두산 先峯우에 자유종울고 / 황해수 金銀바다 춤을추느나
이목이 터지도록 소리높이세 / 부르자 대한민국 만세만만세

(한효현 편, 1947 ; 『일간스포츠』 1994. 8. 16)

1920년대부터 불리던 노래로 선열의 희생정신을 이어받아 총을 들고 왜적과 싸워 조국을 광복시키자는 결의를 담고 있다. 곡은 두 종류가 있다.

②-2 노래는 해방 후 광복군 국내지대 청주지대장이었던 한효현이 편찬한 『광복군가집』에 실려 있는데 ②-1 노래와 비교할 때 3절이 크게 다르다. ②-1 노래에서는 항전의식이 강하게 표현되고 있는데 ②-2 노래 3절은 광복의 감격스런 장면을 표현하고 있음으로 보아 ②-2 노래 3절은 해방 이후에 삽입된 것이다.

③ 독립지사의 노래

1. 원한과 분격뿐인 대한 남아야 고국산천 떠나서 이역만리에
고독과 벗을 삼아 누계성상을 한난신고하는 것 무엇 때문인가
2. 수림속 닭이 우니 고성의 종소리 밤은 가고 낮 온다고 천하에 울린다
더운 피 끓는 동지들 용진해가자 희망의 빛은 돌아왔다 반도강신에
(후럼) 반도야 슬퍼말고 잘도 잘 있거라 우리는 너의 회포 풀으리로다

(『배달의 맥박』, 391쪽)

조국을 되찾기 위해 망명길에 나선 독립지사의 노래이다.

1930년 김민환이 광주옥중에서 이 노래를 불렀다고 한다. 그는 1926년 항일학생조직 성진회(醒進會)에 가입하였고 광주학생독립운동 이후 일경에게 체포되어 1년의 옥고를 치렀다.

2. 감옥가

머리엔 벼락같은 곤봉 세례요
허리엔 무정한 발길질이라
죽을 힘을 다하여 일어나며는
허리에 찬 쇠사슬은 천근 무게라

일제강점기 민족독립운동사의 뒤안길에는, 독립운동가에 대한 일제의 체포, 고문, 투옥이 있었다. 일제의 무력적 민족 억탈 가운데 가장 첨예한 것이 독립지사들에 대한 사살과 투옥이었다. 강점기에 독립운동 선상에서 고난의 수형생활을 한 운동가들의 수가 정확히 얼마인지는 모른다.

다만 1920년대 언론에 나타난 내용을 보면 당시 일제가 우리 민족의 당연한 권리 주장을 억압하기 위해 물리적 폭력을 행사하여 수많은 지사들을 투옥했음을 알 수 있다. 예를 들어 1921년 1월 24일자 『조선일보』는, 당시 감옥 재감자가 1만 4천 2명(그 중 일본인은 14명에 불과)인데 대부분이 1919년 독립만세운동과 연관된 인사들이라고 기록하고 있다. 또 1929년 12월 20일자에도 신의주 경찰서의 사상범(일제강점기에 독립운동가·사회운동가를 통틀어 사상범·정치범이라 했다) 검거가 105건에 달한다고 기록되어 있다. 불확실한 통계이지만 1929년에만 정치사상범이 1천여 명에 이른다는 기사도 있다(『조선일보』 1931년 1월 4일). 일제가 민족의 자주독립 의지를 꺾기 위하여, 법을 빙자한 물리적 폭력을 얼마나 심하게 자행했는지를 보여주는 사실들이다.

투옥 자체도 일제의 악랄한 폭력이었지만, 취조와 수형생활 속에서 일제가 자행하는 고문과 악형은 실로 인간으로서 생각하기도 끔찍한 것으로, 일례를 들면 끝이 뾰족한 대나무 꼬챙이로 독립운동가의 손톱 밑을 찌르는 것이 있다. 구타나 몽둥이질에 끄떡 않던 운동가들도 웬만큼 의지가 강하지 않으면 이 대나무 꼬챙이 찌르기에는 인간적으로 무너지고 마는 경우가 많았다고 한다.

일부 지사들은 일제의 고문과 악형에 옥중 순국하기도 하였다. 유명한 옥중 순국지사로 오동진(정의부 사령관), 김혁(신민부 중앙위원장), 김동삼(서로군정서 참모장, 정의부 위원장), 전덕원(의군부 군무총감) 등이 있다. 사회주의 진영의 인사로는 권오설(조선공산당 중앙위원), 김재봉(조선공산당 책임비서), 이재유 등이 있다. 또 여성지사로서는 일본 주만주국 대사 무토 노부요시(武藤信義)를 격살하려다가 하얼빈에서 체포된 남자현(정의부), 한국의 잔다르크라고 일컬어지는 3·1운동의 유관순 등이 있다.

특히 오동진의 옥중생활은 유명한 일화를 남기고 있다. 오동진은 재판과정에서도 일제 재판장을 향하여 "재판을 받아야 할 놈들이 나를 심판해! 이놈들, 이리 내려와서 내 심판을 받아 봐라"고 외치며 일제의 재판을 거부하기도 하였다. 또 무기징역을 선고받고 옥중생활을 하는 중 일제의 옥중탄압을 거부하면서 48일간이나 단식하였으며, 높은 인품으로 형무소 간수들까지도 감화시켰다고 한다. 오동진은 1944년 공주감옥에서 순국하였다.[3]

장기간 옥고를 치른 지사로 박열, 정이형 등이 있다.

박열은 무정부주의자로 반제운동을 전개하던 중 1923년 일왕을 척살할 계획을 추진하다가 체포되어 무기징역을 언도받고 23년의 최장기 옥고를 치렀다. 정이형은 정의부 중대장, 고려혁명당 위원 등을 역임하면서 대일항쟁에 나섰으며 1927년 일경에 체포되어 무기징역을 언도받고 19년의 옥고를 치르고 해방을 맞아 감옥을 벗어났다.

일제시대의 독립운동은 투옥과 불가분의 관계에 있었으며, 이러한 배경에서 감옥가가 여럿 불렸다.

① 평양감옥가

1. 동창을 바라보니 철창문이요 / 좌우를 바라보니 붉은 옷이라
   하늘만 보이는 높은 벽돌담 / 이곳이 내가 살 세상이란다
2. 기상종과 간수놈의 고함 소리에 / 먼동이 트기전에 일찍 일어나
   변기청소 얼음세수 몸을 얼구고 / 한술의 수수밥에 목을 축인다
3. 인간굴비 쇠사슬에 허리를 묶여 / 삭풍이 살을 에는 노역장으로
   아속할손 눈보라는 발등을 덮고 / 맨발에 짚조리는 발이 어누나
4. 허기진 나의 몸은 짐짝에 눌려 / 지탱을 못하고 쓰러지노라
   범같은 간수놈의 고함소리에 / 대장부 가슴이 막 무너지노라
5. 머리엔 벼락같은 곤봉 세례요 / 허리엔 무정한 발길질이라
   죽을 힘을 다하여 일어나며는 / 허리에 찬 쇠사슬은 천근 무게라

---

3) 이규창, 『운명의 여진』, 보련제, 1992. 어떤 기록에는 1930년에 사망했다고 하나 1934년에 오동진의 옥중단식 기사가 있는 것으로 보아 1930년 사망설은 잘못된 것이다.

6. 곤봉에 몽롱해진 망막 속에는 / 황천의 염라대왕 얼신거린다
   이것이 피치못할 나의 신세면 / 차라리 북망산천 편하리로다
7. 어제는 이 친구께 가죽조끼요 / 오늘은 저 친구께 중영창이라
   양과 같이 온순한 이 형제에게 / 가죽조끼 중영창이 웬말이냐
8. 오늘도 인간백정 도살군들이 / 검은 집에 내 친구 끌고갔는데
   가증한 왜중놈의 교회사 소리 / 멀리서 제 육감에 들려오누나
9. 죽이는 놈 죽는 자 한 지붕 아래 / 이러한 부자연이 또 있을소냐
   하느님 이 겨레가 무슨 죄있소 / 원수에게 저주를 나리옵소서

(「새배달 노래」, 707~709쪽)

② 감옥가(평양감옥가)

오능조 작사 · 작곡

1. 이야 평양감옥아 네게 뭇노니 / 이곳에 생겨난지 몇몇해인가
   이제부터 너와 나와 두 사이에 / 어떠한 관계가 깊어 있나
2. 앞에 있는 소망을 바라보고서 / 이곳에 들어온지 몇몇해인가
   충신열사 본을 받아 피와 진땀을 / 흘리면서 죽어도 한이 없겠네
3. 슬프도다 우리 민족 이천만인 중 / 네 속에 갇힌자 누구누군가
   선지자도 옥중에서 잠을 잣으며 / 주께서도 법정에서 심문받았네
4. 재판소에 래왕하는 모양 보아라 / 머리에 왕골갓 손에 철갑은
   완연히 죄인모양 다름없으니 / 보는자 누구던지 참혹하리라
5. 끼마다 먹는 밥은 수수밥이요 / 밤마다 자는 잠은 새우잠이라
   수수밥이 맛이 좋아 누가 먹으며 / 새우잠이 편안하여 누가 잘소냐
6. 밤들기 전이라 목이 말라서 / 애쓸때 이런 사정 누가 알리요
   간수놈의 무정한 고함소리에 / 영웅의 세력이라도 쓸데 없겠네
7. 철장새로 비치는 저기 저 달빛 / 우리집 동창에도 비쳤으리라
   슢이 울며 떼지어가는 저기 저 기력 / 우리집 나의 회포 전해주려나
8. 나의 목적 다하고 나가는 날에 / 부모와 친척을 모아 놓고서
   이런 일 저런 일 이야기할 적에 / 기쁨과 슬음이 자연 잃겠네

(한철수, 1984, 72~74쪽)

위 두 노래는 평양감옥을 소재로 독립지사들이 왜경에게 체포되어 옥고를 겪는 상황을 표현하면서 동시에 항일투쟁의 결의를 다짐하고 있다.
① 노래는 만주 독립진영에서 불렀는데 '쇠사슬'과 '가죽조끼'와 '중영창'이 난무

하는 옥중생활을 사실적으로 표현하고 일제를 '인간백정 도살군'으로 표현하여 원수에 대한 적개심을 고취시키며 독립의지를 다짐하고 있다.

　노랫말에 '왜중놈의 교회사 소리'라는 대목이 있는데, 일제는 친일 주구들과 아울러 독립운동의 변절자, 공산주의운동의 변절자들을 이용하여 지사들을 회유시키려 했다.[4] 그러나 많은 지사들이 독립의지를 꺾지 않았다.

　② 노래는, 평양감옥에 투옥된 지사들이 항일의식을 고취시키며 부르던 노래이다. 평양감옥에서는 때로 야밤을 이용하여 투옥된 지사들이 항일연극을 개최하기도 했는데 일제 간수들은 주동자에게 쇠고랑을 채우고 억압하였다. 이 때 투옥된 정치범들이 모두 독립만세를 외치며 이 「감옥가」를 불러 결국 일제 간수로 하여금 쇠고랑을 채운 주동자를 다시 풀어주게 했다고 한다.[5]

　한편 이 노래는 일제 정보문서에도 기록되어 있다. 제목이 그냥 '창가'라고 되어 있는 이 노래는, 위 노래보다 4절이 많고 노랫말과 절의 순서가 약간 다르나 위 「감옥가」와 같은 노래이다.[6] 대한청년단연합회(회장 안병찬) 2회 정기총회(1920년 4월 19일) 순서와 함께 이 노래가 기록되어 있는 것으로 보아, 1920년에 이미 이 노래가 존재했음을 알 수 있다.

　『배달의 맥박』(394쪽)에는 「평양감옥가」라는 제목에 오능조 작사·작곡으로 되어 있다. 평양 출신의 오능조는 대한청년단연합회의 서기 및 기관지 『대한청년보』 주필로 활약하던 인물로, 1921년 체포되어 평양감옥에서 감옥의 참상을 한탄하며 이 노래를 불렀다고 한다.

③ 아리랑 옥중가

1. 아리랑 아리랑 아라리요 / 아리랑 고개를 넘어간다
   아리랑 고개는 열두 구비 / 첫번째 고개를 넘어간다
2. 내 들던 막걸리는 어디 있나 / 이제는 한강에 펌푸로구나
   아리랑 아리랑 아라리요 / 재판장 고개를 넘어간다
3. 금시계줄은 어디로 갔나 / 쇠수갑은 맞지를 않으니
   아리랑 아리랑 아라리요 / 감옥행 고개를 넘어간다

---

4) 이규창, 앞의 책, 262~263쪽.
5) 한철수, 『나의 길』, 송산출판사, 1984, 70~72쪽.
6) 김정명 편, 『조선독립운동 1-분책』(국학자료원 영인, 1980), 438~439쪽.

    4. 운명의 선고를 기다리며 / 나 이제 생사 갈림길에 서있네
       아리랑 아리랑 아라리요 / 마지막 고개를 넘어가런다
    5. 아리랑 고개에 간이역 하나 지어라 / 집행인 기차를 기다려야 하니
       아리랑 아리랑 아라리요 / 마지막 고개를 넘어간다
    6. 동지여 동지여 나의 동지여 / 그대 열두 구비에서 멈추지 않으리
       아리랑 아리랑 아라리요 / 아리랑 열세 구비를 넘으리니

(님 웨일즈, 1986, 133~134쪽)

『아리랑 2』에 따르면 일제에게 체포된 조선의 정치범들이 자주 부르던 노래로 1921년 투옥된 한 조선 공산주의자에 의해 만들어졌다고 하지만, 1921년에는 아직 한국에 공산주의가 본격적으로 전파되기 전이고 또 노랫말에도 특별히 공산주의적 표현이 없는 것으로 보아, 공산주의자가 만든 것이라기보다는 어떤 독립운동가가 만든 노랫말이 구전된 것이라고 보는 것이 옳을 것이다.

이 노래에는 독립운동가의 체포 후의 상황이 순서적으로 묘사되어 있다. 즉 체포, 고문(한강펌프), 재판, 감옥, 선고, 사형집행의 순으로 되어 있는데, 죽음(마지막 고개인 열두 고개)을 극복하고 동지들이 승리를 얻을 것(열세 고개)을 노래함으로써 고난을 항일의지로 승화시키고 있다.

원래는 '십진가'의 형식을 빌어 13절까지 있었을 것으로 보인다.

    ④ 연길감옥가

이진 작

팔다리에 철쇄 차고 자유 잃은 몸 / 너희들 고문에 굴복할소냐
오늘 비록 놈들에게 유린당하나 / 다음날엔 우리들이 시대의 주인

(김재국 주편, 1993, 345쪽)

이 「연길감옥가」도, 일제의 고문과 옥중수난에 굴하지 않고 항일의 의지를 꺾지 않는다는 내용으로 되어 있다. 일제시대 망명지에서 일제에게 체포된 독립지사들은 대부분 국내로 송환되어 재판을 받고 국내 감옥에서 옥고를 치렀다. 그런데 1932년 만주국이 들어서면서 반만항일운동을 전개하던 지사들은 더러 국내로 송환되지 않고 만주국 내에서 옥고를 치르기도 하였다.

한편 중국에서 나온 『봉화 3』이란 기록에 따르면, 「연길감옥가」는 혁명가 이진

(李鎭)이 만든 것이다. 옥고를 치르고 있거나 형장으로 끌려가는 공산주의자들이 이 노래를 부르며 신념을 꺾지 않았다고 한다. 원래 총 7절의 노래로 인용한 부분은 6절이다. 그런데 노래 일부가 「평양감옥가」와 비슷한 표현이 있는 것으로 보아, 「평양감옥가」의 곡을 차용하여 개사한 형태로 불렀을 것으로 생각된다. 그리고 공산주의 진영에서 구전되면서 표현이 약간씩 변화되었는데, '다음날엔 우리들이 시대의 주인'을 '다음날엔 우리들이 사회의 주인'으로 기록한 경우도 있고, '근로대중이 다음 아침의 주인되리라'고 한 기록도 있다.7)

⑤ '피뭇은 옷'의 노래

순절가 곡

1. 이 셰상 어느 곳 이런 일 또 잇난가 / 죄업난 사람을 잡아다 털창에 매엿네
2. 청년의 옥갓혼 그 풍채 변하고 / 지금에 살덤이 떠러져 피뭉치 되엿네
3. 아녀자 적은 정 말할 것 업지만은 / 백년의 인연이 끈허져 두길로 갈넛네
4. 일만 꼿 욱어진 동산에 손을 잡고 / 언약을 말하든 그 지경 춘몽과 갓도다
(후럼) 피뭇은 옷 내가 보니 / 우리 맹진은
악형을 당해셔 / 참으로 사경이 되엿네

(『신한민보』1918. 2. 21)

미주지역에서 공연된 「백합화」란 연극 2막에서 부른 노래이다. 『신한민보』에 '순절가 곡조, –배우'로 명기되어 있다. 「백합화」란 연극의 내용은 알 수 없으나 노랫말을 볼 때 독립운동을 하던 청년이 일제에게 체포되어 고문당하는 정황을 격정적인 서정 속에서 표현하였을 것으로 보인다.

3. 농민가(노동가)

외국 사람이 많이 와서 토지를 사자고 할지라도
백만금 주어도 팔지마라 한 번 팔면 외국땅 되네

반외세 · 반봉건 농민전쟁으로서의 동학혁명(갑오농민전쟁) 때 불리던 「파랑새

---

7) 조성일 · 권철 주편, 『중국조선족문학사』, 연변인민출판사, 1990(대구 : 중문출판사 영인, 1991), 203쪽 , 權哲, 「30年代的抗日歌謠」, 『烽火 3』, 民族出版社, 1992, 316쪽.

노래」에는, 자신의 생산물을 외세로부터 지키고자 하는 농민의 반외세 의식이 투영되어 있었다. 이후 애국계몽운동 시기에 직접 생산자로서의 농민의 경농의식을 고취시키는 노래가 몇 가지 탄생하였다. 이들 노래는, 비록 종래의 봉건적 인식을 청산하지 못하고 있으나 농민의 중요성을 일깨우고 있다. 또한 이들 노래에는 동학혁명에서의 반외세 의식이 이어지고 있다.

① 농민가

노백린 작사

1. 왔도다 왔도다 봄이 왔도다 지나갔던 봄철이 다시 왔도다
   앞내와 뒷재에 얼음 풀리고 먼 산과 가까운 산 눈이 녹는다
2. 풀포기 포기마다 속잎 나오고 나무 가지 가지마다 싹이 돋는다
   어화 우리 농부들아 정신차려라 아랫들과 웃들에 때 늦어간다
3. 날카론 장기 있다 자랑치 말고 살찐 소가 있다고 자랑 말아라
   날카로운 쟁기와 살찐 소라도 이 때만 지나가면 소용없도다
4. 아랫들 웃들의 좋은 논밭을 우리 조상들이 이루우실 때
   어렵고 수고로움 많이 참으며 한 이랑 두 이랑 이루우셨네
5. 수고로울 때에는 땀을 흘리고 어려울 때에는 눈물 흘렸네
   눈물은 줄기 줄기 논물 보태고 땀밭은 방울방울 흙을 썻겼네
6. 조상의 주신 것을 지켜가려면 이 몸이 게르고는 할 수 없도다
   아침부터 저녁까지 힘써 지으면 기쁨으로 좋은 열매 거두리로다

『배달의 맥박』, 391쪽)

1908년경에 노백린이 지은 노래로 직접 생산자인 농민의 분발을 일깨우고 있다. 6절 노랫말은 '조국강산을 외세의 침입으로부터 지키기 위하여 분발하자'는 뜻이다. 노백린은 대한제국 육군무관학교 교장이었던 지사로 이 노래를 지을 당시에는 군직을 은퇴하고 애국계몽운동을 전개하고 있었다. 3 · 1운동 후에는 임시정부 군무총장으로 활동하였다.

② 농부가

1. 隆熙四年 오월 오일 우리 황상 폐하께서 東原田에 出御하사
   親耕式을 행하시매 靑邱山河 사천리에 은혜 이슬 젖었으니
   기쁜 일이 없던 동포 기쁜 날을 당했도다 일반국민 환호 중에

402 제2부 언제든지 나라독립 잊지를 말자-민족과 노래

농민 동포 더욱 기뻐 희희낙락 춤을 추며 농부가를 화창한다
2. 농부들아 말들으라 우리 국조 단군께서 이 강토를 개척하고
   우리 선조 선민들이 이 강토를 보전하여 우리에게 주셨으니
   우리들은 이를 위해 몸과 맘을 다 바쳐서 이를 侵擄하는 자를
   원수로써 대적하여 영원토록 눌러가세 얼렁럴 상사데야
3. 농부들아 말들으라 우리 동내 아모개는 돈냥 돈돈 더 받아사
   猝富者가 되겠는지 世傳하는 田庄들을 외인에게 팔데마는
   우리들은 결심하고 굶어죽어 아귀되고 얼어죽어 佞鬼돼도
   우리 조상 遺傳한 땅 外人에게 팔지마세 얼렁럴 상사데야
4. 농부들아 말들으라 조선 水土 먹고사는 우리들이 이 때까지
   천만분의 일이라도 국은보답 안할소냐 우리 맘에 애국 종자
   깊이 심어 배양하고 우리 맘에 망국 종자 속히 힘써 소멸하여
   외인 수모 이 설움을 古談 삼아 말해보세 얼렁럴 상사데야
5. 농부들아 말들으라 피곤함을 무릅쓰고 부지런히 농사하면
   우리나라 부국되어 잃었던 것 다 찾은 후 독립연을 배설하여
   독립지사 한데 모여 무궁화로 빚은 술로 일배일배 부일배로
   실컷먹고 취해보세 우리 한국 농부들아 얼렁럴 상사데야

(『배달의 맥박』, 392쪽 ;『대한매일신보』 1910. 5. 6)

노랫말 중 융희 4년은 1910년이다. 친경식은 임금이 직접 땅을 갈고 모를 심는 것으로, 농업장려의 뜻이 담겨 있다. 이 노래 3절의 내용, 즉 외국인에게 땅을 팔지 말자고 권고하는 내용이 주목된다. 1908년 일제 통감부는 삼림법을 발표하여 실제 소유자 농민들도 모르는 사이에 조상 전래의 임야를 강탈하였다. 그리고 동양척식회사를 만들어 일본인을 농업이민시켜 강탈한 땅을 주어 경작하게 하였다. 일본인은 지주가 되고 원 경작자이던 한국 농민은 소작인으로 되었다. 경술국치 직전에 이미 일제의 경제적 침략이 가속화하던 상황에서, 이 노래는 농민들이 조상 전래의 땅을 지켜야 한다고 외치고 있다.

③ 농부가

한국고유 곡

1. 하늘이 주신 우리 대한 편편 옥토가 이 아닌가
   높은데 갈면 밭이 되고 낮은데 갈면은 논이 되네

세계의 유명한 농산국이라 얼럴럴 상사디야

2. 참새가 울 때 일찍이 깨어 농구를 차려서 둘러메고
   이웃들 모아 함께 나가서 서로들 도우며 일해보세
   하늘이 돌보아 풍년 오리라 얼럴럴 상사디야

3. 앞뫼에는 차 심으고 뒷동산에는 뽕을 심어
   엽차는 따서 외국수출 누에는 쳐서 부모봉양
   과목의 배양도 많이 하세 얼럴럴 상사디야

4. 외국 사람이 많이 와서 토지를 사자고 할지라도
   백만금 주어도 팔지마라 한 번 팔면 외국땅 되네
   다시는 살 수가 없으리로다 얼럴럴 상사디야

5. 촌마다 집마다 병기장만 무예도 숭상하려니와
   절도 강도가 들어오면 한 마음 합하여 막아보세
   환난에 상부는 해야 될 것 얼럴럴 상사디야

6. 서늘한 바람 술술 불 때 근처 친구집 모여 앉아
   신발도 삼고 꾸리도 엮으며 신문잡지도 읽어보세
   세계의 형편을 알만하지 얼럴럴 상사디야

7. 아들 딸 낳거든 학교에 보내 신학문 공부나 시켜보세
   우리는 농업에 힘을 써서 자녀의 뒤를 보살피세
   부모의 책임은 이뿐이지 얼럴럴 상사디야

8. 일찍이 나가서 일하다가 초혼달 지고 돌아와서
   목욕한 후에 새옷 입고 부모와 처자가 함께 앉아
   보리밥 파국이 맛이 좋지 얼럴럴 상사디야

9. 먹고 남은 것 팔아 모아 논도 사고 밭도 사서
   백성들 풍족히 살고 보면 우리나라는 부자되네
   세계의 일등국 되리로구나 얼럴럴 상사디야

(『배달의 맥박』, 393쪽)

1900년대 농민의 농사를 통한 애국정신을 고취시키는 계몽가이다.

이 노래에는 다른 농부가에 비하여 몇 가지 특징적 모습이 표현되어 있다. 1절은 우리나라가 농업국임을 밝히고 있고 3절은 특수작물을 재배하여 수출할 것을 권장하고 있다. 또 4절은 외국인에게 땅을 팔지 말 것을 권고하고 5절은 농부들이 무예를 닦아 집과 마을을 지키자고 하고 있다. 6~7절에는 근대화에 대한 필요성이 간접적으로 표현되어 있다(신문잡지, 신교육의 장려). 당시 부국강병과 농민의

관계에 대한 인식을 이 노래에서 간접적으로 읽을 수 있다.

이 노래는 원래 『대한매일신보』에 '사동(巳童)의 동요'라고 부기되어 11절로 실려 있다. 원 노래 앞에는 '깨갱맥 캥텡킹맥킹 얼널널 샹사지'라는 조흥구가 있다. 그리고 위 노랫말 2절이 4절, 4절이 10절, 5절이 9절, 6절이 7절, 7절이 8절, 8절이 6절, 9절이 11절로 되어 있고, 위 노랫말에 없는 다음의 두 절이 각 2절과 4절로 되어 있다.

    2. 문명한 나라의 농리대로 종자와 농긔를 개량하여
       심으난 법대로 심은 후에 거두난 법대로 것웟스면
       십배와 이십배가 될지라 얼널널 샹사지
    4. 남은 토디가 잇고보면 뽀푸라 락엽송 만히 심어
       사오년 지간[시간]만 지나가면 한쥬에 일원은 갈데 없네
       수목이 만하야 비 잘오네 얼널널 샹사지

                                                    (『대한매일신보』 1907. 8. 20)

『배달의 맥박』에서 인용한 노랫말은 원 노랫말과 비교할 때 각 절의 순서나 표현의 차이가 있지만 노랫말의 내용 및 정서가 동일하며, 당시 노래들이 구전 위주였기 때문에 시기·장소에 따라 노랫말이 변화되어 불렸음을 알 수 있다.

이상 애국계몽운동기 농민가(농부가)를 볼 때 비록 농민의 토지소유에 관한 본질적 내용이 표현되어 있지 않으나 전체적으로 보아 조상이 남겨준 토지를 외세에 빼앗겨서는 안 된다는 인식이 노랫말에 표현되어 있다.

경술국치 이후 일제는 토지조사사업을 강행하여 한국인의 농민적 토지 소유를 해체시키고 일제의 지주적 토지 소유를 강화하였다. 이러한 일제의 침략·수탈 정책의 결과 조선의 농민들은 빈궁화 일로를 걸었다. 해마다 자작농이 감소하고 소작민과 화전민이 증가하였다. 소작민은 다시 머슴, 노동자, 실업자, 유랑민으로 변해 갔다. 게다가 고리대까지 가중되어 조선의 농민들은 춘궁기에 초근목피로 연명하는 비참한 상태에 처하게 되었다.

결국 농민들의 생존을 위한 투쟁은 소작쟁의로 나타나게 되었다. 『조선농지연감』에 따르면 1928년에 무려 1,590건의 소작쟁의가 발생하였다. 1930년대에는 소작쟁의 건수가 폭발적으로 증가하였다. 일제의 수탈정책이 얼마나 가혹했는지를 여실히 보여주는 것이다.

일제강점기의 농민운동 조직으로 조선노동공제회, 조선노농총동맹, 농민총동맹(1927년 조직) 등이 있었다. 그 가운데 농민총동맹은 한때 200여 개의 가맹단체에 가맹원이 2만~3만 명에 달해 세력이 상당했으나, 일제의 탄압으로 와해되고 말았다.

한편 천도교 계통에서도 부문운동으로서의 농민운동에 주목하고 조선농민사라는 농민운동단체를 조직하였다. 1933년에는 1천여 개의 산하단체에, 5만여 명의 사원을 가진 큰 단체가 되었다.

농민총동맹은 농민조합의 소작쟁의 등 직접적 행동을 위주로 한 농민조직임에 비해, 위 조선농민사는 다분히 개량적인 노선을 취하였다. 조선농민사는 '농민대중의 생활권 확보'와 '농민대중의 강고한 단결'을 내세웠으나 계급투쟁 중심의 실천조직은 아니었다.

농민총동맹에서 어떤 종류의 농민가를 불렀는지는 현재 확인되지 않는다. 단, 조선농민사는 『농민』이란 기관지를 발행했는데 1932년 10월호에 다음과 같은 노래가 발표되었다.

소는 운다

김억 작사, 장명원 작곡

1. 코를 꿰고 꾸러미 입을 막으니 / 싫다 좋다 아프다 소리나 내려
   지향없이 지상을 끌려돌랴니 / 벙어리의 눈물만 뼈짬에 지네
2. 꽃은 피고 새 우는 이 좋은 날에 / 허덕허덕 이 몸은 밭을 가노라
   등가죽에 빨간 피 목에는 멍에 / 그나마도 몹쓸 채찍 떠나지 않네

(『광복의 메아리』, 182쪽)

나라 잃은 우리 민족을 소에 비유하여 고통받는 실정을 노래하고 있다. '멍에', '몹쓸 채찍' 등의 표현은 일제의 가혹한 수탈정책을 상징한 것이다.

『농민』에는 이 밖에도, 「시골 아낙네 노래」, 「우리의 살림」, 「머슴의 노래」 등 제국주의 일본의 수탈로 고난에 처한 조선 농촌의 실상을 담은 노래들이 실려 있다.[8]

작사자 김억은 오산고등학교를 졸업한 시인으로 『창조』, 『폐허』의 동인으로 활

---

8) 김근수 편저, 『한국잡지개관 및 호별목차집』, 한국학연구소, 1973.

동하였다. 김소월을 문단에 등단시켰으며 6·25전쟁 때 납북되었다.

한편 나라 잃은 겨레의 모습을 소의 모습에 상징적으로 비유한 또 하나의 노랫말이 있다. 노래제목은 적혀 있지 않지만 선우훈의 105인사건 회고기에 다음과 같은 가사가 적혀 있다. 이 노래가 실제 불리던 것인지 아니면 선우훈의 작사인지 확인되지 않는다.

제목미상

1. 저기 누운 저 황소야 / 코꿰다고 설워마라
   나라잃은 이 내 몸은 / 네 신세가 부럽구나
2. 열스무번 코를 꿰도 / 네 신세와 바꿔보자
   나라잃은 이 내 몸은 / 네 신세가 부럽구나

(선우훈, 1993, 42쪽)

이 노랫말에는 나라 잃은 겨레의 모습이 소보다 못하다고 자탄하고 있다.

한편 당시 학생들은 농업과 농민에 대하여 어떻게 생각했을까? 숭실전문학교에서 불리던 「농과실습가(農科實習歌)」를 보자.

농과실습가

양주동 작사, 박태준 작곡

1. 괭이를 들어라 일터로 가자 / 우리는 처녀지의 개척자로다
   아낌없이 이마에 땀을 흘려라 / 우리는 대자연의 일꾼이로다
2. 조선은 예부터 농사가 근본 / 농학의 사명이 위대하도다
   과학적 이론과 실지의 경험 / 숭실의 학풍이 이것 아닌가
(후렴) 괭이를 들어라 땀을 흘려라 / 대지의 심장을 두드려 보자
   이 땅에 농민이 일천구백만 / 숭실의 건아여 지도자 되세

(『숭실대학교 90년사』, 115쪽)

이 노래는 비록 작사·작곡자가 농민이 아니지만 농과를 전공하는 학생들이 불렀다는 점에서 학생들의 농업인식의 일단을 보여주고 있다.

1절에서는 대자연을 일구는 개척자 일꾼으로서의 사명을 표현하고, 2절은 조선에서의 농학의 필요성을 표현하고 있다. 후렴에서는, 조선의 농민이 많다는 사실과 더불어 학생이 농민운동의 지도자가 되자고 노래하고 있다.

숭실전문학교는 1931년에 농과 설립을 인준받아 관립 수원고등농림학교와 더불어 농촌의 지도자를 양성하는 고등교육기관이 되었다.

그러나 노랫말을 보면, 농업을 실질적 노동(땀)과 기술적 발전(농학)으로만 이해하고 있다. 당시 제국주의 침략과 조선 농촌 혹은 농민의 관계에 대해서는 어떠한 언급도 없다. 또 일제의 경제적 수탈과 농지소유제도 사이의 관계에 대한 언급도 없다. 이는 물론 일제시대 합법적 교육기관의 노래가 극복할 수 없는 한계이기도 하지만, 동시에 당시 농과교육이 지니고 있는 근본적 한계일 수도 있다.

이 노래는 1935년에 만든 것으로 보이며, 노래를 만든 양주동과 박태준은 숭실대학에서 봉직하였다.

한편 국내에서 만들어진 노래가 아니고 실제로 많은 사람들에 의해 불린 것으로 보기도 어렵지만, 다음 노래는 1920년대 후반부터 고조되는 사회운동의 주장을 엿볼 수 있다.

사회의 모순

김소래 작사

1. 현대의 사회 判度 檢察한다면 / 만 가지 큰 모순이 거기 있도다
   평등 행복 구하는 시대의 마음 / 이런 불평 그대로 못 참을거다
2. 자동차 으릉드릉 달리는 길은 / 노동자 농민들이 닦은 길이다
   길닦을 때 놀던 놈 지날 바람에 / 길닦은 이 짓밟힘 괘씸하구나
4. 주린 몸 핏땀 짜서 벼농사 해도 / 일생에 되조밥도 넉넉지 못해
   논도 뼈도 구경도 못한 년놈들 / 흰쌀밥에 살찐 몸 바둥거린다
6. 앞집 놈 곡간에서 쌀썩는 냄새 / 온오래 굶은 사람 蚰動하는데
   뒷집 애들 밥달라 우는 소리에 / 지나는 이 가슴도 쓰라리구나
15. 투쟁과 단결이란 두 가지 코스 / 씩씩히 쉴새없이 훈련받아서
   천하 만국 동무들 한 길로 몰아 / 제국주의 아성에 血彈을 치자

(김중건, 1983, 480~481쪽)

총 16절 중 여기서는 다섯 절만 인용하였는데 1~13절은 말 그대로 현대사회의 모순을 은유의 기법을 빌리지 않고 직설적으로 표현하고 있으며, 14~16절은 이러한 모순을 극복하기 위한 투쟁에 나설 것을 권고하는 내용으로 되어 있다.

직접생산자의 참담한 현실과 반제 인식을 표현하는 언어적 형태는, 언뜻 보아

'공산주의의 선동구호'를 연상시키는 듯하다. 하지만, 직접생산자의 비참한 현실을 사회과학적 인식으로 승화시켜 투쟁의 대열로 이끌어 내는 정제된 표현은 없다. 각 절이 인식의 승화과정을 거치지 않고 따로 독립되어도 좋게 되어 있다.

이 노래를 만든 김소래는 공산주의자가 아니었다. 그는 원래 원종교를 창시한 종교·사상가인데, 1929년 만주 팔도하자에 '주의촌'을 만들고 농우동맹을 조직, 농촌주의를 부르짖었다.

그는 91편의 가사체 노랫말을 남기고 있는데 곡은 전해지지 않는다. 다만 노래 제목 중 「장검가」, 「망향곡」 등 기존 독립운동 진영에서 부르던 노래가 있어, 기존의 곡조에 새로 노랫말을 지어 불렀을 것으로 추측된다. 그런데 이들 노래 가운데는 「농부불평가」, 「출경식 노래」, 「빠라크촌 낙성식 노래」, 「농촌주의 노래」, 「농촌데이 송」, 「농촌의 소리」, 「농우동맹가」 등 그의 '농촌주의' 인식을 보여주는 노래들이 많다. 이 노래들은 농민·농사·농업·농촌을 중시하며 농촌주의를 표방하고 있다. 그런데 김소래가 주장하는 불평등한 사회제도의 혁명, 즉 농촌혁명은 공산혁명이 아니라 농본주의라 할 수 있다. 그는 「농촌주의 노래」에서 "온 세계가 아무리 다 공산이 되도 / 농촌살이 쓸쓸하기 여전하리라 / …… / 대농촌에 도시 겸한 자치제도로 이게 소위 대원종(大元宗)의 농촌주의라"고 밝히고 있다.9)

사회의 불평등한 모순 타파에 대한 인식이 공산주의와 비슷하지만, 그 극복방안이 공산주의와 달랐다는 점에서 또 평소에 김소래가 공산주의를 비판했다는 점에서, 김소래는 1933년에 공산당 별동대에 의해 살해되었고, 곧 이어 일본군의 침공으로 그의 주의촌(이상촌)은 해체되고 말았다.

역설적인 사실은 만주의 중국공산당에서 김소래를 민생단(일제의 주구집단으로 당시 만주의 중국공산당은 많은 한국인을 민생단 혐의로 처형하였다) 혐의로 살해했는데, 현재 중국에서는 위 노래에 「현대사회모순가」라는 제목을 붙이고 '민족적·계급적 모순과 불합리한 사회제도를 폭로 비판한 혁명가요'로 높이 평가하고 있다는 점이다.10)

여하튼 위 노래는 작자 김소래의 종교·정치적 인식 여하에 관계없이, 또 비록 만주에서 창작된 것이지만, 1920년대 후반~30년대 초반에 걸쳐 일제 강점 하에

---

9) 김소래, 「새 노래집」, 『소래의 철학과 사상 1』, 소래선생기념사업회, 1983, 467쪽.

10) 조성일·권철 주편, 『중국조선족문학사』, 연변인민출판사, 1990(대구 : 중문출판사 영인, 1991), 119~120쪽.

놓여 있던 조선 농민의 현상을 사회제도의 불합리성과 연결하여 직설적으로 표현한 점에서 주목되는 노래이다.

한편 이 시기에 일제에게 생산물을 빼앗긴 농촌의 빈자(貧者), 기민(饑民)을 소재로 하여 항일의식을 고취시키던 노래도 있었다.

① 빈자의 노래

1. 창창한 삼림으로 장막을 삼고 보드라운 잔디밭 방석이 되니
   빈자의 적이 되는 제왕들 사는 궁전과 용상보다 이것 좋구나
2. 바윗돌 베개 베고 굴속잠 자며 저녁달 새벽별로 등불 삼으니
   빈자의 적이 되는 부호들 사는 도회처 전등보다 이것 좋구나
3. 새소리 물소리 장단 맞추어 송림새로 불어오는 자연의 음악
   빈자의 적이 되는 관료들 하는 구악과 양금보다 이것 좋구나

(『배달의 맥박』, 497쪽)

빈한한 혁명가들이 고초를 겪으면서도 투지를 고취시키며 부르던 노래로, 삼림, 잔디밭, 바윗돌, 별과 달, 새소리, 물소리 등 자연의 온갖 현상이 부호들의 인위적인 문명이기보다 더 훌륭하다는 발상이 흥미롭다. 노랫말에서 말하는 '제왕, 부호, 관료'란 일제 침략자, 또는 동포를 괴롭히던 친일분자를 뜻하는 것으로 보아도 무방할 것이다.

② 기민투쟁가

최상동 작사·작곡

기황에서 헤매이는 기민 대중아 / 도시에서 농촌에서 다 일어났다
산 송장을 묶어내는 원수 제도를 / 쇠망치로 곡괭이로 때려부시자
나가라 싸우라 쏘베트 승리 위해 / 전국적 통일에 나가 싸우라

(『중국조선족 항일녀투사들』, 311쪽)

만주 공산주의 진영에서 부르던 노래이다. 1931년 봄 연변 전체에서 춘황투쟁(春荒鬪爭)이 전개될 때 약수동 평강구에 있던 최상동(중국공산당 화룡현서기. 한국인)이 이에 고무되어 5절로 된 이 노래를 만들었다고 한다. 그리고 지하공작원들과 군중에게 직접 가르쳐 주었다. 최상동은 러시아 연해주 태생으로 항일운동을 위하여 동만주로 왔었다.

노랫말의 '쏘베트의 승리 위해'라는 표현으로 보아, 1930년대 초 중국공산당의 극좌노선(이립삼의 '무장봉기에 의한 소비에트화' 노선)이 반영되어 있다.

이상 농민가에 대하여 살펴보았는데, 아직 발굴되지 않은 노래가 많이 있을 것으로 생각된다. 특히 식민지 조선에서 일제의 수탈구조 가운데 맨 아래에 있던 기층민으로서의 농민 자신의 노래들이, 어떤 정서와 내용을 담고 있었는지에 대해서 앞으로 더욱 발굴하고 논의해야 할 것이다.

경술국치 이후 일제에 의해 파행적인 식민지공업화가 진행되면서 공장 근로자가 급격히 증가하였다. 한국인 근로자들은 임금·노동강도 면에서 일본인 근로자보다 열악한 대우를 받았다. 임금은 일본인의 절반도 못 되었으며 근로시간도 태반이 12시간 이상의 과도한 노동이었다.

열악한 노동조건과 민족적 차별에 부가하여 3·1운동 이후 전파된 사회주의 사상의 영향을 받아, 1920년대에는 노동쟁의가 급증하였다.

최초로 조직된 전국적 노동운동 단체는 조선노동공제회(1920년)였으며 이 단체가 해체된 이후에는 조선노동연맹회가 조직(1922년)되었다. 이후 1924년에는 조선노농총동맹이 결성되었다. 성립 당시 260여 개의 산하 단체에 5만여 명의 회원 수를 지니고 있었다. 이 단체는 '노동자·농민의 해방과 신사회의 건설'을 천명하며 '최후의 승리를 위해 자본가와 투쟁'할 것을 주창하였다. 1927년에는 조선농민총동맹이 분리되고 조선노동총동맹이 성립되었다.

부문운동으로서의 국내 노동운동 부문에서 「적기가」, 「메이데이가」, 「혁명가」, 「노동가」 등의 노래가 불렸음이 확인된다. 1920년대 후반~30대 초 국내 언론기사에 메이데이 시위나 사회단체 모임에 노동가·혁명가를 부르며 시위를 하여 관계자들이 일경에 피검된 내용이 다수 확인된다.

우선 구한말 애국계몽운동 시기 즉 봉건적 인식이 다분히 남아 있던 시기에 불리던 다음과 같은 「노동가」를 보자.

노동가

로동하는 동포님네 대한남자 우리로세 / 우리힘이 나라되고 우리땀이 샤회되네
수고롭다 말삼마소 움작이네 우리셰계 / 인간사를 도라보니 만가지로 버럿는데
그중에도 첫재됨은 사는노릇 셰가질셰 / 농부되야 밧을갈고 목슈되야 집을짓게
누에치고 면화심어 길삼하니 옷감일네 / 부귀공명 므엇인고 셩현호걸 이것일셰

여사람네 사는방법 달녀잇소 우리손에 / 거룩할사 로동이야 우리노릇 이러한데
그누라서 천타할가 동포님네 생각하게 / 정딕하온 마암으로 셩실근면 겸하얏네
헛말삼은 순질고 거짓행실 뿌리끈케 / 남의일이 내일이니 졍셩으로 하야보세
츄위더위 므릅쓰고 비장마와 눈바람에 / 굴치안코 어셔하자 맛튼일이 짐이되네
약속시간 어긜손가 셰샹만샤 신이로셰 / 일하기와 품팔기난 내힘으로 내가사네
부모님을 깃거이며 안해자식 길으기에 / 편히놀고 할수잇나 괴로움이 질김일셰
한집일만 하지말고 여러분이 단체되게 / 외줄기로 묵거노코 한결갓티 움작이셰
산이라도 빠힐지온 어려운일 잇다말계 / 바다라도 머힐지니 우젹우젹 나아가셰
힘들이고 땀나이여 로동일셰 로동일셰 / 우리나라 부강토록 우리샤회 문명하게
효셩으로 피는꼿을 들이오자 부모님게 / 츙셩으로 매진열매 밧치오자 님금님게
광명경대 이럿타시 대한남자 로동하네

(『노동야학독본 1』, 443~447쪽)

대한제국 시대에 불린 계몽가로서 노동의 귀중함을 일깨우고 있는 이 노래는, 대한제국 시대 계몽가 중에 노동을 소재로 한 유일한 노래일 것이다.

노랫말 끝 부분에 봉건적인 요소('임금'에게 열매를 바친다는 내용)가 있지만, 노동을 천시하던 사고방식에서 벗어나 '성현호걸'의 삶이 바로 '노동하는 사람의 손에 달려 있다'는 인식에서 근대적 사고방식의 싹이 보인다.

다음으로 1930년대 항일 사회운동이 고조되는 가운데 부르던 혁명가를 보자.

혁명가

1. 아 - 혁명은 가까웠다 오늘 내일 시기가 급박하다
   일어나라 만국의 노동자 깨어나라 소작인이여 단결하라
2. 놈들이 사는 기와집도 놈들이 입고 먹는 金衣玉食도
   비행기 연극 자동차 상품도 모두 우리의 피땀으로 만들었다
3. 소작인은 일년 내내 잠못자고 못먹고 못입고 병들어
   사력을 다하여 생산한 곡식도 모두 놈들이 빼앗아간다
4. 나라와 나라의 전쟁도 자본가 놈들의 이익을 위해
   노동자 농민 무산대중의 꽃다운 생명을 빼앗아간다
5. 이러한 착취와 강제 억압을 어찌 허락할가 어찌 허락할가
   우리는 피끓고 치떨린다 자유를 찾으러 나아가자
6. 우리는 자유를 빼앗기고 우리는 살길 끊어져

　　　보아라 동지는 러시아에서 일찍이 혁명을 전취하였다
　　7. 먼저 감옥을 깨뜨리고 전선 전화를 절단하자
　　　철도 要所를 깨뜨리고 요새와 도시를 습격하자

(박경식 편, 1982, 517~518쪽)

　　위 노래는, 1930년대 초 일제타도를 주장하며 투쟁의 대열에 나섰던 수많은 농민조합 가운데 하나인 정평농민조합에서 부르던 노래이다. 그러나, 노랫말 내용에서도 드러나듯 「혁명가」는 노동운동, 농민운동 현장에서 아울러 불렸다. 정평농민조합의 경우에도 '혁명기념일' 행사 때 「메이데이가」(노동절 노래)와 「혁명가」를 함께 부르며 시위했다는 점에서 이 시기에 노동가와 혁명가가 항일운동의 부문성을 초월하여 널리 불렸음을 확인할 수 있다.

　　특히 위 혁명가는 1930년 봄부터 야학회 등을 통하여 마을에 널리 퍼져서 이 노래를 모르는 청소년들이 없을 정도였는데 흥미로운 사실은 집안에서는 부모들 모르게 일본어로 부르고 집 밖에서는 우리 말로 불렀다는 점이다.

　　이상 농민가와 노동가(혁명가)에 대하여 살펴보았는데 애국계몽운동 시기의 노래들은 아직 충군=애국이라는 등식에서 벗어나지 못하고 있으나, 직접 생산자로서의 농민·노동자의 중요성을 계몽하면서, 동시에 이들의 노력으로 반외세 독립을 이룰 것을 호소하고 있다고 보아도 무방할 것이다.

　　한편 일제강점기에 직접생산자로서의 노동자·농민들의 자기 목소리를 담고 있는 노동가·농민가가 어떤 형태로 불렸는지 확인되지 않는다. 단 앞서 인용된 「혁명가」 같은 노래가 시위 혹은 집회 현장에서 널리 불렸고, 당시 신문기사에도 「노동가」(메이데이가)·「혁명가」 등을 불러 일제의 탄압을 받은 사실들이 많이 기록되어 있다.

4. 여성의 노래

　　조선의 봉건질서 체제 아래서 여성은 인권을 지닌 존재로 대우받지 못했다. 그러나 조선 말기에 이르러 서구에서 유입된 종교와 민족종교로서의 동학 등의 영향을 받아, 남존여비 사상에서 벗어나 인간으로서의 여성의 평등인식이 성장하게 되었다.

구한말·일제시기 여성의 사회활동은 두 가지 성격을 지니고 있었다. 그 하나는 반외세적 성격이고 다른 하나는 여성해방적 성격이다. 전자는 민족운동이라 할 수 있고 후자는 사회운동이라 할 수 있다.

(1) 여성의 항일전 참여

아무리 여자인들 나라 사랑 모를소냐
남녀가 유별한들 나라 없이 소용있나
의병하러 나가보세 의병대를 도와주세

동학에는 여성해방사상도 포함되어 있었으므로 동학혁명에도 여성들의 참여 혹은 호응이 있었을 것으로 추정되지만, 여성들의 동학혁명 참여를 소재로 한 노래는 확인되지 않는다.

한편 반외세투쟁으로서의 의병전쟁에 여성들이 참여하고 있음은 기록에서 확인되고 있다. 다음 노래는 의병전쟁에 참여한 한 여성이 만든 노래로, 여성들의 의병 지원을 촉구하고 있다.

① 안사람 의병노래

윤희순 작사

1. 우리나라 의병들은 나라찾기 힘쓰는데
   우리들은 무엇할까 의병들을 도와주세
   내집없는 의병들을 뒷바라지 하여보세
2. 우리들도 뭉쳐지면 나라찾기 운동이요
   왜놈들을 잡는거니 의복보선 손질하여
   의병들이 오시거든 만져보세 따뜻하게
3. 우리조선 아낙네들 나라없이 어이살리
   힘을모아 도와주세 아늑하게 만져주세
   만세만세 만만세요 우리의병 만세로다

(『배달의 맥박』, 305쪽)

의병장 유홍석이 춘천 여우내골에서 의병 600여 명을 모아 훈련시키고 있을 때, 윤희순도 여자 30여 명을 이끌고 의병들의 뒷바라지를 하며 또 훈련에 참여하기도 하였다.

군량으로 밥을 지으며, 의병의 의복을 만들며, 부상당한 의병들을 간호하며, 또 훈련을 받으며 '여성의병'들은 이 노래를 열심히 불렀을 것이다.

노랫말에 '아낙네'들이 의병진영에 가담하여 의병들을 지원하자고 호소하고 있다. 일종의 '여성의병 창의가'라 할 수 있다. 비록 직접 항일전에 참여하는 형태는 아니나 나라를 지키는 전쟁에 여성들도 참여하자는 내용에서 근대적 인식을 읽을 수 있다.

윤희순은 의병장 유홍석의 며느리로 위의 노래 외에 「오랑캐와 오랑캐 앞잡이에 보내는 경고문」, 「병정노래」, 「의병군가」 등도 지었다.[11]

② 안사람 의병노래

윤희순 작사

아무리 왜놈들이 포악하고 강성한들 / 우리도 뭉쳐지면 왜놈잡기 쉬울세라
아무리 여자인들 나라사랑 모를소냐 / 남녀가 유별한들 나라없이 소용있나
의병하러 나가보세 의병대를 도와주세 / 금수에게 붙잡힌들 왜놈시정 받을소냐
우리의병 도와주세 우리나라 성공하면 / 우리나라 만세로다 안사람들 만만세라

(『배달의 맥박』, 306쪽)

위 ① 노래처럼 '여성의병 창의가'라 할 수 있는 노래이다.

남녀가 유별하더라도 나라를 위해 의병에 참여해서 '왜놈'을 물리치자는 대목에서 당시 구국의 대열에 섰던 여성 선각자의 모습을 읽을 수 있다. 당시 봉건적 질서가 완전히 해체되지 않았음을 감안하면 여자가 의병군에 참여한다는 사실은 대단한 용기와 신념을 필요로 했을 것이다.

이러한 여성의 종군의식이 다음과 같은 1910년대의 노랫말에도 표현되어 있다.

여성종군가

랑화츄선 작

1. 엇지해 우리생평 / 규문에 갓치엇나
2. 화목한 고혼미인 / 아버지 대신종군
3. 젼량자 그약질도 / 용맹의 츌젼이라

---

11) 이 노래들이 실린 한글 붓글씨의 한지서첩이 1981년에 발견되었는데 윤희순이 1896년 7월에 이 노래를 지었다고 한다(『한국일보』 1981년 6월 25일).

4. 꼿갓흔 형님동생 / 나라만 사랑하야
5. 은안장 백마쥰총 / 봄근심 싯지말고
6. 황금실 매화결자 / 명쥬를 매지말고
7. 보배칼 느려차며 / 털갑을 걸쳐닙어
8. 풍진에 들고나셔 / 태극긔 둘녀보자
9. 달은날 셩공커던 / 록챵을 의지하야
10. 채색실 갈〇〇〇 / 대견댱 슘〇〇〇

(『신한민보』 1916. 12. 7)

여성으로서 집에 갇혀 있지 말고 나라를 위하여 종군하며 태극기를 날리자고 하면서 여성의 종군의식을 서정적으로 표현하고 있다. 미주에서 발행되던 『신한민보』에 실린 것으로 보아 작자 '랑화츄선'은 미주지역에 거주하던 여성인 것으로 보인다.

의병전쟁이나 1910년대의 독립군 활동에 여성이 '조직적'인 형태로 참여한 사례는 없었던 것으로 보인다. 그러나 항일전에 참여하자는 여성의 반외세 의식은 계속 이어져 1920~30년대 만주·시베리아에서의 항일전쟁에 여러 여성들이 참전하였다. 일례로 청산리전투에서 부상병 치료 등 간호활동을 전개한 남자현, 조선혁명군의 오광심 등을 들 수 있다. 그러나 이 시기까지만 해도 아직 여성들의 종군은 개별적이었다.

1940년대 일제의 대륙침략전쟁 속에서 임시정부의 국군으로 광복군이 조직되면서 여성들이 다수 광복군으로 참전하였다. 나라의 흥망은 국민 모두의 책임이고 여자라고 해서 그 책임과 의무에서 벗어날 수는 없다는 것이 당시 독립진영 여성들의 공통된 인식이었다. 그들은 각자가 처한 상황에 맞추어 열과 성을 다해 독립운동에 참여하였는데, 가장 진취적인 방식이 바로 직접 군에 종군하는 것이었다.

여성으로서 조국광복의 대업을 위하여 감연히 군복을 입고 종군한 지사들로는, 오광심(조선혁명군·광복군), 지복영, 오희영, 조순옥, 신순호, 조계림(이상 광복군), 이화림(조선의용군) 등이 있다.

여군인

1. 군대에 입대를 하러 가서 / 나도 가겟서요 싸우러
   여자도 가는 것이 좋다마는 / 전차대서 밧지를 안는대요

2. 여자아 밧지를 안는다면 / 나도 꺼먼머리 까까버리고
   군복에 칼을 차고 군인이 되여 / 싸우러 가겟서요 어대까지

『망향성』(15쪽)에 실려 있는 것으로 보아 중국 관내지역에서 불리던 노래임을 알 수 있으나, 광복군이나 조선의용군에서 부르던 노래는 아니다.

노랫말에 전쟁터에 나서고자 하는 여자군인의 의지가 강하게 담겨 있다. 이 노래의 작사자가 누구인지 확인되지는 않지만 '전차대'라는 표현이 들어 있는 것으로 보아, 중국군가의 노랫말을 바꾼 것으로 추측된다.

(2) 여성해방의 노래

오빠의 얼굴은 시들어지고 나의 가슴 속에는 불이 붙는다

위에서는 여성의 직접적 항전 참여에 대하여 살펴보았다. 다음은 국내 여성단체를 중심으로 여성의 해방문제를 살펴보기로 한다.

국내에서 최초로 조직되어 두드러진 활동을 벌인 여성단체로는, 국채보상운동에서 활약한 국채보상부인회·감선회(減膳會)·탈환회(脫環會) 등을 들 수 있다. 나라빚을 갚기 위하여 여성들이 나서서 패물을 팔고 반찬을 줄이고 용돈을 줄여 성금을 냈다. 국채보상운동이 일제의 탄압으로 실패한 후, 1913년에 여성비밀결사단으로 송죽회가 조직되었다. 송죽회는 여성인권 계몽과 독립사상 고취를 위해 활동하였다.

1919년 3·1운동에는 여성들이 대거 참여하여 고양된 사회의식을 보여주었다. 그리고 그 해 10월 대한민국 애국부인회(회장 김마리아)가 조직되었다. 이 회는 여권향상과 국권회복을 동일 범주로 파악하였으며 비밀조직망을 통하여 2천여 명의 회원을 확보하였다.

1922년에는 YWCA가 조직되었다. 이 단체는 민족운동·종교운동·여권운동 등의 각종 사업을 전개하였다. 1927년에는 신간회 자매단체인 근우회가 종교계열, 민족주의계열, 사회주의계열 등 이념과 종교를 초월한 범여성단체로서 조직되어 활발하게 활동하였다. 그러나 신간회가 해체되면서 근우회도 해소되고 말았다.

다음 노래들은 여성의 인권 향상을 표현하고 있다. 이 노래들이 여성단체에서 불리던 것인지 확인되지는 않으나, 여성해방을 노래하고 있다는 점에서 식민지 여

성들의 사회의식의 고양을 읽을 수 있다.

① 여성해방가

1. 오빠의 얼굴은 시들어지고 나의 가슴 속에는 불이 붙는다
   원수의 돈 몇 백 원에 이 몸이 팔려 사랑하는 오빠요 사람살려요
2. 땅 위의 일경초도 자유 있고요 하늘 위의 하나별도 자유 있건만
   가이없다 우리 여성 무슨 죄로서 캄캄한 안방 속에 시들어졌나
3. 울지마라 금상초야 봄이 간다고 깊은 하늘 노란 국화 피어오고요
   엄동설한 찬 바람이 불지라도 매화꽃이 피어올 줄 누가 아느냐

(『배달의 맥박』, 526쪽)

제국주의 일본에 고난당하던 식민지 여성들의 노래이다.

1절은 돈에 팔려가야 하는 여성의 한을 표현하고 2절은 자유를 잃은 여성의 신세를 표현하고 있다. 그러나 3절에 가서는 매화꽃(자유·독립)을 통하여 희망을 노래하고 있다.

② 물레방아

1. 소용돌아 뱅뱅뱅 소용돌아라 네 힘껏은 돌아라 때의 물결
   날낭은 알이 되어 가운데 박혀 내 둘레서 기쓰고 돎을 보리라
2. 물레쳐라 홱홱홱 물레치거라 그 물에 돌아가는 운수방아야
   날낭은 공이 되어 무거움으로 도는 족족 확엣것 찧어내리라
3. 덧없은들 때가 꼭 무서울것가 한마디 한마디씩 매듭만 짓고
   미리 모를 운수 또 겁 아니나지 아는 고때 꼭잡아 항복받으면
4. 다리로 소용돌이 알박아서고 팔에는 물레방아 공이 쥐도다
   아아 나는 거기서 노래하리라 두뺨 그득 그윽한 웃음 머금고

(『배달의 맥박』, 527쪽)

물레방아 찧는 여성을 소재로 하여 힘든 노동 속에서도 희망을 잃지 않을 것을 표현하고 있다.

③ 여성의 노래

만리장천 반공중에 비행기 뜨고 / 오대양 한복판에 군함이 떴다

육대주에 울리는 대포 소리에 / 오백년의 깊은 잠에서 속히 깨여라
집안쪽 감옥같은 골방에 간혀 / 세상형편 구경 못한 우리 여성들
어서 빨리 낡은 사회 때려부수고 / 자유 평등 활동 무대 모두 다 찾자
(조성일·권철 주편, 1990, 124~25쪽)

1920년대에 만들어져 계속 불리던 노래이다. 여성을 억누르는 봉건질서를 타파하고 자유·평등의 사회를 만들자는 당시 여성들의 인식을 담고 있다. 이 노래는 위의 ① 「여성해방가」와 함께 만주에서 널리 불렸는데 사회주의 진영에서는 이 노래를 '사회주의 사상을 밑바닥에 안고 있는 대표적 혁명가요'로 평가하고 있다.12)

---

12) 조성일·권철 주편, 『중국조선족문학사』, 연변인민출판사, 1990(대구 : 중문출판사 영인, 1991), 124쪽.

제3부
신고산이 우르르 화물차가는 소리에
-대중의 노래-

제1장 민요

민요는 서민 속에서 발생하여 민중의 생활감정을 드러낸 노래이다. 따라서 민족성과 국민성을 지니고 있다. 곡조가 단순하여 쉽게 부를 수 있으며, 작사·작곡자가 불분명하다.

구한말·일제강점 시기의 민요는 일제의 침략상과 민중의 고난을 때로는 직접적으로 때로는 은유적으로 표현하며 민간에 전파되었다. 특히 아리랑의 경우는 시기와 장소에 따라 각양각색으로 변형되어 불렸다. 그러나 노랫말의 표현은 상이할지라도, 그 내면에 흐르는 민중의 기본 정서는 동일하다. 즉, 일제의 수탈로 고난받는 겨레의 아픔, 그리고 때로는 그 극복을 위한 투쟁의지와 희망을 노래하고 있는 것이다.

1. 민요·속요

> 신고산이 우루루 화물차가는 소리에
> 지원병보낸 어머니 가슴만 쥐여뜯고요
> 어랑 어랑 어허야

우리 역사에서 최초의 근대성을 지니고 나타난 민요는 「파랑새노래」이다. 이 노래는 반봉건·반외세를 외친 동학혁명(갑오농민전쟁)의 지도자 전봉준을 따르는 민중의 노래로서 다분히 참요적 성격을 지니고 있다.

「파랑새노래」가 지니는 기본적 정서(반외세)는, 구한말 다른 민요에도 그대로 투영되어 나타나고 있다.

새타령

남원산성 올라가 이화문전 바라보니

    수진이 날진이 해동청 보라매 떴다
    보아라 종달새 이 산으로 가며 쑥국 쑥국
    저산으로 가며 쑥국 쑥국
    어야허 어이야 디야어허 등가 내사랑이다

(김삼웅, 1993, 55쪽)

이 노래에서 남원산성은 '남은 산성' 즉 의병의 주둔지를 의미하며, 이화문전은 이왕문전, 즉 조선왕조를 지칭하고 있다. 수진이·날진이·해동청·보라매는 모두 한국의 전통적인 사냥매를 일컫는데 여기서는 항일의병을 의미한다. 종달새는 백성의 의미, 쑥국은 '수국' 즉 나라를 지키자는 의미이다. 어야허는 조상신, 호국신을 의미한다. 등가는 임금과 국태민안을 선왕에게 축원하는 궁중의 종묘악이다.[1]

이 노래는 일종의 왕조시대에 불리던 '애국가'인 셈이다. 노랫말에, 왕조를 지키자는 봉건적 내용이 있으나 이 노래의 기본적 정서는 반외세인 것이다.

「새타령」이 의병을 소재로 한 반외세 노래라면, 다음 노래는 일반 민중들의 반외세 의지를 표현하고 있는 것이다.

농부가

    어라농부 말들어 어라농부 말들어
    서마지기 논배미가 반달만치 남았네
    일락서산 해 떨어지고 월출동녘에 달 떠오른다
    어화어화 상사디어 어화어화 상사디어

(김삼웅, 1993, 55쪽)

노랫말 2행은 힘들게 농사짓고도 수탈당하여 조금밖에 남지 않았다는 의미이다. 즉 조선 백성들의 참혹상을 상징하고 있다. 3행은 일본이 몰락하고 조선이 부강해진다는 의미이다. '어화어화'는 상제, 건국신, 호국신을 의미한다. 상사디어는 '상제가 내려와서 나라를 구해주소서'라는 의미이다.[2] 이 노래는 전체적으로 보아 농민들의 항일의지를 담고 있다고 할 수 있다.

---

1) 김삼웅, 「판소리와 망명신문의 항일시가」, 『순국』 1993년 9월, 55쪽.
2) 위의 글, 55쪽.

위 노래들은 매우 은유적으로 반외세의 감정을 표현하고 있다.

그러나 1907년이 되면 민요(民謠)·풍요(諷謠)에 민중의 반외세 정서가 직접적으로 표현되기 시작한다. 1907년은 신민회 조직, 국채보상운동, 헤이그 밀사 파견, 의병전쟁 등 신분고하를 막론하고 또 투쟁의 형태를 불문하고 반외세 정서가 고조되고 또 그 정서가 행동으로 실천된 중요한 해였다.

1907년 7월부터 9월 사이에 『대한매일신보』는 '동요'란 표현을 빌어 민요·풍요 풍의 노래들을 집중적으로 발표하였다. 이들 노래는, '자동(子童)의 동요', '신동(辛童)의 동요' 등 갑자(甲子)를 붙인 아동의 노래라고 부기하고 있지만, 노랫말의 내용과 형식은 민요·풍요이다. 이들 노래는 다음과 같다.

「담박고타령」(7. 5), 「말구나타령」(7. 7), 「사랑가」(7.11), 「거구나타령」(7.12), 「이리화상가」(7.18), 「잘왓군타령」(7.23), 「당타령」(7.27), 「아르랑타령」(7.28), 「매화타령」(7.30), 「검가」(8.11), 「만세밧이」(8.11), 「에누다리」(8.14), 「농부가」(8.20), 「활동가」(8.22), 「흥타령」(8.29), 「등쟝가자타령」(9. 1), 「방에타령」(9. 4), 「슈심가」(9. 5), 「학교가」(9. 7), 「악셩가」(9.11), 「훈장타령」(9.13)

이들 노래의 기본적 정서는 반외세·자주독립인데, 그 표현이 풍자적이며 때로는 공격적이기도 하다.

「담박고타령」은 담배를 소재로 하여 외세의 침탈을 이렇게 노래한다.

담박고야 담박고야 / 동래나 건너 담박고야
너이 국은 엇더타고 / 우리 대한에 나왓난야
금을 주러 나왓난야 / 은을 주러 나왓난야
금도 은도 주기난커나 / 보난 것마다 다 빼앗네
큰일낫네 큰일이 낫네 / 우리들 살기 큰일이 낫네……

「잘왓군타령」에서는 풍자 정신이 번득이고 있다.

하유두유 / 곤닛지와
1. 무슨일노 나왓셔 / 볼일 잇셔 나왓지
   륙월삼복 더운대 / 슈고로이 나왓네
   ……

2. 일본사람 불너다 / 각 대신 내려 나왔나
   묘문보좌 것어가 / 월급주기 슬쿠나
   토디 약간 잇난 것 / 마자 빼스려 나왔나
   군용 텰도 디단을 / 어서 도로 달니고
3~6. 생략
(후렴) 잘왓군 잘왓군 잘왓셔 / 형님 온 것이 잘왓군
        꾸빠이 / 사요나라

이 노래는 두 사람이 문답형식으로 부른 후 각 절 마지막에 '잘왓군 잘왓셔'를 후렴으로 부르는 것이다. 맨 처음에 외국 인사말(하유두유 / 곤닛지와)로 시작하는 이 노래는, 외세가 좋은 말을 하면서 우리나라에 들어왔지만 실상은 나라를 빼앗기 위함이라는 사실을 풍자적으로 노래하고, 끝에 '꾸빠이 / 사요나라'라고 하여 자기 나라로 돌아가라고 하고 있다.
또 「아르랑타령」과 「활동가」는 일제침략의 잔인성을 이렇게 표현하고 있다.

아르랑타령

아르랑 아르랑 알알이오 / 아르랑 쳘쳘 배띄워라
아르랑타령 경잘하면 / 동양삼국이 평화되네
……
동양인죵 한 사람도 / 죽난 것이 가석한대
한국 사람 무삼죄로 / 죽일 일은 무엇인가
……

활동가

……
시랑갓혼 무리들이 / 잡아먹기 내기하네
강한 쟈난 입을 별녀 / 약한 쟈를 잡아먹고
끼인 쟈난 니를 갈며 / 쟈난 쟈를 잡아먹네
애고만이 / 이것보게
형님형님 니러나소 / 큰일나고 큰일낫소
……

이들 노래는 외세의 침탈로 국난에 처한 위기상황을 반외세의 정서로 고조시키며 동시에 극복의 방안을 제시하고 있다.

우선 제시되는 것이 외세에 자신의 것을 빼앗기지 않는 것이며 그것은 외국인에게 땅을 팔지 않는 것으로 표현된다. 「담박고타령」은 "여보시오 형님내들 / 눈들 뜨고 살펴를 보오 / 팔지말고 팔지를 말소 / 집이나 땅을낭 팔지들 말소"라고 하며, 「농부가」는 "외국사람이 만히 와셔 / 토디를 사쟈고 할지라도 / 백만금 주어도 팔지 말소 / 한번만 팔면은 외국 따[땅]라"고 노래하고 있다. 당시 토지매매 등을 통하여 경제적으로 강국에 종속되어 가던 상황을 여실히 보여주고 있다.

이러한 민중의 일상적인 외세극복 의지는 때로 공격적으로 표현되기도 한다. 「아르랑타령」은 "우리나라난 빈약하여 / 대덕하지난 못할지나 / 이천만인 피뿌릴 때 / 동양풍운이 니러라셔 / 오날 우리 망한다면 / 래일 너도 망할지라"라고 노래하며 이천만 온 겨레의 결사정신을 고취시키고 있다.

그러나 이러한 공격적 반외세 정서는 침략을 위한 것이 아니고, 궁극적으로 평화를 위한 방어적 성격을 지닌 것이었다. 이러한 평화의식을 「아르랑타령」은 "우리삼국은 형뎨갓치 / 동종 동문에 친밀일세 / …… / 병력으로 싸홈말고 / 도덕으로 화목하세"라고 하며, 「잘왓군타령」은 "잡은 권리 내논 후 / 갓치 부강되쟈꾼"이라고 표현하고 있다.

이들 노래는 민요형식을 빌어 대중적 공감대의 확산을 도모하고, 풍자적 노랫말을 통하여 반외세 정세의 '공격성'(침략성이 아니다)을 확보하고자 한 것이다.

『대한매일신보』가 민중 속에서 유행되던 노래를 실은 것인지 아니면 애국계몽운동가가 만든 노래를 실은 것인지는 확인되지 않는다. 「당타령」은 『대한매일신보』에 게재된 후 『공립신보』(1907년 8월 30일)에도 '근일의 동요'로 실려 있다. 이로 보아, 이들 민요·풍요가 당시 민간에 어느 정도 유행했음은 알 수 있다. 또 설령 애국계몽운동가가 만든 작품들이라 할지라도, 이전에 볼 수 없었던 민중적 형식의 민요·풍요에 반외세 정서를 담고 나라의 자주독립을 구가하려고 집중적으로 언론에 게재하였다는 점에서 이들 노래들은 주목할 가치가 있다.

앞서 말했듯이 1907년은 반외세운동의 고비를 이룬 시기였다. 일제의 강압에 의한 군대해산을 계기로, 대한제국 군인들이 의병진에 참여하면서 대대적인 항일의병전이 전개되었다. 그러나 근대적인 일본군의 화기에 의병진은 패배하고 곳곳에서 일본군의 무자비한 토벌이 자행되었다.

1909~10년에 이르러 민요·풍요는 '일본을 타도의 대상'으로 설정하게 된다. 조선 말의 민요가 반외세 정서를 은유적으로 표현하고, 대한제국 시기의 민요·풍요가 일본과의 평화공존에 대한 희망을 버리지 않고 있음에 비견하여, 이 시기에 나온 풍요는 일본 및 일본의 침략 원흉을 적극적으로 풍자·조소하고 있다.

可憐命

날타길타 흐응
네 어디 갈소냐 홍
요놈의 난쟝이[倭人]
네 명이로다 아
어리화 좋다 흐응
네 가련하구나 홍

(『한말저항시집』, 141쪽)

일본을 운명이 가련한 난장이로 풍자하여 비웃는 노래이다. 풍요라 할 수 있다. 원 노래가 『대한매일신보』(1909년 2월 19일)에 실려 있는데, 전후 상관있는 노래로 「정신을」(동 1909년 2월 13일), 「이천만 동포야」(동 1910년 1월 23일)가 있다. 앞의 노래는 세상의 뒤숭숭함을 표현하여 경각심을 고취시키고, 뒤의 노래는 합방에 대한 경각심을 고취시키고 있다.

을사늑약 이후 일제의 침략이 더욱 노골화되면서 이에 정비례하여 민중의 목소리도 더욱 직설화된다. 다음 노래는, 대한제국 침략의 원흉인 이토 히로부미를 빗대어 풍자하고 있다.

십진가(일본놈 이등박문이가)

일 일본놈의
이 이등박문이가
삼 삼천리 강산에서
사 사주가 나뻐
오 오대산을 넘다가
육 육철포[육혈포]를 맞고

칠 칠십 먹은 늙은이가
팔 팔자가 사나워
구 구두발로 채워
십 十字街리[열조가리]가 났다

(임동권 편, 1993, 470쪽)

참요적 성격을 지닌 이 노래는 이토 히로부미를 풍자·조소하고 있다. 이토에 대한 민중들의 참언적(讖言的) 성격을 다분히 담고 있는 것이라 할 수 있다. 십진가 형식을 사용한 위 노래는, 구전되는 가운데 다양한 형태로 변형되어 불렸다.

① 『동광』지에 실린 노래

一에 ××(일본 : 인용자) 놈의
二 ×××(이등박문 : 인용자)이란 놈이
×천(삼천 : 인용자) ××× 집어 삼키랴다가
四신에게 발각되어
五사할 놈이
六혈포에 맞어서
七십도 못된 놈이
八자가 긔박하야
九치 못하고
十字架에 걸렸다

(天台山人, 1932, 14쪽)

천태산인(天台山人)은, 「조선가요의 수놀음」이란 글에 이 노래를 인용하면서 다음과 같이 평하고 있다. "어린 아이들의 [일본] 사람을 욕설한 노래," "이는 [일본]의 모 중대신(重大臣)이 조선인에게 피살된 뒤에 생긴 노래인 만큼 불과 수십 년의 역사를 가졌을 뿐이나 확연히 걸작이다."

이 언급으로 볼 때, 이 노래는 안중근의 이토 히로부미 격살 의거 이후 민중들 사이에 불리던 노래임을 알 수 있다.

② 만주 민족학교에서 불리던 노래

1, 일본놈

2. 이등박문
3. 삼천리강산을 삼키려 날뛰다
4. 사처로 찾아다니던 안중근이
5. 오래 동안 기다리던 할빈역에서
6. 륙혈포로 쏴넘겨놓으니
7. 칠성구멍으로 피를 토하며
8. 팔작팔작 죽어가는 이등을
9. 구름같이 몽인 사람들 앞에서 이등의 모가지를 디디고 만세 3창
10. 열번 다시 죽어도 속만 시원해라

(김광희, 1988, 75쪽)

앞의 노래(국내에서 불리던 노래)와 비교해 볼 때, 안중근의 이토 히로부미 저격을 직접적으로 표현하고 있다. 그리고 그 묘사가 현장적이다. 그것은, 일제의 탄압을 피할 수 있는 만주지역에서 불렸기 때문이다.

만주의 창동학교(민족주의학교)에서는, 십진가 형식의 위 노래를 재담놀이에 이용했다고 하는데 이 재담에서 실수하는 학생은 '이토'가 되어 벌을 받았다.

십진가 형식은 민중의 풍자적 정서를 담고 여러 노래에 응용되었다. 다음 노래는, 십진가의 형식을 빌어 침략원흉 일본인과 매국 5적을 규탄하고 독립투쟁을 다짐하고 있다.

아동십진가

일 일본놈이 간교하여
이 이상타, 마음먹었는데
삼 삼천리를 약탈하다
사 사실이 발각되어
오 5조약에 떨어지니
륙 대륙반도 이천만이 분통친다
칠 7조약을 맺은 놈들
팔 팔도강산 다 넘기니
구 국수 왜놈에 또 5적이다
십 십년을 하루같이 독립투쟁 일어난다

(박민일 편저, 1991, 50쪽)

중국 만주지역에서 구전되던 이 노래는, 을사늑약과 정미늑약에서 나라를 팔아먹는 데 앞장선 매국노의 매국행위를 규탄하며, 매국노에 대한 적개심을 고취시키고 있다.

주목할 점은 마지막 구절의 표현이다. 즉, '십년을 하루같이 독립투쟁 일어난다'고 하여 항일투쟁의 결의를 다지고 있는 것이다.

이상에서 살펴본 노래들은 일제의 조선침략에 대한 민중의 반외세 인식을 담고 있다. 그리고 때로는 일제에 대한 극복의지도 표현되어 있다.

그런데 일제의 식민지 지배체제가 갖추어지던 과정에서 한국인에 대한 일제의 수탈은 도를 더해 갔다. 이러한 상황 아래 민중의 정서는 현실 세태에 대한 강렬한 풍자로 나타났다.

홀로 살기가 나는 좋소

1. 양천 촌의 전갑섬아 / 부자에게 말이 났소
   나는 싫소 나는 싫소 / 금전 姿勢에 나는 싫소
2. 양천 촌의 전갑섬아 / 관리에게 말이 났소
   나는 싫소 나는 싫소 / 세력 자세에 나는 싫소
3. 양천 촌의 전갑섬아 / 농부에게 말이 났소
   나는 싫소 나는 싫소 / 무지하여 나는 싫소
4. 양천 촌의 전갑섬아 / 상인에게 말이 났소
   나는 싫소 나는 싫소 / 속이는 놀음 나는 싫소
5. 양천 촌의 전갑섬아 / 細民에게 말이 났소
   나는 싫소 나는 싫소 / 모진 학대 나는 싫소
6. 양천 촌의 전갑섬아 / 유학생에게 말이 났소
   나는 싫소 나는 싫소 / 맘 태우기 나는 싫소
7. 양천 촌의 전갑섬아 / 사공에게 말이 났소
   나는 싫소 나는 싫소 / 魚腹에 葬事하기 나는 싫소
8. 양천 촌의 전갑섬아 / 애국자에게 말이 났소
   나는 싫소 나는 싫소 / 刑事 조사 나는 싫소
9. 양천 촌의 전갑섬아 / 媤家 안 가고 무얼 하노
   나는 좋소 나는 좋소 / 홀로 살기가 나는 좋소

(조동일, 1994, 260쪽)

엄필진이 낸『조선동요집』(1924년 발행)3)에 실려 있는 이 노래는 '양천 촌의 전 갑섬'이란 처녀가 혼인말을 거절하는 내용을 빌어, 당시 세태를 풍자하고 있다. 부 자, 관리, 농부, 상인, 세민(빈민), 유학생, 사공, 애국자 등이 금전, 세력, 무지, 사 기, 학대, 배신, 익사, 투옥 등과 연관되어 풍자되고 있다.

위 노래가 일제침략기의 세태를 간접적으로 풍자하고 있다면 다음 두 노래는 일제의 수탈로 인한 민중의 고난을 직설적으로 노래하고 있다.

① 우리네 고생살이

1. 이리저리 흩어질새 처자를 돌볼소냐
   어제 한 집 없어지고 오늘 한 집 또 나간다
   남쪽으로 울력가고 북쪽으로 징병가네
2. 이내 몸 생겨난 뒤 이 어인 고생인가
   잘먹고 잘입는 돈 잘쓰는 양반님네
   우리네 고생살이 그들은 못 보는가

(『한말저항시집』, 136쪽)

일제와 '양반님네'들의 수탈에 집을 떠나고 고생해야 하는 민중들의 애환을 담 은 노래이다.

'울력'이란 여러 사람이 힘을 합하여 기세좋게 하는 일이란 뜻으로, 여기서는 일 제 당국의 징용을 의미한다. 또 '양반님네'란 순수한 의미의 양반이 아니라, 일제 와 결탁하여 자신의 권세와 부귀를 추구하는 친일파를 지칭하는 것이다.

② 화물차가는 소리

1. 신고산이 우루루 화물차가는 소리에 지원병보낸 어머니
   가슴만 쥐여 뜯고요 어랑 어랑 어허야
   양곡배급 적어서 콩깨묵 먹고서 사누나
2. 신고산이 우루루 화물차가는 소리에 정신대보낸 아버지
   딸이 가엾어 울고요 어랑 어랑 어허야
   풀만 씹는 어미소 배가 고파서 우누나

---

3) 검열을 피하기 위하여 '동요집'이라고 했으나, 실상은 전래민요를 수록한 최초의 민요 집으로 평가된다. 조동일, 『한국문학통사 5』, 지식산업사, 1994, 260쪽.

3. 신고산이 우루루 화물차가는 소리에 금붙이 쇠붙이 밥그릇마저
   모조리 긁어 갔고요 어랑 어랑 어허야
   이름 석자 잃고서 족보 만들고 우누나

(『광복의 메아리』, 197쪽)

1940년대 국내의 겨레가 일제의 압박과 착취 아래 고난받던 상황을 노래하고 있다.

1930년대 말~40년대는 일제의 황국신민화정책이 강행되던 시기이다. 1937년 일제는 중일전쟁을 일으키고 조선내 한민족에 대하여 더욱 가혹한 수탈을 자행하였다. 1938년에 지원병제도를 만들고 이어 1943년에는 징병제도를 만들어 조선의 청년들을 제국주의 전쟁터로 내몰았다. 또한 공출제도를 만들어, 농·축산물, 임산물, 해산물, 섬유류, 금속류, 광산물 등 80여 종에 이르는 국내의 자원을 강탈하였다. 국내의 겨레는 고통에 신음하였다.

심지어는 한국 여자들을 '정신대'로 끌고 가 군수공장이나 일선에 보내 강제노동을 시키고, 각 전선에서 위안부로 삼았다. 그리고 조상이 물려준 이름도 못 쓰게 하고 일본식 이름으로 바꾸는, 이른바 창씨개명을 강요하였다.

위 노래의 원형은 「신고산타령」이다. 신고산은 함경남도에 있는 곳으로, 원래 이름은 고산인데 이 마을에 철도가 들어오면서 정거장을 중심으로 신고산이라 불리게 되었다. 1920년대에는 함남 장진강을 중심으로 수력발전을 시작하였는데 이러한 신문화의 도입과 이에 따른 민중의 생활 변화를, 「신고산타령」은 다음과 같이 노래하고 있다.

1. 신고산이 우르르 기동차 가는 소리에
   구고산 큰애기 반의 반 봇짐만 싸누나
2. 장진강 물은 수력 전기만 되고
   네 물과 내 물은 옥동자만 되누나

(박찬호, 1992, 61쪽)

「신고산타령」은 민중의 정서적 변화를 반영하면서 각지로 전파되며 각 지역의 상황에 맞추어 노랫말이 변형되기도 하였다. 예를 들어 예산에서 불리던 노래를 보면 1절은 위와 같고 2절에 지역적 특성이 가미된다.

   2. 역나다리 우루루 / 화물차가는 소리
      고무공장 큰애기 / 벤도밥만 싼다
      어랑어랑 어허야 어허난다 / 디여라 내사랑아

이 노래는 철도 부설과 공장 설립에 따른 시대적 변화상을 담고 있다. 역나다리는 예산역 부근의 무한천교(無限川橋)를 말한다.[4]

이러한 「신고산타령」에, 지원병·정신대·징용·공출·창씨개명 등으로 수탈받는 식민지 조선의 참상이 부가되어, 1940년대 민중의 정서를 대변하는 「화물차가는 소리」가 탄생한 것이다.

이상에서 살펴본 일제강점기 민요의 특징은 (1) 일제의 침략·수탈의 현상 폭로, (2) 민중의 반일 정서를 기조로 삼고 있다는 점이다.

한편 해외 독립운동 진영에서도 민요를 널리 불렀다. 이 경우에 독립에의 희망, 의지 등 대일항전 의식이 반영되어 있다.

예를 들어 광복군에서는 「광복군 아리랑」, 「광복군 석탄가」, 「광복군 닐리리아」 등을, 조선의용대에서는 「조선의용대 아리랑」을, 조선의용군에서는 「미나리타령」, 「호메가」 등을 불렀다.

광복군에서 부르던 민요의 특징은 기존 민요에 독립의지를 담은 노랫말을 붙여 부른 것이고 조선의용군에서 부르던 민요의 특징은 연안이라는 지역적 특수성 때문에 생산활동을 노래의 주된 정서로 표현하고 있다는 점이다.

2. 아리랑

말깨나 하는 놈 재판소 가고 일깨나 하는 놈 共同山 간다

아리랑은 지역과 시기를 막론하고 가장 널리 불리던 노래이다. 실로 한민족의 대표적 노래라 할 수 있다. 아리랑이 언제부터 어떤 뜻을 지니고 불렸는지에 대해서는 여러 견해가 있지만[5] 구한말·일제강점기에 민중들 사이에 가장 널리 불리

---

4) 임동권, 「민요의 향토적 고찰 - 京南지방 민요를 중심으로」, 『한국민요집 7』, 집문당, 1992, 229쪽.
5) 「아리랑 어원에 관한 학설」, 『아리랑』(김련갑 편저), 현대문예사, 1986, 552~553쪽을

던 노래인 것만은 확실하다. 시기와 지역에 따라 변형된 노래가 수백여 종에 이른다. 이 가운데 당시의 시대적 모습을 상징적으로 보여주는 아리랑 노래들을 보자.

아리랑타령

1. 이씨의 사촌 되지 말고 민씨의 팔촌이 되려무나
2. 남산 밑에다 장충단 짓고 군악대 장단에 받들어총 한다
3. 아리랑 고개다 정거장 짓고 전기차 오기만 기다린다
4. 문전의 옥토는 어찌되고 쪽박의 신세가 웬말인가
5. 밭은 헐려서 신작로 되고 집은 헐려서 정거장 되네
6. 말깨나 하는 놈 재판소 가고 일깨나 하는 놈 共同山 간다
7. 아깨나 낳을 년 갈보질 하고 목도깨나 메는 놈 부역을 간다
8. 신작로 가상사리 아까시 남구는 자동차 바람에 춤을 춘다
9. 먼동이 트네 먼동이 트네 미친 놈 꿈에서 깨어났네

(『한말저항시집』, 134~135쪽)

이 노래는 일제에 대한 저항의식을 담은 항일민요이다.

1절은 민씨의 세도정치를 풍자적으로 읊고 있고, 3~4절에는 일제의 수탈로 집과 옥토를 빼앗긴 백성들의 한탄이 서려 있다. 6절에는 항일지사(말깨나 하는 놈, 일깨나 하는 놈)들을 체포(재판소)하고 사형(공동산)하는 일제의 압살 정책이 표현되어 있다. 그리고 마지막 절은 '꿈에서 깨어나 먼동을 기다리는' 희망을 담고 있다.

이 가운데 4절은 나운규의 유명한 영화 「아리랑」의 주제가에도 나타난다.

1. 아리랑 아리랑 아리리요 아리랑 고개로 넘어간다
   청천 하늘엔 별도 많고 우리네 살림살인 말도 많다
2. 아리랑 아리랑 아라리요 아리랑 고개로 넘어간다
   문전의 옥답은 어디로 가고 쪽박이 신세가 웬말인가

(박찬호, 1992, 67쪽)

아리랑 노래에 등장하는 '아리랑 고개'는 이별의 고개요, 한의 고개이다. 일제강점기에는 정든 땅을 떠나 이국으로 떠나야만 했던 민중의 한어린 '고개'이다.

참조.

① 신아리랑

1. 무산자 누구냐 한탄마라 부귀와 빈천은 돌고돈다
2. 감발을 하고서 주먹을 쥐고 용감하게도 넘어간다
3. 밭잃고 집잃은 동무들아 어디로 가야만 좋을가 보냐
4. 괴나리 봇짐을 짊어지고 아리랑고개로 넘어간다
5. 아버지 어머니 어서 오소 북간도 벌판이 좋다더라
6. 쓰라린 가슴을 움켜쥐고 백두산 고개로 넘어간다
7. 감발을 하고서 백두산 넘어 북간도 벌판을 헤매인다

(조동일, 1994, 263〜264쪽)

  일제의 식민지 수탈정책으로 정든 고향, 정든 조국을 떠나 북간도로 떠나 유랑해야 했던 동포들의 설움을 담은 노래이다.
  노랫말의 '감발'은 발감개를 뜻한다. 발감개를 하고 용감하게 아리랑 고개 백두산 고개를 넘어 북간도로 갔으나 그 곳에서도 희망을 발견하지 못하고 헤매야 하는 동포들의 모습이 담겨 있다.

② 아리랑

1. 간도벌 묵밭에 무엇보러 떠나와서 / 동토에 얼어붙어 발을 못떼나
2. 백두산 마루 울고 넘어왔듯 / 고무신만이라도 웃고 넘어가소
3. 두만강 줄기 울고 저어왔듯 / 비녀를 노삼아 웃고 저어가소
(후렴) 아리랑 아리랑 아라리요

(「이규태 코너」, 『조선일보』 1989. 12. 16)

  간도·연해주에서 부르던 아리랑이다.
  조국을 떠나 살아야만 했던 동포들의 장례의식에 '혼 보내기'란 절차가 있었다. 상여 행렬이 두만강으로 흘러가는 강가에 이르면 고인의 신발(남자)이나 비녀(여자)를 강물에 띄워 보내는 것이다. 망자의 혼이라도 두만강을 거쳐 조국에 가길 원하는 가슴저린 비원이 담겨 있는 것이다.[6]
  위 노래는 이 장례 절차에서 부르던 아리랑이다.

---

6) 「이규태 코너」, 『조선일보』 1989년 12월 16일.

③ 桑港 아리랑

아리랑 아리랑 아라리요 / 아리랑 고개를 넘어간다
뽕따러 가려거든 산으로나 갈일이지 / 수만리 갯가로 가 봉변을 당하는가

(「이규태 코너」, 『조선일보』 1989. 10. 20)

1903년 하와이 사탕농장에서 노동하기 위하여 최초의 이민자들이 미국 땅에 발을 딛은 이후 1906년까지 근 7천여 명의 동포가 미국으로 이민을 갔다.

1906년경 미국 샌프란시스코에는 1천여 명의 동포가 살고 있었는데 당시 지진이 발생하여 100여 명의 동포가 죽거나 다쳤다. 국내에 이 소식이 전해지고 『대한매일신보』는 한국신문사상 최초로 구제의연금 모집운동을 전개하였다.[7]

위 노래는 샌프란시스코 지진으로 조난당한 동포들에 대한 안타까운 심정을 토로하고 있다. 샌프란시스코 항[桑港]을 '뽕나무 갯가'로 의역하여, 조국을 떠나 '봉변'을 당한 동포들에 대한 안타까움을 표현하고 있는 것이다.

④ 밟아도 아리랑

밟아도 밟아도 죽지만 말라 / 길 복판에 피어난 질경이처럼—

(「이규태 코너」, 『조선일보』 1993. 11. 19)

일본에 징용당해 갔던 교포들이 부르던 노래이다.

1943년 일본 홋카이도 가리카치(狩勝)에서 철도 난공사에 징용당한 조선인이 투입되었는데 굶주림과 중노동에 월 평균 110명이 사망하였다.

징용노동자의 장례에서 독경을 했던 후지시마(藤島)의 회고가 「이규태 코너」에 실려 있다. "[집단수용소 방에] 거적에 말린 시체가 놓여 있고 그 곁에 너무 울어 얼굴이 부은 그의 아들 하나가 벽에 얼굴을 대고 울고 있었다. 시체의 머리맡에는 밀감 상자 하나 엎어 놓은 채 '아버지'라고만 쓴 지방을 붙여 놓고 있었다.……밤샘하는 동료들은 '밟아도 밟아도 죽지만 말라 / 길 복판에 피어난 질경이처럼—' 이라는 「밟아도 아리랑」을 부르며 흐느껴 울고 있었다."[8]

현재 일본 홋카이도에 살고 있는 한국 사람들은 가리카치 고개를 기차를 타고

---

7) 「이규태 코너」, 『조선일보』 1989년 10월 20일.
8) 「이규태 코너」, 『조선일보』 1993년 11월 19일.

넘지 않는다고 한다. 일제에 의해 강제 징용당해 가리카치 철도 건설의 중노동 속에 사망한 동포들에 대한 위령의 뜻이 담겨 있는 듯하다.

이 노래는, 전쟁에 광분하던 일제 말기에 징용당한 동포들의 비통하고 가슴저린 정서와 고난 속에서도 '질경이'처럼 되살아나고자 하는 바람을 그대로 담고 있다.

⑤ 아리랑

1. 아리랑 아리랑 아라리요 / 아리랑 고개를 넘어간다
   아리랑 고개는 열두 구비 / 마지막 고개를 넘어간다
2. 청천 하늘엔 별도 많고 / 우리네 가슴엔 수심도 많다
   아리랑 아리랑 아라리요 / 아리랑 고개를 넘어간다
3. 아리랑 고개는 탄식의 고개 / 한번 가면 다시는 못오는 고개
   아리랑 아리랑 아라리요 / 아리랑 고개를 넘어간다
4. 이천만 동포야 어데 있느냐 / 삼천리 강산만 살아있네
   아리랑 아리랑 아라리요 / 아리랑 고개를 넘어간다
5. 지금은 압록강 건너는 유랑객이오 / 삼천리 강산도 잃었구나
   아리랑 아리랑 아라리요 / 아리랑 고개를 넘어간다

(님 웨일즈, 1986, 111쪽)

경술국치 이후 만들어진 노래로 '삼천리 강산'을 일제에게 빼앗기고 이국땅으로 유랑해야 하는 동포의 한을 노래하고 있다.

아리랑 노래에서 나오는 아리랑 고개는 이별의 고개이지만 역설적으로 희망의 고개이기도 하다. 즉 더 이상 빼앗길 것이 없고 갈 데가 없는 동포들이 다시 조국으로 되돌아오는 고개이기도 하다. 이러한 면에서 아리랑 노래에는 항일의식이 직접적으로 표현되기도 한다.

① 신아리랑

아리랑 아리랑 아라리요 / 아리랑 고개를 넘어간다
1. 산천초목은 젊어 가고 / 인간의 청춘은 늙어만 간다
2. 성황당 까마귀 깍깍 우는데 / 정든님 병환은 날로 깊어간다
3. 무산자 누구냐 탄식마라 / 부귀와 빈천은 돌고 돈다

4. 밭잃고 집잃은 동포들아 / 어디로 가야만 좋을까 보냐
5. 쓰라린 가슴을 움켜쥐고 / 백두산 고개를 넘어간다
6. 감발을 하고서 백두산 넘어 / 북간도 벌판을 달려보세
7. 아버지 어머니 어서 오소 / 북간도 벌판이 넓어 좋소
8. 원수로구나 원수로구나 / 총없는 맨손이 원수로구나

(『광복의 메아리』, 180쪽 ;『배달의 맥박』, 528쪽)

　이 노래는 1910년대 일제의 수탈로 집과 땅을 잃은 동포들이 북간도로 넘어가
는 상황을 노래하고 있는데 3~6절은 앞의 「신아리랑」 1·3·6·7절과 같거나 흡
사하다. 그런데 8절이 주목된다. 즉, '총없는 맨손이 원수로구나' 하면서 항전의식
을 고취시키고 있는 것이다.
　대부분의 아리랑 노래가 일제의 수탈로 인한 겨레의 수난을 탄식하고 있음에
비하여, 국내·북간도에서 많이 불리던 이 노래는 백두산을 넘어 만주로 가 항일
운동을 하고자 하는 투쟁적 의지가 담겨 있다.

② 신아리랑

1. 단간 오막살이 우리 부모 생각할수록 눈물이로다
2. 아리랑 고개는 얼마나 멀게 한번 넘어가면 영영 못 오나
3. 우리의 앞길의 독립군아 뜻과 같이 성공하세

(박찬호, 1992, 71쪽)

　노랫말 1절에 부모를 생각하는 그리움이 표현되어 있고, 2절에 아리랑 고개를
다시 넘고 싶은 바람이 역설적으로 표현되어 있다. 그리고 3절에는 독립군의 성공
을 축원하고 있다. 아리랑 고개가 이별의 슬픔을 극복한 희망의 고개로 변하는 것
이다.

③ 아리랑

3. 아리랑 아리랑 아라리요 아리랑 고개로 넘어간다
　청천 하늘엔 별도 만코 우리네 살림살인 말도 많다
4. 아리랑 아리랑 아라리요 아리랑 고개로 넘어간다
　서산에 지는 해는 지고싶어 지며
　나를 버리고 가는 님은 가고싶어 가나

  5. 아리랑 아리랑 아라리요 아리랑 고개로 넘어간다
    싸우다 싸우다 아니 되며는 이 세상 천지에다 불을 지르자

(박찬호, 1992, 72쪽)

  1931년 발행된 『조선가요집』(조선가요연구소 편)에 게재된 노래이다.
  3·1운동 이후 가열차게 전개된 만주의 항일무장투쟁이 국내에 알려지면서 국
내동포들의 항전의식이 노래에도 반영되기 시작하였다.
  5절 '이 세상 천지에다 불을 지르자'는 것은, 곧 민중의 총궐기를 간접적으로 촉
구하고 있는 것이다.

④ 아리랑

  일본 대판 딸각다리 왜놈의 새끼들 / 총칼을 찼다고 자랑을 마라
  아리아리랑 서리서리랑 아라리가 났네 / 아리랑 응응응 아라리가 났네
  이순신 거북선이 두둥실 떠가면 / 죽다남은 종자새끼들 몸살을 하리라

(박민일 편저, 1991, 278쪽)

  1930년도 초, 진도군민의 항일정신을 고취시키기 위하여 계몽연극이 열렸는데
15~16세의 어린이들이 위 노랫말의 항일가요를 불렀다고 한다. 단 일제 순사들을
속이기 위하여 노랫말을 거꾸로 불렀는데, 관중들은 거꾸로 된 노래를 들으면서도
이 노래가 항일가요임을 알았다고 한다.

⑤ 아리랑 옥중가

  (노랫말은 제2부 제3장 2. 감옥가 ③ 참조)

  위 아리랑 노래들이 대중들이 부르던 대중적 노래라고 한다면 이 「아리랑 옥중
가」는 독립운동을 하다 체포되어 끌려가는 투사의 노래이다. 1921년 어떤 정치범
이 만들었다는 이 노래는 민중들 사이에 널리 퍼지지는 않은 것으로 보이지만, 아
리랑 노래를 옥중가로 바꾸어 독립운동가들이 불렀다는 점에서 주목된다.

⑥ 독립군아리랑

  아리아리 스리스리 아라리 났네 / 독립군아리랑 불러를 보세

1. 이조왕 말년에 왜·난리 난니 / 이천만 동포들 살길이 없네
2. 일어나 싸우자 총칼을 메고 / 일제놈 쳐부숴 조국을 찾자
3. 내고향 산천아 너 잘있거라 / 이 내몸 독립군 떠나를 간다
4. 부모님 처자들 이별을 하고서 / 왜놈들 짓부숴 승리를 하자
5. 태극기 휘날려 만세만만세 / 승전고 울리며 돌아오리라

(진용선, 1995, 167쪽)

만주에서 구전되어 오던 이 노래는, 러시아에서 살다가 만주 훈춘으로 들어와 1994년에 사망한 오병열 씨가 부르던 노래를 차병걸 씨가 전승하여 불렀다고 한다.[9]

그러나 독립군들이 실제로 이 노래를 불렀는지는 역사적으로 확인되지 않는다. 독립군을 선망하는 일반 만주교포들이 불렀을 수도 있고, 아니면 해방 이후에 만들어진 노랫말일 수도 있다. 노랫말 가운데 '이천만', '태극기' 등은 일제강점기에 실제 불리던 노랫말에 자주 등장하는 표현이기도 하다.

이 노랫말은 전체적으로 항일전의 결의를 북돋우고 있으며, 국난으로부터 승전에 이르기까지의 상황이 순차적으로 묘사되어 있다. 즉 1절은 국난, 2절은 항일전에 대한 결의, 3절은 독립군을 찾아 고향을 떠남, 4절은 항일전에서의 승리, 5절은 승전 후 태극기를 날리며 조국을 찾는 광경을 묘사하고 있다.

---

9) 진용선, 「중국 흑룡강성의 아리랑」, 『객석』 1995년 6월호, 167쪽.

제2장 동요

1. 동요에 담긴 민족정신

구한말 시기에 불리던 동요 가운데, 청나라와 일본을 풍자하고 비웃는 노래들이 있었다. 어린이들이 특별한 민족의식을 가지고 부른 것이라고 볼 수는 없으나 외세의 침략이 거센 민족적 위기의 시대에 사회적 상황이 동요에도 반영되고 있음을 이 노래들을 통하여 알 수는 있다.

① 제목미상

되 나왔다 되 들어가는데 / 왜 들어왔다 왜 나가지 않노
되 들어가 안나오는데 / 왜 안나가고 왜 죽는거뇨

(장세윤, 1992, 87쪽)

이 노래는 청일전쟁 이후 조선의 민중들 사이에 불리던 동요이다.
되(청)는 조선에 들어왔다 다시 갔는데 왜(일본)는 조선에 들어왔다 다시 나가지 않는 사실을 들어 일본의 조선침략을 풍자하고 있다.

②-1 제목미상

성났다 빗났다 / 연주문을 열어라
호박국을 끓여라 / 성났다 빗났다 / 호박국을 끓여라

(박종화, 1979, 203~204쪽)

②-2

성났다 변났다 / 연주문을 열어라
호박국을 끓여라 / 너 먹자고 끓였니 / 나 먹자고 끓였지

(김도태, 1974, 231~232쪽)

이 노래는 고종대(1900년대)부터 아이들이 술래잡기와 문놀이를 할 때 부르던 동요이다. 구전되면서 지금은 성난 아이를 놀릴 때 부른다.[1]

박종화의 회상에 따르면, 호박국이란 호박(胡朴)으로 국을 끓이는 것, 곧 청국인을 야유해서 이르는 말로서 청나라의 횡포가 극심하니 호박국을 끓여서 호인(胡人)을 녹여 주라는 뜻이었다고 한다.

조선시대에는 중국에 대한 사대사상이 대단했다. 그래서 중국 사신이 조선에 들어와 쉬는 집을 모화관이라 하고, 사신이 들어오는 문을 영은문(迎恩門), 혹은 영조문, 연주문이라 했다. 중국 황제의 조서가 들어오는 문이란 뜻이다. 이러한 사대사상을 물리치고 독립자주 정신을 확고히 하기 위하여 독립협회는 영은문 자리에 독립문을 세웠다.

위의 동요도 청국에 대한 사대사상을 극복하는 독립정신의 분위기 속에서 불렸던 것이다.

구한말의 반외세적 동요의 풍자적 정신은 일제강점기에는 이어지지 않는다. 일제의 탄압 때문이었다. 그리하여 일제강점기의 동요는 일제의 수탈로 피폐해진 조선의 농촌·도시의 정서, 그리고 그 극복을 위한 희망의 불씨를 간접적이고 은유적으로 표현해 나갔다.

1919년 3·1만세운동을 계기로 기만적 문화정책을 표방한 일제 총독부는 한국인의 문화적 활동을 어느 한도 내에서 허용하였다. 이러한 분위기를 이용하여 1920년대에 '어린이운동'이 전개되면서 다수의 동요들이 발표되었다. 이들 노래들은 직접적인 대일항쟁을 표현하고 있지는 않으나, 내용적으로 민족적 인식을 고양함으로써 일제시대 동요의 민족적 성격을 부여하였다.

1920년대 초기 어린이운동과 관련하여 탄생한 노래를 보자.

① 어린이 노래(조선의 노래)

방정환 작사

1. 금수의 강산에서 우리 자라고 / 무궁화 화원에서 꽃피려 하는
   배달의 어린 동무 노래부르자 / 세상에 부러울 것 그 무엇이랴
2. 창공의 붉은 태양 그 빛 찬란코 / 들판의 양떼들은 무리져 논다

---

1) 임동권 편, 『한국 민요집 1』, 집문당, 1993(재판), 596쪽. 이 책은 노래제목을 「노아요(怒兒謠)」, 「연주문요」로 달고 있다.

　　동해의 어별들은 꼬리쳐 놀고 / 즐거운 우리들은 춤을 추노라
　3. 암흑의 긴긴 밤은 지나가고 / 광명한 새 아침이 밝아 온다
　　금강산 상상봉에 얼굴을 드니 / 삼천리 금수강산 화려하구나

(『광복의 메아리』, 157쪽 ; 김우종, 1988, 255쪽)

　『개벽』 3호(1920년 8월 25일)에 '어린이 노래'라는 동시가 실렸는데, 쓴 이가 '잔물'로 되어 있다. 잔물이란 '잔물결', 즉 소파(小波 : 방정환의 호)이다.

　이 동시에서 최초로 '어린이'란 말이 사용되었던 것으로 보인다. 이전에는 주로 소년(혹은 소년소녀)이란 말이 많이 쓰였다. 이후『어린이』란 잡지가 간행되고 어린이 운동을 통하여 어린이란 말이 보편화되었다.2)

　방정환은 한국 어린이운동의 선구자이다. 보성전문학교, 일본동양대학 등에서 수학하였고, 1921년부터 어린이에 대한 존대말쓰기운동을 벌였다. 잡지『어린이』를 창간하였으며, 손진태 · 윤극영 등과 함께 '색동회'를 조직하였고 5월 1일을 어린이날로 정하기도 하였다.

　이후 전국의 어린이단체의 통일화를 시도하고, 1925년에 소년운동협회를 결성하였다. 1927년 조선소년총연맹이 발족하면서 소년운동의 방향이 사회주의화하자 소년운동 일선에서 은퇴하고 잡지를 발간하였으나 1931년 지병으로 사망하였다.

　1 · 2절에서 조국 강산에서 뛰노는 어린이의 즐거움을 표현하고 3절에서 조국의 독립(광명한 새 아침)을 간접적으로 표현하고 있는 이 노래는 애국계몽운동가들이 조선의 어린이 가슴에 애국심을 길러 주기 위해 널리 부르게 했다. 예를 들어 남궁억은 장래 조국을 이끌고 나갈 어린이를 존중하여, 위 노래를 통하여 어린이의 애국혼을 일깨웠다.

② 어린이날 노래

김기전 작사

기쁘구나 오늘날 5월 1일은 / 우리들 어린이의 명절날일세
복된 목숨 길이 품고 뛰어노는 날 / 오늘이 어린이의 날
만세 만세를 같이 부르며 / 앞으로 앞으로 나아갑시다
아름다운 목소리와 기쁜 맘으로 / 노래를 부르며 가세

(『광복의 메아리』, 157쪽)

---

2) 윤석중,『어린이와 한평생』, 범양사, 1985, 37쪽.

1921년 방정환이 천도교소년회를 창립하고 '어린이날'을 제정하였다. 어린이날은 1922년 5월 1일 천도교소년회 회원끼리 모여 치른 것이 최초이다. 소년회 회원들은 서울 종각, 파고다공원, 전동, 교동, 광화문 등지를 돌며 '어린이를 위하자', '10년 후의 조선을 생각하자'라는 제목의 선전물을 돌렸다. 10년 후의 조선을 생각하자는 것은, 어린이를 잘 키워 민족의 앞날을 밝게 하자는 뜻이다. 이듬해는 천도교소년회, 불교소년회, 조선소년군 등을 중심으로 조선소년운동협회가 전국적으로 어린이날을 거행하였다. 이 날 「소년운동 첫선언」이란 일종의 '아동헌장'을 발표하였다. 그런데 5월 1일은 메이데이라고 하여 '노동자의 날'과 중복되었다. 그래서 1928년부터는 5월 첫째 공휴일을 어린이날로 하였다. 그러나 일제 말기에 모든 집회가 금지되면서 1937년부터 어린이날이 폐지되었다가, 1946년에 어린이날이 부활되어 5월 5일(해방 이후 5월 첫 공휴일이 5일이었기 때문)로 고정되었다. 이 때 윤석중 작사, 안기영 작곡으로 '날아라 새들아 푸른 하늘을……'로 시작되는 새 「어린이날 노래」가 만들어졌는데, 안기영이 월북한 후 다시 윤극영의 곡으로 바뀌어 현재까지 불리고 있다.[3]

위 노래의 작사자 김기전은 천도교 지도자이다. 보성전문학교를 졸업하였고 『개벽』 주필, 천도교청년당 당두(黨頭) 등으로 활동하였다.

위 노래는 어린이운동의 뜻을 담고 작사되었으나 곡은 구한말 창가인 「야구단 운동가」(스코틀랜드 민요 곡) 곡을 사용하여 아쉬운 점이 있다.[4]

③ 조선소년군(보이스카우트) 행진곡

애처롭다 이 땅의 우리 형제여
입으로는 자유를 부르짖으며
붓으로는 인도를 잘 그릴지나
공론공문 모두 다 허식이로다
어지러운 세상을 구하려고
세계적 봉공자 보이스카우트 처음으로 계림에 시작된 날은
일천 구백 이십 이년 시월 오일

(윤석중, 1985, 47~48쪽)

---

3) 윤석중, 앞의 책, 29~36, 202쪽.
4) 한용희, 『동요 70년사 - 한국의 동요』, 세광음악출판사, 1994, 55쪽.

1922년 10월 5일 창립된 '조선소년군'의 노래이다.

조선소년군은 당시 계동 중앙학교 체육교사이던 조철호가 창립한 것으로 한국 보이스카우트 운동의 시초가 된다. '사람의 시초인 소년의 개조에 착수하여, 그들로 하여금 사회를 위하고 자기를 위하기에 최적한 자각과 시련을 가지게 함'을 목표로 시작된 조선 보이스카우트는 소년의 몸을 튼튼하게 그리고 마음을 건전하게 발전시키기 위하여 여러 운동을 전개하였다. 어린이날에 '어린이 사랑의 삐라'를 나누어 주기도 하였다. 소년군의 활동은 야영활동, 봉사활동(빈민구호, 농촌계몽 등), 문화활동(운동, 웅변, 노래 등) 등으로 이루어졌다.

조철호는 대한제국 육군무관학교를 다니고 국비유학생으로 일본 육군사관학교에서 수학하고 일본군을 박차고 나와 독립운동과 소년운동에 나섰다.

일본 육군사관학교에서 수학하던 조선인 생도들은, 중위가 될 때 모두 일본군을 탈출하여 항일무장투쟁에 나설 것을 맹세했었다. 조철호는 직접적인 항일투쟁에 나서지는 못했지만(그 맹세를 지킨 사람은 광복군총사령관 지청천과 노령의 무장항일 지도자 김광서뿐이었다), 조선소년군운동을 통하여 간접적으로 독립운동을 전개한 것이다.

노랫말에서 공리공론을 배격하고 실천적 활동에 나서자는 대목이 눈에 띈다. 그리고 이러한 실천적 활동의 목적은, 어둠을 뚫고 민족의 자유를 구하기 위함이었다. 조철호 작사의 「소년군 단가」(1922년 3월 15일 발표)에는 이러한 목적이 확실하게 표현되어 있다.

소년군 단가

조철호 작사

1. 금수강산 계림반도 우리의 좋은 집
   반만년의 오랜 역사 골수에 흐른다
2. 모든 일에 근본되는 우리 소년군
   심신건전 넓은 지식 토대 닦아 쌓세
3. 하늘 장막 땅 언저리 마음대로 개척해
   최후목적 이룬 후 승전고 울리세
(후렴) 육주오양 넓이 퍼진 우리 소년군
   차별없이 자유로서 길이 사랑하세

(김정의, 1995, 159쪽 ; 『중앙육십년사』, 119~120쪽)

노랫말의 '승전고'는 바로 정의의 싸움에서 승리하는 것을 의미한다. 소년군에서 부르던 「소년행진가」에는 싸움의 내용이 다음과 같이 표현되어 있다. "깨끗하고 건전한 우리 동무야 / 싸움 준비 갖추세 정의의 장검 / 이리하여 선전하세 사회 악습에 / 이리하여 이루세 우리 목적을……"[5] 즉 여기서의 싸움은 정의의 싸움이며 사회악습을 물리치는 싸움이다. 이는 곧 민족의 자유를 찾기 위한 싸움인 것이다.

만주침략 이후 소년운동을 탄압할 구실을 찾던 일제는, 1937년 중일전쟁 이후 위 「소년행진가」의 내용이 '불온'하고 소년군의 항건(項巾)에 있는 무궁화가 '불온'하다는 구실을 붙여 소년군을 강제로 해체시키고 말았다. 6·10만세운동 이후 북간도로 망명하였다가 일제에게 체포되었던 조철호는, 조선소년군 해산과 더불어 다시 한 번 일제에게 수난을 당하였다.

이상 '어린이 노래'와 '소년군 노래' 등은 우리나라 어린이운동의 시작을 알리는 노래라 할 수 있다.

이후 전문적인 동요 작사·작곡자가 다수 나오면서 어린이에게 희망과 꿈을 그리고 때로는 아픔을 전해 주는 명 동요들이 탄생하였다.

일제시대 동요는 동요로서의 일반적 성격과 아울러 일제강점이라는 상황에서 나오는 특수한 성격을 동시에 지니고 있다. 즉, 일제의 식민지 수탈로 인하여 한국인이 겪는 고난과 조국을 되찾는 희망이 일제강점기 동요에 포함되어 있는 것이다.

따라서 일제시대의 어린이·동요 운동은, 민족정서의 아동적 표현으로서 폭넓은 공감대를 확보하였으며 그 전파과정에서 일제의 탄압을 받기도 했던 것이다. 실제로 당시 신문기사에는 어린이들이 우리나라 동요와 애국창가 등을 부르다가 경찰에게 끌려가 고생하고 이들 노래를 가르친 교사가 구속되었다는 기사들이 보인다. 또 윤극영의 달리아회에서 음악수업을 받은 윤정석은, 학교 음악시간에 우리 동요를 가르치다가 결국 다른 학교로 좌천되었다고 회고한 바 있다.[6]

위 사례는 일제가 민족적 정서를 담은 우리 동요를 탄압한 극히 일부분에 불과하다. 앞으로 어린이·동요 운동이 민족적 정서의 공감대 확산에 어떠한 기능을

5) 김정의, 『역사의 시공을 넘나들며』, 혜안, 1995, 184쪽.
6) 한용희, 앞의 책, 64~65쪽.

담당했으며, 그러한 전파가 어떤 대항관계 속에서 일제의 탄압을 받게 되는지, 나아가 일제 말기에는 어떻게 왜곡·변질되어 가는지 구명되어야 할 것이다.

이하 민족적 수난의 모습을 형상화하고 있는 동요들을 우선적으로 보자.

① 형제별

방정환 요

1. 날저무는 하늘에 별이 삼형제 / 반짝반짝 정답게 지내이더니
2. 웬일인지 별 하나 보이지 않고 / 남은 별이 둘이서 눈물흘린다

1920년대의 노래이다. 노랫말 가운데 별은 겨레를, '별 하나 보이지 않는다'는 것은 1/3이나 되는 겨레가 해외로 떠났다는 뜻이다.

정순철이 이 노래를 작곡했다는 기록도 있으나 사실은 방정환이 일본유학중 일본 곡에 가사를 붙여 만든 것이다.[7]

이 노래에 대하여 현재 만주 목단강에 거주하는 김순옥(산조 : 자신이 김좌진의 딸이라고 주장)은 흥미로운 해석을 붙이고 있다. 노랫말의 '별 삼형제'는 만주 무장항일운동의 지도자 김좌진·홍범도·이청천을 가리키는 것이고, '별 하나 보이지 않는다'는 것은 김좌진의 서거를 의미하며, '남은 별 둘이 눈물 흘린다'는 것은 홍범도·이청천이 김좌진의 서거를 애통해한다는 의미로 해석하고 있다.[8]

김좌진 사후에 만주에서 그러한 해석을 붙여 불렀는지 여부를 확인할 수 없지만, 이 노래가 김좌진의 사망 이전에 이미 발표되었음을 볼 때 원래 노래에 담긴 뜻은 그렇지 않다.

② 따오기

한정동 작사, 윤극영 작곡

1. 보일듯이 보일듯이 보이지 않는 / 따옥 따옥 따옥소리 처량한 소리
   떠나가면 가는 곳이 어디메이뇨 / 내 어머니 가신 나라 해돋는 나라
2. 잡힐듯이 잡힐듯이 잡히지 않는 / 따옥 따옥 따옥소리 처량한 소리
   떠나가면 가는 곳이 어디메이뇨 / 내 아버지 가신 나라 달돋는 나라

---

7) 박찬호, 『한국가요사』, 현암사, 1992, 131쪽 ; 한용희, 앞의 책, 48쪽.
8) 「8·15 특집프로」, KBS TV 1995년 8월 15일 방영.

1925년부터 민중 사이에 불린 노래이다. '내 어머니 가신 나라'는 잃어버린 조국을 상징하고 있다.

③ 고향의 봄

이원수 작사, 홍난파 작곡

1. 나의 살던 고향은 꽃피는 산골 / 복숭아꽃 살구꽃 아기진달래
   울긋불긋 꽃대궐 차리인 동리 / 그속에서 놀던 때가 그립습니다
2. 꽃동리 새동리 나의 옛고향 / 파란 들 남쪽에서 바람이 불면
   냇가에 수양버들 춤추는 동리 / 그속에서 놀던 때가 그립습니다

1920년대에 민족의 실의를 달래 주던 동심의 노래이다.

이 노래의 노랫말은 『어린이』(1926년 4월호) 독자란에 발표된 것이다. 이 때 이원수의 나이 15세였다.

작곡자 홍난파는 한국 서양음악의 선구자로 수많은 가곡 외에 동요도 여럿 작곡하였다. 이 「고향의 봄」 외에 「휘파람」, 「풍당풍당」, 「달맞이」, 「낮에 나온 반달」(윤석중 작사) 등은 유명하다.

다음 노래들은 일제의 수탈로 인한 식민지 농촌의 현실을 표현하고 있다.

① 오빠 생각

최순애 작사, 박태준 작곡

1. 뜸북뜸북 뜸북새 논에서 울고 / 뻐국뻐국 뻐국새 숲에서 울제
   우리 오빠 말타고 서울 가시면 / 비단 구두 사가지고 오신다더니
2. 기럭기럭 기러기 북에서 오고 / 귀뚤귀뚤 귀뚜라미 슬피 울건만
   서울 가신 오빠는 소식도 없고 / 나뭇잎만 우수수 떨어집니다

『어린이』에 실렸던 노래이다.

'서울로 떠나 소식이 없는 오빠'를 그리는 이 노래는 식민지 치하에서 고난에 처한 조선 농촌의 슬픔을 그린 듯하다. 일제에게 논밭을 빼앗겼기 때문에? 공부하러? 아니면 독립운동을 위하여? 그 내용이 노랫말에 들어 있지는 않지만 여하튼 농촌을 떠난 조선청년을 그리워하는 누이동생의 마음을 통하여 1920년대의 비참한 현실을 이 노래에 담고 있다.

작사자 최순애는「고향의 봄」의 작사자 이원수와 결혼하였는데, 이원수는 문학독서회사건으로 일제에게 체포되어 옥고를 치르고 석방된 바 있다.

작곡자 박태준은 숭실전문학교를 졸업하고 미국에 유학한 작곡가이다. 예술가곡과 동요의 창작 및 종교·합창 음악의 보급을 위해 활발한 활동을 한 그는 숭실을 졸업하고 계성중학에서 교편을 잡고 있을 때 이「오빠 생각」을 작곡하였다. 이밖에도 많은 동요를 작곡하였는데, 주로 윤복진(해방 후 월북)의 노랫말에 곡을 붙였기 때문에 해방 이후 원 가사로 불리지 않고 윤석중의 새 노랫말로 불렸다.9)

② 한숨

고택구 작사, 강신명 작곡

1. 풀나물로 죽 쑤는 우리 집 연기 / 무엇 그리 기뻐서 춤을 출까요
   연기 촛불 춤추고 뜀을 뛰는데 / 아빠 엄마 무슨 일로 한숨 쉴까요
2. 쓸쓸한 우리 방 켜놓은 촛불 / 무엇 그리 기뻐서 뜀을 뛸까요
   연기 촛불 춤추고 뜀을 뛰는데 / 아빠 엄마 무슨 일로 한숨 쉴까요

(박찬호, 1992, 152쪽)

1932년『소년중앙일보』현상모집에서 1등으로 당선된 작품이다.

이 노래에는 일제의 수탈로 논밭을 빼앗기고 나아가 식량마저 빼앗기고 풀나물로 연명하는 조선 농촌의 실상이 그려져 있다. 아이의 눈에 비친 아빠, 엄마의 한숨소리는 바로 나라를 빼앗긴 겨레의 한어린 탄식소리에 다름 아니다.

강신명은 숭실전문학교 출신으로 숭실의 음악과장 말스베리로부터 작곡을 배워 많은 동요를 작곡하였고, 여름성경학교에서 직접 작곡한 동요를 아이들에게 가르쳤다.『아동가요 300곡선』을 엮어 발행하였으며 수양동우회사건이 발생했을 때 '꽃피는 삼천리 방방곡곡에 조선의 아가야 우리 아가야'(남궁랑 요, 권태오 작곡)라는 노래를 주일학교·성경학교에서 가르쳤다는 이유로 일경에게 벌금형을 받기도 했다.10) 숭실을 졸업한 이후에는 목회활동과 교육운동에 전념하였다.

---

9) 박종철,「이 땅에 교회음악을 뿌리내린 박태준」,『인물로 본 숭실 100년』, 숭실대학교, 1994, 69쪽.
10) 류순하,「한국 기독교의 거성 강신명 목사」,『인물로 본 숭실 100년』, 숭실대학교, 1994, 260쪽.

③ 허수아비야

윤석중 작사

허수아비야 허수아비야
여기 쌓였던 곡식을 누가 다 날라가디?
순이 아버지, 순이 아저씨, 순이 오빠들이
온 여름 내 그 애를 써 만든 곡식을
가져간다는 말 한마디 없이
누가 다 날라가디?
그리고 저, 순이네 식구들이
간밤에 울며 어떤 길로 가디?
―이 길은 간도 가는 길
―저 길은 대판 가는 길
허수아비야 허수아비야
넌 다 알 텐데 왜 말이 없니?
넌 다 알 텐데 왜 말이 없니?

(윤석중, 1985, 136~137쪽)

일제의 수탈로 '곡식'을 빼앗기고 정든 고향을 떠나 만주로, 일본으로 가야만 하는 겨레의 슬픔을 노래한 동요이다.

작사자 윤석중은 노랫말 작사의 배경을 다음과 같이 설명하고 있다. "비록 어린 이들에게 보일 몇 줄 안 되는 글들이었지만, 내 동요집에는 일제에게 박해받는 겨레의 모습을 그린 것이 여기저기 보였다. 「허수아비야」를 보자.……우리들 소년들의 가슴 속에도 저마다 비통과 울분이 깃들여 있었던 것이다."

일제는 '산미증산계획'을 실행하여 조선에 대한 수탈을 강화하였다. 산미증산계획을 통하여 쌀 생산이 증가하였지만 그 쌀은 조선농민의 것이 아니었다. 당시 어떤 기록은 다음과 같이 전하고 있다. "조선인이 즐겨먹는 쌀은 남에게 빼앗기고 만주 조밥으로 끼니를 이어야 하며, 의복은 두 벌을 준비할 여유가 없어 단벌로 살아야 하는 가난에 허덕이게 됐다."[11] 조선 농민은 일제에게 쌀을 빼앗기고 나아가 농토를 빼앗기고 이농민이 되어 살 길을 찾아 만주로 떠날 수밖에 없었던 것이다.

---

11) 송건호, 『한국현대사론』, 한국신학연구소, 1979, 76~77쪽.

④ 알롱아 달롱아

양우정 작사, 김태원 작곡

1. 알롱아 달롱아 봄이 왔다 / 멍에를 걸고서 들로 가자
   고역에 지쳐서 울 둘이는 / 해마다 이 봄이 성화로다
2. 논갈고 밭갈어 농사지여 / 누가 다 먹는지 너는 아니
   알롱아 달롱아 울 둘이는 / 해마다 이 봄이 원수로다

(『겨레의 노래 1』, 262쪽)

『음악과 시』1권 1호(1930년 8월)에 발표된 노래이다.

『음악과 시』는 음악의 현실적 참여를 '운동'화하기 위해 만든 잡지로서 엄흥섭, 양우정, 신고송, 이주홍, 박아지 등 카프 계열의 문학인들이 참여하였다. 창간호에 「음악과 대중」(신고성), 「음악운동의 임무와 실제」(이주홍), 「최근 동요평」(김병호) 등의 평론이 실려 있어 음악의 현실참여를 위한 당대의 논의를 엿볼 수 있다.[12] 또한 「편싸움놀이」(이향파 요·곡), 「거머리」(손풍산 요, 이일권 곡), 「새쫓는 노래」(이구월 요·곡) 등이 「알롱아 달롱아」와 함께 실려 있어 당시 현실참여파 문화인들의 동요 인식도 엿볼 수 있다.

위 노래는, 봄(계절적 의미)이 왔으나 진정한 봄(독립)이 오지 않은 식민지 땅에서 농사짓는 이들의 울분적 정서를 표현하고 있다. 그리고 '농사 지어 누가 다 먹는지 너는 아니'라는 표현은 '원수로다'라는 분노로 연결되고 있다.

다음은 식민지 조선의 도시적 정서를 담고 있는 동요를 보자.

① 휘파람

윤석중 작사, 홍난파 작곡

팔월에도 보름날엔 / 달이 밝건만
우리 누나 공장에서 / 밤일을 하네
공장 누나 저녁밥을 / 날라다 두고
휘파람 불며 불며 / 돌아오누나

(윤석중, 1985, 102쪽)

작사자 윤석중이 양정학교를 다닐 때, 홍난파를 만나 탄생한 노래이다. 홍난파

---

12) 김근수, 『한국잡지 개관 및 호별목차집』, 한국학연구소, 1973, 565쪽.

는 7·5조의 멜로디를 가지고 있다가 이에 합당한 노랫말이 나타나자 제꺽 노래를 만들었다고 한다.

일제시대 조선 근로자들은 저임금으로 인간 이하의 생활 속에 신음하였다. 특히 16세 이하의 소년·소녀공이 공장에 많이 고용되었다는 점에서 일제의 식민지 노동수탈을 여실히 보여준다. 이들은 반노예적 상태에서 기아 임금으로 장시간의 노동에 시달렸다. 당시 조선인 근로자의 임금은 일본인 근로자 임금의 절반밖에 되지 않았다.

추석에도 공장에서 야근해야 하는 누이를 생각하며 부르는 휘파람, 이는 곧 서러운 눈물의 휘파람, 일제에게 고난받는 누이에 대한 서러움이었을 것이다.

② 스무하루 밤

윤복진 작사, 박태준 작곡

스무하루 이 밤은 / 월급 타는 밤
실 뽑는 홀어머니 / 월급 타는 밤
버드나무 가지 위 / 높은 굴뚝엔
동짓달 조각달만 / 밝아오는데
어머니는 어디 가 / 무엇하시고
이 밤이 깊어가도 / 아니 오시나

(윤석중, 1985, 63~64쪽)

『어린이』 45호(1926년)에 발표된 노래로 「휘파람」과 같은 맥락의 노래이다. 밤늦도록 일해야 하는 어머니를 소재로 하여, 일제의 식민지 수탈로 고난받는 조선의 어머니를 상징적으로 표현하고 있다.

이 노래는, 1930년대 '음악의 계급성' 문제를 두고 민족주의 음악가와 사회주의 음악가 사이에 논쟁이 벌어졌을 때, 사회주의 진영의 신고성으로부터 너무 애상적이라고 공격을 당한 일화를 지니고 있다.

그러나 당시 신고성의 작품(「조각빗」)이 더 애상적이었다는 점에서 '음악의 계급성' 논쟁은 작품에 대한 것이라기보다 사람을 가려서 공격하는 비평이었다고 할 수 있다.[13]

___
13) 윤석중, 앞의 책, 63~64쪽.

이상 민족의 슬픔과 일제의 수탈로 인한 도시·농촌의 현실을 정서적으로 표현하고 있는 동요들을 살펴보았다. 하지만 일제시대 동요는 그것이 전부는 아니다. 식민지 조선의 비참한 현실을 담으면서 동시에 그것을 극복하는 희망, 꿈, 의지 등을 노래하고 있는 것이다.

① 반달

윤극영 작사·작곡

1. 푸른 하늘 은하수 하얀 쪽배엔 / 계수나무 한 나무 토끼 한 마리
   돛대도 아니 달고 삿대도 없이 / 가기도 잘도 간다 서쪽 나라로
2. 은하수를 건너서 구름나라로 / 구름나라 지나선 어디로 가나
   멀리서 반짝 반짝 비치이는 건 / 샛별이 등대란다 길을 찾아라

『어린이』(1924년 11월호)에 발표된 우리나라 최초의 창작동요로, 민족의 수난기에 어린이에게 희망과 얼을 심어 주던 노래이다. '샛별, 등대'는 조국의 독립, '길'은 조국독립을 위한 방법·헌신을 뜻하는 것이다.

이 노래는, 윤극영이 시집간 누이가 사망했다는 비보를 받고 눈물어린 눈으로 반달을 바라보며 그 자리에서 지었다고 한다. 누이 잃은 슬픔은 곧 나라 잃은 슬픔으로 이어졌던 것이다. 비록 돛도 없고 삿대도 없는 반달쪽배이지만 '샛별, 등대'가 있으므로 희망을 잃지 말자는 내용이다.

이 노래는 국내뿐 아니라, 만주와 중국 관내 독립운동 진영 어린이들 사이에서도 많이 불렸다. 특히 항일선전활동에 이 노래가 불리기도 했다.

1938년 유주에서 조직된 광복진선청년공작대는 중국인에게 항일의식을 고취시키기 위하여 항일선전 연극을 개최하였다. 제목은 「국경의 밤」.

1막이 끝나고 2막이 오르기 전에, 어린이들이 무대에 올라 이 「반달」을 노래하였다. 중국인들은 '하오', '헌 하오'를 연발하였다. 이 항일 연극은 성황리에 막을 내리고 중국인들의 항전의식을 고취시켰다.14)

윤극영은 시인이자 소설가인 심훈의 외종형제로 색동회, 달리아회에서 활동하며 동요를 보급하였다. 1940년 만주로 건너가 동흥중학에서 교직생활을 하던 중 1942년 협화회에 가담하여 친일 행동을 하였다.

---

14) 지복영, 『강도 굽이굽이 산도 굽이굽이』(미간행).

② 산토끼

이일래 요

1. 산토끼 토끼야 어디로 가느냐 / 깡총깡총 뛰면서 어디로 가느냐
2. 산고개 고개를 나 혼자 넘어서 / 토실토실 알밤을 주워서 올테야

1928년 연희전문을 졸업한 이일래는 창녕 이방(梨房)보통학교에서 교편을 잡았다. 어느 날 학교 뒷산을 산책하던 중 산토끼가 뛰어다니는 것을 보았다. 조국을 잃고 자유를 빼앗긴 겨레의 모습과, 자유롭게 산을 뛰어노는 산토끼의 모습이 대조되었다. 그래서 산토끼에 독립의 소원을 담아 이 노래를 만들었다고 한다.

이 노래는 순식간에 전국으로 퍼져 나갔다.

③ 봉사씨

1. 나는 조그만 봉사[복숭아]씨외다 까만 몸 홀로 튀어 굴러서
   검은 흙 속에 묻히는 뜻은 봄에 고운 싹 나렴이외다
2. 나는 풀잎에 이슬 한 방울 해빛 찬란한 아침 지나서
   어둔 돌 틈에 슬리는 뜻은 넓은 바다로 가렴이외다
3. 나는 조선의 어린이외다 몸과 마음을 아낌없이
   하루 또 하루 배우는 뜻은 조선을 다시 보렴이외다

(『배달의 맥박』, 521쪽)

어린이의 민족정신을 고취시키던 노래이다.

비록 보잘 것 없는 조그만 봉숭아 씨앗이지만 새 봄에 고운 싹을 틔우겠다는 표현에서 독립의 의지를 고취시키고 있다. 3절의 '조선을 다시 보렴이외다'는 표현은 독립에 대한 의지를 더 적극적으로 표현한 것이다.

이 노래는 항일의 노래로 간주되어 일경에게 금지되었다.

일제시대 국내에서 불리던 동요들이 대부분 작사·작곡자가 있음에 비하여 이 노래는 작사·작곡자가 확인되지 않았다.

④-1 조선의 꽃

이은상 시, 안기영 곡

1. 거친 산등성이 골짜기로 봄빛은 우리를 찾아오네

　　아가는 움트는 조선의 꽃 아가는 움트는 조선의 꽃
　　2. 들녘에 비바람 불어쳐서 산위에 나무를 넘어쳐도
　　　아가는 봉오리 조선의 꽃 아가는 봉오리 조선의 꽃
　　3. 오늘은 이 동산 꾸며 놓고 내일은 이 땅에 향내 퍼칠
　　　아가는 피어나는 조선의 꽃 아가는 피어나는 조선의 꽃

(『배달의 맥박』, 520쪽)

　④-2

　　거칠은 등성이 골짜기로 봄빛은 우리를 찾아오네
　　우리는 움트는 조선의 꽃 우리는 움트는 조선의 꽃
　　오늘은 이 동산 꾸며 놓고 내일은 이마에 향내 맡힐
　　우리는 봉오리 조선의 꽃 우리는 봉오리 조선의 꽃
　　동녘에 비바람 몰아쳐서 산 위에 나무들 넘어져도
　　우리는 피어가는 조선의 꽃 우리는 피어가는 조선의 꽃

(박찬호, 1992, 157쪽)

　1932년에 발표된 노래로, 일제의 침략에도 굴하지 않고 꽃을 피우자고 하면서 학생들에게 민족정신을 고취시키고 있다.

　④ 한말, 한글

조종현 요, 형석기 곡

　1. 방실방실 어린이 재미스럽게 / 말이 뛴다 뛴다 말은 하여도
　　하는 이 말 이름을 모른다 해서 / '한말'이라 이름을 일러줬지요
　2. 방실방실 어린이 얌전스럽게 / 가갸거겨 책 들고 글은 읽어도
　　읽는 그 글 이름을 모른다 해서 / '한글'이라 이름을 갈쳐줬지요
　3. 쉽고 쉬운 우리글 한글이라요 / 좋고 좋은 우리말 한말이라요
　　방실방실 어린이 잘도 읽는다 / 방실방실 어린이 잘도 부른다

　1920년대 말에서 1930년대 중반에 학생들을 중심으로 농촌계몽운동이 전개되었다. 이에 신문사도 참여하여 대대적인 각종 계몽사업이 전개되었다.
　조선일보사에서는 귀향학생을 통한 '문자보급운동'을 전개하고 「한글기념가」, 「문자보급가」 등을 현상 모집하여 보급하였다.

위 노래는 1930년 11월 29일자 동아일보에 발표되었다. 주석에 '지난 9월 29일을 기념하여'라고 되어 있는데 '지난 9월 29일'(음력)이란 바로 한글기념일을 말하는 것이다. 비록 나라를 빼앗겼지만 한글을 통하여 민족의 얼을 잃지만 않는다면 언젠가는 나라를 되찾는다는 신념이 담겨 있다.

2. 해외 민족학교의 동요

국내에서 부르던 동요는 해외 독립운동 진영의 어린이들 사이에도 널리 불렸다. 예를 들어 「어린이 노래」, 「반달」 등이 그러하다. 그러나 대일항쟁이 격렬히 진행되고 있고 일제의 탄압이 상대적으로 약한 해외라는 지역적 특수성 때문에, 만주·중국·시베리아 등지에서 불리던 동요는 국내 동요보다 항일·민족적 성격이 더욱 강했다.

이들 지역의 어린이들은 독립군가와 애국계몽가를 많이 불렀다. 어느 정도인가 하면, 한 가지 예를 들어 '경신토벌' 때 일본군이 동포 마을에 들어와 아이들을 어르며 노래를 시킬 때 아이가 뜻도 모르는 독립군가를 일본군에게 불러줄 정도였던 것이다. '독립군가와 애국계몽가'는 독립진영에 있던 아동들의 일상 생활 속에서 민족정신을 고취시키는 기능을 수행하였다.

아동들이 즐겨 부르던 독립군가와 애국계몽가는 다른 절에서 언급되었거니와 여기서는 「아동십진가」만 보자.

① 아동십진가

일 일본놈이 간교하여
이 이상타, 마음먹었는데
삼 삼천리를 약탈하다
사 사실이 발각되어
오 5조약에 떨어지니
육 대륙반도 이천만이 분통친다
칠 7조약을 맺은 놈들
팔 팔도강산 다 넘기니
구 국수왜놈에 또 5적이다

  십 십년을 하루같이 독립투쟁 일어난다

(박민일 편저. 1991. 50쪽)

  을사오적, 정미 7조약의 7적 등 나라를 팔아먹은 매국노들에 대한 적개심을 고취시키는 노래로 만주에서 불렸다.
  '독립투쟁 일어난다'는 직접적 대일항쟁 표현이 주목된다.
  해외에서 불리던 동요에는 선조의 문화적 유산에 대한 자부심과 긍지, 그리고 조국강산에 대한 예찬, 친구 사이의 우애를 담은 노래들도 있다.

① 은진미륵가

  여보여보 내 키는 쉰다섯 자요 / 아무라도 쳐다보면 가마오리다

(지복영, 『강도 굽이굽이 산도 굽이굽이』 미간행)

  만주 민족소학교에서 불리던 노래로, 선조의 문화유산에 대한 애착심과 자긍심을 고취시키고 있다. 은진미륵은 부여에 있는 돌부처이고 '가마오리다'는 '까맣게 쳐다보인다'는 뜻이다.

② 한국

  동천에 일월홍일 창공에 명월 / 바다에 어별이여 들에 양떼들
  태극기는 청풍에 펄펄날린다 / 아 빛나거라 잘 사러라 우리의 한국

(『망향성』, 20쪽)

  이 노래는 「어린이 노래」가 변형된 것으로 보인다.
  '바다의 어별', '들의 양떼들'이란 표현은 「어린이 노래」에도 있다. 그러나 국내에서 부르던 「어린이 노래」에 없는 '태극기'란 표현이 주목된다.

③ 놀자 동모야

  1. 놀자 동모야 서로 사랑하며 서로 도와주자
     우리의 일흠은[이름은] 한국 아동이로다
  2. 놀자 동모야 서로 사랑하며 서로 도와주자
     오늘은 우리들의 즐거운 날이다

(『망향성』, 56쪽)

중국 관내 독립운동 진영 아동들이 부르던 노래이다. '오늘은 우리들의 즐거운 날'이란 표현으로 보아 어린이날 혹은 운동회, 학예회 등에서 부르던 노래인 것으로 보인다.

노랫말에 '한국 아동'이라 명기한 데서 민족적 동요의 면모를 볼 수 있다.

3. 사회주의 진영의 어린이 노래

다음은 사회주의 진영의 동요에 대하여 살펴보자.

사회주의 진영 동요의 특성은 사회주의 이념에서 나온다. 사회주의 이념을 선전하는 표현(썩어가는 제국주의, 노동주권 등)이 종종 등장하고 표현기법도 매우 직접적이며 감각적(때려부시자, 까부실까 등)이다. 그리고 작곡자가 밝혀져 있지 않은 것으로 보아, 기존의 곡에 노랫말만 바꾸어 불렀던 것으로 보인다.

① 소년행진곡

1. 귀하고도 장하도다 우리 소년들 / 새사회의 주인공될 우리들이다
2. 썩어가는 제국주의 다 무엇이냐 / 현시대의 모든 권리 지배하누나
3. 바위라도 한번 치면 부서지리라 / 왜놈들을 남김없이 때려부시자
   (후렴) 우리들은 뜨거운 피 식히지 말고 / 어서 바삐 현사회와 싸워봅시다

(김재국 주편, 1993, 308쪽)

만주 공산주의 진영에서 부르던 노래이다.

1930년대 초반에 만주 화룡현에 '소선대'가 있었는데, 이 소선대 대원들이 이 노래를 즐겨 불렀다. 소선대 중대장 차정숙이 소선대 대원들에게 '혁명가요'를 가르치고 혁명투쟁사도 이야기해 주었다고 한다.

차정숙은 1930년 중국공산당이 지도하는 소선대에 가입하여 보초, 통신, 전단살포 등의 일을 하였다. 1933년 일본군이 중국공산당의 항일유격근거지 어랑촌을 공격하자 부녀·아동들을 대피시키다가 적탄에 희생당하였다.

노랫말에, 소년들로 하여금 일본 제국주의를 물리치고 새 사회의 주인공이 되도록 촉구하고 있다.

② 어린이 노래

1. 자유의 강산에서 우리 자라고 / 평화의 낙원에서 꽃피려 하는
   새나라 어린이야 노래부르자 / 세상에 부러울 것 그 무엇이냐
2. 창공에 일륜홍일 그 빛 찬란코 / 창공에 일륜명월 그 빛 찬란타
   창해에 어별들은 꼬리쳐 놀고 / 원야에 양떼들은 뛰여논다
3. 동무들아 어린이야 노래부르자 / 노동주권 굳게 잡은 자유의 터에
   온 세상 어린이야 다 이리 오라 / 영원한 자유평등을 함께 찾으리

(김재국 주편, 1993, 312쪽)

방정환 작사 「어린이 노래」의 가사를 바꾸어 공산주의 진영에서 부르던 노래이다. '소선대원'들이 불렀다 한다.

원래 방정환 작사의 노랫말에 담겨 있는, 민족의 정서를 상징하는 표현인 '무궁화', '배달', '금강산', '삼천리 금수강산' 등이 삭제·대체되어 있다.

『중국조선족 항일녀투사들』에 이 노래를 부르는 광경이 다음과 같이 설명되어 있다. "이어 군민오락야회가 벌어졌다. 차정숙이는 소선대원들과 함께 「어린이 노래」를 부르며 딴스를 췄다. '자유의 강산에서 우리 자라고……' 생기로 넘치는 소년들의 흥겨운 노래소리는 근거지를 온통 환락에 잠기게 하였다."[15]

한편 북한에서는 이 노래의 제목을 「어린 동무 노래부르자」로 달고 위 노랫말 1절 '새나라 어린이'를 '새나라 어린 동무'로 기록하고 있다.[16]

흥미로운 사실은 북한에서는 이 노래를 항일혁명가요로 칭하며, 김일성이 제시한 이상사회를 체현하고 있다고 평가한다는 점이다. 1920년(당시 김일성은 9세)에 방정환이 만든 노랫말이 김일성이 제시한 사회발전법칙에 합당한 새 사회의 모습을 표현하고 있다고 하니 사실에 부합되지 않는다.

③ 어린이의 노래

나어린 몸 홀로 두고 / 아버지는 철창 속에 갇혔네
눈보라치는 벌판에서 / 어머니도 영이별
어머니도 영이별 / 놈들의 최후 발악
어찌하면 까부실가 / 싸울 활을 만들어

---

15) 김재국 주편, 『중국조선족 항일녀투사들』, 료녕민족출판사, 1993, 312쪽.
16) 사회과학출판사 펴냄, 『항일혁명문학예술』, 갈무지, 1989, 124쪽.

살 길이 있단다 / 살 길이 있단다

(김재국 주편, 1993, 129쪽)

　사회주의 진영 어린이들이 부르던 노래이다. 『중국조선족 항일녀투사들』에 이 노래를 부르던 상황이 다음과 같이 묘사되어 있다. "그들은 진지에서 춤도 추고 혁명가요를 목청껏 불렀다. 금녀는 헌 솜옷을 입고 나서서 「어린이의 노래」를 불러 유격대 전사들의 전투 사기를 북돋우어 주었다."

　부모와 이별하고 항일근거지에서 생활하는 어린이들은 자연히 항일의식이 남달랐을 것이다. 노랫말에, 부모와의 이별을 서러워하지 않고 '싸울 활을 만들어' 일제와 맞서 싸운다는 항일의식이 두드러지게 보인다.

　이러한 직접적 표현은 항일유격지라는 특수한 상황이 낳은 것이다.

제3장 가요

유행가 하면 대중가요만을 연상하기 쉬우나 일제강점 시기 다시 말하자면 민족운동 시기에 '가요'란 말은 즉 오늘날의 가곡을 뜻하는 것이었다. 대중가요란 말은 해방 이후 가요란 말에 '대중'을 붙여 대중음악으로서의 유행가를 의미하는 것으로 되었다.[1]

여기서는 '유행가'를 일제강점기에 민족적 정서를 담고 동포 사이에 전파된 '가요'로 보고 그것을 다시 '가곡'과 요즘 의미의 '대중가요'라는 두 범주로 나누어 살펴본다.

1. 가곡

한국에서 양악의 선구자로는 김인식을 들 수 있다. 김인식은 선교사로부터 음악을 배워 우리나라 최초로 합창운동을 전개하였다. 또 「학도가」, 「전진가」, 「국기가」 등의 작품을 남겼다.

정규 음악학교를 통하여 수업한 최초의 음악가는 김영환이었다. 김영환은 일본에서 음악공부를 한 피아니스트로, 귀국 후 연희전문학교 교수로 음악보급 활동을 하였다.

본격적인 작곡 창시자는 홍난파이다. 홍난파는 조선 정악교습소 양악과를 수료하고 동경에서 정식으로 음악교육을 받았다. 1918년 유학 길에 올랐다가 1920년에 귀국하였다. 그리고 우리나라 최초의 예술가곡으로 알려진 「봉선화」를 작곡하였다. 이 노래는 이전의 찬송가나 창가를 한 차원 뛰어넘어 예술적 단계로 승화된 곡이라 할 수 있지만 한국 최초의 예술가곡이라고 칭하는 데는 이견도 있다.

---

1) 이상만, 「한국음악백년 - 일화로 엮어 본 이면사」, 『경향신문』 1986년 4월 24일.

　우선 최초의 가곡이라는 설은 이 노래가 1920년에 탄생하였다고 주장하고 있다. 즉 민족의 만세함성이 일제의 총칼에 짓밟힌 이듬해에, 홍난파가 지은 곡에 김형준이 노랫말을 붙여 탄생하였다는 것이다. 홍난파와 친교가 깊던 김형준은 홍난파에게 '우리의 신세도 저 봉선화와 마찬가지야'라는 말을 자주 했다고 하는데 이로 보아 3·1만세운동이 좌절된 직후에 노랫말이 붙여졌다고 추측하는 것이다.

　그러나 이에 대한 반론이 있다. 즉 「봉선화」의 곡은 원래 홍난파가 작곡한 「애수」라는 제목의 멜로디였고, 후일 1925년『세계명창가집(世界名唱歌集)』(홍난파 펴냄)에 비로소 김세형의 노랫말을 붙인 「봉선화」로 발표되었다는 것이다. 그리고 노랫말을 붙인 시기는 1922~23년으로 추측되고 있다. 따라서 찬송가·창가와 다른 최초의 가곡은 1922년 박태준이 작곡한 「사우(思友)」라는 것이다.[2]

　또한 김형준의 딸인 음악가 김원복도 선친의 시와 홍난파의 곡이 따로 만들어진 연후에 우연한 기회에 김형준의 집에 들른 홍난파가 시를 보고 자신의 곡에 사용하였다고 회고하였다.[3]

　그러나 최초의 예술가곡 여부를 떠나 봉선화는 일제시대 민족의 정서를 담은 '가곡'으로 대중적 인기를 끌었다.

봉선화

김형준 작사, 홍난파 작곡

1. 울밑에선 봉선화야 네 모양이 처량하다
　길고 긴 날 여름철에 아름답게 꽃필 적에
　어여쁘신 아가씨들 너를 반겨 놀았도다
2. 어언간에 여름 가고 가을 바람 솔솔 불어
　아름다운 꽃송이를 모질게도 침노하니
　낙화로다 늙어졌다 네 모양이 처량하다
3. 폭풍한설 찬 바람에 네 형체가 없어져도
　평화로운 꿈을 꾸는 너의 혼이 예 있으니
　화창스런 봄바람에 환생키를 바라노라

---

2) 이상만, 「한국음악백년 - 일화로 엮어본 이면사」,『경향신문』1986년 2월 8일, 4월 24일.
3)「일제도 못꺾은 '봉선화의 꿈'」,『조선일보』1990년 11월 1일.

작사자 김형준은 황해도 신천 출신으로 평양의 숭실중학을 졸업한 후 선교사에게서 음악을 배웠다. 그리고 이화학당을 중심으로 음악교육에 전력하였다. 한국의 초기 서양음악을 이끌었다.

노래의 1절은 여름에 아름답게 핀 봉선화에 대한 정을 노래하고 있다. 2절은 가을의 찬 바람에 떨어진 봉선화 꽃에 대한 조사(弔詞)이다. 그리고 3절에서는 북풍한설에 씨앗이 땅에 떨어져 새로운 봄날에 다시 환생할 것이라는 희망을 담고 있다. 즉 3·1만세운동이 일제에 의해 좌절되었으나 머지 않아 새로운 봄날에 독립될 것이라는 민중의 목소리를 담고 있는 것이다.

이 노래가 전국에 널리 퍼져 선풍적인 인기를 모은 것은 노래가 탄생하고 상당한 세월이 흐른 1942년경이었다. 동경 무사시노 음악학교를 갓 졸업한 소프라노 김천애가 신인음악회에서 이 노래를 부른 후, 귀국해서 각지를 돌며 이 노래를 불렀다. 그녀는 '소복' 차림으로 이 노래를 불렀고, 청중들은 나라 잃은 설움의 눈물을 흘렸다. 이어 레코드로 출반되어 독립에 대한 염원을 담고 삼천리 방방곡곡으로 퍼졌다.

이 노래가 널리 퍼지자 일제는 가사를 문제삼아 가창을 금지시켰다. 그러나 일제의 탄압 속에서도 이 노래는 끊이지 않고 계속 불렸다.

홍난파는 연주·지휘·작곡 등 왕성한 음악활동을 하던 중 「흥사단 단가」를 작곡했다는 혐의를 받고(사실은 김세형이 작곡하였다), 수양동우회사건과 연관되어 안창호, 이광수 등과 함께 종로경찰서에 수감되었다. 3개월 후 출감하였으나 그 후유증을 회복하지 못하고 1941년에 일생을 마쳤다고 한다.[4]

식민지시대의 예술가곡은 대개의 경우 이별과 한을 주된 정서로 삼고 있었다. 그리고 그 한은, 개인의 한을 넘어 겨레의 한을 상징적으로 표현하고 있었다.

바우 고개

李曙鄕 시, 이흥렬 작곡

1. 바우 고개 언덕을 혼자 넘자니 / 옛 님이 그리워 눈물 납니다
   고개 위에 숨어서 기다리던 님 / 그리워 그리워 눈물 납니다
2. 언덕 위에 핀 꽃 진달래 꽃은 / 우리 님이 즐겨 즐겨 꺾어주던 꽃

---

4) 이성삼, 「홍영후」, 『한국근대인물백인선』(신동아 1970년 1월호 부록), 294쪽.

　님은 가고 없어도 잘도 피었네 / 님은 가고 없어도 잘도 피었네
　3. 바우 고개 언덕을 혼자 넘자니 / 옛 님이 그리워 하도 그리워
　　십여 년 간 머슴살이 하도 서러워 / 진달래꽃 안고서 눈물 납니다

　이흥렬은 함남 원산 출생으로 일본에서 음악을 전공했다.

　위 노래에는 일제에 대한 민족의 울분이 그려져 있다. 비록, 일제에게 나라를 빼앗겨(님은 가고) 오랫동안 망국의 노예생활(십여 년 간 머슴살이)을 하며 설운 눈물을 흘리지만 겨레는 살아 있음(언덕 위에 핀 진달래 꽃)에 희망을 잃지 말자는 뜻으로 노랫말을 해석해도 될 것이다.

　이 노래는 일제강점기에 대중에게 널리 퍼지지 못하였으나 암암리에 불렸고 해방 이후 음악회를 통하여 널리 전파되었다. 원 작사자 이서향이 월북한 후 이흥렬이 '언덕 위에 핀 꽃'을 '바우 고개 핀 꽃'으로 바꾸고 자신의 작사라고 하여 노래가 계속 불릴 수 있었다.

　일제강점기에 만들어진 가곡들 중에는 당시에는 일제의 억압 등의 이유로 대중적으로 널리 불리지 못하다가 해방 이후 어떤 계기를 통하여 널리 불리게 된 노래들이 있다. 일례로 「선구자」가 있다.

선구자

윤해영 시, 조두남 곡

　1. 일송정 푸른 솔은 늙어 늙어 갔어도 / 한 줄기 해란강은 천년 두고 흐른다
　　지난날 강가에서 말 달리던 선구자 / 지금은 어느 곳에 거친 꿈이 깊었나
　2. 용두레 우물가에 밤새 소리 들릴 때 / 뜻깊은 용문교에 달빛 고이 비춘다
　　이역하늘 바라보며 활을 쏘던 선구자 / 지금은 어느 곳에 거친 꿈이 깊었나
　3. 용주사 저녁 종이 비암산에 울릴 때 / 사나이 굳은 마음 길이 새겨 두었네
　　조국을 찾겠노라 맹세하던 선구자 / 지금은 어느 곳에 거친 꿈이 깊었나

　1932년 만주 용정에 있는 조두남에게, 윤해영이란 사람이 찾아와 시를 전하면서 작곡을 부탁하였다고 한다. 윤해영은 며칠 후 곡을 찾으러 오겠다고 말했으나 다시 찾아오지는 않았다. 조두남이 이 때 시를 받고 만든 곡이 바로 위 「선구자」이다(원래 「용정의 노래」란 제목이었는데 해방 후 「선구자」로 바꾸었다).[5]

---

5) 조두남, 「한밤중에 찾아왔던 사람의 부탁」, 『뿌리깊은 나무』 1978년 9월호.

노랫말에, 조국의 광복을 맹세하고 만주벌을 누비는 독립운동가의 모습이 형상화되어 있다. '일송정 푸른 솔', '한 줄기 해란강', '활', '사나이 굳은 마음', '조국을 찾겠노라 맹세' 등의 표현이 선구자의 모습을 그려내는 이미지가 되고 있다.

한편 조두남은, 한국적 정서가 짙은 「산」, 「새타령」, 「접동새」 등을 작곡하였다. 작사자 윤해영은 일제 말기에 친일시를 짓는 등 친일행위를 했다.

이 노래는 만주지역에서 불리다가 해방 후 비로소 국내에 소개되었고 그 후 1960년대 기독교방송의 시그널로 사용되면서 전국적으로 널리 퍼졌다.

1937년 일제가 중일전쟁을 도발한 이후 조선에서의 일제의 억압과 수탈은 극도에 달하게 되었다. 우리 말과 글과 이름을 사용하지 못하게 억압하였고 이른바 천황에 대한 신사참배를 강요하였다. 게다가 경제적 수탈, 징용, 징병으로 식민지 조선은 암흑의 나라가 되었다. 바로 이러한 시기에 희망과 용기를 잃지 말자는 노래가 탄생하였으니 바로 「희망의 나라로」이다.

희망의 나라로

현제명 작사 · 작곡

1. 배를 저어가자 험한 바다물결 건너 저편 언덕에
   산천 경계 좋고 바람 시원한 곳 희망의 나라로
2. 밤은 지나가고 환한 새벽 온다 종을 크게 울려라
   멀리 보이나니 푸른 들이로다 희망의 나라로
(후렴) 돛을 달아라 부는 바람 맞아 물결 넘어 앞에 나가자
   자유 평등 평화 행복 가득찬 곳 희망의 나라로

1930년대에 탄생한 노래로 일제 관헌에 의해 가창이 금지되었다. 1938년에 『현제명 작곡집 제1집』이 발행금지 당했는데 위 노래가 원인이 된 것으로 보인다. 일제는 1937~38년에 수양동우회 조직을 민족단체로 파악하여 말살을 기도했는데 현제명도 다수의 동우회원과 함께 피검되었고 이후 전향서를 발표하였다고 한다. 어떤 기록에 위 노래의 '희망의 나라'란 표현 때문에 현제명이 일제 관헌에게 문초를 당하고 결국 체포되어 미결수로 10개월의 옥고를 치렀다고 하는데,[6] 현제명이

---

6) 차인석, 「한국 서양음악의 개척자 현제명」, 『인물로 본 숭실 100년』, 숭실대학교, 1994, 123쪽.

수양동우회사건에 연루된 것을 의미하는 것으로 보인다.

　이 노래에 대하여 이유선은, '험한 바다 물결 건너 저편 언덕에' 배를 저어가는 용기와 인내, 투지 그리고 희망을 안겨다 주려는 노래로 평가하면서 식민지·민족운동 시대의 계몽적 작품의 본보기로 들고 있다.[7]

새 나라(뱃노래)

이광수 작사, 1곡 안기영, 2곡 김세형

1. 어허야 더허야 어허허리 / 어기여차 배 떠난다
   옛나라야 잘 잇거라 / 나는 가네 새 나라로
2. 어허야 더허야 어허허리 / 어기여차 잘 잇거라
   만경창파 말리 길에 / 나는 가네 새 나라로
3. 어허야 더허야 어허허리 / 어기여차 배 떠난다
   인제 가면 언제 오나 / 나는 가네 새 나라로
4. 어허야 더허야 어허허리 / 어기여차 돗을 단다
   잘 잇거라 잘 잇거라 / 나는 가네 새 나라로

(『망향성』, 59쪽)

　이광수의 시에 안기영과 김세형이 각기 곡을 붙였는데 안기영의 곡은 「새 나라」, 김세형의 곡은 「뱃노래」라는 제목을 붙였다.

　『망향성』에 안기영 곡의 「새나라」가 기록되어 있음을 볼 때, 중국 관내지역 동포들 사이에서도 불렸음을 알 수 있다.

　김세형은 한국 최초로 작곡을 정식으로 전공한 작곡가이다. 미국 유학중 흥사단 및 국민회에 관계하였으며 「흥사단가」, 「흥사단 단우회 노래」도 작곡하였다. 이화여전에서 재직하며 후진을 양성하였고, 일제 말기에 일제의 군가 작곡 의뢰를 거부하여 학교에서 면직되기도 했다.[8]

　안기영은 3·1운동에 참여하였다가 일본 헌병에 의해 구속된 바 있었고 만주로 망명하여 독립군에 가담할 계획이 있었으나 이를 실천하지 못하고 미국으로 유학하여 음악(성악)을 전공하였다. 그의 동생 안신영도 교육가로서 1920년대에 여러

---

7) 이유선, 「노래 속에 겨레를」, 『한국현대사 6』, 1971, 445쪽.
8) 우동희, 「음악계의 살아있는 증인 김세형 교수」, 『인물로 본 숭실 100년』, 숭실대학교, 1994, 170쪽.

곡의 동요를 작곡하여 학생들에게 가르친 바 있다.9)

그는 일제강점기에 가곡집을 세 권 출간하였는데 「제비들은 강남에」(그리운 강남)도 그의 작곡이다. 그는 「방아타령」, 「새야 새야」 등 전래민요·동요의 선율을 서양음악의 틀 속에 넣어 '변형의 예'를 보여주었다.10)

위 노래는 '배'를 타고 '새 나라'로 가는 정경을 시적으로 형상화하고 있어 「희망의 나라」와 같은 이미지를 주고 있다. 다만, 「희망의 나라」의 경우 '희망의 나라'의 내용이 '자유 평등 평화가 가득한 곳'이라고 지향점을 뚜렷이 한 반면에 「새 나라」의 경우 지향점이 확실하지 않다.

2. 대중가요

대중가요란 말 그대로 대중들이 즐겨 부르는 노래이다. 구한말·일제강점기 널리 불리던 권학가, 독립운동가, 민족운동가 등도 대중적으로 널리 불리던 노래라면 넓은 의미에서 대중가요라 할 수 있다. 그러나, 이들 노래는 앞 절들에서 살펴보았기 때문에, 여기서는 경술국치~일제 말기를 대상으로 하여 좁은 의미에서의 대중가요에 대하여 살펴보기로 한다.

1918년 즉 3·1운동 직전의 해, 경술국치로부터 8년이 지난 해에 학생 사이에 불리기 시작하여 전국적으로 널리 퍼진 노래가 있다. 「희망가」이다.

희망가

1. 이 풍진 세상을 만났으니 너의 희망이 무엇이냐
   부귀와 영화를 누렸으면 희망이 족할까
   푸른 하늘 밝은 달 아래 곰곰히 생각하니
   세상만사가 춘몽중에 또다시 꿈같도다
2. 이 풍진 세상을 만났으니 너의 희망이 무엇이냐
   부귀와 영화를 누렸으면 희망이 족할까
   담소화락에 엄벙덤벙 주색잡기에 침몰하랴[침혹하여]

---

9) 안신영, 『진실에 산다』, 1976, 11, 37~46쪽.
10) 李惠求, 「독립운동과 민족음악」, 『한국음악논집』, 세광음악출판사, 1985, 238쪽.

　　세상만사를 잊었으면 희망이 족할까

(『광복의 메아리』, 144쪽)[11]

　1910년대에 경술국치 이후 민족의 좌절과 실의를 달래며 각성을 촉구하는 노래이다. 곡은 미국인 가든이 작곡(1850년)한 「우리가 집에 돌아왔을 때」.

　작사자는 갈톱회 학생(성명미상)이었다.[12] '갈톱'은 배우며 서로 도와준다는 뜻으로 갈톱회는 스스로 학비를 벌어 고학하던 학생들의 조직이었다. 갈톱회 회원들은 숙식을 같이하며 행상 등으로 학비를 마련했다. 학생총회 조직도 갖추고 토론회를 개최하는 등 다분히 항일적이었다. 후일 일제의 탄압을 받아 해체되었다.

　이러한 갈톱회 학생에게 있어서 일제에 빌붙어 부귀영화를 노리는 '귀족'의 자제들은 야유의 대상이었다. 위 노래는 친일귀족에 대한 야유와 아울러 청년학생들의 경계심·반성을 촉구하고 있다.

　이 노래는 3·1운동이 일어나기 직전인 1918년부터 청년학생 사이에 크게 유행하였다. 경술국치 이후 선열들의 항일투쟁도 보람없이 나라를 되찾을 희망이 보이지 않는 암울한 분위기가 반영되어 있다.

　한편 독립진영에서는 다음과 같은 2절 노랫말을 부르기도 했다.

　2. 나의 할 일은 태산같고 가는 세월은 살같은데
　　　어느 누구가 도와줬으면 희망이 족할가
　　　반공중 밝은 달 아래 갈 길 모르는 저 청년들
　　　무슨 연유로 이 때까지 꿈 속에 살았나

(한철수, 1984, 12쪽)

　이 노래의 제목은 「청년경계가」(1929, 이상준 편, 『신유행 창가집』), 「탕자자탄가」(1923, 『이십세기 신구 유행창가』) 등으로 일컬어지기도 했다.

　『신유행 창가집』에는 4절까지 수록되었는데, 4절의 내용은 학문에 대한 정진을 권고하고 있다.

　4. 밝고 밝은 이 세상 혼돈 텬지로 아는 이 몸

---

11) 2절 4행의 '세상만사'를 '전진사업'으로 기록한 경우도 있다. 지복영, 『강도 굽이굽이 산도 굽이굽이』(미간행).
12) 박종화, 『역사는 흐르는데 청산은 말이 없네』, 삼경출판사, 1979, 388~389쪽.

　　무삼 연고로 이 때까지 꿈 속에 살았노
　　이제부터 원수 맘 속에 락망을랑 이저바리고
　　문명 학문을 배우기로 분발하여라

(김영준, 1994, 350쪽)

　1913년에 한국에서 최초의 음반이 제작되었다. 1926년, 동경에서 취입된 윤심덕의 「사의 찬미」는 윤심덕의 정사사건과 더불어 대중의 이목을 끌었다.

　1929~30년이 되면서 음반 제작·보급에 의한 본격적인 대중가요의 시대가 전개되었다. 이 때 선풍적인 인기를 끈 곡으로 「낙화유수」와 「황성옛터」가 있다. 이 두 노래는 모두 나라를 빼앗긴 시대적 상황을 암울하게 그리고 있다.

① 낙화유수

1설 : 김서정 작사·작곡, 2설 : 조명암 작사

　1. 강남달이 밝아서 님이 놀던 곳 / 구름 속에 그의 얼굴 가리워졌네
　　물망초 핀 언덕에 외로이 서니 / 물에 뜬 이 한 밤을 홀로 새울까
　2. 멀고 먼 님의 나라 차마 그리워 / 적막한 가람 가에 물새가 우네
　　오늘 밤도 쓸쓸히 달은 지노니 / 사랑의 그늘 속에 재워나 주오
　3. 강남에 달이 지면 외로운 신세 / 부평의 잎사귀에 벌레가 우네
　　차라리 이 몸이 잠들리로다 / 님이 절로 오시어서 깨울 때까지

(『겨레의 노래 1』, 80쪽)

　1928년에 「낙화유수」란 무성영화가 제작되었는데, 영화에서 트랙곡이었던 노래를 1929년 4월 이정숙의 취입으로 발매하였다. 그 노래가 바로 이 「낙화유수」이다. 국내 최초의 완전 창작가요라 할 수 있는 이 노래는 선풍적인 인기를 끌었다. 이른바 유행가(창가, 민요, 풍요, 외국가요의 '가사 바꾸어부르기' 등과는 다른)의 시초라 할 수 있는 노래일 것이다.[13]

　나라를 빼앗긴 암울한 시대적 상황이 한국적인 서정으로 그려져 있다. 김서정은 이 노래 외에 「봄노래」도 작곡하였다.

　이 노래의 원 작사자가 조명암이라는 설이 1992년에 제기되었는데 정치적 이유로 금지되었던 조명암의 가요는 곧 해금되었다.[14]

---

13) 김영준, 앞의 책, 407쪽.

② 황성옛터(원제 荒城의 跡)

왕평 작사, 전수린 작곡

1. 황성옛터에 밤이 되니 월색만 고요해
   폐허에 서린 회포를 말하여 주노라
   아 - 외로운 저 나그네 홀로 잠못이뤄
   구슬픈 벌레소리에 말없이 눈물져요
2. 성은 허물어져 빈터인데 방초만 푸르러
   세상이 허무한 것을 말하여 주노라
   아 - 가엾다 이 내 몸은 그 무엇 찾으려
   끝없는 꿈의 거리를 헤매어 있노라
3. 나는 가리라 끝이 없이 이 발길 닿는 곳
   산을 넘고 물을 건너 정처가 없이도
   아 - 한없는 이 심사를 가슴속 깊이 품고
   이 몸은 흘러서 가노니 옛터야 잘 있거라

　1930년경 순회극단 연극사(硏劇舍)가 만주, 신의주, 평양, 개성 등지에서 순회 공연을 하였다. 이 극단에는 무대감독 겸 작사자 왕평(王平), 작곡자 겸 바이올린 주자 전수린, 가수 이애리수 등이 있었다.

　왕평과 전수린은 개성 공연 후, 만월대의 옛터를 찾았다. 옛 왕성은 폐허가 되어 있고 풀벌레 소리만 쓸쓸히 들렸다. 옛 영화를 회상하고 현재의 폐허에 한(恨)을 느끼며 전수린은 여관에서 곡을 만들었다. 그리고 이 곡에 왕평이 노랫말을 붙였다. 그 해 가을 단성사 연극무대 막간에 이애리수가 이 노래를 불렀다. 관객들은 노래를 듣고 눈물을 흘리며 망국의 한을 되새기며 합창을 했다. 이후 이 노래가 무대에서 불릴 때마다 관객들이 합창으로 호응을 해서 일제 경관이 이애리수를 발길질하고 머리채를 잡아 무대에서 끌어내리기도 했다.15)

　이후 레코드로 취입되어 선풍을 일으켰으나 일제는 불온가요라 하여 발매를 금지시켰다. 작사자·작곡자도 종로경찰서에 끌려가 취조를 받았다고 한다. 일제는 이 노래를 부르는 사람을 즉시 구속하였으며, 심지어는 학교에서 이 노래를 가르치던 교사가 학교에서 쫓겨나는 경우도 있었다.16)

---

14) 『조선일보』 1992년 5월 24일, 7월 9일.
15) 「작사가 반야월의 증언」, 『조선일보』 1990년 8월 5일.

③ 옛추억

김서정 작사 · 작곡

1. 지나간 그 옛날에 푸른 잔디에 꿈을 꾸던 그 시절이 언제이던가
   서녘하늘 해지고 날은 저물어 나그네의 갈 길이 아득하여라
2. 장미같은 네 마음이 가시가 돋혀 이다지도 어린 넋이 시들어졌네
   사랑과 굳은 맹세 사라진 자취 두번 다시 피지 못할 고운 네 모양
3. 즐거웁던 그 노래도 설운 눈물도 저 바다의 물결위에 띄워버리고
   옛날의 푸른 잔디 다시 그리워 황혼의 길이나마 찾아가오리

(『배달의 맥박』, 445쪽)

1930년 3월 빅타에서 영화노래「암로(暗路)」라는 제목으로 발표하였던 곡이다. 「낙화유수」, 「황성옛터」의 기본적 정서와 마찬가지로, 고향에서의 추억을 그리며 망국민의 슬픔을 노래하고 있다.

김서정의「낙화유수」, 「옛추억」을 앞서 보았는데 이제 그의 다른 노래, 봄의 희망을 노래한「봄노래」를 보자. 일제 식민지 시기의 대중가요는 노랫말로 보아 크게 두 부류로 나눌 수 있다. 앞의「낙화유수」, 「황서옛터」와 같이 망국의 슬픔을 빗대어 겨레의 한을 노래한 비탄조의 노래가 한 종류라면, 그러한 비탄을 극복하고 삼천리 금수강산에 아름다운 봄이 오길 기다리는 희망의 노래가 다른 한 종류이다. 일제시대 대중가요는 이 두 가지 범주 사이에서 대중들의 인기를 끌었다.

봄노래

김서정 작사 · 작곡

1. 오너라 동무야 강산에 다시 때 돌아 꽃 피여지고
   새우난 이 봄을 노래하자 강산에 동모들아
   모도 다 모여라 춤을 추며 봄 노래 부르자
2. 오너라 동무야 소래를 놉히 봄 노래 부르면서
   이 강산 잔듸밧 향긔 우에 민들네 꽃을 따며
   다 갓치 이 봄을 찬미하자 이 봄이 가기 전
3. 오너라 동무야 피리를 맞춰 이 노래를 부르면서
   엉금성금 쉬어라 씩씩하게 봄 잔듸 풀밧 우에

---

16) 박찬호, 『한국가요사』, 현암사, 1992, 190~192쪽.

다 갓치 뛰잔다 엉금성금 이 봄이 가기 젼

(박찬호, 1992, 189쪽)

원래 제목은 「봄노래 부르자」인데 후일 「봄노래」로 통칭하였다. 1930년 3월 채규엽의 노래로 발매되었다.

'빼앗긴 강산의 꽃피는 봄'이란 다름 아닌 조국의 독립일 것이다. 은유적으로 강산의 봄을 표현하고 있는 이 노래는 곧 일제 당국에 의하여 금지되었다.

다음 노래 역시 삼천리 강산에 봄이 오는 기쁨을 노래하고 있다.

삼천리강산 에라 좋구나

전수린 작사 · 작곡

1. 세월아 유수야 가지를 말아라 아까운 청춘시절 다 늙어가노라
   삼천리 강산에 새 봄이 와요 무궁화강산 춘절경개 에라 좋구나
2. 강산에 새 봄은 새싹 트는데 우리 님 오실 줄은 왜 모르시나
   삼천리 강산에 새 봄이 와요 무궁화강산 춘절경개 에라 좋구나
3. 청산에 초목은 새싹 돋는데 내 가슴 벅찬 것을 그 누가 알거나
   삼천리 강산에 새 봄이 와요 무궁화강산 춘절경계 에라 좋구나

(『배달의 맥박』, 453쪽)

1932년 7월에 발표된 노래로, 삼천리 강산에 새 봄이 오기를 기원하고 있다. 4/4박자의 경쾌한 멜로디인 이 노래는 이애리수가 불렀다.

1930년대 초 홍난파가 「방아 찧는 아가씨의 노래」를 발표하면서 '신민요'가 등장하게 된다. 말 그대로 새로운 민요라는 뜻인데, 위 노래도 신민요에 속한다.

「봄노래」, 「삼천리 강산 에라 좋구나」는, 6·10만세운동을 통하여 조국강산에 새 봄이 올 날이 멀지 않았음을 희망적으로 표현하는 노래라 할 수 있다.

그러나 일제의 통치 아래 몇 해가 경과되면서, 독립운동의 열기는 식어들고 독립에의 희망도 점차 사라진다. 이러한 시기에 「서울노래」가 발표되었다.

서울노래

조명암 작사, 安一波 작곡

1. 한양성 옛 터전 옛날이 그리워라 / 무궁화 가지마다 꽃닢이 집니다
2. 한강물 푸른 줄기 오백년 꿈이 자네 / 앞 남산 봉화불도 꺼진 지 오랩니다

4. 밤거리 서울거리 네온이 아름답네 / 가로수 푸른 잎에 노래도 아리랑
5. 사롱 레스토랑 술 잔에 피운 꽃닢 / 옛날도 꿈이어라 추억도 쓰립니다
6. 꽃피는 삼천리 잎트는 삼천리 / 아세아의 바람아 서울의 꿈을 깨라

(박찬호, 1992, 501~502쪽)

1934년 1월 동아일보에서 모집한 '유행가' 가사 가작에 조명암의 「서울노래」가 발표되었다. 조명암은 신춘문예 시가부에서도 「동방의 태양을 쏘라」라는 시로 당선되었다. 이 노랫말 가운데 '꺼진 지 오랜 앞 남산 봉화불'은 3·1운동, 6·10만세운동, 광주학생운동으로 이어지던 국내 독립운동이 일제의 무력 앞에 꺾인 것을 상징하는 것이나. 본정서(本町署)에서 노래 관계자들을 불러 취조하고 이 노래를 금지시켰다. 일제 당국은 특히 노래 마지막 부분, '아세아의 바람아 서울의 꿈을 깨라'는 대목이 혁명을 선동한다고 하여 관계자를 문초하였다.

그리하여 노랫말을 완전히 고쳐서 새로 발표하였다. 그러나 원래 노래는 '구전가요'가 되어 널리 퍼지게 되었다.[17]

조명암은 본명이 조영출로, 보성고보를 졸업하고 모더니즘 계열의 시를 썼다. 가사도 만들어 인기곡을 여럿 냈으며 희곡도 발표하였다.

이렇듯 망국의 현실과 독립의 희망은, 1920~30년대 대중가요의 기본적 정서로 자리잡고 있었다. 1934년에 발표된 노래 가운데 다음 두 노래는 '독립에의 희망'과 '망국의 현실'을 기본적 정서로 한 대표적 노래라 할 수 있다.

① 제비들은 강남에(그리운 강남)

김석송 작시, 안기영 작곡
1. 정이월 다 가고 삼월이라네 강남 갔던 제비가 돌아오면은
    이 땅에도 또 다시 봄이 온다네
2. 하늘이 푸르면 나가 일하고 별 아래 모이면 노래부르니
    이 나라 이름이 강남이라네
3. 그리운 저 강남 건너가려면 제비떼 뭉치듯 서로 뭉치세
    상해도 발이니 가면 간다네
(후렴) 아리랑 아리랑 아라리요 아리랑 강남을 어서 가세

(박찬호, 1992, 99쪽)[18]

---

17) 박찬호, 앞의 책, 503쪽.

작사자 김석송은, 1925년경 친구 몇 사람과 함께 유행가요의 비속함을 극복하기 위하여 가요협회라는 모임을 만들었다. 이 모임에서 만든 노래가 바로 「제비들은 강남에」, 즉 「그리운 강남」이다. 그 후 안기영이 곡을 붙여 음반으로 발매했다. 그러나 작사자 김석송은 원래 자신의 노래 분위기를 살리지 못했다고 하여 실망했다고 한다. 원래 노랫말은 9절까지인데, 1·6·9절을 1·2·3절로 하여 발표되었다. 빠진 노랫말은 다음과 같다.

2. 3월도 초하로 당해 오면은 갔득이나 들석한 이내 가슴에
   제비떼 날러와 지저귄다네
3. 강남이 어덴지 누가 알리오 맘홀로 그려진 열도두해에
   가본 적 없으니 제비만 안다네
4. 집집에 옹달샘 저절로 솟고 가시보시 맛잡아 즐겨 살으니
   천년이 하로라 평화하다네
5. 저마다 일하여 제살이하고 이웃과 이웃이 서로 믿으니
   빼앗고 다툼이 애적에 없다네
7. 그리운 저 강남 두고 못감은 삼천리 물길이 어려움인가
   이 발목 상한 지 오램이라네
8. 그리운 저 강남 언제나 갈가 구월도 구일은 해마다 와도
   제비 갈제는 혼자만 간다네

(김석송, 1938, 60〜61쪽)

안기영은 충남 공주 출신으로 미국유학을 하였던 성악가, 작곡가이다. 해방 후 월북하였다.

1절의 '이 땅에 봄이 온다', 3절의 '서로 뭉치자'는 부분에서 독립의지를 표현하고 있다. '발을 다쳐도 간다'는 대목에서 민족의 의지가 보인다.

강남은 봄과 같은 이미지를 지니면서 희망을 뜻한다. 이러한 의미에서 1930년대에 불리던 다음 「강남 아리랑」은 위 「그리운 강남」과 같은 맥락의 노래라 할 수 있다.

---

18) 『배달의 맥박』(453쪽)에는 「아리랑강남」이란 제목으로 되어 있는데, 3절 가사가 다음과 같이 원 노랫말 8절과 유사하다. "그리운 저 강남 두고 못가는 구월도 구일은 해마다 와도 부르는 노래는 강남이라네".

강남 아리랑

공사일 작사, 형석기 작곡

1. 강남은 멀어서 이천칠백리 한 달하고 열흘을 찾아 가면은
   꽃피고 새우는 별유천지라네
2. 강남은 사시나 꽃피는 나라 밤낮으로 헤매어 찾아 가면은
   별들은 반가이 맞아준다네
(후렴) 아리랑 아리랑 아라리요 아리랑 강남을 언제 가나

(『겨레의 노래 1』, 52쪽)

② 목포의 눈물

문일석 작사, 손목인 작곡

1. 사공의 뱃노래 가물거리며 / 삼학도 파도깊이 스며드는데
   부두에 새아씨 아롱젖은 옷자락 / 이별의 눈물이냐 목포의 설움
2. 삼백년 원한 품은 노적봉 밑에 / 님자취 완연하다 애달픈 정조
   유달산 바람도 영산강을 안으니 / 님그려 우는 마음 목포의 노래
3. 깊은 밤 조각달은 흘러가는데 / 어쩌다 옛상처가 새로워지는가
   못오는 님이면 이 마음도 보낼 것을 / 항구에 맺은 절개 목포의 사랑

민족의 이별과 애달픈 정한을 담은 노래이다.

1934년 조선일보사의 현상모집에 당선되어 널리 불렸다. 당시 조선일보사와 OK레코드사가 손잡고 민족의 고유정서를 함양하기 위한 문화사업의 일환으로 '향토노래가사'를 모집했는데 그 가운데 1등으로 당선했다.

작사자 문일석(文一石)은 당시 목포에 살던 젊은 시인이었다.

2절 가사 중 노적봉은 유달산의 별명이다. 임진왜란 때 이순신 장군이 군량이 풍부함을 왜군에게 과시하기 위하여 봉우리에 짚으로 둘러싸 노적처럼 꾸며 놓았다. 왜군은 이것을 보고 틀림없이 군사가 많다고 생각하고 공격을 하지 못하였다는 일화가 있다.

'삼백년 원한 품은 노적봉'이란 바로 왜군의 조선침략을 의미한다. 바로 이 구절이 왜경의 눈을 거슬려 곧 음반발매가 중지되고 OK레코드 사장 이철(李哲)도 일경에게 문초를 당했다.[19]

---

19) 「손목인의 증언」, 『조선일보』 1990년 9월 2일.

1930년대에는 두만강·압록강 등 국경을 소재로 하여, 이국땅으로 떠나야만 했던 동포의 애환을 담은 노래들이 여럿 발표되었다.

① 두만강 뱃사공

추양 작사, 김용환 작곡

1. 어제는 이 나그네 실어보내고 / 오늘은 저 나그네 실어보내고
   일년 이년 오년 십년 사십여년을 / 두만강 푸른물에 실어보냈다
2. 오늘도 서산넘어 해는 지는데 / 내 청춘 강물에다 실어보내고
   일년 이년 오년 십년 사십여년을 / 사나이 모든 것을 실어보냈다
3. 떠나는 그 나그네 서러서 울 때 / 잘 되어서 돌아오라 달래어주며
   일년 이년 오년 십년 사십여년을 / 두만강 물결 위에 늙었습니다

(『광복의 메아리』, 179쪽)

1932년에 발표된 신민요 계통의 노래로서 40여 년간 동포들을 만주로 실어주던 뱃사공의 애환을 담은 노래이다.

작곡자 김용환은 함경남도 원산 출신으로 노래, 작곡, 연극, 기악 등에서 다재다능하였다. 「두만강 뱃사공」은 조선일보 가사모집에 당선된 것인데, 이 노랫말에 곡을 붙인 김용환은 이 작곡으로 유명해졌다.

일제강점기 민족의 한을 노래한 곡이 많았는데, 특히 두만강과 낙화암을 소재로 한 것이 여럿 있었다. 두만강은 나라를 찾기 위해 만주로 망명하는 독립지사, 혹은 일제의 수탈로 이국 땅으로 떠나야만 했던 백의동포의 한이 서린 것으로 인식되었다.

님 웨일즈의 『아리랑 2』에도 이 노래가 기록되어 있는데 영역을 재역하는 과정에서 원 노랫말과 달라졌다. 여기서 흥미로운 것은 위 노래가 '한 조선혁명가'에 의해 1928년에 만들어졌다고 한 점이다. 그리고 뱃사공에 대하여 다음과 같이 해석하고 있다. "심각한 위험에 처하면 조선의 많은 혁명 지도자들이 몰래 두만강을 건너는데, 이 충직한 노(老) 사공들은 자칫 고초를 겪더라도 결코 밀고하지 않는다. 작은 배로 강을 건너려다 붙잡히는 사람은 체포되어 투옥을 면치 못한다. 증거가 없더라도 그는 위험한 사상을 지닌 사람으로 간주되기 때문이다."[20]

20) 님 웨일즈 지음, 편집실 옮김, 『아리랑 2』, 학민사, 1986, 131~132쪽.

일제는 이 곡의 가창을 금지시켰다.

② 눈물젖은 두만강

이시우・김용호 작사, 이시우 작곡

1. 두만강 푸른 물에 노젓는 뱃사공 / 흘러간 그 옛날에 내 님을 싣고
   떠나간 그 배는 어디로 갔오
2. 강물도 달밤이면 목메어 우는데 / 님잃은 이 사람도 한숨을 지니
   추억에 목메인 애달픈 하소
3. 임가신 강 언덕에 단풍이 들고 / 눈물진 두만강에 밤새가 울면
   떠나산 그 님이 보고싶구나
(후렴) 그리운 내 님이여 그리운 내 님이여 언제나 오려나

1935년에 발표된, 두만강을 상징으로 하여 망국의 한을 표현한 노래이다.

1930년대 중반 만주 일대 순회공연을 하고 온 극단 예원좌(藝苑座)는 도문의 여관에 투숙하였다. 한밤중에 작곡가 이시우는 옆방에서 슬피 우는 젊은 여성의 울음소리를 들었다. 사연을 알아본즉, 독립군으로 활동하기 위해 만주로 간 남편의 소식을 알아보기 위해 두만강을 건너왔으나 남편의 전사 소식을 듣고 그렇게 슬피 울었다는 것이다.

다음 날 두만강을 바라보며 아낙의 사연을 생각하던 이시우의 머리에 '두만강 푸른물에……'라는 노랫말이 떠올랐다. 「눈물젖은 두만강」이란 제목의 이 노래는 관객들의 대단한 호응을 받았다.[21]

이후 김정구(작곡가 김용환의 동생)의 소개로 작사자 김용호가 2・3절의 노랫말도 만들고 박시춘이 편곡하여 레코드로 나왔다. 그러나 1943년 총독부는 이 노래가 민족성이 강하다고 하여 발매와 가창을 금지시켰다.

③ 국경의 부두

유도순 작사, 전기현 작곡

1. 앞산에 솜안개 어리어 있고 압록강 물위에는 뱃노래로다
   용암포 자후창 떠나가는 저 물길 눈물에 어리우는 신의주 부두

---

21) 박찬호, 앞의 책, 357~359쪽.

2. 똑딱선 뾰족배 오고 가는데 돛내린 뱃간에는 갈매기 울음
   진강산 바라보며 그리던 내 고향 설움에 짙어가던 신의주 부두

(『배달의 맥박』, 441쪽)

압록강을 건너 조국을 떠나가던 동포와 지사들의 회한을 그린 노래이다.

압록강 하구의 신의주에는 만주 안동과 연결되는 철교가 있는데, 이 철교는 배를 통과시키는 개폐식 다리로 유명하다. 작사자 유도순의 고향이 바로 이 신의주였다.

이 노래는 1939년 8월에 나왔는데, 비슷한 소재의 노래로 「압록강 뱃노래」(유도순 작사, 전기현 작곡, 1940년 1월)가 있다.

1937년 일제는 중일전쟁을 일으키고 곧 이어 태평양전쟁을 도발한다. 제국주의 일본은 끊임없이 영토팽창을 추구하며 전쟁을 도발하였다. 1940년대는 한반도에서 징병·징용·공출 등 극심한 식민지 수탈과 한국어 사용금지 등 한민족 말살정책이 진행되었다. 이러한 상황 속에서 대중가요도, 일제의 침략정책과 한민족 말살정책을 찬양하는 친일적 노래 일색으로 되었다.

그러나 그 가운데서도 상징적 표현을 이용하여 민족적 정서를 담은 노래들이 있었다. 일제는 이러한 상징적 표현이 담긴 노래들을 무조건 금지시켰다.

① 꿈꾸는 백마강

조명암 작사, 임근식 작곡

1. 백마강 달밤에 물새가 울어 / 잊어버린 옛날이 애달프고나
   저어라 사공아 일엽편주 두둥실 / 낙화암 그늘 아래 울어나 보자
2. 고란사 종소리 사모치는데 / 구곡간장 오로지 찢어지는 듯
   누구라 알리요 백마강 탄식을 / 깨어진 달빛만 옛날 같으리

1940년에 발표된, 백마강을 상징으로 하여 망국의 슬픔을 표현한 노래이다.

두만강이 망국민의 망명을 상징하듯이, 백마강이나 낙화암은 백제의 멸망을, 즉 망국의 슬픔을 상징하였다.

삼국시대 말, 나당연합군이 백제의 수도 사비(부여)로 진공하였다. 백제의 명장 계백장군이 선전하였으나 패배하고 말았다. 결국 사비성도 나당연합군에게 점령당하고, 궁녀들은 적군에게 항복하지 않고 대왕포의 바위산에서 백마강에 몸을 던

졌다. 이후 삼천 궁녀의 슬픈 사연을 안은 이 바위를 '낙화암'이라 불렀다.

이 노래의 레코드가 발매되어 선풍적 인기를 얻자, 일제 총독부는 이 노래가 민족적 성향이 강하다고 하여 탄압하였다.[22]

노래의 작사자는 원래 리얼리즘계 시인이던 조명암이었는데 그가 월북함으로써(교육문화성 부상, 문예총 중앙위 부위원장) 해방 이후에는 김용호 작사로 바뀌어 널리 불리다가 1992년 조명암 작 가요가 해금됨으로써 원 작사자 이름을 붙이게 되었다. 「바다의 교향시」, 「알뜰한 당신」, 「낙화유수」, 「낙화 삼천」 등도 모두 조명암 작사이다. 해금 이유는 월북 전의 노래에 정치적 색채가 없다는 것이었다. 그러나 이 노래의 작곡자인 임근식은 노랫말을 지은 이가 확실히 김용호라고 증언하였다 하는데[23] 양자의 관계는 확인되지 않는다.

② 낙화 삼천

조명암 작사, 김해송 작곡

1. 반월성 넘어 사비수 보니 / 흐르는 붉은 돛대 낙화암을 감도네
   옛 꿈은 바람결에 살랑거리고 / 고란사 젊은 날에 물새만 운다
2. 백화정 알애 두견새 울어 / 떠나간 녯 사랑의 천년 꿈이 새롭다
   왕흥사 녯 터전에 저녁 연기는 / 무심한 강바람에 퍼져 오른다
3. 청마산 우에 햇발이 소사 / 부소산 남쪽에는 터를 닥는 징소리
   옛 성터 새 언덕에 꽃이 피거든 / 산유화 노래하며 향을 살으자
(후렴) 물어보자 물어봐 삼천궁녀 간 곳 어듸냐
       물어보자 낙화 삼천 간 곳이 어듸냐

(박찬호, 1992, 493쪽)

「낙화암」, 「꿈꾸는 백마강」처럼 백제의 멸망을 인용하여 망국의 한을 표현한 노래이다.

1941년에, 조선 청년들을 제국주의 전쟁터로 내몰기 위한 일제의 홍보영화 「그대와 나」가 공개되었다. 이 영화에 「낙화 삼천」이란 노래가 삽입되었는데, 주인공 남녀가 백마강에서 뱃놀이하는 장면에서 등장하는 노래이다.

제국주의 침략전쟁에 청년들을 동원하기 위하여 만든 영화에 삽입된 이 노래는

---

22) 위의 책, 429~430쪽.
23) 『조선일보』1992년 5월 24일, 7월 9일.

역설적으로 조선 고유의 음계를 사용하여 옛 왕조 멸망의 한을 표현함으로써 당시 유행하였다. 영화는 인기가 없었으나 노래만은 인기가 있었던 것이다.

노랫말 가운데서 삼천 궁녀와 낙화 삼천을 '삼천 학도'로 바꾸어 부르기도 했다.[24] 이에 일제 총독부에서도 당황하여 발매를 금지시키고 노래 관계자를 취조하였다.

③ 눈물의 백년화

박영호 작사, 전기현 곡

1. 타홍아 너만 가고 나는 혼자 버리기냐 / 너 없는 이 천지는 불꺼진 사막이다
   달 없는 사막이다 눈물의 사막이다 / 타홍아 타홍아 타홍아 아! 타홍아
2. 두 바다 피를 모아 한 사랑을 만들 때는 / 물방아 돌아가는 세상은 봄이었다
   한양은 봄이었다 우리도 봄이었다 / 타홍아 타홍아 타홍아 아! 타홍아
3. 식은 정 식은 행복 푸른 무덤 쓸어 안고 / 타홍아 물어 보자 산새가 네 넋이냐
   버들이 네 넋이냐 구름이 네 넋이냐 / 타홍아 타홍아 타홍아 아! 타홍아

(박찬호, 1992, 505쪽)

1940년대에 발표된 노래이다. 백년설이 노래하고 간주에는 「물망초」 멜로디가 들어 있었다.

그런데 '타홍'의 죽음에 '민족의 죽음'을 표현하고, '한양도 봄이었다 우리도 봄이었다'는 내용에 독립의 의지를 표현했다고 하여 일제 당국이 이 노래의 발매를 금지하였다. 1940년대 제국주의 말기에 노골적으로 민족을 압살하던 일제의 정책이 반영되었던 것이다. 이후 이 노래는, 「세세 년년」이란 제목으로 가사도 바뀌어 불렸다.

---

24) 조흔파, 『사건백년사』, 정음사, 1975, 245쪽.

근대 겨레의 노래사

1. 노래와 역사

보편적 역사 현상으로서의 근대화(자본주의화)가 서구에서 발현되어 세계로 팽창된 이래 이른바 제국의 이름으로 이루어진 자본주의 국가의 약소민족 침략은 19~20세기 세계사의 중심적 문제로 제기되었다.

이러한 문제는 우리 역사에서 개항 이래 물밀듯이 밀려오는 외세(일본, 미국, 러시아, 청국)에 대한 민족적 저항과 근대적 자주독립국가의 수립이란 내외적 지향점을 수립하게 만들었으며 이것이 우리 근대사의 중심적 과제로 자리잡았다.

근대사에 있어서 제국주의건 약소민족이건 이미 서로 독립된 '하나'의 단위 역사로는 존재할 수 없게 된 것이다. 그리고 그 상관관계의 중심부에는 사회진화론을 바탕으로 한 '힘의 논리'가 있었다. 여기서 '힘의 논리'는 겉으로는 문명·개화·복음의 전파로 나타나지만, 실상은 근대적 화기에 의한 억압과 굴종이 실현되는 것을 의미한다.

노래는 인간생활에 가장 밀접한 문화매체이며 정서적 공감대를 가장 빨리 가장 확실하게 형성하기 때문에, 시대적 문화 현상 혹은 그 이면에 담긴 시대적 정신사를 진술하게 보여준다고 할 수 있다. 그러나 노래를 '목적'으로 파악하는가 아니면 '수단'으로 파악하는가에 따라 노래를 통하여 시대적 정신사를 읽는 방법 또한 달라진다.

우리 근대사의 중심적 과제가 제국주의 침략에 대한 민족적 저항 및 자주독립국의 수립이라는 점을 인정하는 한, 근대사의 질곡 속에서 탄생한 노래는 자의적이든 타의적이든 '수단'이었다.

제국주의 이데올로기 면에서 볼 때는 제국의 문화적 우월성과 힘의 논리를 정당화시켜 약소민족의 정신과 문화를 압살하기 위한 수단이었으며, 역으로 우리 겨

레의 독립항쟁 정신사 면에서 볼 때는 자주독립을 쟁취하기 위한 문화적 수단이
었다. 결국 제국주의와 민족주의의 대항관계 속에서, 노래는 '무기'가 되고 양자
사이에는 '무형적 전선'이 형성되었다.

　노래는 노랫말과 곡으로 구성되는데, 제국주의와 민족주의 간의 '노래 전선'에
서 일차적 중요성을 갖는 것은 노랫말이다. 도식화해서 본다면 제국의 노래는 제
국 혹은 제국의 침략주의를 미화·찬양하거나 약소민족의 굴종을 강요하는 표현
을 담고, 민족의 노래는 제국의 침략에 대한 저항, 거부 혹은 민족적 자주독립의식
을 고양시키는 표현을 담고 있다.

　그러나 일제강점기에 탄생한 수많은 노래들 가운데는 '민족의 노래'와 '제국의
노래'로 확연히 구분되지 않는 것이 많다. 일률적으로 모든 노래를 두 가지 범주
로 나눌 수 없고 또 나눌 필요도 없겠지만, 다만 노래의 작사·작곡자, 노래 가창
자의 성격, 노래를 부르던 정황, 제국주의 침략자들로부터 '불온'이란 낙인이 찍힌
사실 여부로부터 그 노래가 민족성을 지녔는지를 유추해 볼 수 있다.

　여기서 곡조가 문제가 된다. 우리 민족의 전래악곡 형식인 민요의 경우, 민족적
정서의 고양과 독립의식의 대중적 확산이란 면에서 우리 근현대사에서 우리 몸에
체화되어 있고 실제로 반외세 전선에서 실천적으로 활용되었으므로 별 이론이 없
다. 다만 서양음악의 경우에는 제국주의 침략과 함께 스며든 (당시로서는) '이질적
정서의 곡조'를 어떻게 파악할 것인지 문제가 된다. 예를 들어 애국계몽기나 일제
강점 초기에 대중적으로 널리 불린 애국창가, 독립군가 들은 역설적으로 대개가
일본의 군가나 찬송가 선율을 차용하였다.

　음악(곡)이 사고와 생활정서에 미치는 영향력이란 측면에서 서양음악이 한국
근현대사에서 초래한 겨레의 정서와 사고틀의 변화, 해체라는 문제는 다른 차원의
논의를 필요로 한다.

　문제의 초점을 반제국주의운동이란 역사적 사실에 집중시키고 또 노래가 '수단'
이라는 사실을 인정하는 한, 애국계몽기나 일제강점 초기에 탄생한 애국창가·항
전가요는 곡조의 형식과 상관없이 민족의 노래이고 무형의 '무기'였다. 제국의 침
략을 거부하는 자주독립의 정신이 노래에 살아 숨쉬기 때문이다.

2. 경술국치 이전의 민족의 노래

(1) 동학혁명의 노래

근대적 자주독립국가의 수립이라는 중심 과제를 폭넓은 민중의 지지 속에서 전투적으로 제기한 최초의 운동은 동학혁명이다.

당시 민중 사이에 널리 유전된「파랑새노래」는 시기와 지역에 따라 표현이 바뀌었지만 그 기본적 정서는 동학혁명에 대한 민중의 지지와 외세(청나라·일본)에 대한 민중의 저항이었다.

「파랑새노래」에서 녹두는 전봉준 혹은 농민군, 새(파랑새 혹은 녹두새)는 녹두를 해치는 외세, 청포장수는 농민군을 지지하는 민중을 상징한다. 따라서 녹두와 청포장수는 상호의존적 관계에 있으며 녹두와 새는 상호대립적 관계에 있다. 웃녘새(청국), 아랫녘새(일본)가 농사지은 것을 다 까먹는다는 예산 지방의 구전노래에서는 외세의 조선침탈을 더욱 직설적으로 표현하였다.

이러한 민중적 지원 속에서 등장한 '가보세 가보세 을미적 을미적 병신되면 못 가보리'라는 노래는 혁명을 끌지 말고 빨리 성공시켜야 한다는 내용을 담고 있다.

그러나 외세의 침입으로 혁명은 좌절되고「봉준노래」,「개남노래」,「녹두체포노래」등, 농민군의 패전과 전봉준의 체포·압송을 안타까워하는 민중의 노래가 유전되었다. 이들 노래는「파랑새노래」나「가보세 노래」와 달리 상징적 기법을 사용하지 않고 농민군의 패전과 농민군 지도자의 체포를 직설적으로 표현하고 있다.

「파랑새노래」와「가보세 노래」는 상징과 은유의 기법을 사용한 참요로서 농민군의 전투성을 직설적으로 표현하고 있지 않지만 외세를 물리치고 자신의 '생산물'을 지키고자 하는 농민 의식을 표현한 점에서 근대성을 지닌 최초의 노래라 할 수 있다.

노래의 주체라는 면에서 보면 혁명의 조속한 성공을 바라는「가보세 노래」가 농민군이 직접 부르던 노래로 추측되는 이외에, 기타 노래들은 농민군을 지지·성원하던 민중의 노래로 보인다. 다른 각도에서 생각하면, 이들 노래 속에서 농민군은 '대상화'되고 있는 것이다. 즉, 민중이 농민군을 지지하고 같은 기반에 서 있음을 노래로 표현하였지만 농민군과 민중이 혼연일체로 되어 반외세 농민전쟁에 나서는 것이 표현되지는 않았다.

노래 면에서 볼 때, 동학혁명이 근대적 과제를 민중적 노선에 의해 전투적으로 제기했음에도 불구하고 아직 민중 전체의 공감대를 얻을 만큼 이념적 혹은 정서

484 근대 겨레의 노래사

적인 근대성의 확산은 이루어지지 않았다. 그런 면에서 봉건왕조와 외세는 농민군 과 민중이 한 대열 속에서 혼연일체가 되는 경로를 물리적으로 차단하는 데 성공하였다고 할 수 있다. 「파랑새노래」가 참요적 성격을 지닐 수밖에 없었던 이유도 바로 여기에 있을 것이다.

(2) 의병전쟁의 노래

근대사의 과제를 실천적으로 해결해 나가는 운동의 주체가, 노래라는 매체를 통하여 민중과의 정서적 공감대를 확산시키고 그것을 반외세 전투성으로 고양시키려 한 최초의 시도는 의병전쟁 때부터 보인다.

'위정척사'를 대의명분으로 내세운 의병전쟁은 을미사변과 단발령을 계기로 한 1차전쟁, 을사늑약을 계기로 한 2차전쟁 등 전국적 범위에서 장기적으로 진행된 반외세전쟁이었다.

의병전쟁은 근대사의 두 가지 과제 중 반외세에 중심축을 두었기 때문에 근대 국가의 수립이란 과제의 해결은 도외시했다. 이 점에서 의병전쟁은 동학혁명의 지향점에서 일보 후퇴하였지만, 반외세에 중심축을 두었기 때문에 전투성 면에서는 동학혁명보다 더욱 고양되었다. 근왕운동이 지닌 이념적 한계가 오히려 봉건적 계층까지 반외세전투에 참여할 수 있는 기반을 제공하고, 여기서 반외세의 정서적 공감대가 동학혁명 때보다 더욱 확산될 수 있었다.

의병전쟁은 유림에서 시작하였지만 의병진 지도층에 유림 외에 많은 평민이 참여하였으며, 실질적 전투력도 농민·구한국군·포수 등 평민들에게서 나왔다. 외적으로는 근왕체제 혹은 봉건질서의 유지가 명분이었지만 내적으로는 봉건적 신분질서의 해체 현상이 의병전쟁중에 보이고 있는 것이다.

의병전쟁에서 불린 노래는 세 가지 유형이 있다. 의병전쟁의 기치를 내걸었던 의병 지도자가 의병의 대의명분을 밝히며 의병을 모집하는 창의가가 있고, 구한국군에서 부르던 군가가 있으며, 또 민중들이 의병진을 찬양하는 노래가 있다.

창의가로는 「의병창의가」(유홍석), 「의병격중가」(이석용), 「의병군가」, 「창의군 창의가」 등이 있는데 이들 노래는 전체적으로 의병전쟁의 명분인 위정척사를 근간으로 하여 '왜적'을 물리치고 나라를 보전하자는 뜻을 격정적으로 표현하고 있다. 나라보전이 곧 임금(황제)을 위한 길이라는 봉건적 인식을 드러내고 있지만

의병전쟁의 중심축이 반외세에 있음을 감안한다면, 이들 노래에서 일본이 항전의
대상으로 등장하고 있음이 주목된다. 즉 동학혁명 노래에서 새라는 이미지로 상징
화되어 표현된 외세가 이제 직설적으로 '왜적' 혹은 '왜놈'으로 표현되었다.

운동의 담당자가 항전의식을 고양시키기 위하여 노래를 만들어 부르고 노랫말
가운데 적의 실체가 구체적으로 일본으로 설정된다는 면에서, 이 단계에서 '노래'
는 항전력 고양을 위한 무형적 무기(수단)가 되었다.

의병진영에서 만든 노래로 「복수가」, 「의병노래」(윤희순), 「신세타령」(윤희순)
등도 있는데 이들 노래는 결사항전을 부르짖기도 하고 일본군의 근대적 화기에
의한 의병진의 패전을 안타까워하기도 한다.

1907년 일제에 의해 해산된 대한제국 군대의 군인들이 의병진영에 참여하면서
불린 노래로는 「의병노래」('배낭지고……'), 「군가」('태극조판……') 등이 있다. 이
들 노래는 반외세의 항전의식을 직설적으로 표현하기보다는, 군인의 충군애국 정
신을 고취시키고 있다. 그리고 노랫말 끝의 '황제 만세'라는 표현은, 의병진영에서
만든 노래에 보이는 '의병 만세'라는 표현과 비교된다. 대한제국 군대에서는 부국
강병과 자주독립을 주조로 하는 「애국가」, 「군가」, 「시위대 병정이 탄식한 노래」
등을 불렀는데 이들 노래는 대한제국의 군대의 근대화 과정 속에 탄생한 노래다.
그런데 앞의 두 노래가 시위대(친위대) 장교가 만든 노래이고 노랫말 가운데 반외
세 의식이 두드러지게 표현되지 않은 데 비해, 뒤의 노래는 시위대 병정들이 탄식
하며 부르던 노래로 외세의 침략으로 고난받는 정황을 그리면서 '대한 인민'의 자
각을 부르짖고 있다.

해산된 대한제국 군대의 군인이 가담한 이후 의병진영은 더욱 조직화·장기화
되고 전국적인 범위로 확대되었다. 그리고 '군가'가 의병진영에 유전되면서 반외
세 항일전의 정서적 공감대 역시 더욱 확산되었다. 이 단계에 이르면 대한제국 군
가는 '충군애국'의 구호적 차원을 넘어 항일전쟁의 과정에서 전투력을 확보해 가
는 실천적 수단이 된다.

의병진영의 창의가, 대한제국 군인의 군가가 의병진영을 주도하던 담당자들의
노래임에 비하여, 「의병대가」는 민중들이 의병을 찬양하는 노래로 주목된다. 이
노래에는, 다른 의병노래에 보이는 위정척사, 충군애국, 자주독립 등의 기본적 표
현이 없으며 노래 전체에 항일전쟁 승리에 대한 낙관적 정서가 담겨 있다.

「의병대가」는 함경도의 의병장이던 홍범도부대의 활동을 사실적으로 표현하고 있다. 이는 평민 출신 의병부대와 민중의 반외세 정서의 공감대가 일체화되는 가운데 민중들의 의병전쟁의 승리에 대한 바람과 전폭적인 지원을 노래로 형상화하였다는 점에서 반외세 항일전의 담당자와 민중이 대열에 함께 서는 전형을 보여준다. 「파랑새노래」가 동학농민군에 대한 민중의 지지를 다소 슬픈 정서 속에 표현하는 데 그치고 민중이 농민군의 대열에 함께 서는 단계를 이룩하지 못한 데 비하여, 위 노래는 항일전 승리에 대한 낙관적 정서를 통하여 민중과 의병진영이 대열에 함께하는 단계를 이룩한 것이다. 당시 함경도 민중들은, 홍범도부대에 대하여 정서적 지원뿐 아니라 물품이나 금전 지원을 통해 항일전에 동참하였다.

「의병대가」는 민중과 의병진 사이에서 불리면서 항일정서와 실천활동의 일체화를 이룩하는 문화적 수단이 되었으며, 이러한 무형적 무기로서의 '노래'의 전형은 이후 만주 '독립군가'에 이어진다.

(3) 애국계몽운동의 노래

1) 애국계몽기 노래운동

소박하게 도식화해 보면, 의병전쟁과는 달리 과제 해결의 중심축을 근대적 국가 수립에 둔 실천적 활동으로 애국계몽운동이 있다. 이 운동의 추진세력은 유학에 뿌리를 두면서도 봉건적 질곡을 극복하고 근대사회를 이룩하려 한 계몽적 지식인들이었다. 따라서 부국강병, 문명개화, 자주독립이란 용어로 상징적으로 표현되는 애국계몽운동은 근대적 계몽인식의 민중적 기반을 위에서 아래로 형성해 나가는 것이었다.

애국계몽운동의 독립의식은 이중적 성격을 지니고 있다. 즉, 한편으로는 근대적 서구문명의 적극적 수용을 표방한다는 점에서 외세와 연합하기도 하고 다른 한편으로는 외세의 침략에 저항하며 자주독립국가의 수립을 소망한다는 면에서 반외세적이기도 하다. 반봉건의식도 다소 이중적이다. 근대적 문명국가를 수립한다는 점에서 반봉건적이지만 대한제국의 황제체제를 수용한다는 면에서는 봉건적이었다. 그러나, 운동의 중심축은 역시 근대적 국가의 수립에 있었다.

애국계몽운동은 그 성격상 전투적 정치운동보다는 문화적 계몽에 중심을 두면서, 언론을 통하여 근대적 의식을 보급하고 교육을 통하여 근대화된 인물을 양성하는 데 주력하였다. 이 때 계몽지식인의 인식을 대중에 연결시키는 중요한 문화적 매체가 바로 시와 노래였다. 시와 노래는 『독립신문』, 『대한매일신보』 등 언론매체를 통하여 대중에게 전파되었으며 학교 교육현장에서 '서양의 힘'을 배우는 수단이 되었다.

『대한매일신보』의 논설은, 당시 노래를 통하여 근대적 인식을 대중화하려 한 계몽적 지식인의 인식을 보여준다. 즉 논설은 종래의 한문투 노래가 '려항의 인민'들이 이해하기 힘들기 때문에 노래를 쉽게 지어 학교에서 가르침으로써 항간에 퍼지게 하여, "게으른 자가 학문을 배울 생각"이 나게 하고 "무심한 자도 애국을 생각"하게 만들 것을 논하고 있다.[1] 이러한 면에서 애국계몽운동기의 노래 창작과 보급 활동은 자주독립을 지향하는 '노래운동'으로 규정할 수 있다. 동학혁명이나 의병전쟁에서 무기가 된 '노래'가, 이 단계에 이르러 애국계몽운동가의 집중적 노력에 의한 '노래운동'으로까지 성장하는 것이다.

집단의 정서적 공감대를 한순간에 형성하는 노래의 성격 때문에 애국계몽기에 애국가, 독립가, 학도가 등 서구를 지향하는 노래들이 수없이 탄생하였다. 이 시기는 '애국창가'의 시대라 할 만하고, 이들 노래가 서양의 찬송가·민요 등의 곡을 여과 과정 없이 차용하였다는 면에서 서양음악이 한반도 내에서 '자기 힘의 뿌리'를 내리는 시기이기도 했다.

특이한 점은 애국계몽운동 초기의 노래운동에는 대한제국 정부 관리들도 다수 참여하고 있으나,[2] 을사늑약 등의 과정을 거치면서 이들이 탈락하고 있다는 사실이다. 이것은 1905년 을사늑약을 계기로 친일파 정권이 들어서면서 애국계몽적 정부 관리가 억압을 받게 되었음을 의미하며, 나아가 일제의 '민족의 노래'에 대한 탄압이 시작되고 민족정신을 억압하기 위한 '일본노래'의 이식이 시작됨을 의미한다. 그러나 이 단계에서 애국계몽 노래운동의 주도권은 정권에 참여하지 않은 언론인, 교육가 등에게 넘어가 이들에 의해 활발하게 지속된다.

2) 애국계몽운동의 노래

애국계몽의 노래는 실제적 운동과 결합된 노래, 자주독립 애국의식을 고취시키

---

1) 「학교에 쓰는 노래를 의론함」, 『대한매일신보』 1908년 7월 11일.
2) 학부 주사 이필균, 농상공부 주사 최병헌, 군부 주사 김유탁 등.

는 노래, 교육·운동을 권장하는 노래(교가, 학도가, 운동가)로 분류해 볼 수 있다.

연주문을 헐어버리고 독립문을 세운 준공식에서 부르던 「독립문」, 외채를 갚고 경제적 자립을 이룩하자는 「국채보상가」(이병덕·김인화) 등은 독립문 건축과 국채보상운동 속에서 탄생하였다.

'자주독립' '애국' 등의 선언적 구호를 노래로 표현하는 다소 추상적인 독립가, 애국가 종류는 1897년 4월 7일 『독립신문』에 실린 최돈성의 노래를 시초로 하여 경술국치 전까지 수백여 편이 발표되었다.

을사늑약 시기까지의 특징적인 것을 들면 한 사람의 선창에 이어 여러 사람이 합창하는 형식으로 대중의 정서적 공감대를 얻고자 한 「자주독립애국가」(1896년 5월 이필균), 개화기 노래 가운데 형식면에서 최초로 절을 구분하고 후렴도 붙인 「독립가」(1896년 10월 최병헌), 최초로 애국가라는 제목을 단 이용우의 「애국가」(1896년), 기록상 실제로 불린 최초의 애국가로 확인되는 「애국가」,[3] 독립문 정초식 당시 부른 이래 최초로 '대중적으로 널리' 불린 윤치호의 「애국가」(곡은 영국민요), 역시 독립문 정초식 당시 최초의 국가(國歌)로 부른 「조선가」(곡은 미국국가),[4] 여성들의 애국가인 「부인회애국가」(1898년), 대한제국의 공식 애국가인 「대한제국 애국가」(1902년 민영환 작사, 에케르트 작곡), 1904년 고종의 명령을 받아 윤치호가 작성한 「애국가」(해방 이후 국가로 공표, 처음 「올드랭 사인」 곡을 사용하다 1936년 이후 안익태의 곡을 사용) 등이 있다.

무력적 강압에 의한 을사늑약 및 대한제국 군대의 해산 이후, 애국계몽 노래는 이전의 추상적 구호를 제시하는 차원에서 한 걸음 나아가, 표현상 정서적 긴장감을 갖게 되었다. 이것은 일제의 노골적 침략에 대한 전 민족적 저항운동과 밀접하게 관련된다. 이 시기 주목할 애국계몽 노래로는, 일종의 베스트셀러 교과서인 『유년필독』(현채)에 실려 학생들에게 널리 전파된 「독립가」(1907년), 안창호가 1909~10년 사이에 발표한 「혈성대가」, 「상봉유사」(맞나생각·상봉가), 「장검가」, 「한반도가」, 「거국가」 등이 있다. 안창호는 개화기 애국계몽운동을 전개하는 과정에서 많은 노래를 짓고 자신이 경영하던 학교에서 이를 학생들에게 직접 가르치

---

3) 일명 「황제탄신축가」로 1896년 새문안 교회에서 열린 고종탄신 경축예배에서 부른 노래인데 찬송가로도 불렀다.
4) 「조선가」(「국가」)란 제목의 이 노래는, 뒤에 윤치호의 『찬미가』에 실리면서 「찬미가」란 제목으로 부르기도 했다.

기도 했는데, 1910년까지 안창호가 지은 노랫말은 열다섯에 이른다. 이렇게 많은 노랫말을 만들어 '운동'에 활용했다는 점에서 노래를 민족운동의 수단으로 적극적으로 활용한 전형적인 민족운동가의 예를 안창호에게서 찾을 수 있다. 그가 지은 노랫말들은 이전 '자주독립가'의 공허한 구호적 수준을 뛰어넘어 선명한 문제의식과 언어적 긴장미를 갖추고 있다.[5] 또한 노래들이 직접 항전을 표현하고 있지 않지만 계몽적 의식을 대중의 전투력으로 승화시키려 하였으므로(「장검가」,「혈성대가」등) 그의 노래는 경술국치 이후 만주 독립군 진영에서 널리 불렸다.

애국계몽운동의 핵심적 활동의 하나로 교육운동이 있는데, 당시 교육운동이 얼마나 가열차게 전개되었는지는 불과 2~3년 사이에 3천~4천 개의 학교가 설립되었다는 통계로도 알 수 있다. 이러한 교육운동의 전개 속에서 교가, 학도가, 운동가가 널리 퍼졌다.

애국계몽기의 교가는 신학문을 익혀 문명개화를 이룩하자는 내용을 주조로 삼았는데 「계명의숙 창가」(1907년)처럼 유교이념과 신학문의 조화를 통하여 애국사상을 고취시키려 한 점이 주목된다. 안창호가 세운 점진학교의 교가 「점진가」(1899년, 노랫말이 확인되는 최초의 교가)와 대성학교 교가·교련가 「병식행보가」는 애국계몽기 노래에 많이 보이는 '충군'이란 표현을 사용하지 않고 있다. 학생 사이에 널리 퍼졌고 후일 만주 독립진영에서도 널리 불렸다.

학도가로는 주자 권학문에 곡을 붙인 「학도가」, '학도야 학도야……벽상의 괘종을 들어보시오'로 시작되는 「학도가」, 김인식이 작사·작곡한 「학도가」(1905년), 안창호가 짓고 이성식이 작곡한 「대한청년학도가」, 계명의숙의 「권학가」 등이 있다. 이 가운데 김인식의 「학도가」는, 우리나라 사람이 작곡한 최초의 서양음악이란 점에서 주목된다.

이들 학도가는 활발히 전개되는 교육운동 속에서 학생들 사이에 널리 퍼진 애국적 '학도가'라 할 수 있다. 일제 통감부는 학생들의 민족정신이 고양되는 것을 억압하기 위하여 이러한 학도가들을 대체할 새로운 「학도가」를 만들어 보급하였다. 최남선이 지었다는 이 노래는, '동천조일(東天朝日)'이란 석연치 않은 표현을 담고 있는데, 그래서 그런지 학생들은 이 새 학도가를 부르지 않고 기존의 애국적

---

5) 고미숙, 「애국계몽기 시운동과 그 근대적 성격」, 『민족문학과 근대성』(민족문학사연구소 엮음), 문학과지성사, 1995, 244쪽.

학도가를 계속 불렀다.[6)

운동가도 학도가와 더불어 널리 불렸다. 애국계몽기 교육운동이 지닌 상무정신을 바탕으로, 정신교육(민족교육·개화교육)과 아울러 체육교육이 활발하게 전개되었기 때문이다. 당시 교과서와 언론에는 수많은 운동가가 실렸는데, 그 가운데 '대한제국 광무일월'로 시작되는 「운동가」가 주목을 끈다. 이 노래는 1907년 각 학교의 운동가를 일치시키기 위하여 학부에서 군부 주사 김유탁에게 의뢰하여 만든 것인데 앞 4행을 「국민교육가」란 제목으로 부르기도 했다. 대한제국 정부에서 제정한 최초의 국민적 운동가(교육가)이며 또 학부와 군부가 협력하여 만든 노래라는 점에서 당시 체육교육이 지닌 구국정신의 일단을 보여주는 노래이다.

1909년에 발표된 「소년남자가」(야구단응원가)는 단순한 운동 권장의 단계를 넘어 '운동'을 '독립을 위한 싸움'의 차원으로 승화시켰다. 즉 3절에서 '독립군', 후렴에서 '후일 전공 세우세'라는 표현을 사용함으로써 여타 학도가나 운동가는 직접 표현하지 못한 항전의식을 대중적으로 고취시켰다. 비록, 의병전쟁 노래처럼 반외세 항전의식을 진술하고 풍부하게 표현하지는 않았지만, 운동정신을 대중의 전투적 독립정신으로 이끌려 했다는 점에서 안창호의 「혈성대가」, 「장검가」 등과 같은 맥락에 서 있다. 그리고 이 노래에서 처음 사용된 '독립군'이란 표현은 후일 조국 광복의 선봉에 선 항일부대의 상징적 표현이 되었다.

3) 양악 수용의 초창기

이상과 같이 살펴본 애국계몽 노래들은 대체로 서양의 찬송가·군가 등 서양곡을 차용하고 있다. 김인식, 이상준, 정사인, 이성식 등 초기 서양음악인이 애국계몽기에 음악교육을 받고 조선의 서양음악 체계의 선구자가 되어 가는 과정은, 서양음악을 맹목적으로 '차용'하는 단계에서 벗어나 '수용 및 변용'을 이루는 계기를 마련하였다.

이들이 의식적으로 음악을 수단으로 삼아 민족운동의 테두리 안에서 서양음악을 수용하려 했는지는 확실하지 않지만 그들의 음악활동을 볼 때 민족운동과 서양음악의 수용을 적어도 분리시키지 않은 것은 확실하다. 이상준과 이성식은 안창호의 노래운동과 직접적으로 연계를 맺고 있었다.[7) 또한 1910년에 이성식이 편찬

---

6) 박찬호, 『한국가요사』, 현암사, 1992, 44~45쪽.

한『중등창가』가, 1912년에는 이상준이 지은『중등창가』가 '치안 방해'를 이유로 일제에 의해 발행 금지처분을 받았다는 점에서 이들의 노래활동이 일제의 '노래정책'과 대항 관계에 있었음이 확인된다. 김인식은「학도가」,「국기가」등을 작곡하고, 대한제국 시위군악대 출신인 정사인은 1920년대 국내외에서 널리 불린「사향가」(내고향을 이별하고)를 작곡하였다. 특히 김인식과 이상준은 전통음악의 채보와 정리에도 힘써「영산회상」,「여민락」을 채보(김인식)하고『조선속곡집』과『수진조선잡가집(袖珍朝鮮雜歌集)』(1918년, 이상 이상준)을 펴내기도 했다. 이것은 그들이 서양음악을 무조건 받아들인 것이 아니라, 그 뿌리를 조선의 음악에 두고 수용하려 했음을 보여주는 것이 아닌가 한다.

을사늑약 이후 메가타 다네타로(目賀田種太郎 : 재정고문)와 시데히라 히로시(幣原坦 : 학정참여관)는, '식민지적 교육개혁'을 실시하는 과정에서 일본 음악체계인 '요나누키 음계'(서양음계에서 파와 시를 뺀 도레미솔라의 5음계)에 따른 음악교육을 강요함으로써 조선의 음악체계를 해체시키고자 하였다. 곡조 면에서 볼 때 이상준이 만든 노래들은 대개가 일제의 음악체계를 따르고 있다고 한다.[8] 이렇게 볼 때, 초기 양악인들은 노래의 곡조에서까지 의식적으로 민족적 정서를 보전 혹은 고양시키려 시도했다고는 볼 수 없다. 그러나 양악 체계 수용의 초기적 단계였다는 점, 그리고 이상준이 조선의 속요 가곡에서 자연적인 심정이 넘쳐나온다고 밝힌 점[9]을 감안할 때, 이들 초기 음악인들이 노래와 민족의 관계를 둘러싼 음악적 고민을 전혀 하지 않았다고 볼 수 없을 것이다.

이러한 면에서, 애국계몽기 노래운동에서 나타난 민요·풍요의 보급 노력은, 노래의 형식면에서 민족 정서의 대중적 확산을 담보하며 반외세의 전투성을 고양시

---

7) 이상준은 안창호가 설립한 대성학교에서 음악을 가르쳤으며 안창호의「거국가」도 작곡하였다(거국가는 정사인 작곡이란 설도 있다). 이성식은 1910년대 미주 지역에서 발행되던『신한민보』에 안창호의 노래를 많이 소개하고 있는데 안창호 작사「대한청년학도가」가 이성식 작곡인 것으로 보인다.

8) 노동은,「참과 거짓의 노래사(1)」,『겨레의 노래 1』(겨레의노래 사업단 편), 한겨레신문사, 1990, 295~297쪽.

9) "양악으로 말하면 들어온 지 日이 末하야 즉, 극히 유치할 정도를 면치 못하고 또 인정의 기기와 감흥의 순미를 가장 천진난만하게 발로함은, 규칙적으로 成하여진 창가에서보다는 자연적인 심정에서 넘쳐나오는 속요 가곡에서 볼 수 있는 바다." 이상준,「조선 속곡집 서문」(황문평,『돈도 명예도 사랑도』, 무수막, 1994, 129쪽에서 재인용).

키려 한 점에서 주목된다. 1907년 7월부터 9월까지 『대한매일신보』는 '동요'라는 표현을 빌어 타령 등의 민요풍 노래를 집중적으로 싣고 있다. 「담박고타령」, 「잘 왔군타령」, 「아르랑타령」 등 20여 곡은, 외세의 침략과 그 잔인성을 풍자적으로 폭로하며 민족의식의 공감대를 형성하고 반외세의 전투성('이천만인 피뿌릴 때 동양풍운이 일어나서', 「아르랑타령」)을 확보하기도 하였다. 민족적 노래형식인 민요의 개사는 노래의 주체와 대중이 하나가 되는 정서적 공감대를 형성한 전형적인 예를 보여주며, 이러한 '노래의 무기화'는 1940년대까지 해외 독립진영에서 지속된다.

(4) 을사늑약, 안중근 의거, 경술국치와 노래

한편 대한제국 시기에 중요한 역사적 현장에서 불린 노래들이 있다. 이들 노래는 노래와 사회가 하나가 되어 역사의 이면을 보여주는 예로서도 중요한 의미를 지닌다. 을사늑약과 안중근 의거, 경술국치라는 역사적 현장에서 불리던 노래를 보자.

을사늑약의 소식을 전해 들은 민영환은, 죽음으로써 늑약의 불법성을 세계에 알리고 국민의 분기를 촉구하기 위하여 자결 순국하였다. 그의 장례에서 발인꾼들은 「충신가」를 부르고 학생·시민들은 「충정공 민영환 순절송」을 불렀다. 또 순국 6개월 후 그의 순국 현장에 혈죽(血竹)이 솟아나, '충신이 흘린 피에 하늘이 감동하여 혈죽이 생겼다'는 말이 전해지면서 전국에 애국 열의가 고조되었다. 언론에 혈죽에 관련된 수많은 시문이 발표되고 현채는 『유년필독』에 「혈죽가」를 실었다. 충정을 기리는 이러한 노래와 반대되는 노래로 「매국경축가」가 있다. 이 노래는 일신의 부귀영화를 위하여 나라와 겨레를 팔아먹고 '경축'하는 매국노에 대한 민중적 적개심을 고취시키고 있다.

안중근 의거와 관련된 노래로는, 안중근이 나라의 원수를 갚을 것을 맹세하며 지어 부른 「맹세가」, 「이등도살가」[10] 등이 있다. 두 노래 모두 의거에 참여한 지사의 결심을 다지는 노래이다. 의거 이후 '일본놈 이등박문이가'로 시작되는 「십진가」가 탄생하여 민중 사이에 널리 유전되었다. 작자미상의 이 노래는 이토 히로부

---

10) 이 노래와 유사한 노래로 「원수를 다 베이리」, 「의거가」 등이 있는데 이들 노래는 경술국치 이후에도 불렸다.

미의 죽음을 소재로 하여·민중의 반일의식을 진술하게 표현하여 널리 불렸다. 만
주에서는 '십년을 하루같이 독립투쟁 일어난다'는 노랫말을 붙여 직접 항전의식을
북돋우었다. 이 노래는 애국계몽운동기에 탄생한 대부분의 노래와 달리 운동의 담
당자가 '수단'으로 만든 노래가 아니라 기층 민중들 사이에서 탄생하여 자연스레
대중적 공감대를 널리 확보한 노래로 주목된다. 이런 면에서 「파랑새노래」와 「의
병대가」의 전통을 잇고 있다. 노래 형식에서도 대중적 의사소통력이 강한 십진가
형식을 빌어 항일의식을 고취시킴으로써, 양악이나 민요와도 다른 항일 노래형식
의 또 하나의 형태를 보여준다.

경술국치라는 민족적 '대욕거치(大辱巨恥)'의 현장에서 불리던 노래로, 「망국
가」(전미보 작사)가 있다. 경술국치 후 학생들이 통곡을 하며 불렀던 이 노래는,
망국의 한을 격정적으로 토로하면서 '독립만세 우뢰 소리에 바다가 끓고 산이 동
하네'라고 하여 독립의 결의를 다지고 있다. 이로부터 9년 후 이 표현대로 독립만
세의 함성이 삼천리 방방곡곡을 뒤흔든다. 국치는 국치로 끝나는 것이 아니라 그
것을 극복할 의지로 승화되는 것이다. 해외 독립진영에서 부르던 「국치추념가」(검
소년), 「국치가」(① 1922년 이윤재 작사, ② 작자미상) 등은, 국치의 슬픔과 아울러
원수에 대한 적개심을 고취시키며 대중적 공감대를 형성하고 있는 일종의 기념일
노래이다. 이 노래와 함께 3·1절기념가, 개천가가 독립진영에서 부르던 3대 기념
일 노래라 할 수 있다.

(5) 경술국치 이전 운동의 노래 : 노래운동의 탄생

이상 조선 말·대한제국 시기 노래들을 총괄해 보자. 먼저 반외세의 근대적 자
주독립국가의 수립이란 과제를 아래로부터 해결하려 했던 동학농민혁명 때 탄생
한 노래들은 농민군에 대한 민중의 지지를 담고 있다. 의병전쟁의 노래들은 반외
세에 중심축을 두고 전투적 공감대를 형성하였고, 애국계몽운동의 노래들은 근대
적 국가수립에 중심축을 두고 위로부터 아래로 개혁을 확산하는 내용을 담고 있
다. 노래가 과제 해결의 수단(혹은 무기)으로 이용되는 것은 의병전쟁 때부터이며
애국계몽운동의 언론활동을 통하여 노래의 수단화가 더욱 확산되었다. 특히 안창
호는 민족운동과 '노래'를 긴밀하게 결합시킴으로써 노래를 '운동'의 차원으로까지
끌어내었다. 이러한 안창호의 노래운동은 이후 흥사단에서도 이어진다.

노랫말 면에서 볼 때는 동학혁명 때 반외세의 대중적 정서가 '새'라는 이미지를 통하여 상징적으로 표현된 이래, 의병전쟁과 애국계몽운동을 거치면서 반외세 자주독립의 필요성이 직접 형상화되며 을사늑약을 계기로 일본이 극복대상(원수)으로 구체화된다. 그러나 의병전쟁과 애국계몽운동의 노래들은 동일하게 위로부터의 과제 해결이 갖는 이념적 한계성을 벗어나지 못하였다(그것은 '충군애국'이란 표현에서 단적으로 드러난다). 이러한 인식의 한계는 경술국치 직전의 노래들에서는 보이지 않게 된다. 이는 왕조체제가 자연스럽게 근대적 국가 수립으로 이어질 수 없다는 한계가 노정됨에 따라 근대적 독립국가의 수립은 새로운 운동계층에 의해 형성될 수밖에 없음을 확인시켜 준다. 그리고 실제로 경술국치 이후의 노래들은 대한제국의 복구가 아니라 '신대한국'의 건설로 그 국가의 정체성을 표현하게 된다.

노래 곡조 면에서 볼 때는 반외세 독립 정서의 대중적 공감대 형성이, 조선의 전통 음악체계인 민요, 혹은 찬송가·일본음악 등의 양악 체계의 차용을 통하여 이루어지고 있다. 민요가 아래로부터 자연스럽게 형성되어 가창자들의 몸에 체화된 상태로 대중적 반외세 정서·의식을 담보하는 것이라면, 양악조의 노래는 위로부터 아래로 '문화'(힘의 논리)를 전파하는 내용을 지녔다. 그러나 양악조의 노래들도 노래를 운용하는 담당자들의 인식 여하에 따라 기능적 성격을 달리할 수 있으므로, 애국계몽기의 노래들은 역으로 '제국의 침략을 거부하는 노래'가 될 수 있었다. 민요와, 민족의 노래로서의 양악조 노래는 이러한 면에서 동일한 기반을 형성하였다. 나아가 조선의 노래체계를 탄압하는 제국의 음악체계(을사늑약 이후의 일제의 음악체계)와 대항관계를 형성하였다. 다만 조선의 음악체계와 민족운동의 수단이 되는 양악 체계가 어떠한 상관관계 속에서 올바른 연결고리를 찾을 것인가에 대한 논의 및 구체적인 검증은 당시 양악의 선구자들에 의해 이루어지지는 못했다. 단 애국계몽운동가들이 『대한매일신보』에 집중적으로 실은 개사 형식의 민요·풍요 들은 밑으로부터의 노래형식과 위로부터의 노래운동이 결합할 수 있는 가능성을 보여준 사례이다.

3. 일제강점기 민족의 노래

(1) 1910년대 항전의 노래

경술국치를 통하여 일제가 총칼로 한반도를 강탈한 이후 뜻있는 지사들은 해외로 망명하여 독립운동의 근거지를 건설하였다. 만주, 노령, 중국, 미국 등 각지에서 독립운동단체가 조직되어 항전의 기반을 다지기 시작하였다.

이를 노래의 면에서 보면 민족의 노래가 해외 독립진영으로 확산됨을 의미하며, 나아가 항전의 근거라는 특수성에서 '일제를 물리치고 조국을 광복시킨다는 뚜렷한 목적을 표방하는 항전 노래'의 내적 기반이 확실하게 조성되는 것을 의미한다. 이에 따라 해외 독립근거지에서는 항전의 노래들이 중심을 이루고, 일제의 무력적 억압이 극심하던 국내에서는 직접적 항전보다 애국계몽 노래가 중심을 이루게 되었다.

1910년 이후 만주 독립진영에서 불리던 노래들 가운데 주목할 노래로는, 신흥무관학교를 중심으로 만주 교포사회에 널리 전파된 「신흥무관학교 교가」, 「신흥학우단가」가 있다. 이 무관학교의 졸업생은 2천~3천 명에 이르렀으므로 위 노래에 담긴 구국정신이 만주사회에 널리 파급되었음을 알 수 있다. 또 「독립군가」, 「봉기가」, 「용진가」, 「작대가」, 「장검가」(안창호), 「혈성대가」(안창호) 등의 독립군가들은, 1910년대의 독립전쟁 준비라는 분위기를 반영하여 항일전쟁의 전투적 정서를 고조시켰다. 특히 「독립군가」는 국가의 정체성을 '신대한국'으로 표현한 점에서 주목된다. 노래 전체에 항일전쟁의 소명의식, 승리에 대한 신념, 생사를 초월한 희생정신, 조국 진공전에 대한 기대 등이 서정적으로 표현됨으로써 독립군이 나라의 자유를 위해 싸우는 전투적 공감대의 확산을 이룩하는 전형을 보여주고 있다. 이 노래는 1940년대까지 독립진영에서 널리 애창되었다. 「봉기가」는 왜적을 물리치기 위해 전 민족의 총궐기를 부르짖는 노래다. 노래의 끝 부분에서 항일전쟁은 침략전쟁이 아니라 평화를 찾기 위한 전쟁('평화의 종소리가 울릴 때까지')임을 밝히고 있다. 3·1운동 때 만세시위 현장에서 이 노래를 불렀다는 이야기도 있는데, 3·1운동이 지닌 전 민족적 궐기와 항전의식, 그리고 그 이면에 담긴 진정한 평화정신을 동시에 보여주는 것이라 할 수 있다.

또 1910년대의 독립군가 가운데는 제목에 '소년'을 포함하는 노래들이 확인되는데 이는 독립전선에 나선 젊은 용사들의 항전의식과 애국정신을 형상화하고 있다. 「소년군가」는 제국주의 간의 모순으로 인한 제국주의 전쟁('제국주의 최후계단 원수놈들은 제놈끼리 물고뜯고 아우성치며')을 노래로 형상화하였다는 점에서 노래에 사회과학적 인식을 담고 일본을 제국주의로 표현한 최초의 노래로 주목된다. 위에서 언급한 제국주의 전쟁은 1차 세계대전을 의미하며 이러한 면에서 위 노래의 작자는 1차 세계대전의 와중에서 사회과학적 인식을 지닌 운동가일 것으로 추측된다. 항전의 노래가 구호 제시에 그치지 않고 사회과학적 인식으로 승화되고 있는 점은, 경술국치 이후 민족의 노래에 나타나는 중요한 특징이다.

또 「소년모험맹진가」, 「소년남자가」(소년행진가)는 국내·만주에서 부르던 노래로 역시 소년의 애국정신과 맹진력을 노래로 표현하고 있다. 「소년남자가」와 「소년군가」의 곡이 매우 흡사하여, 원래 같은 곡인데 노랫말을 달리하여 구전되는 과정에서 곡조가 약간 달라진 것으로 보인다.

(2) 3·1운동의 노래

한편 세계대전의 종전과 민족자결주의의 영향을 받아 동경에서 2·8독립선언이 발표되고 이윽고 국내에서 거족적인 독립만세운동이 전개되었다. 1919년 3월 1일 민족대표 33인의 명의로 독립선언서가 발표되고 파고다 공원에서 학생·시민을 중심으로 만세함성의 첫 봉화가 오른 이후 전국 각지에서 그칠 줄 모르고 만세함성이 터졌다. 3·1만세운동은, 근대사의 과제를 해결하려 했던 모든 운동의 흐름을 총집결한 전 민족적 독립운동으로 단시일 내에 시위 건수는 1천 5백여 회, 참가인원은 2백여만 명에 달했다.

이들 만세시위 현장에서 부르던 노래는 풍부하게 발견되지는 않으나, 「독립가」, 「3·1만세가」, 「대한제국 독립창가」, 「학도가」, 「혈성가」, 「광복가」(봉기가) 등이 운동의 현장에서 고창되었음이 확인된다. 3·1만세운동은 투쟁형식으로 볼 때 만세를 외치며 시위하고 일본군이나 일제 경찰의 무력진압에 맞서 자연스럽게 무력항쟁화하는 양상을 띠었다. 3·1운동을 통하여 '만세시위'라는 대중적 운동형식이 민중적 기반 위에 자연스럽게 형성되었고, 시위대중은 운동 현장에서 민족의식을 고취시키는 노래를 불렀다. 이는 노래가 '대중의 정서적 공감대를 확보하는 무기'로서의 생명력을 담보하는 계기를 마련하였다.

이러한 면에서 「3·1만세가」가 3·1운동의 전면에 섰던 운동가들에 의해 각지로 구전되어 표현이 약간씩 바뀌면서 널리 불렀다는 사실이 주목된다. 「3·1만세가」와 유사한 노래로는 「3·1운동가」, 「독립가」 등이 있다. 한편 「광복가」는 전 민족의 총궐기를 부르짖는 '항전'의 노래다. 이 노래를 3·1운동 당시 불렀다는 사실은, 3·1운동이 '맹목적인 평화적 운동'이 아니라 평화의 정신을 기반으로 하여 일제의 무력침략에 항전한다는 뜻을 암묵적으로 내포하고 있었음을 보여준다.

또한 3·1운동은 국가의 정체를 왕조체제가 아니라 근대적 시민국가로 확립하게 한 계기가 되었다. 3·1운동 직후 상해에서 수립된 임시정부는, 망명정부로서 일제를 조국에서 몰아내고 근대적 시민국가를 수립한다는 목표를 내세웠다. 노래 면에서도, 애국계몽운동기에 자주 등장하던 '충군 애국'식의 표현은 완전히 사라지고 '신대한', '(대한)민국' 등이 출현하였다.

한편 「3·1운동가」, 「3·1절노래」, 「3·1행진곡」, 「3·1절」, 「3·1가」 등, 3·1절을 기리는 다수의 노래들이 만주·중국 등 독립진영에서 널리 불렸다. 이는 3·1운동이 지닌 전 민족적 자주독립정신을 계승하고자 하는 뜻이 노래라는 매체를 통하여 강력하게 이루어지고 있었음을 말한다.

(3) 1920년대 항전의 노래

3·1운동이 일제의 무력에 의해 꺾인 후, 조국광복의 대업을 이루기 위하여 압록·두만강을 넘어 만주로 망명하여 독립군에 참여하는 지사들이 많았다. 3·1운동을 기리는 「3·1운동가」는 망명지사의 조국광복에의 의지를 다음과 같이 노래하였다. "사천이백오십이년 삼월 일일은 / 이 내 몸이 압록강을 건넌 날일세 / 연년이 이 날은 돌아오리니 / 내 목적을 이루기 전 못 잊으리라." 그리하여 만주에서 많은 독립군 단체가 조직되고 이를 바탕으로 조국진공전의 기반이 성숙되었다.

1920년대는 만주에서 조직적 무장항일전쟁의 기반이 확립되고, 또 봉오동전투, 청산리전투, 소규모의 국내진공전 등을 통하여 항일전쟁이 실천되는 시기였다. 이러한 항전의 분위기를 반영한 노래로 임시정부 기관지 『독립신문』에 발표된 「독립군가」(독립군행진곡), 「복수가」, 「기전사가」(이범석), 「독립군은 거름」, 「승리행진곡」(김좌진, 일본군가 「군함행진곡」 곡조) 등이 있다. 「기전사가」는 겨레의 자유를 위해 일어선 독립군의 결사정신을 서정적인 표현 속에서 전투적인 긴장감을 담아 노래하여 만주 독립군진영에서 애창되었다.[11]

---

11) 필자가 확인한 구전 노랫말이 네 종류인 데서도 시기와 지역에 따라 노랫말이 바뀌면

봉오동전투, 청산리전투의 승전은 노래 면에서 세 가지 성격을 지니고 있다. 첫째 3·1운동 이후 고조된 독립전쟁 분위기 속에서 탄생한 항전의 노래가 독립군의 정서적 일체감 및 결사정신을 고취시키는 데 도움이 되었다. 북로군정서와 홍범도 연합부대가 애초에 역량 보존을 위해 피전책을 택하였다가 북로군정서가 일본군과 조우하면서 청산리전투가 전개된 것은, 독립군의 항전의식이 고조되었던 것을 의미할 수도 있다. 이렇게 고조된 결사정신 속에서 독립군은 피해를 극소화하면서 적에게 큰 타격을 주었다.

둘째 청산리전투에 패한 일본군은 그 화를 만주교포들에게 돌려 '경신대학살'을 자행하였다. 학살된 동포가 2만여 명에 이른다는 기록에서도 알 수 있듯이 일제는 만주를 저주받은 땅으로 만들었다. 이런 상황 가운데 민중 사이에서 탄생한 「간도토벌가」와 '검푸른 하늘에서'로 시작하는 제목미상의 노래는 대학살에 희생당한 부모를 그리는 어린이의 애끊는 마음을 소재로 하여, 일본군의 잔인함을 폭로하고 나아가 일제에 대한 저항의식을 고취시키고 있다. 노랫말 전개가 「간도토벌가」와 같은 「아버지생각」(독립군모자가), 「수동이 어머니의 노래」도 있는데 이들 노래 역시 간도토벌을 소재로 한 노래로 그 원형은 「간도토벌가」인 것으로 보인다. 이들 노래가 만주, 노령, 국내에서 유전되어 널리 불렸다는 사실에서 일본군의 만행에 대한 민족적 공감대가 형성되었음을 알 수 있다. 이러한 민족적 공감대는 일제에 대한 저항의식으로 연결된다. 청산리전투 이후 만주에서는 안중근의 「원수를 다 베이리」라는 노래가 퍼졌고, 또 앞의 「간도토벌가」에 나오는 '부모'도 '항일전쟁에 나서 희생당한 부모'로 개사되어 항전의식을 고취시키는 노래로 변형되기도 했다.

셋째 일본군의 대공세와 교포 학살로 인하여 만주 독립군부대들은 청산리전투 이후 밀산, 시베리아로 북정하여 재차 근거지를 건설하고자 했다. 동포에게 피해를 주지 않기 위한 이 행군은 간고하였다. 그 고난 속에 행군하는 독립군의 모습을 형상화한 「고난의 노래」, 「광야를 달리는 독립군」(이청천, 곡은 「다뉴브강의 물결」), 「독립군의 분투」(『독립신문』에 발표) 등이 널리 불렸다. 이 노래들은 '피

서 널리 불렸던 정황을 알 수 있다. 그런데 이 노래는 이범석의 저서 『우등불』(사상사, 1971)에 「자료」로 실려 있어서 통상 이범석 작으로 알려졌다. 동 「자료」에는 「망향곡」이라는 노래가 있는데, 이 노래를 이범석 작으로 기록한 경우도 있고 이상정(이상화의 형) 작으로 기록한 경우도 있다.

에 주린 왜놈들은 뒤를 따르고' '북풍한설 헤쳐 가며 달려가는 독립군' '주린 배를 띠 졸라 힘을 도웁네' 등으로 독립군의 고난에 찬 역정을 표현하면서도, 동시에 '우리 싸움 막지를 못하리라' '풍찬노숙 고생길도 후회가 없어라' '목적하는 큰 사업 언제 이루랴' 등으로 항전의식을 고취하고 있다.

1920년대 만주 독립군의 항전은, 의병전쟁 이후 면면이 흐르던 반외세 항일전쟁의 흐름이 3·1운동을 계기로 조직적인 형태로 실천된 것이다. 다만 의병전쟁과 다른 점은 독립군 항전의 지향점이 왕정복구가 아닌 근대적 국가의 수립이었다는 사실이다. 이러한 폭발적인 항전 속에서 희생된 '독립군 전사'들을 추모하는 노래로 「독립군추도가」, 「추도가」, 「선열추념가」(이광수 작사) 등이 탄생하였다. 여기서 창작 연도가 가장 앞선 노래로 확인된 것은 서로군정서에서 순국용사에게 바친 「추도가」(1922)다. 「독립군추도가」는 창작 연도는 확인되지 않으나 일찍부터 만주에서 널리 불렸다. 「독립군추도가」는 '몸은 비록 죽었으나 독립정신 살아 있다'고 하여 독립군의 독립정신의 불멸성을 서정적으로 노래하여, 독립군추도가의 전형을 보여준다. 곡은 두 종류가 구전되었는데 그 하나는 러시아 민요 「스텐카라친」이었다. 의병전쟁 때 순국한 의병 지도자에 대한 '추도'가 시문이나 제문의 형태임에 비해 1920년대에는 '노래'의 형태로 전사에 대한 추모의 대중적 확산이 이루어지게 되었고, 이후 1940년대까지 여러 곡의 추도가가 탄생한다.

한편 경신대학살로 독립군 활동은 일시 후퇴하였으나 항일전사들의 노력에 의해 곧 독립군 단체가 재조직되었다. 시베리아로 북정한 독립군은 노령 빨치산부대와 연합하여 고려혁명군을 조직하고 만주에서도 통의부 등이 조직되었다. 이후 여러 경로를 거쳐 독립군 대동단결운동이 전개되어 남만주의 정의부, 북만주의 신민부, 동만주의 참의부가 결성되고 만주교포에 대한 행정활동과 아울러 대적 무장활동을 강화하였다.

경신대토벌 이후 재차 고조되는 항전 분위기 속에서 불리던 노래로 「항일전선가」, 「최후의 결전」(윤세주 작사), 「혈전의 때는 왔도다」, 「전진가」(김광현 작사), 「혁명군행진곡」, 「승리의 노래」 등이 있다. 앞의 세 노래는 결전을 앞두고 부르는 항일전선의 총동원 노래이다. 「혁명군행진곡」은 임정 산하에 조직된 노병회의 노래로 일명 「노병회가」라고도 하고 곡조는 프랑스혁명곡 「라 마르세이유」를 차용했다. 만주에서는 「라 마르세이유」 곡에, '다물의 용사여 일어나거라 혁명전쟁에 가담해'로 시작되는 노랫말도 붙여 불렀다. 「승리의 노래」는 정의부 혁명간부 양성기관인 남만학원에서 부르던 노래로 「남만학원가」라고도 하나 남만학원에서만 부른 것이 아니라 만주 독립진영에서 널리 불렀다.

1920년대부터 독립진영에서 부르던 노래는 이상 항전의 노래 외에 투쟁의 대열 속에서 조국을 그리워하는 '망향가', 동지와의 만남이나 이별 때 많이 부르던 '동지의 노래', 투사의 옥중생활을 노래한 '감옥가', 독립군 가족을 그리워하는 노래 등 다종다양한 형태가 있다. 이 노래들은 격조 높은 서정성 속에서 항일투쟁의 대열에 선 지사, 전사, 투사뿐 아니라 일반 교포들의 생활 속에서 체화되어 민족의 정서적 공감대를 공고히 하고 나아가 일제에 대한 변함없는 항전의 결의를 다지는 문화적 매체가 되었다.

망향가 중, 『신한민보』에 실려 있는 '금풍은 소슬하고'로 시작되는 「망향가」(망향곡, 사고국가, 사향가)와 '내 고향을 이별하고'로 시작되는 정사인의 「사향가」(일명 「내 고향을 이별하고」)는 국내에서 유행되기 시작하여 만주, 노령 등 해외 망명지로 전파된 노래들이다. '아름다운 삼천리 정든 내 고향'으로 시작되는 총 6절의 「망향곡」(1설 : 이범석 작사・작곡, 2설 : 이상정 작사), '적막한 가을공산'으로 시작되는 「망향가」(장진영 작사・작곡)도 있다.[12]

동지의 노래로는 동지와 상봉할 때 부르는 「전우환영가」, 이별할 때 부르는 「작별의 노래」, 「송별곡」 등이 있다. 감옥가로는 「평양감옥가」, 「아리랑옥중가」, 「감옥가」(평양감옥가, 오능조 작사・작곡) 등이 있다. 이들 노래는 고난을 극복하고 독립의지를 북돋우는 지사의 정서를 사실적이면서도 서정적으로 형상화하고 있다. 독립군을 그리워하는 가족의 노래로는 「아버지를 찾아서」, 「모자가」, 「월강곡」(송춘곡) 등 작자미상의 구전가요가 있다. 이들 노래는 조국광복을 위해 독립전선으로 떠나간 아버지 혹은 남편을 그리워하는 가족의 애끓는 그리움을 소재로 하고 있어 국내 관북지방과 만주 동포들이 널리 불렀다.

이상 1920년대 독립진영에서 부르던 노래의 곡은 1910년대의 독립군가와 마찬가지로 기록상 작곡자가 명기되어 있지 않아 대개 외국 곡을 차용한 것으로 보인

---

12) 「사향가」(타향)를 김철남 작사・작곡으로 기록한 경우도 보이는데 김철남은 1930년대 후반 민족혁명당에서 활동하던 인물로, 위 노래는 정사인 작곡이 옳은 것으로 보인다. 총 6절의 「망향곡」 역시 작사・작곡에 대하여 양 설이 있는데 어느 설이 옳은지는 확인되지 않는다.

다. 그 중에 찬송가나 일본군가 외에도「프랑스혁명가」, 루마니아 작곡가 이바노
비치의「다뉴브강의 물결」, 러시아민요「스텐카라친」등이 보인다. 오능조, 장진
영, 김철남, 이범석 등이 작곡했다는 이야기도 전해지지만, 그들이 운동 전선에서
어떠한 형태로 노래운동을 전개했는지는 확인되지 않는다. 다만, 오능조의 경우에
는 대한청년단연합회 서기 겸 기관지 주필로 활동하던 인사로서 운동전선에서 음
악활동을 펼친 기록이 남아 있다. 일례로, 대한청년단연합회 2회 정기총회에서 지
중진과 함께 독립군가를 병창하였다. 그리고 이 정기총회에서, 오능조 작사·작곡
의「감옥가」도 불렀다고 한다.[13]

　노랫말의 경우 항전의 노래는 전선에 선 투사들이 만든 노래가 대부분인 것으
로 보이며, 상해 임시정부기관지『독립신문』에 발표된 후 만주로 전해져 널리 퍼
진 노래들도 있다. 기록상 노래 작사자로는 김좌진, 이청천, 이범석, 김광현, 이상
정, 오능조, 윤세주, 이광수 등이 보이는데, 당시 기록에 명기된 것이 아니라 후대
인의 구전에 의한 것이라 확실하지는 않다.

　(4) 국내 애국계몽운동 노래 : 운동과 노래

　국내에서는 경술국치 이후 일제의 계속되는 탄압 속에서도 애국계몽적 노래운
동이 지속되었다. 윤치호의『찬미가』(제목은 찬미가이지만, 그 가운데「애국가」
등이 수록되어 있다)나 발행 미상의『신편창가』, 이상준의『중등창가』, 개성 한영
서원에서 펴낸『창가집』등의 간행은 이러한 노력의 일환이었다. 물론 이 노래책
들에 수록된 노래의 음악체계가 제국의 '힘의 논리'를 극복한 것으로 보이지는 않
지만, 노랫말 면에서는 일제의 통치체제와 대항관계를 형성하고 있었다. 이 때문
에 일제가 이들 노래책을 '치안 방해'를 이유로 발행 금지시켜 애국계몽적 노래운
동을 좌절시키고 '제국의 노래 체계'를 이식하려 했던 것이다. 그리고 이러한 일제
의 기도는 어느 정도 성공한 것처럼 보인다.

　3·1만세운동 당시,「독립가」,「혈성가」등의 애국창가를 만세시위 현장에서 불
렀다는 사실은 앞서 언급한 바와 같거니와 3·1운동 이후 국내에서의 '민족의 노
래운동'은 두 가지 면에서 살펴볼 수 있다.

　첫째, 애국가·독립가·독립군가 등 직접적으로 애국사상과 독립자주의식을 고

13) 김정명 편,『조선독립운동 1-분책』(국학자료원 영인, 1980), 438~439쪽.

취시키는 노래들을 '목적의식'을 갖고 부르거나 전파하는 노력이 끊임없이 경주되었다. 운동 조직의 결성이나 시위계획과 '노래'가 결합되는 경우도 있었고, 3·1운동 기념식에서 학생들이 노래를 부르는 경우도 있고, 형무소 내에서 임정 창립기념일에 애국가를 부르는 경우도 있어, 이들 노래가 민족운동의 현장과 긴밀하게 연관되었다고 할 수 있다.

그러나 이러한 노래운동은 일제의 철저한 탄압을 받았다. 당시 노래와 관련하여 경찰의 탄압을 받은 사례를 언론기사를 통해 필자가 확인한 것만도 20여 건에 이른다.[14) 언론에 기록되지 않은 사례까지 감안한다면 1920년대에 민족운동과 결합된 노래운동이 일제의 탄압에도 불구하고 지속적인 생명력을 가지고 전개되었음을 알 수 있다. 그리고 언론기사에 언급된 '노래 사건'과 관련하여 탄압을 받은 자가 선생과 학생이 많았다는 사실은, 학교를 중심으로 하여 민족의 노래가 전파되었음을 말해 준다. 그러나 1920년대 후반기를 기점으로 언론기사에 이러한 '민족의 노래 사건'이 나타나지 않는다. 이것은 언론에 대한 보도통제 때문이거나 아니면 국내에서 유행하던 독립가·애국가·독립군가에 대한 일제의 무력적 탄압이 일정 정도 성공하였음을 확인시켜 준다.

둘째, 3·1운동 이후 일제의 기만적 문화정책 표방에 의해 활동의 계기가 마련된 문화계몽운동의 장을 적극적으로 이용하여, 민족의식을 고취시키는 노래들이 다수 탄생하였다. 이들 노래의 성격은 일률적으로 규정할 수 없으나 대체적으로 문화계몽이나 실력양성을 통하여 민족의식을 고취시키려는 노래라 할 수 있다.

1920년대 초기 청년단체의 노래로, 「고려청년회가」, 「대구청년회가」 등이 확인되는데 이들 노래는 초기 청년운동의 성격인 문화주의를 노랫말에서 표방하고 있다. 조만식을 운동의 지도자로 하여 '내 살림은 내 것으로' '조선 사람 조선 것으로'란 구호 아래 전개된 물산장려운동은, 「물산장려가」(윤석중 작사, 김영환 작곡)를 낳았다. 이 노래는 공모를 통하여 당선되었는데, '운동'을 선전하는 도구로서의 '노래'를 공개모집으로 뽑은 최초의 노래로 추정된다. 노랫말에서 우리가 우리 것을 만들어 자급자족하자는 물산장려운동의 취지와 목적이 그대로 드러나고 있다. 또 물산장려운동과 연관된 신생활운동 속에서 「금주가」(임배세 작사·작곡)도 널리 불렸는데, 금주로 절약한 술값을 모아 학교를 세우고 국가의 힘을 기르자고 노

---

14) 「일제강점기 '민족의 노래'에 대한 일제의 탄압 사례」 참고.

래하고 있다. 또 윤봉길이 조직한 월진회의 「월진회가」(윤봉길 작사)에 보이는 '자급자족'이란 표현에서도 물산장려운동의 영향이 보이고 있다.

문맹타파와 민족의식 고취를 위해 전개된 야학운동에서는 「야학의 노래」, 「야학가」 등이 전파되었다. 1929년 조선일보에서 전개하기 시작한 문자보급운동에서는 「한글기념가」, 「문자보급가」(『조선일보』 1931년 1월 1일 발표), 「한말 한글」(조종현 요, 형석기 곡. 『동아일보』 1930년 11월 29일 발표) 등이 전파되었다. 「문자보급가」(박봉준 작사, 김형준 편곡)는 아리랑 곡조를 편곡하여 대중이 따라 부르기 쉽게 만들었다.

또 초기 소년운동 속에서 탄생한 「어린이 노래」(방정환 작사), 「어린이 날 노래」(김기전 작사, 스코틀랜드 민요곡), 「조선소년군행진곡」 등은 장래 조국을 이끌고 나갈 어린이의 애국심을 고취시키는 노래들이다. 특히 「어린이 노래」는 해외독립진영으로도 널리 전파되었다.

노래를 통한 애국심 고취를 운동의 차원으로까지 승화시킨 계몽운동가로, 남궁억이 있다. 그는 언론운동·교육운동·무궁화보급운동 등을 통하여 일생을 민족운동에 헌신했는데, 「기러기 노래」, 「일하러 가세」(삼천리 반도 금수강산), 「무궁화 동산」(근화의 춤), 「시절잃은 나비」, 「운동가」, 「조선지리가」 등 다수의 노래를 작사하고 직접 학생들에게 가르쳐 애국정신을 고취시켰다. 「일하러 가세」는 기독교 면려운동가들이 부르던 대표적 노래였고 「무궁화 동산」은 나라꽃인 무궁화를 소재로 한 애국의 노래이다. 그는 무궁화를 겨레의 얼의 상징으로 삼아 전국적으로 무궁화보급운동을 전개하고, 결국 무궁화십자당사건(무궁화보급사건, 1931년)으로 일제에게 체포되어 옥고의 여독으로 사망하였다. 그런 면에서 민족정신 고취를 목적으로 노래운동과 민족운동의 실천을 결합시킨 애국계몽운동가의 전형을 보여준다.

남궁억과 아울러 노래를 민족운동과 결합한 인물로 안창호가 있다. 그는 애국계몽기부터 많은 애국창가를 지었거니와 경술국치 이후에는 홍사단을 조직하고 운동 속에서 노래라는 매체를 적극적으로 운용하였다. 홍사단 원동위원부 조직 가운데 '음악부'가 있었다는 점에서도 홍사단이 노래매체를 중시하였음을 확인할 수 있다. 홍사단 및 수양동우회(홍사단 국내지부)에서 부르던 노래로는 안창호가 작사한 「홍사단가」, 「홍사단단우회 노래」(이상 김세형 작곡), 「홍사단단기가」, 이광수가 작사한 「수양동우회 노래」, 「동지사모가」, 「대한 반도는 우리의 사랑」 등이 있다.

민족운동의 과정에서 탄생한 이러한 노래들은, 애국가나 독립가처럼 직접적으로 독립의식을 고취시키지는 않으나 '운동'에 중심축을 두고 탄생한 노래들이다. 항일의식을 직접 표현하지는 않았기 때문에 일제강점기에 합법적 공간을 확보하였으나 노래 이면에 담긴 민족의식 및 노래의 작자나 가창자의 활동 때문에 일제가 제국주의 전쟁을 끊임없이 도발하던 시기에 탄압을 받았다. 남궁억이 무궁화보급사건으로 사망하게 된 것도 그러한 맥락에서 살펴볼 수 있다.

(5) 전문음악인에 의한 노래 창작 : 노래와 운동

앞서 언급했듯이 일제는 애국창가를 무자비하게 탄압하였고, 실제로 애국창가가 확산될 수 있는 내적 기반을 물리적으로 차단하는 데 성공하였다. 그러나 곡조 면에서 창가와는 다른 노래, 즉 서양음악을 새롭게 창작하는 음악인들이 성장함으로써 국내의 노래 전개 양식 역시 새로운 방향으로 나아가게 된다. 이들은 일제의 노래정책의 합법적 테두리 안에서 살아 남을 수 있는 노래, 그리고 곡조 면에서 '창가'를 뛰어넘는 곡을 창작한다는 이중적 성격을 지니게 된다. 이러한 면에서 이 단계의 노래는 중심축이 가사보다는 곡조에 있게 된다. 그러나 다음에서 보듯 일제가 탄압한 노래들은 곡조적 측면보다는 가사적 측면에서였다는 점에서, 노래가 지닌 민족적 긴장관계 즉 겨레의 노래와 일본제국주의의 노래정책 사이의 긴장관계, 경우에 따라 저항관계는 지속되고 있었다.

동요로는 최초의 창작동요인 「반달」(1924년 윤극영 작사·작곡), 「봉사씨」, 「조선의 꽃」(1932년 이은상 시, 안기영 곡) 등이 일제의 강점 속에서도 희망을 잃지 않을 것을 노래하고, 「형제별」(방정환 요), 「따오기」(1925년 한정동 작사, 윤극영 작곡), 「고향의 봄」(1925년 이원수 작사, 홍난파 작곡) 등은 나라 잃은 슬픔을 서정적으로 노래하고 있다. 특히 「오빠 생각」(최순애 작사, 박태준 작곡), 「알롱아 달롱아」(1930년 양우정 작사, 김태원 작곡), 「한숨」(1932년 고택구 작사, 강신명 작곡), 「스무하루 밤」(1926년 윤복진 작사, 박태준 작곡), 「휘파람」(윤석중 작사, 홍난파 작곡) 등은 직설적 표현을 사용하고 있진 않지만, 일제의 강점으로 수탈받는 농촌·도시의 현상을 서정적으로 노래하고 있다.

가곡으로는 「사우」(1922년 박태준 작곡. 창가와 다른 최초의 가곡으로 알려져 있다), 「봉선화」(김형준 작사, 홍난파 작곡. 가창금지), 「바우고개」(이흥렬 작곡) 등이 일제의 무력통치에 대한 민족적 설움, 울분, 희망을 노래하고 있다. 특히 「조선의 노래」(1931년 이은상 작사, 현제명 작곡), 「새나라」(이광수 작사, 안기영 작곡), 「뱃노래」(「새나라」와 같은 노랫말. 김세형 작곡), 「희망의 나라」(현제명 작사 ·작곡) 등은 슬픈 정조를 배제시키고 민족의 앞날을 희망차게 그려내고 있다. 「새나라」는 해외 독립진영에서도 불렀고, 「조선의 노래」는 일제가 '백두산 뻗어내려 반도삼천리' 부분을 문제삼아 가창을 금지시켰으며, 「희망의 나라로」 또한 일제 관헌에 의해 가창이 금지됨과 동시에 작곡자 현제명이 문초를 당하기도 했다.15)

유행가는 국내 최초의 창작가요라 할 수 있는 「낙화유수」(1928년 조명암 작사, 김서정 작곡), 「황성옛터」(1930년 왕평 작사, 전수린 작곡. 발매금지), 「옛추억」(1930년 김서정 작사·작곡), 「목포의 눈물」(1934년 문일석 작사, 손목인 작곡. 발매중단), 「꿈꾸는 백마강」(1940년 조명암 작사, 임근식 작곡), 「낙화 삼천」(1941년 조명암 작사, 김해송 작곡. 발매금지), 「눈물의 백년화」(1940년대 박영호 작사, 전기현 작곡) 등이 시대의 암울한 현상을 상징적 표현 속에 담아 노래하였다. 이러한 노래에서는 백마강, 낙화암, 황성 등 왕조의 멸망을 빗대어 나라 잃은 슬픔을 표현하였다. 한편 두만강·국경은 나라 잃은 겨레의 해외이주 혹은 망명을 상징하면서 「두만강 뱃사공」(1932년 추양 작사, 김용환 작곡),16) 「눈물젖은 두만강」(1935년 이시우·김용호 작사, 이시우 작곡. 발매금지), 「국경의 부두」(1939년 유도순 작사, 전기현 작곡) 등에 상징적 이미지로 등장하고 있다.

이들 노래의 주된 정조가 망국의 슬픔인 반면, 「봄노래 부르자」(1930년 김서정 작사·작곡. 금지), 「그리운 강남」(제비들은 강남에, 김석송 시, 안기영 작곡), 「강남 아리랑」(1930년대, 공사일 작사, 형석기 작곡) 등은 봄과 강남에 독립의 이미지를 담아 독립의 희망과 의지를 표현하였다.

유행가 가운데 저항적 이미지를 가장 심도 있게 표현한 주목할 만한 노래로

---

15) 차인석, 「한국 서양음악의 개척자 현제명」, 『인물로 본 숭실 100년』, 숭실대학교, 1994, 123쪽.
16) 김산은, 1928년에 한 조선혁명가가 이 노래를 만들었다고 님 웨일즈에게 술회하였다 (님 웨일즈 지음, 편집실 옮김, 『아리랑 2』, 학민사, 1986, 131~132쪽).

1934년 동아일보 모집 유행가 부문에 당선한 「서울노래」(조명암 작사, 안일파 작곡)가 있다. 이 노래는 '앞 남산 봉화불도 꺼진 지 오래'라고 하여 3·1운동과 6·10만세운동이 일제의 무력 앞에 꺾여 버린 사실을 표현하고, 나아가 '아세아의 바람아 서울의 꿈을 깨라'는 부분에서 다시 한 번 독립을 위해 궐기할 것을 촉구했다 하여 일제에게 탄압을 받고 노래 관계자가 문초를 받았다.

이상 동요·가곡·유행가를 노랫말 면에서 볼 때 일제의 무력적 탄압이란 현상 앞에 상징과 은유를 빌어 때로는 망국의 슬픔을, 때로는 독립의지를 표현하고 있다. 여기서 주로 사용되는 이미지는 봄, 희망, 봉숭아, 고향, 조선, 국경, 두만강, 백마강, 배, 강남 등이다. 이들 노래는 노래의 합법적인 대중적 공간을 확보하고 또 운동에 대한 자기 성찰이 없는 상황 속에서 창작되었기 때문에 현실 극복의 방향을 제시하지는 못하였다. 이는 특히 유행가의 경우 '대중적 노래'에 중심축을 두고 '음악자본'의 이익을 거두기 위한 데서 나오는 한계이기도 했다.

여기서 특기할 사실은 발표 당시에는 일제로부터 탄압을 받지 않았던 노래들도 만주사변, 중일전쟁, 태평양전쟁 등으로 이어지는 일련의 과정 속에서 탄압을 받고 있는 점이다. 이는 3·1운동 이후 일제의 문화정책의 기만성이 폭로되면서 민족의 얼을 말살시키는 과정이 심화된 것을 의미한다. 실제로 만주사변 이후 민족운동에 대한 탄압의 손길이 노골화되어 야학운동, 한글보급운동, 소년운동, 무궁화보급운동, 물산장려운동 등이 탄압으로 봉쇄되었다.

작곡가로는 홍난파, 안기영, 박태준, 현제명, 김세형, 윤극영 등이 주목된다. 이들은 양악 수용 초기의 '뻣뻣한' 창가조를 극복하고 창작 서양음악의 지평을 연 음악인들이었다. 민족운동과 이들 음악인을 연결시켜 볼 때, 김세형은 안창호의 흥사단 활동에 참여하여 「흥사단가」(흥사단입단가)를 작곡하였고 일제의 민족말살정책이 극심해진 1944년에는 일본군가 작곡 의뢰를 거부하여 이화여전에서 면직을 당하였다. 안기영은 3·1운동에 참여하여 구속된 경력이 있으며 독립군에 참여할 계획을 세우기도 한 인물이다. 홍난파는 3·1운동 이후 민족적 애한을 지니고 수많은 동요와 가곡을 작곡했고 수양동우회사건에 연루되어 「흥사단가」의 작곡가(사실은 김세형)로 오인받아 일제에 체포되기도 했다.[17] 같은 수양동우회사건에 연루된 현제명도 「조선의 노래」, 「희망의 나라」 창작과 관련되어 일제의 탄압을

---

17) 이성삼, 「홍영후」, 『한국근대인물백인선』(신동아 1970년 1월호 부록), 294쪽.

받았다. 이들 작곡자가 얼마나 심화된 민족의식을 가지고 민족적 노래운동을 시도했는지에 대해서는 한 마디로 말할 수 없으나 '노래'를 매개로 하여 '일본제국의 노래'와 대항관계를 이루고 있었음은 확실하다 하겠다.

여기서 이들이 지향한 서양음악 체계의 내용이 무엇이었으며 곡조 면에서 '제국의 힘의 노래'를 어떻게 민족정서 내에 순기능적으로 정화시켜 창조적으로 수용하였는지에 대해서는 다른 차원의 논의가 필요하다. 다만 주목할 것은 전래음악을 서양음악과 결합시키려는 시도가 이루어졌다는 점이다. 안기영의 경우 「방아타령」이나 「새야 새야」 등 '전래 민요·동요의 선율을 서양음악의 틀 속에 넣었을 때 생기는 변형의 예'를 보여주고 있다고 한다.18)

또 한 가지 문제가 되는 것은, 극심한 민족말살정책이 진행되던 1930년대 말~40년대 음악인들의 친일 문제이다. 이는 제국주의 전쟁의 선전무기로서의 노래창작 및 음악활동에 음악인이 어떻게 동원되었는가 하는 문제이다. 이 문제를 볼 때는 중일전쟁 이후 1940년대 초에 일제가 물리적 폭압에 의해 민족말살에 어느 정도 성공하였고, 민족운동의 대미를 장식한 '조선어학회사건' 이후 국내의 민족운동 혹은 겨레의 얼이 전체적으로 복류할 수밖에 없었던 점을 감안할 필요가 있다. 즉 이들 음악인이 일제의 노래정책을 거부하면서 동시에 '노래'를 포기하지 않고 활동할 수 있는 가능성에 대한 검토가 이루어져야 할 것이다. 제국의 힘을 끊임없이 팽창시키는 전쟁 속에서, 일제의 물리적 탄압이 그만큼 극심했다는 뜻이다.

1937년 중일전쟁 발발 이후에는 대부분의 전문음악인이 일제 관제음악·문화단체(조선문예회, 국민총력조선연맹, 조선음악협회 등)에 가입하고 '문예보국·음악보국'의 이름으로 제국주의 찬양 음악(시국가요)을 창작·연주하는 활동을 하였다.19)

(6) 사회주의 노래의 등장과 그 역사적 성격

1) 국내의 사회운동·혁명운동 노래

앞서 우리 근대사의 과제가 근대적 자주독립국가의 수립이란 점을 밝히고 또 3·1운동을 통하여 임시정부가 수립됨으로써 국가의 정체가 근대적 시민국가로 설

---

18) 이혜구, 「독립운동과 민족음악」, 『한국음악논집』, 세광음악출판사, 1985, 238쪽.
19) 노동은, 「일제하 음악사회의 성격」, 『민족음악론』(노동은·이건용 지음), 한길사, 1991.

정되었다고 언급했거니와, 3·1운동은 반외세 반봉건이란 과제 해결의 수단으로 또 하나의 방향을 제시해 주었다. 즉 1917년 러시아혁명의 성공을 통하여 세계사적으로 사회주의 국가 체제가 최초로 수립되어 서구적 근대화와는 다른 역사적 방향이 제시되었는데 3·1운동 이후 우리 역사에 국가 수립의 새로운 방향으로서 사회주의 이념의 수용, 전파가 이루졌다.

1920년대 초 사회주의 사조가 거세게 밀려든 이래 사회주의단체, 노동단체, 농민단체의 조직 결성 및 세력 확산을 통하여 노동자·농민 등 직접생산자의 사회의식과 민족의식이 고양되었다.

노래 면에서 볼 때, 사회주의 사조의 도입과 더불어 노동가·혁명가 등이 널리 확산되었다. 당시 언론기사를 보면 1923년 '조선혁명가(朝鮮革命歌) 사건'으로 평양노동동맹회 간부가 복역한 기사가 실린 이래 1920년대 후반부터 30년대 초까지 '혁명가·노동가'를 불러 탄압을 받은 사례들이 많이 확인된다. 주목할 점은 노래 탄압에 관련된 기사가 1929, 30년을 거쳐 31년에 집중적으로 나타난다는 사실이다. 이는 사회운동의 성장 추세와도 무관하지 않다. 즉 1929년 세계공황의 여파가 조선에 닥친 이래 사회의식이 성장한 노동자·농민이 투쟁의 대열에 나섰고, 그 사회운동의 현장에서 사회운동노래들이 많이 불렸음을 반증하고 있다.

그런데 앞서 보았듯이 1920년대에 일제의 집중적인 탄압을 받던 애국가, 독립가, 독립군가가 1930년대에는 그 탄압 사례가 줄어든다. 대신 1920년대 초반에 거의 보이지 않던 사회운동노래에 대한 탄압 사례가 20년대 후반을 시발로 하여 1930, 31년에 정점을 이룬다. 이는 두 가지 사실을 의미한다. 첫째 '운동'의 중심축이 민족운동에서 사회운동으로 전환해 가고 있음을 보여준다. 둘째 1920년대에 민족운동에 대한 물리적 탄압에 어느 정도 성공을 거둔 일제가, 1920년대 후반부터 사회운동에 대한 탄압을 시작하여 1930년대 초에 그 정점을 이루고 있음을 보여준다. 그리고 1931년 이후 노래 탄압 사례가 거의 보이지 않는 것은 보도통제 때문이거나, 아니면 사회운동노래에 대한 일제의 탄압이 어느 정도 성공했음을 보여준다.

결국 '운동'에 중심축을 둔 '노래'는, 일제의 물리적 탄압에 의해 1930년대 초 이후에는 복류(伏流)할 수밖에 없었을 것이다. 1931년은 일제가 만주사변을 일으켜 제국주의 침략전쟁을 도발한 해로, 이후 '제국의 이름' 아래 민족억압이 심화되었다.

2) 국외의 사회주의 노래

노령 연해주는 혁명 러시아 지역이라는 점에서 망명가들을 중심으로 국내보다 앞서 사회주의 사조를 받아들였다. 주목할 사실은 이들이 사회주의를 '목적'이 아니라 조선 문제를 해결할 '수단'으로 수용한 점이다. 1910~20년대 노령에서는 「조국 생각」, 「복수가」 등의 민족주의적 노래와 아울러 '산을 넘고 들을 지나 우리 사단 나간다'는 노랫말의 혁명가와 '버리자 버리자 압제 세계'로 시작되는 혁명유행가가 퍼졌다. 이들 '혁명가'는 적군과 연대한 한인 빨치산 부대의 모습을 그리기도 하고 '짜르'에 대항하여 무산자가 일어날 것을 촉구하기도 하는 사회주의 가요다. 이 시기 노령에서는 민족주의적 노래와 사회주의적 노래가 공존하며 항일이란 대전제 아래 공동 보조를 취하였음을 알 수 있다.

한편 만주에서도 1920년대에 사회주의 노래가 전파되었는데, 이 단계에서 사회주의 진영에서는 혁명가와 아울러 민족주의 노래도 불렀다. 예를 들어, 고려공산청년회의 표면조직인 동만청년총동맹은 선전가요로 「고려혁명가」, 「혁명가」와 아울러 「용진가」, 「불합리가」(1910년대 독립군가) 등을 불렀다.[20]

특히 「창동학교 교가」의 예에서 보이듯이 '흰뫼, 두만물'과 같은 민족적 표현과 '주림에 우는 자'와 같은 사회주의적 표현이 같이 사용되고 있어 1920년대 사회주의 노래가 민족적 성격을 배제하지 않았음을 볼 수 있다.

그러나 1930년 중국공산당의 무장봉기 방침이 결정되면서, 만주의 공산주의 진영은 일국일당원칙에 의해 중국공산당에 가입하여 민족주의 진영과 결별하고 '5·30봉기'에 참여하였다. 이로써 1920년대 후반까지 이루어졌던 민족주의와 사회주의의 연대는 해체되고 사회주의 진영의 선전가요도 그 주의적 색채를 뚜렷이 하게 된다. 예를 들어, 1931년 연변에서 '춘황투쟁'이 전개되었을 때 당시 중국공산당 화룡현 서기 최상동(한국인)이 지은 「기민투쟁가」는, 노랫말에 '싸우라 소비에트 승리 위해'라고 하여 만주의 소비에트화를 선전하고 있다. 이 단계에 이르러 노래는 공산주의운동의 문화적 무기로서 투쟁성을 강조하고 노래 표현도 일정한 틀로 정형화된다.

---

20) 아세아문제연구소, 『희귀문헌 해제』, 1995, 197쪽.

흥미로운 점은 이 시기부터 사회주의 진영에서 부르던 가요들 가운데, 민족주의 진영에서 부르던 '독립군가'를 부분적으로 개사한 것이 많다는 사실이다.

표에서 알 수 있듯이 사회주의 노래에서는 민족주의 노래에 자주 등장하는 '태극기, 독립, 민족'이란 표현을 '붉은기, 혁명, 노동(무산)대중'으로 바꾸고 또 배달, 무궁화 등의 상징적 표현이 사라진 대신 노동주권 등의 사회주의의 구호적 표현이 등장하고 있다.

이 밖에 「유격대행진곡」도 「용진가」의 가사를 대폭 바꾼 것으로 보인다. '전쟁장'은 '유격전'으로, '삼천만번 죽더라도'는 '억천만번 죽더라도'로 바뀌었다. 「간도토벌가」는 사회주의적 표현 없이 그대로 불렸고 「불평등가」도 김소래의 「사회의 모순」(중국에서는 「현대사회모순가」)을 그대로 불렀다. 이렇게 볼 때 1930년대 만주의 사회주의 노래는 대체로 그 맥락을 1910~20년대의 독립군가에 두고 있었다고 할 수 있다.

독립군가 / 사회주의가 / 표현 바꾸기

	독립군가	사회주의가	표현 바꾸기
1	봉기가	총동원가	이천만 동포야→동무들아, 잃었던 내조국과 너의 자유를→잃었던 우리 자유 우리 권리를, 원수의 손에서 피로 찾아라→우리들의 손으로 기어이 찾자(총동원가에는 봉기가에 없는 후렴이 있다)
2	독립군의 분투	혁명군[조]의 노래	독립군→혁명군, ᆞ이 사업→혁명사업
3	독립군추도가	빨치산추도가 [혁명가]	독립군→혁명군, 독립정신→혁명정신, 대한독립→조선혁명
4	항일전선가	통일전선가	독립의 활동시대→조국의 광복시기, 독립문→개선문, 태극기→붉은 기, 무궁화동산→삼천리강산, 조국→조선, 독립전선→통일전선
5	최후의 결전	최후의 결전	혈전·승리→혁명
6	승리의 노래 [남만학원가]	혁명가	태극기→붉은 기(승리의 노래는 3절인데 혁명가는 2절이고 후렴이 있다. 그리고 곡도 다르다)
7	송별곡	송별가	젊은 청년→무산 청년, 동지→동무, 나라독립→무산혁명, 우리민족→노농대중, 고향 마을 푸른 동산→공장에서 농장에서, 태극기→붉은 기발
8	어린이노래	어린 동무 노래부르자	무궁화 화원→평화의 낙원, 배달의 어린 동무→새 나라 어린이야(2·3절은 전체적으로 다르고, '노동주권' '자유평등' 등의 표현을 쓰고 있다)

물론 위에 언급한 노래들이 1930년대(특히 후반)에 사회주의 진영에서 부르던 노래의 전부는 아니다. 그 밖에도 반제운동을 노래한「민족해방가」,「반일전가」,「반일병사가」,「반일가」,「결사전가」등과, 조국광복회의 정치강령을 노래로 엮은「조국광복회 10대강령가」, 계급투쟁을 선전하는「계급전가」,「가난한 자의 노래」,「무산혁명가」,「무산자의 노래」,「여성해방가」,「인민주권가」,「적기가」,「농민혁명가」등, 또 진중가요 성격의「사향가」,「즐거운 무도곡」,「유희곡」,「자유가」,「십진가」등을 불렀다고 한다.21) 그런데 이들 노래에서도 민족적 상징성을 지닌 표현은 없고 일본제국주의에 대한 항일정신 및 노농계급의 투쟁정신을 고취시키는 선전 표현으로 일관되어 있다.

노랫말의 지향성이란 면에서 볼 때 이들 사회주의 노래는, 첫째 반제국주의의 전투성이 강하다(이 점은 1920년대 독립군가와 같다). 둘째 역사적 지향점을 공산사회(「무산자의 노래」), 인민의 혁명정권(「유격대행진곡」)의 수립에 두고 있으며, 셋째 공산주의의 국제적 단결을 주창하고 있다. 이러한 점은 1930년대 만주 공산주의 진영의 유격 활동과도 연관된다. 만주사변 이후 1932, 33년에 공산주의 진영은 유격대를 조직하였고, 1934~36년에 중국인·한국인 만주 공산주의자를 망라하여 동북인민혁명군을 조직하였다. 이들은 항일무장투쟁과 아울러 인민혁명정부 구성을 실행하였는데 이러한 특성이 앞서 예로 든 노래들에 그대로 투영되었다.

노래의 작자 면에서는 작사자·작곡자가 밝혀진 경우가 거의 없다. 유격지 내에 전문 작사자·작곡가가 없는 가운데 집체적으로 노랫말을 만들고 곡도 지었기 때문이다.22) 이는 항일정서의 확보 및 확산을 이루는 '노래의 집체 창작'의 시초라는 면에서 항일가요의 새로운 창작형식의 전형을 보여준다. 1930년대 중후반기 사회주의 노래가 실상은 독립군가의 노랫말이나 곡을 차용하여 약간의 변형을 가하여 성립한 연유가 바로 여기에 있다. 만주 공산주의 진영이 항일과 자본사회 구축을 결합시켜 새로운 역사적 지향점을 제시하고 노래의 정치성을 고조시키며 나아가 노래에 사회과학적 인식을 반영하여 새롭게 노래를 창작했다고 하지만, '공산주의를 선전하는 노래의 무기화' 자체는 새로운 것일지 몰라도 그 노랫말과 노래의 골격은 1920년대 독립군가였던 것이다. 독립군가 가운데 항일의지를 담은 노랫

---

21) 사회과학출판사 펴냄,『항일혁명문학예술』, 갈무지, 1989.
22) 위의 책.

말에 역설적으로 일본군가 곡을 차용한 경우가 있었는데, 역사적 전통성을 부인하는 공산주의 진영에서 민족진영의 독립군가의 곡조 및 노랫말을 다수 차용하여 일부 개사한 사실 역시 역설적 현상이라 할 수 있다.

노랫말 표현 면에서는, 종래 항전의 노래에 자주 등장하던 민족의 상징적 표현(독립, 무궁화, 태극기, 배달 등)이 의도적으로 삭제되고 사회주의적 표현으로 대체되어 있다. 이러한 점은 민족주의와 공산주의에 대한 사회과학적 해석을 요하기 때문에 여기서 논할 바는 아니나 적어도 이 시기에 공산주의 진영에서 부르던 노래가 공산주의의 국제주의 원칙에 따르고 있었음은 확인할 수 있다. 그런데 중국 공산주의운동 내부에서 민족배타주의적 경향과 좌경맹동주의적 경향이 두드러지고 그 와중에 일어난 '반민생단투쟁'에서 한인 공산주의자들이 다수 희생당하였다. 이와 함께 같은 시기에 사회주의 노래에 민족의 상징적 표현들이 삭제되었다는 사실은, 노래의 중심축이 '겨레의 독립'보다는 '사회주의의 수립'에 있었음을 확인시켜 준다. 그리고 반민생단투쟁을 겪으면서 기존의 독립군가를 개사해서 부르던 형식에서 벗어나 노랫말을 대폭 바꾸거나 곡을 변형시킨 노래들이 후기 노래 형태로 등장한다.

한편, 만주사변 이후 조직되기 시작하여 대규모 전투를 겪지 않으면서 전력을 보존할 수 있었던 공산주의 유격대는, 유격전을 전개하며 역량을 확대시켜 나가 1936년에 항일연군을 조직하여 만주 항일전쟁의 주도권을 잡았다. 이들 부대가 불렀던 노래가 앞서 언급한 사회주의 노래들이다. 그런데 항일연군은, 1940년 일본군의 대토벌 공세로 활동이 어려워지자 국경을 넘어 소련으로 이동하여 국제홍군 제88특별여단을 구성하였다. 이들이 부른 노래는 확인되지는 않으나 아마 항일연군 때 불렀던 노래에 소련의 혁명가도 부가되었을 것으로 판단된다.

(7) 1940년대 항전의 노래

1920년대 독립군의 항전은 1931년의 만주사변을 계기로 새로운 전기를 마련했다. 항일중국군과의 연합항전의 토대가 마련되면서, 종래의 소규모 항일전에서 발전하여 대규모의 조직적·지속적인 항일전쟁이 전개되었던 것이다.

만주사변 직후 항일전쟁의 고조화는, 1920년대 정의부·신민부·참의부의 의용군을 통합하여 조직된 한국독립군(한국독립당의 당군), 조선혁명군(조선혁명당의 당군)에 의하여 이루어졌다. 한국독립군은 북동만주를 중심으로 항일중국군인 이 두·정초 부대, 오의성부대 등과 연합하여 쌍성전투, 대전자전투, 동녕성전투 등에서 승전하였다. 조선혁명군은 남만주를 중심으로 항일중국군 이춘윤부대, 왕봉각부대 등과 연합하여 흥경성전투, 강전자전투 등에서 승전하였다. 이 두 독립군부대의 항전은 항일중국군과 연합하여 대규모 전투와 소규모 유격전 형태를 배합, 장기적·조직적으로 치러졌다는 점에서 항전사의 새로운 단계를 구축하였다. 그런데, 연이은 전투로 항전력이 떨어지는 상황에서 임시정부의 요청에 의해 한국독립군 장령은 1933년 9월 중국 관내로 이동하고 조선혁명군은 1936년까지 유격전을 전개하였다.

1930년대 한국독립군, 조선혁명군에서 부르던 항전의 노래가 밝혀져 있지는 않지만, 이들 부대가 1920년대 독립군 부대의 맥을 이었다는 점에서 보아 대체적으로 1920년대 독립군가를 불렀을 것으로 판단된다.

1940년대 중국 관내에서의 항일전쟁은 만주 독립군의 맥을 이어 임시정부의 국군으로 탄생한 광복군, 그리고 의열단(민족혁명당)을 중심으로 성립된 조선의용대를 근간으로 하여 1942년 화북에서 조직된 조선의용군을 통하여 전개되었다.

조선의용대에서는 「낙화암」, 「아리랑」과 아울러 「민족해방가」, 「자유의 빛」 등의 창작노래를 불렀다고 하지만 노래는 전해지지 않는다. 조선의용대가 무장 '군(軍)'적인 성격보다는 항일 선전단체적인 성격이 강했기 때문에, 이들의 선전활동에서 노래가 차지하는 역할은 그 비중이 컸을 것이다.

전해지는 조선의용대를 선전하는 '필름' 가운데 「조선의용대 아리랑」이란 노래 합창이 들어 있다.[23] 총 2절로 된 이 노래는 각 절마다 한 사람의 선창에 이어 중창이 이어지는데, 노랫말 가운데 '깃발이 펄펄'이라는 부분이 주목된다. 일반적으로 만주 독립군가·애국가요에 자주 등장하는 '태극기' 대신 보통의 '깃발'이 등장한 것이다. 이것은 조선의용대의 '주의'와 연관된 것으로 보인다. 조선의용대의 이념을 잘라 말할 수는 없지만 대략 '민족적 사회주의'로 표현할 수 있다. 그런 점에서 '태극기'도 아니고 '적기'도 아닌 '깃발'이란 총칭을 사용한 것이 아닌가 한다.

1940년 한국광복군이 창설되자, 조선의용대의 주력은 화북 태항산으로 이동하여 화북조선독립동맹의 결성과 아울러 조선의용군으로 확대 개편되었다. 이 조선

---

23) 「MBC 3·1절 특별기획 - 아리랑 아라리요(2)」, MBC TV 1996년 2월 27일 방영.

의용군은 공산주의의 국제주의 원칙에 따라 중국공산당과 행동을 같이하였다. 노래 면에서 볼 때도 사회주의 노래를 많이 부르고 '조선 독립'을 소재로 한 노래는 많이 부르지 않았다.

조선의용군에는 항전 진영의 최초의 전문음악인으로 주목되는 정율성이 있었다. 그는 중국공산당과 연관된 「연안송」, 「10월혁명행진곡」, 「생산요」, 「팔로군대합창」 등 사회주의 노래를 많이 작곡하였고, 민족적 성격을 갖춘 노래로 「조선의용군행진곡」을 지었다. 이 노래는, 노랫말에서 '조선의 젊은이'가 만주 결전에 나서는 희망을 표현하고 있다. 또한 「독립행진곡」은 '독립'이란 표현을 사용하고 있고, 「진군가」는 '우리나라'라는 표현을 사용하고 있다. 그러나 그 이상의 민족주의적 표현, 즉 '무궁화' '태극기' 등의 표현은 확인되지 않으며, 더욱이 독립군가나 사회주의 노래에 자주 등장하던 국가정체(國家政體)로서의 표현(예를 들어 신대한국, 인민정부 등)은 보이지 않는다.

조선의용군은 노래 면에서 종전의 독립군가와 다른 새로운 노래를 창작하여 부르고자 노력하였다. 예를 들어 시대적 상황에 맞추어 만든 새 추도가로 「조선의용군추도가」(김학철 작사, 유신 작곡) 같은 것을 들 수 있다.

조선의용군에서 부르던 진중가요로는 「망향가」, 「그리운 조선」, 「고향이별가」 등이 있는데, 노랫말은 확인되지 않으나 만주에서 부르던 망향가 종류로 생각된다. 또 창작 진중가요로는 「호메가」(유동호 창작), 「미나리타령」(이화림 작사, 정률성 작곡) 등이 있다. 이 노래들은 두 가지 특징을 보여주고 있는데, 첫째 연안의 생산활동을 소재로 하고 있고, 둘째 민요를 활용하고 있다.

조선의용군의 노래는, 노랫말에 항일연군의 일방적 사회주의 표현에서 벗어나 어느 정도 민족적 표현이 담겨 있으나 그 정도가 제한되어 있다. 즉 '조선' '독립' 등의 표현이 보이나 태극기 등의 표현은 의도적으로 사용하지 않고 있다. 작사자로는 김학철, 유동호, 이화림 등이 있고 모두 조선의용군에서 활동하던 인물들이다.

작곡자로는 정율성과 유신이 있었다. 전문음악인 정율성은 서양악곡뿐 아니라 「미나리타령」을 편곡하는 등 조선 전래 민요에도 관심을 갖고 있었던 것으로 보인다. 그런데 그는 노래를 사회주의의 무기로 제한하였기 때문에 조선독립을 위한 항전노래보다는 사회주의 가요를 많이 창작하였다. 현재, 조선의용군에서 불린 노래 중 민족적 색채를 띤 노래가 적게 전해지고 있는 것도 이 때문이라 할 수 있다.

1940년에 창군된 한국광복군은, 의병, 3·1독립만세운동, 만주·노령의 가열찬 항일무장투쟁의 맥을 이어 임시정부의 국군으로 창군되었다. 항일연군이나 조선의용군이 그 군사적 맥락을 선언하지 않은 것과 대비된다.

한국광복군의 항전의 노래나 진중가요는 조선의용군보다 풍부하게 확인된다. 이는 첫째 한유한 등의 전문음악인이 있었고, 둘째 임시정부의 국군으로서 민족주의적 노래를 다수 창작할 수 있었기 때문이다. 조선의용군의 정율성이 사회주의 가요를 많이 창작한 것과 달리, 광복군의 한유한은 '겨레의 노래'를 다수 창작하였다.

우선 군가로는 「광복군 제1지대가」, 「광복군 제2지대가」, 「광복군 제3지대가」 등의 지대가, 항일전선에 나선 용사들의 노래인 「광복군지하공작대가」, 「선봉대가」, 「특전용사의 노래」, 「광복군 항일전투가」, 「광복군맹진곡」, 「광복군돌진가」 등이 있다. 행진곡으로는, 조국으로의 진공을 열망하는 「압록강행진곡」, 「광복군행진곡」, 「조국행진곡」, 「앞으로 행진곡」, 「세기행진곡」 등이 있고, 군영생활과 연관된 「기상나팔」, 「승기가」, 「국기가」 등이 있다. 이들 노래는 전체적으로 보아, 조국광복에 대한 신념, 조국진공전에 대한 열망 등을 표현하고 있다.

진중가요로는 「지평선의 노래」, 「신출발」, 「우리나라 어머니」, 「여명의 노래」, 「흘러가는 저 구름」 등과 아울러 민요를 개사한 「광복군 아리랑」, 「광복군 석탄가」, 「광복군 널리리아」, 「황하야곡」 등이 확인된다. 이들 노래는 조국광복의 새날을 위해 노력하는 광복군의 다짐을 서정적으로 표현하고 있다. 특히 민요는 민족적 노래형식에 민족독립의 의지를 담고 있어 생산활동을 소재로 한 조선의용군의 민요와 대비된다.

광복군의 항전가요는 노랫말 면에서 민족적 색채가 특별히 강하게 드러난다. 특히 조국으로 진공하고자 하는 염원과 조국독립의 의지를 강하게 표현하고 있다. '대한 우리나라 자주독립국'(「광복군 돌진가」) '민주국가'(「광복군 행진곡」) 등의 표현은 광복 후의 국가정체를 보여준다. 작사자로는 이범석, 김학규, 송호성, 장조민, 이해평, 장호강, 이두산, 박영만, 신덕영, 이신성, 김의한, 옥인찬 등이 있는데, 옥인찬 외에는 모두 광복군에 종군한 인사들이다.

곡 면에서는 다수의 항전노래가 창작곡임이 확인되는데 앞서 언급했듯이 한유한이라는 전문음악인이 광복군에서 활동했기 때문이다. 광복군에 종군하기 전 한국청년전지공작대에서 항일 선전활동을 전개한 한유한은 전지공작대에서 개최한 항일가극 「아리랑」[24]을 총지휘하기도 하였다.

그는 「광복군 제2지대가」, 「압록강 행진곡」, 「조국행진곡」, 「승기가」, 「국기가」, 「신출발」, 「우리나라 어머니」, 「여명의 노래」, 「흘러가는 저 구름」 등 8곡의 항전·진중 가요를 작곡하였고, 「압록강행진곡」은 조국으로 진공하는 전사의 정서를 행진곡으로 구현한 대표작이라 할 수 있다. 그는 항전의 대열에 서서 민족적 항일 노래를 체계적으로 작곡한 최초의 작곡가로 주목된다.

한유한 외에 작곡자로는 장호강(「광복군 제3지대가」, 「광복군 지하공작대가」), 이두산(「선봉대가」, 「광복군 행진곡」), 신하균(「앞으로 행진곡」), 옥인찬(「지평선의 노래」) 등이 있다. 이들 가운데 옥인찬이 음악활동을 하던 인사로 확인된다.

1940년대는 일제의 침략전쟁이 가속화되어 태평양전쟁이 발발한 시기이며 일제가 침략전쟁의 와중에 '제국의 이름'으로 물리적 폭압을 동원하여 우리 민족의 말살을 시도하던 시기이다. 징용, 징병, 공출 등 식민지 수탈은 극에 달했으며 말과 글을 빼앗고 조선어학회사건을 통하여 민족의 얼의 싹마저 잘라 버리려고 광분하던 시기였다. 이 시기에 국내에서 노래로 존재할 수 있는 것은 제국의 침략정책에 동조하는 노래 혹은 민족적 상징성이 전혀 없는 노래뿐이었다.

그러나 역으로 1940년대는 우리 민족의 항전 정신이 끊임없이 고양되는 가운데, 연합국과의 연합에 의한 항일전선의 조직화 및 대일전선 참전이 이루어지는 시기이기도 했다. 비록 일제의 무자비한 토벌정책에 의해 1910년 이래 항전의 근거지였던 만주에서는 조직적 항전이 이루어지지 못했으나 중국 관내의 한국광복군과 조선의용군에 의해 조직적 항전이 실천되었다. 이들 항전이 비록 직접적으로 적에게 타격을 가해 일제를 무너뜨릴 만큼 성장하진 못했으나 일제가 패망을 앞둔 시점에서 연합국의 일원으로 대일전쟁에 참여하였다는 면에서 이들의 항전은 의병전쟁 이후 끊임없이 이어져 왔던 대일항전의 발전적 계승이자 총결체로서 의

24) 1940년 5월 20~30일에 서안에서 「국경의 밤」·「한국의 한 용사」와 함께 공연되었다. 내용은 평화롭게 살던 농촌 부부가 왜적에게 유린되는 조국을 구하기 위하여 만주로 건너가 독립군으로 활동을 하던 중 고향으로 들어가 아리랑산 위의 일장기를 뽑고 태극기를 꽂기 위하여 적의 포화 속에서 혈전하는 것이다. 민요 「아리랑」 곡조를 사용한 가극이다.

미가 있다.

특히 1940년대 민족적 암흑기에 항전의 대열에서 전문음악인이 탄생한 것은 전선에서 노래가 담당하는 무기로서의 역할이 더욱 커진 것을 반영하고 있어, 한유한과 정율성의 존재는 주목할 필요가 있다.

4. 노래와 역사 : 그 연속과 단절

구한말·일제강점기는 우리 근대사의 중심 과제인 반외세의 근대국가 수립이란 방향이 설정되고, 이 과제를 해결하기 위하여 다방면의 운동이 실천되던 시기였다.

우리의 근대사는 동학혁명, 의병전쟁, 애국계몽운동 등 여러 가지 구국의 흐름이 자주독립국가의 수립이란 지향점을 향하여 위아래로 수렴되어 외세를 물리치고 반봉건국가를 이룩하지 못한 데서 굴곡이 지속되고 끝내 국치를 당하고 말았다. 이를 역으로 생각하면 여러 운동의 흐름을 통일시킬 메커니즘이 외세(및 외세에 빌붙은 주구세력)의 물리적 힘에 의해 원천적으로 봉쇄된 가운데 일제강점기에 이르렀다고 할 수 있다. 그러나 일제강점기를 굴종과 치욕으로 일관된 시기로 보는가, 아니면 대한제국기의 구국운동의 흐름이 이어지면서 과제 해결의 실천적 활동이 승화·발전된 시기로 보는가에 따라 이 시기의 역사적 실상도 다르게 파악될 수 있다.

겨레의 삶 속에서 정서적 혹은 인식적 공감대를 형성하는 문화적 수단(혹은 무기)으로서, 우리 역사의 '근대적 지향점'을 최초로 제시한 동학혁명의 「파랑새노래」가 탄생한 이래 의병전쟁의 노래와 애국계몽운동의 노래들은 중심축을 '운동'에 두고 역사적 진행 방향과 함께하였다. 전자가 아래로부터 자연스럽게 형성된 민중적 노래라 한다면, 후자는 위에서 아래로 전파된 노래라 할 수 있다. 노래의 기능 면에서 볼 때, 의병노래는 반외세 항전에 중심축을 두어 '전투성'이 강하고 애국계몽 노래는 근대국가 수립에 중심축을 두어 '애국계몽성'이 강했다. 이처럼 양자는 지향점을 달리했지만 반외세 자주독립국가의 수립이란 과제가 구조적으로 얽혀 있었기 때문에 상호보완적 관계에 있었다.

경술국치 이후 이러한 항일전투적 노래와 애국계몽적 노래의 정신은 그대로 이어졌다. 특히 독립근거지로서의 만주, 러시아, 중국 등 지역에서는 항전가요가 운동의 실천과 밀접하게 연관되어 생명력을 지니고 있었다. 국내에서도 일제의 물리적 탄압 속에서도 1920년대 후반까지 각종 현장에서 이들 노래가 불렸다. 특히 역사적 지향이라는 면에서 과거 애국계몽기 노래의 '봉건적 성격'에 기인한 한계를 극복하고, '신대한국' 등의 표현으로 드러나듯 근대적 민족국가의 정체성을 확실히 하였다.

이는 1919년 3·1 만세함성 이후 두드러지게 표출되었다. 3·1운동은 종전의 구국의 흐름을 한데 모은 거족적 민족운동의 전형으로, 이후 민족운동의 방식과 이념 면에서 굳건한 토대를 이루었다.

1920년대 만주의 독립군가는, 고조되는 항일전쟁의 분위기 속에서 탄생한 노래이다. 이 노래는 항전을 통해 반외세·자주독립 국가를 수립하고자 하는 무장활동의 정서와 인식을 항일근거지로서의 만주 내에서 확고하게 유지했다는 점에서 '겨레의 노래'의 전형을 보여준다. 이들 항전노래는 적으나마 국내에서도 수용되었다.

한편 '운동'에 중심축을 둔 또 하나의 노래 흐름으로서 사회주의 노래가 3·1운동 이후 탄생하였다. 이들 노래는 항일을 통하여 수립할 국가의 정체를 자본주의적 근대국가가 아닌 사회주의 체제로 설정하였다. 국내에서 부르던 노동가·혁명가 등은 1930년대 일제의 침략정책에 발맞추어 강도를 높여 가던 황민화정책에 의해 물리적 탄압을 받으면서 복류하게 된다. 이는 1920년대 후반까지 국내에서의 민족운동의 노래가 역시 일제의 탄압을 받고 복류하게 된 것과 아울러, 1930년대 후반에 '운동'에 중심을 둔 노래가 더 이상 확산되어 갈 수 없게 되었음을 보여준다.

이후 국내에서의 노래운동은 '음악'에 중심축을 둔 전문음악인(1920년대부터 성장)에 의해 진행된다. 그러나 운동에 대한 자기 성찰이 없는 상황 속에서 이루어지는 노래의 창작 및 확산 과정은 '음악자본'과 맞물려 노래의 '식민지적 기형성'을 초래하였다. 물론 이들 가운데 일부 노래는 상징성을 띠고 일제의 노래와는 다른 속성을 지니고 있었고, 황민화정책이 진행되는 과정에서 일제의 탄압을 받았다는 점에서, 제국주의와 대항관계를 형성했다고 할 수 있다. 그러나 안타깝게도 일제 강점 말기에 '음악'에 중심축을 두고 창작된 노래의 대부분은, 일제와의 민족적 저항관계 구조 속에서 탈락하고 제국의 침략전쟁의 '수단'으로 이용되고 말았다. 이는 '음악'에 중심축을 두는 한계에서 나온 것이기도 하지만, 다른 한편으로는 일제의 물리적 탄압이 그만큼 거셌다는 의미도 된다. 다만, 3·1운동에 참여했다 체포된 적이 있던 안기영의 경우 일제의 음악단체에 참여하지 않았으며 침략전쟁을 미화·선전하는 노래를 창작하지 않았다는 점에서 주목할 필요가 있다.[25]

일제가 제국주의 침략전쟁을 끊임없이 도발하던 1930~40년대는 역으로 해외 독립진영에서 항전이 장기적이고도 조직적으로 진행된 시기였다. 한국독립군과 조선혁명군은, 1920년대의 독립군의 맥을 이었기 때문에 근현대사 과제 해결의 지향점 면에서 그 전통을 잇고 있었다. 그러나 1930년대 중·후반기 만주에서 조직된 공산주의 무장대는 과제 해결의 지향점을 '공산주의의 실현'에 두고 중국공산당에 입당하여 항일연군을 결성하는 데 일조한다. 이러한 입장은 항일연군 내 한인부대가 부르던 노래에서도 관철된다. 특이한 사실은 만주 공산주의자들이 민족진영의 항일전쟁의 역사적 전통을 부정하고 중국공산당에 가입하였지만, 항전 노래 면에서 1920년대 독립군가를 부분적으로 개사하여 부른 경우가 많았다는 점이다. 그러나 만주 안의 '배타적 민족주의'를 없애기 위해 일어난 반민생단투쟁[26]의 소용돌이 속에서 이러한 독립군가의 부분적 개사는 사라지게 된 것으로 보인다. 애국계몽운동기 이래 노래에서 사용되어 오던 '민족' '독립' '태극기' 등 역사적 과제 해결의 상징적 표현은 1930년대 후반부터 공산주의 진영에서는 단절되었다.

1940년대는 일제가 만주까지 석권한 시기임과 동시에 역으로 항전 진영쪽에서는 재구축이 진행되던 시기다. 항일연군은 소련으로 이동하여 소련공산당에 가입하고, 중국 관내에서는 조선의용군이 중국공산당과, 한국광복군은 중국국민정부와 연합하여 항전을 진행하던 시기이기도 하다.

그리고 이 시기에 비로소 '운동'에 중심축을 둔 전문음악인에 의해 항전노래가 창작된다. 조선의용대의 정율성과 한국광복군의 한유한이 바로 그들이다. 그런데

---

25) 노동은, 「일제하 음악사회의 성격」(노동은·이건용 지음, 『민족음악론』, 한길사, 1991)에 실려 있는 <표> 3·5·6·8 등은, 중일전쟁 이후 음악인들이 일제의 노래정책에 동원된 사례를 보여주고 있는데, 다만 안기영의 경우 이들 표에 언급되어 있지 않다.

26) 원래는 일제 주구집단인 민생단을 박멸하기 위한 투쟁이었으나 전개과정에서 민족적 색채를 띤 한인 공산주의자들을 민생단 혐의로 처형함으로써 결국에는 '배타적 민족주의'를 없애는 수단으로 이용되었다.

정율성이 '계급운동'에 중심을 두고 사회주의 노래를 많이 창작한 데 비해, 한유한 은 '민족운동'에 중심을 두고 민족의 노래를 많이 창작하였다. 그러한 면에서 조선 의용군의 노래들은 3·1운동 이후 임시정부 수립과 함께 표명된 근대적 시민국가 로서의 '신대한국' 건설이 아닌 '사회주의 체제'의 건설을 지향점으로 내세웠고, 따 라서 1920년대 독립군 항전의 맥과 분리되었다. 반대로 한국광복군은 '선언'에서 밝혔듯이 의병전쟁, 3·1운동, 독립군 항전의 맥을 이어 근대적 자주독립국가의 수립을 지향점으로 제시하였다는 면에서 이들 운동의 흐름을 계승하고 있다.

이상 '운동'과 '노래', 운동 내에서도 근현대사 과제 해결의 중심축을 어디에 두 느냐에 따라 무기로서의 노래의 성격이 달라졌던 역사적 진행을, 운동의 계승·발 전과 단절 속에서 살펴보았다. 이렇듯 끊임없이 이어진 일제강점기 하 '민족의 노 래'가 해방공간에서 어떻게 구가되었는지에 대해서는 별도의 논의가 필요할 것이 다.

일제강점기 '민족의 노래'에 대한
일제의 탄압 사례

1. 머리말

예로부터 우리 민족은 생활 속에서 노래와 더불어 살아왔다. 풍요를 기원하는 종교적 의식에서, 전쟁을 앞두고 사기를 높이는 현장에서, 그리고 무엇보다도 민중의 일상 생활, 즉 노동이나 즐거운 잔치 혹은 통한의 현장에는 늘 '노래'가 있었다. 그만큼 노래는 우리 겨레의 생활 정서 속에 뿌리내리고 있었다.

조선말·대한제국 시기에 봉건적 질서의 해체와 제국주의의 침략을 겪는 과정에서 수많은 의병전쟁·애국계몽의 노래가 탄생한 것도 생활 속에서 노래를 통하여 반외세·자주독립의 정신·정서를 고양시키기 위한 노력이었던 것이다.

그러나 경술국치 후 36년의 일제강점기에 일제는 '제국의 이름으로' 우리 겨레의 자주독립의식을 마비시키기 위하여 갖가지 수단을 동원하였다. 그 가운데 '노래 탄압'이 있었으니 이는 자주독립의 내용을 지닌 노래들을 탄압하고 말살함으로써 나아가 우리 국가와 겨레의 굳건한 자주독립의 정신·정서를 억누르고, 겨레를 말살하기 위함이었다.

우리 겨레에 대한 일제의 무자비한 억탈은 경제적 측면, 인적 측면(징용, 징병, 정신대 등), 문화적 측면 등으로 살펴볼 수 있을 것이다. 그 가운데 경제적·인적 측면에서의 일제의 수탈에 대해서는 기존의 연구성과가 집약되어 가는 과정에 있으나 다만 문화적 측면, 그 중에서도 노래에 대한 일제의 탄압에 대해서는 충분히 논의가 되지 못하였다.

음악 전체적인 면에서는 제국주의 음악을 '사신(邪神)'으로 규정하고 그를 극복할 '민족주의 음악'이 일제강점기에 형성되지 못했다는 사실을 지적하면서 '음악'(및 음악인)이 일제 말기에 어떻게 제국주의정책에 이용당했나를 밝힌 일련의 연

구가 있다.[1]

그러나 노래의 면에서 볼 때, 제국주의를 극복하고 독립자주국가를 되찾자는 '항일의 노래·민족의 노래'가 존재하고 있었다. 이들 항일 노래가 곡조 면에서 어떻게 음악적으로 제국주의를 극복하였는지는 다른 차원의 논의가 필요하겠지만, 다만 '노랫말' 면에 있어서는 확실히 항일의 정서적 공감대를 형성하는 '수단'(혹은 무기)으로서의 '노래'가 존재하고 있었다. 일본 제국주의의 '통치 영역' 밖에 존재하던 항일근거지로서의 해외 독립진영의 경우에 특히 그러했으며, 국내에서도 노래를 통한 항일의 정서적 공감대 형성이 이루어지고 있었다.

이 글은 일제강점기에 일제가 '한반도' 내에서 자행한 극심한 노래 탄압 사례들을 밝힘으로써, 문화 면에서의 일제의 민족말살의 구체적 내용과 그 탄압내용의 시대적 변화 추이를 살펴보고, 나아가 다양한 민족운동의 현장 속에서 혹은 생활문화 속에 존재하며 일제의 탄압을 받았던 노래의 내용이 무엇이었으며, 그 노래들이 어떠한 형태로 겨레의 정서적 공감대를 형성하였는지를 역으로 추적하고자 하는 것이다.

2. 일제의 항일노래 탄압 사례
-동아일보·조선일보 기사를 중심으로-

(1) 탄압 사례

	연월	노래	장소	피검자	내용	형량
1	1920. 4	경성독립비밀단 창가	서울	박인석(20)	3·1운동 참가로 서대문 감옥 투옥, 옥중에서 노래 지어 출옥 후 각 학교에 배부	출판법 위반으로 1심 2년 선고, 복심 8개월 선고
2	1920. 4	애국가	서울, 수원	휘문 학생 박선태 외 5명	수원에서 조직을 결성하고 상해에서 독립신문, 애국가 등을 받아 배부함	수원경찰서에서 취조

---

1) 노동은, 「한국 민족주의 음악 : 이론과 실천의 역사」, 『한국 민족음악 현단계』, 세광음악출판사, 1989 ; 「한국음악인들의 현실 인식과 수행」 및 「일제하 음악사회의 성격」, 『민족음악론』(노동은·이건용 지음), 한길사, 1991.

3	1920. 9	독립가	진주	진주농업학교 학생 문위동 등 15명	8월 30일(일본 천장절)에 만세와 독립가를 부르며 시위운동 전개 계획 중 피검됨	15명 검사국 송치, 57명 방면
4	1921. 3	안중근타령	겸이포	김종조	안중근타령을 부름	겸이포경찰서에 피검
5	1921. 4	창가	서울	배화여학생	밤마다 기숙사에서 창가를 부름	무죄 판결에 검사 공소
6	1921. 7	용진가, 애국가	경북	(선생)	야소교회 서당에서 창가 시간에 용진가, 애국가를 가르침	취조
7	1922. 9	혁명가	동경	백무(白武) 등 8명	조선인 노동자 학살 문제 연설회에서 일경의 해산명령을 받고 청중들이 혁명가를 부름	한국인 5명, 일본인 2명 검속
8	1923. 3	독립가	원산	원산 배성교 선생, 학생	3월 1일 배성학교 3학년 학생 전원이 교정에서 독립가를 고창하며 3·1절을 기념	학생 전부와 직원 인치 취조 후, 3학년 주임선생 계속 구금
9	1923. 5	애국가	단흥(端興)	제령위반범 십여 명	단흥형무소 내에서 임정 창립기념일에 애국가를 고창	구타
10	1923. 10	애국가	하동	하동공립보육학교 학생	한국시대의 애국가 책을 소지	경찰서 유치
11	1923. 10	조선혁명가	평양	안영기·김기황 / 평양 노동동맹회 간부	조선혁명가 사건	6개월 복역 후 1924년 5월에 만기 출소
12	1924. 4	독립군가	강계	김진환 외 3명 / 강계공립보통학교 5년생	학교기숙사에서 독립군가를 부르고 잡기장에 창가를 필사함	경찰서 취조
13	1924. 5	애국가	서울	로희성(30)	애국가 사건	동대문경찰서에서 취조
14	1924. 6	독립가	초산	학생	김대현(19)이 위원군에서 독립창가를 써줌	보통학교 학생과 사립 배신학교 학생들 다수가 거검되어 취조받음
15	1924. 11 ~1925. 3	불온창가, 「뼤스쁠」	완도	김정상 외 3인 / 완도군 신지면 신지학교 선생	불온창가 교수죄로 선생·학생이 거검됨	선생 김정상 1년 6월, 송기호, 김창선 1년, 임재갑 10월 구형

16	1925. 3	노동가	서울	김재문 / 인쇄직공청년동맹원	서울인쇄직공청년동맹 발회식에서 노동가를 고창	종로경찰서에 체포되어 3일 후 방면
17	1926. 5	창가책	완도	김성만 / 학생		완도군 소안면 경찰관주재소에서 수색. 창가책 압수 후 4인 취조, 3인은 방면, 1인 계속 취조
18	1927. 5	혁명가		김강	중앙협의회 다화회에서 혁명가를 부름	구류 20일
19	1927. 6	불온창가	서울	이동환 / 형평사원	불온창가를 지음	종로경찰서에 피검
20	1928. 10	애국가		선생	애국가를 불러 교직에서 면직되고 선생의 아버지는 음독	
21	1928. 4	이상재추도가	서울		이상재의 일주기 추도식에서 김선옥이 부르는 추도가를 금지	
22	1928. 5	불온창가 (애국가로 추정)	(평양)	숭전 학생	신입생 환영회에서 불온창가를 부름. '동해물' · '백두산'이란 표현을 문제시함	구인
23	1929. 2	메이데이가		김상록 / 동아일보기자, 사회운동가	메이데이가를 부르고 '불온언동'	보안법 위반으로 10월 구형
24	1929. 3	○○가	통천	정재연, 유기하, 김지순 / 양원학교 선생 · 학생	일본인에게 불만을 품고 부르는 노래 ○○를 부르고 선전	벽양면신점주재소에서 취조
25	1929. 9	불온창가	신흥	이방호	불온창가를 선전	피검
26	1930. 3	○○가		선생과 학생		취조
27	1930. 6	청맹가(靑盟歌)	부산	오두석 등 5명	청맹가를 부른 후 부산경찰서에 체포	취조
28	1930. 12	혁명가	대전	청년 1명	혁명가를 지은 혐의	검거
29	1931. 5	노동가	청진	노동자, 청맹원	오백 명의 노동자 · 청년이 적기를 들고 노동가 고창하며 메이데이 시위	청맹원 다수 피검
30	1931. 5	노동가	북청	노동자	노동자들이 노동가를 부르고 만세를 고창하며 메이데이 시위	십수 명 피검

31	1931. 7	××노래	북청	조진희, 조재현 등 10명 / 북청 노동조합원	만세와 ××노래를 고창하며 자동차 시위	십여 명 검속
32	1931. 8	노동가	밀양	사회단체 간부	밀양청년야유회에서 백여 군중이 노동가를 고창하며 시위	사회단체 간부 검속
33	1931. 8	○○가		부녀 15명 / 무산노동야학 관계자	야학이 폐쇄당한 후 원족 다녀오는 길에 노래	피검
34	1931. 8	불온창가	영흥	장모 / 노동동맹상무		검거
35	1931. 8	혁명가	부산		농민조합 축하회 후 혁명가를 고창하며 시위	
36	1931. 9	노동가	웅천	다수 청년	출옥동지를 맞이하러 갔다가 노동가를 부름	피검
37	1931. 9	불온창가		유일수	불온창가를 선전	피검
38	1931. 9	○○가	석성 (石城)	농민 7명	○○가를 부름	피검
39	1931. 10					주문 서적 압수, 가택 수색 후 창가책 압수
40	1931. 11	불온창가	신흥	박재설(20) 등 2명	과격한 불온창가를 부르며 선전	피검, 취조
41	1932. 1	불온창가	이원	엄량선 외 5명	불온창가를 부름	검거 취조, 가택수색, 서적 등 다수 압수, 1주일 후 4명, 그 1주일 후 2명 석방
42	1932. 2	○○가(불온창가)	남해	박종환 / 남해 청년동맹 간부	7, 8명의 동지와 ○○가를 부름	치안방해로 10일간 구류
43	1932. 9	불온창가	단천	김성일 외 1명 / 목동	산에서 소먹이며 불온창가를 부름	기록한 창가 압수, 가택수색, 김성일과 그 부친 같이 잡힘
44	1934. 2	불온창가	명천	청소년 다수		25일 구류

(2) 사례 분석

1) 노래의 종류를 보면 애국가가 7건(2, 6, 9, 10, 13, 20, 22), 독립가가 3건(3, 8, 24), 독립군가가 2건(6, 12)으로, 독립을 절규하는 내용의 민족적 노래가 12건이다.

또 노동가(16, 23, 29, 30, 32, 36)가 6건(메이데이가 포함)이며 혁명가(7, 11, 18, 30, 35)가 5건으로 사회운동노래가 총 11건에 이른다. 그리고 제목이 명기되지 않은 불온창가가 10건(5, 15, 19, 25, 34, 37, 40, 41, 43, 44)이며 ○○가가 6건(24, 26, 31, 33, 38, 42)에 달하고 있다. 여기서 불온창가 혹은 ○○가는 애국가 등의 항일노래 를 의미할 경우도 있고, 사회운동의 노래를 의미할 수도 있다.

그리고 특징적인 사실로 안중근타령과 이상재추도가의 경우처럼 독립운동가에 대한 추모의 노래도 일제의 탄압을 받고 있다. 또 '경성독립비밀단'의 노래와 청맹가 등 항일단체의 노래들도 일제 탄압의 대상에 포함되어 있다.

애국가 등의 민족적 노래와 노동가 등의 사회적 노래에 대한 탄압 건수가 비슷하다는 점에서, 일제강점기 민족운동의 노래와 사회운동의 노래가 모두 일제의 격심한 탄압을 받았음을 알 수 있다. 그런데 여기서, 1920년대 후반까지 애국가 등의 민족적 노래 탄압 건수가 월등히 많음과 비교하여 1920년대 후반부터 1930년대 초반까지는 사회운동노래에 대한 탄압 사례가 훨씬 많다는 점이 주목된다. 특히 노동가 · 혁명가에 대한 일제의 탄압 사례는, 1931년에 정점을 이루고 있다.

1920년대 후반기는, 민족운동과 사회운동이 통일을 통한 항일운동의 단일전선(통일전선)을 모색하던 시기이다. 그리고 구체적인 실천 조직체로 탄생한 것이 신간회였다. 신간회는 국내의 항일운동 세력을 망라하여, 1927년 1월에 조직되었다. 그러나 1930년 9월 프로핀테른(적색노조 인터내셔널)에서 신간회 공격을 프로레타리아의 중요 과제로 제기한 이후 신간회해체론이 등장하였다. 결국 신간회 내의 좌파는, 우파의 개량적 자치론을 비판하면서 1931년 5월에 신간회 해소를 결의하였다.

여기에 1929년의 세계공황의 여파는, 식민지 조선의 노동자 · 농민을 투쟁의 대열로 끌어내었다. 그리하여 1930년에 노동쟁의가 급증하여 1931년에는 그 정점을 이루게 되었던 것이다.

앞에서 보았듯이 1931년에 혁명가 · 노동가에 대한 탄압 사례가 정점을 이룬 것도 1931년에 노동자의 파업 · 시위가 정점을 이룬 것과 맥을 같이하는 것이다.

2) 항일노래를 고창하여 일제의 탄압을 받은 당사자의 직업은, 학생이 11건(3, 5, 8, 10, 12, 14, 15, 17, 22, 24, 26)으로 가장 많다. 또 선생도 6건(6, 8, 15, 20, 24,

26)이나 된다.

또 사회운동단체에 속한 인사들도 많은데 청년동맹원이 4건(16, 27, 29, 42)이며 노동동맹원 혹은 노동조합원이 3건(11, 31, 34), 형평사원이 1건(19), 무산노동야학 관계자 1건(33)이다. 구체적 명기가 없는 사회운동단체원 1건(32)을 포함하여 사회운동단체에 속한 경우는 10건에 이른다. 학생의 수와 비슷하다.

또 특이한 점으로 직업적 운동가(투옥자)가 2건(1, 9) 있고 신문기자(동아일보)도 1건(23)이 있다.

그러나 일제강점기 조선인의 다수를 차지하는 직접생산자로서의 노동자·농민으로 명기된 경우는 3건(30, 38, 43은 목동)에 지나지 않는데, 아마 사회단체에 속한 인사들 가운데 노동자·농민이 많았을 것으로 생각된다.

또 여성의 경우에 배화여고 학생 1건(5), 김선옥 1건(21), 무산노동야학 관계 부녀자 1건(33) 등 총 3건이 있다.

이렇게 볼 때 학생과 사회운동가, 선생이 항일노래를 구실로 일제의 가장 많은 탄압을 받았음을 알 수 있는데, 학생과 선생의 경우 애국가 등의 민족적 노래 때문에, 그리고 직접생산자의 경우 노동가 등의 사회운동노래 때문에 일제의 탄압을 받았다.

3) 항일노래가 불리던 상황 혹은 장소는 시위가 6건인데, 그 내용은 메이데이 시위 2건(29, 30), 자동차 시위 1건(31), 청년회야유회 시위 1건(32), 농민조합축하식 시위 1건(35), 독립시위 계획 1건(3) 등이다.

또 학교를 중심으로 이루어진 사례도 모두 6건인데 그 내용은 노래교육 2건(6, 15), 기숙사 2건(5, 12), 3·1절기념식 1건(8), 신입생환영회 1건(22) 등이다.

항일노래를 부르거나 인쇄·필사하여 선전한 사례도 모두 6건인데, 인쇄·필사하여 선전한 경우 3건(1, 2, 14), 불러서 선전한 경우 3건(24, 25, 40)이다.

또한 연설회 1건(7), 서울인쇄직농청년동맹 발회식 1건(16), 간담회 1건(18), 야유회 1건(33), 월남 이상재 추도식 1건(21)이 있다.

특히, 옥중에서 독립운동가들이 임정 창립기념일에 집단으로 애국가를 고창한 경우 1건(9)과, 출옥동지를 맞이하러 갔다 노동가를 부른 경우가 1건 있는 것이 주목된다. 일제강점기 항일운동은 투옥과 불가분의 관계에 있었으며 운동가들이 옥중에서도 노래 등의 매체를 통하여 항일의지를 꺾지 않았다는 사실을 알 수 있다. 이러한 사례는 한철수의 회고록에서도 확인되는데 대한청년단연합회에서 활동하던 그는 투옥생활 중 '정치범'(독립운동가)이 새로 들어오면 「상봉가」(안창호작)를, 출감자가 있으면 「이별가」를 같이 불렀다고 한다.2)

4) 항일노래에 대한 일제 탄압의 내용은, 노래 당사자에 대한 형벌과 노래책의 압수로 나누어 볼 수 있다.

우선 실형량이 밝혀져 있지 않은 검거·유치·구인·취조가 가장 많은 28건을 차지하고 있다. 그러나 실제 형량이 기록된 경우도, 검거와 취조의 과정을 거쳤기 때문에 항일노래를 부른 당사자 혹은 노래를 지은 당사자와 항일노래책 소지자 대한 검거과 취조도 당연히 이루어졌을 것이다.

그런데 당사자뿐 아니라 당사자의 아버지까지 같이 수난을 당한 경우가 2건 보이는 점이 주목된다. 한 건은 애국가를 불러 면직된 교사의 아버지가 이로 인한 생활고로 음독자살한 경우(20)이고, 한 건은 이른바 '불온창가'를 부른 당사자의 아버지를 같이 잡아간 경우(43)이다.

다음 실제 형량을 보면 8개월 선고가 1건(1) 있고 6개월 복역이 1건(11) 있다. 전자는 노래를 인쇄 배포함에 따른 출판법 위반이 적용된 경우고, 후자는 '조선혁명가 사건'으로 기록되어 있다. 항일노래에 관하여 '사건'이라고까지 표현하는 데서, 일제가 당시 항일노래 보급을 통한 항일정서의 확산에 많이 고심하고 있었음을 알 수 있다. 애국가의 경우도 '애국가 사건'으로 불리기도 했다(13).

신지교 사건(15)의 경우에는 '불온창가 교수죄'로, 구형 1년 6개월 1명, 1년 2명, 10개월 2명(15)이었다. 또 메이데이가를 부르며 이른바 '불온언동'을 한 동아일보 기자는 보안법 위반으로 10개월의 구형을 받았다.

구류에 있어서는 25일 1건(44), 20일 1건(18), 10일 1건(42)이 있고, 1~2주 후 석방 1건(41), 3일 후 방면 1건(16)이 있다.

한편 특별한 경우로 감옥에서 애국가를 부르던 독립운동가들을 구타한 경우가 1건(9) 있고, 애국가를 부른 교사를 면직한 경우도 1건(20) 있으며 추도회 석상에서 이상재에 대한 추도가를 부르지 못하게 한 경우도 1건(21) 있다.

---

2) 한철수, 『나의 길』, 송산출판사, 1984, 68쪽.

또 검사국 송치가 1건(3), 무죄판결에 대한 검사 공소가 1건(5) 있다.

항일노래가 기록되어 있는 '창가책'(노래책)이나 항일노래 필사본이 압수된 사례는 3건(17, 39, 43) 보인다. 그러나 창가책 압수로 기록되지는 않았으나 항일노래 기록(인쇄·필사)이 일제의 탄압을 받은 사례가 확실한 경우도 4건(1, 2, 10, 14) 있다. 일제가 항일노래를 부르는 당사자와 더불어 항일노래 기록물에 대해서도 촉각을 곤두세우고 탄압했음을 알 수 있다.

3. 일제의 노래 탄압 사례
-노래책과 가곡·대중가요를 중심으로-

(1) 노래책 탄압 사례

	처분 일시	처분 내용	저자, 서명, 발행사항
1	1910. 4. 4	비밀출판, 압수	李聖植저, 『중등창가』, 황성서적업조합, 1910. 4. 1
2	1912. 2	치안방해, 압수	윤치호 저, 『찬미가』, 金相萬 발행, 1908. 6. 25
3	1912. 5	치안방해, 압수	『신편창가』, 저자·발행자 미상
4	1912. 5	치안방해, 압수	『창가』, 저자·발행자 미상
5	1912. 8	발행 불허	이상준 저, 『중등창가』, 김용준 발행
6	1913. 10. 8	치안, 발행금지	명동 야소교학교 편, 『신편창가집』, 명동 야소교학교 발행, 1913. 3. 19
7	1915	불온, 경기도 경무국에 적발	『창가집』, 개성 한영서원, 1915(1차 40부 2차 99부 발행)
8	1920. 11	불온창가, 압수	억불천 수집, 『소년창가』, 通化縣 半拉背 文友館, 1919. 6. 24
9	1920. 11	불온창가, 압수	『창가집』, 毛筆本(집안현 花甸子에서 압수)
10	1930	치안, 발행금지	『새 노래』, 조선야소교장로회, 1930. 2. 20
11	1930. 8. 8	치안, 발행금지	이상준, 『풍금 독창 중등창가집』, 경성 三誠社
12	1931. 11. 18	치안, 발행금지	『항일구국가』, 발행사항 미상
13	1932. 1. 21	치안, 발행금지	『항일구국가곡집』, 상해 중국국민당
14	1932. 1	치안, 발행금지	『정선 조선 가요집(제1집)』, 경성, 1931. 11. 30
15	1935. 4. 6	치안, 발행금지	『천주교 성가』, 權裕良(프랑스인), 1935. 3. 31
16	1935. 10~11	조사	『메이데이의 의의 - 부 메이데이의 노래』, 경성 홍문서관, 1930. 8. 23
17	1935. 10~11	조사	『신편 國音 창가집』, 중국 청도

18	1936. 3. 4	치안, 발행금지	『대한국 애국가』, 미국 桑港 대한인국민회 안익태, 발행연도 미상
19	1936	발행금지	『언문 악보』, 桑港 대한인국민회. 표지 상부에 '대한국 애국가 안익태 근작', 중앙 무궁화 속에 구 한국 국기를 교차시킨 그림을 게재
20	1937. 1. 15	치안, 발행금지	『音譜附脚本 소년 소녀 가극집(제1집)』, 경성 梁在璣, 1927. 12. 10
21	1937	치안, 발행금지	『音譜附脚本 소년 소녀 가극집(제2집)』, 경성 영창서관, 1927. 12. 10
22	1937	19쪽 삭제 후 반포	『가곡집(제1집)』, 경성조선문예회, 1937. 7. 11
23	1938. 3. 14		『가곡집』, 경성 許大殿, 1925. 10. 23
24	1938. 5. 14	치안, 발행금지	현제명, 『현제명 작곡집 제1집』, 경성 韓奎相, 1936. 8. 13
25	1938. 9. 20	풍속, 발행금지	張敬悝, 『청년 노래가락 창가』, 경성, 1937. 11. 20
26	1938		金俊伊, 『동요집(제2집)』, 전주

참고문헌 : 「일제 초기 출판물의 허가 및 압수 목록」, 『한국학』 2, 한국학연구소, 1971년
봄호 ; 「일정하 발금도서 목록」, 『일정하의 금서 33권』(신동아 1977년 1월호
부록) ; 강덕상 편, 『현대사자료 조선 3』(국학자료원 영인, 1984) ; 「警高機發
527」, 1915. 11. 13.

(2) 사례 분석

1) 일제의 노래책 탄압 내용은 풍속 1건(25)을 제외하고 모두 치안 방해를 이유
로 한 압수·발행금지이다. 이성식의 『중등창가』의 이유는 비밀출판이지만 내용
상 애국의 노래를 담은 것으로 역시 치안의 범주에 포함시켜야 옳을 것이다.

노래책을 유형별로 보면, '창가집'으로 명기된 노래책이 가장 많다. 모두 10건(1,
3, 4, 5, 6, 7, 8, 9, 11, 17)인데, 그 중 8건(11, 17 제외)은 1910년대에 간행되어 일
제의 탄압을 받은 노래책들로, 애국가와 독립가 혹은 독립군가를 집중적으로 게재
하여 독립의식을 고양하기 위해 편찬된 노래책인 것으로 보인다.

다음 동요집은 총 3건(20, 21, 26)이며 가곡집도 3건(22, 23, 24)이다.

특징적인 것으로 종교노래책도 3건 있는데 기독교가 2건(2, 10)이고 천주교가 1
건(15)이다. 그 가운데 윤치호의 『찬미가』는 기독교 찬송가와 아울러 애국가도 싣
고 있다. 『새 노래』의 경우 예수교장로회에서 간행한 것으로 보아 역시 찬송가를
싣고 있는 것으로 보인다. 『천주교 성가』와 『새 노래』에 대한 탄압 사례에서 일제

가 종교노래를 통한 민족정신 고취를 억압하려고 했음을 알 수 있다.

외국에서 간행된 노래책의 경우 모두 6건인데, 해외 독립진영에서 간행한 것이 4건(8, 9, 18, 19)이고 만주사변 후 항전의식을 고취시키기 위해 중국측에서 간행한 것이 2건(12, 13)이다.

안익태 작곡의 애국가가 2건(18, 19) 있고「메이데이 노래」도 1건(16) 있다.

2) 노래책 탄압의 연차적 추이는, 1910년대에 '창가집' 종류가 많은 탄압을 받고 있다. 노래책들의 압수·금지 이유가 치안방해인 것으로 보아 이들 노래책이 이른바 '애국창가'들을 싣고 있었음을 쉽게 짐작할 수 있다.

특히 경술국치 이전에 이성식의 노래책이 비밀출판을 이유로 금지되고 있는 것이 주목된다. 경술국치 이전에 이미 자주독립애국의 정서를 담은 노래를 탄압하기 시작하였던 것이다. 실제로 이성식의 노래책을 압수한 직후인 1910년 5월, 일제는 애국창가가 한 곡도 없이 일본·서양 노래를 실은『보통교육 창가집 1』을 펴냈다.

1920년대에는 국내에서의 노래책 탄압 사례가 기록상 확인되지 않고 다만 만주에서 민족주의 교육에 사용되었던 노래책을 1920년 11월에 일제가 압수한 사실이 확인된다. 1920년 11월은 일본군의 '간도토벌' 시기로 만주에 일본군의 세력이 뻗친 시기이다. 일제가 만주에서 압수한『소년창가』와『창가집』에는「애국가」,「대한혼」,「한반도」등의 애국계몽가,「작대가」,「혈성대가」,「모험맹진가」등의 독립군가(1910년대)가 실려 있었다.

1920년대 초반에는 다음과 같은 노래책들이 발행되었는데 그 가운데는 이상준, 김인식, 백우용, 홍난파 등의 노래책이 보인다.

『槿花창가』(일명 조선역사창가), 槿花社, 1921. 4. 7(동아일보 광고, 이하 '동아일보 광고' 생략)

이상준 저,『풍금독습 중등창가집』, 조선도서주식회사, 1921. 10. 2

『신식 유행창가집』, 廣文書市, 1922. 7. 20

『吟風詠月 신식창가집』, 新明書林, 1922. 1. 20

鄭敬輝 저작, 白禹鏞 작곡,『朝鮮地理 景槪唱歌』, 廣文書市, 1921. 12. 29/1922. 1. 17

홍난파 작,『廣益唱歌集』, 廣益書館, 1922. 2. 28

김인식 저,『보통창가집』, 1922. 3. 6

이상준 저, 『최신중등창가집』, 1922. 2. 28
이상준 저, 『최신창가집』, 1922. 2. 28
홍영후(난파) 저, 『유년창가집』, 박문서관, 1922. 2. 28
이상준, 『신유행창가』, 박문서관, 1922. 3. 24

이들 노래책에 실린 대부분의 노래는 민족운동의 노래는 아니지만 그 중에는 민족적 정서를 함양하는 노래도 있었다. 일례로 『근화창가』에 실린 「조선의 자랑」, 「을지문덕」, 「강감찬」 등을 들 수 있다.

1920년대 초반의 노래책들이 일제의 탄압을 벗어난 것은 3·1운동 이후 일제의 문화정책 표방에 따라 검열의 기준이 완화되면서인데, 애국가(독립가)가 아닌 일반적 노래들의 출판이 허용되었다.

그러나 1930년대에는 상황이 일변하여, 각종 노래책들이 집중적인 일제의 검열과 탄압을 받는다. 우선 1910년대에 탄압(5)받았다가, 1920년대 발행 허가되었던 이상준의 '창가집'이 다시 탄압을 받고 있다. 전문음악인의 노래책으로 이상준 외에 안익태의 『대한국 애국가』와 현제명의 『현제명 작곡집』이 탄압을 받고 있다. 『현제명 작곡집』의 경우 현제명이 지은 「조선의 노래」, 「희망의 나라로」가 문제시된 것으로 보인다.

또 『가곡집』(22, 23)도 탄압을 받고 있는데, 이러한 사실은 1930년대에 종래의 '창가'와 구별되는 '가곡'이 음악계에 자리잡고 있었음과 더불어 가곡에 대해서도 일제의 탄압의 손길이 미치고 있었음을 보여주고 있다.

또 1930년대 후반에는 『음보부각본(音譜附脚本) 소년소녀가극집』 1·2집(21, 22), 『동요집』(26) 등도 일제 탄압의 대상이 되고 있다.

1930년대는 일제가 제국주의의 본질상 끊임없이 제국주의 전쟁(만주사변과 중일전쟁)을 도발하며, 한반도를 병참기지화하고 한겨레를 황민화시키는 정책이 폭력적으로 실행되는 시기였다. 그러나 동시에 제국주의 전쟁으로 표출되는 민족 모순의 사슬을 깨뜨리기 위해, 만주·중국에서 격렬한 항일전이 전개되는 시기였다. 특히 만주에서는, 한중 합작에 의한 지속적인 항일전이 전개되며 민족의 항일정서가 고양되었다.

일제의 노래책 탄압 사례가 1930년대에 고조되고 있는 것은, 일면으로 한민족을 '제국의 신민'으로 긴박시키기 위함이며, 일면으로 고조되는 항일정서에 당황한 일제가 통치 가능한 국내에서의 항일정서 확산을 억누르기 위해 창가·동요·가곡·종교 노래 등 각종 노래를 탄압하는 극단적인 조치를 취하고 있었음을 보여주고 있다. 이것은 일제가 '민족음악 존재의 싹'을 제거하고 음악을 제국주의 침략전쟁의 긴요한 문화수단으로 삼는 과정이었다.

(3) 노래 및 음악인 탄압 사례

	탄압일시	노래	음악인	탄압 이유	탄압 내용
1		우리 동요	청계보통학교 교사 尹貞石	수업 시간에 우리 동요 가르침	다른 학교로 전근
2		동요「서울 구경의 노래」	柳基興(녹성동요회)	유기흥을 호출하여 '경성'으로 하지 않고 '서울'로 표현한 것에 대하여 트집잡음	'경성'으로 하겠다는 시말서를 쓰고 다시 그 노래를 부르지 않음
3		동요「봉사씨」			가창 금지
4	1929	배화학교 교가	이광수 작사 이보석 작곡	'사랑하는 동반도 나라, 못잊는 나라 조선 나라' 등의 표현	금지
5	1930	「황성옛터」	왕평 작사, 전수린 작곡		작사·작곡자 취조, 가창 금지
6	1930	「봄노래 부르자」(「봄노래」)	김서정 작사·작곡	불온사상 고취	금지
7	1934	「서울 노래」	조명암 작사, 안일파 작곡	'아세아의 바람아 서울의 꿈을 깨라'는 대목이 혁명을 선동	관계자 취조, 노래 금지
8	1934	「목포의 눈물」	문일석 작사, 손목인 작곡	'삼백년 원한 품은 노적봉'이란 구절	작곡자 취조, 발매 금지
9	1937	「소년행진가」(조선소년군에서 부르던 노래)	조선소년군	노랫말 불온	소년운동 탄압, 소년군 강제 해체
10	1937	「흥사단 단가」	김세형 작곡	수양동우회 사건	홍난파를 「흥사단 단가」작곡자로 잘못 알고 취조, 고문
11		「희망의 나라로」	현제명 작사·작곡	'희망의 나라'라는 표현	작곡자 체포되어 미결수로 10개월 옥고, 가창 금지
12	1940	「꿈꾸는 백마강」	조명암 작사, 임근식 작곡	민족성이 강함	금지

13	1940	「눈물의 백년화」	박영호 작사, 전기현 곡	'한양도 봄이었다 우리도 봄이었다'는 표현	발매 금지
14	1941	「낙화 삼천」	조명암 작사, 김해송 작곡	노랫말의 '삼천 궁녀'를 '삼천 학도'로 바꾸어 널리 부름	발매 금지, 노래 관계자 취조
15	1942	봉선화(김형준 작사, 홍난파 작곡)	김천애(성악가)		가창 금지
16	1943	「눈물젖은 두만강」(1935 발표)	김용호 작사, 이시우 작곡	민족성이 강함	발매와 가창 금지

참고문헌 : 김정의, 『역사의 시공을 넘나들며』, 혜안, 1995 ; 이유선, 『한국양악백년사』, 음악춘추사, 1985 ; 박찬호, 『한국가요사』, 현암사, 1992 ; 차인석, 「한국 서양음악의 개척자 현제명」, 『인물로 본 숭실 100년』, 숭실대학교, 1994 ; 조흔파, 『사건백년사』, 정음사, 1975 ; 이성삼, 「홍영후」, 『한국근대인물백인선』(신동아 1970년 1월호 부록) ; 배화학원, 『배화 팔십년사』, 1979)

(4) 사례 분석

1) 노래 종류별로 보면 동요가 3건(1, 2, 3)이며, 학교교가가 1건(4), 단체노래 (조선소년군, 홍사단)가 2건(9, 10), 가곡 2건(11, 15)이다. 나머지 8건은 이른바 유행가(대중가요)이다.

그런데 유행가의 경우 노래가 가창금지(혹은 노랫말 개사 명령, 관계자 취조)된 연도가 확실치 않지만 대개 1930~40년에 해당된다. 앞서, 언론에 나타난 노래 탄압의 내용에서 1920년대 후반기까지 애국가·독립가·독립군가가 민족적 항일정서의 큰 부분으로 자리잡으며 동시에 일제의 거센 탄압을 받았고, 1920년대 후반기부터 1930년대 초까지 혁명가·노동가 등의 사회운동노래가 탄압을 받았음을 보았다. 그리고 노래책 금지·압수 사례 등을 통하여 1930년대 후반에는 일제가 창가·동요·가곡·종교 노래 등 각종 노래를 탄압하고 있음을 보았다. 이 시기가 되면 이전 단계에 탄압받던 애국가·사회운동노래 종류는, 국내에서는 일제의 탄압으로 더 이상의 정서적 확산을 이루지 못하고 복류(伏流)하였을 것이다.

1940년대는 동아일보·조선일보에 대한 일제의 강제 폐간, 우리 말·글의 사용 금지 등으로 대표되는, 이른바 민족적 '암흑'의 시기였다.

1930년대 후반 극심한 노래책 탄압을 통하여 '민족적 정서의 표현수단'을 빼앗은 일제는, 이제 민족정신을 송두리째 박탈해 버릴 음모를 꾀하면서, 한국인들이 즐겨 부르는 혹은 '은유'로 민족정서를 고취시킬 '위험'이 있는 유행가마저 없애려 했던 것이다. 노래 면에서 본 1940년대 일제강점기 '암흑'의 실체이다. 이 시기에 일제가 '노래'로 인정한 것은, 오직 '제국의 이름'으로 군국주의 침략전쟁을 미화·선전하는 것뿐이었다.

   2) 위 사례들에 나타나는 노래 관계자의 인적 사항은 동요와 관련된 것은 교사 1건(1), 동요회 회장 1건(2)이다.

   전문음악인으로 홍난파(김세형), 현제명 등의 작곡자와 김천애(성악가)가 있다. 홍난파와 현제명 등의 경우 친일 여부가 논란이 되고 있는데, 그것을 1930년대 후반부터 극심하였던 노래 탄압과 연관시켜 보는 시각도 필요할지 모른다. 홍난파(김세형이 작곡한 「흥사단 단가」 때문에 잘못 체포된 경우)와 현제명의 경우, 수양동우회사건과 관련하여 취조를 받았고 이후 전향서를 발표하였는데, 이는 중일전쟁 이후 일제가 물리적 폭압에 의해 음악인들을 제국에 긴박시키는 과정을 보여주는 것이 아닐까 한다.

   그리고 왕평, 전수린, 김서정, 조명암, 안일파, 문일석, 손목인, 임근식, 박영호, 전기현, 김해송, 김용호, 이시우 등 대중가요 작사·작곡자가 많이 있다. 특히 조명암의 경우 「서울노래」, 「꿈꾸는 백마강」, 「낙화 삼천」 등, 3건의 작사에 관계하고 있어 주목된다. 이들의 경우 투옥되어 옥고를 치렀던 사례는 확인되지 않지만, 노래 창작과 관련하여 취조를 받기도 하고, 노래 가창이 금지되기도 하였으며, 일제의 개사 명령을 받기도 했다.

4. 맺음말

   경술국치 전후 일제는 우리 겨레의 자주·독립 정신을 마비시키기 위하여 '민족의 노래'를 탄압하고 '제국의 노래'를 이식시켰다. 1910년대에 애국의 노래를 담은 창가집들을 모두 발행금지시킨 것이, 일제의 노래 탄압의 단초였다.

   일제의 탄압을 받았다고 해서 그러한 노래들을 총괄적으로 '민족의 노래'로 부르기는 어렵겠지만, 일제가 정책적으로 유포('제국의 노래')시키거나 혹은 '방관'한 노래(제국의 '치안통치'에 방해되지 않는 노래)들과 대비해 볼 때, 일종의 노래적 대항관계를 형성하고 있는 것이다. 그것은 곧 제국주의 억탈에 대한 민족적 대항 정서이기도 하였다.

노래 면에서 이러한 대항이 조직적 노래운동 차원으로 발전되어 민족운동 내에서 실천적 효과를 거두었는지의 여부에 대해서는 앞으로 검토가 필요하겠지만 시위·교육·감옥·일상 생활 등에서 부르던 각종 노래들이 일제의 탄압을 받았던 사실은 일제강점기에 다양한 형태로 노래가 독립·자주 의식을 고취시키는 수단으로 활용되고 있었음을 보여준다.

그 가운데 애국가·독립가(독립군가) 등 민족운동노래와 혁명가·노동가 등 사회운동노래에 대한 탄압 사례가 가장 많이 보이는데, 이는 이들 노래가 단순한 '노래'에 그치지 않고 '운동'(의 실천) 속에서 '항일의 공감대'를 형성하는 수단으로 적극적으로 활용되었음을 보여주고 있다.

1910~20년대에는 민족운동의 노래가 일제의 극심한 탄압을 받은 반면 1920년대 후반부터 1930년대 초까지 사회운동의 노래가 극심한 탄압을 받은 사실은, 국내에서의 항일운동 흐름이, 민족운동에서 사회운동으로 전환되어 가는 정황을 보여주고 있으며, 역으로 1920년대의 민족운동노래에 대한 일제의 탄압이 일정 정도 성공하였음을 보여주고 있다. 1922년 영암보통학교의 동맹휴학 이유 가운데 하나가 '한글창가를 가르치지 않은 것'이었다는 사실(『동아일보』1922년 9월 19일)에서 1920년대 일제의 민족노래 압살정책의 일단을 엿볼 수 있다. 1920년대의 탄압 사례에서 대부분을 차지하던 노래 주체의 신분이 학생·선생·민족운동가임에 비하여, 1930년대의 사례에서는 노래로 인해 탄압받는 당사자로 사회운동가(직접생산자)가 많이 등장한다.

1930년대는, 일본 제국주의의 내부적 모순이 만주사변·중일전쟁 등의 침략전쟁으로 나타난 시기였다. '제국의 이름'으로 중국을 침략·수탈하는 과정은, 역으로 제국의 침략을 거부하는 아시아 민족의 항전의식을 고양시켰으며, 이를 통하여 한중 연합에 의한 항일전이 만주에서 전개되는 과정이기도 했다. 동시에 국내에서는 노동쟁의·소작쟁의 등의 사회운동이 격화되는 시기였다.

일제는 '제국의 기반'이 흔들리는 것을 막기 위해, 한반도에서 민족적 정서의 압살을 추진하였다. 1920년대에는 허용되던 '노래책'을 치안을 이유로 발행금지 처분하는 것이 1930년대 노래 탄압의 시작이었다.

　1931년 언론기사에 많이 나오는 사회운동노래 탄압 사례가 1930년대 후반에는 보이지 않는데, 이는 보도통제 때문이거나 격화·고조되던 사회운동이 퇴조하기 시작하였음을 의미한다. 이 시기에 이르면 '운동' 속에서 항일의 정서적 공감대를 형성하는 노래(민족운동의 노래, 사회운동의 노래)들은 일제의 격심한 물리적 탄압으로 복류하게 되었던 것이다.

　이제 1930년대 후반 일제의 노래 탄압은, 일반적 창가, 동요, 가곡, 유행가로까지 확산되었다. 동요집, 가곡집, 성가집을 발행 금지시키고, 소년군(보이스카웃)에서 부르던 노랫말이 '불온'하다며 소년운동단체를 해산시키는 데까지 이른다.

　이 단계에 이르면 탄압받는 당사자 가운데 음악인(전문음악인, 대중가요 작사·작곡자)이 많이 등장한다. 이것은 이전 단계에서는 노래의 확산 과정에서 항일 정서의 고양을 차단하고자 노래를 부르는 당사자를 탄압하였음에 비하여(물론 노래 창작자에 대한 탄압도 있으나 그들은 음악인이 아니라 운동가였다), 이 단계에서는 노래의 작사·작곡자의 창작 자체를 문제삼음으로써, 원천적으로 민족적 정서를 담은 노래의 창작을 봉쇄하려 하였으며, 한 걸음 나아가 음악인들을 '제국의 질서' 내에 '무력적'으로 고착시키려는 것이기도 했다.

　그리고 이러한 일제의 기도는 어느 정도 성공한 것처럼 보인다. 그것은 1940년대에 이르면 노래를 통하여 제국의 질서에 도전함으로써 옥고를 치른 사례가 확인되지 않기 때문이다. 1920·30년대에 민족운동, 혹은 그 정서의 표현수단으로서의 노래를 통하여 옥고(및 구형, 구류)를 치른 사례가 많이 발견되는 것과 대비된다고 할 수 있다. 그러나 음악인들이 일률적으로 일제의 폭압에 굴종한 것은 아니다. 1944년에 이화여전의 김세형 교수가 일제의 군가 작곡에 협력하지 않았다는 이유로 교직에서 면직당한 사례가 확인되고[3] 안기영의 경우에도 일제의 전쟁가요를 작곡한 사례가 확인되지 않는 것으로 보아, 노래 면에서 비록 조직적인 저항은 아니더라도 개인적으로 일제의 노래정책과 긴장관계를 형성하던 음악인이 전

---

3) 우동희, 「음악계의 살아있는 증인 김세형교수」, 『인물로 본 숭실 100년』, 숭실대학교, 1994, 170쪽. 노동은의 앞의 글에 의하면, 1941년에 조직된 조선음악협회에 김세형이 평의원으로 되어 있지만, 그가 제국주의 가요를 작곡하거나 전쟁의 문화수단으로서의 음악의 사명에 대한 글을 발표하지 않았던 점으로 보아, 개인적으로 제국주의 노래정책과 긴장관계를 형성하고 있었고 결국 1944년에 일본군가 작곡을 거부한 이유 때문에 이화여전에서 면직당한 것으로 보인다.

혀 없었다고 할 수 없는 것이다.

1940년대는 일본 제국주의의 암흑의 통치시대라 할 수 있는데, 그것은 겨레의 말과 글을 송두리째 박탈함으로써 '민족적 얼의 싹'마저 없애려 한 것으로 대표된다. 1930년대 후반부터 상징과 은유의 표현(이를테면 봄, 서울 등)을 담은 노래들이 탄압을 받기 시작하는데, 1940년대에 이르면 단지 많은 사람이 정서('제국의 정서'가 아니다)적으로 공감하면서 부른다고 하여 민족적 성향이 강하다고 탄압을 받게 되었다.

이 시기에 일제가 '노래'로 인정하는 것은 '제국의 이름으로 전쟁을 찬양·선전'하는 노래, '민족적.정서의 상징적 표현'이 전혀 없는 노래, 제국주의 침략정책에 동조(자의적, 타의적)하는 음악인들이 만든 노래뿐이었다.

그러나 밤이 깊을수록 새벽이 가깝다는 말이 있듯이, 일본 제국주의는 결국 1945년 8월 15일에 패망하였다. 일제강점기에 국내에서 때로 도도하게 흘렀던, 그리고 때로는 복류하였던 겨레의 얼(노래 면에서 '겨레의 노래')이 어떻게 해방공간에서 구가 혹은 변용되었는지에 대한 이야기는 다른 차원에서 논의해야 할 문제일 것이다.

이상으로 일제의 우리 노래 탄압 사례의 내용을 통하여, 일제의 민족말살정책의 일단을 살피고, 그것이 우리 민족운동(사회운동)의 전개과정과 어떤 연관관계를 지니고 있으며, 어떠한 변화과정을 거쳐 왔는지를 검토하였다.

사실 위에서 인용한 사례들보다 훨씬 많은 사례들이 있을 것이며 특히 언론기사에서 더 많은 사례가 발견될 것으로 생각된다. 앞으로 더 많은 기록의 면밀한 검토와 자료의 발굴, 혹은 증언 등을 통하여 일제의 노래 탄압에 대한 실상이 밝혀질 것이 기대된다.

일본은 해방 50년이 지난 현재까지도 '독도 망언'을 비롯하여 '제국의 이름'을 포기하지 않는 발상을 자주 노출시키고 있다. 우리가 겨레의 정서 속에 깊이 자리잡고 있던 민족의 노래를 통하여, 일제강점기 일제의 탄압에도 굴함없이 지켜 왔던, 그리고 때로는 복류하였던 굳건한 자주·독립의 정신·정서를 오늘에 되새겨 보는 이유가 바로 여기에 있다.

참고문헌

1. 노래집(가사집)

겨레의노래 사업단 편, 『겨레의 노래』 1, 한겨레신문사, 1990.

桂基華 편, 「새배달 노래 - 1920년대 재만주동포 애창곡」, 『한국독립운동사연구』 2, 1988.

광성중학교, 『최신창가집』, 만주 : 小營子, 1914(국가보훈처 영인, 1996).

김소래, 「새 노래집」, 『소래의 철학과 사상 1』(소래선생기념사업회 편), 1983.

독립군가보존회, 『독립군가곡집 - 광복의 메아리』, 1982.

독립군시가집 편찬위원회, 『독립군시가집 - 배달의 맥박』(증보판), 송산출판사, 1986.

「愛國歌集抄」·「새로 발굴된 가사들」, 『안도산전서(중)』(도산기념사업회 편), 범양사, 1990.

윤치호, 『찬미가』, 光學書鋪, 1908(김을한, 『좌옹 윤치호전』, 을유문화사, 1978에 수록).

李國英 편, 『망향성』(미간행).

이인섭 기록, 「독립군 노래」(강용권, 『죽은 자의 숨결, 산 자의 발길(상)』, 장사, 1996).

임동권 편, 『한국민요집 1』, 집문당, 1993(재판).

임동권 편, 『한국민요집』 7, 집문당, 1992.

임중빈 편, 『한말저항시집』, 정음사, 1983.

「자료」, 『우둥불』(이범석 지음), 사상사, 1971.

「한얼노래」, 『대종교 요감』(강수원 엮음), 대종교 총본사, 1987.

홍난파, 『난파동요 100곡집』(대학당 영인, 1991).

홍영후(홍난파), 『통속창가집』, 박문서관, 1917.

山本芳樹 編, 『思い出の日本軍歌集』, 東京 : 金園社, 1961.

2. 민족운동 시기 문건집·간행물

가) 자료집

국회도서관, 『한국민족운동사료 : 중국편』, 1976.

강만길 편, 『조소앙』, 한길사, 1982.

학부 편찬,『新訂尋常小學 1』1896 ; 현채,『유년필독』2 · 3 · 4, 1907 ; 鄭寅琥 編述,
　　　『최신 초등소학』2 · 3, 1908 ;『노동야학독본 1』(이상, 한국학문헌연구소 편,『한
　　　말개화기 교과서 총서』1~5, 아세아문화사, 1977에 수록).

강덕상 편,『현대사자료 조선 3』(국학자료원 영인, 1984).

김정명 편,『조선독립운동』1-분책 · 2 · 3(국학자료원 영인, 1980).

유광열 편,『항일선언 · 의창문집』, 서문당, 1975.

동아일보사,『일정하의 금서 33권』(신동아 1977년 1월호 부록).

아세아문제연구소,『회귀문헌 해제』, 고려대학교출판부, 1995.

조선총독부 경무국,『경무월보』(한국학연구소,『한국학』2, 1974년 봄호에「일제 초기
　　　의 언론출판 자료」로 수록).

朴慶植 編,『朝鮮問題資料叢書 : 1920~30年代民族運動』, アジア問題研究所, 1982.

나) 신문 · 잡지

독립신문영인간행회,『독립신문(국내판)』(갑을출판사 영인, 1981).

독립기념관건립추진위원회,『독립신문(상해판)』(1985 영인).

『동광』1권 1 · 6 · 7호(1926년), 2권 3호(1927년), 3권 2호(1931년).

『동아일보 축쇄판 1 : 1920~1928』, 2. M/F(국립도서관 소장).

동아일보사,『동아일보기사색인』1~10.

『대한매일신보』,『만세보』,『매일신문』,『신한민보』,『제국신문』,『황성신문』(이상『한
　　　국개화기문학연구총서』1~10, 국학자료원 영인, 1995 수록)

『소년』2권 4호, 1909년(『한국현대시이론 자료집 1』, 국학자료원 영인, 1995 수록).

『조선일보』M/F(국립도서관 소장).

조선일보사,『조선일보항일기사색인 1920~1940』, 1986.

소재영 편,『중국, 시베리아 미공개 기행문 23선 : 간도 유랑 40년』, 조선일보사, 1989.

3. 문학사 · 음악사

가) 문학사

金澤東,『한국개화기시가연구』, 시문학사, 1981.

安廓,「조선의 문학」,『學之光』6호(『한국현대시이론자료집 1』, 국학자료원 영인,
　　　1995 수록).

안자산,『조선문학사』, 한일서점, 1922(『한국문학사연구총서』, 한국학진흥원 영인,
　　　1982 수록).

조동일,『한국문학통사 5』, 지식산업사, 1994.

조성일·권철 주편,『중국조선족문학사』, 연변 : 인민출판사, 1990(대구 : 중문출판사 영인, 1991).

고미숙,「애국계몽기 시운동과 그 근대적 성격」,『민족문학과 근대성』(민족문학사연구소 엮음), 문학과지성사, 1995.

나) 음악사(가요사)

김련갑 편저,『아리랑』, 현대문예사, 1986.

김영준,『한국가요사 이야기』, 아름출판사, 1994.

노동은,『한국 민족음악 현단계』, 세광음악출판사, 1989.

노동은·이건용,『민족음악론』, 한길사, 1991.

박민일 편저,『아리랑』, 강원대학교출판부, 1991.

박찬호,『한국가요사』, 현암사, 1992.

사회과학출판사 펴냄,『항일혁명문학예술』, 갈무지, 1989.

신경림,『강따라 아리랑 찾아』, 문이당, 1992.

윤석중,『어린이와 한평생』, 범양사, 1985.

이유선,『한국양악백년사』, 음악춘추사, 1985.

이중태,『한국교회음악사(개신교편)』, 예찬사, 1992.

한상우,『북한 음악의 실상과 허상』, 신원문화사, 1989.

한용희,『동요 70년사 - 한국의 동요』, 세광음악출판사, 1994.

황문평,『한국대중연예사』, 부루칸모로, 1989.

황문평,『돈도 명예도 사랑도』, 무수막, 1994.

노동은,「참과 거짓의 노래사(1)」,『겨레의 노래 1』(겨레의노래 사업단 편), 한겨레신문사, 1990.

權哲,「30年代的抗日歌謠」,『烽火』, 民族出版社, 1992.

김삼웅,「판소리와 망명신문의 항일시가」,『순국』1993년 9월호.

김석송,「'그리운 강남'은 나의 애인 - 그를 작사하든 시절의 추억」,『조광』1938년 3월호.

나승만,「일제강점기 항일민족해방운동 노래의 주체화 과정」,『순국』1995년 6월호.

류연산,「중국 조선족 상징 아리랑」,『아리랑』(박민일 편저), 강원대학교출판부, 1991.

박용구,「대중의 감상 따라」,『한국현대사 6』, 신구문화사, 1971.

박용구,「비평적 가곡 소사」,『오늘의 초상』, 일지사, 1989.

백낙준,「윤치호의 애국가 작사고」,『좌옹윤치호전』(김을한 저), 을유문고227, 1978.

李光仁, 「崔相東與他的'飢民鬪爭歌'」, 『烽火』, 民族出版社, 1992.

이규태, 「이규태코너」, 『조선일보』1989년 10월 20일, 12월 16일, 1993년 11월 19일.

이상만, 「한국음악백년 - 일화로 엮어 본 이면사」, 『경향신문』1986년 연재.

이유선, 「노래 속에 겨레를」, 『한국현대사 6』, 신구문화사, 1971.

이이화, 「천재 음악가 정률성」, 『중국인민해방군가의 작곡가 정률성(2) - 그의 음악』 (정설송 엮음), 1992.

이혜구, 「독립운동과 민족음악」, 『한국음악논집』, 세광출판사, 1985.

임동권, 「민요의 향토적 고찰 - 京南지방 민요를 중심으로」, 『한국민요집 7』, 집문당, 1992.

임채욱, 「애국가」, 『서울문화, 평양문화』, 신원문화사, 1989.

張師勛, 「애국가의 존엄성」, 『예술과 학문의 만남』, 세광음악출판사, 1987.

정설송, 「영원한 기억」, 『중국인민해방군가의 작곡가 정률성(1) - 그의 삶』(정설송 엮음), 형상사, 1992.

조두남, 「한밤중에 찾아왔던 사람의 부탁」, 『뿌리깊은 나무』1978년 9월.

주요한, 「애국가 작사자는 누구」·「거국가와 청년학우회가」, 『안도산전서(중)』(도산기념사업회 편), 범양사, 1990.

진용선, 「중국 흑룡강성의 아리랑」, 『객석』1995년 6월호.

天台山人, 「조선가요의 수놀음」, 『동광』4권 1호, 1932. 1.

최승범, 「녹두장군과 파랑새 노래」, 『나라사랑』15, 외솔회, 1974.

황문평, 「가요선정에 동참하면서」, 『겨레의 노래 1』(겨레의노래 사업단 편), 한겨레신문사, 1990.

박종성 취재·연출, 「한민족의 노래 - 러시아의 한인들(1)」, KBS FM 1995년 8월 13일 방송.

「KBS 8·15 특집프로」, KBS TV 1995년 8월 15일 방영.

「MBC 3·1절 특별기획 - 아리랑 아라리요(2)」, MBC TV 1996년 2월 27일 방영.

4. 근현대사 연구논저

김선진 저, 이현희 감수, 『일제의 학살만행을 고발한다』, 미래문화사, 1983.

김승화 저, 정태수 편역, 『소련한족사』, 대한교과서주식회사, 1989.

김정의, 『역사의 시공을 넘나들며』, 혜안, 1995.

독립운동사편찬위원회, 『독립운동사』1·5·6, 1973.

문일평, 『사외이문』, 신구문화사, 1982.

문일평,『花下漫筆』, 삼성문화재단, 1974.

박성수,『독립운동사연구』, 창작과비평사, 1980.

박영석,『한민족독립운동사연구』, 일조각, 1984.

박영석,『민족사의 새 시각』, 탐구당, 1986.

박은식,『한국독립운동지혈사(상)』, 서문당, 1975.

송건호,『한국현대사론』, 한국신학연구소, 1979.

애국동지원호회,『한국독립운동사』, 1956.

양소전・이보온,『조선의용군항일전사』, 고구려, 1995.

오천석,『신교육사』, 현대교육총서출판사, 1964.

윤건차,『한국근대교육의 사상과 운동』, 청사, 1987.

井上淸,『日本の歷史』, 東京 : 岩波書店, 1977.

조흔파,『사건백년사』, 정음사, 1975.

최남선,『조선상식문답』, 삼성문화재단, 1974.

최남선,『조선상식문답(속)』, 삼성문화재단, 1974.

한상도,『한국독립운동과 중국군관학교』, 문학과지성사, 1994.

한시준,『한국광복군연구』, 일조각, 1993.

姜錫勛・姜日松,「斷指同盟與伊藤博文之死」,『朝鮮獨立軍在中國東北活動史略』
    (通化市政協文史委員會 編), 遼寧民族出版社, 1993.

김대상,「전봉준의 9월 재기와 그의 혈전」,『나라사랑』15, 1974.

김용섭,「근대역사학의 성립」,『한국현대사 6』, 신구문화사, 1971.

리광인,「경신대토벌과 연변조선족 군중의 반토벌 투쟁」,『한국학연구』4, 1992. 3.

金炳洙・李哲俊,「沖破延吉監獄」,『烽火』, 民族出版社, 1992.

박성수,「항일의 전선 - 의병」,『한국현대사 3』, 신구문화사, 1971.

박영석,「한인소년병학교 연구」,『한국독립운동사연구』1, 1987.

박용옥,「여성항일투쟁기」,『한국여성독립운동사』(3・1여성동지회), 1980.

신용하,「계명의숙 취지서, 창가, 경축가, 창립기념가, 권학가 등」,『한국학보』1권 3호,
    1977년 봄.

신용하,「해제」,『최신창가집』, 국가보훈처, 1996.

신용하,「백범과 한국노병회」,『백범연구 4』(백범 김구선생 기념사업협회 편), 1989.

신일철,「민중을 찾는 종교 - 천도교」,『한국현대사 8』, 신구문화사, 1971.

안건호,「1920년대 전반기 청년운동의 전개」,『한국근현대청년운동사』, 풀빛, 1995.

윤병석,「권업회의 二元制 운영」,『재발굴 한국독립운동사 1』(한국일보사 편), 1987.

윤병석·박민영, 「러시아 한인사회의 형성과 독립운동」, 『러시아 지역의 한인사회와
　　　민족운동사』(한국독립유공자협회 엮음), 교문사, 1994.
이동현, 「요녕일보 제공 '중국동북의 조선족과 3·1운동' 보고서 의미」, 『중앙일보』
　　　1995년 2월 28일.
이명화, 「1920년대 만주 지방에서의 민족교육운동」, 『한국독립운동사연구』 2, 1988.
이명화, 「상해에서의 한인 민족교육운동」, 『한국독립운동사연구』 4, 1990.
이애숙, 「1920년대 전남 광주지방의 청년운동」, 『한국근현대청년운동사』, 풀빛, 1995.
이정은, 「3·1운동기 학생층의 선전활동」, 『한국독립운동사연구』 7, 1993.
이희승, 「국어를 지킨 죄로 - 조선어학회사건」, 『한국현대사 5』, 신구문화사, 1971.
조항래, 「국채보상운동의 발단과 전개과정」, 『일제경제침략과 국채보상운동』(한국민
　　　족운동사연구회 편), 1993.
차문섭, 「구한말 육군무관학교 연구」, 『아세아연구』 1973년 6월호.
최영희, 「만세, 독립만세」, 『한국현대사 4』, 신구문화사, 1971.

5. 회고록 · 회상기

김사량, 『노마만리』, 동광출산사, 1989.
김석민, 『한국연예인 반공운동사』, 예술문화진흥회출판부, 1989.
김연호, 『눈물 젖은 빵을 먹어 본 사람이 아니면 그 맛을 모른다』, 유림사, 1979.
김학철, 『최후의 분대장』, 문학과지성사, 1995.
박종화, 『역사는 흐르는데 청산은 말이 없네』, 삼경출판사, 1979.
선우훈, 『그래도 내 민족이 귀하다 - 105인사건의 진실』, 역민사, 1993.
성춘식 구술, 신경란 편집, 『이부자리 피이 놓고 암만 바래도 안 와』, 뿌리깊은나무,
　　　1990.
안신영, 『진실에 산다』, 1976.
우승규, 『나절로 만필』, 탐구당, 1978.
이규창, 『운명의 여진』, 보련제, 1993.
이범석, 『우등불』, 사상사, 1971.
이정식·한홍구 편, 『항전별곡』, 거름, 1986.
장준하, 『돌베개』, 화다출판사, 1982.
정태성, 『晩悟 정태성 자전』, 시로, 1986.
조경한, 『백강회고록』, 한국종교협의회, 1985.
지복영, 『강도 굽이굽이 산도 굽이굽이』(미간행).
태윤기, 『회상의 황하』, 甲寅출판사, 1975.

한철수, 『나의 길』, 송산출판사, 1984.
허은, 『아직도 내 귀엔 서간도 바람소리가』, 정우사, 1995.

김광희, 「창동학교의 지난 날을 그리여」, 『연변문사자료 5』, 1988.
김문택, 「회고광복군시기」, 『한국독립운동사연구』 2, 1988.
김학규, 「백파자서전」, 『한국독립운동사연구』 2, 1988.
원의상, 「신흥무관학교」, 『신동아』 1969년 6월호.
이은상, 「잊을 수 없는 스승」, 『오늘도 탑을 쌓고』, 휘문출판사, 1976.
허진, 「와룡동 창동학원」, 『연변문사자료 5』, 1988.

6. 전기
김도태, 『서재필박사 자서전』, 을유문화사, 1974.
김세일, 『홍범도 4』, 제3문학사, 1989.
김을한, 『좌옹 윤치호전』, 을유문화사, 1978.
김의환, 『전봉준 전기』, 정음사, 1978.
김재국 주편, 『중국조선족 항일녀투사들』, 료녕민족출판사, 1993.
나명순·조규석 외, 『대한국인 안중근』, 세계일보사, 1993.
님 웨일즈 지음, 조우화 옮김, 『아리랑』, 동녘, 1984.
님 웨일즈 지음, 편집실 옮김, 『아리랑 2』, 학민사, 1986.
연변정협문사자료출판회, 『홍범도장군』, 연변인민출판사, 1991.
이광순, 『의암 손병희』, 태극출판사, 1972.
임중빈, 『천추의열 윤봉길』, 인물연구소, 1975.
장세윤, 『홍범도의 생애와 항일의병투쟁』, 독립기념관부설 한국독립운동사연구소, 1992.
주요한, 『안도산전』, 삼중당, 1975.
홍사단출판부, 『도산 안창호』, 1988.

김두종, 「십현 약력」, 대종교총본사, 『壬午十賢 순교 실록』, 1986.
김우종, 「한서 남궁억」, 『상동교회를 중심으로 활동한 나라와 교회를 빛낸 이들』, 상동교회, 1988.
박영석, 「윤세복」, 『독립운동가열전』(한국일보사 편), 1989.
박종철, 「이 땅에 교회음악을 뿌리내린 박태준」, 『인물로 본 숭실 100년』, 숭실대학교, 1994.

손보기, 「박용만」, 『한국근대인물백인선』(『신동아』 1970년 1월호 부록).

우동희, 「음악계의 살아있는 증인 김세형 교수」, 『인물로 본 숭실 100년』, 숭실대학교, 1994.

유한철, 「현제명」, 『진리와 자유의 기수들』, 연세대학교, 1982,

이성삼, 「홍영후」, 『한국근대인물백인선』(신동아 1907년 1월호 부록).

이현익, 「殉敎 受刑」, 『임오십현 순교실록』(대종교총본사), 1986.

이현종, 「박영효」, 『한국근대인물백인선』(신동아 1970년 1월호 부록).

주요한, 「안창호와 조만식」, 『이 땅의 사람들』, 뿌리깊은나무, 1978.

차인석, 「한국 서양음악의 개척자 현제명」, 『인물로 본 숭실 100년』, 숭실대학교, 1994.

7. 학교사

민숙현·박해경, 『한가람 봄바람에 - 이화 100년 야사』, 지인사, 1981.

배화학원, 『배화 팔십년사』, 1979.

보성80년사편찬위원회, 『보성 80년사』, 동성학원, 1986.

숭실대학교, 『숭실대 90년사』, 1987.

숭의90년사편찬위원회, 『숭의구십년사』, 숭의학원, 1993.

중앙교우회, 『중앙육십년사』, 1969.

휘문칠십년사편찬위원회, 『휘문칠십년사』, 휘문중고등학교, 1976.

8. 사전, 기타

강용권, 『죽은 자의 숨결, 산 자의 발길』(상·하), 장사, 1996.

김근수 편저, 『한국잡지개관 및 호별목차집』, 한국학연구소, 1973.

이강훈 편저, 『독립운동대사전』(1·2), 1985·1990.

정동주, 「시베리아의 한인(4)」, 『월간중앙』 1993년 7월호.

조선일보사, 『조선일보 60년사』, 1980.

한국인명대사전편찬실 편, 『한국인명대사전』, 신구문화사, 1967.

찾아보기

【ㅇ】

【ㅈ】

【ㅊ】

이 중 연

1960년 서울 출생
1984년 8월 연세대학교 문과대학 사학과 졸업
1990년 8월 연세대학교 대학원 사학과 졸업
논저 : 항일전쟁 이전 중국사회성격논쟁
역저 : 수수께끼 쥬라기공원

신대한국 독립군의 백만용사야
－일제강점기 겨레의 노래사－

이중연

초판 1쇄 인쇄 · 1998년 8월 1일
초판 1쇄 발행 · 1998년 8월 5일

발행처 · 도서출판 혜안
발행인 · 오일주
등록번호 · 제22 - 471호
등록일자 · 1993년 7월 30일
121 - 210 서울 마포구 서교동 326 - 26
전화 · 02) 3141 - 3711, 3712
팩시밀리 · 02) 3141 - 3710

값 15,000원

ISBN 89 - 85905 - 60 - 0 03910